故事里的

中国史

李娟 —— 编著

中国华侨出版社
·北京·

图书在版编目（CIP）数据

故事里的中国史 / 李娟编著 . —北京：中国华侨出版社，2019.3
ISBN 978-7-5113-7812-5

Ⅰ . ①故… Ⅱ . ①李… Ⅲ . ①中国历史—通俗读物
Ⅳ . ① K209

中国版本图书馆 CIP 数据核字（2019）第 010138 号

故事里的中国史

编　　著：李　娟
责任编辑：刘晓燕
责任校对：志　刚
经　　销：新华书店
开　　本：787 毫米 × 1092 毫米　1/16 开　印张：38　字数：806 千字
印　　刷：河北省三河市天润建兴印务有限公司
版　　次：2019 年 6 月第 1 版
印　　次：2024 年 5 月第 2 次印刷
书　　号：ISBN 978-7-5113-7812-5
定　　价：98.00 元

中国华侨出版社　北京市朝阳区西坝河东里 77 号楼底商 5 号　邮编：100028
发 行 部：（010）64443051　　传　真：（010）64439708
网　　址：www.oveaschin.com　　E－m a i l：oveaschin@sina.com

如果发现印装质量问题影响阅读，请与印刷厂联系调换。

前言

从盘古开天地到大清王朝灭亡，在这数千年的时间里，众多王朝此兴彼亡，如走马灯一般热闹，正应了那句"其兴也勃焉，其亡也勃焉"的古话。

纵观中华大地上演的泱泱五千年历史，若干个王朝的历史进程看似不同，实则都遵循着类似的历史规律：兴起—兴盛—衰败—灭亡。在历史长河滚滚的波涛之中，一个王朝的背影渐行渐远，另一个王朝又悄然兴起。

那些远去的王朝，在时光的风浪中越来越模糊，留给后人的只有无尽的故事与传说，那就是中华五千年的历史。那么，历史究竟是一门怎样的学问？它究竟有何价值与意义呢？

古人常说历史是"不知来，视诸往"的"前车之鉴"，言下之意，前人所做之事有所得，我辈可以奉以为法；前人所做之事有所失，我辈可以引以为戒。乍听之下，这话很有道理，细究一番，其实不然。客观世界无时无刻不处于变化之中，后来的事不可能与从前的事一模一样。病情有了变化，却仍按旧方子抓药服用，恐怕非但于病情无益，反而还会使病情加重。

历史是一门高深的学问，凡是论及"学问"，就要明确"学"与"术"之间的差别。所谓"学"，指的是探寻并了解事情的真相；所谓"术"，指的是处理事情所遵循的法则。归根结底，历史就是一门探寻社会真相的学问。那么，社会的真相究竟是什么呢？大千世界，万事万物都有其所以然。比如，"你为什么成为现在的你"绝不是偶然。你出生在怎样的家庭环境中？结交了哪些朋友？有过哪些人生经历？受过怎样的教育？当众多因素融合在一起，才最终成就了现在的"你"。

个人是这样，社会、国家也是这样。每个地方有每个地方的风俗习惯；每类人有每类人的品性；中国人的气质品性与美国人不同；美国人的气质秉性又与日本人不同。诸多种种都不是偶然。因此，我们永远无法用当下解释当下，要探究事实的真相，就必须追溯过往。所谓历史，就是过往。

而中国史是一部浩瀚深奥的书卷，上面密密麻麻地记载着王朝的兴衰更迭，记录着王侯将相的英勇怯懦；中国史又是一面筛子，将朽木枯枝剔除，将累累硕果保留；中国史还是一面镜子，照出王朝的兴亡，照出君王的成败，照出人臣的忠奸。也许，他是当时名动天下、风光无限的大人物，然而，当置身于历史的长河之中，他只是滔滔巨浪中一朵无足轻重的浪花，在岁月的流转中悄无声息地谢幕。也许，他只是两袖清风、一贫如洗的武将书生，然而，经历时光长河的悉心打磨，他成了点缀于浪花之上的那颗最夺目的明珠。可见，读史使人明智。

纵观悠悠五千年的中国历史，人物数不胜数、事件错综复杂，远远不是一本书足以道尽的。那么，怎样才能让满怀求知欲与好奇心的读者在最短的时间内全面了解中国历史，清晰地把握中国历史的脉络，并由此萌生对中国历史的兴趣呢？本书正是以此为出发点进行编撰的。

本书挑选出各朝代对历史进程有重大影响的人物、事件、文化成就，在历史典籍和史书材料的基础上编撰而成。为了让读者朋友更清晰详尽地了解中国史，同时也为了让阅读更有趣，在尊重历史事实的基础之上，本书尽可能保持历史事件的完整性，通过简短精悍的语言呈现翔实有趣的内容。木书尽量从客观、全面的角度去分析、评判客观史实，绝不妄信一家之言，以期引领读者朋友从更多元、更全面的角度去审视历史、品评历史，从更深邃的思想层次去了解历史、体悟历史。

目录
contents

第一章／上古时代

── 开天辟地 ──

中国文化博大精深，源远流长，拥有十分悠久的历史。按照传统的说法，前至传说中的黄帝，后抵今日，长达四千多年，后人称为"上下五千年"。

五千年的历史中涌现出众多动人且有意义的人或事，很多都留存有文字记载并流传了下来。但是远古时代的情况，由于时间过于久远，没有文字记载，仅流传下来一些神话故事和传说。

那么，人类是怎样起源的呢？自远古时代开始，就流传着一个盘古开天的神话故事。

相传在天地未开辟之前，宇宙只不过是混沌中的一团气，黑暗一片，没有光和声音。这时，盘古氏出现了，他用巨斧将这混沌一分为二，轻的气升了上去，重的则沉了下来。就这样，上升的成了天，下沉的则成了地，天地出现了。

自此之后，每天，天上升一丈，地加厚一丈，盘古氏也长高一丈。就这样，一万八千年过去了，天非常高了，地也十分的厚实了。盘古氏也成了屹立于天地间的巨人。后来，盘古氏死了，身体各部分分别化为日月星辰、高山河流、森林草地等。

以上就是盘古开天辟地的神话传说。

当然，神话终究只是神话，现在没有人会相信它真的存在。但是这个神话代表着人类征服自然的勇气和气魄以及人类丰富的创造力。因此，人们十分喜爱这个神话，只要一谈起历史，就会从"盘古开天地"这个神话故事开始讲起。

那么人类的历史该从哪儿说起呢？近年来，随着科学的发展，在科学家的不断努力和从世界各地不断发掘出的化石的证明下，最终得出人类最早的祖先是一种从古猿转变而来的猿人。

在祖国各地，我国的科学研究者先后发掘出众多猿人的遗骨和遗物的化石，从中得出我国境内的原始人类至少有一百万年的历史。比如在云南发现的元谋猿人，至今已有一百七十万年的历史了；陕西发现的蓝田猿人，至今也有八十万年的历史了；就拿最有名的北京猿人来讲，少说也有四五十万年的历史！

现在，我们就从北京猿人开始说起。根据考古得出，北京猿人生活在周口店一带，当时我国北方气候要比现在温和湿润，漫山遍野生长着各种树木，放眼望去，遍地是茂盛的草地。在森林山野之中，危机四伏，虎、豹、狼、熊等凶残猛兽四处出没，还有大象、犀牛和梅花鹿等也在这里生活着。

猿人的力气自然没法与凶猛的野兽相比，但他们与动物最大的区别在于猿人能制造和使用工具。当然，他们所制造出的工具非常粗陋，然而一件经过人砍削的木棒或经过人工砸打的石头，虽然简单粗陋，终究是猿人利用脑力和双手制造出来的工具。

这般简陋的工具带给了他们巨大的便利，他们用这些工具去采集果子，去挖植物的根茎，还利用简陋的木棒和粗陋石器与野兽展开搏斗，以此来获取食物。

随着时间的推移，现有的简陋工具的局限性越发地明显，个人获取的食物也越来越有限，依靠个人的力量无法生存下去。于是，群居生活成了一种必要，他们开始群居，一起劳作，共同抵抗猛兽的侵袭。后世称这种人群为原始人群。

经过几十万年的艰苦斗争，猿人进化了。在北京周口店龙骨山的山顶洞穴中发现一种长相与现代人相差无几的原始人遗迹，我们将其称为"山顶洞人"。

仅从劳动工具来讲，山顶洞人的工具已有很大的改进，他们不仅将石头砸成了石斧、石锤，甚至还将兽骨磨成了骨针。不要小瞧了这枚小小的骨针，有了它，人们不再像北京猿人那般赤身裸体，他们可以将兽皮缝制成衣服穿在身上来御寒保暖。

当然，山顶洞人过的也是群居生活，而且他们所过的群居生活已经开始按照血缘关系固定了下来。一个集体的成员拥有一个共同的祖先，也就是说，他们都是同一个氏族的人。就这样，人类社会步入了氏族公社时期。

—— 钻木取火 ——

从原始人群到氏族公社初期这一人类进化过程，我国古代也流传下来许多传说。相传，在这期间的一些大人物，他们既是首领又是发明家。不过，这种传说大多都是古人根据远古时代原始人的生活所想象出来的。

原始人的工具相当简陋，可周围却有很多猛兽，他们时刻都生活在危险之中。后来，他们从鸟儿在树上造窝进而保护自己的安全中受到启发，学着鸟儿在树上造窝，也就是在树上建造房屋，以此来防止野兽的袭击。后来，人们把这种方式称为"构木为巢"。至于是谁发明了这种方式，却无从探究，也许是大家一起摸索出来的。但在传说中，这件事却是由一个名叫"有巢氏"的人带领大家做的。

最早的原始人并不知道利用火，东西全是生吃的，茹毛饮血。随着时间的推移，人们才慢慢开始利用火。在周口店的北京人遗址发现了用火的痕迹，表明那时的人类已经开始用火了。

自然界中早就存在了火，火山爆发、闪电击中森林引起大火，这里面全都有火。但是，原始人刚开始看见火苗时相当的害怕，立即远离。后来，在偶尔品尝到被火烧死的野兽之后觉得十分的美味，他们便开始不断尝试，逐渐学会了用火烤东西吃，并想办法将火种保存下来，使它长时间不熄灭。

又过了很长的一段时间，人们开始使用坚硬且尖锐的木头在另一块硬木头上钻时，钻出来火星；也有人在敲打燧石时敲打出了火花。这就开启了人工取火的时代。考古发现，山顶洞人已经掌握了人工取火技术。这一切都要归功于劳动人民。但传说却将此归功于一个人，名为"燧人氏"。

人工取火是一个非常伟大的发明，具有划时代的意义。自那时起，人们随时可以吃到熟的食物，并且食物的品种也得到了极大的丰富。据说，燧人氏还教人类捕鱼，以前像鱼、鳖、蚌、蛤这种具有腥臊味无法食用的动物，自从发明火之后，便可以通过烤的方式来食用了。

也不知道过去了多长的时间，人们开始用绳结网，通过网来打猎，还发明了比木棍石器打猎要强得多的弓箭。自此之后，不管是地上的走兽，还是天上的飞禽、水中的游鱼，都可以射杀、捕捉了。捕捉来的鸟兽，大多都是活的，一时吃不完，便留了下来，养了起来，等下次食用，就这样，人们又学会了饲养。像这种结网、打猎、饲养等生活技能全都是人们在劳动过程中共同积累下来的经验。但传说却将这说成是由"伏羲氏"（庖牺氏）发明的。

人类的文明不断进步。渔猎时期，人们偶尔将一把野谷子撒到地上，第二年却发现地面上长出苗来，秋天又变成了更多的谷子。就这样，人们掌握了种植技术，开始了大量种植。他们还使用木头制造成一种名为耒耜（一种带把的木锹）的耕种工具，用它耕作田地，种植五谷，收获量变得更大了。后来，传说将这些种庄稼的操作技术及发明全归到一个人身上，名为"神农氏"。

相传，神农氏还亲尝百草和野果，从中发现了许多可以食用的食物，还发现了许多治病的药材。据说，医药事业就是那时开始的，所以，他被尊称为医药界的鼻祖。

有巢氏、神农氏等，都是传说中的人物。但从构木为巢、钻木取火，到渔猎、畜牧，发展农业，这些都直接或间接地反映出了原始人生产力的发展。

1952年，在陕西西安半坡村一处大约六七千年以前的氏族村落遗址中，发掘出了饲养和农耕的遗址和遗物，从中可以证明那个时期的人类已经掌握了饲养和农耕技术。

—— 黄帝战蚩尤 ——

四千多年前，我国黄河、长江流域一带生活着许多氏族和部落，也就有很多的部落首领。相传黄帝就是其中最有名的一个部落首领。

黄帝所在的部落早期在我国西北方的姬水附近，后来迁移到涿鹿（今河北省涿鹿、怀来一带）后，大力发展畜牧业和农业，并定居下来。

与此同时，跟黄帝同一时代的另一个部落首领名叫炎帝，最早居住在我国西北方姜水一带，据说与黄帝族是近亲。不过，炎帝族日渐衰落，而黄帝族却越发兴盛。

这时，九黎族的首领蚩尤十分强悍。相传，蚩尤有整整八十一个兄弟，他们各个凶猛无比，拥有猛兽的身体，铜头铁额，就连吃的都与众不同，吃的是沙石。他们还制造出刀戟弓弩等各种兵器，经常带领着他们的部落去侵掠其他的部落。

一次，蚩尤侵占了炎帝的地方，炎帝率兵奋起抵抗，可惜他不是蚩尤的对手，被打得一败涂地，只好逃往涿鹿请求黄帝的帮助。其实，黄帝早就想将这个部落祸害铲除掉。于是，他联合各个部落，准备人马，在涿鹿的田野上与蚩尤展开了决战。

对于这次大战，也流传着许多神话传说。据说，黄帝驯养了熊、罴、貔、貅、貙、虎六种野兽，在作战的时候，这些猛兽全都被放了出来助战（有人认为，传说中的这六种野兽实际是六个以野兽命名的氏族）。虽然蚩尤的士兵十分凶猛，但遇见黄帝的军队，再加上一群野兽助战，根本无法抵挡，全都败逃了。

黄帝率领兵士乘胜追击，突然天昏地暗，浓雾弥漫，电闪雷鸣，狂风大作，黄帝的兵士无法再追击下去。原来，蚩尤请来了"风伯雨师"前来助战。黄帝也立即请来天女协助，驱散了风雨。刹那间，风停雨止，晴空万里，最终打败蚩尤了。

还有另一种传说，说是蚩尤利用妖术制造大雾，使黄帝的兵士迷失了方向。后来，黄帝利用"指南车"来指引方向，带领士兵朝着蚩尤逃跑的方向追击，最终将蚩尤活捉并杀死了。不过，这些神话全都反映了一点——这场战争十分的激烈。

黄帝打败了蚩尤，各部落都很高兴，因此黄帝受到了众多部落的拥护，但炎帝族和黄帝族却发生了冲突，双方在阪泉（今河北涿鹿县东南）进行了一场战争，最终炎帝失败了。自此，黄帝正式成为中原地区的部落联盟首领。

相传在黄帝时代，有着众多的发明创造，比如造宫室、造船，制作五色衣裳等，当然这些肯定不是一个人发明出来的，但后来的人全都将其归功于黄帝。

相传，黄帝的一个妻子名叫嫘祖，亲自参加劳动。原本蚕全都是野生的，人们也不清楚蚕的用处，嫘祖亲自教妇女养蚕、缫丝、织帛。从那时起，便有了丝和帛。

黄帝手下的一个史官名叫仓颉，他创造了古文字，但年代过长，没有人见过那个时期的文字，也就无法考证了。

中国古代的传说都将黄帝放在很高的位置，后世的人也都把他当作中华民族的始祖，我们都是黄帝的子孙。炎帝族和黄帝族本是近亲，后来又融合成一体。

因此，我们也经常称自己是炎黄子孙。为了纪念这位传说中的共同祖先，后代的人还特意在今陕西黄陵县北面的桥山上为黄帝建造了一座"黄帝陵"。

—— 尧舜让位 ——

相传在黄帝之后，中华大地上又先后出现了三位十分有名的部落联盟首领，他们分别是：尧、舜和禹。原本他们都是各自部落的首领，后来在大家的一致推选下，成了部落联盟的首领。

那时，但凡有什么重大事件，部落首领都要召集各个部落的首领来一起商议。

随着年龄的增加，尧想找一位适合的人选来继承他的职位。为此，他曾特意召集四方首领前来商议。

尧把自己的想法说出以后，一个首领说道："你的儿子丹朱性格开明，适合继承你的位子。"

尧却严肃地说道："不可，我这儿子品德不端，经常与人争吵。"另一个首领说道："主管水利的共工，他的工作做得十分严谨！"

尧摇着头说道："共工能说会道，但是表里不一。用这种人，我不放心呀！"

这次讨论并未得到想要的结果，尧继续物色他的继承人。一段时间后，他再次将四方部落首领召集了起来，让大家推荐人选。这次，到会的人全都推选舜为他的继承人。

尧点了点头说道："哦！我也听说了，这个人很不错。你们能将他的事迹给我详细地说说吗？"

于是，大家便将舜的情况说了出来：舜的父亲很糊涂，人们都叫他瞽叟。舜的生母早早就离世了，他的后母为人十分险恶。后母生的弟弟名为象，生性傲慢，可瞽叟却十分宠爱他。生活在这样的家庭里，舜对待他的父母依旧十分孝顺，对弟弟也很爱。因此，大家一致认为舜德行很好！

尧听了之后，十分高兴，决定先考察一下舜。他先是将自己的两个女儿娥皇和女英嫁给了舜，后来为舜修建了粮仓，并赠送了众多的牛羊。舜的后母和弟弟既羡慕又忌妒，跟瞽叟一块儿使用奸计，三番五次想谋害舜。

一天，粮仓的顶破了，瞽叟让舜前去修补。舜刚用梯子爬上仓顶，瞽叟就在下面放了火，想要将舜烧死。一见到起了火，舜想从梯子上下来，可发现梯子早已经不见了。幸好，舜随身带有两顶遮太阳的笠帽，他手持笠帽，如同鸟张开翅膀那样，随风飘下，舜落在地上，一点事都没有。

瞽叟和象不甘心，他们又让舜前去淘井。舜下去之后，瞽叟和象就把土石往井里扔，想把井填没，将舜活埋在里面，没想到的是，舜下井之后，立即在井旁挖掘出了一个孔道，从中钻了出来，安全返回家中。

对于舜的脱险，象并不知情，他得意扬扬地回到家中，对瞽叟说道："这回我哥哥一定死了，这可是我想出来的妙计，现在我们终于能分哥哥的财产了。"说完，他就朝着舜居住的房屋走去，可没想到，一进屋，他就看见舜在床边弹琴。象大吃一惊，十分不好意思地说道："哎，我多想念你呀！"

舜也装作什么事情都没发生，说："正好你来了，我有很多事情需要你来帮我照料呢。"

以后，舜依旧跟往常一样，对待他的父母和弟弟十分友好，瞽叟和象也没有再暗害舜了。

尧听了大家的介绍，又通过考察，认定舜品德好又能干，便将首领的位子让给了舜。在氏族公社时期，部落推选新首领往往就是这种方式。

舜继位后，勤奋又简朴，他同老百姓一起劳作，深受大家爱戴。几年后，尧去世了，舜还是想让尧的儿子丹朱来接替部落联盟首领的位子，但是大家都不赞成。于是，舜才接替了部落联盟首领的位子。

这种由大家推选举荐接班人的办法，在历史上称为"禅让"。

—— 大禹治水 ——

尧在位期间，黄河流域发生了重大的水灾，房屋和庄稼全都被淹没了，老百姓只能搬往高处。但高处往往有很多毒蛇猛兽，经常伤害人和牲口，百姓苦不堪言，无法生存。

因此，尧特意召开部落联盟会议，召集各部落首领一起来商议治水的问题。他征求各个部落首领的意见：该派谁去治理水患？部落首领们一致举荐鲧。

但尧并不太信任鲧。可首领们却说："现在没有人比鲧更适合了，先让他试一下。"因此，尧才勉强同意。

鲧花费了整整九年的时间来治理水患，依旧没能治理好，他只懂得水来土掩，围追堵截，造堤筑坝，水流不出去，纷纷把堤坝冲毁，结果水灾越来越凶。

舜当上部落首领之后，亲自前往治水的地方考察，发现鲧办事不力，便将鲧处死了，让鲧的儿子禹接替鲧去治水。

禹一改他父亲的做法，他开渠排水，疏通河道，不再围追堵截，而是引导疏通，将洪水全引到大海之中。他戴着笠帽，手拿锹子，和老百姓一起挖土挑土。经过十三年的不懈努力，水患终于被治好了，洪水全都引到了大海中，地面上又可以种植庄稼了。

禹新婚不久，就为了治水四处奔波，多次经过家门而没有时间入内。一次，他的妻子涂山氏为他生下了儿子启，婴儿大哭，恰巧禹从门外经过，听到儿子的哭声，由于时间紧迫，他硬是狠心没有进屋探望。

当时，在黄河中游有一座名叫龙门山（今山西河津市西北）的大山。它将河水的去路堵住了，河道变得十分狭窄。龙门山阻挡住了奔腾而下的河水，导致河水经常溢出河道，造成水患。禹到了这里之后，仔细观察地形，带领人们把龙门山凿出了一个大口子，使河水畅通无阻地流过去。

后人纷纷称赞禹治水的功绩，尊称他为大禹。

舜年老以后，也跟尧一样物色适合的继承人，准备禅让。禹治水有功，因此大家全都推荐他，待舜一死，禹就顺理成章地成了新的部落首领。

这时，人类社会已经进入到氏族公社的后期。生产力不断发展，一个人所生产出来的物品不仅可以满足自己的生活需要，还有了剩余。氏族和部落的首领们开始利用自己的权力和地位将剩余的物品转变为自己的私人财产，满足自己的私欲，成了氏族中的贵族。自此之后，但凡部落间发生征战，所捉住的俘虏不再杀掉，而是将他们全变为奴隶，为贵族服务。就这样，奴隶和奴隶主两个阶级逐渐形成，氏族公社开始瓦解。

大禹治水的功绩极大提高了他在部落联盟首领中的威信。相传，在禹年老时曾前往东方视察，并召集部落首领前往会稽山（今浙江绍兴一带）拜见。所有去朝见禹的人全都手持玉禹，仪式奢华且隆重。有一个名叫防风氏的部落首领，因为他到得最晚。禹认为他怠慢自己的命令，便将防风氏斩了。由此可以看出，这时的禹已经不再是一个部落联盟首领，而是一个真正的国王了。皋陶和他的儿子伯益都曾做过禹的助手，也帮助禹处理政事。按照禅让制，伯益应该是禹的继承人，但禹死后，禹所在的夏部落的贵族却将禹的儿子启拥为新的部落联盟首领。

这样一来，王位世袭制取代了氏族公社时期的部落联盟选举制，禅让制被正式废除。夏王朝出现了，这是我国历史上第一个奴隶制国家。

—— 神箭手后羿 ——

夏启继承王位以后，有扈氏对此表示不服，带兵反抗，于是，启跟有扈氏的部落展开了一场战争，有扈氏被消灭，所有的俘虏全都被罚为牧奴。见到有扈氏的下场，其他部落都安分了，没有人再起兵反抗。

夏启去世后，他的儿子太康继承了王位。但是太康十分的昏庸，从不管理政事，尤其喜爱打猎。一次，太康带着随从前往洛水南岸打猎，打得很上瘾，乐不思蜀，竟打了一百天。

那时，在黄河下游的夷族中有个部落首领名为后羿，他雄心勃勃，想要将夏王取而代之。见到夏康前去打猎，他认为这是一个千载难逢的机会，便带兵亲守洛水北岸。待太康带着大批猎物兴高采烈地返回时，见到洛水对岸全是后羿的军队，无法返回，没有办法，太康只能躲在洛水南岸过起了流亡的生活。但后羿依旧不敢自立为王，他立太康的兄弟仲康为夏王，将实际的权力紧握在自己手里。

后羿是一个十分出色的弓箭手，射箭百发百中。相传，古时候天空中有十个太阳，大地都快被烤焦了，庄稼也颗粒无收。大家请后羿来想办法，后羿拈弓搭箭，几下子就将天上的太阳射下来了九个，仅留下一个。就这样，气候开始变得适宜，不再干旱了。

又传说，古时大河中生活着众多怪兽，经常胡作非为，造成水患，把庄稼和人畜都给淹死了。也是后羿使百姓的生活安定下来，他用箭将这些怪兽给射死了。这些神话全都说明一点，后羿的箭术十分高超。

刚开始的时候，后羿还只是仲康的助手，待仲康一死，他就将仲康的儿子相撵走，自己登上了王位。后羿仗着自己射箭的本领，也开始胡作非为起来，跟太康一样，他四处打猎，对国家政事也不管不问，全都交给自己的亲信寒浞。结果，寒浞背着后羿大肆收买人心。在一次后羿打猎归来后，寒浞派人将他杀死了。

杀死后羿，寒浞登上王位后，但他觉得自己名不正言不顺，害怕夏族再跟他争夺王位，便决定杀死被后羿撵走的相。

不管相逃往哪里，寒浞总是紧追不舍。后来，相还是被寒浞杀害了。那时，相的妻子怀有身孕，为了逃命，没有办法，只能从墙洞里爬了出去，逃往有仍氏部落，不久后，便产下一子，名叫少康。

少康长大之后，就在外婆家看牲口；后来听到寒浞派人四处追捕他，便再次逃到舜的后代有虞氏那里去了。

从小在艰苦的环境下长大，少康练就了一身好本领。长大后，他在有虞氏那里招兵买马，组建了自己的队伍。后来，在忠于夏朝的大臣和部落的帮助下，他起兵反抗寒浞，最终将王位夺了回来。

从太康到少康，夏朝经过了近一百年的混战才逐渐恢复过来，史称"少康中兴"。

尽管少康灭了寒浞，但夷族与夏朝之间的争端并没有结束。夷族中有很多出名的射手，箭术十分了得。直到少康的儿子予即位后，发明出了一种名为"甲"的可以避箭的护身衣才战胜了夷族，夏朝的势力才得以向东发展。

第二章 ／ 商朝的崛起

—— 商汤和伊尹 ——

黄河下游有个部落名叫商，相传在尧舜时期，商的祖先契与禹一起治理过洪水，是个有功之人。后来，商部落畜牧业发展迅速，到了夏朝末年，汤做首领时，商部落已经成长为一个强大的部落了。

夏王朝大概持续了四百多年。公元前 16 世纪，夏王朝走到了尽头，政权旁落，国势式微。夏王朝的最后一位国王名桀，是历史上有名的暴君，他跟奴隶主贵族一起压迫人民，镇压奴隶。他还大兴土木，建造豪华的宫殿，过着荒淫无度的生活。因其凶残成性，百姓生活在水深火热之中。

大臣关龙逄曾劝说夏桀，说他这样会丧失民心。结果，夏桀大怒，将关龙逄杀死了。百姓们都恨透了夏桀，诅咒道："这个太阳什么时候才会灭亡呀，我们愿与你同归于尽。"

见夏桀如此腐败，商汤下定决心消灭夏朝，表面上他对夏桀十分服从，暗地里却发展生产，扩充军备，不断扩大自己的势力。

那时候，部落贵族十分迷信鬼神，将祭祀天地祖宗看作天底下最为要紧的事情。在商部落附近有个部落名为葛，它的首领葛伯从不按时进行祭祀。汤派人责问，葛伯回答道："我们这里穷，没有牲口可以当作祭品。"

于是，汤送来一批牛羊给葛伯当作祭品，可葛伯却将牛羊全杀死吃掉，不进行祭祀。汤再次派人前去责问，葛伯却回答道："没有粮食，怎么进行祭祀？"

汤便派人给葛伯耕田，还派老弱的人给耕作的人送去饭菜，没想到，在半路上，葛伯竟将这些酒饭全抢走，还杀害了一个送饭的小孩。

葛伯这样做引起了大家的公愤，汤就以这件事为借口，出兵消灭了葛伯，紧接着，又连续消灭了附近的几个部落。就这样，商汤的势力逐渐发展了起来，但这一切并没有引起昏庸的夏桀的注意。商汤妻子带来的陪嫁奴隶中有一个名叫伊尹，相传，伊尹刚到商汤家时看起来很普通，只是一个厨师，专心服侍商汤。后来，商汤逐渐发现伊尹跟其他奴隶不一样。在与他进行交谈以后，商汤才知道伊尹是特意装扮成陪嫁奴隶来找他的。在交谈中，伊尹给商汤讲述了众多治国的道理，汤受益匪浅，立即提拔他为助手。

商汤找伊尹商讨关于讨伐夏桀的事情，伊尹却说道："不可，夏桀现在的力量还十分强大，我们先不去朝贡，以此试探下他的反应。"

按照伊尹的计策，商汤没有对夏桀进行朝贡。果然，夏桀大怒，命令九夷发兵前去征讨。伊尹看到很多部落还服从夏桀的指挥，就赶紧让商汤更改策略，向夏桀请罪，恢复了进贡。

又过了一年，夏朝的压榨勒索更加严重，九夷中的一些部落纷纷叛离。这时，汤和伊尹才下定决心大举进攻夏。

将夏王朝推翻，这不是一件容易的事情。自夏启以来，同姓相传的夏王朝已经整整持续了四百多年。于是，汤和伊尹商量之后，决定将商军将士召集起来，由商汤亲自前去誓师。

商汤说："我并非想叛乱，但是夏桀作恶多端，祸害天下苍生，上天都看不惯，降旨让我来消灭他，对于天命，我不得不听呀！"紧接着，他又宣读了赏罚的纪律。

商汤借着上天的旨意来动员将士，再加上将士们仇恨夏桀已久，都盼望夏灭亡。因此，将士们作战十分的勇猛。在鸣条（今山西运城安邑镇北），夏商两军展开了战斗，这一仗，夏桀被打败了。

夏桀逃到了南巢（今安徽巢县西南），商汤追赶至此并活捉了他，随后将其流放在南巢，直到死。

这样，新建立的商朝取代了夏朝。古代统治者将改朝换代说成天命的变革，称为"革命"，因此历史上将这次商汤伐夏称为"商汤革命"。这与近现代史中所提到的革命完全是两个不同的意思。

—— 盘庚迁都 ——

商汤建立商王朝之后，定都于亳（今河南商丘）。此后的三百年中，商王朝的都城一共迁移了五次。这些迁移不是因为王朝内部因争夺王位发生内乱，就是因为黄河下游闹水灾。其中有一次，大水竟将都城全都淹了，只好迁都。

商朝的王位传到盘庚之后，情况终于发生了改变。盘庚是一个励精图治的君主，为了一改社会不稳定的局面，盘庚决定再次迁都，把都城迁到一个城防巩固、远离水患的地方。

可大多数的贵族耽于享受，不愿搬迁，一部分贵族甚至煽动平民进行造反，闹得不可开交。

面对强大的反对势力，盘庚迁都的决心一点都没有动摇。他将反对迁都的贵族全都聚集了起来，耐心地劝说道："之所以要你们进行搬迁，是为了使我们的国家更加安定。可你们非但不理解我的苦心，反而产生了不必要的惊慌，你们要想使我改变主意，这是不可能的事。"

在盘庚的坚持下，反对势力被挫败了，最终他带领着平民和奴隶顺利渡过黄河，迁都到殷（今河南安阳小屯村）。在新的都城里，他整顿商朝的政治，一直在走下坡路的商朝出现了复兴的局面。自此以后两百多年，商王朝都没再迁都。因此，商朝又被称为殷商或殷朝。

三千多年的岁月过去了，商王朝的国都已经变成了一堆废墟。到了近代，在安阳小屯村一带发掘出了大量的古代遗物，后经证实，这里曾是商朝国都的遗址，因此称它为"殷墟"。

在殷墟发掘出的遗物中仅龟甲（就是龟壳）和兽骨就有十多万片，上面刻着难以辨认的文字。后在考古学家的刻苦钻研下，这些文字的意思才逐渐显现出来。原来，当时的商朝统治者迷信鬼神，不管是祭祀，还是打猎，甚至是出征，他们都会用龟甲和兽骨来占卜一番，以判断吉凶。占卜之后，他们就会在龟甲、兽骨上刻出发生的情况和占卜的结果。后来，我们将刻画在龟甲和兽骨上的文字叫作

"甲骨文"，虽然这种文字与现在的文字有着很大的不同，但如今我们所使用的汉字都是从它演变而来的。

还有众多制作精美、细致玲珑的青铜器皿和兵器出土，种类繁多。其中有个名为"后母戊"的大方鼎，它重达八百多公斤，高达一百三十多厘米，花纹精美且华丽。可以想象，制作如此精美且庞大的大鼎要多少人力和物力呀！不过从中我们可看出，殷商时期的冶铜技术已经达到了一个较高的水平。

在殷墟中，考古工作者还发掘了殷商奴隶主的墓穴。在安阳武官村发掘出的一座商王大墓中，不仅有大量的珍珠宝玉等奢侈的陪葬品，甚至有大量的奴隶殉葬。在墓道里，一边堆着无头尸骨，另一边则排列着头颅。根据甲骨文上的文字记载，祭祀祖先时，他们也屠杀大量奴隶当作贡品，最多时竟达到两千六百多个。这些全都是奴隶主残害奴隶的铁证。

因为殷墟出土了甲骨文，这使我们对了解殷商时期的社会情况有了相对确切的考证，因此，我国有文字记载的历史是从商朝开始的。

—— 奴隶为相 ——

武丁姓子名昭，是商朝第二十三任君王，商王小乙的儿子。他从小就跟常人不一样，不管他说什么做什么，大家都觉得难以理解。就连他的父亲也不喜欢他，他经常受到父亲的训斥。

后来，小乙越来越不喜欢自己的儿子武丁，竟然把武丁赶出宫，让他到乡村和百姓生活在一起。

武丁在乡村一住就是很多年，在这期间，他并不气馁，虚心学习、研究治理国家之策。他为人和气，从不以王子身份摆架子，和当地的一些百姓交往甚好，还与一些奴隶成了朋友。

后来，商王小乙去世，武丁登基为王。他急于要做一位勤政爱民的君王，想要有一番大的作为，可是却找不到一个信得过的贤能之臣来辅佐自己。于是他每天都郁郁寡欢，心情苦闷，以至于在父亲去世守孝的这三年里，他几乎不说一句话，就连国家大事都交给了几位大臣处理。这让大家以为君王得了一种不会说话的怪病。

可是，就在为父亲去世守孝三年后的一天，武丁突然开口说话了。在朝堂上，他说自己做了一个梦，梦见天帝给他推荐了一位举世贤臣，他认为对神灵的指点丝毫不能懈怠，他把梦中贤臣的形象刻画到一块木板上，让群臣立刻出去四处寻找。

大臣们接到旨意，丝毫也不敢怠慢，因为这不光是君王的旨意，还是天帝的"旨意"。他们先是在都城里里外外都找了个遍，又在全国各地找了个遍，都没有找到画像中的这个人。大臣们担心完不成君王交给的任务都很着急，于是聚在一起商讨此事。其中一个大臣，突然若有所思地说：君王让我们拿着画像去找贤臣，我们寻访的目标都是上层人士，有身份有地位的人，却未曾留意那些下层人士，而君王所给画像上的人，穿着破衣烂衫，胳膊上还套着绳索，那么画像中的人很有可能是个奴隶！其他大臣也觉得有道理。

但是也有人不认同这个想法，认为君王让找的贤臣不可能是一个低贱的奴隶。不管怎样，为了完成君王交给的任务还是需要把寻找的范围扩大，不放过每一个线索。

当找寻到北海傅岩这个地方时，发现一个奴隶，他的面貌、身材、衣着以及胳膊上套着的绳索，和画像十分相似。他看上去虽然有点驼背，但从那双清澈的眼睛里，看到的都是智慧和才华。他就是武丁要找的人——"说"。

当大臣找到"说"时，他正在和一些奴隶一起修理刚刚被洪水冲坏的道路和被洪水冲垮的墙。画像中的"说"终于找到了，大臣们高兴地把他带走，送进宫里去见商王武丁。

武丁见到"说"时，就有一种相见如故的感觉，欣喜地说这就是天帝在梦中向他推荐的那个贤臣，于是两人就聊了起来。

"说"和武丁交谈时，态度沉着稳重，侃侃而谈。武丁很是赏识他，觉得他是学问渊博、胸襟开阔的人才。于是武丁就封他为左相，由于"说"是从傅岩找到的，便赐姓为"傅"，称他为"傅说"。

傅说做了左相以后，一心辅助武丁复兴商朝，把国家治理得井井有条，使武丁实现了安邦治国、振兴国都的理想。

傅说由一名奴隶摇身一变就成了宰相，这件事充满了神秘色彩。不由得让人觉得天下真的会有这等奇事？细细想来，武丁梦中天帝所推荐之贤臣和在傅岩找到的奴隶竟如此相像，从面貌、身材、衣着，甚至连身上套的绳索都那么相像，这里面也是充满了疑问，世上有这么巧合的事情吗？

其实我们可以这样理解：在武丁被流放乡里时认识了一个叫"说"的奴隶，并结成了至交，后来武丁当上了君王，他想提拔"说"辅佐自己，但是森严的等级制度是没法提拔一个奴隶坐上宰相这个位置的。所以，天帝托梦举荐贤臣，可能是武丁自己编出来的，只有这样才能使群臣不能反对，因为在那个迷信的时代，没有人敢违背"天意"。

—— 姜尚钓鱼 ——

商王文丁，是商王武丁之后的第六个君王。在文丁时期，有一个隶属国——周，周位于商朝的西部，势力在当时比较强大。

早在尧舜时期就有一个有邰氏部落，那是周人的祖先。他们的祖先中有一个叫后稷的人在尧舜时期担任农业官，当时的原始部落以单一的狩猎方式获取食物，后来已经远远不够日益增多的人口的需要。后来后稷就想尽各种办法，带领大家获取更多的粮食。耕种需要肥沃的土地，为了寻找土地，这个部落不断地迁移，他们最早迁到了一个叫豳的地方，三百多年后又迁到一个叫岐的地方。为了能在这个地方更好地生存，他们的首领古公亶父带领大家发展农耕生产；为了防止水旱灾害而大兴水利；接着就是开疆拓土。在这样的努力之下，周族部落就这样慢慢地兴旺强大起来了。到古公亶父儿子季历时，周已经成了商朝西部的强国。

周国的强大，使商王文丁感觉到了威胁。文丁决意要把这个隐患铲除，他以封赏的名义招季历来到都城并将其杀害。季历死后，他的儿子季昌（后人称为姬昌）继位周王。继位之后，他大兴仁义之政、广招贤才、励精图治、发展生产，使自己的国家更加强盛，他知道只有这样才能消灭商朝，为父报仇。

商王文丁死后由他的儿子帝乙继位。帝乙算得上是一位卓越的君王，他很有作为。执政期间，亲自带领诸侯灭了东夷，与此同时又击败孟方，并在朝歌建起了陪都。帝乙死后，他的儿子帝辛继位。辛便是史上最为残暴荒淫无道的"纣王"。

纣王本来是一个英明神武的人。然而，他从小锦衣玉食，有着帝王家的独断专行、霸道、残暴的性格，另外他的父亲已经给他打下了相对稳定的江山和政权，他认为现世安稳，便终日里无所事事，只知道贪图享受。后来愈演愈烈，他把朝歌建成了自己和宠妃们的游乐场所，建造高千尺的露台来观赏美景，为此动用了成千上万的奴隶和工匠，耗时七年时间才得以完成。他从全国搜刮来粮食和珠宝，全部存放在一个大仓库里。他在沙丘建苑囿，种奇花异草，养珍禽异兽以供玩赏。他还命令各诸侯国进贡许多美女以供自己享乐。他的穷奢极欲几乎到了登峰造极的地步。他还设立了许多酷刑，其中有一种叫"炮烙"的刑罚非常残忍，就是把反对他或者和他有不同意见的人绑在一个用火烧红的铜柱上活活烤死。

纣王这种倒行逆施、荒淫残暴的行为，久而久之自然使一些正直的朝臣产生不满，甚至产生离心倾向，他们苦心劝诫，纣王根本听不进去，并采取残酷的手段给予镇压。由于九侯、鄂侯和西伯侯姬昌是当时实力最强大的三个诸侯。纣王怕他们威胁到自己，就用他的祖父文丁用过的招数将这三个诸侯骗进都城，寻找时机加以杀害。后来，九侯被杀死后做成了肉脯，鄂侯被剁成了肉酱，西伯侯姬昌被囚禁在羑里，姬昌的长子伯邑考听闻此事后救父心切，就带着许多粮食珠宝向纣王求情，可是残忍的纣王竟把伯邑考剁成肉酱，还让使者送给他的父亲姬昌吃，真是残忍至极！

姬昌知道是儿子的肉酱，心中悲痛万分，但他也知道自己只有忍过此时，求得生存才能有机会为儿子报仇。于是，他强忍悲痛当着使者的面吃了儿子的肉酱，并且在监狱中表现得毫无怨言，安静地弹琴以示自己没有反抗之心。随后周王又给纣王送了大量的珠宝、美女，让纣王更加沉迷于此。纣王终于放下心来，放回了姬昌。

回到西岐的姬昌更加坚定了自己复仇的计划，他招兵买马，扩充自己的军队。但他还是觉得自己身边虽有散宜生、南宫等文臣武将和儿子姬发的辅助，但他还是缺少一个能够运筹帷幄、深谋远虑的战略家和战术家。他求贤若渴，日夜思考要去哪里找到这样的一个人才！

一日，姬昌带着随从来到渭水边打猎，无意中看到一位奇怪的老人在钓鱼。他的鱼钩竟是直的，而且离水面至少有两三尺的距离。让人不解的是，他竟然还钓得那么专心，路边经过了很多人马车辆，他都没有一丝一毫的察觉。姬昌突然大悟，觉得这位老人家绝非等闲之辈。自古那些旷世奇才，都会有一些异于常人的言行。想到这里，姬昌上前诚恳地与老人攀谈。经过深入交谈后，姬昌发现老人对当前的形势和纣王的暴政行为了解得一清二楚，分析得更是鞭辟入里，确实是一位了不起的军事、政治全能人才。

姬昌喜出望外，高兴地告诉随同他的散宜生大夫：这位老人家就是我们日夜企盼的人才啊。后来，他们将这位老者称为"太公望"。

太公望，姓姜，名尚，字子牙，由于他祖先的封地在吕，又称吕尚。自此之后，民间习惯称他为姜太公。

话说姜太公跟随了周王姬昌之后，并没有让姬昌立即出兵讨伐商朝，而建议他先训练兵马，以巩固后方。在这期间消灭了西戎和密须。之后又暗中派人鼓动东夷造反，就在商朝全力对付东夷之时，姜子牙带兵一举拿下位于商朝与周国之间的崇国，把其都城改名为丰京。并在此扩建王宫，建立宗庙。这时，周国的势力直逼商朝。

纣王的昏庸无道，早已使各路诸侯怨声载道，他们愿意归顺依附有着正义之师的周国，一同抵抗商朝。可是，就在姬昌盼望已久的时机到来之时，他却因病逝世了。

第三章

周朝的历史转折

—— 武王伐纣 ——

姬昌去世后，姬发继位，被称为武王。他是姬昌的次子，在丰京继位后，追封自己的父亲为周文王。

武王也是一位爱才的贤能君王，继位后拜姜子牙为军师，对他极为敬重，用对待父辈的礼仪对待他。武王团结一切可以团结的力量，和他的兄弟周公旦、召公奭乃至全国上下一心，做好起兵灭商前的一切准备工作。

经过几年的养精蓄锐后，武王决定对当时商朝的政治和军事进行一次试探。他率领王军东进，打着商朝隶属国的名义和旗号，大旗上的旗号是"西伯昌"，他让军队在前面抬着自己父亲的牌位，他不称自己为王，而是称太子发。这一切举动就是想知道商朝别的隶属国的态度。

当王军渡过黄河，到达孟津时，许多商朝隶属国的诸侯们前来表示支持，愿意共同讨伐商朝。然而武王却认为此时不是讨伐商朝的最佳时机，虽然纣王昏庸，但他还有一定的影响力，还具备一定的统治力量，还有一些如比干、箕子、微子这些忠诚的老臣们，他们不愿商朝灭亡，还在极力地维护着摇摇欲坠的商朝政权。所以此次出兵只是一次试探，为将来共同讨伐奠定基础。所以武王只在此进行了一次军事演习，就带领王军回了丰京。

此时的纣王还不知自己气数将尽，更加的昏庸残暴。在一个寒冬的早上，他与妲己在露台上欣赏风景，看到远处有一老一少光着脚在河里走，老人在前面大步流星地走着，好像一点也不冷的样子，少的在后边缩手缩脚地走着，像是很冷的样子。纣王很是不解，为什么年轻人反而不如老年人。妲己说，这老人是在他父母年轻力壮时生的他，所以骨髓饱满，经血旺盛；这年轻人是在他父母年老体衰时生的他，骨髓先天不足。纣王不信，就立即下令砍开这两人的胫骨看个究竟。更令人发指的是，纣王和妲己打赌一孕妇怀的是男是女，便下令把孕妇肚子剖开看，简直惨绝人寰！

大臣箕子见纣王这样惨无人道，实在是太不像话，便进宫劝说纣王，此时的纣王哪里听得进去这些，他在妲己的怂恿下，直接把箕子的头剃光，拉去做了奴隶。比干得知此事去说情，纣王恼羞成怒，竟让武士把比干的心挖了出来。微子看了痛心至极，又无可奈何，悲痛之下带着家眷逃离了朝歌，隐居在外，他知道商朝气数已尽，又不愿亲眼看着它灭亡。

此时的纣王已是众叛亲离，满朝怨声载道，商朝真的是气数已尽。周武王得知情况，与军师姜尚商量之后，便带领精兵五万，兵车三百乘，一路向东进军。

大军正在前行之时，突然被两位白发老者拦住去路，经了解，这两位老者一个叫伯夷，一个叫叔齐。他们来自北方的孤竹国，原是想投奔武王的，途中听说武王要去讨伐商朝，他们特意来劝阻，说什么臣子不能犯上之类的话。姜尚见这两位老者迂腐，便不想和他们多费口舌，命人拉开二人，大军继续前行。

武王大军到达黄河边时，正值隆冬之季，河水全部封冻，真是天助我也，大军正好可以踏冰过河。就这样一路前行，顺利到达孟津。四方的各路诸侯得到消息后，也相继赶到孟津与周军会师。

第二年正月初，号称八百路诸侯的联军和周军的五万精兵历经一个月抵达朝歌附近的牧野，并在此举行了誓师大会。大会上，武王列举了周王残暴执政的种种罪状；宣布自己是正义之师，奉天命出师伐纣；制定了军规军纪，一是不能骚扰伤害百姓，二是不能杀俘虏，三是奖罚分明，对勇敢杀敌的给予奖励，对逃跑后退的处以死刑。此次大会大大地激励和鼓舞了士兵的士气。

誓师后，大军气势高昂，准备进攻朝歌。纣王得知此消息才真正地慌了神儿，他决定组织军队抵抗，可是当时守城的军队并不多，无奈之下他将城内大批的奴隶和东夷战争时的俘虏武装在一起，组成一支看起来庞大的七十万人的杂牌军，由他亲自带领上阵抵抗。

可是纣王军队中的奴隶和俘虏早已对纣王恨之入骨，两军刚一交战，他们便掉头杀向纣王的军队，士气旺盛的周军趁势勇猛冲杀，杀得纣王的军队一败涂地，溃不成军。纣王见已大败，掉头逃进朝歌，可是周军乘胜追击，势如破竹般地冲了进来。而此时的纣王终于知晓，已无回天之力，眼见大势已去，逃到鹿台，放了一把火，把自己烧死了。商朝就这样灭亡了。

周武王灭了商朝以后，自称天子，在离丰京不远的地方，建了一个气势恢宏的新都，名为镐京。他称自己的祖宗古公亶父为太王，祖父季历为王季，父亲西伯侯为文王。中国从此进入了历史上的西周时期。

—— 周公辅助成王 ——

　　周武王灭掉了商朝以后，为了安抚政局、赢得民心，他采取了怀柔政策，不但没有杀死纣王的儿子武庚，还给他封侯，让他管理殷都朝歌的政务。武王担心武庚不安分，就派了自己的兄弟姬鲜、姬度和姬处在殷都的周围建立了各自的封地，这样既监视了武庚，三个亲兄弟也得到了安置，他们的封国分别在管地、蔡地和霍地。三个兄弟都分封在外。后来武王的儿子成王继位，便称这三人为管叔、蔡叔和霍叔。

　　但是武王的这些举措只是从表面上稳定了政局，商朝的奴隶主贵族们的旧势力依旧存在，他们还是不甘心，一直在寻找机会反攻，以恢复商朝。比这更难处理的是，几百年的商朝统治下留下的正统观念，在老百姓心目中已经根深蒂固，很难改变。果不其然，没过多久，两个老人饿死在首阳山上的事就被传得沸沸扬扬，而这两位老人就是当年阻拦周武王讨伐商朝的伯夷和叔齐。人们都说这两人是对武王以下犯上忤逆行为的抗议，他们发誓不做周朝的子民，不吃周朝的一粒粮食，独居在首阳山上，以挖野菜、吃野果为生，到了冬天就被活活饿死了。有人还为其作了一首名为《采薇》的诗来歌颂他们的美德。这也说明百姓还没有完全心向周朝。

　　这些现象让武王吃不下饭、睡不着觉，日夜思考这些事情。他招来朝中的几个重臣周公旦、太公望和召公奭，一起商量此事。太公望建议派驻军，召公奭主张施仁政，周公旦最后提出了一个分封的办法，就是把像朝歌这种监管国的形式，加以推广，由武王给周王室的亲属和在灭商战争中有功的大臣指定地方建立自己的诸侯国。各个诸侯管理自己诸侯国的政务和军事，但是都得听从天子的号令，还要定期向天子进贡。武王经过再三考虑决定采纳周公旦的建议，开始进行大规模的分封。从武王到他的儿子成王，前后一共分封了七十个左右的诸侯国。这种大规模地分封诸侯国的形式，就是我们所说的"封建制度"。

　　武王在西周建国后没几年，就因病去世了。这时分封诸侯国的事还没有完全完成。他在临终时，把天子之位传给他的 13 岁的儿子姬诵，并嘱托周公旦辅助自己年幼的儿子，即代理执政。

周公辅政后，采取了很多有效的举措。为了稳固局面，他协调天子与各诸侯国的关系，为了让已经分封的诸侯国能够照章办事，他制定了一些新的制度：首先是继位制度，由原来的哥哥死了由弟弟继承，然后再由儿子继承，改为直接由嫡长子继承，而其他的儿子可以再分封诸侯。这一制度避免了王室内部为了争夺王位而发生悲剧，也稳固了政权；其次是重新确定贵族阶级的等级和特权，他把王室奴隶主贵族分为五个等级，就是天子、诸侯、卿、大夫、士，还对每个等级的服饰、祭祀、会盟、宴饮、朝贡、婚嫁、殡葬规格都做了相应的规定。这就是后人说的"周礼"。

奴隶主贵族的权利和义务由周礼制衡。而针对平民百姓，周公也制定了严酷详细的刑法律条，约有三千条。之后人们常说的"刑不上大夫，礼不下庶人"，就是针对周公所制定的这些制度而言的。

周公为了巩固周朝的统治，可谓是披肝沥胆、呕心沥血，从没有过一丝一毫的怠慢。据说他在吃饭的时候常常有人来禀报事情，他就会把嘴里的饭立刻吐出来与人谈事；在洗头的时候有事情需要处理，就用手攥着湿淋淋的头发办起事来。这也就是"周公吐哺"的由来。

但是他的做法还是引起了一些王室成员的不满和猜忌。首当其冲的是他的哥哥管叔，管叔是文王的三儿子，武王是老二，而周公是老四。如果按照旧的继位制度，应该由老三来继承王位，可是新的继承制度一出来，就完全破灭了他的希望；再有就是武王没有委托管叔做辅政大臣，而是委托周公做辅政大臣，他心里很是不满；再加上周公什么事都要亲力亲为，恐怕出什么纰漏，这样一来朝政大权就都握在周公手里了。管叔臆测周公一定是想把持朝政，糊弄年幼的成王，为自己日后称王做铺垫，于是他就在朝中四处散播谣言，说周公这样独揽大权，将来一定会谋权篡位的。不仅这样，他还和武庚勾结，怂恿武庚起兵反叛，以此来逼周公下台。

这样的谣言具有很大的杀伤性，甚至连太公望和召公奭都有些相信这些传言了，于是他们提出要离开镐京到自己的封地去。这样一来，年满 15 岁的成王也产生了怀疑，很是焦虑。周公为了制止谣言，稳定大局，一是立刻给成王举行"冠礼"仪式，这一仪式表示成王可以亲政了；二是他诚恳地把手中的政权全部托付给了太公和召公，自己离开京城，还写了一首《鸱鸮》送给了成王。诗中将成王比喻成可爱的幼鸟，把自己比喻成护巢捕食的老鸟，而把武庚比喻成凶恶的鸱鸮。

周公离开京城没多久，武庚就和东夷的一些部落勾结起来，要起兵反叛。可是监国的管叔等人，却坐视不管。成王得到消息后，才知道自己错了，不应该怀疑周公。于是与太公和召公商议后，决定立即召回周公，来应对眼前的局势。

其实周公出走以后，并没有因成王的怀疑而变得消极，反而在暗中用力，他观察并找到管叔煽动武庚叛乱的证据。周公回到镐京后，立刻带兵东征亲自讨伐武庚，派太公望带兵阻断淮夷、徐戎两股援军。就这样周公一举拿下了殷都，杀了武庚。紧接着还把制造谣言、煽动叛乱的管叔砍头，蔡叔流放，霍叔贬为平民。

周公东征平定了叛乱，回来之后就在镐京西边的洛邑建了一座新的都城，起名为周。洛邑属于中原的中心地带，地理位置绝佳，非常方便控制整个中原。周公还把那些跟随过武庚叛乱的商朝奴隶主贵族们都集中到洛邑居住，让军队监管他们，称他们为"顽民"。

周公在辅佐年幼的成王七年的时间里，兢兢业业，鞠躬尽瘁，成绩卓著，使周王朝变成了一个统一繁荣昌盛的奴隶制国家。在周成王20岁的时候，周公将全部权力交还给了他。

—— 共和行政 ——

周成王在周公的辅助下，使周王朝成了一个繁荣强大的奴隶制国家。当成王的儿子康王继承王位时，已经是周王朝的鼎盛时期了。历史上把这段时期称为"成康之治"。

但是，自此之后，周王朝开始走下坡路，再也没有往日的光彩。在周王朝的第十任周王厉王在任时，朝廷内部已经腐败不堪。那些王公贵族们一味贪图享乐，拼命压榨生活在社会底层的奴隶和百姓，使得民不聊生。而厉王也没有丝毫体谅民情之心，反而更加横征暴敛，以供挥霍。他还采纳宠臣荣夷公的建议，实行"专利法"，这里的"专利"指的是：这天下万物都是周王的，山川、土地、河流都是周王的，所以，任何人耕种周王的地要缴费；上周王的山打猎，砍伐树木要缴费；在周王的河里捕鱼要缴费，就连喝水走路都要缴费。

此法一出台，引起了社会上各个阶层的不满，不但包括农民和奴隶，还有来自城市的平民也极力反对。当时，在乡下种地的农民和奴隶被上层阶级称为"野人"，在国都城里居住的平民、做买卖的商贩和以手工为生的人被称为"国人"。首先站出来的是国人们，他们说，这山川、河流、土地乃至万物都是上天创造出来的，为什么要缴费，要是这样的话，根本没法活下去了。还有的说，从古至今，历经多少代君王，从来没有一个像当今的君王这样不管百姓死活而只顾自己享乐。

大臣召公虎是周王朝开国功臣召公奭的后代。他早已对周厉王和王室成员腐化奢靡的生活十分不满。他也曾多次劝说，但是厉王根本就不理会他，反而变本加厉，以至于国家变成现在这样，民怨沸腾、怨声载道。于是他再次劝谏厉王，说："荣夷公的专利法看起来有用，确实为大王收敛了许多钱财，可是这样却断了百姓的活路啊，大失民心，会使百姓怨恨朝廷，怨恨大王，会危及江山社稷啊。请求大王撤销专利法，改掉朝廷这腐化奢靡的风气。"

而厉王根本就听不进去，他一气之下退了朝。如果不是看在召公虎是老臣的面子上，可能早就治了他的罪。荣夷公见厉王如此支持自己，便更加肆无忌惮地推行他的专利法了。他对奴隶主贵族和农民增加税收，在城市里也加强了剥削，不放过任何增加税收的可能。只要有人不纳税就会被抓进监狱，去做苦工，有的还会被处以极刑。于是，举国上下，到处可以听到对周厉王不满的声音。当时在民间流传着这样一首民谣："硕鼠硕鼠，无食我黍。三岁贯汝，莫我肯顾。逝将去汝，适彼乐土。乐土乐土，爰得我所。"大致意思是：你就是一只拼命剥夺我们粮食的大老鼠啊，多少年我们都尽力地供养你，你却对我们没有任何仁慈之心，我们要离开你，去寻找能给我们幸福自由的净土，可是净土啊净土，你究竟在何处？

从这首民谣里不难看出，百姓们把厉王和王室贵族们比喻成偷吃他们粮食的大老鼠，表达了他们对当时王朝的极度失望和离心倾向。当时举国上下，类似这样的民谣到处都能听到。厉王自然也能听到这种歌谣，他找来荣夷公商讨此事，荣夷公告诉厉王：自己有一个好朋友叫卫巫，是个有能力的人，他有办法制止百姓乱说、乱唱。

厉王听了荣夷公的话，任命卫巫为大臣。原来，卫巫是个巫师，以算卦为名，他带着一些人暗中在镐京城里四处打探，只要打探到对厉王的专利法有不满情绪的人就抓起来关进监狱，并处以极其残酷的刑罚。在这样的残酷镇压之下，对厉王不满的声音很快就消失了。人们都不敢说话，甚至在大街上见面也只是点个头、使个眼色。

厉王听不到不满的声音了。他很高兴，给了荣夷公和卫巫很多的赏赐。还在朝堂上得意地问召公虎："现在，国内一片清明，已经听不到任何百姓的怨言了吧？"

召公虎说："我听说，要想防止百姓对朝政不满的议论，就如同防止河水决堤一样，单单靠堵是堵不住的，否则最后一旦决堤，就会产生更大的危险。"

厉王听了召公虎的话，没有任何反省，反而更加生气，他命令荣夷公继续扩大镇压范围，加强镇压力度。这样的强力镇压之下，人们如同决堤的河流一样终于爆发了。公元前841年，小商小贩们、手工业者还有小的奴隶主贵族们，忍无可忍之下终于拿起自制的武器，涌向王宫，发起了暴动。

厉王还没有来得及派兵镇压，反抗的人群就已经冲进了王宫。而王宫内的士兵也早已对厉王不满，纷纷倒戈，站到了反抗者的队伍里，和反抗的人群一起杀向王宫。势不可当，周厉王只好带着家眷和荣夷公仓皇逃出京城，来到彘地避难。

反抗者们攻下王宫后，听说太子静藏在召公虎家里，他们把召公虎的家团团围住，召公虎为了保住周王的血脉，忍痛将自己的儿子顶替太子交了出来，当场就被反抗者们杀了，而真正的太子静被保护了下来。

这次暴动因为缺乏明确的组织者和管理者，在攻下王宫，杀死"太子"之后便自动解散了。此时王宫一片混乱，朝政无人管理，这时，周朝东边的一个诸侯卫武公闻讯赶到了这里。召公虎为了稳住局面，就以周厉王的旧臣的身份请卫武公暂时代理朝政，由自己和大臣周公等组成一个奴隶主贵族会议进行辅政。由于卫武公名和，封地又在共，因此又叫共伯和。共伯和与贵族会议共同执政十四年，历史上把这段时期叫"共和行政"。在司马迁的《史记》中，就是从共和行政的第一年开始纪年的。也就是公元前841年。自此，我国的历史就有了准确的纪年。

又过了十四年，也就是公元前827年，周厉王在彘地病故了，召公虎得此消息后，决定和共伯和等人立太子静为王，也就是周宣王。

—— 骊山烽火 ——

周宣王去世之后，周幽王继位，他是西周的最后一任天子。话说这位周幽王也是一个不务正业的君王，整日里只知道吃喝玩乐，到处搜集美女，荒淫无道，以致最终造成朝政荒废。大臣褒珦对此非常担心，他向幽王进言，要爱护百姓，好好管理国家，不要整日贪图美色。幽王听到这些后非常恼火，便直接把他关进了大牢。

褒珦的家人无奈只能买了一个极好看的乡下姑娘，名叫褒姒，他们教她唱歌跳舞，认真调教后把她打扮得漂漂亮亮的送到镐京，献给幽王，希望幽王能够喜欢，好救回褒珦。

周幽王见了褒姒之后，非常喜欢，很快便把褒珦放了。从此周幽王日日夜夜陪着褒姒，对褒姒视若珍宝。可是褒姒整日眉头紧锁，以泪洗面。幽王想尽办法想让她开心，都无济于事。后来幽王下通告说："谁能让娘娘一笑，就赏赐千金。"

通告张贴之后，来了一个游手好闲之人，此人名叫虢石父。他对周幽王讨好地说："我有办法让娘娘笑。"为了防备西戎入侵，在骊山一带每隔几里就有一个烽火台，用来发送信号。他告诉幽王，晚上在烽火台上点火，诸侯见了以为有人入侵，肯定会急忙赶来，这样他们就上当了，这样的恶作剧一定会让娘娘觉得好笑。

幽王也觉得这是个不错的主意，便决定试试。诸侯郑伯友是周幽王的叔叔，闻讯赶紧过来拜见幽王，劝他不能这样胡来，否则会出大乱子的。幽王不但不听还开口大骂，说："我每天在宫里无聊得很，带娘娘出来在这烽火台放火娱乐一下，怎么了，你这个混账东西。"

于是，没人敢来劝阻幽王。到了晚上，周幽王带着爱妃褒姒来到了烽火台，他命令士兵在台上点着烽火。眼看火势越来越旺，很快，附近的诸侯带着士兵急匆匆地赶过来了，却没有见到一个敌人，见到的却是一片歌舞升平的场面。诸侯们很是不解，幽王却告诉他们说，什么事都没有，自己和娘娘在这儿放烽火玩一下。诸侯们气得无语，无奈只能忍气回去了。

　　褒姒见到这混乱的场面，就问幽王原因，幽王告诉褒姒，说："见你整日闷闷不乐，想让你笑一下。"褒姒听了，觉得这个幽王无聊到了极点。于是就冷笑一声。幽王还真以为褒姒笑了呢，就赏了虢石父千金。

　　没过多久，西戎的军队打来了。守关的士兵赶紧到烽火台点起烽火，可是，这次诸侯们以为又是幽王在开玩笑，一个也没有赶过来。

　　这时，西戎的军队像决堤的洪水一样涌进了城，他们所到之处烧杀抢夺，惨叫声一片。他们直接杀进了王宫，周幽王死在了西戎的刀戟之下。褒姒也被西戎人抢走了。后来，诸侯们赶到了，打退了西戎人。可是这时周幽王已死，他们只好让周幽王的儿子继位，为周平王。

　　周平王姓姬，名宜臼。平王继位时，周朝西边的疆土大半都已经让西戎占去了，他担心镐京不保，在公元前 770 年，迁都洛邑。镐京位于周朝的西部，历史上把周朝在镐京做国都的时期，叫作西周；迁都洛邑以后，被称作东周，历史就此进入了东周。

第四章

——

春秋诸侯林立

—— 鲍叔牙荐管仲 ——

公元前 770 年，周平王迁都洛邑，直到公元前 256 年周被秦所灭，这一段历史被称为东周。东周又分为两个时期：春秋和战国。公元前 770 年到公元前 476 年为春秋时期；公元前 475 年到公元前 221 年为战国时期。显而易见，东周是一个动荡不安的时期，周天子的势力逐渐削弱，诸侯国的势力日益强大，以至于到后来周天子的国土小到只相当于一个最小诸侯国的国土了。

在春秋初期，齐国是一个诸侯大国。公元前 685 年—公元前 643 年，齐桓公在位。齐桓公在他做齐国国君第七年时开始称霸诸侯，这一切得益于管仲。管仲，名夷吾，字仲，他是位治理国家的奇才。他当上齐国的国相以后，齐国的势力就逐渐强大起来。其实管仲之前是齐桓公的仇敌，这是什么原因呢？提起这些，就避不开鲍叔牙这个人了。

在齐桓公之前，是哥哥齐襄公做国君，齐襄公是个极其残暴的国君。齐桓公和他另一个兄弟担心自己被哥哥杀害，纷纷逃到别的国家去了。他们两兄弟不是一个母亲所生。一个叫公子纠；一个叫公子小白，就是后来的齐桓公。公子小白逃到他母亲的娘家莒国，公子纠逃到他自己母亲的娘家。那时管仲是公子纠的师傅，而公子小白的师傅是鲍叔牙。

而管仲和鲍叔牙从小就是非常好的朋友。他们在一起合伙做过生意，当时管仲家里很穷，本钱出得少。鲍叔牙家里富裕，就出得多一点。但是赚来的钱管仲却分得更多一些。奴仆看在眼里，替主人抱不平，对鲍叔牙说："这管仲本钱出得少，分钱时却拿得多，太自私了。"鲍叔牙却说："管仲分得多，是因为他家里困难，多分一些给他，这是我自愿的。"他们俩也曾一起上过战场，冲锋陷阵时管仲总是在鲍叔牙的后面，撤兵时又总是在鲍叔牙的前面。有人议论说，管仲是一个贪生怕死的人。鲍叔牙连忙替他辩解说，管仲并不是一个贪生怕死的人，他家里有年迈的老母亲，如果他自己有什么不测，母亲不就没人赡养了吗？其实他的勇敢和智慧无人可比。管仲听了鲍叔牙的话便说："生我者父母，知我者鲍叔牙也。"

公元前 685 年，也就是齐襄公被人杀害的第二年，这年春天，齐国的大臣派使者来鲁接公子纠回国继承君位。由于事关重大，鲁国国君亲自派兵护送。管仲心想，绝不能让公子小白赶在公子纠前面回去。于是他带着数十辆兵车先行一步。走到即墨这个地方时，得知公子小白已经赶在前面。他奋力追了三十多里才追上，当时管仲也顾不得想太多，拿出弓箭就射向了小白，只听见小白大叫一声，口吐鲜血，倒在车里。这时管仲想，公子小白已死，公子纠的国君之位是稳稳当当的了，自己便带人急忙回去了。

哪知道，这公子小白根本就没死，是他自己咬破了舌头弄出的假象。鲍叔牙带着公子小白抄近路马不停蹄地赶到都城临淄。可是国君之位向来都有立长之说，鲍叔牙采用各种理由说服了众大臣们，这才立了公子小白为国君，就是齐桓公。齐桓公要鲍叔牙做齐国的宰相，鲍叔牙说，做宰相我不行，只有管仲才有这个才能。

随后，鲁国护送公子纠的人马也到了齐国的地界。这时鲍叔牙让齐桓公趁此机会出兵除掉他们。这一仗鲁庄公大败而归，没想到齐国乘胜追击到鲁国。鲁庄公无奈逼死公子纠，并擒住管仲。鲍叔牙得知，便让鲁国的使者给鲁庄公传话说："管仲是齐桓公的仇人，曾经射过他一箭，齐桓公要亲自报这一箭之仇。"就这样管仲被押回了齐国。原来鲍叔牙清楚管仲的才能，要举荐他帮助齐桓公治理齐国，又怕鲁国先杀了管仲，便出此一招。管仲刚到齐国，便看到鲍叔牙已经在城外迎接。

随后，鲍叔牙便大力举荐管仲给齐桓公，夸赞说管仲的才能如何了得。齐桓公问鲍叔牙说："他曾经拿箭要我的命，我能重用杀害过我的人吗？"

鲍叔牙解释说："当时，管仲是公子纠的师傅，必然会冒死相助公子纠，这是他的使命。他和我从小就相识，您只要相信他，我相信他的才能一定可以为您建立伟大的功业。"

齐桓公听取了鲍叔牙的建议，拜管仲为相国。而鲍叔牙却心甘情愿做了管仲的副手。

管仲当上相国后的七年里，确实不负所托，大展他在军事、政治、经济方面的才能。他大兴改革，使得国富兵强，很快，齐桓公就称霸四方，成为一方霸主。后来，齐桓公十分敬重管仲，尊他为仲父。鲍叔牙，则甘心情愿地在管仲之下，一心辅佐齐国。二人的友谊也成为历史上的一段佳话。

—— 一鼓作气 ——

齐桓公继位不久，经鲍叔牙极力推荐，就封了管仲为相国。鲁庄公知道后，非常生气，他了解管仲的才能，后悔让齐桓公给骗了，当初不该放了管仲。鲁庄公对此一直怀恨在心。他决定报仇，后来加强军事训练，积极制造兵器。齐桓公听到消息后，索性一不做二不休，决定主动出兵攻打鲁国。

这时，管仲劝阻齐桓公说："主公，您刚刚继位不久，这个时候正是安顿国家、休养生息，和外界搞好关系的时候。攻打鲁国之事日后再说。"可是齐桓公想的是，正是因为自己刚刚继位，才需要干出一件大事来立威，好让臣子们心服口服。如果按照相国说的，等到一切都稳定了，那不知得等多久，齐桓公不想等那么久。于是，就在他继位的第二年，也就是公元前684年，拜鲍叔牙为大将，带领大军直奔鲁国的长勺而去。

鲁庄公闻讯，气得大叫：这小白简直欺人太甚，看来我们非得大干一场了。大臣施伯给鲁庄公推荐了一个文武双全的人，还跟鲁庄公说，此人和他自小认识。只要诚心去请，他就一定会来。这人就是后来闻名史册的曹刿。

鲁庄公闻此，让施伯去请曹刿。

见了曹刿，施伯将前情后果都和曹刿说了一遍，诚恳地邀请他出来为国家效力。曹刿本是一介平民，家里穷困，笑着回答："你们这些做大官的，怎么会来跟我们这些穷百姓商讨大事啊？"施伯只好赔着笑脸，继续说："国家和百姓们的安危都是大事，你怎么能袖手旁观呢？"旁边也有人劝曹刿不要去，但是，曹刿想了想决定跟施伯去见鲁庄公。

曹刿见到鲁庄公，询问了一些战争的准备工作，鲁庄公讲了很多，说战争取胜最重要的一点应该是取信于民。听到这些，曹刿信心十足地说：这一仗可以打了。

鲁庄公问："这一仗具体怎么打？"他说："只要举国上下齐心协力就能打退敌人，你要问具体怎么打，这可说不好，现场情况瞬息万变，只能见机行事。打仗没有什么固定的说法。"

鲁庄公相信施伯，自然也就相信曹刿。于是，他封曹刿为大将，让他带领大军到长勺抵抗齐军。

曹刿到了长勺，安顿好大军，他首先了解了当地的地形。由于两军阵地都在高处，中间隔着一条很宽的山沟。鲍叔牙根据地形判断对方不敢先出击，就下令击鼓冲锋。

对面的鲁庄公听到鼓声雷雷，就有些慌了，坐不住了，他也让士兵击鼓进军，曹刿急忙拦下说："不急，让他们先赢了这一回，现在他们士气正旺，如果现在出去正中他们的意，等等再说。"这时曹刿下令不许说话，不许冲出去，只让弓箭手镇守。这时，齐兵伴着鼓声冲了过来，可是对方不出兵，没法打，如同双手打在棉花上，有力使不出，只能先退回去了。

过了一会儿，齐兵第二次击鼓冲锋又开始了，可鲁国还是没有出动。这时，齐兵不耐烦了，鲍叔牙则认为鲁兵不敢出兵。接着就下令第三次击鼓冲锋，这时齐兵认为鲁兵一直没有反应一定是不敢交战，便放松警惕。没想到，突然听到鲁军的鼓敲得震天响，鲁兵就像是决堤的洪水一样冲了出来，摧枯拉朽般把齐国的军队打得仓皇而逃。

鲁庄公见状，要派人去追，曹刿急忙说："慢着，先让我看看。"他下车先是查看车轮的印子，又站在马车上向齐军逃跑的方向看了一会儿，才下令追击。一直追出三十里地发现了齐军丢弃的兵器和车马。这次战役，他们收获了很多兵器和战马。

鲁国胜利了，鲁庄公却对此胜仗有一些不解之处。于是，他问曹刿："齐军前两次击鼓，为何不让我军击鼓呢？"曹刿说："打仗打的是士兵的士气，击鼓的目的是激励士兵，让他们更勇猛地厮杀。那么打头鼓时，士兵最有士气；二次鼓，就差一点了；三次鼓，就没有什么士气了。这时，他们没了士气，可我们士气正旺，这样能不打胜仗吗？"

鲁庄公和将士们连连称赞，可是大家还有不明白的地方，又问：为何齐兵逃走，不让立刻追击？曹刿说："你不知道敌军是真逃还是假逃，如果假逃中了埋伏怎么办，所以一定要观察敌军车轮印是否乱了，军旗是不是倒了，才能决定追与不追。"鲁庄公听完曹刿的解释，佩服至极，说他是一位精通军事的好将军。

齐桓公的军队大败而归，只得向管仲承认自己错了，表示以后愿意听管仲的建议。在此之后，管仲建议齐桓公与列国诸侯交好。当然也和鲁国讲和了，退还了鲁国的田地。齐桓公整顿内政，努力发展农业和制造业。由于齐国是一个靠海的国家，物产丰饶，加之齐桓公在管仲和鲍叔牙的辅佐下，短短几年间，齐国便国富兵强。仅仅几年时间，齐国就占领了三十七个小国，称霸诸侯。

—— 唇亡齿寒 ——

　　齐桓公帮助燕国打退了山戎，也提高了他在众诸侯中的威望。这时，卫国也派使臣来找齐桓公求救，说北狄入侵卫国，还杀死了国君卫懿公。

　　齐桓公派自己的儿子公子无亏为将，带领人马来到卫国，给卫国立了一位新的国君卫文公。公子无亏完事以后，留下三千齐兵在此镇守，以保卫国安全，自己回齐国向父王齐桓公复命。

　　齐桓公思虑再三，觉得还是要彻底解决卫国的隐患。于是，管仲提议帮卫国砌上城墙，以防敌人入侵。

　　齐桓公觉得这个办法不错，于是就和其他几个国家一起给卫国砌好了城墙，并盖了房屋。此后，齐桓公就更加威名远播。随后，他派人朝拜周釐王，请求周釐王以天子的名义派自己到宋国宣布新任国君，并召集其他国诸侯会盟。这样一来不管诸侯们愿意与否，只要承认他这个霸主地位的都要向他进贡，由他统管。

　　在这之前，齐桓公就已经请令周天子，让宋国、鲁国、陈国、卫国、郑国、曹国等许多诸侯国，各派一位大将由齐桓公统领去攻打楚国。楚王派使臣传话说："齐国和楚国素来没有恩怨，又相隔千里，你为什么要攻打我？"齐桓公说："我是受王命来攻打你的，因为你不进贡天子。"这时，楚王也只好道歉讲和，齐桓公才叫各国退兵。在当时，齐、楚、晋、秦、吴、越属于一等大国；认可齐桓公为霸主的宋、鲁、郑、卫属于二等国；陈、曹属于三等国；只有许国是个小国。由此可见齐桓公的势力之大。齐桓公在位的三十多年时间里，经历了四代周天子的世袭罔替，他称霸后共召集九次诸侯会盟。

　　随着时间的流逝，齐桓公也老了。这时，秦国的国君秦穆公，想趁此机会扩大自己的势力，争做中原霸主。秦穆公广征天下贤才，他认为成大事者，一定要有许多贤才。秦穆公是一个想法独特的人，他一直忌惮用本国的贵族，他担心那些贵族权势大了以后，会牵制自己。他只重用外来的人才，因为外来的人才不会那么容易建立自己的势力，国君也受不到什么威胁。

虞国有一位了不起的人物叫百里奚。百里奚到了 30 多岁才娶妻生子，之后离开虞国去了齐国，因为一直过得很窘迫，找不到出路，甚至一度以要饭为生。在他 40 多岁的时候仍旧颠沛流离。到了宋国，结识了一位叫蹇叔的隐士，两人性情相投，成为知己。二人都想找一个好的前程。百里奚决定回虞国去，蹇叔在虞国有一位叫宫之奇的朋友是个大夫，蹇叔决定带着百里奚找这个朋友试试看。于是两人又到了虞国。

见到宫之奇后，宫之奇对二人较为认可，打算带他们去见虞君。蹇叔却摇着头拒绝了，说虞君是个贪小之人，不像有大作为的君王。于是蹇叔走了。临别时蹇叔告诉百里奚，有事就到鸣鹿村找他。从此，百里奚就跟着宫之奇在虞国做了大夫。果不其然，虞君确实是一个贪小之人，很难有大的作为。

一次，晋国为了讨好虞君，送来了一匹千里马和一对名贵的玉璧，想攻打虢国时在虞国借道一过。虞君拿着玉璧爱不释手，又看看这千里马，高兴地答应了。

大夫宫之奇赶忙拦住说：“这样不妥啊，虢国跟虞国离得那么近，就像唇和牙齿一样。俗话说得好：唇齿相依，唇亡齿寒。我们与虢国都是小国，相互帮助才不会被别国轻易灭掉。所以，如果虢国被晋国灭了，虞国也很快就保不住了。”

可是虞君不听，却说：“晋国都送来了千里马和这无价之宝，证明他们有诚意和咱们交好，连一条道都不让人家走吗？那晋国可是比虢国强大十倍，虽然失去虢国这么一个小国，可是靠上晋国这么一个大国不是更好吗？”百里奚听完这些话，什么也没说，拉着宫之奇说：“跟这样不明事理的人说话，就像是对牛弹琴。不要再浪费唇舌了。”

宫之奇知道虞国早晚得灭亡，就带着家人走了。

没过多久，晋献公就派大将率领大军从虞国过去灭了虢国。回来时便把虞国也灭了，并取回了千里马和玉璧。虞君和百里奚也被俘了，晋献公想重用百里奚，谁知百里奚宁愿做俘虏，也不为晋献公效力。之后，楚国抓走了百里奚。秦穆公得知后，就把百里奚从楚国那里赎回来，让他做了大夫。

—— 秦穆公广招贤才 ——

秦穆公求贤若渴，当他得知百里奚在楚国人手里后，就想尽办法从楚国赎回了百里奚。

当时的秦国是西部的一个国贫民弱的小国，在春秋时期那个混乱的年代，无足轻重。可秦穆公却是一位有着雄心大志的人。他一心想要强大秦国，称霸天下，因找不到贤才辅佐而非常苦恼。

一日，秦穆公问一位伯乐："你一天比一天老了，你的后辈里可有和你一样有相马本领的人吗？"伯乐告诉秦穆公说："大王，还真是没有，不过我有个好朋友叫九方皋，他的相马本领非常强，大王可以看看。"秦穆公当即找来九方皋，要他寻一匹好马来。三天后，九方皋就高兴地告诉大王，找到了一匹好马。

秦穆公很是高兴，问："是什么样的马？"

九方皋说："是匹黄色的母马。"

秦穆公见到的却是匹黑色的公马，于是对伯乐说："你的朋友连马的颜色和雌雄都分辨不清，我怎么能相信他推荐的是匹好马呢？"

伯乐说："大王，您不知道，会相马的人第一眼看的是马的内在和灵性，至于其他外在的颜色、雌雄都不会影响它的品性，所以九方皋就忽略了这些。大王，您尽管放心好了。"

后来一经验证，确实是匹好马。秦穆公在这件事上也得到了一些启示。于是，他就派人到处广招贤才，为己所用。

时间不长，就有人告诉秦穆公说，有一位叫百里奚的贤能之人，在楚国喂牛。秦穆公是个心思缜密的人，他考虑到如用重金去请的话，会引起楚王的猜忌。于是让使者带了五张羊皮去向楚王换人。楚王也不想得罪秦国，同意交换了。这样百里奚就跟使者来到了秦国。

当秦穆公见到百里奚的时候，觉得有点遗憾，因为百里奚此时已是一个70多岁的老头了。秦穆公不经意地说了句："真是可惜啊，年纪太大了。"百里奚却说："大王，您如果让我上天捕鸟，或者打野兽，臣确实老了，做不到；但如果让臣和您一起商讨国家大事，臣是正当年。"

秦穆公听完，肃然起敬，就问百里奚："怎么才能使秦国变得强大？"百里奚说："秦国虽在边远地带，但地势险要，兵强马壮，进可攻，退可守。尽量利用我们的优势，伺机而进。"

秦穆公觉得有理，认为百里奚的确是个难得的人才，就封他为上卿，治理国家。不料，百里奚连连摇头说："大王，我有一位好友叫蹇叔，现居住在鸣鹿村。他的才能远远在我之上，请大王封他为上卿吧。"

秦穆公一听更是喜出望外，连忙派人到鸣鹿村去请蹇叔出山。蹇叔来到秦国后，秦穆公真是欣喜若狂，对蹇叔说："百里奚曾多次提到你的才能，我很想知道，你对当下的秦国有什么见解。"

蹇叔说："秦国目前存在的主要问题是威势和德政还不够，刑罚和恩赏不分明。"

"怎样才能做到恩威并重、赏罚分明呢？"秦穆公说。

蹇叔说："法要从严，这样别的国家就不会小瞧您；要善待百姓，民众就会拥戴您。要想国富民强，就必须让人们懂礼节，贵贱分明，赏罚分明，不贪不躁。现在有许多往日里称强称霸的国家，势力日渐消退，我相信秦国称霸的日子指日可待。"

听了蹇叔的一番话，秦穆公更是信心百倍，仿佛看到了秦国称霸的宏伟蓝图。于是，他封百里奚为左庶长，蹇叔为右庶长，二相辅佐他管理朝政。

后来，秦国在"二相"的治理下，立法教民，兴利除害，很快秦国就强大起来了。

—— 愚昧的宋襄公 ——

秦穆公想成为霸主，但是秦国位于中原的西部，他只能先拿下邻近的小部族，才能向中原的诸侯国进军。不仅秦穆公想做霸主，宋国的国君宋襄公也想接替齐桓公做霸主。齐桓公去世之前曾和管仲商量，把公子昭托付给宋襄公。齐桓公去世之后，宋襄公就带领了几个诸侯一起立公子昭为齐国的国君，就是齐孝公。

宋襄公想：齐桓公生前是霸主，现在齐国的国君是我立的，自然就可以名正言顺地接着做霸主了。但这只是他自己的如意算盘，其他诸侯根本就不认可。尤其是楚国和郑国，当面反驳他。宋襄公很是恼火，决定先讨伐这两个国家。他认为楚国地大兵强，郑国地小兵弱，于是决定先打郑国。

公元前 638 年，宋襄公准备出兵攻打郑国，他的两员大将，公子目夷和公孙固，都不同意出兵。宋襄公气得说："没人去，我就自己去。"公子目夷和公孙固无奈之下只得跟随宋襄公去攻打郑国。郑国闻讯后急忙向楚国求救。楚成王就派大将成得臣直接去攻打宋国，而不是郑国。

楚成王擅长用兵，他这一招，宋襄公便万万没想到，于是赶紧往回赶，大军赶到泓水南岸，安下营寨准备抵抗楚军。这时成得臣的战书到了，公孙固就劝宋襄公说："楚军之所以向我们开战，是因为我们攻打郑国，现在我们已经撤回了军队，可以以此为由和楚国讲和。况且，我们的兵力也没有楚国强，如果闹翻了就麻烦了。"

宋襄公认为楚国一向霸道，不得人心，没有仁义。便告诉公孙固：不要怕，我们虽然兵力弱，但我们得人心，讲仁义。胜利一定会站在正义之师这边的。

于是，宋襄公就回信，约定了战期。他还在大旗上绣着"仁义"二字。他认为这就是战胜楚军的法宝。可是楚军根本不理会大旗上什么仁义不仁义，直接过河开战。

公子目夷见此状况，急忙对宋襄公说："楚军竟敢白天过河，就是看不起我们，现在趁他们都在水里，我们这时出击一定能打败他们。"宋襄公连连摆手说："那可不行，这样还叫什么'仁义之军'。"

眼看着楚军都上岸了，公子目夷急得团团转，他又找宋襄公说："楚军刚上岸，还没有整理好队伍，现在我们出击，打他个措手不及。还有机会战胜他们。"宋襄公听了，直接就骂上了："混账东西，别人还没整好队你就打，真是一点仁义之心也没有。"

鼓声震天响，楚军整好队伍后就像洪水一样冲了过来，宋军根本抵挡不住。公子目夷和公孙固还有公子荡拼尽全力保护宋襄公，可是最后寡不敌众，宋襄公最终多处受伤，腿上中箭。

公子荡拼死挡住楚军，公子目夷保护宋襄公赶着车跑了。公子荡战死在乱军之中。公孙固边退边打，楚军勇猛追击，宋军惨败。剩下大批的粮草，也让楚军带走了。

宋襄公带着伤逃回了睢阳，国人都怨声载道说不该和楚军打仗，更不该这么打。这时公子目夷上前问受伤的宋襄公："您说的仁义的仗，就是这个打法吗？"宋襄公说："我说的仁义就是要以德服人，要是看见有人受伤了，就不能再伤害他了，看见老人就不能再捉拿他了。"

公子目夷忍无可忍地说："我们之所以打败仗，就是因为您根本不懂怎么打仗，打仗就是想尽一切办法攻击别人，您要是怕这怕那还不如不打，您打别人，别人就会打您。"可是宋襄公一句也没有听进去，还是认为"仁义"是对的。

宋襄公伤势严重，很快卧床不起。他叮嘱自己的儿子说："要远离楚人，楚国是咱的仇家。以后要和晋国的公子重耳多来往，他是个有思想、有抱负的人，将来时机成熟了，一定会成就一番大事业的。你要和他保持联系，将来一定会大有好处的。"

—— 重耳流亡 ——

晋公子重耳是晋献公的儿子，晋献公生有五子，除了晋公子之外还有申生、夷吾、奚齐和卓子。晋献公晚年时听信宠妃骊姬的谗言杀了太子申生，立他和骊姬生的儿子奚齐为太子。重耳和夷吾为了保命都逃到国外去了。重耳逃走时，晋国的很多有才之士都愿意跟随他。

公元前651年，晋献公去世之后，奚齐继位为国君不久就被大臣们杀害了，随后卓子继位为国君，不久也被大臣们杀了。这时在秦国避难的夷吾被秦穆公护送回国做了国君，就是晋惠公。晋惠公当上国君后，很快便和秦国反目成仇，攻打秦国。还杀了那些反对他的人，国内很多人觉得晋惠公失德残暴，很希望公子重耳回来做国君。

晋惠公很惧怕重耳回国，便派人刺杀他。一直跟随重耳的狐毛和狐偃是亲兄弟，他们得到父亲从宫内传来的消息，说晋惠公要派人来刺杀重耳。重耳跟大家商量后，决定逃到齐国去。

重耳和这些人要去齐国就必须经过卫国，可是卫文公跟管城门的人交代过不让他们进城，无奈他们只好绕道五鹿。经过千辛万苦，这一群人好不容易到了齐国。齐桓公摆酒接风，让公子重耳一行人安心住下。谁知天不遂人愿，没多久齐桓公死了，齐国也起了内乱。他们只得去投奔宋襄公。

这时的宋襄公，因与楚国交战吃了败仗，受伤在身，于是安排公孙固迎接他们。在宋国，他们也享受了极好的待遇。住了一段时间后，公孙固告诉重耳的随从狐偃，宋国目前国事衰微，内忧外患，还没有力量派兵护送公子回去。

于是，他们离开了宋国又辗转来到了郑国。可是郑国的国君根本就瞧不起重耳，认为他是个无能之辈。于是他们又去了楚国，楚成王非常看重重耳，在楚国，他们享受了极好的待遇。公子重耳和楚成王还成了朋友。后来，重耳为了表达对楚成王的感谢做出了承诺：如果日后我当上国君，一定和楚国永远交好；万一发生战争，我会退避三舍。

古时行军，一舍就是三十里。成语"退避三舍"就是这么来的。

大将成得臣听了重耳的话，认为重耳不是一个有诚信的人，不如现在就杀了他，楚成王阻止了成得臣，说"不可"。

一日，楚成王告诉重耳：秦伯愿意帮助你回国助你当上国君，派人来接你了。重耳表示愿意留在楚国。楚成王劝说："秦国比楚国离晋国近得多，从秦国到晋国只有一天的路程。你还是去秦国吧，这样对你回国更有利。"

于是，重耳就离开了楚国，又来到了秦国。

其实之前，晋惠公即重耳的弟弟夷吾也是在秦穆公的帮助下继位的，可是晋惠公继位后却出尔反尔，竟然出兵攻打秦国，战败后不仅割让了五座城池作为赔偿给了秦国，还把太子圉当作人质送到秦国。为了两国交好，秦穆公把女儿嫁给公子圉。

公元前638年，公子圉偷偷跑回了晋国，次年晋惠公死了，公子圉就继位当上了国君，以后就不再和秦国有任何往来。对此秦穆公很是懊悔，他想改立重耳为晋国的国君，将已经嫁给圉的女儿再嫁给重耳。

公元前636年，此时重耳已是秦穆公心目中的女婿了，秦穆公亲自率兵带着文臣武将共同护送重耳回晋国。在黄河边上分手，还留了一半兵马过河护送以免有闪失。当时秦穆公很是不舍，流下了热泪。

上船以后，重耳让手下把路上逃难时的一些破烂东西都扔了。这时狐偃突然跪在重耳的面前说："公子到了晋国，有文武百官大臣，还有秦国做后盾，我也放心了，我想我就不去了。"

重耳一听就急了，说："没有你们，我哪有现在啊，咱们经历了千辛万苦才有今天，有福人家享才是啊。你们得跟我回去。"

狐偃说："在你危难的时候，我们跟着你会有些用处，可是你现在回去做国君，一定会有更好的人来伺候你的。我们就像是这些破烂，以后还有什么用吗？"

重耳听了很是惭愧，责怪自己这么快就忘了以前的种种。他哭着向狐偃认错，叫人把扔了的破烂都又捡了回来。狐偃他们这才没再说什么跟着重耳一起返回晋国。

过了黄河，他们一鼓作气直奔都城，公子圉仓皇而逃。晋国的文武百官都高兴地迎接他们的新君——晋文公。

—— 退避三舍 ——

晋文公上位之后，采取了一系列国富民强的政策，把国家治理得井井有条。很快，晋国就变得强大起来。

晋文公得到消息，说周襄王的弟弟勾结翟人起兵造反，杀进了城里。周襄王逃到了郑国，并请各诸侯给予援助。晋文公为了彰显晋国的实力，就亲自带兵前去支援。公元前635年晋文公杀死了太叔带，接回了周襄王。

为了表示感谢，周襄王将都城附近的四座城给了晋文公。晋国的国土由此扩大了。晋国的威望也得到了很大提高。但他并不满足于现状，他要的是称霸诸侯。于是，晋文公在军事扩充上下了很大功夫，将晋国的军事编制扩大到大国的军事编制，将原来的二军建制扩充成上中下三军。当时的军队建制是：小国为一军，中等国家有二军，大国才有资格有三军。

公元前634年，晋文公接到宋成公的求援，但是让他为难的是，楚成王派大将成得臣带领陈、蔡、郑、许四国的大军攻打宋国。晋文公在流亡的那些年里，楚王和宋王都曾经善待过自己，他左右为难，和大臣们商议此事。其中新上任的将军先轸说："楚国实力强大，早就想当中原霸主，我们早晚都会和它开战。现在正是我们在众诸侯面前立威的时候，不能放过这次机会。"

晋文公问："既然要打，怎么个打法呢？" 狐偃说："那我们就来个调虎离山吧！曹、卫与楚国交好，我们如果去攻打曹、卫，楚国必来相助，这样也就解了宋国的围，还不会落下我们主动攻击楚国的口舌。"

拟订好作战方案后，公元前 632 年，先轸为帅带领大军出发了，他们南渡黄河，卫国的五鹿很快被攻下。话说这时楚军已经打到宋国的都城了，突然接到了卫国紧急求救的消息，楚成王就留下了成得臣在此围困宋国都城，自己带兵去救援卫国。途中又得到曹国都城被晋军攻下的消息，于是楚成王决定暂时撤回军队，不与晋军直接交战。

楚成王回国后，下令成得臣撤回军队。成得臣不想放弃这次机会，他认为凭自己的本事要不了多久就能攻下宋国的都城，就算晋国的军队到了也不怕，大不了决一死战。如果失败了，他愿意接受任何处罚。

这时，大将宛春出了一计，以楚军撤离宋国作为交换条件，让晋国归还曹卫两国的土地。这样一来，不管晋国答不答应，楚军都划算。如果他们不答应，则宋国人会怨恨他们；如果答应了，于楚国而言也不吃亏。

成得臣觉得此计不错，于是，宛春亲自去晋国与晋文公谈判。谁料想，晋文公非常聪明，他很快就识破了这个计谋。但他打算将计就计，假装答应归还曹、卫两国的土地，但要求曹、卫两国要与楚国断交，还扣押了宛春为人质。这一切都是为了激怒成得臣。

成得臣气得大骂，决定和晋军决一死战。他下令撤了围困宋国都城的军队直接进军晋国。

两国大军来到阵前，晋文公立即下令后撤三十里，楚军就紧追三十里，直到晋军退了三舍（九十里），晋文公才下令在城濮安营扎寨。

此时，秦穆公派的援兵和齐孝公派的援兵以及宋国派的援兵都先后到达了城濮，与晋文公会合。晋军的元帅先轸精心部署，准备开战。

这时晋军的综合军力是兵车七百乘，士兵五万人，楚军加上陈、蔡、郑、许四国的援军和晋军不相上下，由于楚军连年征战，伐齐征宋，已成疲劳之师。楚军大将斗勃就建议成得臣：晋军已经退避三舍，如此兵力悬殊之下，我们还不如就此撤兵，也不失颜面。

成得臣却坚持要一战到底，他发了战书说："那就让我和你们玩一场游戏吧！"

狐偃说："战争从来都是你死我活，他竟然当成儿戏，真若打起来，还能不败吗？！"

晋文公思考再三，给成得臣写了一封回信："我从来都没有忘记楚君对我的恩情，今天我之所以退避三舍，就是要兑现当年我许下的承诺。现在承诺已兑现，如果你还是执意要战的话，那我就只好奉陪到底。"

成得臣依然执迷不悟，坚持开战。

次日凌晨，两军在城边的有莘山下列好阵势。随即成得臣首先下令左右将军发起攻击。

成得臣安排陈、蔡两国的军队为右军负责前冲，再由斗勃为后部压阵。不料右军前冲时，晋军假意后退，随即战车冲出来了，而且驾车的马背上全部披着老虎皮，楚军的战马以为是老虎，惊慌得掉头就跑，直接就把斗勃的后阵部队冲散了。这时，晋军大将胥臣趁机杀出，楚国右军首站大败。

楚军左军由楚大夫斗宜申带领，一上场就和狐偃交上手，狐偃虚晃一招，转身就跑，斗宜申没有多想便带领大军全力追赶，突然擂鼓震天响，晋军的先轸和中军带领的精兵从斜刺里杀出来，这时狐偃和狐毛又杀了回来，把楚军打得措手不及。左军大败。

再说成得臣自己带兵攻打中军，攻进去发现是座空城。正在得意之时，晋军从两边包围上来了。成得臣看大事不好，赶紧鸣金收兵，可是已经来不及了。楚军被晋军团团包围了。幸亏成得臣的儿子和斗越椒拼死保护，成得臣才得以冲出重围。

当他们冲出重围，想回大营时，却发现大营已经插上了齐、秦的大旗。成得臣只好绕道有莘山一路逃向楚国，路上遇到了斗勃和斗宜生带领的残兵败将，一起来到了空桑之地。突然听到了一阵喊杀声，晋将魏犨带领一批人马挡住了去路。楚军一个个吓得傻了眼。就在这时，马上一位将军高声大喊："奉国君之命，请将军放楚军回国，以报当年恩德。"

成得臣就这样带着他的残兵败将回到了楚国，由于羞愧，成得臣无脸面见楚王，挥剑自刎了。

晋文公大获全胜，班师回京。大军到黄河时，接到周天子要来慰问军队的消息。他知道这是扩大自己威望最好的机会。于是下令大军停止前行，并命人在践土（今河南原阳西南）快速建了一座行宫，用来接待周天子，还通知各路诸侯都到践土会盟。

一个月后，各路诸侯都到齐了，有宋、齐、鲁、郑、陈、蔡、邾、吕等国。晋文公当众向周天子奉上俘获的楚国的车马；周天子封晋文公为"方伯"，可代替周天子管理和讨伐诸侯。

到场的诸侯歃血为盟，并尊晋文公为盟主。

—— 楚庄王一鸣惊人 ——

楚国在楚成王时期做了南方的首领。公元前613年，楚穆王去世，由他的儿子继位，就是楚庄王。在楚国办理丧事之际，赵国联合宋、鲁、陈、卫、郑、蔡、许七国诸侯重新订立盟约，并选晋国国君为盟主。楚国的大臣气不过，再三建议楚庄王去争夺霸主，楚庄王不予理会，每日不理政事，沉迷于后宫酒色。

楚庄王就这样胡作非为了三年。大家认为他不可救药了，好多大臣都来劝他，后来他干脆下了一道令："谁敢多嘴，就治谁的罪！"

一日，大夫申无畏来见楚庄王。楚庄王问："你是来喝酒的，还是来唱歌的？"申无畏答："都说大王聪明，我来找大王猜个谜。"楚庄王说："猜谜？有意思，说吧！"

申无畏说："楚国山上有只鸟，身披五彩真荣耀。一停三年不飞叫，人人不知是啥鸟。"

楚成王听了微微一笑："这鸟可不简单，三年都不飞，一飞肯定飞得又高又远。三年不鸣，一鸣就得惊人。你回去吧，我懂你的意思。"申无畏给楚成王郑重地磕了个头，说："大王英明！"说完就走了。随后，有个大臣又来劝他好好治理国家，说如果再这样下去，就无法号令诸侯，甚至连南边的小附属国都不保了。

这次，楚庄王没有治此人的罪。楚庄王心想，也是时候了。自此，他洗心革面，开始调整人事，改革政事；同时招兵买马，训练队伍，准备和晋国决一雌雄。短短的几年时间里，他收服了南边的几个小部族。到了公元前608年，又打败了宋国。两年以后，他亲自带军击败了陆浑的戎族。由于陆浑挨着洛阳，楚庄王就特意在此大阅兵，周天子赶紧派使者去慰问。

楚军在回来的路上，老令尹斗越椒带领一批人马，拦住了他的去路，要和楚庄王开战。原来，此前楚庄王免了他的宰相之职，他一直怀恨在心。这次就趁着楚庄王离京攻打陆浑之际，他带人造反，占领了楚国的都城郢都。随即出兵消灭楚庄王。

楚庄王假意撤兵，然后叫一队人马过去把斗越椒引到埋伏好的地带。斗越椒过桥继续追击，感觉自己中计了，就想掉头，却发现来时的桥已经断了。他意识到自己已入险境。这时河对面一员大将高声喊道："大将乐伯在此，快快投降！"斗越椒下令放箭。

养由基是乐伯手下的一名小军官，很是聪明。他上前大声喊道："河太宽了，放箭不管用的。都言令尹是射箭高手，咱们各自往前走走，每人放三箭，你敢不敢？"

斗越椒应战。他第一箭射过去，养由基用弓一挑，箭掉河里了。接着放第二支，养由基身体下蹲，箭从头顶过去了。斗越椒放第三支时心里就有些焦躁了，这第三支箭被养由基稳稳地接在手里。

养由基怕自己放箭时斗越椒耍赖，就提醒他要说话算数，话音刚落就听"嘭"的一声，斗越椒立刻向左一躲，养由基便得意地笑着说："你紧张什么，我还没有放呢，只是试试弓而已。"接着他又拉了一下弓弦，斗越椒本能地向右躲了一下，就在他向右躲的时候，养由基才放出了第一支箭，直接射在了斗越椒的头部，一箭致命，斗越椒瞬间倒下掉到河里去了。

他手下的人马一看斗越椒已死，便都慌了神，有的四散逃走，有的缴械投降。楚庄王大胜，由于养由基一箭射死了斗越椒，楚人都叫他"养一箭"。

斗越椒死后，楚庄王请了一位姓孙、名敖、字孙叔的隐士做令尹。孙叔敖自小就得母亲的教导，为人善良。他如今做了令尹，一心只想着如何使楚国变得更加国富民强。于是，他改革政事，休养军队，开荒种田，为了防止旱灾兴修水利，孙叔敖命令工匠开凿出一条楚国最大的河道，他还亲自到现场鼓励大家。修好的这条河道能一次灌溉一百多亩田地，这使楚国的粮食产量大增。

短短几年，楚国实力大增，终于可以和晋国决一雌雄了。公元前597年，楚国发兵攻打郑国，郑国就请求晋国派兵支援。由此在邲地展开了大战。此战楚军大获全胜，晋军被打得四处逃窜。有人就建议楚庄王立即派兵追杀，楚庄王说："我们在城濮之战后，大失颜面，现在终于一雪前耻了。晋、楚是实力相当的两个大国，谁也灭不了谁，最终还是得和平共处，就不要赶尽杀绝了。"于是他就下令收兵，晋国的兵马就这样逃回去了。

就这样，楚庄王一鸣惊人做了中原霸主。齐桓公、宋襄公、晋文公、秦穆公、楚庄王先后做了霸主，历史上称其为春秋"五霸"。

—— 赵氏孤儿 ——

晋景公在位时期，宠信奸臣屠岸贾，而屠岸贾一直视晋国功臣赵盾为敌。屠岸贾多次设计谋害赵盾都没有成功。赵盾死了之后，他的后人赵朔等人在当时的势力还是很大的。晋景公担心赵家势力过大会难以管控，就想找个借口杀了他们，以绝后患。屠岸贾深知主子的心思，便诬告称："赵盾曾经派他的堂兄弟赵穿刺杀了先王灵公，赵家还笼络武将，私藏兵器，罪该当死。"

于是，晋景公就下令将赵家满门抄斩。赵家除了赵朔的夫人庄姬外无一幸免，庄姬是晋景公的亲妹妹。当时，庄姬怀有身孕，得到消息后，就进宫躲到母亲那里了。屠岸贾担心庄姬生下赵家的血脉，成年后会来报仇，就让晋景公派人到宫里去杀他的妹妹。晋景公念及兄妹之情，同时考虑到自己母亲平日最疼爱这个妹妹，就不打算再往下追究。

庄姬生产之事，不仅屠岸贾时刻关注，赵盾的两个心腹公孙杵臼和程婴也时刻关注，他们二人打算等庄姬生产之后就立刻救出赵家遗孤。赵朔被害之前就嘱托过二位说："如果是男孩就叫赵武，将来练就好身手，为赵家报仇。"

在庄姬生产那日，一个宫女偷偷给程婴一张写有"武"字的纸条。程婴拿给公孙杵臼看后，便知晓庄姬生了个儿子，赵家有后了。但也担心屠岸贾不会轻易放过这个孩子。

屠岸贾得到庄姬生产的消息后，立刻请晋景公下令让他带人到宫里去搜查，结果到了宫里得到的消息是，庄姬生的是女孩，且生下来就死了。屠岸贾不相信这是真的，派人仔细搜查了一遍，没有任何发现。他想一定是有人偷走了这个孩子。于是他就贴出告示，如有发现赵氏遗孤消息者，赏金千两。同时他还派人到处搜查，只要是有一点可疑的男婴都给杀了。

程婴和公孙杵臼没有办法，无奈之中上演了一出瞒天过海计。

这日，程婴主动找到屠岸贾说："由于我和公孙杵臼与赵家是故交，庄姬生下一个男孩后，就让奶妈抱给我们来喂养，现在我怕事情败露，主动找你交代此事。"

屠岸贾听后，就急忙问孩子现在在哪里。程婴告诉他，在首阳山后边。

屠岸贾说："好，你现在就带着我们一起去搜。"

程婴带着他们来到山后的几间破房前。程婴敲门，出来开门的是公孙杵臼，公孙杵臼一见来了许多官兵吓得就想往里跑。屠岸贾立刻上前说："你跑不了啦，赶紧交出孩子吧！"公孙杵臼故意不解地问："什么孩子啊？"

屠岸贾怕有什么变故，就派人直接到里边去搜查，没有找到。他就自己去搜查，发现里边有一间上锁的房间，就直接撬开门锁进屋查找，看见榻上有一个衣服包裹，打开一看里面是一个婴儿。

屠岸贾找到了仇家的遗孤，就拎着出来了。公孙杵臼想要挣脱押着他的两个官兵，去抢这个孩子，可是他动不了。于是就气急败坏地破口大骂："程婴你这个贪生怕死、卖主求荣的小人，真是猪狗不如。"接着公孙杵臼又指着屠岸贾大骂："你这个奸诈小人，就知道讨好主公，坏事做尽，总有一天你会遭报应，不得好死的。"

公孙杵臼就这样被屠岸贾杀死了。这时屠岸贾手里的孩子也早已死了。为了保险起见他又将孩子狠狠地往地上摔了一下。

程婴从此就背上了卖主求荣的骂名，只有大臣韩厥知晓此事的缘由。

其实，在此之前公孙杵臼就问过程婴："你说，抚养一个孩子和大义凛然哪个比较容易？"程婴说："死很容易，抚养一个孩子实在是太难了。"公孙杵臼说："那就把容易的事情交给我来做吧！"二人商量过后，程婴就把自己刚出生不久的儿子交给公孙杵臼换出了赵武，骗过了屠岸贾。从此程婴带着赵武远走他乡，隐姓埋名过了十五年。

晋景公死后，他的儿子晋厉公继位。晋厉公昏庸残暴，上位没多久就被大臣杀死了。大臣们推举晋文公的玄孙孙周继位国君，就是晋悼公。晋悼公是位贤能的君主，他拜韩厥为中军大将。韩厥借此机会把当年赵氏功臣被冤枉的事告诉了晋悼公。此时，晋悼公正在忧虑屠岸贾的势力过大，一直找不到借口除掉他。这次终于等来了机会。于是他就问韩厥："赵家还有后人吗？"韩厥说："有，叫赵武，今年应该15岁了。是赵盾的两个心腹公孙杵臼和程婴救了他。"

于是晋悼公就暗中派人将程婴和赵武秘密地接到宫里保护起来。随后晋悼公称自己病重不能上朝了，大臣纷纷来宫里探望晋悼公，屠岸贾自然也在其中。晋悼公见大臣们都到齐了，说："想必大家都知道，赵衰和赵盾都曾是晋国的大功臣，都是忠良世家。"听到这里，大臣都说："是啊，可惜赵家十多年前就已经被满门抄斩了。"这时，赵武和程婴出现在大家眼前。韩厥给大家介绍说："这位就是赵盾的遗孤，叫赵武。是程婴用自己儿子的性命换回来的。"

此时，屠岸贾已经吓得两腿发软，直接瘫倒在地上。此时，晋悼公说："屠岸贾不死，不足以平民愤。"立即下令处死屠岸贾，并满门抄斩。

赵家的冤屈终于得雪，晋悼公重用了赵武，赵武协助悼公加强军事训练，并减免劳役，开疆辟土，邻近的诸侯也都归顺晋国，晋国又恢复了往日的强大。

—— 晏子出使 ——

晋悼公重用赵武后，晋国很快恢复了中原霸主的地位。无奈晋国也是气数已尽，到了晋平公时，呈现出衰退之势。

公元前531年，楚庄王的孙子楚灵王出兵攻打陈国和蔡国，当时的晋平公接到了陈国和蔡国的消息请求支援，却没有出兵支援。不是晋国故意不去支援，而是晋国已如强弩之末，自顾不暇了。在此之前，齐景公早就对霸主之位有了觊觎之心。他得到消息后派晏平仲大夫为使臣出使楚国。

晏平仲即晏子，智慧超群，但个头矮小。到了楚国后，楚君和大臣们都想羞辱他，好灭他的志气，长自己国家的威风。于是就派人在城门口建了一个五尺高的洞，打算让晏平仲从这个洞里钻过去。晏平仲见此状，立刻明白他们的用意。对接待他的人说："我来拜访人类的国家就应该走人类的城门，如果来拜访牲畜的国家就走牲畜的洞，劳烦禀报一下你们的国君，我拜访的是人类的国家还是牲畜的国家？"

此事告知楚君后，楚君认为这个晏平仲绝非等闲之辈，就令人打开城门迎接晏平仲。

其间大臣们还是不甘心，说了许多讥讽齐国和晏平仲的话，都被晏平仲巧妙地驳回了。大臣见此情形也就没再说什么了。楚灵王见到晏平仲时却说："你们齐国难道没有人了吗？为什么要派一个你这样的人来楚国呢？"晏平仲说："大王，我们齐国人有很多。在临淄城里，大家举起袖子就能连成一片云，甩一把汗就能下场雨。至于为什么会派我来呢？大王是想听真话还是假话？"楚灵王说："自然是听真话啦！"晏平仲说："既然想听真话，那就请大王见谅了，因为我们齐国派使臣都是按照出使国家君王的贤德而定的，也就是说，出使国家的君王越贤德，派出的使臣越是上等人物。所以像我这样的小人物也就只好派到这儿来了。"楚王听了只好尴尬地赔笑。心想这个晏平仲的嘴真是不饶人啊！

在宴请晏平仲的时候，楚灵王派人拉着一个因犯从眼前过，还故意问，这是哪里的人，犯了什么罪。手下人就说："齐国人，犯了偷盗罪。"楚灵王就眯着眼睛笑着对晏平仲说："你们齐国人怎么会做这种无耻的事情呢？"大臣们都以为晏平仲这次一定会无言以对，都等着看笑话。晏平仲却镇定地说："大王可知南方的橘子又大又甜，可是若生在北方就又小又苦，同样的道理，齐国人在齐国就能安然度日，可是一到楚国就干起了这种勾当。兴许是水土不同的缘故吧！"

楚灵王无言以对，便羞愧地说："原是我们做得不好，我想羞辱大夫，反而被大夫所羞辱。望大夫海涵。"楚臣们也由此不再敢取笑晏平仲，对他更加尊重了。

晏平仲出使楚国回来后，对齐景公说："都说楚国兵强马壮，城池坚固，可是楚王自傲，文武百官也都是些无能之辈。楚国没什么可怕的。大王您只要勤政爱民，亲贤臣、远小人，我们齐国就一定会强大起来，成为霸主。"

后来晋国发兵攻打齐国的边境，并占领了几座城池。燕国也趁机来侵略。之后晏平仲把远近闻名的兵法家田穰苴推荐给齐景公。齐国的军队经过田穰苴的训练，军风严谨，战士们个个英勇善战。当晋国和燕国再次来侵略时，它们被齐国士兵吓得闻风丧胆。田穰苴下令追杀，并收复了之前失去的几座城池。晋国和燕国只得和齐国讲和。

后来，齐景公拜晏平仲为相国，田穰苴为大司马。齐国势力大增，中原的各诸侯开始对齐国刮目相看，而此时，晋国的势力和威望已经远不如从前了。

—— 伍子胥过昭关 ——

当齐国逐渐强大起来时，楚国却日渐衰败。

公元前 529 年，楚灵王亲自率兵讨伐徐国的时候，他的兄弟公子弃疾趁机占了王位，就是楚平王。

楚平王刚当政时还勤理朝政，但很快在权势的诱惑下，也变得放纵奢侈，荒淫无度。宠信奸臣费无极，使楚国更加混乱不堪。

当时，楚、秦两国为了交好，秦哀公把自己的妹妹孟嬴嫁给了楚平王的长子太子建。费无极在迎娶公主的路上，发现孟嬴极为漂亮，就把随行的侍女和孟嬴调包，嫁给了太子建，而真正的公主孟嬴却被他送给了楚平王。楚平王见到如此美色，喜欢得不得了。

费无极知道此事瞒不住，早晚会被太子建知道。于是他就献计让楚平王除掉太子。为了废掉太子，他计划让太子建的老师伍奢承认和太子建合谋造反。由于伍奢为人正直，不肯答应此事。楚平王得知后很生气，就想杀了伍奢和太子建。又担心伍奢的两个儿子伍尚和伍员将来会为父亲报仇，就想先将伍尚和伍员骗到郢都，将他们一起杀了。

再说这个伍奢接到楚平王的命令，让他写信给两个儿子来郢都。大儿子伍尚为人愚钝，见到父亲的书信就直接去了郢都；小儿子伍员，字子胥，高大威猛，聪明过人。见到书信后很快便识破了其中的阴谋，便连夜逃走了。

伍尚和父亲到了郢都就被楚平王杀了。平王担心伍子胥为父报仇，就下令张贴伍子胥的头像捉拿他。说捉到伍子胥的人赏五万石粟米，并给大夫的官位。收留伍子胥的人全家处死。还下令各个关口，严加盘查。

伍子胥和太子建一起逃到了宋国。之后，由于宋国发生内乱，他们又一起逃到了郑国。郑定公收留了他们并加以厚待。由于太子建一直密谋想联合晋国一同灭了郑国，此事被郑定公知晓，就杀了太子建。伍子胥颠沛流离之中，带着太子建的儿子公子胜逃向吴国。一路上历经千辛万苦，终于来到了楚国的边界昭关附近。走过昭关就是大江，大江的对面就是吴国的地界了。

这日，伍子胥和公子胜在距离昭关六十里左右的一片树林里，认识了一位名叫东皋公的老中医。东皋公了解了他们的遭遇后，把他们带回了家，安顿了他们后，自己连夜出去找朋友相助。

此时的伍子胥在东皋公家中如坐针毡，他既担心老人家是否有办法，也担心自己的处境，是走是留纠结不定，踌躇、恐惧占满了他的脑子。天蒙蒙亮的时候，老人家回来了，却惊奇地发现伍子胥一夜之间头发和胡子全都白了。老人家拿来了镜子让伍子胥看，伍子胥看后号啕大哭，感叹自己大仇未报就变得如此苍老，伤心不已。此时东皋公灵机一动说："别哭了，这倒是一件好事呢！现在你头发胡子全白了，就不会轻易被人认出。我已经找来了和你长相相似的黄甫讷，让他来冒充你，你装扮成他的仆人，明天你就可以过昭关了。"

第二天，黄甫讷换上伍子胥的衣服，伍子胥换上仆人的衣服，且涂黑了脸。公子胜也换上村里百姓小孩儿的衣服。三人装扮好后就赶往昭关。走到昭关时，天刚亮，守城的官兵已经开始一个一个地仔细检查，仔细和画像对比，就在查到他们三人的时候，有一个人大叫"伍子胥"，守城的士兵一下就拿住了皇甫讷。伍子胥趁此混乱之际，带着公子胜随着人群出了昭关。

黄甫讷被捉拿后，押到了守城将军镕越面前，他使劲地喊冤，说自己不是什么伍子胥，是地龙洞山下的隐士皇甫讷。之所以来此是和老友东皋公相约，出关赏玩。镕越和东皋公早就相识，东皋公经常给镕越看病。镕越就请东皋公过来予以证实。东皋公见到黄甫讷就从容地笑着说："将军真是搞错了，他是我的好友黄甫讷，不是什么伍子胥。我们今天约好要出关赏玩的，看，这是我们的出关文牒。"接着就掏出了文牒给镕越看，镕越看后确实属实，就放了黄甫讷，并致歉意。

伍子胥就这样出了昭关，投奔到了吴国。之后他帮助吴王得到了政权，又助吴王发展生产，建姑苏城，加强军事训练。从此吴国也变得强大起来了。

—— 孙武治军 ——

伍子胥到了吴国后，一心想加强军事训练，使吴国成为一个军事强国。他知道自己是楚国人，怕不能得到吴王百分百的信任，便向吴王推荐了一位叫孙武的吴国人，此人精通兵法。吴王知道后便派伍子胥请孙武出山。

这天，吴王想让孙武讲一下兵法。孙武说，兵法光说是说不明白的，还是看实际演习才更加清楚。吴王说："演习是好，可是我们一时间弄不来这么多的军队啊。"孙武说："大王，无妨，没有军队我们可以选一些宫女就可以了。"

吴王以为孙武在开玩笑，宫女怎么可以披甲演习呢？孙武说："大王，我愿立下军令状，你交给我三百宫女，若练不出一支能作战的军队，我甘愿受罚。"

于是吴王就交给孙武三百宫女，并由他的两个爱妃领队。吴王坐台上观看现场操练。

孙武先是将她们分成两队，穿上盔甲，又教她们如何拿武器，如何走正步、听鼓点等基本要领。这些宫女们哪里干过这些事，都觉得新鲜好玩，没人好好学。

孙武先是让全队卧倒，告诉全队必须按照他的指令行事：一鼓全体起立，二鼓一队左转，二队右转；三鼓两队互相作战。他挥手，一鼓响起时，这些宫女们有的嬉笑打闹，有的站得歪歪扭扭，有的还在原地坐着。

孙武见状就下令，让队长严格要求自己的部下，哪个队出现问题就拿队长是问。接着又做了一遍。虽然比上一次好一点，但仍不成队形。孙武很是着急，决定再试一次，由自己亲自击鼓以示威严。

宫女们根本不以为然，连队长都觉得很好笑。此时孙武大怒，叫来执法官，绑了两位队长，下令斩首示众。

吴王见状赶忙拦住说："我知道你练兵严厉，可这是我最爱的两个妃子，你就放过她们吧！"可孙武却告诉他军中无戏言，将在外军令有所不受。还是果断地斩了两个队长。

孙武继续击鼓练兵，这时军队里鸦雀无声，宫女们个个认真操练，步伐整齐，俨然成为一支操练有序的军队。

孙武虽然训练成功了，但吴王对他杀了自己的两个爱妃很是不满，不想再重用孙武了。伍子胥便说："要想训练好一支强大的军队，就必须要纪律严明。大王，你应该知道'美女易得，一将难求'的道理啊。"

吴王最终听取了伍子胥的建议，拜孙武为上将军，尊为军师，统领吴国军队。

公元前506年，吴王和伍子胥等率六万大军，孙武为大将，前去伐楚。在攻下楚国的郢都时，伍子胥把楚平王的尸体从墓穴中挖出来用鞭子抽打，这才报了他心里多年的仇恨。

吴军凯旋回来后，吴王要给孙武立功奖赏时，发现孙武不见了。原来刚回到吴国时，孙武就劝伍子胥一起离开，说立下大功一定要懂得及时隐退，否则就会大祸临头。

伍子胥没离开，孙武便一人悄然离去了。

自此伍子胥被封为吴国相国，执掌吴国大权。

—— 仲尼授徒兴学 ——

孔丘，字仲尼，他在周游列国时，沿途传播自己的政治学说，但最终都没人采纳。

几经辗转孔丘来到了陈国，想想自己多年的游说，历经千辛万苦，却始终没人接受，不由得心灰意冷对自己说："还是回去吧，家里的学生个个志向远大，文采飞扬，好好培养他们，传授我的思想，我不能完成的事业，可以由他们来完成。"

回国后的孔丘放弃了从政，致力于自己的教育事业。他开办私塾，学生只要在拜师时送十条干肉，就可以来上学了。

有人问孔丘："你培养人才，有什么要求吗？"孔丘说："没有任何要求，不管是穷是富，是老是少，是官是民，都享有平等接受教育的权利。"

时间长了，他办学的事情广为人知。收的学生也越来越多。有人就问孔丘："您是怎样培养他们勤于思考的呢？"孔丘回答："遇到问题，一定先让他们自己去思考，不要轻易告诉他们答案，这个方法很管用。"这人又问："如果您告诉他了，可他还是不能理解怎么办呢？"孔丘答："如果一个学生，怎么教都不能举一反三，再教下去也没什么意义了。"

孔丘要求他的学生"学而时习之"，就是对学过的知识要经常复习，这样才能记得牢固。他还教导他的学生"知之为知之，不知为不知"。就是知道的就是知道，不知道的就是不知道，要诚实，不要不懂装懂。

他有一个学生叫宰予，总是白天睡觉，一副没精打采的样子。孔丘批评了他几次都不听。孔丘便说："你这样的人就是'朽木不可雕，烂泥扶不上墙'，我无能为力了。"

宰予听了老师的话，决心改正，请求孔丘再相信他一次。

孔丘说："我以前是：听其言，信其行；现在是：听其言，观其行；是你的行为让我改变了之前的观点。"

孔丘一生收了三千学生，有卓越成就的七十二人。学生们家境不一，家境贫困的学生中典型的是子路，孔丘时常夸奖他："学习态度认真，不看重外表，不忌妒，不贪图，这样好的心态，想不干成大事都难。"

子路回答："不能因为贫苦穷困、地位低下就改变自己的志向，那样就学不到任何知识。"

孔丘当众表扬了子路："你能做到这样，已经很好了，但是还要进一步完善自己，让自己做得更好。"

孔丘的教学很成功，他培养出了许多优秀的人才，也因此被世人称为我国最伟大的教育家。

—— 老子与《道德经》 ——

春秋时期出现了两位千古留名、功勋卓越的人物，一位是孔子，儒家的创始人；一位是老子，道家的创始人。

自古以来，有很多人对老子的名号进行了各种研究。有人说老子一生下来就是满头白发，所以他的号叫"老子"；也有人说，老子是在李子树下生的，所以姓李。

截至目前，大家都比较认可的说法是：老子姓李，名耳，字伯阳，死后世人追尊为聃。有人说，老子有可能是太史聃或是老莱子。

老子出生于陈国苦县，当过管理书籍的史官，相传孔子到此拜访过老子。

话说这日，孔子又来拜访老子了，就问老子："我对《诗》《书》《礼》《乐》《易》《春秋》六经，感觉研究得已经很深刻了，为什么我游说各诸侯，却都不被接纳呢？"

老子说："也许时机不到，目前这个历史时期还不适合你的学说。"

孔子说："嗯，我也思考过这个问题，看来我得学会因地制宜，学会改变自己才行。"

老子微笑着点点头，又张开了嘴让孔子看自己的牙齿和舌头，问孔子有什么想法，孔子说："你的牙齿没有了，舌头却还好好的。"

老子说："那你能懂我的意思吗？"

孔子说："您是说，不要直取，要保存实力，以柔克刚是吗？"

老子说："以你的智慧，将来一定会有大的作为。"

"您比我更有智慧，将来您的作为一定会更大。"孔子说。

老子回答："不是，你比我要更有作为，因为我们的方向不一样，你从政，我从民。"

后来，东周王朝发生内乱，老子就辞官隐退了。

他在过函谷关时，一位把守关口的官员尹喜认出了老子，请他到关上，沏茶倒水，热情招待。

老子从容地坐在窗前，向外观望，中原大地无边无际。函谷关地势险要、居高临下，左右都是山坡，中间有一条路。来往的车辆人马，尽收眼底。

尹喜说："学生久仰先生的大名，很想拜先生为师。"

老子说："我本来就没有什么学问，何况又老了，说话颠三倒四的，怎么能做你的老师呢？"

尹喜看出了老子的推脱之意，就眯着眼睛微笑着说："都知道您是有大学问的人，今天怎么也得留下点墨宝吧，要不然您也不好走出这函谷关啊！"

老子见状，只好拿笔在竹简上挥洒下五千个字，就是后人称的《老子》一书。

此书上半篇讲的是"道"，下半篇讲的是"德"，后人又称《道德经》。

尹喜正要拿起书稿阅读时，一旁的老子提醒他说："天已不早了，还是放我出关吧！"

尹喜还没读懂老子的这部书，本想多留他几日，慢慢请教。但见老子执意要走，只好放他出关了。

老子骑着青牛出关以后，从此，无人知道他的去向。

道教成立以后，老子被奉为尊神，被称作"帝君""太上老君"。到了唐朝的时候，道教奉行"三清"，也就是太清、玉清、上清。此时太上老君又称为"道德天尊"，与元始天尊、灵宝天尊一起，被奉为道教至高无上的尊神。

由于唐代的皇帝为李姓，老子被尊为李氏祖先，追封为"太上玄元皇帝"；到了宋朝又尊封老子为"太上老君混元上德皇帝"。

老子从一个学派的创始人转化为教派的祖师，这是他被神化的过程，也是道教形成、发展、统一的过程。

农历二月十五是老子的诞辰之日，许多道教徒都会到道观祭拜老子；由于道教有炼丹之术，许多铜匠、铁匠、窑匠都认为这与冶炼业有关，也会在这日祭拜老子，奉他为冶炼业的祖师爷。

—— 卧薪尝胆 ——

公元前 496 年，吴王阖闾想趁越王去世，其子勾践登基之际，出兵攻打越国。伍子胥再三劝阻无效，结果吴王战败，身负重伤，没等到回吴国就死了。阖闾死后其子夫差继位。

吴王夫差决心要替父亲报仇，就命随从时刻提醒自己说："大王，您忘了越王杀死您父亲的仇了吗？"

夫差说："没有，誓死不忘。"

就这样，夫差每天都在为父亲报仇做准备，令伍子胥和伯嚭操练水军，自己练习箭法。公元前494年的二月，夫差亲自率兵攻打越国，命伍子胥为大将。两军在太湖中展开了交战，由于夫差亲自击鼓助威，吴军士气勇猛，一举战胜越国，越军退兵到固城，夫差就派兵追到固城，并将其团团包围。

勾践留下范蠡把守固城，他和大夫文种带着五千兵马突围出城，逃到了会稽山。勾践忧心忡忡，担心自己的国家要灭亡了。文种知道吴国的太宰伯嚭是一位贪财好色之辈，就建议勾践，立刻挑选八名美女，再准备大量的金银财宝一并偷偷地送到伯嚭的营部，请伯嚭向吴王求情。伯嚭收到礼物后，果然就带着文种去向吴王求情说："大王，越王有极大的诚意向您称臣，他们只求大王留下他们的宗庙，保全他们的国家，至于越国的奇珍异宝都愿奉献给您。"

夫差说："不行，我与越国有杀父之仇，怎可讲和！"

伯嚭又说："大王，您想想越国已经在我们手中了，勾践也愿意带着妻儿老小来到吴国，给您做仆人了，您还有什么可担心的呢？再说了，这样还能给您留下'仁义'之名，何乐而不为呢？"

夫差一向宠信伯嚭，他听了伯嚭的话，觉得也有几分道理，就应允了此事。

伍子胥得知此事，力劝夫差绝对不能讲和。

夫差却说："老相国别着急啊，越王送来的礼物，我一定会留一份给您的。"

伍子胥听了此话，气得火冒三丈，退出帐外，对天长叹："越国接受教训，以后会积聚力量、发愤图强，一雪前耻，到那时吴国也就完了。"

夫差听闻伍子胥的话后，心里不高兴，就慢慢地疏远了伍子胥。

越国就这样幸存了下来，勾践令文种和诸位大夫留在越国理政，自己带着妻子和大臣范蠡在吴国服役。夫差让勾践夫妇住在阖闾墓地旁边的一个小石屋里，给他们穿上仆人的衣服，让他们为夫差做马夫。勾践夫妻二人每日里不辞辛苦地拔草喂马，打扫马圈。范蠡跟在二人身边，为其砍柴做饭。他们没有任何怨言和不满。夫差乘车外出时让勾践给他牵马，勾践就恭恭敬敬地给他牵马，表现得十分尽力。夫差见勾践如此虔诚和忠心，慢慢就放松了对他的警惕，甚至还对他生出了同情之心。

三年后的一天，勾践得知夫差生病前去探望。勾践略懂医术，为了辨别夫差的病情，他竟然亲自尝了夫差的粪便。这一举动彻底感动了夫差，夫差病愈没多久，就下令放勾践回国去了。

勾践回到越国后，精心治理国家，同时也没有停止给吴王进贡。随后他迁都于会稽，自己亲自耕田，夫人亲自动手织布，鼓励百姓多生子嗣，让越国人口增多；下令七年之内不收赋税，促进生产。他不忘国仇，素衣节食，睡在柴堆上。他在起床后、吃饭前都要尝一下掉在床头的苦胆，让自己时刻不忘在吴国所受之苦。历史上"卧薪尝胆"的成语就是由越王勾践的事迹而来。

之后，越国在勾践的治理下，国力越来越强大。

—— 兔死狗烹 ——

大臣文种帮越王扩大越国实力的同时，还不忘想方设法削减吴国的实力。文种得知吴王为了能更好地享乐，正在建造巨大的姑苏台，他就派人送去了巨大的木头，这样就会使吴国的人力、物力、财力得到更大的消耗。

随后文种又在全国挑选了两位极品美女：西施和郑旦。经过三年精心培训后，派范蠡送到吴王那里。吴王从此更是不理朝政了，每日里只知道和西施在苏姑台玩耍嬉戏。

文种见前两个计划都奏效了，紧跟着他又实行了第三个计划：他禀告吴王，越国闹饥荒了，请求吴王借给越国一万担粮食。第二年，他命人把还吴国的粮食都蒸了一遍，这样看起来粮食粒粒饱满。吴王见越国的粮食又大又好，就下令作为种子播种下去了，结果一株苗都没有长出来。吴国反而闹了饥荒，百姓们怨声载道。

吴王夫差根本就不理会百姓们的抱怨。这时伍子胥得知越国训练军队的消息，立即禀告吴王，让他下令对越国的军队采取措施，以除后患。

可是伯嚭却说："越国训练军队是为了防御盗贼之类，没什么大不了的，不足为惧。"

吴王不但没听伍子胥的建议，还要出师北上伐齐，伍子胥又跑去劝阻，吴王嫌伍子胥絮叨烦人，根本不理会他说的话。

公元前484年，吴王亲自率大军攻打齐国，得胜回国后，大摆庆功宴。勾践也带着大臣前来祝贺。吴王高兴得忘乎所以，就分封给了越国土地。伯嚭等阿谀奉承之辈，连连称赞吴王英明。

伍子胥见状，伏地大哭："真是可悲啊！都是阿谀奉承、不辨曲直之辈，忠言不信、奸臣当道，吴国就要灭亡啦！"

吴王听了大骂："你这个老东西，要不是看在先王的面子上，我早就杀了你，还不给我滚出去，别让我再看见你。"

伯嚭早就想让伍子胥死了，这样自己就能当上相国。他趁此机会向吴王说："伍子胥早就与齐国暗地里勾结，要不然也不会阻止大王攻打齐国，还总盯着越国不放。"

吴王也早就厌烦伍子胥了，又听了伯嚭的话，没做调查就赐给伍子胥一把"属镂"宝剑，让他自杀。

伍子胥拿着宝剑，仰天长叹："老天啊，你睁开眼看看吧，我为吴国立下了汗马功劳，如今却被赐死。"他在临死前嘱托家人，在他死后，一定要将他的头挂在城门上，他要亲眼看到吴国被越国消灭。说完就拔剑自刎了。

公元前482年，夫差又亲率大军北上，与晋定公、卫出公、鲁哀公在黄池相会。夫差正在此商议谁做此次会盟之主时，越王勾践、范蠡率领四万复仇大军直达吴国国都。此时吴国的精兵良将都让夫差带走北上了，留守国都的是太子友和王子地，他们只好带着老幼病残和越军开战。兵败是自然的了。太子友被杀，王子地紧关城门不敢出来，派人连夜赶往黄池告知夫差。

夫差急得火冒三丈，立刻带领大军返回。此时的吴军已经疲惫不堪，与越军交战后大败。夫差派人与勾践讲和，勾践考虑到越国暂时还无法灭掉吴国，就同意了。自此之后，吴国的实力就大不如从前了。

公元前473年，越王勾践又率大军来攻打吴国，将吴国的国都团团围住。夫差无奈派王孙骆去讲和，勾践见王孙骆苦苦哀求，一时心软答应讲和，可是一旁的范蠡坚决不同意，越王听取了范蠡的建议。后来吴王七次派人求和，越王都没有答应。

直到最后越军攻进了都城，伯嚭投降了，夫差带着三个儿子逃到了阳山。勾践、范蠡、文种带兵直接追杀到阳山，把阳山包围了。夫差知道自己已走投无路，悔恨交加，便拔剑自刎。

范蠡跟随夫差多年，深知他心胸狭窄，共患难可以，同享乐难。此时吴国已被越国彻底消灭了，他知道也到自己该离开的时候了。他私下找到文种说："古训说：敌国破，谋臣亡，飞鸟尽，良弓藏，狡兔死，猎狗烹。现在是我们离开的时候了。"

　　文种不相信勾践会这样对待自己，选择留了下来。范蠡悄悄地离开了。没过多久，勾践就担心文种的威望过大会威胁到自己，就赐给他一把宝剑让他自杀，相传就是吴王赐给伍子胥的那把"属镂"宝剑。

　　吞并吴国后的越国，变成了当时的一个强国。之后勾践又出师北上，与齐、晋、宋、鲁等国在舒州（今安徽庐江）会盟。周元王也派使臣前来祝贺，还送来了衮冕、圭璧、彤弓、弧矢等。

第五章／战国的乱世纷争

—— 三家分晋 ——

晋国到了晋顷公时，君王的权力已经旁落到大臣手中。到了晋出公时，更是臣子当道，这时已经进入了战国时期，掌管晋国实权的是赵襄子、韩康子、魏恒子和智伯四大势力。

这四位卿大夫把持着朝政，晋出公感觉自己已被架空，郁闷之余，便暗自开始想主意。他私下派人请求齐国和鲁国出兵灭掉四位卿大夫。然而没想到的是，齐、鲁既没借兵，还把此事告诉了四位卿大夫。智伯等人就共同出兵把晋出公赶出了晋国，立晋昭公的曾孙为国君，就是晋敬公。

智伯是四大卿大夫之首，晋敬公也牢牢被他掌控，完全是个傀儡。他的野心越来越大，想着有朝一日由他一人独掌大权。智伯召集心腹之人秘密商议此事。一位叫绨疵的谋士提出建议，要想成功首先要做的是削减其他三位卿大夫的势力。

智伯问："如何削减呢？"

绨疵说："越国的势力越来越大，你可以让晋敬公下令给其他三位大夫，让他们每人拿出一百里土地作为和越国抗衡的军资。他们同意，我们就多了三百里土地；如果不同意，就可以名正言顺地起兵攻打他们。无论怎样我们都有胜算。"智伯听后满意地笑了。

于是智伯就派晋敬公通知三位大夫献地。韩康子十分恼火，他知道这是智伯打着晋敬公的旗号进行勒索。他想发兵和智伯一战，手下的谋士段规说："暂时先不要和他产生正面冲突，不就是一百里土地吗？先给他。我们先看看其他两家是什么态度，他们若不想给，自然就会鹬蚌相争，我们就坐收渔翁之利。"

魏恒子见韩康子交出了一百里土地，也乖乖地交出了一百里土地。赵襄子不想像韩康子和魏恒子那样巴结智伯，不肯交出土地。

智伯就带着韩、魏两家一起攻打赵襄子，约定战胜后平分赵襄子的土地。

赵襄子眼见三家人多势众，就听从了谋士张孟谈的建议，撤到晋阳（即山西太原）据守。那里是赵氏分封的城池，十分坚固，粮草充足，百姓英勇护城。赵襄子撤离时比较仓促，没有带多少武器，特别是剑戟弓箭。眼下大军已经兵临城下，急得赵襄子直跺脚。倒是张孟谈不慌不忙，他与百姓谈论此事，看看谁能想出办法来。最后大家想出一个办法，就是用宫殿的大铜柱铸造剑戟和箭头；宫殿的墙壁里有许多的荆条和苇秆，可以拆下来做箭杆。这样就解决了武器的问题。

由于晋阳城军民一心，智伯等三位大夫带领大军攻打了一年多，也没有攻下。智伯觉得这样下去也不是个办法，就设下一个毒计，他派人把晋阳城上游十里处的水拦住，在此筑堤围坝，计划等到雨季水满后放水淹晋阳城。为了防止自己的营地被淹，他又派人建防水堤坝，提前通知韩、魏做好防范。

不出所料，一月过后，大雨来临，河水突涨。智伯下令决堤，晋阳城的城池坚固虽然没有被冲塌，但很多百姓的房屋被水冲泡坍塌，只好躲到高处避险。

赵襄子见晋阳城岌岌可危，心急如焚。张孟谈让赵襄子打造木筏，准备水战。他自己出东城去见韩康子，说："大家都是晋国的臣子，原本都是和平相处的，是智伯起了野心，他想一人独霸晋国，大夫不会不知道唇寒齿忘的道理吧！如果灭了我们赵氏，下一个就会灭了你们韩氏。"

张孟谈的话让韩康子醍醐灌顶，他沉默片刻说："那么目前这种情况，我们该怎么办？"张孟谈说："依小人拙见，我们三氏应该联合起来，攻打智伯，除掉他，我们就可以和平相处，这不是很好吗？"

韩康子听了觉得有道理，但还是拿不定主意。他让张孟谈留在营中，自己去和魏恒子商量。巧的是，第二天智伯来邀请韩康子和魏恒子去龙山边一边喝酒，一边查看水情。其间智伯得意忘形地说："没想到这水也可以亡了一个国家呀！"

他回头眯着眼睛看看韩康子和魏恒子，说："如果是同样的情形，恐怕你们的安邑和平阳也保不住吧。"

安邑是韩氏封地的城池，平阳是魏氏封地的城池，韩、魏二人对视，心领神会，都没作声。散席后，韩康子带着魏恒子来到营中与张孟谈洽谈此事，三人一拍即合，立下盟约共同攻打智伯。

次日夜里，智伯派遣守坝的士兵把韩、魏派来的人给杀了。他们挖开西边的堤坝，堵住流向晋阳城的堤坝。堤水顺势冲向智伯大军的营地。大水冲到智伯的床边他才惊醒。手下的亲信带他坐木筏逃走。他回头望着自己的营地，汪洋一片，士兵们还在大水中垂死挣扎。这时鼓声震天响，韩、魏的军队乘船杀了过来，他赶紧与几名手下乘着小船往龙山后方逃去。刚出山口，就被赵襄子和张孟谈带领的大军活捉了。

天明时分，智伯的军队全部被消灭。赵襄子杀了智伯，和韩、魏带领大军回到晋国绛城，以叛逆罪将智伯满门抄斩。赵、韩、魏三家平分了智伯的土地。

到了公元前 403 年，韩虔、赵籍、魏斯是晋国韩、赵、魏三氏的继承人。这三位继承人分别派使者去周威烈王处，要求独立封侯，建立自己的国家，当时周天子早就被架空了，他只得按照三家的意思办。晋国从此就消失了。

—— 商鞅变法 ——

齐威王时期，齐、楚、燕、韩、赵、魏、秦都是实力强大的国家，这七个国家当时被称为战国七雄。而在这七国之中，齐国势力最大。众国君推举齐威王为霸主。由于秦国在中原的西部，相对来说较为落后。公元前 361 年，秦孝公即位，他想向中原扩大自己的势力，就下令广招贤才，并承诺只要有才华，不管是哪个国家的人，都会得到重用。

有一个叫卫鞅的卫国人来到了秦国，告诉秦孝公："想要国家富有，就得大力发展农业；要想国家强大，就要奖赏英勇之士；要想治理好国家，就必须赏罚分明，在臣民面前才会有威信，再进行改革就好办了。"

秦孝公听后极为赞同，让卫鞅先整理一套完整的方案出来。因为这些改革方案触及了大臣和贵族们的利益，所以很多大臣和贵族们都极力反对。两年过后，秦孝公的君权已经稳定，才拜卫鞅为左庶长，掌管秦国的改革大权。

公元前 359 年，卫鞅要颁布新法，怕得不到百姓的信任，派人在南门立了一根木头，并下令："谁能把这跟木头搬到北门，就赏金十两。"看热闹的人很多，却没有人相信真的会赏金十两。

卫鞅见没人相信就下令："谁能搬到北门就赏金五十两。"这时人群中站出来一个身材魁梧的人说："我扛。"只见他扛起木头一口气就扛到了北门。大家都认为这个人肯定不会拿到赏钱，卫鞅立刻叫人拿出五十两赏金给他，还表扬他相信朝廷的令法。此事一下传开了，从此大家都相信秦法的力度。

之后，卫鞅颁布了新的秦法：五家为"一伍"，十家为"一什"。如果一家犯了法，其他九家有知情不报者和他同罪，知情者告发也有奖励；每个公民都要领取公民证，没有证的就不能随意外出、不能住店；不管是平民还是贵族，官职的大小和爵位的高低都取决于立功的大小与多少，享受的田地、住宅、车马、奴隶都是根据地位的高低而分的；没有战功的人就是有钱也不能挥霍浪费；百姓生产粮食和布帛多的，可以免除官差，那些因为懒惰而贫穷的人，会连同妻儿一起入府为奴，也就是奖勤罚懒；家里有了成年的弟兄就要分家单过，自立门户，缴纳自己的个人税。如有不分家的，加倍收税。

新法的颁布和执行，促进了农业生产的发展，增加了国家的军事力量。而贵族们的利益受到了损害，他们就极力反对新法。秦孝公决心要将新法执行到底，就杀了那些反对新法的大臣，升卫鞅为大良造。

接着就是大规模新法的颁布：

第一条就是开辟阡陌封疆。阡陌是春秋时期在耕种的田地中间留出来的兵车过往的大道，到了战国时期基本不用兵车了，都是骑兵和步兵，就用不着这条大道，要把它修平种上庄稼。封疆是各贵族领土的分界地带，比如一些土堆、沟壑、树林之类这些都要开垦出来，作为耕田种上庄稼，谁开垦的所有权就是谁的。

第二条是成立以县为单位的管理机构，在封邑之外的地区，把镇和村合并在一起，成立一个县。由朝廷指派县令和县丞管理此县。县令是这个县的最高管理者，县丞辅助县令工作，相当于秘书之职。

第三条是考虑到秦国的整体发展和走向，把都城从雍城迁到渭河北边的咸阳。

新法的颁布和执行，一直都有很大的阻力。变法的第四年，太子犯了法，为了彰显新法的威严，卫鞅就把太子的两个老师公子虔和公孙贾治了罪，一个割掉鼻子，一个在脸上刺字。

当时的秦国地广人稀，临近的韩、赵、魏地少人多。卫鞅就让秦孝公下令昭告邻国的农民，可以到秦国来种地，并提供田地和住房。之后，卫鞅还统一了度量衡，这样在税收、纳租、买卖交易的时候就方便得多。

秦国在变法后的十几年里，日渐强大。秦孝公给卫鞅封了侯，把商於一带的十五座城池分给了他，称为商侯，于是后人便称他为商鞅。

—— 孙膑智斗庞涓 ——

秦孝公重用商鞅变法效果十分显著，秦国因此强大很多。魏惠王也想效仿便用重金高位来招贤纳士。他拜庞涓为大将攻打宋国和卫国。

当时墨子的学生禽滑釐向魏惠王推荐一位贤才叫孙膑，是庞涓的同门师兄弟。魏惠王就让庞涓写信给孙膑请他出山。庞涓一直忌妒孙膑的才能，不愿他来魏国，恐对自己不利。无奈魏王下令，他只好违心地给孙膑写了一封热情的邀请信。孙膑见信很是感激庞涓的举荐之情。就拜别了老师鬼谷子，跟着魏惠王派来接他的人一起来到了魏国。

见到了孙膑，魏惠王很高兴，打算拜孙膑为副将军，和庞涓一起管理军事。庞涓却私下里使手段，让孙膑做了没有实权的客聊。尽管这样，孙膑内心还是很感激庞涓的举荐之情。

半年之后，庞涓使用计谋，以孙膑堂兄弟的名义给孙膑写了一封信，大致意思就是让孙膑回齐国为齐王效力。庞涓提前买通了一个叫丁仪的人，让丁仪把孙膑写的回信交给了魏惠王，与此同时，他还叫孙膑向魏惠王奏请回齐国祭拜。

这一连串的事儿终于让魏惠王起了疑心，他开始怀疑孙膑私通齐国，背叛魏国，就派人把孙膑看押起来，还让庞涓审问他。庞涓假意伤心地说："大王执意要杀了你，是我再三请求才保住了你的性命，但是得砍下你的膝盖骨。"

孙膑流着眼泪说："感谢你的鼎力相助，你的恩情我会记一辈子的。"

孙膑流上被刺了字，没了膝盖骨，从此无法正常走路。

一日，庞涓来找孙膑，让孙膑把失传已久的《孙武十三篇》写给他。因为这个《孙武十三篇》，他们的老师鬼谷子只教过孙膑。孙膑想报答庞涓的救命之恩，就答应了，开始默写兵法。

后来，一个伺候孙膑的下人从庞涓的手下那里得知事情的真相，原来庞涓如果不是想得到《孙武十三篇》这部兵法，早就杀了孙膑。他就把此事告诉了孙膑，孙膑把发生的事情先后理了一下，才如梦初醒，他立刻把写好的兵书抽出一部分烧了，接着就开始装疯。

后来，齐威王知道了孙膑在魏国的遭遇，便派淳于髡到魏国请孙膑，由禽滑釐配合，孙膑经过乔装打扮后，被淳于髡带回了齐国。

孙膑回到齐国后，得到齐威王的重用，两次拜为军师出兵。

公元前354年，庞涓受魏惠王之命攻打赵国。齐威王接到赵国请求出兵支援的消息，任孙膑为军师，田忌为大将发兵支援赵国。孙膑告诉田忌说："魏军已经包围了赵国的邯郸，现在赶过去也没什么意义，倒不如，咱们假装放出话说，要去攻打魏国的襄陵，这样庞涓就会立刻撤兵赶回，我们就在半路埋伏拦截他，打他个措手不及。"

果不其然，庞涓听到消息立刻下令撤兵向襄陵赶去。赶到桂陵时，遇上了齐军的埋伏，魏军不战而败。庞涓正在焦急之际，看见写着"孙"字的一面大旗，差点掉下兵车，此战损失了魏军两万多兵马。

公元前341年，魏惠王又派庞涓带领魏国所有的兵力攻打韩国。韩国向齐国求救。齐威王再次以孙膑为军师，田忌、田婴为将，带领五万兵马支援韩国。这一次，孙膑没有去韩国，而是直接攻打魏国。

庞涓得到消息后，只得撤兵赶回去。庞涓赶到魏国时，得知齐国的军队已经杀进去了。孙膑故意在他们扎营的地方留下许多做饭的锅灶，庞涓让人数了数做饭的炉灶，足够十万人吃饭用。庞涓想："齐国至少已经有十万大军进了魏国，一时半会儿很难将他们打出去。"

第二日，庞涓又来查看齐军扎营的地方，发现做饭的锅灶少了许多，他判断齐军现在也就有五万左右。

第三日，庞涓查看锅灶的数量又少了，他判断齐军还有两三万人。暗自窃喜，说："齐军真是胆小，仅仅三天的工夫就逃得只剩下一小半了。"

于是庞涓就自信满满地带领大军日夜兼程向齐军追去。

追到马陵时，天色已晚，路也难走，没有月光，庞涓大军没走多久就被眼前的木头挡住了。他命人把木头搬走，这才发现路边的树都被砍倒，只有一棵最大的树没被砍倒。庞涓觉得好奇走上前想看个究竟，发现这树的皮被剥去了，上面还有字。由于天黑看不清楚，他命人拿来火把，在火光之下，他清楚地看到树上写着：庞涓死于此树下。

庞涓气急败坏地喊了一句："不好！又中了孙膑的诡计。"他急忙回头下令说："快撤。""撤"字还没有说出口，就被万箭穿身。

孙膑每日减少炉灶的数量就是为了引诱庞涓追过来，孙膑根据庞涓的性格也基本上算准了他到此的时间，提前派了五百名弓箭手在此埋伏，一见火光就放箭。

庞涓被箭放倒后，一时间，山前山后涌现了很多齐国的士兵，魏兵血流成河，一直杀到了天亮，齐军才带着俘虏和战利品往回走。

魏惠王大败，只好向齐国求和、进贡。

── 孟轲讲 "仁" ──

魏惠王用重金招揽贤才，邹地一个叫孟轲的人前来投奔。

孟轲自幼家境贫寒，只有母亲和他相依为命。孟母对教育孩子很有见地。从小就用孔子的仁义、礼乐的理念来教育孟轲。据说孟母为了使孟轲有一个好的学习环境和氛围，搬过三次家。孟轲长大以后继续学习孔子的儒道礼仪，他继承和发扬了孔子的学说，认为治理国家要施"王道"，讲"仁政"，才会让国家强大起来。后来人们就尊称他为孟子。

孟轲到了魏国，魏惠王亲自到城门外迎接，热情款待。第二日，魏惠王请孟轲讲解，如何治国才能让国家发展，获得利益。

孟轲说："我是孔子的门徒，我只懂得仁义、礼乐，根本不知如何获利。"

魏惠王觉得孟子不是自己要找的能治理国家的人才，就恭恭敬敬地送走了孟子。

孟子见魏惠王无意用自己的王道来治理国家。他就去了宋、腾等国游历。经过考察，孟子发现宋、腾等国都是小国，随时都有被大国吞并的可能。孟子觉得在这里也很难施展自己的抱负，又去了齐国。

孟子到了齐国，齐宣王封他为客聊。一日，齐宣王想知道孟轲对齐桓公和晋文公争霸的看法与见解。

孟轲说："我是孔子的弟子，只用仁爱治国，从不讲那些称霸的事。"

齐宣王沉默片刻说："你认为我这样的君王能用仁爱治国吗？"

孟轲说："当然可以。"

齐宣王又问："你怎么知道我可以呢？"

孟轲说："我听说过关于您的一件事。您看见一个人要杀一头牛，用牛血涂钟祭祀，您不忍看见这牛被杀死，就让这人用整头牛做祭物。不知此事是否属实？"

齐宣王说："确有此事。"

孟轲说："这就证明您是一位有仁爱之心的君王。"孟轲接着又说："为人君子对禽兽都有爱心，见不得血杀之类的事情。那么对人民更会如此，更加具有仁爱之心。"

"那您所说的'仁政'，具体该怎样去执行呢？"齐宣王接着问。

孟轲说："很简单，把您对动物的怜悯，用在百姓的身上。减轻他们的负担、减少战争。让他们有一个安定的生活，并教育他们要有仁爱之心。这样举国上下一片安定祥和的气象，国家自然就会发展起来、富强起来。"

齐宣王说："照您这样说，施行仁政，需要一个很漫长的过程，我很钦佩您的思想。但我想尽快富国强兵，称霸诸侯。仁政这一套，我想暂时还施行不了。"

就这样，孟子到处碰壁，他的主张也无人采纳。心灰意冷之际，他和弟子万章一起退隐民间，仔细研究教学，并把相关理论汇集成册。我们现在所看到的《孟子》一书，就是这样产生的。

—— 庄周逍遥自得 ——

战国时期，出现了许多种思想和学派，真的是"百花齐放，百家争鸣"。

在孟子生活的那个时期，宋国也出现了一位有名的思想家叫庄周。庄周反对孟子的学说。庄周出生在宋国的蒙地（今河南商丘东北），自幼家境贫寒，一次母亲病重，家里一点吃的都没有了。庄周便去监管粮食的一个小官那里借粮。小官见他年幼，就糊弄他说："等我收到粮食再借给你吧。"庄周知道他故意不借，便说："那我给你讲个故事吧：有一个人看见一个干枯的水洼里有一条快死的鱼，鱼求他舀一瓢水来救救自己。那人说要把北海的水引来救他。鱼说：等你引来了，我早就成鱼干了。"

庄周自幼就饱经风霜，了解百姓因战乱带来的灾难。他立志此生不在朝为官，不与那些欺压百姓的统治者为伍。他把那些为官的统治者看作"大盗"，这些"大盗"把国家的法律"偷"到自己的手里，为所欲为。而百姓犯了一点小错就要坐牢甚至杀头。根本没有公道可讲。

有一回，庄周去了魏国，魏国的相国惠施是他的一个旧友，他想顺便去探望一下。谁想惠施见庄周来了魏国很是紧张，他怕庄周夺了他的相国之位。庄周看出了惠施的心思跟他讲了一个故事：在南方有一种叫鹓鶵的鸟，很是特别，只在梧桐树上落脚，吃竹实、喝甘泉。一天，鹓鶵看见猫头鹰在吃一只死老鼠，猫头鹰就发出怪怪的声音，示意鹓鶵不要抢它的食物。它怎么知道鹓鶵会吃他的死老鼠呢？惠施听了很是羞愧。

后来，庄周带着妻子来到楚国讲学。楚威王早就听闻他的才华，想用重金聘请他做楚国的相国，然而庄周婉言拒绝了楚威王的请求。其实庄周的日子过得比较拮据。日常收入除了靠妻子编草鞋卖钱之外，就是庄周教书挣点小钱。庄周闲暇时会去河边钓鱼来改善一下生活。楚威王是个有抱负的君王，他不死心就到河边去找庄周。

庄周只管钓鱼，没有理会楚威王。过了一会儿，见楚威王仍不走，庄周才跟威王开始说话："大王，请教您一个问题，您说一只龟是愿意作为一个标本待在万人朝拜的庙堂里，还是愿意自由地游在水里？"

"当然是水里。"威王不假思索地回答。

"那就是了，我也是向往自由的人，您就别再费心思了。大王请回吧！"庄周说。

庄周就这样自由来往各国讲学，传播他的"无"理念。他认为不管地位高低、贫穷与富贵、伟大与渺小、是与非，到头来都是一样，都是"无"差别的。

他还向人们讲了关于自己的一件事：他在睡觉时梦到自己变成一只蝴蝶翩翩飞舞，醒来时却发现自己仍然是庄周。他想，或许是蝴蝶做梦变成了庄周，又或许是庄周做梦变成了蝴蝶。

庄周认为，生不值得欢喜，死不值得悲伤。人的生和死，就如同白昼和黑夜的更替一样自然。以至于和他相依为命的妻子去世时，他都没有掉一滴眼泪，只是敲着瓦盆唱了一曲，来歌颂妻子的一生。

庄周认为，很多事情都非人力所能及，与其悲伤难过不如顺其自然。天地万物都有自己的发展规律，这个规律就是"道"。后人把老子和庄周的学说统称为"道家"。后来，庄周把自己的所有观点提炼成册，也就是《庄子》一书。

—— 苏秦合纵六国 ——

战国时期，秦国最为强大。齐、楚、燕、韩、赵、卫都想保护自己不被秦国吞并，又想消灭别的诸侯国，各怀鬼胎。这种形势下，出现了一批纵横家。其中的代表人物一个是魏国人张仪，一个是洛阳的苏秦。他们二人是同窗。苏秦主张"合纵"，就是除秦国外的六个诸侯国联合起来结成南北同盟来共同对抗实力强大的秦国；张仪主张"连横"，是和西边的秦国联合，用"连横"的办法保全自己，还能攻打他国。

苏秦想拜见周天子，却一直无人举荐。一气之下，他变卖了家产到别的国家寻找出路。但是他东奔西走好多年也没做成官，钱也花光了，只好回家。

苏秦回到了洛阳后，专心研究兵法，日夜苦读，不浪费每一寸光阴。就这样用了一年多的时间，苏秦把姜太公的兵法熟记于心，还了解了各国的地形、军事、政治情况，以及各诸侯的想法。

一年过后，苏秦到燕国告诉燕文王："之所以秦国没有攻打燕国是因为顾忌赵国在你旁边，可是赵国要来攻打你就很方便了，因为你们离得近。依我之计要先和赵国交好，不要再去贡奉遥远的秦国了。联合其他诸侯一起对抗秦国，只有这样燕国才会安稳。"

燕王觉得苏秦说得有道理，就派苏秦出使赵国与之交好。苏秦到了赵国告诉赵肃侯说："现在秦国最想攻打的就是赵国，之所以现在还没有攻打，是因为考虑到你旁边还有韩国和魏国，要是韩国和魏国被秦国攻占了，就该攻打你赵国了。所以我们眼下之计就是联合六国共同抗秦，一家有难其余五家来帮助。这样秦国再强大也不足为惧了。"

于是赵肃侯就拜苏秦为相国，去游说其余五个诸侯国。就在这时秦国打败了魏国，魏国割让给秦国十座城池作为战败赔偿。赵肃侯担心秦国攻打赵国，苏秦就想让自己的同窗张仪去进谏秦王使用连横之计，来确保赵国的安全。

当时，张仪在魏国也是穷困潦倒，魏惠王没有重用他。他就去了楚国，楚威王也不看重他，派他到令尹昭阳门下做门客。昭阳怀疑他偷了和氏璧，差点把他打死，这样张仪又回到了魏国。妻子见状就劝他不要再想着做官了。张仪却坚定地说："只要有我这张嘴在，就不愁做不了官。"

苏秦得知此事后派贾舍人暗地里把他接到赵国。

张仪到了赵国，苏秦先是避而不见，后又刺激羞辱他。之后又派贾舍人偷偷地护送他到秦国，做了秦国的客卿。

张仪劝谏惠文王："大王，您要是现在攻打赵国，其他五国就会一起出兵对付咱们。倒不如先联合其余诸侯国当中实力较强的，再去攻打实力小的诸侯国，这样胜算更大。"

听了张仪的建议，秦惠文王暂时不攻打赵国了。赵肃侯得知此事后，派苏秦出使游说了其余五国共同抗秦，苏秦后又被封为武安君。赵肃侯就召集其余五国到赵国的洹水会盟。公元前 333 年，六个诸侯国歃血为盟，各诸侯自立为王。苏秦当上了六国"纵约长"，掌管六国的相印和联合事宜。

—— 张仪瓦解联盟 ——

苏秦被秦国以外的六国封为"纵约长"，采用"合纵"战术对抗秦国。而在秦国的张仪就用"连横"战术破解"合纵"战术。

六国当中，较为强大的齐国和楚国结为联盟对抗秦国的"连横"。此事让秦惠文王极为焦虑，他绞尽脑汁想让齐、楚两国反目成仇，以让秦国渔翁得利。

此时的张仪已是秦国相国，他看出了秦惠文王的心病，便告诉秦王："大王，您就放心吧！我一定会让齐楚联盟解散。"张仪来到了楚国，开始实施离间楚国和齐国的计划。

张仪知道楚怀王的宠臣靳尚是个贪财之辈，先是花重金收买了他，然后见了楚怀王说："今天下七分，算得上强大的也就是齐国、楚国和秦国。大王，如果您愿和秦国结盟，我秦国愿意把商於（今河南淅川西南）六百里地送给楚国，但我们也是有条件的，就是楚国要和齐国断绝关系。"

楚怀王是个见财忘义之辈，觉得这笔买卖很划算，就爽快地答应了。

大臣们都表示祝贺，只有屈原不看好此事，劝楚怀王三思而行。楚怀王听不进去，很不高兴地说："我们不费吹灰之力就得到六百里地，为什么不要，这有什么可担心的呢？"

屈原说："秦国之所以不敢轻视楚国，是因为我们和齐国联盟。如果我们和齐国断交，秦国随时都可能向楚国进攻，到那时我们就没有援兵了。"

"那我们也要先把这六百里地弄到手再说。"楚怀王不耐烦地说。

屈原接着说："就怕这六百里是张仪的权宜之计，未必会真的给楚国。大王执意如此，就派人跟着张仪到秦国先办理转交手续，等一切办妥之后再和齐国断交。"

此时也有大臣表达了不信任张仪的态度，劝诫楚怀王多留心。

靳尚因为收了张仪的财宝，自然一心帮秦国说话了，他极力让楚怀王答应张仪，并强烈建议楚王和齐国立刻断交。楚怀王一向很宠信靳尚，听了他的话，就对众臣说："张仪乃秦国的相国，怎能出尔反尔。我们既然想得到那六百里土地，就得立刻和齐国断交。"

楚国派逢候丑到秦国办理手续，和齐国断绝了往来。

逢候丑到了秦国就急忙向张仪讨要六百里土地，张仪大笑着说："大夫有所不知，秦王封我的一块地，地名叫'六百里'，实际就是六里地。随时可以拿去。"

逢候丑知道被耍，强压怒火说："我奉楚王之命来拿商於六百里地，并非你的那个'六百里'。"

张仪立刻就翻脸说："是你们的大王听错了，秦国的疆土都是祖宗留下来的，岂可送人？"

逢候丑知道事情不妙，就连夜赶回楚国把此事告知楚怀王。楚怀王暴跳如雷，大骂张仪是奸诈小人，恼羞成怒要攻打秦国讨回商於六百里土地。

陈轸立即劝阻说："我们已和齐国断绝往来，没有了外援，现在出兵攻打秦国，胜算很小，大王三思啊。"

楚怀王已经气急败坏，根本不听劝告，坚持出战。结果楚军大败，商於的六百里非但没有夺回，还丢掉了自己的六百里土地。楚国损失惨重，楚怀王只好向秦国求和。

之后，张仪又到齐、赵、燕等国继续游说，实施他的"连横"计划。

—— 胡服骑射 ——

战国七雄时期的所谓"合纵"与"连横"的战略，搅得齐国和楚国的局势越来越不稳定。公元前307年，赵国的国君赵武灵王，决定改革军事，改穿胡服，并学习胡人骑马射箭。

赵武灵王目光远大，有勇有谋。大臣楼缓、肥义、公子成都是有志之士，堪称赵武灵王的左膀右臂。赵武灵王很早以前就想改革军事。一天，他对楼缓语重心长地说："我们北有燕国，东有东胡，西有林胡、秦、韩等国，当中是中山国。赵国的四周都是虎视眈眈的敌人。如果再不加强自身，随时都有被灭掉的可能。我计划先在着装上进行改进，再在作战方式上改革，如何？"

楼缓问："着装怎么改进呢？"

赵武灵王说："我们的服装袖子太长、腰太肥、领口太宽、下摆太大，不管是作战还是做事，都显得冗赘，影响效率。"

楼缓补充说："还费布料。"

赵武灵王接着说："浪费布料倒是小事，主要是走路、干活都不方便，更别说打仗了，连跑都跑不快。我打算按照胡人的服饰改进，小袖口、短褂、扎上腰带，再穿上皮靴。整个人就变得轻便了许多，想不灵活都不行了。"

楼缓很认可赵武灵王的说法，觉得胡人的服饰确实更加轻便。

赵武灵王接着又说："咱们打仗只知道用步兵，就是有马也是用来拉车的。我们也要学习胡人那样，能骑马还能在马上射箭，这样自然会增加战斗力！"

赵武灵王越说越起劲，楼缓越听越来劲。肥义得知后也很赞同。

第二天，赵武灵王、楼缓和肥义三人，就穿着改良后的衣服站在了朝堂上。大臣们很是惊讶。赵武灵王开始颁布改变服装的命令，大臣们很是不解，认为中原服饰向来如此，现在改变老祖宗留下来的习俗，这样着装实在有伤大雅。

但是赵武灵王心意已决，必须改革。他说服了顽固的叔叔公子成也穿上了胡服。大臣们也只好都穿上了。

很快举国上下都穿上了胡服，不论是军人还是百姓，无一例外。人们刚开始觉得有些不适应，后来发现穿着干活方便多了，也就都喜欢了，并很快习惯了。

接下来，就是学习骑马射箭，仅仅十个月左右，赵国就有了自己的骑兵队伍。经过种种的军事改革，赵武灵王带领人马收服了临近的中山国、东胡和附近的几个部族，接着又联络秦、韩、齐、楚等国。赵国越来越强大了。

赵武灵王想去秦国考察，出发之前他废了太子，传位给自己最爱的小儿子，就是赵惠文王，自己则做了主父。同时封肥义为相国，李兑为太傅，公子成为司马，大儿子为安阳君，一切安排妥当就出发了。

他以使臣"赵招"的身份带着一小队人马访问秦国。一路上，他把沿途的山水要道都一一记了下来。到了秦国的都城咸阳后，他告诉了秦昭襄王赵武灵王传位的事情。

秦昭襄王不解地问："你们的赵武灵王很老了吗？为什么要传位呢？"

"赵招"回答："我们的国君还很健壮呢。他是想让太子历练一下，主权仍在主父那里。"

秦昭襄王就和"赵招"闲聊起来，说："你们怕秦国吗？"

"赵招"说："当然怕了，要不然我们也不会进行胡服骑射的改革了。不过现在我们的骑兵可是之前的十倍，应该有资格跟贵国结交了。"

秦昭襄王觉得和"赵招"交谈很是愉快。沟通完毕，"赵招"就回到了驿馆。

秦昭襄王觉得这个使臣赵招谈话温文尔雅，不卑不亢，是个人才，就想和他多接触一下。于是第二天就派人到驿馆请"赵招"，他手下的人说："使臣病了，等好了就去见大王。"

过了几日，秦昭襄王又派人去请"赵招"时，才知道他已经走了，留下一个真正的赵招在此。

秦昭襄王召来真的"赵招"问话："这到底是怎么回事？"

赵招告诉他说："我们的主父想一睹大王的风采，于是扮成使臣来此。留下我就是为了向大王致歉的。"

秦昭襄王知道自己被骗了，气得派白起带领人马连夜追赶，追到函谷关时得知赵武灵王已经出关三天了。

秦昭襄王无奈只好装作大度，放了真的赵招。

赵国的军事改革不但增强了自己的实力，对当时强大的秦国也是一种震慑。

—— 屈原投江 ——

赵国进行胡服骑射等一系列军事改革的同时，也进行了政治改革。

秦王设下计谋想骗楚怀王来秦国，楚国大夫屈原再三劝阻楚怀王不要去。可是楚怀王听信了宠臣靳尚的话，还是去了，结果到了秦国就被扣押，不久后就死在了秦国。之后太子横继位，就是楚顷襄王。可是他仍旧宠信靳尚和公子兰这两个奸诈小人。屈原担心楚国毁在他们的手里，就经常劝诫楚顷襄王，要亲贤臣、远小人，加强军事训练，为先王报仇。

靳尚担心屈原坏了自己的好事，决心除掉屈原，于是他串通公子兰向楚顷襄王诬告屈原，很快，楚顷襄王就把屈原流放湘南（今湖南洞庭湖）一带去了。

屈原一心为国，想让楚国国富民强，谁料却落此下场。不由得心生寒意，每日里不思饮食，满腹忧怨，容颜也日渐憔悴，在汨罗江边唱哀歌。

有人对屈原说："人人都知道你赤胆忠心，他们不值得你这样伤心，索性和他们一样，做一个随声附和的人吧！"

屈原说："我不是担心自己的遭遇，而是大王被蒙蔽，我担心的是楚国的安危，我不能眼看着楚国大难临头而不顾啊！如果能挽救楚国，就算是死了我也情愿。可如今没人相信我的话，就算我哭死了也没有用。"

在屈原被放逐的日子里，他每日和百姓生活在一起。他看到了百姓的种种妻离子散、家破人亡的悲惨遭遇，这一切都让屈原感到十分的痛心。他把这一切都寄予诗词里面，也就是在这一时期，他创作了《离骚》这首流传千古的名诗。

屈原一直忧心国家的安危，做梦都想回到楚国国都郢都。他看着楚国的河山，想到楚国政治这么腐败，不免触景伤情。

而身边的人都知道屈原不可能再回到郢都了，于是有人就劝他离开楚国。

可是屈原说："这里是生我养我的地方，我怎能弃国家、弃父母于不顾呢？我是不会离开楚国的，虽然救国之路艰辛漫长，但我是不会放弃的。"

奸臣当道，楚国很快就走到了灭亡这一步。公元前 278 年，秦王任白起为将带领大军攻下了楚国的国都。这时已经 62 岁的屈原得知此消息后，痛哭流涕。他知道楚国是真的完了。他不想看到楚国的山河落入他人之手，就抱着一块大石头投江了。

附近的渔民和百姓纷纷赶来救寻屈原，可是根本找不到他的人影。人们为了祭拜屈原就把米饭装在竹筒里撒到江里，还喊屈原的名字。

从此以后，每年屈原投江的这一天——农历五月初五人们都会把装着米饭的竹筒倒入江里，以此来祭拜屈原。后来这一天就被称为端午节，也叫端阳节。再后来，人们改良了祭拜的习俗，把盛着米饭的竹筒子改成粽子，把小船改为龙船在江面上竞赛，用这样的方式来纪念屈原。现在这已经变成全中国的一种风俗了。

屈原死后，赵国的主父也去世了，赵惠文王的弟弟赵胜被封为相国，为平原君。他想巩固自己的地位，就广交天下能人贤才，并把他们召集在自己的门下。一时之间，齐国的孟尝君、魏国的信陵君、楚国的春申君都纷纷效仿他招揽人才。

—— 李冰修建都江堰 ——

秦国日渐强大起来。秦昭襄王重用李冰，大力发展农业，大兴水利。

李冰在秦国修建了几个大的水利工程，得到了秦昭襄王的极大赏识，算得上战国时期水利工程的杰出代表。后来秦昭襄王想派他到蜀郡做太守。就把他招进宫，问他怎样才能治理好蜀郡。

李冰说："虽然蜀郡刚刚收复，人心还不稳，但是我相信只要能造福百姓，就一定会得到他们的支持和拥戴。"

秦昭襄王听了他的回答，就放心地派李冰去蜀郡了。

李冰上任后，先对当地做了考察。发现此地土地肥沃，开垦的却很少，而且人烟稀少。他就向当地的老者了解了情况。原来这里有一条河流叫岷江，贯穿了整个平原。岷江年年发大水，把周围的村庄和田地都淹了，庄稼颗粒无收。老人家还恳请李冰一定要救救当地的百姓，不然的话，这里的人估计都要搬走了。

李冰了解详情后，就决定治理这条河流，给百姓一个生存的保障。

他几次深入山林来到岷江的源头，长途跋涉沿江寻找到岷江与长江的汇合之地，对岷江进行了全面深入的了解。

在岷江的起源地带，两岸高山耸立，水流湍急；到了灌县一带，开始变得平坦，水流就肆意而流，冲决堤岸；从上面流下来的大量泥沙堆积至此，使河流变浅；还有就是灌县城边上的玉垒山，挡住了水流，一到雨季，水流只好向西流去，形成涝灾，而东面却是滴水没有，形成了旱灾。水害频繁皆来源于此。

李冰找到了水害的根源，决定在平原地带大修水道。这样既可以排泄洪水，还可以灌溉田地。但是要想把岷江水流引入渠道，就得开凿玉垒山使水东流。

定下方案后，李冰带领大家在玉垒山开凿出一个二十多米的缺口，起名为"宝瓶口"。然后又在江心筑建了一个使岷江水东西分流的堤堰。由于形状像鱼头，起名为"鱼嘴"。西流的叫外江，东流的叫内江。还在宝瓶口处修建了纵横交错的水渠。这就形成了都江堰的大体工程。

为了使整个工程更加完善，他还在鱼嘴的分水堰的末端建了平水槽和排泄洪水的渠，取名"飞沙堰"。这样就防止了灌溉时淹没庄稼，还能有效地冲刷宝瓶口前后的泥沙。这一系列缜密完善的辅助措施造就了都江堰这一伟大工程。

李冰的工作精益求精。他不但要求在建造时要做到最好，还在维修保养上做了很多考虑，有的至今还在为后人所用。都江堰建成以后，此地便没有了旱灾和水患，农业生产也迅速发展了起来。

之后，李冰带领百姓在沫水开凿，整理水渠。还疏导管江、汶井江、洛水，主持开凿盐井。这些举措为开发成都平原、发展农业做出了巨大贡献。

四川地区的人们都称这位造福百姓的李冰为"川主"，后来，当地人们为了表达对他的怀念和崇敬之情，在四川各地修建了"川主祠"。

—— 完璧归赵 ——

公元前 283 年，赵王得到了楚国丢失多年的"和氏璧"。秦国的国君秦昭襄王得知此事后就想用十五座城池换取"和氏璧"。可是赵王不想交换，又怕得罪秦国这个大国。如果答应交换又担心秦昭襄王不守承诺。思虑再三决定找一个精明能干的人去秦国交涉此事。

有人向赵王推荐了一个人，叫蔺相如，此人见多识广。赵王召见了他。蔺相如说："秦强赵弱，为了不给秦国攻打赵国的理由，还是把和氏璧送去吧。如果他不交出十五城，那就是秦国违约，大王，您若是没有合适的人选，我愿前往秦国。"

蔺相如到了咸阳，恭敬地把和氏璧交给了秦昭襄王。秦昭襄王高兴地接过和氏璧，仔细观赏。接着他把和氏璧派人拿到后宫给他的妃子们观赏，又拿给大臣们观赏，就是不提交换城池的事。蔺相如见此情景，计上心头。他上前一步对秦昭襄王说："大王，您有所不知，此玉有一处瑕疵，我告诉您在哪里。"

秦昭襄王就把和氏璧拿给了蔺相如。

蔺相如拿到和氏璧后向后退了几步，退到了朝堂的柱子跟前，气冲冲地说："是大王您说要拿十五座城换取和氏璧，我们赵国的大臣们都不相信您的诚意。只有我们赵王相信您，说一个堂堂大国的国君怎会失信于人呢！赵王斋戒了五日才派我送和氏璧到秦国。如此隆重的事，大王却把这个宝物随意拿给后宫的女人和大臣们观赏。您根本就没有诚意换取和氏璧。既然如此，我就和这玉一同碎在这堂柱之下。"蔺相如说着就举起和氏璧向柱子上摔去。

秦昭襄王赶紧承认自己错了，并叫大臣在地图上指出那十五座城池的位置。

蔺相如知道这是秦王的缓兵之计，他就将计就计地说："送玉之前，我们赵王可是斋戒了五日，又举行了隆重的送玉仪式，大王您也要斋戒五日，再举行一个接收仪式，这样才算有诚意。也只有这样，我才会把璧奉上。"

蔺相如说完就回驿站去了。他命手下人打扮成商人的模样，把和氏璧缠在身上，连夜逃回赵国去了。

五日到了，蔺相如来到接收仪式的现场，非常镇定地对秦王说："你们秦国历代君王都不守信用，我不敢相信你们，所以就派人将和氏璧送回了赵国。我愿接受大王的任何处置。"

秦王很生气，但也无可奈何。蔺相如接着说："大王若真想用十五座城池换取和氏璧，就请大王先交出城池，然后再派人到赵国取和氏璧。秦强赵弱，赵国自然也会把和氏璧交给大王的。"

此时大臣们都没了主意，秦王心想和氏璧已经回到了赵国，就算是杀了蔺相如也于事无补，反而落下没有气度的口实。就款待了蔺相如后，让他回赵国了。

—— 范雎远交近攻 ——

赵惠文王有廉颇和蔺相如鼎力辅佐，秦国也不好对赵国下手，就打算对齐国下手。在公元前 270 年，秦国一切准备就绪，由丞相穰侯带兵攻打齐国。这时秦昭襄王收到一封密信，是一位叫张禄的人写的，说是有要事相告。

张禄是魏国人，他原来叫范雎，是魏国大夫须贾的门客。一次，他跟随须贾出使齐国，齐襄王见了他们，痛斥魏国当初不该帮助燕国攻打齐国。范雎见须贾无言以对，就上前一步说："现如今是大王继位，我们是代表魏国向大王祝贺的，也就是有诚意和齐国重修旧好，大王何不学学当年齐桓公霸主的气度呢！"

齐襄王听后，很是赏识范雎，私下里给他送了一份厚礼，想让他留下为齐国效力，被范雎谢绝了。可是须贾认为范雎抢了自己的风头，回国后就对相国魏齐说，范雎把魏国的机密泄露给了齐国。丞相听信这些话，就把范雎看押起来严刑拷打，百般羞辱。他们把范雎的肋骨打断了，范雎疼得昏死了过去，然后他们又把他扔到茅厕，让人们往他身上撒尿。

夜里，范雎苏醒过来，看管他的人见他实在可怜就放了他，向魏齐禀报范雎已经死了。

范雎养好病之后，为了躲避魏齐的追杀，从此就更名改姓叫了张禄。后来他来到了咸阳，又经朋友引荐，见到了秦昭襄王。可是秦昭襄王让他住在客栈，一直没有重用他。一晃就一年多。

一日，范雎得知丞相穰侯要攻打齐国的刚城和寿城，就连忙给秦昭襄王写了一封密信。由于当时秦国的大权掌握在丞相和太后的手里，丞相要攻打齐国实际上是想为自己扩充土地。秦昭襄王就约范雎在离宫见面。

张禄在去离宫的路上遇到秦昭襄王，就故意不躲避，也不迎接，还大声说道："我只认识丞相和太后，不认识什么大王。"

秦昭襄王听到后，急忙下车，恭敬地把范雎请到离宫里。进到离宫，范雎对秦昭襄王说："秦国的地理位置优越，有天然屏障保护，有哪个国家能比；论兵力，哪个国家能比；论将士的勇敢，哪个国家能比；论百姓的恪守执法，哪个国家能比；论管理诸侯、统一中国，哪个国家能比？秦国的条件这么优越，可是十多年过去了，一直都没有什么大的变化。这是为什么呢？就是因为秦国没有一个鲜明的政策，只知道和诸侯国订立盟约，和诸侯国打仗。现在，大王又听取了丞相的建议要攻打齐国。这分明是上丞相的当了。"

秦昭襄王有些不解，张禄又接着说："齐国与秦国相隔甚远，中间隔着魏国和韩国。带兵少了，就得战败；带兵多了，秦国自身的安危就没有了保障。"

秦昭襄王问张禄有什么好的建议，张禄说："我们先跟远处的齐国和楚国交好，再攻打临近的韩国和魏国，这样在我们攻打韩、魏的时候，齐、楚就不会帮助韩、魏。等我们攻下韩、魏时，还愁攻不下齐、楚吗？也就是远交近攻。"

秦昭襄王听了张禄的话，觉得很有道理，就拜张禄为客卿，按他的计划行事。

之后，秦昭襄王越来越器重张禄，经常和他一起谈论国家大事。后来张禄建议让秦昭襄王削弱太后和贵族们的势力。公元前266年，秦昭襄王动用兵力收回了穰侯的相印，逼他回到陶邑；还把最有权势的三个贵族轰到关外去了；夺了太后参政的权力，让她去后宫养老。之后，秦昭襄王拜张禄为丞相，把应城的封地给他，称为应侯。

秦昭襄王按照丞相张禄的计划，准备攻打魏国和韩国。魏安釐王得知后，立刻和大臣们商讨此事。相国魏齐说："秦国如此强大，咱们魏国是打不过它的，听说秦国的丞相张禄是魏国人，不如向他求情试试看。"

魏安釐王也没有更好的办法，就派须贾到秦国去求和。

张禄听说是须贾来秦国求和，就换了一身旧衣服去拜见他。须贾见到张禄先是吓了一跳，然后结结巴巴地叫了一声"范叔"，张禄没有应答。须贾说明来意后，张禄答应为他引荐丞相。二人来到了相府门口，张禄让须贾在此等候，他去里边禀告一声。须贾见张禄进去了很久也没有出来，就打听门口的守卫，才得知张禄就是范雎。他吓得两腿发软，直接跪倒在地，在门外等候发落。

直到里边有人传话让他进去，须贾才连滚带爬地来到范雎面前，一边磕头一边说："大人，我有罪，请治我的罪吧。"

范雎说："你诬告我私通齐国，确实该治你死罪。但是今天你是使者的身份，暂且饶你一命。"须贾连连磕头谢恩。

第二天，范雎对秦昭襄王说："魏国派人来求和了，如今咱们不动一兵一卒就收复了魏国，这都是大王的威德所至。"说完就"扑通"一声跪在秦昭襄王的面前，把他在魏国的遭遇告诉了秦昭襄王。秦王听了，安慰了他一番。

之后，范雎就叫来须贾说："要想向秦国求和也不难，只要你尽快把魏齐的脑袋送来，秦王就会答应割地求和。"

须贾连夜回到魏国，见了魏安釐王把事情说了一遍。魏安釐王同意杀了魏齐，并割地赔偿。

范雎的"远交近攻"策略就这样开始了。

—— 纸上谈兵 ——

秦国按照远交近攻的策略拿下了魏国后，又于公元前262年派大将王龁向韩国进攻。王龁攻占了野王城，这样上党与韩国的都城就失去了联络。上党的军队也就变成了孤军。

上党孤军的首领冯亭告诉将士们："我们与其投降秦国，不如投降赵国。这样秦国再来攻打我们，赵国就会和我们一同抗秦。"

将士们都觉得此法甚好，就立刻派人带着上党的地图到赵国投降。此时，赵惠文王已经过世了，他的儿子赵孝成王继位。蔺相如也隐退了，由平原君赵胜担任相国一职。他带着五万人马接收了上党。冯亭仍做上党的太守。赵胜临走时，冯亭再三叮嘱，让他们回去之后请赵王派兵来，因为秦国随时都有可能来攻打上党。

赵胜回去之后，把事情如实向赵王禀告。赵王为不动兵卒就得了上党而高兴得忘乎所以，每日里喝酒庆祝，竟然把派兵的事情给忘了。

随后王龁派大军包围了上党，冯亭苦苦坚守了两个多月也不见赵军来援。无奈他只好带着残兵败将和城中的百姓向赵国的方向逃去，走到长平时才看到廉颇带领的二十万援军。可是上党已经失守了。

廉颇和冯亭的人马会合在一起，打算共同抵抗秦军，这时王龁的军队也赶到了，打散了赵军的先遣部队。廉颇就令手下人赶紧安营扎寨，加高屏障，加深战壕，稳住军心打算和秦军长期作战。王龁多次叫阵赵军都不予理睬。

两军就这样僵持了四个多月，也没分出个胜负。王龁实在没有办法，就将此事告诉了秦昭襄王说："廉颇确实是位久经沙场的老将，怎么喊都不出战。我们长途跋涉，长时间停留在此，粮草都是问题。"

范雎对秦昭襄王说："要想打赢此仗，就得想办法把廉颇调走。"

没过几天，赵国到处都在传播关于廉颇的谣言，说廉颇不敢和秦军交战是因为他老了，要是换作年轻力壮的赵括早就把秦军打得落花流水。

赵孝成王听了，就下令廉颇开战。廉颇仍然坚持不出战。赵孝成王把赵括叫来，问他能否打退秦军，赵括说没问题。赵孝成王就派赵括换回了廉颇。

在赵括临行前，他的母亲奏请赵孝成王不要派她的儿子去。赵孝成王问她为何，赵母说："他父亲临终前就有交代，千万不能让赵括上战场，因为打仗不仅危险，还需要有勇有谋，要多方权衡和考虑。就这样都未必能打胜。而赵括把打仗当作儿戏，只会纸上谈兵，不切实际。要是让他带兵打仗，我们全家遭殃是小事，毁了国家是大事啊。还请大王收回成命，不要让赵括去了。"

赵孝成王根本就听不进赵母所说。公元前 260 年，赵括带领二十万大军赶到了长平关。他与廉颇办理了交接手续后，廉颇就回邯郸去了。

赵括见四十万大军浩浩荡荡，就更是忘乎所以了。他就给将士们说："秦军来战，我们一定要反击；敌人败了我们得乘胜追击，一定要杀他个落花流水。"

冯亭见此情景就告诉赵括，廉颇之所以不出兵就是想耗尽秦军的兵力。赵括哪里听得进去这些。

范雎得知赵括已换走了廉颇，就请白起前来指挥。白起提前就设好埋伏，他故意败走，再引赵括前来追击。随后就派人断了他们的后路，出了营地的赵军既没有粮草也没有援军。经过四十多天的镇守后冯亭自杀了，赵括被乱箭射死。将士们见主将已死，饿得一点力气也没有了，就主动投降了。

此次投降的赵军足足有四十万人。

—— 信陵君窃符救赵 ——

秦昭襄王得知魏、楚联合支援赵国，他就派人威胁魏王说："邯郸早晚都是我秦国的，谁要是支援赵国，我就先打谁。"

魏安釐王急忙派人通知晋鄙原地待命。晋鄙把十五万大军先驻扎在邺城，春申君知道后也停止前行，大军驻扎在了武官。秦王就借此机会下令尽快攻下邯郸。赵孝成王见两国的援军一个也没有到，急得又派人到魏国催他们赶紧发兵。

魏安釐王左右为难，出兵会得罪秦国；不出兵则得罪赵国。他只好命大军原地待命，以观其变。平原君又派人来到邺城请晋鄙尽快发兵，可是没有魏安釐王的命令他不敢发兵。无奈平原君又给他的妻弟魏公信陵君写信求助，让他劝说魏安釐王发兵救赵。

信陵君再三劝说魏安釐王发兵，魏安釐王也没有同意。信陵君对他的门客们说："大王不出兵援救赵国，我就自己去赵国，就算死我也要去。"随后他就带着他的一千多个门客乘车去邺城，要和秦国决战。

走到东门，看到他的朋友名叫侯生的正在守门，他就下车打招呼，顺便告别。侯生却冷冷地说："恕我老了，就不和你一起去了。"

信陵君告别后就上车走了，他边走边想，越想越觉得侯生有些不对劲，说话怪里怪气的，便掉头往回走想问个究竟。

侯生见了信陵君就说："我就知道你会回来的。"

信陵君说："是不是我哪里做错了？还请先生赐教。"

侯生说："你带着多年收养的门客，就这么去，这不是白白送死吗？"

过了片刻，他又接着说："现如今最得大王宠爱的是如姬。当年他父亲被害，是你叫门客砍了他父亲仇人的脑袋。如姬为此事一直都很感激你。如果你找她帮忙偷出大王的兵符，我想她肯定会答应的。你有了兵符，还怕反击不了秦国吗？"

信陵君觉得很有道理，就去找如姬帮忙。如姬果真帮信陵君偷出了大王的兵符。信陵君拿着兵符到东门与侯生辞别。侯生让他带上一个叫朱亥的人，此人勇猛过人。如果晋鄙不愿交出兵权就让朱亥直接杀了他。

于是信陵君带着朱亥和自己的一千多个门客来到了邺城。见到晋鄙他掏出兵符，并告诉他，大王派无忌接收他的兵权。晋鄙沉默片刻说："此事事关重大，还得问过大王……"话音未落，就被朱亥一锤子砸死了。

信陵君手持兵符对将士们说："你们当中父子同时从军的，父亲可以回家；兄弟二人同时从军的，为兄的可以回家；家里就一个男孩的也可以回家去，身残体弱的可以回家去。剩下的就跟我一起出兵去救赵国。"

信陵君带着八万精兵，来到邯郸城下，直接杀向秦军大营。秦军因为没有防备，被打个措手不及。这时平原君也带领守城的将士杀出城来，两面夹攻之下，秦军被打得落花流水。

秦国很久都没吃过败仗了，就下令撤兵。由于郑安平带领的一支两万多的人马，被魏军切断了退路，最后也只好投降信陵君了。

信陵君救了赵国，赵孝成王亲自来到军营感谢他。

信陵君知道自己无法再回魏国了，就把兵符和军队交给了魏国的将军让他带回，自己则留在了赵国。

—— 荆轲刺秦 ——

秦王政在 22 岁时才真正掌管秦国大权。公元前 238 年，有人利用太后造反，秦王剿灭了叛乱。吕不韦被革职，随后自杀。此时的秦王意气风发，开始向各国进攻，想完成自己统一中国的梦想。

在这种严峻的形势下，燕国太子丹觉得只有杀了秦王，燕国才能安稳，便四处寻找能杀死秦王的人。

太子丹先是救了一个叫秦舞阳的杀人犯。后来，收了原秦国大将樊於期，他因为参加过秦国的造反，为了躲避秦国追杀投奔到燕太子这里。他还请了一位很有本领的剑客，就是史上有名的荆轲。

一日，他对荆轲说："我们如果和秦国硬碰硬，无异于以卵击石，之前的合纵策略也没有效果。以我之见，不如派一位勇士以使者的身份觐见秦王，这样就能靠近秦王见机杀了他。"

荆轲说："秦国虎视我们的督亢（今河北涿州东）已久。我要是以进献督亢为由觐见秦王，应该问题不大。"

随后太子丹就把督亢的地图交给了荆轲，荆轲心里并没有十足的把握能见到秦王。于是他找到樊於期说："我想去刺杀秦王，又担心没有机会见到他。将军的家族都是被秦王所杀，与他有不共戴天之仇。如果将军能让我带着你的头颅去，就会获得秦王的信任，一定有机会见到秦王，将他杀死。"

樊於期听完没有任何犹豫，便拔剑自刎献出了自己的人头。太子丹痛哭之后安葬了他，随后把樊於期的人头交给了荆轲，还给荆轲准备了一把带有剧毒的匕首，只要刺破一点皮，人就会倒地身亡。

一切准备就绪后，太子丹派秦舞阳和荆轲一起去执行刺杀秦王的行动。

临行前，他们来到易水一个僻静之地，摆酒辞行。太子丹脱去外衣和帽子，其余等人也都脱了。只见他们都是一身的孝服，显得十分悲壮。荆轲的朋友高渐离奏起了哀曲，荆轲也跟着曲子唱着：

风萧萧兮易水寒，
壮士一去兮不复还。

见此情景，太子丹眼含热泪，端酒跪敬荆轲，荆轲饮了酒与秦舞阳便上车飞奔秦国。

公元前 227 年，荆轲和秦舞阳带着樊於期的人头和督亢的地图来到了秦国的咸阳。秦王得知后传令召见二人。荆轲捧着人头，秦舞阳捧着地图向秦王一步一步走去。正在这时秦王大喝一声："慢着，这位使者为何脸色如此难看？"荆轲回头一看，秦舞阳吓得脸色铁青。荆轲便立即解释道："他是北方人，从未见过像大王这样的大人物，所以有些害怕。"

秦王说："既然害怕那就别上来了，让他退下去，你一个人上来吧。"

荆轲无奈只好自己先上去把装着人头的匣子呈给秦王，又下来取秦舞阳手里的地图呈给秦王。秦王先是打开匣子看了一下，确实是樊於期的人头，接着荆轲就一点一点打开地图给秦王看。等到地图全部打开的时候就露出了匕首。这就是典故"图穷匕首见"的来历。

秦王见到了匕首，他本能地向一旁跳了一下。这时荆轲左手抓住了秦王的袖子，右手抓起了匕首就向秦王刺去。秦王一个急转身，袖子断了。接着两人就你追我逃在大殿上来回跑着。

这时下面的几个文臣，看着也束手无策。而一些武官们也不敢上前，因为秦王有规定，没有他的命令任何人不能进入大殿一步。荆轲步步紧追，秦王身上的宝剑都无法拔出来。这时一个太医，拿着一个药罐向荆轲砸去，秦王趁荆轲用手挥药罐之际，拔出了宝剑。一下子砍到了荆轲的大腿上，荆轲当场跪下，把匕首甩向秦王。秦王一侧身躲过了匕首。紧接着秦王又是一剑，砍下了荆轲的三个手指。

荆轲和秦舞阳刺杀秦王没有成功，反而被冲上来的武士剁成了肉酱，送了性命。

—— 韩非发愤著书 ——

在秦王想一统天下的时候，有一个叫韩非的人，他写的文章《孤愤》《五蠹》等流传到了秦国。

韩非出身贵族，是儒家传承人荀况的学生，还有一位很有名气的李斯也是荀况的学生。韩非和李斯是荀况最得意的弟子。

战国末期，社会动荡不安。各诸侯国之间为了自保或是扩充势力，频频发动战争，百姓流离失所，苦不堪言。韩非知道，这种局面根本无法推行"仁爱"。根据当时的实际情况，他推出了依法治国的主张，就是随着社会的进步，在废除旧理念的同时，还要与时俱进地建立和完善相关的政治制度。他提出了一套结合"法、术、势"的具有中央集权性质的法制理念。

韩非认为自己的主张顺应时代潮流，一定会深受诸侯们的喜欢。他先是信心满满地向韩国的国君讲述了自己的主张。开始韩王还认为他讲得不错，很乐意听。可是由于韩非有口吃的毛病，越是讲到重要的地方就越口吃得厉害。韩王慢慢地没有耐心，便把他打发走了。

韩非的满腔热情被浇了一盆冷水。他反思过后，想到既然自己说话不行，那就以书写的形式来表达自己的思想。他相信终有一天，一定会有英明的君王接受自己的主张。于是他埋头苦写，写出了《孤愤》《说林》《说难》《五蠹》《内诸说》《外诸说》等文，在著名的《五蠹》中，他主张清除儒家、游侠、纵横家、逃兵役者还有工商之辈，他认为这五种人除了满口雌黄，对社会并无实际意义，视他们为蛀虫。这也为他以后实施变法奠定了理论基础。

韩非一直郁郁不得志，直到他的两部名著《孤愤》和《五蠹》流传到秦国，秦王看了觉得和自己一统天下的理念不谋而合，很是喜欢。他对身边的人说："真是太好了，我如果能认识这书的作者，能和他促膝长谈，也算是死而无憾了。"

秦王一心想成就统一天下霸业，认为韩非就是他的一盏指路明灯。他便派人去韩国向韩国国君要人。韩非在韩国本就不受待见，韩王没怎么犹豫便让使者带走了韩非。

秦王见到韩非很高兴，两人促膝长谈。

就在韩非信心满满地想大干一场的时候，没想到他的同窗好友李斯却背后使坏，使他走向了一条不归路。

李斯和韩非都是跟随荀况学习治理国家的本领。李斯先来到秦国，想施展自己的抱负。秦王重用了他。后来他看到韩非也来到了秦国，而且秦王更加器重和欣赏韩非，李斯便产生了忌妒之心，他煽动其他大臣和他一起在秦王面前奏请说："大王您一直都想吞并六国，统一天下。韩非本来就是韩国人，您认为他给您献的计策真的是为了秦国吗？您如果留下并重用他，我想秦国很快就会有危难。不如现在就杀了他，以除后患。"

秦王本身还是非常赏识韩非的，但是由于李斯的一番话，也不由得对韩非有所怀疑。李斯也看出了秦王的心思，接着又对秦王说："大王，您还犹豫什么？有些事当断不断，必受其乱。"

终于韩非被下令入狱。他很是不解，不知秦王为何这样对他。他很想见秦王，说清这一切事情。可是他哪里还能见得到秦王。不久韩非就被李斯逼得服毒自尽。没过多久，秦王想明白这一切都是李斯的忌妒心作祟，后悔极了。要赦免韩非，可是为时已晚，韩非已经死了。

韩非死后，秦王依照他的理念治理国家。韩非的主张对秦王一统天下起了巨大的作用。后来，人们把韩非的理论和主张汇集成册，就是我们后来看到的《韩非子》一书。

第六章 / 秦朝的大一统

── 秦王吞并六国 ──

　　荆轲刺秦一事，秦王大怒，决定要攻打燕国。太子丹亲自带兵出战，秦军大胜。燕王喜只好带着太子丹的部分人马和城中百姓撤到辽东。秦王扬言不杀了太子丹誓不罢休。燕王喜只得杀了太子丹，以表示向秦王求和的意愿。

　　秦国的谋士尉缭建议，想实现统一大业，可先去攻打南方的魏国和楚国，至于眼前的燕国只剩下辽东，赵国只剩下代城，根本不足为患。

　　秦王听取了尉缭的建议，发兵十万攻打魏国。公元前225年，秦国灭了魏国，又发兵二十万进攻楚国，结果秦国战败。秦王大怒，想让王翦为将带领六十万大军再次攻楚，于是他用自己的坐骑亲自把王翦接来。临行前秦王亲自摆酒辞行。王翦斟了一杯酒，递给秦王说："请大王干了这杯。"

　　秦王喝完酒，只见王翦从袖子里掏出一张纸递给他，上面写着他希望在出发之前秦王能够赏赐给他咸阳上等的房子几处，上等的田地几块。秦王听了很高兴，便一口答应了。

　　随后，王翦便带领六十万大军向楚国方向进军，还没到楚国，他便隔三岔五地向秦王提出要求，今天说要秦王给他修一个水池子，明天要秦王给他家里建造一个花园。他的副将蒙武有些鄙夷和不解，便问他："老将军您要这些有何用，等打完此仗，您一定会被封侯的，这些东西自然就会有。现在着什么急，还会让人觉得你贪得无厌。"

　　王翦小声对他说："这你就不懂了吧！自古以来，哪个君王不猜疑，历朝历代的君王都会对手握军权的人有所忌惮。更何况我手中握的可是六十万大军，几乎是倾其秦国所有的兵力了。咱们的秦王能不忌惮吗？我之所以要这些东西是为了让秦王放心，让他以为我胸无大志，只是一个贪图享受的人，并没有惦记他的王位。"蒙武这才恍然大悟，心里暗暗佩服这位老将军。

　　这日，王翦带领大军来到了天中山，他下令在此安营扎寨。这时楚国大将项燕和副将景骐各自带领二十万兵马前来叫阵。王翦根本不予理睬，一直忙着运输粮草。

就这样对峙了一年多，王翦还是没有采取行动。项燕以为王翦来此只是驻守并没有攻打的意思，所以就放松了守备工作。而就在此时，王翦的大军却势如破竹般冲向了楚军，把楚军打得四处逃窜。项燕和景骐带着剩下的人马一路逃奔，王翦带领大军乘胜追击，一路拿下了淮南、淮北直到寿春。副将景骐负罪自杀，楚王负刍（楚考烈王的儿子）被俘。

项燕一路逃下来，兵马所剩无几，就决定在路上招兵买马。不久项燕带着他召集的二万五千多壮汉，来到了徐城（今安徽泗县北）。他见到了从寿春逃回的楚王的弟弟昌平君，得知楚王被俘的消息。他分析吴、越有长江可以作为防御，还有一千多里的土地，足可以建国。随后他就立昌平君为楚王，打算坚守江南。

王翦得知此事便命蒙武造船，花了一年的工夫准备船只，还有几支训练有素的水军，公元前 223 年，他带领大军渡过长江攻打吴、越。楚国再也无法反抗了，昌平君死在了乱箭之中，项燕也负气自杀。此时，秦国就差燕、赵、齐三个国家没有攻下了。

王翦回国后就告退了，接着他的儿子王贲被秦王封为大将去攻打燕、赵。公元前 222 年，王贲攻下了辽东，活捉了燕王喜，接着又攻下了代城，代王嘉兵败自杀。就这样秦国用了将近十年的时间，攻占了韩、魏、楚、燕、赵五个国家，如今就差一个齐国了。

接着秦王下令王贲攻打齐国。齐王一直认为只要和秦国交好就万无一失。可是等到秦国灭了其他五国后，他才想起去西部的边境去镇守，已经于事无补。公元前 221 年，秦军几十万兵马杀向齐国。齐国多年未曾打过仗，哪里能抵挡得住，秦军一路冲杀，很快就攻下了临淄城，齐王建被俘。

齐国灭了，范雎远交近攻的策略成功地歼灭了六国。自此之后，六国归秦，天下统一。

—— 沙丘密谋 ——

　　秦始皇的长子扶苏因为反对焚书坑儒，被秦始皇发配到北方，同时监督蒙恬和他的三十万大军。

　　公元前 210 年，秦始皇带着丞相李斯、宦官赵高和他最喜爱的小儿子胡亥到东南去视察。此时，胡亥已经 20 岁了。

　　他们途经浙江，来到了稽郡。百姓们都想一睹秦始皇的风采，街道两旁站满了人。人群里有一个高大魁梧的小伙子，长着一双炯炯有神的大眼睛，他叫项羽。后面站着一位 50 多岁的中年大汉，是项羽的叔叔项梁。他们都是楚国大将项燕的后人，因犯了杀人罪躲避在吴中。这时项羽的眼睛直盯着秦始皇的车辆，突然嘴里冒出一句："你这狗皇帝，早晚有一天我会杀了你，并取而代之。"

　　项梁连忙上前捂住项羽的嘴，用眼睛狠狠地瞪着他。然后快速把他拉出人群说："你不想活了？"

　　秦始皇离开了稽郡要到平原津去。途中生了病，等到了平原津时，秦始皇已经卧床不起。医官怎么医治都不见好转，始皇帝知道自己已经时日不多，就吩咐李斯和赵高，马上给他的大儿子扶苏写信，让他立刻赶回咸阳，为自己料理后事。

　　然而，信还没有送出去，秦始皇就驾崩了。

　　丞相李斯考虑到，此地离咸阳路途遥远，如果将此事泄露出去，恐怕朝廷内外会出大乱，就决定把尸体先秘密运回咸阳后再做打算。

　　于是他们就把秦始皇的尸体放在车上，关上门窗放下门帘。此事只有李斯、赵高、胡亥和几个贴身内侍知道。为了掩人耳目，文武百官每日照常在车外上朝，皇帝的饮食也和往常一样送达。

　　李斯把信交给赵高，让他速速送给扶苏，好让他尽快回到咸阳。可是赵高拿到信却另有打算，没有立刻动身，而是找胡亥密谋篡夺皇位。接着又逼迫李斯和他们狼狈为奸，李斯胆小怕事，怕丢掉自己的官职就答应了。

　　就这样，他们三人篡改了遗嘱，立胡亥为太子。还假造了一封信给扶苏，说他在外怨怼父皇并和蒙恬有造反之心，罪该问斩，让他将兵权交给副将王离，又私下里派人逼着扶苏和蒙恬自杀。

李斯他们带着秦始皇的灵柩日夜兼程。可是路途遥远，加上天气炎热，秦始皇的尸体开始发出臭味。为了掩人耳目，他们又在每一辆车上都放上一框鲍鱼。因为鲍鱼气味也很臭。

终于，他们千里迢迢回到了咸阳，蒙恬和扶苏已经自杀，他们这才公布秦始皇驾崩的消息并为其发丧，立胡亥为皇帝。朝廷官员们的职位都没变动，只有赵高升了职，比李斯的权力还大，深得秦二世的信任。

从此以后，朝政大事都由二世和赵高说了算。他们先是杀掉一批老臣，然后大兴土木，加重百姓的赋税，以供他们享乐。很快国家就一片混乱，百姓苦不堪言。

—— 陈胜吴广起义 ——

秦二世登基以后，他在赵高的蛊惑下大兴土木，先是从各地调来几十万囚奴，在骊山脚下修建王陵。王陵用铜水做好地基，然后在上面建石屋、石道和墓穴，还用水银建成江河湖泊的样子，至于金银珠宝、美女更是数不胜数。他们还设置了防盗装置，为了防止泄露机关秘密，修建完后将所有参加修建的人员都封死在里边。

接着，为了稳固自己的皇位，秦二世杀了他的十几个兄弟姐妹，杀了所有反对他的大臣。接着下令修建阿房宫。

当时，中原地区的人口不足两千万，其中修建王陵、阿房宫、筑长城、守南陵就用去了两百多万人。这一荒唐的行为使中原的北方地区变得地广人稀。而且因为驻军不够，无奈之下，只能送大批的贫民去防守。

公元前209年，阳城（今河南登封东南）的地方官派了两名军官，强行送九百名贫民去渔阳。这一批贫民中有陈胜和吴广。

陈胜自幼给地主家干活。一天，大家都在地头休息，陈胜站起来大声对大家说："以后谁要是飞黄腾达了，可不能忘了咱们这帮穷朋友啊。"

大家一阵乱笑后说："就咱们这帮穷人，还想着飞黄腾达呢，你做梦吧！"

陈胜不以为然地说："燕雀安知鸿鹄之志。"

意思是说：你们这些平凡的人，哪里能知道英雄人物的志向呢？

两名军官继续押着他们往前走，走到大泽乡的时候，下起了大雨，队伍无法再往前走，但误了到达的日期，也得杀头。

陈胜心里盘算后，就和吴广悄悄地说："从这里到渔阳怎么也得几千里地，咱们这九百多人，就算不停地走也不能按期到达。咱们到了渔阳也是一死，还不如现在就以项燕的名义造反，说不定还有一线生机呢？"

吴广听了很是赞同。第二天，陈胜就趁着给伙夫买鱼时在鱼肚子里塞了一块黄布，上边写着"陈胜王"三个字。等伙夫打开鱼肚子看到这个黄布后，就把此事散布给大家了。到半夜的时候，吴广到野外学着狐狸叫道："大楚兴，陈胜王。"人们开始窃窃私语，心中逐渐燃起了希望之火。

第二天早上，陈胜和吴广来到了营帐中和这两名军官亮明心思说："这样的天气也赶不了路，我们肯定不能按期到达渔阳，去了也都是死，还是放了我们回去吧！"

其中一个军官不容分说，拔剑就砍向吴广。陈胜上前一脚就把他手里的剑踢飞了，他接住剑向军官砍了一刀，军官当场死亡。这时吴广也夺过了另一个军官手里的剑，砍下了他的脑袋。

这时，帐外的人都进来了。陈胜、吴广就大声对大家说："想活命的，就跟我来，咱们杀出去。"大家齐声说："杀出去，杀出去。"

接着，他们就做了一面大旗，上面写着"楚"字。大家推荐陈胜、吴广为首领，立誓为楚将项燕报仇。陈胜被称为将军，吴广被称为都尉，他们带领大家占领了大泽乡。

当地的农民听说陈胜、吴广起义反秦，就都自告奋勇拿着家里能用来打仗的锄头、铁锹和扁担之类的东西投奔他们。

人越来越多，他们用木棍削尖了做刀枪，竹竿做成旗杆。陈胜、吴广就这样带着一支农民军竖起了起义大旗。"揭竿起义"的成语就是这样来的。

他们带领起义军攻下陈县，陈县的百姓见他们对百姓秋毫无犯，都拥护他们，并推荐陈胜为楚王讨伐秦二世。

陈胜自立楚王，国号"张楚"。接着陈胜派吴广攻下了荥阳，派周文攻下了咸阳。他们的起义军无论到哪里都受到当地百姓的拥护，就这样，他们很快就占领了原来六国的地盘。秦二世的政权岌岌可危。

起义军虽然占领了大面积的地盘，但由于他们缺乏管理经验，战线越拉越长，号令也无法统一。原来六国的贵族们也趁机霸占了不少土地。接下来，短短三个月的时间，赵、齐、燕和魏等国就陆续有人出来自立为王。直到后来周文和秦军大将李由开战，吴广和秦军的大将章邯开战，都因抵挡不住战死了。到最后，就连农民起义军的最先发动者陈胜，也被奸细杀害了。

虽然陈胜、吴广死了，但是他们反抗秦二世的举动如同星星之火，迅速成燎原之势。伴随着这股历史潮流，涌现出很多的英雄好汉。

—— 破釜沉舟 ——

项梁所带领的起义军队伍越来越壮大，谋士范增强烈建议整顿队伍。还找来了原楚怀王的孙子，立他为楚王，仍然称为楚怀王。

项梁势头很猛，一连打了几个胜仗后，有些忘乎所以，不把秦军放在眼里。一次，他和秦军的大将章邯开战，章邯大败。项梁很骄傲蛮横，没想到章邯不服气，又卷土重来，向项梁发起了更加猛烈的反击。项梁因为掉以轻心，准备不足，打了败仗，自己也战死沙场。项羽和刘邦只好暂退到彭城。

章邯战胜了项梁后，一鼓作气带领秦军继续北上，一举攻下了赵国的都城邯郸。赵王歇吓得逃到了巨鹿，向楚怀王求救。

楚怀王召集将士，并当众宣布：谁打先进咸阳，就封谁为王。

刘邦、项羽都有心攻打咸阳。但项羽急于为叔父报仇，楚怀王便安排刘邦去攻打咸阳，派项羽北上攻打章邯并解救围困于巨鹿的赵国军队。楚怀王担心项羽脾气倔强，不易管束，就封宋义为上将军，项羽为副将，范增为末将，让他们带着二十万大军出发了。

公元前207年，大军到了安阳，上将军宋义胆小怕事，还自作聪明，他认为此行的目的是灭了秦国主力，先让秦赵之间自相残杀，然后坐收渔翁之利即可。

所以到了安阳就不走了，一待就是十多天，这下可急坏了项羽，他为叔父报仇心切，就多次请求宋义继续前行。可是宋义畏惧秦军的力量，一直停滞不前。又过了一个半月，还是按兵不动，项羽又来找宋义希望能够下令前进。宋义大骂项羽："你不听我的命令，要造反是吗？"项羽一气之下，挥剑斩了宋义。

事后，项羽告诉将士们：是宋义违抗王命，拒不出兵，大王派他秘密杀了宋义。

将士们公推项羽暂时代理上将军的职务。项羽也同时打发人向楚怀王报告，楚怀王只好立项羽为上将军。

后来，项羽带领大军来到漳河，先是派英布和蒲将军带着二万人马渡过漳河。首战告捷后，项羽带领所有大军渡过了漳河。他下令将所有做饭的锅灶都砸了，船只凿破下沉，每人只带上三天的干粮。然后对将士们说："我们只能进，不能退；三天之内必须打败秦军。"这就是成语"破釜沉舟"的来历。

终于等到了两军作战的时刻，项羽早就摩拳擦掌盼着这一刻了，将士们勇猛无比，以一敌十，以十当百。项羽身骑乌骓宝马、手拿画戟，英勇无敌，把秦军打得四处逃窜，冲散了他们的接应部队。章邯也趁乱逃走了。

这一仗下来，秦军损失过半，项羽一战成名，各诸侯都推荐项羽为诸侯上将军，军队全权由他指挥。项羽想乘胜追击章邯，谋士范增劝拦项羽说："秦二世昏庸，赵高专横，章邯此次惨败，回去后自然不会有好下场。我们不如先把大军安顿驻扎好了，等他们起内讧的时候，我们再直接杀过去，定能全胜。"

果不其然，章邯因吃了败仗，秦二世和赵高商量后，要治章邯的罪。章邯和他的手下心中气愤不平，转而生恨。这时长史司马欣就劝章邯投降项羽。

章邯心动了，派司马欣到楚营向项羽求和。范增劝说项羽摒弃前嫌，和章邯建立了盟约，并封他为雍王。司马欣也被封为上将军，带领二十万降军前行。项羽和章邯随后，带领大军声势浩大地向西前进。

—— 约法三章 ——

　　章邯降楚，咸阳得到风声，大臣们十分慌乱，唯有赵高镇定自若。因他早已谋划好：杀死秦二世，把所有的罪名都推给二世，然后向项羽投降。为了让朝中官员都顺从自己，在上朝的时候，他牵来一头鹿对秦二世说："皇上，微臣敬献给你一匹好马。"

　　秦二世一见笑着说："丞相你弄错了吧，这明明是一头鹿，怎说是马？"

　　赵高却绷着脸，说："皇上若是不信，请各位大人来说说它是什么。"

　　大部分官员附和着说："这是一匹好马！"

　　只有少部分官员说："这明明是一头鹿！"

　　等到退朝后，说是鹿的官员，被赵高随便找个借口杀害了。从那以后，秦王朝上下都害怕赵高，就连秦王二世也对他敬让三分，生怕得罪他。

　　武关是咸阳的门户，各路诸侯军一路过关斩将攻破武关，离咸阳越来越近。赵高早有了谋逆之心，他派心腹把秦二世给杀了。二世死后，赵高本想立自己为秦王，但又担心别人不服，就假意立子婴为秦王，子婴是秦二世的亲侄子。其实子婴知道赵高阴险奸诈，于是设计把赵高给杀了。项羽打算趁着咸阳混乱之际连夜进军。在大军到新安城南（今河南新安）时，他又担心投降的秦军进入咸阳后作乱，就极其残忍地坑杀了这二十万秦军。从此之后，项羽的残暴杀戮就出了名，也逐渐失去民心。

　　公元前 207 年，刘邦率大军进了武关。秦王子婴派出五万大军坚守峣关。刘邦采纳了张良的计策，在峣关的山头上插满旗子，布下疑兵，动摇秦军军心。另外，又派大将军周勃率领全部人马从侧面出其不意攻进峣关，斩杀峣关守将。

　　很快，刘邦大军进入峣关，直抵灞上，子婴见秦王朝大势已去，便携带朝中官员向刘邦投降，其随行的车马都是用纯白色点缀，如同戴孝一般。刘邦接受了子婴的投降，派人把子婴监管起来。秦王子婴在位仅仅四十六天。

　　公元前 207 年 10 月，刘邦进入咸阳，秦朝灭亡。

刘邦的军队挺进咸阳后。将士们乱哄哄地争抢值钱的金银财宝。只有萧何跑进丞相府，把有关国家户口、地形、法令文书和档案等收了起来，他认为这些文件比金银财宝更有价值，以备将来治理国家所用。

当刘邦来到豪华无比的秦宫，看见宫殿富丽堂皇，还有许多美丽的宫女，他躺在宫殿的龙床上，留恋不舍。这个时候，他的部将樊哙闯了进来，道："沛公你是想要打天下，还只是要当个富翁？秦朝的灭亡就是受这些奢侈华丽的东西所诱导，你要这些干什么？咱们还是赶紧回灞上去吧！"

恰巧张良这时进来，也劝谏刘邦说："沛公，樊将军说得对，请你听从他的劝告。"刘邦听张良也这么说，虽不情愿仍旧叫人封了库房，带人马回到了灞上的军营。

随后，刘邦把咸阳附近各县的百姓召集起来，对他们说："各位老乡，秦王朝惨无人道的法令把你们害苦了，为了能让你们安居乐业，从今天起，秦朝的法律、禁令一律废除。我跟诸位乡亲约定三条法令：第一，杀人者偿命；第二，打伤人的治罪；第三，偷盗的治罪严罚。所受的刑罚根据所犯的罪的大小来定。"成语"约法三章"的典故就出自这里。

百姓们听后十分欢喜，大伙都拿着肉、酒和粮食抢着向刘邦的将士们犒劳。刘邦说："各位父老乡亲，军营粮仓里有的是粮食，你们就不要再费心了。"

从此，刘邦的军队在关中（函谷关以西地区）的百姓心中留下了良好的印象，百姓们都希望刘邦能做王。但刘邦一想到项羽也有可能打进关中，就有些惶惶不安。

刘邦听从手下一个谋臣的建议，一边派兵驻守函谷关，不让项羽大军入关；一边着手招募关中壮丁，继续扩充队伍。

项羽带领大军到了函谷关，看到函谷关有士兵把守，而且守关将士说："奉沛公的命令，没有他的允许，谁也不准进关。"

项羽非常气愤，他命令将士强攻函谷关。入关后，率大军继续向前，到新丰、鸿门（今陕西西安东北）驻扎下来，项羽召集群臣商议如何惩治刘邦。

—— 项庄舞剑 ——

项羽的谋士范增向项羽进言道："刘邦本是一个地痞流氓，他以前贪财好色，但是这次进入咸阳后，竟然不贪恋财宝和美女了，如此可见其野心之大。现在不除之，将来一定会后患无穷。"

项羽听了，说："我们明天一早就到灞上去把刘邦灭了，除掉这个后患！"

这时候，项羽坐拥四十万兵马，驻扎在鸿门；而刘邦仅有数十万兵马，驻扎在灞上，双方距离不过四十里地。兵力悬殊之大，刘邦必占下风。但项羽没想到的是，他的叔父项伯跟张良关系密切，项伯一听说项羽要攻打刘邦，怕连累张良，便连夜策马去刘邦军营里找张良，让他赶紧逃走。张良是刘邦的心腹大将，他急忙把这个消息告诉刘邦，刘邦一听慌了，在张良的陪同下去请求项伯在项羽面前帮自己说说好话。

项伯吩咐刘邦明天一早亲自到项羽那里去赔礼谢罪。刘邦答应了。

第二天清早，刘邦带着张良、樊哙、夏侯婴和随从一百多人去鸿门拜会项羽。众人抵达营前，刘邦只带了张良一人进去见项羽。见到项羽后，刘邦趴在地上说："刘邦拜见将军。"

项羽质问道："刘邦，你可知道你犯了三项大罪？"

刘邦说："将军息怒，我原先只是沛县的一个亭长，听了别人的鼓励才有勇气举兵伐秦，才能有幸在将军的麾下，听从将军的指挥，对将军不曾有丁点的冒犯之意。不知何处得罪了将军？"

项羽不理会这些，接着说："其一罪是，你明知天下人最痛恨的是秦王，而你却擅自做主把秦王子婴放了；其二罪是你为了笼络民心，废除法令；其三罪就是你把守关口不让各路诸侯军进关。"

刘邦辩解道："请将军听我把话说完，再治罪也不迟。第一，秦王子婴向我投降，并不是我擅作主张放了他，而只是把他暂时看管起来，等待将军处置。第二，由于秦国的法律和禁令太过严厉，老百姓身处水深火热之中，我和百姓们约法三章，为的也是替将军安抚民众，广播将军的恩德；第三，我担心盗匪还未平定，残余的秦军会趁机发动暴乱，所以只好派人驻守关口，丝毫不敢抵抗将军。这一切也是想为将军您去除祸患。"

项羽听刘邦这么一说，怒气也消了些。刘邦继续说："我跟将军齐心并力共同伐秦，将军战河北，我战河南，我也是托将军的福，先入了关，今日真的很高兴在这里见到将军。哪里知道有人在您跟前挑拨你我之间的关系，惹您生了气。"

项羽随口说道："是你的下属曹无伤。"

接下来，项羽摆下酒宴，留刘邦坐下喝酒。项羽和项伯对刘邦热情地敬酒，但刘邦总感觉不踏实，酒也不敢多饮。

酒席间，亚父范增见项羽迟迟不对刘邦下手，就连忙摘起腰间玉玦，几次以眼色向项羽示意杀刘邦，但项羽都视而不见。无奈之下，范增只好借故离席，找来项羽的叔父项庄说：大王太过心软了，不忍心杀刘邦，你赶快进去敬酒给刘邦，之后以舞剑为名，找个机会，把刘邦杀了。如若不然，恐怕将来我们会有大患，可能都会被他俘获。

项庄进去敬了酒，说："没有娱乐怎么行呢，让我舞剑助兴，给沛公下酒吧。"

还没说完，项庄就拔剑舞了起来，舞着舞着就到了沛公跟前。这也是后来的成语"项庄舞剑，意在沛公"的来历。

项伯看出项庄舞剑是要杀了刘邦，起身对项羽说："一个人舞剑多没意思，不如两个人对舞。"边说边拔出剑和项庄一起舞起来。他一边舞着剑一边用自己的身子保护刘邦。接着，张良见势找个借口来到军营外。樊哙见到张良上前问："怎么样了？"

张良急切地说："情况非常危急。表面上看，项庄是在舞剑，实际上他要对沛公下杀手。"

樊哙说："我要进去，死也要死在一起！"

随后樊哙右手持剑，左手拿盾，向军营大门直奔而去。卫兵们把长戟横在中间想拦住他，但樊哙用盾牌一顶就把两个卫兵撞倒在地。没等他们爬起，樊哙就已经来到中军大帐了，他用剑拨开帐幕，闯进大厅，怒发冲冠，两只眼睛好像要炸了一样。

项羽见此人怒目闯入，手握着剑，大声喝道："你是何人？如此大胆。"

张良连忙说："这是替沛公驾车的樊哙，前来向将军讨赏来了。"

项羽说："好一个壮士。犒赏他一坛好酒和一只猪腿。"

于是侍从的兵士就把一坛酒、一只生的猪腿端给了樊哙。酒被樊哙一饮而尽，生的猪腿被他放到盾上用剑割开，大口吃着。项羽一看，此壮士果然气度不凡，便说："壮士，能否再饮？"

樊哙说："我连死都不害怕，岂怕再饮一坛酒？天下人之所以揭竿而起共同反秦，是因为秦王只知道杀人，与豺狼虎豹般无异。当初，怀王与诸将有约在先：谁先破秦入关便可称王。如今虽说是沛公先进了关，但他并无意称王。而是把库房封了，宫室关了，带着军队回到灞上驻扎下来，日夜盼望大王的到来。为了以防盗匪和少许秦人作乱才派兵守住函谷关。沛公立下如此之功而未有封赏，大王却听信小人挑拨，欲杀有功之人，这和暴秦有什么两样？大王，你是在走秦王的老路啊，这不应该啊。"

项羽听了无言以对，说道："坐吧。"

片刻之后，刘邦离座去厕所，张良和樊哙跟出去。刘邦和樊哙、夏侯婴等快速从小道跑回灞上，留下张良代替他向项羽辞谢。刘邦回到军中，立刻把曹无伤杀了。

项羽见刘邦迟迟没有回来，就叫陈平去看看。这时张良走进宴会厅，说："刚才沛公不慎酒量，害怕失了礼节便先回去了，叫我献上礼物，送给将军一双白璧，送给亚父一双玉斗。"范增接过玉斗十分生气，怒气冲冲把它扔到地上，用剑击碎了它，喃喃自语说："唉！真是个毛头小子！真是没有办法了，夺天下者必是刘邦。我们就等着被俘吧！"

—— 萧何月下追韩信 ——

鸿门宴后，秦王子婴以及秦国贵族八百多人和文武官员四千多名，在项羽入城后都被残杀。随后项羽又分割天下于诸侯，共封了十八个王。项羽尊楚怀王为义帝，又自立为西楚霸王，凌驾于十八路诸侯王之上。各路诸侯对此十分不满，引发颇多争执。

　　刘邦被项羽封为汉王，封在荒凉偏远的巴蜀（今四川）和汉中（今陕西汉中）之地。汉王到南郑（今陕西汉中南）后，拜萧何为宰相，曹参、樊哙、周勃等人被封为大将军，刘邦准备休养生息，储备力量，然后再一鼓而下和项羽争天下。但是他手下的众兵士不想待在这个荒僻的地方，几乎每天都有人逃回家，这让刘邦心急如焚，不思饮食。

　　有一天，来人向刘邦禀告说："宰相大人逃走了！"

　　这更是急坏了刘邦。两天后，他见萧何回来，又喜又气，责问他："连你也要逃走吗？"

　　萧何说："我追人去了。"

　　汉王问："去追谁？"

　　萧何说："追韩信。"

　　萧何口中的韩信，是淮阴人士，是一个穷困的孤儿，年少时生活朝不保夕，经常受到一位洗纱老妇人的周济。他喜爱宝剑，一把宝剑从不离身。一次，当地一个屠夫的儿子甚是无赖，当众侮辱韩信，让韩信从他的胯下钻过去，韩信忍辱负重爬了过去，这也是史上有名的"胯下之辱"。后来，韩信痛定思痛，投奔了项梁的军队。项梁死后又追随项羽，却未受到重用，只让他当个小军官。韩信曾多次向项羽进献计策，但项羽刚愎自用，从未采纳他的计策。

　　鸿门宴后，项羽把刘邦如发配充军般贬到汉中，封他为汉王。韩信去投奔刘邦，希望能够得到汉王的重用。

　　后来，韩信遇见了丞相萧何，萧何善于识人辨人，从韩信的言谈举止中发现韩信是一个不可多得的将才，就多次极力劝说汉王重用韩信。可当时的汉王并不认为韩信是个人才，还说："若是封韩信为大将军，不但会让三军不服，各路诸侯看笑话，霸王听了也会看贬我们的，甚至连一起出来的兄弟周勃、灌婴、樊哙他们也会说我赏罚不公。"

　　萧何说："周勃、灌婴、樊哙他们的确战功赫赫，但怎么能和韩信比呢？"

　　不管萧何如何谏言，汉王依旧没有采纳。

　　韩信得知自己在汉王这里也没有用武之地，也死了心。这天天刚亮，他身挎宝剑，策马奔东门而去。萧何一听说韩信走了，立即带了几个随从骑上马去追赶韩信。

　　萧何为追韩信，一路上边问边追，到晚上也没有追上韩信。他顾不得休息又乘着月色赶到河边，看见韩信正牵着马在河边走来走去。萧何大喜，大声呼喊："韩将军，请停一停。"

韩信见到萧何，说："丞相对我的这份情意，韩信永世难忘，可汉王却一直不肯用我。"

恰巧，滕公夏侯婴也策马赶来。韩信这才被他们两人硬拽回了南郑。

汉王一听萧何追的人是韩信，有些生气地责问萧何："军中将士逃走很多，没见你去追过谁，为何单单去追一个钻裤裆的小子？你分明是在夸大他的能力。"

萧何回答说："普通的将士很容易有，但那些数一数二的人才却很难得，韩信就是这样的人才。大王若想在汉中待一世，韩信确实用不上；若想争得天下，像韩信那样有胆略、有才能的人必不可少。"

汉王思考了一下说："那么就按照丞相说的，让韩信做个将军。"

萧何说："叫他这样的人做将军，是留不住他的。"

汉王说："那我就拜他为大将！"

刘邦听从萧何的建议，命人筑拜将坛，并选定吉日，隆重地举行拜将典礼。

到了拜将的日子，众将士定睛一看，拜受大将印的竟然是韩信，一下子全都傻眼了。

汉王在拜将后召见了韩信，说："丞相几次三番向我进言将军，想必将军定有良策打败霸王！"

韩信问："大王这是决心要与霸王争夺天下？"

汉王说："是。"

韩信接着问："大王自己觉得与霸王谁高谁下。"

汉王说："不如霸王。"

韩信说："是呀，连我也认为大王比不了霸王。我曾在他的手下当过差，知道项羽的厉害，他这个人十分勇猛，随声一喝，成百上千人都会腿软；但他对贤将却不懂得唯才是用。他的勇敢也只是匹夫之勇。项羽平时待人恭敬有礼，见到他人有疾病，会禁不住伤心流泪。但对待跟随他出生入死立下功绩的人却是该封爵位的不封，即便封了，也不想把官印给人家，握在手里摸个遍，这都是些没有气度的妇人之心。虽说项羽做了霸王使众诸侯们俯首称臣，看似强大无比，但他的军队所到之处无不践踏残害百姓，这些早已让他民心不向，天下人对他已经很不满了。所以我认为项羽的强大不是真正的强大，犹如纸老虎，一捅就破。"

韩信接着说："可大王跟项羽不一样，您所到之处，都是秋毫不犯。进了武关，又把秦朝残暴的法令给废了，和秦国百姓约法三章，百姓都从心里十分拥戴您。

况且章邯、司马欣、董翳等三个秦将，向诸侯投降。等到了新安城，项羽又下令坑杀降兵将士二十多万，唯独没有杀这三个秦将，并把他们分封为王。对此秦国的老百姓对他们更是愤恨。汉王可借此发兵东征，只需发个告示，便可攻克三秦。”

汉王听后觉得很有道理，心里大喜，后悔没有早些拜韩信为大将。从此以后，韩信便开始指挥将士操练兵马，准备和项羽一决高下。

—— 暗度陈仓 ——

韩信做了大将没多久，他就把汉军训练成了一支军纪严明的军队。以前对他心有不服的将士们，现在也都乐意听从他的调遣。

训练了一段时日之后，韩信开始与汉王刘邦、丞相萧何商讨东征的计策。

汉元年（公元前 206 年）秋天，刘邦亲自与韩信一起带领军队悄无声息地离开南郑，让丞相萧何留守后方，负责接济兵员和粮草军饷。韩信派大将樊哙、周勃二人率万余人马去抢修栈道，并规定期限为三个月。栈道修不好，大军就无法出去。

当初，刘邦为了让项羽对他放松戒备，以表不再与他抢天下的决心，就下令烧毁了栈道，被烧的栈道长达三百里有余，栈道所处的地势险峻，再加上时间紧迫，发给士兵的口粮不够吃，士兵们个个都满腹牢骚。就连大将樊哙本人也说：“如此大的工事，即使干一年也无法完工。”在这种情形下，士兵们干活的劲头很是低落。

过了几天，栈道上来了几个新的工头，还带了民工千余人。他们向樊哙、周勃等转达汉王的命令，说他们口出怨言，蛊惑军心，要撤职查办他们，叫他们回去。新来的这几个工头确实比樊哙他们厉害多了，士兵和民工们每天都被他们催促着加快运送木料和粮草，看起来沸沸扬扬。虽然栈道没有修好多少，但汉王举兵东进的消息便很快传至关中。

章邯得知后，立刻派遣探子去探听修复栈道的情况，同时做了兵力部署，不让刘邦东进。据探子回来报告，说汉军的大将是淮阴人韩信，曾受胯下之辱，汉军将士对其很不服气，抢修栈道的士兵、民工每天都有逃走的，而且栈道工程浩大，即使一年两载也修不好，更别提三个月时间。栈道修不通，就算汉军长了翅膀也不可能飞到关中。话虽这样说，但章邯为以防万一还是调兵去西边把守栈道的东口，还每天叫人去探听汉军的动静。

一天，章邯突然接到急报，说："汉王大军已过了栈道，攻入关中，陈仓（在今陕西宝鸡东）被占，正朝这边打过来！"可是栈道没修通，汉军又是如何过来的呢？原来，这一切都是韩信的计策，此计被称为"明修栈道，暗度陈仓"。

章邯仍是无法相信，此时，韩信大军已抵达跟前，章邯慌忙亲自率兵抵抗。韩信对地形早已做了侦察，他命令樊哙、周勃、灌婴等大将带兵去攻打咸阳。韩信率兵赶到章邯所在引水灌城，章邯大败，拔剑自刎。樊哙他们也已攻克咸阳。关中父老由于汉王的"约法三章"，本就心向汉王，见进来的是汉军，多数人不愿再战。

接下来，不到三个月的时间，汉王在韩信的帮助下，很快平定了三秦势力，关中成了刘邦的地盘。这让霸王项羽非常生气。项羽正在为是发兵向西打刘邦还是向东打齐国的田荣摇摆不定时，收到了张良的信，建议项羽讨伐田荣。

张良在信中说："汉王只想收复三秦，做个关中王就满足了，并无其他奢求。但齐、梁、赵、代等地叛乱甚是严重，若不及时消灭，田荣必带兵来打西楚，到那个时候，想再统治天下就更难了。"

这一计策也只是张良的缓兵之计，霸王项羽和范增对此很清楚，他们打算将计就计，先发兵田荣，等消灭齐、梁、赵、代等地的叛军，回来再对付刘邦。

项羽一方面派人通知魏王、殷王，让其小心提防汉军，另一方面又下令给九江王英布，命他带兵和他一起攻打齐王田荣。可是英布想自己独大，就称病不能长途跋涉，为应付项羽只让手下领着几千人马随同出征。暗地里项羽又给英布下了一道密令，让其暗杀怀王义帝。项羽让义帝迁宫到长沙，英布指派亲兵一队，装扮成盗匪的模样追赶上义帝的船只，把义帝杀害于江面上。

义帝被杀，项羽便可一心对付齐、梁等叛乱。

当项羽一路攻至齐国时，没想到齐国人却誓死守城，短时间内很难破城。汉军这边又采用离间计，离间霸王与亚父范增的关系，说范增私下密通汉王，霸王果然中计，范增预知危险就借口自己年老沉疾，已无力辅佐霸王，请辞回了老家。最后在途中病逝。范增死后，项羽围困刘邦两年。直到公元前203年，刘邦突出包围圈，逃到广武，广武的西边被刘邦攻占，东边被项羽攻占。楚汉两军东西遥遥相对。有一天，两军在阵前对垒，汉王当众数落霸王的罪状，楚军的弓箭手向刘邦射了一箭，刘邦中箭受伤。张良思考之下，对汉王说，何不趁楚军粮草供应不上，向霸王义和。

汉王听从张良的建议派人去跟项羽求和，并建议楚汉双方以荥阳东南的鸿沟为界，鸿沟以东归楚，以西归汉，双方各守疆土，停止争战。霸王以为刘邦真的想求和，就同意了。

事实上，楚汉订立鸿沟之约，约定双方互不侵犯，只不过是刘邦的一个缓兵之计。之后，刘邦听从张良、陈平之谋，用了不到两个月的时间，又会合韩信、彭越、英布率领的三路兵力，由韩信统领三军追击项羽。

楚汉争霸，最终决战一触而发。

第七章 ／ 大汉天下

—— 四面楚歌 ——

公元前 203 年 12 月，韩信在垓下（今安徽灵璧东南）屯兵，并在十面设立伏兵，环环呼应，把楚军团团围困在垓下。韩信还特意编了四句话去刺激霸王，命汉军士卒向楚军营地大声喊："人心都背楚，天下已属刘；韩信屯垓下，要斩霸王头！"

霸王一听火冒三丈，亲自带领十万楚军直奔垓下，不见韩信踪影，发现四面八方全是汉兵，楚军已被汉军包围得密不透风。霸王中了埋伏，率领人马如虎入狼群般径直冲杀。当他看见韩信，紧追不舍。韩信且战且退，霸王追了他很远，然而斩杀一队，又来一队，无法杀出重重包围。项羽见势只得转身逃到垓下大营。

当天夜里，项羽听到四周汉军唱起楚地的歌，心里万分悲凉。成语"四面楚歌"就出自这里。

项羽惊惶地问："难道是刘邦已攻下彭城，怎么汉军营里会有那么多楚人在唱楚歌呢？"说着心中更加满腹惆怅，在营帐里借酒消愁。他喜爱的美人虞姬经常陪伴身侧；乌骓马也已经跟了他五年。想到这些，项羽情不自禁地谱了一曲，悲凉地唱着：

> 力拔山兮气盖世，
> 时不利兮骓不逝。
> 骓不逝兮可奈何，
> 虞兮虞兮奈若何。

这首歌的大意是：力气大得能拔起一座大山，气魄可以压倒天下好汉，时运不利，乌骓马不肯跑。马儿不跑该怎么办，虞姬呀虞姬，你又该怎么办。

此歌被项羽反复唱了好几回，歌声凄惨惆怅，连虞姬也附和着唱了起来。他唱得如泣如诉，身旁的侍从也低头伤心落泪。

当天夜里，项羽率领子弟兵八百人，跨上乌骓马，如猛虎下山般冲出汉军的包围圈，马不停蹄向南边奔跑，他准备渡过淮河后向东去。霸王及八百子弟一路与汉军不断搏杀。刘邦知道项羽已经突围，连忙派韩信、英布、周勃、樊哙等各路人马从不同方向追击项羽。项羽快马加鞭，迅如奔雷渡过淮河。到了淮河南岸又跑了一段，走到三岔路口就迷路了，他不清楚彭城该走哪边。

项羽瞧见一个农夫，就问他走哪边可以通到彭城，农夫不乐意指路给霸王，骗他说："走左边。"

项羽便带着剩余的一百多子弟往左跑去，他们跑着跑着，只见前方是一片片的积水坑和泥泞地，连路的影子都没有。项羽这才意识到上了农夫的当，急忙掉转马头，等到他们再次回到路口时，汉军已经追来了。

项羽掉转头往东南逃，逃到东城（今安徽定远东南），他重新清点人员，发现原来的八百多名随从只剩下了二十几人，但是追兵密密麻麻却有几千人马。项羽料想已无法脱身，就和二十几名子弟一起到了东城一个山冈上，忍着悲痛跟他们说："自我起兵至今已有八年，亲身经历过大小战斗七十余场，攻无不克，才得以称霸天下。如今被汉兵困在这里，并不是我打仗不行，而是天不佑我。"随后，剩下仅有的二十几名子弟被他分为四个小队，说："先让我把他们的一员大将给斩杀了，你们可趁机从四个方向跑出去，大伙约到东山下会合。"

项羽大喝一声，直冲向汉军，一汉将当场被他斩杀。

项羽一路冲杀到了东山下，那四队人马也全部陆续赶到。汉兵追了过来，双方再次展开一番血战。哪里的汉兵多，项羽就杀向哪里，激烈厮杀。项羽又当场斩杀汉军一名都尉及汉兵几百人。而项羽自己的士兵只阵亡两人。汉军将士见如此景象人马惧惊，只好退后几里，不敢上前。

后来，项羽就领着剩余的人杀了出来，一个劲地向南逃到乌江（今安徽和县东北），乌江的亭长知道项羽要过江，早就备好了一条船等在那里。项羽刚到，就赶紧让他快点渡河，并说："江东虽然是个弹丸之地，但土地有一千多公里，人口几十万，等大王过了江在那边还是能称王的。现在仅有这一条船，请大王火速渡江。"

项羽流下眼泪，对亭长说："一开始，随我渡江打拼天下的江东子弟有八千人，而如今他们没有一个能回家的，就算我现在一个人回到江东，得到江东父老的怜悯，让我做王，我也无颜见江东父老呀。"

说完，项羽把乌骓马送给了亭长。随后，他与手下个个手持短刀，与汉军追兵在江边展开了肉搏，许许多多的追兵被他们杀倒在地，仅存的楚兵也一个个倒下，最后杀得只剩项羽一人，他的身上被砍伤了几十处，浑身是血，最后在乌江边，项羽挥剑自刎了。

一代豪杰，在风云诡谲的历史舞台上，终于落幕。

—— 诛杀功臣 ——

刘邦打败项羽后，很快便收走了韩信的兵权，封韩信为楚王，让他荣归故里。

因为秦朝灭亡于公元前206年，所以汉朝的纪年是从这一年开始。然而，刘邦真正即位是在公元前202年，史称汉高祖，定都洛阳。后迁都长安（原秦都咸阳）。从公元前206年到公元25年这段时间历史上称为西汉，又称前汉。

统一天下后，汉高祖大摆庆功宴。文武大臣饮酒作乐，气氛非常活跃。众臣正喝得尽兴时，汉高祖问："我得天下，项羽失天下，这是什么缘故？"

大臣们都拣好听的说。王陵说："将士们打下城邑后，皇上都会对将士们封赏有加；而项羽对立功之人，连封地都不舍得给，自然文臣武将都不会替他效力，焉能不失天下。"

汉高祖笑着说："诸位只知其一，不知其二。成败的关键全在使用的人才上。张良即使坐在帐帷里制订计划，也能运筹帷幄到千里以外的胜利；萧何有管理才能，可以治理国家，安抚百姓，输送粮草；韩信有大将之才，可以统领百万大军，战无不胜，这三个人都是当世英杰。与他们相比，我都不如他们。但我能对他们加以重用，所以天下归了我。而项羽连一个范增都不能加以善用，结果就被我灭了。"

大家都认为他说得有道理。

刘邦夺取天下后，天下大局已定。但齐王田横却让刘邦大伤脑筋，齐王田广（田荣的儿子）死后由田横继承王位。田横领着五百多名心腹逃到东海的一个海岛上。汉高祖派使者去岛上游说田横，但田横宁死不降，在洛阳城外三十里的地方自杀而亡。田横死后，汉高祖又派人到海岛招降田横手下的五百人，这五百人也是刚烈之士，在祭过田横墓后纷纷追随田横死去。汉高祖想：项羽被我灭了，他的大将钟离昧一定会为他报仇。这时有人向他偷偷报告说：钟离昧投到楚王韩信那里去了。

汉高祖一听，又多了一桩心事。本来韩信已经威名八方，又是一名将才，高祖对他已经心生忌惮。

公元前201年，汉高祖用陈平的计策，假装出游云梦泽，告知各地受封王侯到陈地拜见，韩信害怕被治罪，不敢去。他对钟离昧说不能再保护他了。钟离昧说："看来是我投错了人！"说着就拔剑自杀了。

韩信赶往陈地觐见高祖。汉高祖见他前来，立刻命令士兵将韩信捆得结结实实。韩信嚷道："古人云：狡兔死，走狗烹；飞鸟尽，良弓藏；敌国破，谋臣亡。现在天下安定了，就轮到我死了。"

为了安抚民心，汉高祖撤销了韩信的楚王封号，把他贬为淮阴侯。虽然打压了韩信，但那些受封的王侯想要割据地盘这件事情，依然让汉高祖非常忌惮，夜不能寐。

汉高祖为了能更好地治理国家，命丞相萧何拟定法律条文，可是一些诸侯王却抗命不从。

将军陈豨自封为代王，举兵反叛，汉高祖带兵亲征，韩信与梁王彭越都借病托词没有同行。汉高祖率兵离开长安后，韩信的一个部下告发韩信，说陈豨造反都是韩信谋划的，他和陈豨暗中勾结要共谋天下。吕后就找来丞相萧何谋划，吩咐人传出消息，假说陈豨已被皇上歼灭，皇上很快班师回朝，让群臣进宫祝贺。

韩信接到消息，不得不去，他刚踏进宫门，就让武士们给捆住，诛杀了。

韩信被杀后，又有梁王彭越的一个手下告发彭越谋反。汉高祖听闻，命人逮捕彭越，并押送到洛阳，把他贬为平民，流放到蜀中。彭越走到半路，巧遇吕后，向吕后求救。最后彭越被吕后带回了洛阳。

吕后向汉高祖说："彭越是个武士，让他去蜀中，等于放虎归山，后患无穷呀。"很快，彭越也被汉高祖杀害。

被封为淮南王的英布，听到韩信、彭越被杀的消息，索性揭竿而起。汉高祖亲自发兵平定。在阵前，他责骂英布，说："我已封你做了王，为何你还要反？"

英布说："当初你也被项羽封为王，不也反了，自己做了皇帝；我反，当然也是想做皇帝！"

汉高祖被英布的弓箭手射了一箭，正中胸口。高祖强忍疼痛拔出箭镞，命令其他将军指挥大军猛击英布，把英布杀得溃不成军，仓皇而逃。逃到长沙时，被他的亲家番阳县令骗到番阳后，被杀死。

英布之乱被平息后，汉高祖认为天下是他刘家的，在途经故乡沛县时，高祖举行盛宴，来款待自己的乡亲父老，这样快乐地过了十几天。在此期间，他想起了以前东征灭西楚、西讨平叛乱的场景，又想到自己现在是皇帝了，有点沾沾自喜，今日衣锦还乡，他想到那些起初对他效忠的人，后来却逐渐各自为政，不守本分，不得不杀。有些离他而去，有些因为背弃被他所杀。现如今忠于他的人少之又少，要到哪里去找保护他刘家江山的忠心勇士呀。想到此，他诗兴大发，作诗一首，其名为《大风歌》。

大风起兮云飞扬
威加海内兮归故乡
安得猛士兮守四方

—— 白马盟誓 ——

汉高祖回了一趟家乡，高兴之余宣告他的家乡从此免征赋税。

他离开沛县时，他的那些叔伯、兄弟们硬是不让他走，高祖对他们说：跟随我的人马这么多，都留在这里，你们也供不起呀。说罢，就动身启程了。

然而，他的那些叔伯和兄弟们并不死心，他们为了向高祖表明他们有能力供养大队人马，就迫使全城人都到城西敬酒献肉。高祖一看他们如此，盛情难却，便下令大批人马暂停，百姓帮忙搭营建帐，高祖又和乡亲们痛痛快快地畅饮了三天。

这次衣锦还乡，刘邦非常高兴，高兴之余他把哥哥刘冲的儿子刘濞封作吴王，刘濞曾追随高祖在攻打英布的战役中立下过汗马功劳。

公元前 201 年十一月，高祖一回到京都，就接到密报说燕王卢绾曾经派手下跟反贼陈豨一起图谋不轨，高祖一听，就立马派樊哙、周勃两员大将去攻打燕王，直接取消了燕王的称号，并让自己的儿子刘建做燕王。

因为之前高祖在平定叛贼英布时，胸部曾中了一箭。在从沛县回京的途中，高祖箭伤复发，愈发严重，到了长安后急剧恶化。吕后预计高祖命不久矣，找来名医给他治病。

医生入宫拜见高祖，给高祖详细地做了检查和诊断，高祖问医生病情如何。

医生们吓得赶紧跪下磕头，说："皇上的病，可以治好。"

汉高祖不屑地说："凭我一个老百姓，手提三尺宝剑，荣升九五之尊，难道这不是天命吗？我的命运由上天决定，纵然是战国的神医扁鹊，又有什么用呢？"

说完，高祖就不再让这些良医给自己看病，并把他们全部都遣出了宫。

高祖有病不治，病情自然越来越重，把吕后吓坏了。吕后看着弥留之际的汉高祖，小心翼翼地壮着胆子问："皇上在百年后，要是萧相国也去世了，相国职位应该由谁来接替较好？"

汉高祖说："可以叫曹参接替。"

吕后哭着又问："曹参之后，还有谁能胜任？"

汉高祖想了想，说："王陵可以。王陵这个人性子直，没有什么坏心眼，但他智慧不行，可以让陈平协助他。陈平智谋有余，当相国完全没有问题，然而很难独自担当重任。周勃虽才智不足，但为人深沉忠厚，将来能守护刘家江山的只有周勃，让他担任太尉。"

汉高祖说完这些，吕后又急切地问："这些人都没了，还能有谁？"

汉高祖摇摇头说："唉，再往后，就不是你我所能知悉和控制的了。"

听完，吕后不禁伤心不已，掩面而泣。

当时是汉十二年（公元前195年），汉高祖时年60岁。

弥留之际，汉高祖吩咐人宰杀了一匹白马，把萧何等几位重臣召集到跟前，约定一个盟誓，说："今日我们立下重誓，不是刘氏子孙不能为王，不是功臣不能封侯。如果有人违背盟约，天下人共击之！"

这就是历史上有名的"白马盟誓"，汉高祖坚信他们会言行一致，并吩咐了后事。

没多久，汉高祖驾崩了。汉高祖死后，太子刘盈登基，称汉惠帝，封吕雉为太后。汉惠帝十分懦弱，体弱多病，没有能力治理国家。所以一切国家大事都由吕后决定。吕太后理政，刘家人自然不愿意。刘吕两家的争权夺势也由此拉开了序幕。

在中国历史上，刘邦是一位伟大的皇帝。他为中国历史做出了巨大的贡献，他有着非凡的政治才能，他足智多谋，任人唯贤。其中萧何与曹参就是他任人唯贤的代表。

<h1 align="center">—— 萧规曹随 ——</h1>

　　汉高祖生前可谓才智过人，在用人方面不拘一格，知人善任，在他的拥护者中，张良是贵族人士，陈平是散野游人，樊哙是杀狗屠夫，周勃是乐队的鼓手，灌婴是布贩，韩信是待业青年，彭越是强盗，他对这些人都能够很好地加以使用，更别提沛县小吏萧何、曹参了。

　　刘邦称帝后，为了能更好地治理天下，下令建章立制、制定军法的工作交由韩信，制定历法和度量衡制度的工作交由张苍负责，因为叔孙通在秦朝的时候曾做过博士，所以制定礼仪的事交由叔孙通办，有关法令制度的事宜则让萧何拟定。萧何身为一国丞相，在处理朝中事务时，总是能够依法行事。

　　萧何提倡勤俭节约，就算是汉高祖代步的马车，配备的四匹马的毛色都不一样；一些王侯将相也只能以牛车代步，萧何按照汉高祖的吩咐，召集全天下的有志之士，命令商人当官为将，进行奴婢交易，每个诸侯国的民事由朝廷统一管辖，降低了奴隶人数，并命令之前六国国君和王公大臣的后代与颇负盛名的富商都迁至关中。为暂缓大汉和匈奴之间的关系，制定和亲等一揽子规则制度，以图国家长治久安，人民安居乐业。

　　公元前 195 年，汉高祖去世，太子刘盈登基，称为汉惠帝，汉惠帝即位的第二年，年老多病的相国萧何病情加重。刘盈亲自去看望他，问他，日后将由谁来担任相国。萧何没有表示，汉惠帝又问他："相国觉得曹参是否可以？"

　　萧何听到这里，回答说："皇上英明，由曹参接任，我也可安心了。"

　　他和曹参起初都是沛县的官吏，后来，一起推刘邦做沛公，随刘邦打天下，南征北战，征战沙场数十载，历尽磨难，功绩卓越，曹参忠心耿耿地辅佐汉高祖，从无二心。天下太平后，曹参管理国家的才能也是有目共睹的。在萧何死后，汉惠帝就让曹参接替了萧何，这不仅是汉高祖的遗旨，同时也得到了吕后的认可。

曹参成了相国，一切都按照前任相国萧何规定的制度去办，他认为萧何制定的这些规章，对管理国家、安抚百姓都很合适。成语"萧规曹随"就是来自这里。

虽说一切国家大事都照着"萧规"去办，但曹参并没有放松，他仍然兢兢业业地工作。毕竟有些事情是需要变通的，不能墨守成规。就拿发生战争来说，会有太多的人死去，曹参帮助汉惠帝对增加人口和开荒种田实行鼓励，为了使人口增长，若是平民家的女儿满30岁还没嫁人，生不了小孩，那么就会受到不同程度的罚款。还有如果是种地的庄户人家，可以终身不用服徭役。通过这个办法，国家的人口开始增长，经济也出现繁荣景象。

有人说，曹参没有制定新的制度。他爱好饮酒，也有人评价，曹相国这么爱喝酒，如此下去，国家如何能管理好！汉惠帝16岁当皇帝，什么都不懂，听别人提及，对侍奉他的曹参之子曹窋说他期待相国能制定出优于萧何的安邦定国的方针，不要整日喝酒。

隔天上朝，曹参向惠帝请罪，接着又问汉惠帝：以皇上之见，皇上跟先皇高祖相比，谁更英明？汉惠帝回答说：我自然比不得先皇。

曹参又问："论能力，在皇上看来，老臣与萧相国比怎么样？"

汉惠帝说萧相国更胜一筹。曹参说："皇上说得没有错，我曹参远不如萧相国，高祖皇帝打下江山后，命萧相国制定了一套完整的法令法规，我只要遵循他的规定去办，不出差错就是了。"

听到这里，汉惠帝才恍然大悟，非常赞同曹参的说法。

曹参担任相国三年，在这三年里他一直按着前任相国萧何的治国方针去治理国家，辅佐汉惠帝，安定百姓的生活，减少百姓的赋税，发展经济，以此巩固西汉的政权。

—— 周勃夺军印 ——

曹参死后，按汉高祖生前交代，让陈平担任相国。

公元前 188 年，汉惠帝去世，时年 23 岁。由于汉惠帝没有子嗣，吕后就从后宫其他嫔妃那里抱来一个婴儿，冒充孝惠皇后所生，并杀了婴儿的生母灭口，把这个婴儿册立为皇帝，称为少帝。吕太后开始临朝，号令天下。

吕太后看到扶持自己的大臣相继去世，为巩固自己的势力，她想要吕家人做王，就先去向右丞相王陵征求意见。问他："可否？"

王陵直接说："不可以！高祖皇帝临死前曾杀白马与众臣立下盟约，凡刘姓以外的人不能为王，凡无功的人不能为侯，违背盟约的，天下人皆可杀之。若要让吕家人做王，这难道不是要背弃盟约吗？"

太后一听，很不高兴，但没有死心。她又转而去问左相陈平和太尉周勃，他们二人回答说："按道理来说，这当然是可以的，高祖打下江山，立自家人为王，如今太后帮着打理朝政，管理国家，让吕家人为王也是理所当然。"

听完这些，太后很满意。不久，太后就罢免了王陵右丞相的职位，让他回家颐养天年。从此以后，吕后便逐渐把自己已过世的父亲封为宣王，大哥吕泽以及她的侄子吕台分别封为悼武王和吕王。吕台死后，其职位由他的儿子吕嘉承袭。

当年吕太后是想方设法才把少帝推上帝位的，但少帝和她之间并没有多少感情。继位四年后，他得知自己的身世以及生母被杀，没有防备地说："太后怎么可以把我的母亲杀害，等我长大后必报此仇。"

吕太后闻言极为惶恐。她担心日后生变，便将少帝秘密地处死了。然后叫幼儿刘弘当皇帝，刘弘也被称为少帝。史上把这两个少帝为帝的时代，统称为太后临朝，前后共八年。

吕太后临朝的第八年，生了重病，临死前任命她的侄子吕禄为上将军，掌管保卫皇城的南禁军，北禁军交由侄子吕产统领，并且叮嘱他们说："我一心让吕家人做王，大臣们对此都心生怨恨，我一旦死了，他们很可能发生政变，你们要带领禁军保护皇宫，为了安全，给我送葬时，一定要做好防备，以免遭人算计。"

弥留之际，吕太后留下遗诏：大赦天下，封吕产为相国。

吕太后病逝，相国和大臣们依照丧葬礼制为她举办了丧事，出殡时，吕禄、吕产他们果然没有去送行，他们听从了吕太后临终前的话一直待在皇宫里。他们意图造反，但又对开国元老周勃、灌婴等极为忌惮，一时不敢动手。朱虚侯刘章从自己的妻子那里得知吕禄要造反（吕禄的女儿是刘章的妻子），便立刻让人去通知他的哥哥齐王刘襄，让他带兵从外面攻进皇宫。再安排其他人做内应，联手铲除吕家那些人，并决定辅佐齐王刘襄登上皇位。

刘襄收到消息后，马上列出了吕家的种种罪状给各诸侯，鼓动大家一起反吕家，他自己则率先带兵向西发兵济南。

相国吕产听说后，急忙任命灌婴为统帅，让他领兵去对付。灌婴带军队一到荥阳，就跟部将们商议说："吕家那帮人的目的是要夺取刘家天下，若是我们此刻去对付齐王，这岂不是在助纣为虐吗？"

大家都认为刘家的臣子不应该帮着吕家打刘姓人。灌婴派使者通知齐王，让各自的大军都先找个地方安营扎寨，待吕家开始谋反，再共同讨伐吕家。齐王表示赞同。

吕禄和吕产要发动叛乱，他们既惧怕宫内的周勃和刘章以及驻扎在宫外的齐楚大军，同时又怕灌婴会背叛吕家。当时，汉朝太尉名义上是周勃，实际兵权全部由吕家人掌控，虽说周勃之前同意吕太后封异姓王，毕竟他是刘家臣子，谁知道这个时候他会做出什么选择。

陈平与周勃一样要匡扶汉室江山。关键时刻，周勃想到了郦寄，郦寄是吕禄的好哥们儿，郦寄的父亲是曲周侯郦商，于是周勃、陈平两人想了一个办法，把郦寄的父亲诱骗到家里作为人质，使得郦寄不得不听从他们的安排去游说吕禄。

郦寄见到吕禄后，以好友的口气劝道："皇上让太尉周勃统领北军，我劝你马上把兵权交给太尉，赶紧回到自己的封地上去，不然会有生命危险的。"

吕禄胆小怕事，加上吕家想夺取政权，也是名不正言不顺，本就底气不足。他听了郦寄的话，便把北军的指挥权交给了周勃，自己则匆匆回了封地。

周勃拿到将印后来到北军军营，对将士们说："刘吕两家正在夺权，你们中间愿意拥戴吕家的就把右臂露出来，愿意拥戴刘家的把左臂露出来，大家自由选择。"

还没等他话音落下，营中士兵们纷纷露出了左臂。周勃顺利地接管了吕禄的北军。

此时的吕产并不知晓北军已落入周勃手中，他正带领兵马奔向皇宫，打算把玉玺拿到手，到了宫门，却被守卫挡在了外面。原来，陈平他们早料到吕产会有所行动，叫刘章增援了周勃，周勃安排刘章把守宫门，并向守卫们传达相国的命令，谁都不准放吕产进来。吕产还没回过神来，就被刘章率千军给消灭了。吕产一党被铲除后，吕家的势力也就彻底瓦解了。

随后，齐王撤军，同时灌婴也把军队从荥阳撤了回来。朝中大臣一起讨论应该由哪个刘氏褚王继承帝位，大家讨论半天，最终的结果是拥立代王刘恒为帝，因为刘恒的年龄在高祖皇帝的众皇子中是最大的，并且仁慈宽厚，他的母亲薄氏，素来行事谨慎，也没有什么家族背景。于是就派人到代都（治所在今河北蔚县），迎代王刘恒回京，让他登基为皇帝，历史上称汉文帝。

—— 张释之执法 ——

汉文帝时期，政治上清正廉明，张释之就出现在这个时期，他是司法官，执法严明，堪称名臣的典范。

张释之年轻的时候，他二哥曾捐钱为他买了一个宫廷小官。他干了十年，却一直得不到升迁，张释之感觉仕途渺茫，打算辞官回乡为哥哥减轻负担。当时有个叫袁盎的官，知道张释之是个难得的人才，便极力向汉文帝推荐他，张释之这才有机会进宫见汉文帝。汉文帝让他说说当下的国家大事，张释之头脑灵活，平常又爱好学习，关心时事政治，分析事情具有自己独特的看法，便很从容地向汉文帝娓娓道来，说得头头是道。汉文帝不断点头称赞。没过多久，汉文帝就提拔他做了公车令（掌管宫门一切事宜）。

有一天，太子和他的弟弟梁王共同乘坐一辆马车入朝，在经过宫门口时，两人都不下车，马车径直驶入。张释之发现后，就追过去将车拦下，禁止二人入宫，并以经过宫门不下车的"不敬"之罪向汉文帝奏劾此二人。太子和梁王是薄太后的心肝宝贝。薄太后知道后很不高兴，汉文帝连忙向薄太后赔罪说："都怪我教导儿子不严。"最后由于薄太后出面求情，太子、梁王二人才被下诏赦免其罪，进入宫中。

那时张释之只是一个官位不高的小公车令，竟然不畏惧权贵，上告太子和梁王，真是勇气可嘉。汉文帝贤明，没有责怪张释之，反而更加欣赏他的胆识，又将他提升为中大夫。

有一回，汉文帝带张释之一起出巡，经过城北的一座桥时，突然有一个人从桥下奔跑出来，使汉文帝乘坐的车马受了惊，马放声鸣叫，那人吓得拼命逃跑，护卫追上去捉住了那个人，由于那时候张释之已官拜廷尉，是最高的司法官。汉文帝就把那个人交由张释之审理。

张释之亲自对那个惊驾之人进行审讯，那人说："小人只是经过这里，听到天子的车驾要从这里过，我就只好躲到桥下回避，过了好久，我以为皇上的车驾已过去了，谁知我刚从桥下出来，就看见了车驾，一下子撞了上去，小人真的不是故意惊扰圣驾的。希望大人明察，放过小人。"

张释之听完那个人的解释后，又把事情的真相查清楚了，认为那人说的都是真话。就只判他交罚金四两，并回奏了汉文帝，汉文帝一听，大怒说："那个人惊了圣驾，好在我的马性情温顺，如若不是，岂不把我摔伤？这么大的罪，你对他的处罚太轻了吧？"

张释之看到汉文帝发怒，便从容不迫地回答说："皇上，法律面前人人平等，皇上和百姓都得共同遵守。如今本朝的法律就是这样规定的，我就是按照法律条文来治罪的，若是现在皇上要从重处罚那人，法律将失去效力，就会让法律不能取信于百姓，请皇上三思。"

汉文帝对张释之的这番话想了良久，说："那就依你的意见处理吧。"

惊驾之事没过多久，又出了新案子。有人把高祖庙座前的玉杯给盗了，汉文帝勃然大怒，下令让张释之定盗窃人灭九族之罪，但张释之按照法律的条文，上奏汉文帝只判盗窃人一个人斩首示众。

文帝一听就发火说："如今连先帝的神庙都被人行了窃，国已不国，可你一味地拿法律条令来气我，我如此器重你，并不是让你替犯人开脱的。"

张释之连忙摘下乌纱帽，谢罪说："我虽然是最高执行法官，但我从来不徇私枉法，没有替任何一个犯人开脱过。假如犯下盗窃宗庙里的器物就被判灭族罪，那么，万一有人对先祖的陵墓进行了盗挖，又将如何加重办罪？"

文帝把情况向太后汇报，太后感觉应该依照法律来办理。最终汉文帝同意了张释之的判决。

从此以后，天下人都称赞张释之秉公执法，也留下了很多佳话。

—— 周亚夫治军 ——

公元前 158 年，匈奴单于举六万骑兵入侵汉朝北部边境，三万直犯上郡（今陕西榆林东南）；三万直入云中（今内蒙古托克托东北）地区。来势汹汹，到处杀害百姓，掠夺财物。

汉朝建立以来，一直委曲求全与匈奴采取和亲的政策，可是匈奴还是时常小规模地袭扰汉朝边境。这一次不同以往，匈奴大举入侵边关，边防官兵由于防备不足，大家都惊慌失措，烽火台上的官兵慌忙点起烽火来报警。长安城里的人们望见连天的烽火都很惊恐，这种形势连汉文帝也没见过。

但汉文帝却处变不惊，迅速召集文臣武将来商量应战策略，积极布置军务抵御匈奴。一边派三位将军驻扎在京城周围保卫皇城：将军刘礼在灞上驻扎，徐厉在长安东北的棘门驻扎，周亚夫在长安西南、渭水北岸的细柳驻扎。一边又集结大军开赴上郡和云中抗击匈奴。在朝廷大军出征前，汉文帝叮嘱大家："只需把匈奴赶出边界即可。"

汉文帝把兵力布置好后，他又亲自到京城周围的各军营犒劳三军。

他首先去的是灞上和棘门。到灞上和棘门军营，汉文帝的车驾长驱直入。刘礼、徐厉等将军以及将军以下的官员都纷纷骑着马来迎接汉文帝，离营时又骑马护送。

最后，汉文帝到了细柳周亚夫的军营，很远就看到官兵们个个披戴盔甲，手拿兵器，射手们拉弓射箭，处在备战状态。汉文帝的先行队被守营的士兵给拦在军营外，先行队的首领说："皇上的车驾即将到达。"

营门的守将回答："周将军有令，军中只听从将军的命令，不听皇上的命令。"

片刻之后，汉文帝的车驾抵达营门口，营门守卫也不让他进入军营，汉文帝看到后心里很高兴。于是就派人根据礼法军规拿着皇帝的凭证去通告周亚夫："我要进军营，来慰劳军队。"

周亚夫这才传令，打开营门让皇上的车驾进来。

营门被打开后，守卫营门的官兵严肃地对跟从汉文帝的官员说："周将军有规定，军营中不准车马奔驰。"

汉文帝吩咐大家把马头的缰绳放松，缓缓行走。

汉文帝到了军营大帐前，只见将军周亚夫身披盔甲，手持兵器，向汉文帝拱手作揖说："盔甲在身的将士不能跪拜，请准许我以军礼参拜皇上。"

汉文帝很受感动，郑重地摸着车前的横木俯身向前，依照军礼对周亚夫表示致敬，接着又让人向全体将士传达他的慰问之意。慰问结束以后，汉文帝的车驾队伍缓缓地起驾离开细柳。

在回去的路上，汉文帝的随从官员们都惊诧于周亚夫以军礼迎驾的举动，汉文帝却面带微笑，称赞说："真正的将军就该如同周亚夫这般，之前我到灞上军营、棘门军营，看到将士们懒懒散散，简直像小孩子闹着玩一般，刘礼、徐厉等二人十分有可能被敌人偷袭而俘虏。如周亚夫那般从严治理军队，岂是敌人能够偷袭得了的。"汉文帝对周亚夫治军的本事赞不绝口。

一个多月后，汉军主力抵达北方边境，匈奴仓皇而逃，守卫京城的三路军马也奉命撤兵。汉文帝在这场战斗中，发现了周亚夫和少将军李广两名军事人才。周亚夫被汉文帝提拔为中尉，主要负责京城的治安与防卫工作。

公元前 157 年，45 岁的汉文帝生了重病，临死前留下遗言：世间万物皆有生死，我死后不要难过，葬礼要简单，建造的坟墓不可太大，不许往里面放奇珍异宝，孝期三天即可。并嘱咐太子说：国家如果以后发生变乱，兵权交由周亚夫手里，最为可靠。

—— 七国之乱 ——

汉文帝去世后，太子刘启继承帝位，史称汉景帝。景帝觉得赋税是国家经济的主要来源。在他即位第一年，征收田租还不是很重。他提升有才干的内史晁错为御史大夫（汉代仅次于丞相的中央最高长官）。

当时，汉朝的各诸侯势力越发强大，有些诸侯不服从朝廷的管制，出现了诸侯割据的混乱局面。如齐国有城池七十多座，吴国有城池五十多座，楚国有城池四十多座。御史大夫晁错认为照这样发展下去，诸侯定会出现割据分裂，国家经济也会受到影响。

他向汉景帝说："吴王迟迟不进宫朝拜。先帝（汉文帝）在世时为了能让他重新改过对他很宽容，把作为尊敬老年人礼物的桌几及拐杖送给了他。他反倒自己煮盐采铜，招募兵马，打算发起叛乱。我建议还是早些把他们的封地大大削弱为好。"

汉景帝认为削地可以，但同时又担心这样可能会激起他们谋反。晁错说："诸侯们如果有谋反的心，不管削地或是不削地都要反。现在发动谋反，造成的祸害还不是很大，等他们将来实力强大了，再谋反，那造成的祸害就会更大。"

晁错一语中的，汉景帝听了，决意对各诸侯王的封地进行削减。正好这时楚王刘戊来到京城，晁错就抓住楚王刘戊荒淫无耻、横行不法的恶行，向汉景帝告发他，请汉景帝治罪于他。汉景帝削掉楚地封地中的一个郡作为对楚王的处罚。接着，赵王也被晁错查出有罪，削了一个郡。胶西王盗卖官爵被告发，被削掉了六个县。

在晁错想着如何削减吴王刘濞的封地时，他的父亲千里迢迢从老家颍川（今河南禹县）赶到长安，劝晁错说："你做御史大夫，现在职位高高在上，你怎么就不知道安守本分，你也不想想，天下刘姓本是一家，是皇亲国戚。你削掉他们的封地，哪个不对你心生怨念，你为何要这样做？"

晁错说："我身为臣子，只要对国家有利，我都会说出来，并努力去做。削地有利于江山社稷，国家安定。如果不削地，皇上的权力就会越来越小，到时天下肯定祸乱四起。"

他父亲叹了一口气，说："你这样做，巩固了他刘家的天下，咱们晁家可就要大祸临头了。我老了，不想看到晁家被满门抄斩。"

晁错对父亲反复解释，可是老人家对自己的儿子还是不谅解，回到颍川老家，就服毒自杀了。而吴王刘濞还没等到他的封地被削减就先跳出来反了，他打着要帮景帝铲除佞臣晁错、守卫汉室江山的旗号谋反。其实汉文帝在世时，吴王就想自己做皇帝。他还唆使了其他6个诸侯王一起参加叛乱。

公元前154年，吴、楚、赵、胶西、胶东、菑川、济南等七个诸侯王一同起兵进犯长安，史上称为"七国之乱"。当时震惊朝野。汉景帝万般无奈之下，听从别人的建议，处死了忠心耿耿的晁错。

晁错死后，汉景帝派使者下诏书要七国退兵。可吴王接到诏书，却说："我现在也当了皇帝，什么诏书不诏书的对我没用！"

汉景帝的诏书就这样被吴王退了回来。朝廷与七国的战争正式开始。

汉景帝这个时候才意识到自己错杀了晁错，悔恨不已。关键时刻，他想到先帝（汉文帝）死前对他的嘱咐，马上任命治军严明的周亚夫为大将，统率大军讨伐七国叛军。当时，汉朝有22个诸侯国，周亚夫先把剩下的15个没有叛变的诸侯王稳住，然后运用正确的战术，经过三个月的战争，就把七国的叛乱平定了。

七国叛乱平息后，汉景帝仍然让七国的后代继承诸侯王位，但是规定他们以后征收田租的范围仅限在自己的封地内，不准他们对地方政府进行干涉。这样，诸侯的实力大大削弱了，朝廷的中央政权得到了稳固。

战后，汉景帝还像文帝一样减赋税、减官差，沿用与民生息的政策，全国呈现一派安定祥和、欣欣向荣的景象。据史书记载，景帝当政的后期，国家金库里累积的钱，积了不知多少万，连穿钱的绳子都腐烂了；粮仓里堆的粮食因年年累积而变质。历史上把文景二帝统治的这段时期，称为"文景之治"，这也是中国历史上第一个盛世。

公元前150年，汉景帝立皇子刘彻为皇太子，当时刘彻7岁。

公元前140年，汉景帝病逝，刘彻继承皇位，时年16岁，史称汉武帝。

—— 飞将军李广 ——

在武帝时期，有一个三朝的老将军，名叫李广，他是一位勇将，机智勇敢，打仗很有方法，并射得一手好箭，在汉武帝打击匈奴入侵的长期作战中，立下了赫赫战功。

李广抗击匈奴，一点也不含糊，他骑马骑得像飞一样，他的射箭本领也很强，箭无虚发。在文帝、景帝时期，当时政府对匈奴的态度只是把匈奴打退即可，不要追到匈奴的地界去。匈奴很惧怕李广。只要听说是李广驻守边境，就不敢贸然进犯中原。李广曾先后被任命为北方的陇西太守、北郡太守。

公元前 129 年，匈奴再次兴兵直犯上谷（今河北怀来东南）。汉武帝兵分四路出击，由卫青、李广等四名将军各领骑兵一万抗击匈奴。李广在这四名将军中年纪最高。在汉文帝时，李广已是将军，文帝曾跟他说过："只可惜你这个将军做得不是时候，要是当年能追随高祖皇帝，封个万户侯也是轻而易举的事。"

有一次，李广为追击三个匈奴骑兵，便率百名骑兵去追赶。跑了几十里才把他们赶上，他亲自射杀了其中的两个，活捉了一人，刚掉转马头准备回营，发现匈奴骑兵数千人突如其来。李广手下的骑兵大慌，李广对他们说："我们远离大军军营数十里地，肯定赶不回去，大家倒不如下马，摘下马鞍，躺下休息片刻。这样，匈奴以为我们这是诱敌之策，定然不敢上来攻打我们。"

李广及百名士兵都下了马解了鞍。匈奴的将军看到李广和兵士这样，果真有点怕了，就赶快派人马占领山头，摆开作战阵容。并派一名骑白马的将军出来查看，李广跃马迎了上去，那个骑白马的将军被李广一箭射死。然后李广回到军队中，下马继续躺下休息。

两军就那样相峙到夜幕降临，匈奴越来越慌乱，他们认定自己已经在汉军埋伏圈的边缘。等到深夜，几千匈奴军队便连夜悄悄撤退了。黎明时分，李广到山上一看，连一个匈奴兵的影都没有。李广及百名骑兵安然回营。

李广有着精湛的射技，加上每次行动都不按常理出牌，他要从哪里进攻，又要从哪里撤退，经常令人捉摸不透。于是，匈奴就给他起了一个"飞将军"的绰号。

匈奴单于向来听说李广厉害，打算要活捉他，他召集大批匈奴骑兵在途中给李广设下圈套。经过一阵激烈的战斗后，李广掉入匈奴人的陷阱，被匈奴兵抓获。匈奴兵看李广受伤严重，快活不了了，就把他放到用绳子编织的网兜里躺着。两边各有一匹马拖着，打算送到单于大营去邀功。匈奴兵很高兴，他们一路边走边唱。而李广在网兜里却假装一动不动。大约走了十多里地远，他睁开眼睛偷瞄了一下身旁的一名匈奴士兵，见他骑了一匹好马，李广突然用力一个纵身跃到那个匈奴骑兵的马上，夺下弓箭，把他从马上推了下去。立即掉转马头，飞奔而去。

等匈奴兵回过神来，李广已经进了山里。匈奴全部人马才开始一齐追。李广一边竭尽全力地夹紧马肚子急速前进，一边拈弓搭箭把追在最前面的几名匈奴兵给射杀了，匈奴兵眼看着李广跑得越来越远，只能眼巴巴看着他跑了。

李广逃脱回京师后，因打了败仗，损失严重，被判斩首。但汉朝有一条法令，犯罪的人交钱就可以赎罪。根据这条法令，李广交了赎金，回家成了平民。

公元前 128 年秋，匈奴再次兴兵两万进犯边境，辽西太守被杀害，年轻的男男女女约两千人以及无数财宝被匈奴抢夺走。边关告急，李广只做了一年的平民就被汉武帝重新起用，被任命为右北平（今辽宁凌源西南）太守。

李广做了右北平太守，匈奴畏惧他的飞将军之名，吓得不敢侵犯右北平。右北平这一带虽然不见了匈奴，但时有老虎出没，伤害行人。有一天，李广出猎回来天色已晚，月光下的景色模糊不清，当时恰是老虎出来找食物的时间，他与随从在山腰间小心走着，警惕着老虎，以免被突如其来的老虎伤到。

走到山脚下时，李广才突然发现草丛里有一只全身斑驳的猛虎蹲在那里，看似要朝他们猛扑过来。李广急忙搭好弓箭射了出去，一箭中的，他的随从跑上前去查看才发现是一块形似老虎的大石头，但这支箭射入石中很深，怎么拔也拔不出来。众人十分惊奇。从此，李广的神勇之力更是被大家传播开来。匈奴听到后更加畏惧，对右北平不敢随便进犯。

公元前 119 年，飞将军李广担任郎中令（宫廷的守卫官），侍奉在汉武帝左右。李广主动向汉武帝请战去打击匈奴。汉武帝没有同意，说他已经年迈。后李广多次请战说："匈奴杀害我汉朝百姓，掠夺我们的财物，我怎能安安静静地在京城待着呢？"

于是，汉武帝派李广率领一支队伍出征，但这支队伍归大将军卫青指挥。汉武帝交代卫青："李广年老，不要让他单独迎击匈奴。"

但是卫青并没有听从汉武帝的叮嘱，而是命李广独自带着一队人马从东路绕道出发，在规定的期限内到达漠北（蒙古大沙漠以北地区）集合。李广由于对东路的情况不是很熟悉，向卫青要求做前锋，但遭到了卫青的拒绝。等到卫青的大部队打败匈奴回到漠南（蒙古大沙漠以南地区），才与李广的部队会合。卫青埋怨李广说他延误战机，要对他进行审问。李广气得浑身发抖。

李广呜咽着对部下道："自从我投军以来，与匈奴大小七十多战。打仗从未退缩过，而这回跟着大将军出战，没想到大将军非要让我从东路进军，由于东路路途遥远，我对路况又极不熟悉，迷失了道路，耽搁了约定的日期。我已无话可说，况且现在我已经六十多岁，为这件事如果对簿公堂有失尊严。"说完就拔剑自刎了。

士兵们素来对李广都十分敬重，一听到他的死讯，全军上下一片悲泣。

一代名将就此陨落。

—— 卫青和霍去病 ——

在公元前 129 年那场对匈奴的战争中，汉武帝派的四路大军，除了卫青这一路大军外，其余三路都打了败仗，此战役中卫青俘获匈奴七百余人凯旋。汉武帝听到汇报，极为高兴，赐爵位给卫青，并封他为关内侯。

卫青是河东平阳（今山西临汾西南）人，是平阳公主家的一个侍从骑奴。卫青的姐姐名叫卫子夫，是平阳公主家的一名歌姬，后来被汉武帝看中进了宫，受到汉武帝的宠幸，生下太子刘启，被立为皇后。但卫青是凭借自己打仗的真本领，而受到汉武帝的格外重用的。

卫青于公元前 127 年，统率数万大军打败匈奴，攻占河套地区。紧接着，卫青又被汉武帝下令出雁门，率领精锐骑兵三万打击匈奴，斩杀数千名匈奴将士，卫青再次取得胜利，立下战功。

公元前 124 年，卫青又一次出击匈奴，再次获得胜利。这一仗下来捕获俘虏一万五千多个。其中仅匈奴的小王就有十多人。汉武帝封卫青为大将军，对他追封土地、户口等，连他的三个孩子也都被赐封为列侯。最后卫青只应了担任大将军的命令。他说："能打胜仗，一是托皇上的洪福。二是将士们齐心协力的功劳。不应该加封我，我的孩子还只是小孩子，更是不该受封。请皇上收回成命！"

汉武帝接受了卫青的推辞，封卫青手下的七个将军为列侯。第二年即公元前123年，匈奴再举大军入侵中原，卫青接到汉武帝的军令，带着李广等六个将军以及大批人马去应击进犯的匈奴。当时卫青有一个刚满18岁的外甥，名叫霍去病，少年英武，小小年纪就善于骑马射箭，这次也随卫青一起出征。

霍去病的母亲是卫皇后的姐姐，霍去病后来被封为骠骑将军，也是西汉的一员名将。这一次出战，霍去病虽是初出茅庐，但却非常骁勇。第一次打仗竟领着一个八百人的小队深入匈奴大营，一刀了结了匈奴的一个首领，并抓了两个俘虏回来。

卫青经过对那两个俘虏的拷问，才知晓这两个俘虏原来是单于的叔叔和相国。而那个被霍去病斩杀的匈奴首领竟然是单于的祖父。霍去病初次参战竟能斩获如此高级别的匈奴首领，立下了大功，被汉武帝封为冠军侯。

后来，霍去病又在与匈奴的几次作战中取得了巨大的胜利。其中有几次战役功勋卓著。公元前121年，霍去病带着西汉的军队两次大败匈奴，收复河西地区，并打通了进入西域的道路。

卫青和霍去病都是西汉的名将，几乎战无不胜，攻无不克，流传下来很多打败匈奴的故事。公元前119年，匈奴举兵一万多人马从东边入侵，袭扰当地百姓，杀掠上千人及一些粮食、财物后扬长而去。汉武帝为彻底消灭匈奴，调遣十万骑兵，让卫青和霍去病各领5万骑兵分路进兵匈奴，又派数十万步兵和十四万匹马做后勤。卫青率军出定襄往北进军，途中遇见匈奴就打，直打得匈奴节节败退。卫青七次深入沙漠出击匈奴，长驱深入匈奴地盘一千多公里。

霍去病率军出代郡，也向北进击匈奴，大军横穿沙漠如入无人之境，大破匈奴军，俘获单于部下王三人，并有将军、相国、军官等八十三人，歼灭匈奴八九万人。直把匈奴兵追到狼居胥山，也就是现在的蒙古国境内胥特山，并在山上筑起祭坛，庆祝胜利。

为了犒劳褒奖霍去病，汉武帝准备专门建造一栋房子送给霍去病，但被霍去病谢绝了，他说："皇上，匈奴还没有完全被消灭，我将继续在外领兵抗击，怎能安顿下来呢！"

成语"匈奴未灭，何以家为"便是出自这则典故。

匈奴被迫逃到漠北，从此以后，匈奴单于和左右贤王的王廷（匈奴单于驻地称"王廷"）或匈奴的军营从未在漠南出现过。

—— 张骞出使西域 ——

张骞是西汉杰出的外交家和探险家。在汉武帝前期，他曾担任郎中，当时，汉武帝从匈奴的降人那里了解到，在西域（今新疆及新疆以西一带）有一个月氏国，这个月氏国连接着敦煌（今甘肃敦煌西）和天山。月氏国与匈奴仇深似海。于是汉武帝便想联合月氏国共同对付匈奴，以斩断匈奴与西域各国的联系。为此汉武帝下旨招募贤能之人到月氏国去游说，张骞站出来应招。随后，又有勇士一百多个以及归降的匈奴人堂邑父等加入。他们都自愿跟随张骞一起出使月氏国。

公元前 139 年，张骞被汉武帝派为使者，从陇西（今甘肃临洮南）出发，率领一百多人浩浩荡荡前往月氏国。出了陇西就是匈奴的地界，张骞一行人小心翼翼地走了几天，还是不幸被匈奴兵发现，全部被抓。匈奴把张骞和随从囚禁起来，除了堂邑父与张骞关在一块儿，其他的人员都被分散看管。张骞也只好在那里住了下来，这一住就是数年。后来，他们通晓了匈奴的语言，也能做匈奴人能做的事，匈奴人逐渐放松了对他们的看管。

有一天，张骞和堂邑父趁匈奴人不备，携带一些吃的，骑上两匹快马逃离了匈奴。他们拼命往西逃，但是他们不清楚月氏国具体的位置，就这样一路奔逃了几十天，历经千辛万苦终于逃出匈奴地界，但还是没有找到月氏国，却进入一个叫大宛（今中亚细亚）的国家。

大宛国位于月氏北面，这个国家盛产良马、葡萄和苜蓿。大宛与匈奴是邻邦，大宛人会讲匈奴话，张骞和堂邑父也会说匈奴话，之间的沟通便简单多了。大宛王对中国早有耳闻，听闻中国是个物产丰富的国度，穿的衣服、吃的食物以及住的房子都很讲究。有花不完的财物，用不尽的绸缎布料，此刻听到汉朝使者到了大宛，便热情地接待他们。

后来，他们答应了张骞的请求，派人护送张骞一行人到了月氏国。张骞见到月氏王，说：汉朝希望与月氏结盟，一起讨伐匈奴。

自从月氏的老国王被匈奴残酷地杀死后，其儿子成为新国王，新月氏王带着族人以及牲畜继续向西迁移到大夏（今阿姆河上游南北两地），并在这里建立新国家，改称为大月氏国。现在的月氏王只求安稳，不愿再打杀。听到张骞的话，便拒绝联合。但出于礼节，月氏王还是很友好地款待了张骞一行人。

张骞并没有放弃，而是选择留下来。他和堂邑父在月氏国住了一年多，还是没有结果。无奈之下，张骞决定带手下动身回去。沿途经过康居（约今巴尔喀什湖和咸海之间）和大宛，在经过匈奴地界时，又被匈奴抓到，在匈奴又待了一年多时间。后来，匈奴内部发生争斗，张骞趁此跟堂邑父才逃回长安。张骞在外长达十三年，汉武帝看到他还能活着回来，十分高兴，便封张骞为太中大夫，封堂邑父为奉使君。

张骞想再次去西域。他向汉武帝陈述道："我在大夏走访的时候，曾见过邛山（今四川）出产的竹杖、蜀地出产的细布。当地人说是做生意的人从天竺（今印度）买来的。而大夏距离长安西边有一万二千里地。既然天竺那里能买到蜀地的东西，那么天竺离蜀地应该很近。我们可以尝试从蜀地出发，沿西南走绕过匈奴地界，穿过天竺直接到大夏。"

汉武帝听完，心中大喜，再次派张骞带着礼物从蜀地出发，出使西域，去和西域这些国家结盟共同打击匈奴。这次张骞把随从人员分成四路去找天竺，他们走了两千里地，也没有找到，有的被当地的部族直接打回来，有的被杀死。而往南走的这一队人马绕道来到一个名叫滇国（今云南南部）的国家。滇国的国王是楚国人，很礼貌地接待了汉朝使者，并乐意帮忙寻找天竺，但走到昆明却被挡回来了。虽然没有找到天竺，但汉武帝觉得能够结交一个与中原隔绝的国家，也算不虚此行。

后来在汉朝与匈奴的作战中，汉军连连大败匈奴，西域地区的很多国家看到后，便不想再进献礼物、缴纳赋税给匈奴。汉武帝瞅准这个时机再度叫张骞去疏通西域。

公元前119年，张骞和几名副使，手持汉朝的符节，带三百名勇士，一人两匹马，带上万头牛羊和金银财物、丝织品等价值数千万的礼物出使西域。

张骞等人顺利抵达乌孙，乌孙王热情地相迎。张骞送给乌孙王一份厚礼，对他说道："若是大王迁到东边来，大王不仅能得到皇上加封的土地，还能娶公主为妻。从此两国成为亲戚，一同打击匈奴。这对两国都很有利。"

乌孙王请张骞在这里先住几天，接着他召来群臣商量，一连几天过去，还是没有结果。

张骞自己在乌孙停留，让他的副使们拿着符节，带着礼物分头去了大宛、康居、大月氏、大夏、安息（古代波斯）、天竺、于阗（今新疆和田一带）等国家去访问。乌孙王还派了几个翻译帮助他们。日子一天天过去，很多使者不见回来，乌孙王便建议让张骞先回去，挑选了几十匹高头大马作为礼物，还派了几十人护送张骞回长安。

到了长安，汉武帝友好地接见了乌孙使者，看见乌孙王送来的高头大马十分高兴，给予乌孙使者特别好的待遇。

张骞回来一年后不幸病逝。他死后没几年，他原先派到西域各国的副使们都陆陆续续地带着各国使者回到长安。汉武帝甚是满意，知晓了西域的情况：西域共有三十六个国家，各国对匈奴都十分惧怕，迫不得已向匈奴交纳自己的奴仆和财物等。一听到汉朝要跟它们结盟，还不用缴纳租税，都很高兴地与汉朝结成了友邦。

乌孙王还是不想搬到东边来，汉武帝就在那边给他设立了酒泉（今甘肃酒泉）和武威（治所在今甘肃民勤东北）两个郡。为防止匈奴南下，还派了官员和士兵在那里一年四季防守。

张骞受命出使西域两次，他待人和善，讲求信义，西域三十六个国家对他都很认同。张骞去世后，各国交流并没有中断，汉朝和西域建立了友好往来的关系。西域的商人给汉朝带来了高头大马、葡萄、苜蓿、胡桃、蚕豆、石榴等几十种物产；中国的丝和丝织品运送到西域，同时也让西域人学会了耕种、打井和炼铁等各种技艺来发展生产等。张骞疏通了西域的这条交通线，促进了中西文化交流，开辟了历史上著名的"丝绸之路"。

—— 苏武牧羊 ——

卫青和霍去病大败匈奴，张骞打通西域，匈奴惨败后逃到偏远的漠北，双方相安无事很多年，直到公元前 100 年，匈奴派出使者假装向汉朝求和，还把扣留的汉朝使者放回来。汉武帝为了答谢，便派中郎将苏武出使匈奴。

但是，苏武到达匈奴后，匈奴人便露出了真实的嘴脸。单于对苏武傲慢无礼，更让苏武意料不到的是，汉朝使者卫律以前在出使匈奴时叛变了，被匈奴封为了王。卫律有个叫虞常的手下，对卫律投靠匈奴极为不满，总想把卫律给杀了，逃回中原。虞常在汉时与苏武的副使张胜是好哥们儿，他便私下跟张胜商量如何杀卫律。

张胜答应虞常帮他暗杀卫律，不料计划败露，虞常被单于抓了起来，交给卫律拷问。张胜怕虞常供出自己，便把事情的始末告诉苏武。苏武万分着急，"我堂堂大汉使者，让匈奴像审问犯人般审讯，有损朝廷的脸面。"说完他一时悲愤，便拔出佩刀自刎，幸好被张胜和另一个副使常惠制住。

卫律被单于派去对苏武进行劝降，却被苏武正义凛然地拒绝了。苏武又拔刀去抹自己的脖子，卫律大惊急忙抱住他。但苏武已经刺伤了脖子，倒在血泊里。卫律赶快让人去找大夫。常惠他们看苏武昏过去，也都哭个不停。医生赶来救治了苏武，他才慢慢苏醒，又在伤口上涂上药膏，把伤口包扎好，并让人将他抬到营房。后来匈奴只把张胜抓了打进大牢。

单于闻讯后对苏武产生敬意，一边每天早晚派人去问候苏武，一边叮嘱卫律，让他设法继续劝降苏武。

卫律心想，软的行不通，那就用硬的。张胜怕死被卫律拿刀一恐吓便立马投降了。但苏武却截然不同，面对卫律举起的大刀，他把脖子一挺，毫无惧色，让卫律砍。他这一挺，卫律没招了，只得把举刀的手放下来。卫律一看苏武硬的不吃，便又软下来对苏武劝道："我归顺匈奴单于后，被单于封为王，还把几万人的兵马和满山的马群送给我。如果你投降了，就跟我一样，荣华富贵享之不尽。若是不听，恐怕就再难见到天日了。"

苏武闻言，勃然大怒，用手指着卫律的鼻子，大骂："卫律！你身为汉朝臣子，不知道感恩戴德，却背叛朝廷，投靠匈奴，真是不知羞耻。你还有什么脸面来见我，要杀要剐随你便，我誓死不降。"

卫律在苏武这里讨个没趣，便去向单于汇报，单于听说苏武宁死不降，对这样的人才更加欣赏，更加想要得到他，为了使苏武屈服，单于决定把他关在地窖里消磨他的意志，拒绝提供食物和水。那个时候正是寒冬腊月，外面飘着鹅毛大雪，苏武受尽折磨，饥渴难耐时就抓一把雪来止渴，啃一些落在地窖里的破皮带、羊皮片等充饥。

几天过去了，苏武还活着，单于以为苏武有神仙护佑，只好把他从地窖里放出来。单于打算封苏武做王，但他依然不为所动。单于见他软硬不吃，只好把他放逐到北海（今贝加尔湖）去牧羊，还对他说："等什么时候公羊诞下小羊，再放你回中原。"

苏武到北海，匈奴断绝了他的口粮，他便挖野菜和捉田鼠充饥。苏武早以将生死置之度外，唯一与他相依为命的就是汉朝使者的符节，他把它看得比自己的生命还珍贵，始终把它拿在手里。不管是白天放羊还是晚上睡觉总不离手，他盼望着有一天拿着符节回到大汉。

就这样日复一日，年复一年，符节上的穗子都被磨光了，成了一个光杆子符节，苏武依然视它为宝贝。

公元前87年，汉武帝去世，他8岁的儿子汉昭帝继承王位。两年后即公元前85年，匈奴单于又派使者前来向汉朝示好。那个时候，匈奴内部发生祸乱，单于已抽不出力量来与汉朝作对了。汉昭帝就派使者去匈奴，并要单于释放汉朝使者苏武等人。匈奴谎称苏武早就死了。

汉朝的使者再次去匈奴，遇到了苏武的副使常惠，常惠没有和苏武一起被送到北海，他用金钱买通匈奴人，暗地里见到使者，并把苏武在北海牧羊还活着的消息告诉了使者。等使者见到单于，他便怪罪单于说："有一只大雁被我们皇上在上林苑一箭给射下，发现在大雁的脚上绑着一块布条，是苏武写的一封亲笔信，上面写着他在北海牧羊，还活着。您既然有心想跟汉朝和好，就不该欺瞒我朝，说他已经死了。"

单于一听，吓得一哆嗦，说："难道苏武的忠义把飞鸟都感动了，连飞鸟走兽都愿意帮助他？"他急忙向使者表示歉意，并答应放苏武回去。

公元前81年，苏武回到长安，他出使时共有百人，在匈奴被扣留十九年，最后跟他一起回来的只有常惠等几个人；苏武当初去匈奴正当壮年，年纪40岁，如今回来已须发皆白。回到长安那天，百姓们都纷纷出来迎接，他们瞅着胡子头发全都白了的苏武依旧手持那个光杆符节，都感动不已，说他誓死守节，是个真正的大丈夫。

—— 桑弘羊关注盐铁 ——

汉武帝虽有雄才伟略，但对匈奴总是很伤脑筋。匈奴人出尔反尔，不遵守约定，常常入侵边境，危害百姓。汉武帝决定发起抗击匈奴的战争，从公元前133年起，西汉与匈奴之间开始接二连三地发生战争。连年征战消耗了大量的国家财物，财政出现匮乏，即将消耗殆尽。为解决财政问题，汉武帝迫切需求一位理财专家。

汉武帝时常与桑弘羊一起探讨军事和国家经济方面的问题。他认为桑弘羊有政治眼光、有经济头脑，对他很认可。

桑弘羊出生在河南洛阳的一个商户人家。那个时候的洛阳是个商业都城，经济繁荣，当地大多数人都在经商，做官的很少。这种社会风气下，人们更看重财利，而轻视道义。

桑弘羊从小就生活在这种环境下，受到潜移默化的影响，自然对经商产生了浓厚的兴趣，他对古代著名的商人白圭、子贡等特别推崇。虽然他有经商的天赋，但起初并没有往商人的路上走。桑弘羊13岁时被选入宫中，担任侍中，侍奉在汉武帝左右。

汉武帝问他："我要对匈奴用兵，但战争要消耗大量的军费，为保证充足的军费若是把农民的赋税再往上加一点，是否可行？"

桑弘羊回答："不可行。现在农民所承担的赋税已经很多了，除了田租税可以用服劳役代替外，其余的户税（算赋和口赋）和丁税都必须要交现钱。如果再增加他们的税收，将会使他们变得更加疲惫不堪，从而使社会生产陷入不稳定状态，同时会导致民怨沸腾。"

汉武帝问："如此一说，那要如何筹措军费呢？"

桑弘羊回答："天下的钱有的是，发财的门路有很多，但这些都不归皇上管。若是把它们都握在朝廷手里，这点军费便不算什么了。"

汉武帝很高兴，迫不及待地问："那可以从哪里筹到这些钱呢？"

桑弘羊道："自从汉高祖建立大汉以来，将冶铁、食盐等下放给民间经营管理。这样就出现了一些经营食盐、冶铁的大富商，他们个个腰缠万贯。要解决财政的困难就必须收回这些豪商巨贾的经营权。"

汉武帝又问："也就是说，只要让这些大商人多缴盐税和铁税就可以了？"

桑弘羊道："我的建议是皇上直接把盐铁和贸易的经营权从那些商人手上收回来，让政府统一管理，对盐铁和酒类进行专卖。这样既充足了国家财政，又打压了富商的实力。"

汉武帝认为他说得很有道理，就采用了桑弘羊的建议。

从此桑弘羊得到汉武帝的信任，其仕途便一路畅通，他先后担任冶粟都尉（管理全国粮证的长官），掌管会计事务的大农丞（相当于财政部副部长），大司农（相当于财政部部长）、御史大夫等重要职务。

在汉武帝的大力支持下，桑弘羊在财政经济方面设立平准、均输机构，推出了盐、铁官营，酒类专卖，统一货币体制，屯田垦殖等卓著措施。这些措施解决了国家财政危机，大大增加了国库收入，同时使国家的经济实力也得到提高，为安定西汉王朝的统治奠定了基础。汉武帝能成为一代明君，在文治武功方面，离不开桑弘羊这个理财能手。

公元前 81 年，当时执政的是汉昭帝，汉昭帝下诏各郡县的儒生贤良到长安展开一场有关盐铁官营的会议。以桑弘羊为代表的一方坚持对盐铁实行官营政策。而以来自民间的这些"贤良文学"（"贤良"是取得了"贤良方正"称号而还没有官职的儒生，"文学"则指一般儒生）为代表的一方则主张取消盐铁官营。

会议刚开始，桑弘羊的经济政策就遭受了"贤良文学"的猛烈攻击，他们打着"为民请命"的口号，道："盐铁官营政策，有违以德为重、以利益为轻，重仁义、轻钱财的古训。这分明是在跟民争夺利益。"

桑弘羊指出："一个国家掌握自己的经济命脉，则国富，不然则国弱。盐铁就是国家的经济命脉，需要国家自己掌握。"桑弘羊一语切中要害。

"贤良文学"又道:"做国君要向尧、舜、禹等学习,做臣子要向周公、孔子学习,这些都是要持之以恒坚守的。"

桑弘羊批驳道:"所有的事情都处于运动之中,从开始到结束,到了极致就会走向衰弱。时代在变,政策自然也在变。"

桑弘羊驳得"贤良文学"无言以对。桑弘羊的经济政策又一次赢得胜利。

—— 司马迁忍辱著《史记》 ——

公元前 99 年,汉武帝得知苏武去匈奴被扣留当作人质,便派贰师将军李广利领兵三万,去对付匈奴。在酒泉附近,汉军跟匈奴右贤王的军队展开了激烈的战斗,两军势均力敌,拼力厮杀之下,依旧难分胜负。

飞将军李广有个孙子,名叫李陵,他年轻有为,射得一手好箭。对待士兵也是爱护有加,他所带领的队伍极富战斗力,颇受汉武帝的赏识,就让他担任骑都尉。就在苏武出使的第二年,李陵受命带着五千名步兵,孤军深入匈奴地界作战。大漠中,李陵的五千步卒遭到匈奴王调集的七八万骑兵的围攻。尽管李陵箭无虚发,士兵们浴血奋战,以五千步兵斩杀几千匈奴骑兵。但由于李陵他们后无援兵,战到最后山穷水尽。五千人只有数十人突围出来。李陵下令将汉军旌旗和随身带的珍宝掩埋于地下,打算与敌人誓死一搏。

眼看自己周围只剩下十几个战士,而且大家都已筋疲力尽,再也无力抵抗,李陵感叹地跟他的手下道:"我们已无颜回去,大伙不要白白送命,留下来以图时机再为朝廷效力。"便放下武器投降了匈奴。

李陵投敌的消息很快传到长安,汉武帝愤怒万分。朝堂之上,满朝文武大臣几乎都指责李陵,说他没有气节,让人唾弃。而太史令司马迁却尽力为李陵辩解道:"李陵率五千步兵对战七八万的匈奴骑兵,孤军奋战,斩杀匈奴兵无数,在没有后援、濒临绝境的情况下,迫不得已被俘投降。他之所以投降活下来,一定是想寻找机会卷土重来,将功赎罪再次报答皇上。"

然而，汉武帝气火上头，根本听不进去。司马迁的直言冒犯了龙威，武帝认为司马迁与李陵关系密切，是在为李陵强辩，说司马迁是存心反对朝廷。于是下令将他打进大牢。

据说司马迁的祖上自周朝开始，世代都是史官，其父司马谈，是汉朝修史的太史令。司马谈博学多识，专门掌管汉朝的天文、历法等，还负责对历史文献的记录。他借着这个可以接触到大量图书文献的时机，广泛搜集许多史料，立志要撰写一部中国通史。但由于这项工作任重道远，而司马谈年老体衰，无力完成这部巨著。就在他弥留之际，对儿子司马迁谆谆叮嘱："一定要继承遗志，把这部史书完成。"

司马迁时刻不忘父亲的嘱托，他年轻的时候，受到父亲的影响，便开始广泛地阅读各类书籍，积累大量的资料。还四处游历，通过探访古胜名迹，拜访老人，从民间言语中获取历史人物及英雄事迹，了解各地的风俗，获取民间传说、旧闻以及古代的事情等第一手资料。他外出游历，足迹踏遍天下，其中有三次大远游，他先南游到今天的江南、淮南、湖南、浙江、四川及云南一带，后又北上到了长城内外，然后向东到了今河南一带，从山东一直到了滨海，最后西上至今甘肃地区。

在司马迁正准备提笔写《史记》时，却受李陵一事的牵连，被下了监狱。据汉朝的刑法，被定了罪的人拿钱可获得减免，也可以接受宫刑以减免罪过。但是，司马迁家虽祖辈为官，但家境贫寒，拿不出这么多钱来赎罪。因此，他无奈只能受屈辱接受宫刑。

遭受宫刑这样的摧残人体和精神的酷刑，本就是人生的极大耻辱，更何况司马迁还是个儒生。他本想了此残生。可是一想到父亲生前的嘱托还没完成，自己花费毕生精力搜集的资料、确立的论点，所有的一切都将前功尽弃，不甘心就这么放弃。

经过无数个日夜，他受尽折磨，他想到："周文王当初被纣王关在羑里，他的儿子被纣王残忍地杀了做成肉酱给周文王吃，周文王直面痛苦写下一部《周易》；孔子历经沧桑，开办私学，教育学生，后编《春秋》；左丘明即使双眼失明，写下了《国语》；屈原受同僚谗害，终不被楚王理解，放逐汉北，却著下《离骚》。孙膑遭同窗庞涓陷害，两腿的膝盖骨被剜掉，仍能忍受屈辱，著下《孙膑兵法》等。这些伟大的古人，都能抛开自己所受的巨大痛苦，而发泄愤怒于写作，终取得骄人的成果。自己也一定要活下去，把《史记》写好。"自那以后，他把个人的耻辱和痛苦全部埋在心底，决心发愤著书，完成父亲的遗志。

公元前 99 年，司马迁出狱，被汉武帝任为中书令。满朝上下对他冷嘲热讽，他一一忍受，继续著书，又经过数十年的艰辛笔耕，终于用自己的毕生精力和整个生命，写成了一部不朽的伟大巨著《史记》，当时被称作《太史公书》。

《史记》全书共 130 篇，包括本纪 12 篇、表 10 篇、书 8 篇、世家 30 篇以及列传 70 篇等，共 50 多万字。记载了我国从传说中黄帝时代到汉武帝太初年间这段时间的历史。司马迁在《史记》中对历史事件做了详细的叙述，对人物的描述更是栩栩如生。他对明君、爱国英雄褒扬赞颂，对暴君酷吏批判鞭打，对贪婪暴虐强烈反对、对被压迫的人们深感同情。因此，《史记》在历史学和文学方面都具有很高的文献价值。

—— 霍光受托辅政 ——

汉武帝于公元前 87 年去世，临死前托孤，让大将军霍光来辅助年仅 7 岁的汉昭帝。霍光是骠骑大将军霍去病的同父异母的兄弟。霍光帮助汉昭帝治理国家，继续采用与民生息的政策，轻赋税、薄劳役，还向农民出借谷物种子、粮食等，一派歌舞升平，人们都说又回到了文景之治的时代。

霍光做事尽忠尽责，过于耿直，不会给人留情面，朝廷中有几个大臣视他为眼中钉，想除之为快。

有一次，上官安让他的父亲左将军上官桀去找岳父霍光商量，想让他 6 岁的女儿嫁给汉昭帝，将来做皇后。霍光没有同意。

霍光对上官桀说：“您的孙女年纪还太小，现在送入宫尚早。”

如此一来，上官桀父子对霍光便产生了怨恨。

汉昭帝的母亲在他很小的时候就去世了，长姐如母，汉昭帝十分听他大姐盖长公主的话。对她可谓是言听计从。上官安被霍光拒绝后不甘心，他知道丁外人跟盖长公主的关系密切，就去求丁外人帮忙。盖长公主听丁外人一说，马上答应让上官安年仅 6 岁的女儿进了宫，不久就被册封做了皇后。由此上官安成了国丈，升为车骑将军。上官安为了表达对丁外人的谢意想让他做侯。

霍光本就对一个刚6岁的小姑娘入宫当皇后很不满意，盖长公主执意这么办，也就不好再坚持。但是让丁外人做侯，也不符合先祖条例呀，霍光说什么也不同意。

从此上官桀父子、盖长公主和朝中的另外几个大臣对霍光更加不满，他们勾结燕王刘旦，计划先将霍光铲除，再把汉昭帝废除，然后拥立刘旦做皇帝。为了实现这个计划，他们里外串通设下陷阱，陷害霍光。

燕王刘旦急于当皇帝，他让盖长公主跟上官桀等人赶快行动，不停地叫人给他们送去信件和钱财。说来也巧，有一次，霍光外出检阅羽林军（保护皇帝的部队），从大将军府里选调了一名校尉。上官桀他们抓住这件事，伪造了一封燕王的奏章，并叫一个亲信假装燕王的使者，向汉昭帝揭发霍光。

奏章上写的是：我听说大将军霍光在阅兵时坐的马车，跟皇上的一样，这是对皇上的大不敬；他还滥用职权，擅自选调校尉，这些行为哪里像做臣子该做的事情。我想他肯定有不轨意图，我担心他会威胁到皇上，情愿离开封地回长安保卫皇上，以防坏人扰乱朝廷。

汉昭帝把这奏章反复看了一番，放在一边没再理会，过了好久，上官桀没看到宫里有什么动静，就入宫去探汉昭帝的口风。汉昭帝还是没有给他任何回应。

第二天上朝时，汉昭帝发现唯有霍光缺席，就问大将军为何没来。

上官桀窃喜，忙道："他估计是知道燕王告发了他，害怕不敢上朝了。"汉昭帝没有理会他。随后派人去传霍光进殿，霍光进殿后，摘下官帽，跪在地上请罪。

汉昭帝道：我知道将军是遭人陷害，先把帽子戴上。

霍光又惊又喜，忙磕头，道："皇上是怎么知道的？"大臣们听了也是一阵恍惚。

汉昭帝解释说："大将军是在京城周围阅兵的，选调校尉一事也是最近十天发生的。而燕王本来不在京城，却对京城的事情比我还了解，即使他知道了，立刻写奏章，快马加鞭派人送来，也不可能那么快就从遥远的北方赶到京城。又或者说，即使大将军存心想谋反，也不需增加一个校尉。这很明显是有人故意中伤大将军，燕王的奏章是伪造的。我虽年轻，但也不是好糊弄的。"

当时汉昭帝年仅14岁，他的英明让霍光和在场的大臣都非常敬佩。

汉昭帝对大臣们说："你们去把那个送假奏章的人抓来审问。"

汉昭帝追查得紧，上官桀害怕自己的阴谋暴露，就劝汉昭帝道："这不是什么大事情，皇上没必要深究。"

汉昭帝说道："对朝中大臣妖言惑众，这还不是大事吗？"

从此以后，汉昭帝便不再信任上官桀这帮人了。

然而，他们并没有就此收手。他们继续谋划，一边让盖长公主出面宴请霍光，让上官桀父子埋下伏兵，在宴会上趁机将霍光杀掉；另一边又命人去向燕王报信，让他回京继承帝位。

上官桀父子也有自己的小算盘，他们打算把霍光杀掉后，再把燕王杀掉，然后由自己家的人来做皇帝。不料走漏了风声让霍光知道了，他赶忙去向汉昭帝报告此事，汉昭帝马上派丞相田千秋火速出兵，镇压叛乱。

最后上官桀、上官安、丁外人以及燕王刘旦的使者被田千秋逮捕归案，在口供录完之后，皆被处死。盖长公主和燕王刘旦也都畏罪自杀了。

内乱平息后，霍光希望百姓们能够安定地生活，但未能如愿，北边的匈奴、东边的乌桓以及西边的楼兰（今新疆若羌罗布泊西北），都在这个时候再次入侵中原。汉昭帝先后发兵抗敌，最后匈奴、乌桓和楼兰以失败而告终。汉昭帝把楼兰改为鄯善（今新疆若羌一带），还把汉朝的一颗王印给了鄯善王，并把宫女嫁给他做夫人。换来了西北一段时期的太平。

公元前 74 年，21 岁的汉昭帝下了一道诏书，召集群臣商议减少人头税。由于汉昭帝当政以来，提倡节俭，减少官差，使国家财政富足。群臣商讨的结果是再减少人头税十分之三。然而不幸的是，两个月后，汉昭帝因病英年早逝。

—— 昭君出塞 ——

汉昭帝去世，没有留下子嗣，当时上官皇后才 15 岁，当然没有孩子，其他的妃子也没为他诞下一子。大臣们焦急万分：由谁来继承皇位呢？霍光采取他人建议，让汉武帝的一个孙子，昌邑王刘贺当皇帝。不料昌邑王偏偏不是明主，而是个登徒浪子，穷奢极欲之人，他当了 27 天的皇帝，好事没做一件，坏事却做了上千件。

霍光和大臣们经过商议让昌邑王下台，另外立汉武帝的曾孙刘询为帝，史称汉宣帝。不久，霍光去世了，丞相魏相、卫将军张安世、老将军赵充国等开始受到汉宣帝的重用。

这时候，匈奴内部出现分裂，一下子跳出了五个单于，他们为争夺统治权，互相征伐打杀。五个单于其中有一个叫呼韩邪，他斩杀强敌，把其他几个单于打败，统一了匈奴。但偏偏这个时候，他的哥哥自立为郅支单于，两兄弟便打了起来，几仗下来，呼韩邪单于惨败，兵马死伤无数。于是，呼韩邪单于决定听从大臣的意见，亲自带人来长安见汉宣帝，以向汉朝示好。

公元前51年正月，匈奴呼韩邪单于亲自来朝见汉宣帝。汉宣帝也热情地给予回应，盛情款待呼韩邪单于，不仅亲自来到长安郊外迎接他，还为他举办了盛大的欢迎会，并赏给他许多礼物。

同年二月，呼韩邪单于在汉宣帝的帮助下返回漠南。汉宣帝派两个将军带领一万六千名骑兵护送，还送了三万四千斛（古时候十斗为一斛）粮食给匈奴。因为这个季节，匈奴最缺粮食。

呼韩邪单于的哥哥郅支单于闻讯后，担心汉朝会帮着呼韩邪单于对付自己，也派自己的儿子到长安献礼。西域各国听到匈奴跟汉朝和好的消息后，也都不甘落后地来和汉朝结交。汉宣帝自然十分高兴。

汉宣帝在位的这二十几年，汉朝更加富强。公元前49年，汉宣帝病逝，太子刘奭即位，史称汉元帝。汉元帝登基没几年，郅支单于进犯西域各国，连汉朝派驻西域的使臣也被杀了。汉朝应西域各国的请求兴兵去攻打郅支单于，把郅支单于斩杀了。

郅支单于一死，呼韩邪单于终于统一了匈奴。公元前33年，呼韩邪单于又一次来到长安，他提出与汉朝和亲的请求。汉元帝答应了，他派人告诉后宫里的宫女："谁要是愿意到匈奴去，便会被封为公主。"

后宫的宫女虽然都来自民间，但入了宫门，就像鸟儿被关进了笼子，永远飞不出去，她们巴不得出宫，能嫁个平民也好。但听说要让她们远离故土，远嫁塞外，便没有一个愿意去。

正在管事的大臣为没人报名急得团团转时，有个宫女站出来。她就是王昭君，又名叫王嫱，她见识深远，为了两朝的和平，自愿到匈奴和亲。

管事的大臣把王昭君的名字上报给汉元帝，汉元帝命大臣备好嫁妆，择良日，让呼韩邪单于跟王昭君成亲。

成亲当天，呼韩邪单于看到昭君这样一个年轻漂亮的妻子，看到那份丰厚的陪嫁，仅绸缎布帛一项，就有一万八千匹，丝绵有一万六千斤，欣喜万分，对汉元帝的感激更是没得说。汉朝也是为了让匈奴不再进犯中原，让边境百姓得到安定，才出手如此阔绰。在呼韩邪单于带王昭君返回匈奴的当天，汉元帝又为他们在皇宫里办了一个盛大的欢送会。

王昭君随呼韩邪单于来到匈奴，从此远离自己的故乡，居住在遥远荒凉的塞外，难免会有思念故乡的痛楚。但匈奴的百姓都对她敬爱有加，日子一长，她渐渐地适应了这里的生活。从那以后，汉朝跟匈奴之间有六十多年没有发生过战争，两朝一直相安无事。

王昭君出塞没多久，汉元帝便去世了。他的儿子即位，称汉成帝，成帝尊封他的母亲王政君为皇太后，汉成帝让他的大舅王凤担任大司马大将军，二舅王崇担任安成侯，其余的五个小舅舅也都封了侯。从此朝廷的大权落入外戚王家手里。

—— 王莽称帝 ——

汉成帝刚一登基就把母亲王政君一门的八个兄弟都加官晋爵，除了她二弟王曼因其死得早没受封。后来王曼的次子王莽，被汉成帝封为新都侯，因为大臣们都称赞王莽，说他是王家子弟中最优秀的人才。成帝便又称他为大司马，让他主持朝政。王莽平时非常注意收罗人才，一些有才能的人都慕名前来。

汉成帝在公元前 7 年去世后，汉哀帝继承皇位。王政君被尊称为太皇太后。公元 1 年，在位六年的汉哀帝也突然去世，王莽为方便掌权，便立了年仅 9 岁的汉平帝，并让太皇太后王政君临朝听政，自此之后，国家大事便由王莽一人定夺。

王莽掌握了大权后，他手下的那些人为了讨好王莽，又奏请太皇太后王政君把王莽封为安汉公。但王莽不管大臣们怎么劝也不肯接受封号和封地，他请病假在家中休养。王莽接受了太皇太后封的太傅、安汉公的封号，但加封的两万八千户的封地却被他退了回去。

2 年，由于全国大旱，诱发蝗灾，朝廷并没有体恤百姓，征粮征税更是步步紧逼，搞得农民无法存活，引发各地暴动。王莽提出政府要节约粮食和布帛等，以缓和紧张的局势。王莽率先带头，从他家开始，只吃素食，并为灾民捐款现钱一百万、土地三十顷等。有些贵族和大臣看到后，也把自己的一些土地和房子捐出来。如此一来，王莽的知名度就更高了。

1年，王莽想要给12岁的汉平帝定亲，他奏请太皇太后，最后王莽的女儿被太皇太后选中，并定于第二年与汉平帝成婚。王莽一再谦让，最后还是答应了这门亲事。

汉平帝的母亲是卫姬，王莽担心卫氏一族坐大，就把卫姬封做中山王后，不准她踏进京城，卫姬也只好待在中山。第二年，13岁的汉平帝大婚，王莽的女儿被立为皇后，王莽自己成了国丈。他为了得民心拒收太皇太后加封的新野（今河南新野）二万五千六百顷的土地。

很快，王莽不肯接受封地这件事情被传播开，原来是王莽私下里让王恽等八个党羽假借去各地考察风土人情名义去四处传扬的。中小地主和农民一听说王莽竟然连大量的土地都不肯收，更感觉他是个很了不起的人。因为那时他们早已对那些兼并土地的贵族、豪强不满了。王莽越是推辞，反而越有人向太皇太后要求加封他。泉陵侯刘庆给太皇太后上书说："古有周朝周公辅佐周成王的先例，应该恢复，也请安汉公代天子行使权力。"

于是，王莽打着"复古"的名义，成了汉平帝的代理人。

王恽等八个党羽回来后还写了多种多样的歌谣，来歌颂王莽。据说给太皇太后上书，请求给王莽加封的人达到了四十八万多，里面不仅有朝廷大臣、各地官员，还有平民百姓。

王莽的威信一天比一天高，汉平帝也慢慢懂事了，他愈发感觉王莽的可怕和可恨之处，暗地里说了些埋怨王莽的话。王莽听到风声，十分生气。汉平帝过生日的那天，大臣们纷纷给汉平帝敬酒祝贺。王莽端了一杯毒酒向汉平帝敬献，汉平帝没有怀疑，接过来就一饮而尽，第二天汉平帝就得了重病，没过几天就不治而亡了。王莽还假惺惺地大哭了一番。

汉平帝死的时候，才刚刚14岁，没有子嗣，王莽从汉宣帝的玄孙中挑了一个2岁幼童立为皇太子，又叫孺子婴，其实当时汉宣帝有很多曾孙，但王莽偏偏挑选一个年龄最小的。王莽的女儿被封为皇太后。

眼看汉高祖打下来的刘姓江山将要不保，安众侯刘崇第一个跳出来抗议。刘崇在其心腹张绍的帮助下，很快组织一百多个部下，冒失地向宛城发起进攻，当时宛城有驻守官兵数千人。刚一开打，刘崇的兵马就溃不成军，最后刘崇与张绍也都在交战中被杀死。刘崇的伯父和张绍的叔伯兄弟等害怕王莽追究连带责任，便赶忙主动到长安请罪。为了稳定人心，王莽没有深究。

王莽的党羽又向太皇太后请求将更大的权力交给安汉公。太皇太后王政君答应了，下了一道诏书，称王莽为"假皇帝"（假是代理的意思）。

第二年秋天，东郡太守翟义举兵反抗王莽。他联合刘氏宗亲的一部分人，拥立刘信做天子，他把自己称为"大司马柱天大将军"，并向天下人呼吁："王莽把汉平帝毒死，要夺取刘家江山。如今天子已有，天下人应该起来共同讨伐王莽。"刘信、翟义他们一路走到山阳郡（治所在今山东金乡西北）时，追随的人已经达到了十几万。

警报声很快传到了长安，王莽也慌了，他抱着3岁的孺子婴，在庙里日夜地祷告。并向天下发了通告：我只是代理孺子婴行使职权，迟早会还给他的。

然而，王莽的内心却始终不甘，感觉做代理皇帝，始终不如真皇帝能掌管天下。这时有一些人，编造出许多封建迷信的东西来，如上天下了预兆说"王莽才是真命天子"，在汉高祖神庙里发现了"汉高祖让位给王莽"的铜箱等。

8年，王莽正式登基称帝，改国号为新，自称为"新皇帝"，废除了孺子婴，封他为定安公。自此西汉灭亡。自高祖建立西汉以来，到汉平帝为止，西汉共有十二位皇帝，历时二百一十年。

—— 昆阳大战 ——

汉室后裔刘秀，一心想匡扶汉室江山。刘秀性情温和，处事谨慎，年轻的时候曾经到长安学习。完成学业后回到故乡，从事田园耕作成了一个粮商。

有一天，刘秀在县城卖粮食时，巧遇他的好哥们儿李通和李轶两人。这两个人对刘秀道："如今全国暴动四起，王莽统治已摇摇欲坠。你身为汉朝宗室，应该乘机聚兵起事，恢复刘家天下。"

刘秀心有所动，带李轶去见了自己的大哥刘縯，他们召集刘氏族人以及宾客共七八千人在南阳起义。他们认为以七八千人的力量去讨伐王莽没有胜算，于是他们就派人去联络绿林军首领王凤和陈牧等三路人马合起来一同往西打。但在半路上遭遇王莽大军，刘縯一方惨败。因为刘縯的队伍均是步兵，再加上武器不足，遇到强敌自然不敌。

刘縯亲自带着刘秀和李通去见绿林军另外一路人马的首领王常。王常同意与刘縯结盟，一起对付王莽，两人还签订了誓约。自此，农民起义和地主武装就此兵合一处。

绿林军的三支队伍与刘縯的队伍联合起来一连打了好几个漂亮仗，队伍发展到了十万多人。但这四支队伍没有统一的指挥官，四支队伍的首领们经过商讨，决定拥立刘玄为皇帝来统一号令。

23 年二月，刘玄登基称帝，改年号为"更始"，所以刘玄又被称为更始帝。并封了一大批人，如绿林军首领王匡、王凤被刘玄拜封为上公，朱鲔被封为大司马，刘縯被封为大司徒，陈牧被封为大司空，刘秀被封为太常偏将军等。自那时起，绿林军又叫作"汉军"。

随后更始帝刘玄便派王凤、王常、刘秀向昆阳（今河南叶县）进军，昆阳很快被攻下。紧接着，刘秀马不停蹄地又把临近的定陵（今河南郾城西北）和郾城（今河南郾城）给拿下。

王莽听闻绿林军已拥立刘玄为皇帝，便慌了神，火急火燎地集结四十二万兵马，对外号称百万，命大将王寻、王邑等气势汹汹直扑昆阳。

当时驻守昆阳的汉军站在城楼上远远望见王莽的大军，如乌云压顶般朝这边而来。有人害怕便想撤退。刘秀对大伙说："这是大战的最关键时刻，我们本来就缺兵、缺粮，全靠大家同心协力打击敌人，此刻万不可轻视自己的力量。"将士们这才平静下来。

当时昆阳城里的汉军不足万人，敌我力量悬殊，于是刘秀吩咐守城将士只守不战。当天晚上趁着夜色，刘秀和李轶带了十三名壮士，骑上快马冒死从南门突围出，到达定陵、郾城，迅速召集援军赶赴昆阳。

刘秀亲自率领援军一千多人充当先锋，在距离王莽大军四五里的地方停下来，与王莽军队的几千人马展开厮杀。刘秀首当其冲，奋勇杀敌，一连斩杀敌军数人。汉军也都鼓足勇气，一齐出战杀敌，以一当十，杀敌上千。刘秀乘胜猛击，继续带着三千人马直奔王莽大军的中军地带。王莽大军率一万兵马与刘秀交战，刚开打没多久，王莽的军队便乱了阵脚。汉军瞄到王莽大将王寻，马上展开围攻，一通乱砍乱杀，结果了王寻的性命。王莽大军的副将王邑落荒而逃。昆阳城内的守军见状，也开了城门趁机杀出。王莽大军一听到主将王寻被杀，副将王邑逃了，军队顿时阵脚大乱，东奔西逃，互相践踏，兵士死伤不计其数，延绵一百多里都是尸首。

正当汉军杀得尽兴时，忽然看到一个怪人领着一群猛兽向汉军冲过来。原来，王莽为了虚张声势，不知从哪找来一个叫巨无霸的大巨人，听说巨无霸个子长得有一丈多高，身子如公牛般那么粗壮。这个巨人能驱使老虎、豹、犀牛、大象等猛兽，于是巨无霸被王莽封作校尉，叫他带了几只猛兽和一批扮作猛兽的士兵上阵造声势。汉军哪里见过这阵势，赶紧躲开。恰巧此刻天空响起一声巨雷，接着狂风大作，倾盆大雨从天而降。那些身上涂颜色假扮猛兽的士兵被雨水淋得瑟瑟发抖。连那几只真的猛兽也被吓得到处乱窜，还把巨无霸给挤到河里站不起来。

汉军看到这番景象，全都一个劲地往前冲。王莽大军如决了堤的洪水般，大部分都掉入河里，有一万多人被淹死，剩下的兵士四散溃逃。

昆阳大捷，王莽主力被消灭，消息很快传至全国，各地起义军备受鼓舞。他们砍了当地的官吏，各首领自封为将军，随时等待汉军的召命。

不料此时，汉军内部起了纷争，刘秀的哥哥刘縯和手下的一个心腹刘稷被更始帝处死了。原来经昆阳一战后，刘縯、刘秀兄弟的名声大噪，他们手下的人本来就瞧不上刘玄。刘稷说，刘玄什么也不是，刘玄得知后，便把刘稷判了死罪。刘縯去找刘玄为刘稷说情。刘玄也没存心要杀刘縯，但刘玄身旁的朱鲔吆喝道："若不是刘縯在背后指示，刘稷敢抗命吗？刘縯也脱不了罪！"就这样刘玄脑子一热就把刘縯和刘稷一块儿都斩了。

刘秀听到自己的哥哥被杀，万分悲痛之后，他擦干眼泪，立刻去向刘玄请罪，以示忠心。有人问昆阳大战的胜利情景，他也不居功，也不给哥哥服丧，和往常一样，该干啥干啥，若无其事。反而是刘玄对他感觉有点愧疚，封他为破虏大将军，晋封武信侯。

—— 刘秀重建汉朝 ——

王莽的主力已被汉军消灭殆尽，唯有长安和洛阳这两个主要的都城没有被攻下。弘农（今河南）郡长官王宪也乘机向汉军投降，王宪带着当地的许多大豪族一起去攻打长安。他们在长安城内外四处放火。而王莽却为了守护六十万斤黄金和奇珍异宝而身穿礼服，手持短刀，一直端坐于前殿。

等到第二天，大火已经蔓延到前殿。王莽走投无路，在大臣们的搀扶下逃到太液池里的一座渐台上。傍晚时分，王宪带领的起义军攻进渐台，了结了王莽的性命。就这样王莽新朝灭亡。

王莽于8年建新朝，23年，更始军攻入长安，王莽死于乱军之中，新朝灭亡。王莽共在位15年，卒年69岁，而王莽的新朝也成为中国历史上最短命的朝代之一。

王莽死后，王宪得到玉玺，还找到王莽的龙袍和冠冕，穿戴起来，自己封自己为皇帝。

刘玄当然不愿意，最后王宪被治罪，玉玺被没收。不过，最让刘玄忌惮的是刘秀，对他一直不敢重用，后来刘玄借迁都的名义让刘秀到洛阳去修缮宫殿，后来又派他以大司马的身份出使河北，去招抚河北各路义军。刘秀在河北期间，吃尽苦头，甚至有时候连一口饭都吃不上。在这期间他还消灭了一个假冒汉室后裔自封皇帝的算命先生王郎。后来刘秀又与讨伐王郎的武装联合，把另一支铜马起义军打败了，刘秀的队伍一下子壮大到了几十万人。

当时，全国各地起义军以及各地豪强武装，都割据一方，天下处处是皇帝，主要有汉中的更始帝刘玄、蜀中皇帝公孙述，赤眉军的首领樊崇把汉宗室的一个15岁的放牛娃刘盆子封为帝。

当时跟刘秀关系最亲密的两人是邓禹和冯异。他们都建议刘秀登基称帝，统一天下。邓禹跟刘秀是同窗好友，冯异原是王莽部下的一名将军，后投奔刘秀，人们都称他为"大树将军"，因为他在行军休息时总喜欢一个人坐在大树下。

刘秀于25年称帝，时年31岁，也就是历史上的汉光武帝。

刘秀称帝后，派冯异去攻打洛阳的汉军，又让邓禹率三万人马去攻打赤眉军。但邓禹却带着三万人马先去打上郡的三个郡，搞了些粮草和牲口，没有直接去攻打长安。邓禹的计划是等长安的刘玄和赤眉相互火并结束后，再一举把他们歼灭。刘秀带兵平息了燕、赵，随后又率兵一鼓作气直捣洛阳，可是刘秀大军连攻数月，也没把洛阳攻下。

此时，赤眉军也举兵攻打更始帝刘玄，他们是用汉天子刘盆子的名号发兵的。赤眉军攻进长安城，刘玄慌忙携带妻子和宫女们从长安北门逃走。最后，刘玄献上玉玺归降了刘盆子，被封为长沙王。

刘玄归降后，洛阳的汉军也纷纷归顺刘秀。从那以后，刘秀把京都定在洛阳，洛阳位于长安的东边，于是后汉也称东汉。

赤眉军在取得长安后，因兵马太多，城内的粮食很快被他们吃完。随后，樊崇便领着数十万大军开始向西转移，没想到他们在途中遇到暴风雪，冻死了许多士兵，在走投无路的情况下，赤眉军又退回长安。但长安已被邓禹占领，邓禹冒冒失失地就出兵攻击赤眉军，结果大败，赤眉军再次夺取长安。

汉光武帝刘秀闻讯，马上命大将军冯异率领一队兵马前去增援邓禹，并对冯异交代："长安地区的百姓饱经战乱，已经苦不堪言，将军此次出战长安，首要目的是安抚人心，绝不要四处乱杀，如果赤眉军愿意投降，那就放士兵们回家去种地。"

冯异带着军队前脚刚走，汉光武帝又派人通知邓禹说："万万不能拼死相杀，赤眉军粮食紧缺，在长安待不久，他们肯定会向东转移，你速速带兵回来。"

冯异带兵赶到长安，布置好埋伏后，便下战书于赤眉军。但赤眉军刚上阵就发觉中了埋伏，两军激战一天，赤眉军死伤过半。后冯异又用计，挑选精兵伪装成赤眉军，混入赤眉军队伍。正当赤眉军陷入进退两难的境地时，冯异叫打扮成赤眉军的士兵们大嚷道："投降！投降不杀！"扰乱了赤眉军的军心，结果赤眉军大败。

樊崇见势便带着其余的十几万赤眉军向东撤退。汉光武帝率领大军早就设下了埋伏，结果赤眉军遭到汉军的围困。樊崇只好带着刘盆子向汉光武帝投降。

汉光武帝接受赤眉军的投降后，便马上叫人给十多万赤眉军做饭，让他们饱餐一顿。接着，樊崇、刘盆子他们被汉光武帝带回洛阳，还被封了官，加封了土地房舍，但几个月后，刘秀以谋反的罪名处死了樊崇。

直到这时，汉光武帝终于平定了两支最大的农民起义军绿林和赤眉。

—— 汉明帝天竺求佛 ——

汉光武帝刘秀在位 33 年，于 57 年病死，终年 63 岁。太子刘庄即位，就是汉明帝。

汉明帝即位后的第七年，母亲皇太后得病而死。他对母亲非常敬爱。母亲一死，他就像丢了魂似的，晚上总是无法入睡。

一天夜里，汉明帝做了一个梦，梦到一个头顶着白光的金人，来回绕着大殿走动。汉明帝刚想开口问他是谁，从什么地方来，那个金人便一下子升到天空，径直往西飞去。汉明帝猛然惊醒而坐，揉了揉眼睛，四下里瞅了瞅，只见蜡台上那支蜡烛透出的微弱灯光，其他什么也没发现。

第二天上朝，汉明帝给大臣们讲了这个梦。大臣们开始分析这个梦的寓意，说不出它是好是坏。汉明帝道："据说，西域国有一位神，名字叫作佛。我梦到的那个金人也许就是佛，他是往西方去的。"

有个叫傅毅的博士说道："皇上梦到的肯定是佛！佛，相传是西方的神，佛还有佛经。从前汉武帝在位时，派骠骑将军霍去病讨伐匈奴，曾从休屠王那儿得到过一尊金人。听说，那个金人是从天竺传到休屠国的。后来，那个金人被汉武帝供养在甘泉宫里，再后来金人就找不到了。"

于是汉明帝就派遣郎中蔡愔和秦景，去往天竺，去求取佛经。

天竺，古文献中称为身毒，为佛教创始人释迦牟尼的诞生地。释迦牟尼出生于公元前 565 年，是个小国国王的儿子，从小在宫里养尊处优。长大后，他见到那些年老体弱和疾病缠身的人，觉得他们很可怜，就非常郁闷，更见不得人死。释迦牟尼认为如果人来到世上就是为受苦受难，不如不来。现实中生、老、病、死的现象任谁都逃不掉，要怎样才能解脱这种困厄呢？经过一番深思，他放弃王宫里的荣华富贵，选择出家修行。经过 16 年的澄思静虑，他终于创立了佛教，又叫释教。

那时，天竺国还处在奴隶制社会，很多人都在痛苦中挣扎。释迦牟尼到处宣讲他的佛法，这样，佛教很快地被传播开来。释迦牟尼的话被他的弟子编录下来，即佛经。

蔡愔和秦景等人经过千山万水，饱尝风霜雨露，终于来到了天竺。他们受到了天竺人的热烈欢迎。不久，蔡愔和秦景两人也能说天竺语和看懂天竺的文字了。当时天竺有两位高僧，摄摩腾和竺法兰，也略通中国语言和文字，蔡愔和秦景两人在二位高僧的指点下也懂得了一点佛教理念。他们邀请这二位高僧到中国去宣扬佛法，他们欣然答应。于是，蔡愔和秦景用一匹白马驮着一尊佛像和四十二章佛经，并带着天竺的摄摩腾和竺法兰两位高僧，经过西域各国，千辛万苦地回到洛阳。

到了洛阳，汉明帝在大殿上接受蔡愔和秦景两人的汇报，又以礼制接见了天竺的两位高僧，并将他们在城东门外的鸿胪寺（接待外国人的宾馆）里安置下来。

汉明帝观览佛像、佛经，想确定这佛像与他梦到的金人是否一样，他也记不得了。佛经里的文字他也不认识一个。摄摩腾和竺法兰讲了一段佛经给汉明帝听，他听得也是含含糊糊。随后，汉明帝派工匠对鸿胪寺进行了修缮，并把佛像供奉于大殿，又让天竺高僧主持佛教仪式。连那匹白马也因驮过佛经被供养在寺里，因此后世的人也把鸿胪寺叫作白马寺。

汉明帝对佛经听不大明白，王公大臣对佛教也不相信，所以并不怎么看重。大家都认为这是一件很奇异的新鲜事，就去白马寺里看看佛像、佛经和两位僧人等。唯有楚王刘英特意派使者到洛阳白马寺请教两位高僧。后来，楚王的使者带着两位高僧抄写的佛经一章、临摹的佛像一幅回到楚王封地，并把两位高僧告诉他的如何供佛、礼拜、祈祷等仪式一字不落地转告给了楚王。

刘英在宫殿里供奉起了佛像，早晚礼拜，并诵经祷告，祈求佛祖保佑自己逢凶化吉。后来，刘英假借信佛的名义，结识了一些方士，用各种迷信手段去行骗，他还说自己才是真命天子。汉明帝接到告发楚王刘英造反的消息后，便派人去调查，结果属实，汉明帝罢免了刘英楚王的封号。最后刘英畏罪自杀了。

朝中一些儒生原本就对汉明帝供奉佛像一事不怎么支持，现在他们便拿楚王刘英造反这个事给汉明帝上书，请汉明帝倡导儒家学说。汉明帝对佛经原本也不相信，于是就下令在南宫兴办太学，并让贵族子弟学习儒家经典，尤其要学习孝经。汉明帝觉得人人都听从父母的话，便不会有人来跟他争皇位。他还专门去鲁地祭奠儒家学说创始人孔子，还亲自去太学讲孝经。

汉明帝兴办太学，培养了一些书读得好、文章写得好的名士，但有一个书香世家子弟却不一样，他竟然丢掉书本，扔掉笔杆子。他就是班超，是大学问家班彪的二儿子。

—— 班超投笔从戎 ——

汉明帝时期，匈奴再次联合西域的几个国家，对汉朝边境进行袭扰，抢夺百姓和牛羊等。班超听到这些消息，气愤地说："好男儿，就应该如张骞那般，到西域的战场上建功，怎么能在房间里做这种抄抄写写的事呢？"说完，他便扔了笔杆参军去了。

班超出身文学世家，父亲叫班彪，哥哥叫班固。汉光武帝在位时，班彪已经是一个大学问家了，曾被汉光武帝聘请来整理汉朝的历史。班固被汉明帝任命为兰台令史（兰台是汉宫藏书的地方，兰台令史是在宫里校订图书、治理文书的官，后来史官也叫兰台），著述历史文献。后来，班超也当了兰台令史。

73 年，大将军窦固率兵去攻打匈奴，为了切断匈奴与西域国的联系，窦固先派班超担任使者，去西域各国建立友好关系，再一起打击匈奴。

就这样，班超如愿出使西域，随从人员三十六名，他们这一行人先来到了西域的鄯善国。受到了鄯善王的热情招待。没过几天，匈奴也派来了使者，鄯善王不知如何是好，他担心匈奴怪罪他们，就有意疏远班超他们。原来鄯善王早已归附匈奴，但匈奴依然逼迫他们进贡、勒索他们的财物。自从汉武帝时张骞打通西域到现在为止，汉朝已经有六十五年没有跟西域相互来往了。

匈奴使者的营地离班超营地三十里，班超知道这些情况后打算把匈奴使者杀了，他清楚鄯善王对他们是又恨又怕。班超装作若无其事的样子，把手下的一帮人叫来喝酒。

喝酒中途，班超忽然站起来，说："大伙跟随我一块儿历经磨难来到西域，为的不就是有朝一日建功报效国家。不料现在匈奴的使者也来了，若是我们被鄯善王先活捉了送给匈奴，到时我们的尸骨都无法回乡了。"

班超继续说："唯今之计，我们只能先发制人，夜袭匈奴使者的营帐。只要把匈奴的使者杀死，鄯善王迫于无奈只能与汉朝结盟。"大伙听了，都同意他的想法。

等到深夜，班超自己先率六个人一把火烧了匈奴使者的大营。火势一起，先前躲在匈奴帐篷后面手拿着鼓的十个勇士便边敲鼓边呐喊，还有埋伏在帐篷里的二十个勇士也大喊大叫着一齐冲进匈奴的营帐里。班超亲手击杀三个匈奴兵。匈奴使者以及随行人员三十多个全部被班超他们斩杀了，所有营帐被烧毁。班超一帮人回到自己的营里时，天刚刚亮。

鄯善王听到汉朝使者把匈奴的使者杀了，倍感震惊，便急忙赶过来，对班超表示愿意与汉朝和好。鄯善王为表真心，让自己的儿子跟随班超到洛阳，学习大汉的文化知识。

班超回来后不久，汉明帝派他再次出使西域，这次是出使西域的于阗国。

班超率领原来的三十六个勇士来到于阗国。于阗王对班超的威名早有耳闻，远远地就出来迎接。不过，于阗王此时也陷入了两难的境地，因为匈奴派来的军官也在宫里住着。现在是跟汉朝和好，还是归附匈奴，他决定不了。于是于阗王回到宫后，就找来巫师请求神的指示。

那个巫师本来就不赞成与汉朝交好，他故弄玄虚地对于阗王说，要拿汉朝使者骑的马来祭祀神灵。

于是于阗王就派人到班超那里去讨马。班超一口答应，并说："我不确定大王要的是哪一匹马，还是请巫师亲自来拿吧。"

等巫师来时，班超二话不说抽出剑就把巫师给杀了，并把巫师的头颅砍了下来，提着去见于阗王。他对于阗王说："大王结交汉朝，对两国都有利，若是大王还跟匈奴沆瀣一气想入侵我大汉，你的下场将与这巫师一样。"

于阗王吓得直哆嗦，道："从此愿意归附汉朝。"

于阗王也把儿子作为人质送到洛阳去学习。班超为表诚意，把带来的一些丝织品作为礼物送给了于阗王。从这以后，西域的龟兹（今新疆库车一带）、疏勒（今新疆喀什一带）等国，看到鄯善、于阗都跟汉朝和好了，也都纷纷与汉朝结交。

汉明帝于 75 年病死，太子刘炟即位，历史上称他为汉章帝。

当时班超正在疏勒国停留，他在接到朝廷的诏书后，打算动身回国。但有一个疏勒国的将军不愿班超离开，泪眼蒙眬地对疏勒人说："汉朝使者走了，以后我们没了依靠，我们要如何来抵抗匈奴呢，早晚还是会被匈奴人杀死。"说完，便拔刀自杀了。

班超回国途中，又经过于阗，于阗王跟大臣们也对他再三挽留。班超也不好再拒绝，便给汉章帝上书道：西域各国若是没了汉朝的支持，必定向匈奴投降，再次进犯汉朝，我愿意继续留在西域。汉章帝看了班超的奏章，同意班超继续留在西域。

汉章帝病死后，汉和帝即位，后来，汉和帝派了中郎将任尚担任西域都护，到西域接替班超。102 年 8 月，班超以 70 岁高龄回到洛阳，一个月后，便病逝了。

—— 许慎编著《说文解字》 ——

东汉杰出的文字学家许慎，编纂了世界上最早的一本字书《说文解字》。

121 年八月，秋高气爽，一辆马车飞驰在汝南（今河南平舆北）至国都洛阳的官道上，一位面色焦虑的年轻人此时正坐于车内。两名家奴小心看守着他身后的那只木箱子，如同看守奇珍异宝一般。他们相顾无言，径直朝着洛阳驶去。那位面色焦虑的年轻人正是前南阁祭酒（主管教育的官员）许慎的儿子许冲，箱中放置的是许慎的新作《说文解字》。许冲此行的目的是将这部著作进献给皇帝。之所以许慎没有亲自前来，是因为他由于连日的笔耕不辍而病倒了。

许冲很清楚自己此去洛阳事关重大，《说文解字》不仅仅是一本字书，还密切与现实和政治相关联，它的完成必定会深深影响长久以来朝廷治理国家所依据的理论体系（以儒家经典《诗》《书》《礼》《易》《乐》《春秋》六经为中心的经学理论体系）。父亲呕心沥血二十余年，终于在今天得偿所愿。

此时的汝南家中，许慎也是万分焦急，他虽然身体抱恙，但著作完成的喜悦让他非常兴奋，他不停踱步于庭院、居室内。这时，他想起了自己的师长贾逵。

时至今日，老师的教诲还时常浮现在许慎的耳边："从汉武帝提出罢黜百家、独尊儒术的方针以后，经学逐渐变成国之根本。但从孔子以来，各个学派对于六经的理解有很大的分歧，掺杂着很多不全面的理论；再加上秦始皇焚书坑儒，导致经学丧失了本来的样子。"

"难道已经毫无办法把它复原吗？就算不能全部复原，只复原一部分也可以啊。"许慎问老师。

贾逵沉思片刻，说道："可以，假如在文字、语言范畴能够有进展，就有极大可能复原。但这实在是太难了！"

许慎对老师所说的话，听进耳朵里，铭刻在心底，自那之后他在经学研究方面非常刻苦，特别是对小学（语言、文字学的古称）尤为上心，并打算编写一本字书。

随后在许慎任职朝廷祭酒期间，写就《五经异义》，一时声名大噪，风光无限。贾逵为自己的得意门生所取得的成绩骄傲，但又怕他狂妄自大，便劝诫他道："具体语句方面的辨析是无法彻底解决经学疑问的，你这本书好是好，但仍然落了俗套。经书是通过文字记录的，文字本身具有的形、音、意，能够传达给我们文本的确切意思。因此唯有在这方面取得重大进展，经学才能取得长足的进步。我年事已高，唯有寄希望于你了。"

老师的话对许慎影响很深，更加坚定了许慎编著字书的信念。从那天起，他不但孜孜不倦地学习贾逵传授的文字类的知识，对象形、会意、指示、转注、假借、形声等六种造字方法进行系统的研究，探寻文字形、音、意之间的联系。而且为了博闻强识，还对上古社会的宗教、文化、政治、经济等多个领域有了更深入的了解。在编写著作的过程中，常常为了弄明白一个词汇所表达的确切含义，他沉浸于浩瀚的文献著作中，或请教有学识的人，有时还要到各地去进行研究。他废寝忘食、通宵达旦地探寻词汇的意义，直到这个词语的含义被完全理解透彻为止。

贾逵、马融等诸多学者都对许慎编写字书大力支持，他们为许慎搜寻了许多类似的著作，并就此书的编写样式、特殊字的阐述提出了自己独特的见解。后来，许慎著书这件事甚至惊动了当朝天子。为了将这本书编纂得尽善尽美，他索性解甲归田，专注于著述。就这么过了十多年，许慎早生华发，满身是病，最终于 121 年将此书编纂而成。

许慎所著的《说文解字》是一本专业著作，是我国古代首部采用六书理论全面地对汉字构成与本身具备的含义的一种研究。全书总共囊括了九千三百五十三个字，每个文字均按照五百四十个部首依次排列。同时，它还将我国上古社会的奇闻逸事记载得非常详尽。

许慎完成《说文解字》后，其子许冲抵达洛阳，很多学者、臣子都不约而同地来到许冲住的地方，打听并将这本书借来观看。许冲受到了汉安帝的召见，汉安帝对《说文解字》这本书给予了很高的评价。

因此，《说文解字》很快传播开来。

—— 蔡伦发明造纸术 ——

105 年，蔡伦担任东汉中常侍（侍从皇帝的官员）、尚方令（负责朝政的官员），上书恳请汉和帝批准推行他的造纸术，并呈上自己精挑细选的平整良好的纸。汉和帝对这种纸赞不绝口，当场就表扬了蔡伦的发明，马上命令大家推广此项造纸技术。

在那之后，中国的造纸术跻身世界前列。此前，商朝采用在龟甲兽骨上刻字，但是甲骨不但数量稀少，而且携带与保存非常不方便，因此之后人们就采用在竹片或木片上刻字。这些竹片与木片就称为简牍，狭长的为"简"，略宽的是"牍"。因为一片简只能刻寥寥数字，所以写完一篇文章要用的简数量极大，人们在完成文章之后用绳子穿起简，变成"册"。尽管竹片、木片随处可见，但串联起来后十分沉重，听说秦始皇每天要批阅重达一石，大约五十斤的简牍。随后人们采用丝织物来写字，丝织物软和且便于携带，书写起来很方便，但是缺点在于数量少、价格较高，很难推广运用。

蔡伦当时在都城洛阳的皇宫里当差，主要负责宫中所有器皿的监督与制造。他天资聪颖，勤于动脑，时常与工匠们一道研究、创作工艺。蔡伦看见皇上天天批阅的简牍就像小山一样高，十分不便，就想着要创造出一种方便好用的书写载体，来代替沉重的简牍。

蔡伦首先要求新的书写载体要轻巧、便于携带。所以用竹子、木块打造的简牍第一个被排除，虽然丝帛符合要求，但是原材料较少。所以，蔡伦详细地考察了丝帛的制作流程，详细剖析了丝帛的结构，了解到它是由一些很细的短丝线相互黏合而成。所以，他将新材料规定成结构类似于丝帛，比较容易获得、价格较为廉价，从那时候开始就时刻留心，寻找这种新材料。

蔡伦有一天与几个小太监到郊外游玩。这个地方非常幽静，位于僻静的山谷中，一条小溪从谷中穿行而过，溪边低垂的杨柳枝随风摇动，景色让人心旷神怡。

小太监们吵吵闹闹，一路欢声笑语，非常开心，只有蔡伦满腹心事，这里瞧瞧，那里看看。猛然间，他眼前一亮，大踏步迈到小溪边，蹲着不动了。

小太监们觉得好奇，纷纷聚拢过来。看到蔡伦手里拿着一团潮湿的、破烂的，跟棉絮一样轻盈的东西发愣。

一个小太监不明白，问道："我还想着是什么好玩意儿呢，原来是这劳什子！赶紧丢了吧！"

蔡伦置若罔闻，依然呆呆地拿着这团东西。

那个小太监冲向前去，一把将那棉絮一样的东西抢过来要扔到水里。

蔡伦猛然醒悟了，紧抓着那团东西不放，嘴里轻声呢喃："我找到了，终于找到了！"

小太监们一头雾水，想着蔡伦是不是疯了，怎么会将这种破烂玩意儿当宝贝看？

蔡伦双手拿着这团东西，迈开步子，朝着河边的农夫走去，询问道："老爷爷，这东西是如何产生的？"

农夫微笑着答道："这就是那些漂在河里的树叶、烂布、破网，经过河水的冲刷浸泡与日晒，时间一久就变成现在这个样子，这种东西遍地可见呢！"

蔡伦仰头望着遍布山野的绿树，笑得特别开心。

回到皇宫后，蔡伦立刻投入紧张的尝试与创造中，他将那些树皮、破布、烂网等挑选出来，由工匠们将它们砍碎切断，浸泡在一方大水池里。过了不久，里面的杂物腐烂了，而不易腐烂的纤维留存了下来。他让工匠们打捞起浸泡过的原材料，置于石臼中，不断地搅拌至其呈糊糊状，随后再用竹篾筛出这种糊糊状的物质，等晾干后揭下来，这就是纸的雏形。

蔡伦带领工匠们不断地尝试，最终造出既柔软坚韧，又取材方便、价格廉价的纸。

人们称此种工艺制作出来的纸为"蔡侯纸"，用来纪念蔡伦的伟大创造。

── 张衡测报地震 ──

　　张衡生于东汉中期的河南南阳，是史上有名的大科学家与大文学家。他自幼喜爱写文章，爱好钻研问题，尤其对天文与数学感兴趣。与寻常学者不一样的是，他并不着急考取功名，而是寄情于游山玩水，寻访古迹，进行历史资料的收集。

　　中年张衡的名气越发大了，汉安帝也听闻了他的名声，派专人专车请张衡入京，让他在宫中任郎中（管理车、骑、门户的官员）一职，并于115年擢升其为太史令，专司观测天象、研讨历法与数学之职。这个职位很适合张衡，自那之后，他整日在太史院里醉心研究，经常是大家都睡了，他还在观测天象。为了搞清楚天空中有多少颗星星，张衡彻夜仰头观测。通过长时间细致观测，张衡画出了一张又一张星图。

　　张衡支持天空广袤无垠的观点。据他的观测与计量，共有两千五百多颗星星能够在中原大地上被肉眼观测到；他认为这些星星的运行都遵循特定的规律。

　　通过一年多的观测与计量，张衡认为自己已经能够完全创造出一个天体模型。这就是浑天仪的雏形。

　　没几天，浑天仪的图纸就设计完成了。张衡做了一个薄竹模型，在竹圈上刻上代表太阳、月亮和每颗星星运行轨道的刻度。竹片模型做得非常精确，张衡将工匠请来，依样将浑天仪铸造而成。

　　117年，世界上第一台浑天仪诞生了，上面不仅有南北两极，还刻有赤道、黄道、二十四节气等。我们在一千八百年前就制造出了这种类似现代的天文仪器，这是多么伟大啊！

　　研发测报地震的地动仪是张衡的另一项杰出贡献。东汉中期，时常会有地震发生，五十年间，仅仅京城洛阳与甘肃一带就发生了三十余次地震，造成大量的财产损失和大量的人员伤亡。那个时候，人们谈地震色变，皇帝与百姓们纷纷焚香祝祷，祈求上天庇佑。

　　但是张衡不信这个邪，他将每次地震的位置、强度、破坏程度都详细记录下来并加以研究，想着怎么才能制造出那种精准预报地震的仪器。

为此，张衡没日没夜地思索，茶饭不思，夜不能寐。一天，张衡坐着马车出去办事，沿途还在思索那个地震监测装置。车夫猛地吆喝了一声，并紧急刹住了马车，张衡的身子惯性地向前冲去，差点被甩出车外，他被吓得出了一身冷汗。

这猛然的冲击，让张衡眼前一亮："地震不就是和刚才的急刹车一样，是瞬间发生的吗？只要将这刹那间的震动抓住，就能够达到监测的目的了。"

张衡马上命令车夫掉转马头，往家赶去。

历经数日的不眠不休之后，张衡拟出无数张草稿，正式完成地动仪的初稿。张衡请工匠做成一个木头模型，经过精准试验后，再用铜浇筑而成。

132 年，世界上首台监测报告地震的仪器终于制作而成。张衡将它命名为候风地动仪。它的外形就像一口大水缸，在它的周围篆刻有篆体字、乌龟、飞禽走兽，八条龙按照东、东南、南、西南、西、西北、北、东北八个方位排列；每条龙的嘴里含着一颗铜球；在对应的龙嘴下，放置一只嘴巴微张的铜蛤蟆。哪个方向发生地震，对应方位的龙嘴里就会掉下铜球，落到蛤蟆的嘴中。

138 年 2 月的一天，太史院看管地动仪的小官员猛地听到"当啷"一声响，扭头一看，地动仪上西北方向的龙嘴中掉落了铜球，掉到了下面的蛤蟆嘴里，这个官员边跑边喊："地震了，地动仪显示地震了，西北方向！"

没几天，一匹快马从西北方向飞驰来报：甘肃金城、陇西突发大地震。这场地震是人类史上首次借助地动仪人为监测到的地震！

张衡不但在科学发明上很有成就，并且文学造诣也很深，他所著的《二京赋》《归田赋》《四愁诗》等，都具有深刻的影响，影响了中国五言诗和七言诗的发展。

—— 梁冀连立三帝 ——

144 年，东汉顺帝去世。大将军梁冀是顺帝梁皇后的哥哥，手握朝政大权。梁冀推举幼童做皇帝。他先立的冲帝刘炳只有 2 岁，做皇帝半年就死了。他又立了 8 岁的质帝刘缵。刘缵看梁冀飞扬跋扈，谁都不放在眼里，非常生气。一次在开朝会的时候，他当着文武百官的面，指着梁冀的鼻子说道："梁将军实在是太飞扬跋扈了。"

梁冀闻言，十分生气，就吩咐内侍将毒药放在饼中给质帝吃。汉质帝吃后十分不舒服，就问太尉李固："吃了一口饼，肚子不舒服，口干舌燥的，我能喝点儿水吗？"

梁冀抢先一步，道："别喝水，喝水会吐的。"

梁冀还没说完，汉质帝便倒地而亡。

太尉李固生怕梁冀又找个孩童皇帝，就联合其余的大臣上书，奏请推举清河王刘蒜为新帝。但是次日，梁冀召集了一班大臣，恼羞成怒道："推举蠹吾侯！"语毕，没等大家接话，他又大喊道："退朝！"

李固修书一封给梁冀，称应该推举刘蒜为帝。梁冀进宫让他妹妹梁太后想办法。梁太后命令李固就地免职，让杜乔取代了他的太尉之职。就这样，15 岁的刘志成了第三个小皇帝，即汉桓帝，梁冀依然手握大权。

次年，汉桓帝将梁太后最小的妹妹迎娶进门，姐妹俩分别是当朝太后与皇后。梁冀要求自己的妹妹出嫁必须收到最阔气的聘礼。而杜乔称先皇所定的规矩不能破。梁冀便对杜乔怀恨在心。当时刚好洛阳突发地震，有些人进言称京城地震是太尉的罪过。梁太后又罢免了杜乔的官职。梁冀借此机会又唆使梁太后将李固投入大牢。

李固的门生听闻老师被关押，一起来到宫门前请求将李固释放。梁太后怕闹到不可收拾的地步，只能放了李固。李固昂首挺胸走出监牢，洛阳城中大街小巷的人群高呼"万岁"。

梁冀听闻，挑拨梁太后道："李固收买人心，还不如早点弄死他。"

后来，李固再次被抓。在狱卒的百般折磨下，李固自杀身亡。梁冀又抓了杜乔，也将他逼死在狱中。

梁太后于 150 年病故，朝中大权全部掌握在梁冀手中。三年过后，黄河发洪水，冀州（今河北柏乡北）附近堤坝决堤，数十万户人家无处安身。当地的官吏以修复堤坝为名巧取豪夺。眼看冀州的难民就要暴动了，梁冀任命朱穆当冀州刺史。朱穆的铁面无私是出了名的，梁冀这么做只是想借此机会好好整一整朱穆。

朱穆才渡过黄河，就震慑到了冀州的贪官，有四十余名贪官扔下官印就逃了。朱穆来到冀州，秉公执法，不留情面，严格查办。有人密报朱穆说，宦官赵忠死了父亲，赵忠竟然依照皇帝的丧葬遗制给他父亲着玉衣。朱穆命令属下开棺验尸，瞧见赵忠的父亲果然身着皇帝才穿的玉衣，于是将赵忠的家人投入大牢。

赵忠在宫中听到风声，立刻到汉桓帝面前哭诉，称朱穆将他父亲的坟挖了。梁冀也在一旁说了朱穆很多难听的话。汉桓帝马上命人绑了朱穆，将其打入大牢。

数千太学生在听到消息后，纷纷出来为他鸣不平。大家一块儿聚集在宫门口，要求将朱穆放了，如果不肯放，大家情愿与朱穆一起坐牢。汉桓帝担忧这些太学生们一旦发生暴动，后果将不堪设想，只能放了朱穆，让他辞官回家乡南阳。

太学生们并不甘心，又呈给汉桓帝一封陈情书，道："陛下若想国家稳定，就必须任用忠臣良将。朱穆为人刚正不阿，办事雷厉风行，是国之栋梁、国之根本。皇上应该让他回归朝政，辅佐您。"

汉桓帝根本无法做主，因为大权仍旁落于梁冀手中。

谁知道过了不久，梁冀的妹妹梁皇后去世。汉桓帝钟爱邓贵人，梁冀就命令杀手将邓贵人的母亲杀死。谁知那杀手还未动手，就被人擒了，仔细拷问之下，才知是大将军梁冀的人。邓贵人将此事告诉了汉桓帝。

之前，梁冀杀人无数，汉桓帝漠不关心；这次竟然要杀邓贵人的母亲，太过分了。汉桓帝与五个宦官秘密协商后，命令千余御林军，将梁冀的住宅团团围住，没收了他的帅印，赐梁冀鸩酒。梁氏家眷、男丁斩首的斩首、被贬斥的贬斥。与梁冀结交的官员，不论官职大小均被罢免，共三百余人，朝堂上的官员职位基本上全空了。

至此，朝堂之上终于恢复了一点清明。

—— "医圣"张仲景 ——

东汉末年，外戚与宦官之间的斗争异常激烈，农民揭竿而起，社会局势动荡。百姓颠沛流离，四海为家，当时瘟疫盛行，数以万计的人因此被夺去了性命。

当时，张仲景的老家南阳郡（今河南南阳）也接连爆发了数次大型瘟疫，他原本生活在一个两百多口人的大家族中。但是，短短的十年间，肆虐的瘟疫将族中三分之二人的性命夺走，当中有七成人死于伤寒。

在亲眼所见这一幕幕妻离子散的悲惨场景后，张仲景立志要攻克伤寒这个夺取百姓性命的疫病。在那之后，他沉浸于古代医学专著《内经》《八十一难》《阴阳大论》等的研究，同时勤求古训，博采众方，大量搜集与整理那些在民间流传的偏方药剂，修习多家医术，并不断实验摸索临床实践。在经过几十年劳心费神的钻研后，张仲景终于将《伤寒杂病论》这部专著完成，这是一部伟大的医书，在临床医学方面具有划时代的意义。

《伤寒杂病论》是我国首部汇集理、法、方、药，理论与实际相联系的临床医疗著作，全书收录方剂两百余服，很多方剂到现在仍广泛应用于中医临床医学中。比如治疗乙型脑炎的白虎汤，治疗心律不齐的炙甘草汤，治疗肺炎的麻黄杏仁石膏甘草汤，等等。

一年冬天，张仲景辞官回家。时值寒冬腊月，气候非常寒冷，但是在这寒冷的天气中，仍有很多衣衫单薄的百姓为了温饱在寒冷中奔忙。

张仲景看到很多人衣衫褴褛，耳朵生了冻疮，十分难受。一到家，顾不上旅途辛劳，就命人搭了一个大棚子于门口的空地上，并将锅架支起来。夫人不明白他要干什么，他答道："我虽然不能让百姓吃饱穿暖，但是至少能让他们不为冻伤所困。"

张仲景又自掏腰包买了很多羊肉、辣椒与祛寒的药材，将它们一同放在大锅中，待烧开后再慢慢地炖，炖得着落多了，再将羊肉与药材捞出来剁碎、搅拌，随后揉面并擀制成面皮，将羊肉馅包成耳朵的样子，并给它起名为"娇耳"，随后下锅煮熟，分给百姓，让他们吃"娇耳"、喝汤，并称此汤为"祛寒娇耳汤"。大家吃了后，立刻觉得浑身发热，两耳发烧。张仲景就用这个"祛寒娇耳汤"将百姓的冻伤治好了。

此后，张仲景年年自冬至开始，一直到大年三十，每天布施此汤给百姓，不但将他们的病治好了，还让他们过了个快快乐乐的新年。这个"娇耳"就是后来我们所食用的饺子，冬至吃饺子这一习俗，也沿袭至今。

张仲景观察病人非常细致，有一个人叫王粲，张仲景曾对他说："你体内有病，喝了我调制的五石汤就能祛病。要不然，你会生一场重病，可能不到30岁眉毛就会掉光的。"

王粲当时年仅17岁，他觉得张仲景的话太不可思议，所以并没有相信，也没治病。但是在他 30 岁的时候，果然生了一场重病，险些丢了性命，并且完全掉光了眉毛。

张仲景于《伤寒杂病论》中，收录了一个"蜜煎导方"，这是特意用来诊治伤寒病、津液亏损太多、大便干结难解等病的。关于这个偏方，还要从他少年时师从老乡张伯祖学医时说起。一天，一位十分虚弱的病人来到医馆，他嘴唇干裂起泡，额头非常烫，一直高烧不退，没有精神。老师张伯祖看诊后主张应该用泻药协助病人将干结的大便排出。但是这个病人的体质特别虚弱，要是采用药效猛烈的泻药可能病人的身体无法承受。张伯祖眉头紧锁，一时间没了主意。

此时，一群蜜蜂从窗外飞过，张仲景死死盯着蜜蜂，一动不动。突然，他眼前一亮，急忙走到老师身边，说道："老师，我有个主意您看可行吗？"

他详细阐述了自己的想法，张伯祖闻言，脸上露出非常开心的微笑。随后，张仲景将金黄的蜂蜜倒入容器，用小火缓慢煎熬，并不停地用竹筷搅拌，直到将蜂蜜熬制成黏稠块状。待到蜂蜜稍微放凉一点，张仲景就将它捏成一头尖的长条，然后将尖头缓慢地塞入病人的肛门。不久，病人就将一大堆难闻的粪便排出体内，病情顿时有了明显好转。因为热邪随着粪便的排出而排净，病人不久就恢复了健康。张仲景所独创的方法，是世界上第一个加以应用的药物灌肠法。

后人尊称张仲景为"医圣"，张仲景将汉代之前的医疗经验进行了详细的总结，对中医学的发展做出了极大的贡献。

—— 黄巾起义 ——

历经几代外戚与宦官的争斗，到了汉灵帝时，政治越来越昏庸，国库也愈发空虚。

汉灵帝每天只知道奢侈度日，从来不关心钱财的来源。宦官们也投其所好，告诉了汉灵帝一个办法，设立一个特殊的店铺，谁有钱就可以买到想要的官职与王位，并对这些职位明码标价：四百万钱能买到四百石的官职，两千万钱可以买到两千石的官职，没钱也能买官，就职之后再付双倍的款项即可。为什么买官呢？当官可以横征暴敛，搜刮百姓。原本就是连年旱灾，粮食颗粒无收，这样一来，老百姓更没活路了。这种情况之下，多地纷纷爆发农民起义。

会稽人许生是最先起义的人，他兴兵于句章（今浙江余姚东南）。没几天，就召集起贫苦农民一万余人。他们攻占县城，砍了官吏的头，击退了前来平乱的官兵，许生封自己为阳明皇帝。后来，这支农民军被官府镇压，许生也被官兵给杀了。

紧随其后，巨鹿郡（今河北宁晋西南）张角、张宝、张梁兄弟三人也带领百姓起来反抗。这三兄弟都很有本事。张角上过私塾，学过医，给人治病还小有名气，穷人来看病还不收钱。他了解到农民们都希望能安居乐业、安安稳稳地过日子，就创办了一个门派，称为太平道。他还招收了一些学生，与他一起传教、治病。每当瘟疫发生时，张角就将药煎好，调配成随时可喝的药水，盛放在瓶子中，随时准备救治病人，将很多人从死亡线上拉了回来。如此一来，张角的声名远播，慕名而来求医的人，天天都有百余位之多。

大约过了十年，太平道遍布全国，拥有数十万教徒。百姓们不管相信与否，全都知道了太平道。每个地方的官员都觉得太平道只是除恶扬善、治病救人的派系，并未将张角他们放在眼里。

张角觉得起义的时机到了，就悄悄发动教徒们反抗朝廷。他们的起义口号总共有四句，即"苍天当死，黄天当立；岁在甲子，天下大吉。""苍天"即为东汉王朝，"黄天"就是太平道。他们相约在184年甲子年发动起义，认为那是个吉时，那时就"天下大吉"了。

张角命令他的教徒们悄悄地到各个地方，走街串巷，在寺庙、官府，包括城门，用白土将"甲子"这两个字写得随处可见，作为起事的口号。但就在如此关键的时刻，教徒内部出了叛徒，张角门徒马元义的手下唐周，向朝廷密报此事；马元义毫无提防，被抓住并处死了，同时有一千余人被处死。汉灵帝慌乱之中下令缉拿张角兄弟。

此时，张角只能通知每个分支提前起义。他自封天公将军，张宝为地公将军，张梁为人公将军。起义没几天，全国就有数十万农民响应。他们的明显标记就是头上都包着黄巾，起义军就称为"黄巾军"。

黄巾军会合起来进攻每个地方的郡县，放火将官府烧掉，将官府的财物通通没收，开仓放粮，赈济灾民。每个地方的郡守、刺史心急如焚地向汉灵帝报告。

汉灵帝急得像热锅上的蚂蚁。他赶忙任命国舅何进为大将军，戍卫京师。又命令大臣卢植与皇甫嵩、朱儁领兵，从两个方向镇压黄巾军。

何进奏请汉灵帝，加强各州郡的防备工事，抵抗黄巾军。这样一来，每个地方的郡守、刺史与地主、乡绅都借着镇压黄巾军的由头，趁火打劫，招募兵马，扩张自己的领地与势力。

黄巾军刚开始气势极足，接二连三攻克多个郡县，砍了很多贪官污吏的头。但是随后每个地方都有官兵攻打过来，黄巾军的粮草武器自然比不上官兵的，前期准备又不充足，只得节节败退。更祸不单行的是，天公将军张角由于太过劳累病死沙场。

黄巾军在张角死后，顿失主心骨。随后张宝、张梁纷纷战死沙场。最终，这支农民起义军群龙无首，很快便被官兵镇压了下去。

黄巾军起义尽管没有取得最终的胜利，但仍然对东汉王朝产生了致命的一击，再加之各地形成群雄割据的局面，东汉王朝的腐朽统治岌岌可危。

—— 王允巧施连环计 ——

189 年，汉灵帝去世，时年 14 岁的刘辩继位，由何太后垂帘听政。

外戚大将军何进是朝政的实际控制人，他背地里召集各路人马入京，想将宦官势力全部消灭。但不小心走漏了风声，反而被宦官所杀，因此引发了外戚与宦官的纠葛，最后无一获利，双方的势力均大幅减弱。

凉州（今甘肃、宁夏、青海、陕西和内蒙古各一部分）刺史董卓凭借攻打黄巾军的机会，渐渐地掌握了兵权，他吞并中原的野心也逐渐显现。他抓住了何进招其入宫这一千载难逢的好机会，很快将其重兵转移至洛阳城外，天天率领铁甲骑兵进城，在街上横冲直撞，目中无人。

董卓的野心越来越大，为了掌握朝政大权，他将少帝刘辩废黜，另立新帝刘协，即汉献帝，自己当宰相。当时刘协只是个 9 岁的孩童，完全不能处理国事，朝中大权事实上完全由董卓把持，他甚至上殿都佩带宝剑，也不对皇帝行跪拜礼，篡位的野心暴露无遗。

董卓生来凶残暴虐，任相国后更加为所欲为，做尽坏事。汉少帝将对他的不满写成诗，他就设计用毒酒把少帝毒死，又设计杀害了何太后。一次，他出城狩猎，适逢村民集会，他突然命令士兵围住人群，杀光了男子，抓走了妇女。有一次，董卓设宴款待百官，中途时突然命令当场砍断几百个投降士兵的手脚，把他们的眼珠挖出来，耳朵割掉，再把耳朵、眼珠与手脚放在锅里煮。文武百官们被吓得丢了魂，像筛糠一样抖个不停，而董卓却毫不在意，仍然大口吃肉，大口喝酒，高谈阔论。

董卓飞扬跋扈，大开杀戒，让京城陷入混乱，人人自危。曹操、袁绍等人接连起兵，讨伐董卓。但他们也都是野心勃勃的人，心里都有自己的小算盘。后来，董卓将汉献帝裹挟到了长安，自封太师，还火烧了洛阳城。

司徒王允万分痛恨董卓，他打定主意要将这个奸贼铲除，但一直没有合适的方法，为此他几乎整天寝食难安。此事被王允府中的歌女貂蝉得知，表示自己甘愿为大人排除忧愁，在所不惜。所以，王允与貂蝉利用董卓和他的干儿子吕布好色这个缺点，设了一个"连环美人计"。

次日，王允邀请吕布至府中赴宴，席间貂蝉作陪。吕布看到貂蝉的倾城美貌，一见钟情，王允借此机会提议将貂蝉许配给他，吕布十分高兴，接连道谢。

过了几日，王允又邀请董卓赴宴，席间也让貂蝉作陪。董卓看到她的美貌，便再也转移不了视线了。王允见状，称："要是太师看得上，我就将貂蝉进献给您。"董卓喜不自胜，推辞了一番，当天晚上就将貂蝉带走了。

吕布满心欢喜等着娶貂蝉过门，但王允这边突然之间没了动静。吕布不能再等了，冲入王府问个清楚，王允告诉他，他的娘子早就被自己的义父霸占了，吕布非常生气。

一天，趁着董卓上朝，吕布与貂蝉相约在后花园相见，貂蝉在吕布面前哭诉，哭得吕布心疼不已，他立下誓言一定要把她从董卓身边夺回来。正巧，董卓回来了，他看到吕布抱着貂蝉，立刻火冒三丈，顺手抄起身边的画戟，刺向吕布。还好吕布躲得快，伸手一挡，才没被刺到。

吕布来到王府，狠狠地骂了董卓；王允也狠狠地骂董卓丧尽天良，把自己的女儿抢走。吕布愤恨地说："他要不是我义父，我早就把他杀了。"

王允见是时候了，称："将军，你这话就不对了。他姓董，与你吕布，不同姓，本就不是一家人，况且他把你妻子抢走了，还挥舞兵器想杀你，在他眼里，哪里还有什么父子之情啊！"

吕布说："对啊，他对我不仁，我也对他不义。我一定要手刃这个老匹夫！"随后，两人便筹划怎么才能杀了董卓，替天行道。

商量之后，王允就命人假传圣旨，称皇帝大病初愈后要禅让皇位于太师，让他上朝接受封赐。董卓还以为是真的，趾高气扬地带领兵马返回京城长安。

董卓的轿辇刚入宫门，事先埋伏好的将士拿着长枪就刺向他。董卓铁甲贴身，并未被刺中。董卓大声喊着要吕布救命，吕布答应了一声，从车后闪出来。董卓还以为吕布是来救他的，哪知道吕布径直将长枪刺向他的喉头，他一枪毙命。

王允命令将董卓的尸体暴尸街头，让百姓发泄不满。百姓看到奸贼被消灭，纷纷击掌庆祝，长安街头充满了欢庆的人流。

—— 煮酒论英雄 ——

刘备是汉景帝之子中山靖王的后代，自小家境贫寒，父亲去世得早，他和母亲靠编织、卖草鞋、草席过活。刘备虽然沉默寡言，喜怒不形于色，但胸怀大志，为人友爱善良，喜欢与豪侠人士为伍，很多年少有为的人纷纷与他交往。后来他在两个富豪的帮助下，招兵买马，闯荡天下，关羽和张飞这两员大将就是刘备在此阶段获得的，他们三人还结拜为兄弟。

有一次，吕布让人去买马，谁知道买马的钱被刘备的人抢走了，吕布非常生气，派兵攻打刘备，刘备只能一个人逃走，刚好遇到北方的另一割据势力曹操派兵讨伐吕布，孤身一人的刘备投靠了曹操。

曹操裹挟着汉献帝，将国都由洛阳迁至许都（今河南许昌）。曹操冒用皇帝的名号命令天下，势力强大，一时无两。活捉吕布后，曹操让汉献帝把刘备封为左将军，并且用厚礼来对待他，和他一起出入。

受到器重的刘备整日提心吊胆、战战兢兢，由于之前汉献帝的丈人董承收到汉献帝的密诏，要他将曹操杀掉，所以董承曾与刘备等人一起秘密商议过这件事。后来计划失败，他担心曹操心里一直记恨这件事。身在曹府，他一直对曹操有所防备。因此，他想出了一个迷惑大家的方法：每天在自己的后园里种菜浇水，装作不理世事的模样。这一招很奏效，连他的拜把兄弟关羽和张飞都不理解他，他们认为刘备对天下之事毫不在意，安于现状。刘备淡淡一笑，不作解释。

再说曹操本人生性多疑，他表面上非常看重刘备，私底下一直对刘备有所防备，毕竟刘备是皇族后代，害怕他将来以皇族名义号令天下。

有一天，刘备在后园菜地里浇水，曹操命人来请他。恰巧此时关羽、张飞都不在身边，刘备有些慌乱，内心惶恐不安地跟着那人去了。

曹操看到刘备，笑着说："好啊你！藏在家里干什么大事呢！"

这句话把刘备吓得魂儿都没了，不知道该怎么接。

曹操接着说："你学着种菜浇田，可不是件容易的事啊！"

刘备这才放宽心道："那就是平日里的消遣罢了。"

曹操又说："适才我看到园中树上的梅子青青的，正是品尝的好时机！刚好酒也是温热的，我想邀请你一起去小亭中喝酒。"

刘备闻言，心里踏实了，这才放下心来。

两人来到小亭，看到器皿已经摆放整齐，青梅在盘中放好，于是就言笑晏晏地喝起酒来。

两人在喝至微醺时，不觉天色变得阴沉，空中乌云密布，倾盆大雨欲来。

曹操借着酒意，问："你且说说看，谁是当今时代的英雄呢？"

刘备心中一颤，酒差不多全醒了。他想：这是在试探自己吗？

他想了下，谦虚地笑着说："我这个人目光短浅，哪里知道谁是英雄啊！"

曹操说："你也太谨慎了，就算你没见过英雄，听也听说过几个名字吧！"

刘备看到躲不过去了，就装作没什么大志向的模样，随口那么一说："袁绍称霸中原，其下门徒众多，可以算得上是英雄吧！"

曹操微笑着摇摇头说道："此人表面强，实际不怎么样，只看眼前利益，成不了大事，怎么能称得上是英雄呢？"

刘备接连提到的刘表、孙策、刘璋等人均遭到了曹操的否定。

曹操面容严肃地说："不但要志向远大，还要足智多谋，并且能运筹帷幄之人，才是真正的英雄啊！"

刘备问："那您看，谁才是当代的英雄呢？"

曹操说："当代英雄，唯有你与我！"

刘备大吃一惊，筷子掉落在地上。刚好此时一声炸雷滚过天际，刘备立刻稳定心神，弯下腰捡起筷子，遮掩道："这么大的雷声太突然了，吓了我一跳，连筷子都吓掉了。"

刘备巧妙地掩饰了自己的失态。但酒后再三思量曹操说的话，认为曹操已将他看成唯一的对手，不会那么轻易就放过他。此时，另一割据势力袁绍命其子到青州去将自己的兄弟袁术接回，途经徐州，曹操命刘备堵截袁术。刘备抓住这次机会，带着关羽、张飞跑了。

刘备战胜了袁术，攻占徐州。曹操原本就非常后悔放走刘备，见刘备的势力日益壮大，更是不能容忍，所以，曹操率领大军进犯徐州，刘备无力抵抗，只能弃徐州而逃，去投靠袁绍了。

—— 官渡之战 ——

东汉末年，群雄逐鹿，动乱不断。袁绍与曹操雄霸北方，黄河以北是袁绍的领地，黄河以南归曹操。袁绍坐拥几十万大军，兵强马壮；曹操则仅有数万兵马，但是他迎汉献帝入许都，打着汉献帝的名号颁布政令。袁绍觉得曹操是他称帝之路的绊脚石，于是在 200 年，命大将颜良召集了十万兵马，率军南下征讨曹军。袁军占领了黎阳，也就是现在的河南浚县东，横渡黄河，将白马也就是现在的河南滑县团团围住。

曹操认为谋士荀攸声东击西的计谋很有效，就先将一些兵马派到黄河渡口延津（今河南延津西北），装成要渡河的样子。袁绍听闻，慌忙领兵围追堵截。曹操趁此机会领兵进攻东面，奇袭白马，让颜良毫无招架之力，解救白马于水火之中。

袁绍听到这个消息，非常生气，命大将文丑带领五六千骑兵渡过黄河追赶。曹军当时只带了五百多名骑兵，形势危急。

在这紧要关头，曹操号令所有将士将马鞍解下来，将战马放开，把武器都放在袁军必经之路上。过了一会儿，文丑带着追兵赶来，看到曹军丢下的马匹、武器后，都下马争抢。曹操见状，大喝一声，预先埋伏好的五百骑兵全都冲了出来。袁军没有反应过来，大败，大将文丑也被斩于马下。

袁绍首战告败，接连折损颜良、文丑两员大将，但他仍然试图依靠兵力上的优势全歼曹军。曹军主动退至官渡，也就是现在的河南中牟县东北，两军在这里对垒。

袁绍看到曹军对营地严防死守，就命令士兵堆土筑台，从上往下向曹军放箭。曹军则别出心裁地创造出一种霹雳车，投掷石块来把高台摧毁。袁军再生一计，偷偷地在半夜挖了一条地道，想要偷袭曹营，曹军察觉后，挖了一条壕沟将地道切断。双方如此僵持了数月。

曹军弹尽粮绝，曹操萌生退意，但手下的谋士及时制止了他。不久，袁绍命大将淳于琼将一万多车军粮押送至前线，囤积在乌巢，也就是现在的河南延津东南，这里离袁军大营四十里左右。谋士许攸提议趁着曹军弹尽粮绝、兵士垂头丧气的时候派兵奇袭许都。袁绍不但没听许攸的，还骂了许攸一顿。许攸气急败坏之下投奔了曹操。

曹操听说了，十分高兴，光着脚出来迎接，握着许攸的手大笑："你一来，我就有获胜的希望了。"

许攸坐下来直奔主题："袁绍兵强马壮，您该如何应对？军中还有多少粮草？"

曹操笑着答道："可能还可以用一年吧！"

许攸也笑道："恐怕不是这样的吧！"

曹操又称："那应该还能用半年呢！"

许攸听完，愤而站起，往外一边走一边说："我是真心实意地投奔您，您却跟我没一句实话，太让我失望了！"

曹操依然满脸堆笑说："别生气，适才我与你开了个小玩笑！实际上军中储备的粮食只够一月食用。还望您告知如何是好？"

许攸称："我倒是有一个让袁军三日内不攻自破的计策，不知道您想不想听？"

曹操十分欢喜，连连说道："快快请讲！快快请讲！"

许攸说："袁绍现有万余车粮草，都在乌巢囤积着，由淳于琼领兵驻守。但淳于琼警备懈怠，您可命令精锐部队半夜里前去偷袭，火烧粮仓。如果能顺利实施这些计划，我敢保证，袁军坚持不了三天就会铩羽而归的。"

曹操马上组织一支精锐骑兵，以袁军的名义半夜里沿着小路前行，路上遇到袁军哨兵盘问，他们就说是袁绍命令来支援防御的，岗哨没有怀疑。曹军抵达乌巢后，放火烧仓，守备的袁军吓得毫无应对之力，急忙反抗都被曹军纷纷杀死，淳于琼也当场战死。

最开始，袁绍听闻曹操偷袭淳于琼之事后，还说："趁着曹操偷袭淳于琼，我们可以攻打曹营，让曹军无法回营！"

他命大将张郃、高览领兵偷袭曹营。哪知道张郃听闻乌巢被烧、淳于琼被杀，立刻投降了。袁军分崩离析，袁绍和儿子十分狼狈地渡河而逃，性命这才得以保全。

官渡之战是我国历史上的著名战役，也是古代战争史上以弱胜强的典型案例。自此以后，袁绍兵力被大幅度削弱，从此无法翻身；曹操却经由这一仗，奠定了统一北方的基石。

—— 孙氏兄弟踞江东 ——

当曹操与袁绍在北方打得难解难分之时，一股强大的势力自南方兴起，这股势力统治了江东，也就是现在长江下游的江南地区。这就是孙策、孙权两兄弟攻打下来的东吴江山。

他们的父亲孙坚最初是袁术的部下，曾参与讨伐董卓的军队。父亲去世后，孙策便带领一队人马，直接投奔了袁术。

袁术十分赏识少年郎孙策，但并不信任他，一直没有对他委以重任。时间长了，孙策自然有所察觉，心知肚明了。

就在这时，扬州刺史刘繇赶跑了孙策的舅舅、丹阳（今安徽宣州）太守吴景，并屯重兵于长江边。孙策便向袁术主动请缨至江东讨伐刘繇。袁术认为如此既能够借孙策的手消除刘繇的威胁，又能够让孙策、刘繇两败俱伤，自己就能渔翁得利。思及此，袁术就批准了孙策的请求，并交给他一千兵马。

孙策领兵南下，沿途不断招兵买马，扩张兵力。抵达历阳（今安徽和县）时，队伍已经达到五六千人，与舅舅吴景的队伍会合在一起。此时，孙策的发小、极具智慧的周瑜也带人过来与他们会师。

孙策率大部队行至江边，却看到只有数十条小船停在岸边，这是他没有想到的，这些船的数量对于庞大的军队来说，实在是少得可怜，这极大地影响了前行的进度。

孙策眉头紧锁，在江边不断踱步。忽然之间，那些摇曳在风中的芦苇映入他的眼帘。他的眉头顿时舒展开来，一声令下："每一个士兵现在就来到江边，把芦苇砍下来，扎成筏来过河！"

几千名士兵听命行事，共同努力，很快就将筏子扎好，江面上聚集了上千个筏子，场面十分壮观。

孙策的队伍一鼓作气冲到了江的东岸，攻下牛渚（今安徽当涂西北），夺取了大量的粮食与武器，随后又用假死的方法诱导刘繇的手下笮融开门。这时，埋伏在四周的士兵猛然杀出，将笮融的军队杀了个措手不及，四处逃窜。孙策乘胜追击，很快又追击到曲阿（今江苏丹阳），孙策势如破竹的气势将奔逃至此的刘繇吓得弃城而逃。

进城后，孙策并没有骄傲自满，他仍然军纪严明，并善待俘虏，所以深受百姓爱戴，仅过了十几天，又收获兵卒两万余人，战马一千余匹。一时间，孙策威名响彻江东。

随后，孙策又领兵攻克会稽、东冶（今福建福州）等地，扎根于江东，并找了个借口称袁术妄图称帝，与之恩断义绝，并计划继续北上。

然而，天不遂人愿，就在这时，发生了一件意外的事情。一天，孙策上山打猎，被几个事先藏好的刺客用冷箭射中，孙策中箭后跌落马下，身负重伤。

尽管医生想尽办法，但还是毫无起色，孙策的伤一天重似一天。孙策知道自己时日不多，就把自己的弟弟孙权托付给部下张昭，叮嘱张昭尽心辅佐孙权，依靠长江天险守住基业。又将代表权力的印信交给孙权，嘱咐他一定要善于用人，将稳定江东的重任挑起来。语毕，孙策含恨而终，年仅 26 岁。

当时，孙权还不到 20 岁，失去兄长的悲痛几乎压垮了他，他整日以泪洗面，十分悲痛。张昭尽心尽力地劝导，劝其不要悲伤，牢记兄长的嘱托，与此同时，张昭又快速给周瑜去信，让他借着奔丧，回来一起辅佐孙权。

孙权刚上任时，虽然统辖江东六郡，但政权并不稳定，并且孙策新死，很多将士担忧孙权年纪小，无法保住江东，所以人心不齐，有些人想另寻新主。在这危急关头，张昭与周瑜两人合力说服大家，这才稳定了朝政。

庐江太守李术不但不服从孙权的号令，并且还容留那些叛徒，这让孙权非常生气，命李术马上将叛徒交出。李术却十分跋扈地说："假如你的确德才兼备，那么大家都会听你号令；相反，大家都不会留在你身边。因此，你是无法从我手里得到他们的。"

李术的行为完全是在挑衅孙权，孙权下定决心铲除李术。因此，他做了非常周密的计划。他认为李术只要受到袭击，必然会求救于曹操，因此他抢占先机，给曹操写了一封信，信中称李术此人向来残暴，毫无信用可言，并将李术之前杀死曹操治下扬州刺史的事揭露了出来，造成曹操对李术的极大反感；假如有朝一日他孙权领兵征讨李术，希望曹操万万不可听信李术的一面之词。这封信不但将李术的退路堵死，而且又将曹操出兵的借口堵死，可以说是一箭双雕。

如此安排之后，孙权领兵进攻李术，正如孙权所料，刚一开战，李术就向曹操请求支援，曹操权衡利弊之后，没有出手相助。很快，李术便败于孙权，被孙权所杀。

孙权将内乱摆平，确立了自己的声威，并且大力招募人才，鲁肃提出的先扎根江东、再攻占荆州、最后夺取天下的战略部署也被采纳，这个建议很好地巩固与发展了孙权对江东的统治。

—— 刘备三顾茅庐 ——

曹军在官渡一战以少胜多大胜袁军。本来要投奔袁绍的刘备，随即投奔了荆州刺史刘表，补充了兵力，驻扎于新野（今河南新野）。

刘备不甘心受制于人，在安定之后就有了更大的打算，到处拜访那些能辅佐自己建立功业的贤能之才。他向名士司马徽虚心求教，司马徽称："知道天下大势的人，并不是普通的读书人，而是才能兼备的英雄俊杰。当地就有两名俊杰，卧龙与凤雏。卧龙就是诸葛亮，凤雏就是庞统。"听到这些，刘备便一直找寻机会结识这两位人才。

刘备凭借汉朝宗亲后裔的身份，使荆州附近的豪杰名士都归顺于他。其中，徐庶尤其受到刘备的重视。徐庶非常感动，他和诸葛亮有交情，便将诸葛亮推荐给刘备：“我的朋友诸葛亮，世人均称其卧龙先生，他是人中俊杰，将军想见见他吗？”

刘备听闻“卧龙”二字，眼前一亮，连连说道：“太好了！太好了！早就听闻他的大名，速速将他请来！”

徐庶却说：“臣做不到。他是断然不肯自己来的，只能委屈将军您亲自去拜访了。”

刘备看到司马徽与徐庶都极力向他推荐诸葛亮，对他更是求贤若渴，急于将他收于麾下，他叫上关羽、张飞，亲自拜访诸葛亮。

诸葛亮，字孔明，自幼父母双亡，与叔父相携来到荆州。叔父亡故后，于隆中（今湖北襄阳西）卧龙岗定居，自己在岗上盖了座茅屋，读书种地，经常拿自己与春秋战国时期闻名的管仲与乐毅相比。这让他受到了很多人的冷嘲热讽，觉得他是在说梦话，但是司马徽与徐庶毫不怀疑他的才能与志向，所以主动将其推荐给刘备。

刘备与关羽、张飞来到卧龙岗，谁知道诸葛亮竟然避而不见，他们第一次并没有见到诸葛亮。

刘备毫不气馁，过了几天再次登门拜访。此时正是隆冬，天气寒冷非常，半路下起了暴雪。张飞想原路返回，刘备却十分坚持，冒着风雪艰难前行，谁知道费尽心思赶到后，却被告知诸葛亮与朋友一同出门了。

接连碰了两次壁，关羽与张飞不高兴了。关羽称：“主公，您两次亲自登门拜访，诚意十足。就怕那诸葛亮是个徒有虚名之人，并没有真材实料，所以才故意躲避，不敢见您呢！”

刘备摇了摇头，耐着性子劝解并说服了关羽和张飞。

过了不久，刘备第三次登门求见诸葛亮。这次诸葛亮在家，但不凑巧的是正在午休。刘备见状，没有吵醒诸葛亮，而是静立于门口，耐心等待。

谁承想，刘备足足站了两个时辰，张飞火冒三丈，大喊：“这个诸葛亮也太欺负人了，竟敢让主公等这么久，我要把他的房子烧了，看他还睡不睡！”在关羽的连连劝阻下，才止住张飞。

直到刘备站得两腿发抖，没有力气，诸葛亮才睡醒。诸葛亮听小厮说刘备已恭候多时，赶忙穿戴齐整，迎刘备进屋。

二人刚一相见，刘备就坦诚地说：“现在汉室腐朽，奸佞当权，我下定决心光复汉室，可惜没有什么学问，所以特地请先生出山。”

诸葛亮感动于刘备三顾茅庐的诚意，诚恳地帮刘备对天下大势进行分析，一语道破当前局势应以荆州为基础，联合孙权共同抵抗曹操，随后以汉朝皇室后裔的声望，必会得到天下百姓的拥戴，得到百姓拥戴之后，成就霸业、复兴汉室也就指日可待了。随后，诸葛亮唤来书童将一张挂图拿出，称："此图是我所绘，关于西川五十四州的地图，您建功立业时可以参考。"

两人相谈甚欢，大有相见恨晚之感。刘备发自内心敬仰诸葛亮的远见卓识，毕恭毕敬地邀请诸葛亮出山为自己出谋划策。诸葛亮也感动于刘备的诚心，决心结束隐居的生活，出山相助。这也就是"三顾茅庐"的由来。

刘备任命诸葛亮为军师，并对关羽、张飞说："我有孔明先生的帮助，就像鱼儿跃入水中一般。"

自此，诸葛亮全心全意辅助刘备，逐渐壮大了刘备的势力。

—— 赤壁之战 ——

曹操于 208 年统一北方，随后依旧领兵向南，攻打刘表与孙权。

此时，刘表新死，次子刘琮继位，曹军气势如虹，刘琮吓坏了，计划投降。刘备此时驻守樊城（今湖北襄樊），听闻曹操挥军南下，慌忙撤退。曹操亲自领兵追击，在长坂坡（今湖北当阳东北）一战中大获全胜，刘备不得不退居夏口（今湖北武汉），曹军乘胜追击，形势十分危急。

诸葛亮提议刘备联合孙权，依靠长江天险，一同抵挡曹军的进犯。刘备认为此建议可行，就派诸葛亮面见孙权。

孙权的看法与诸葛亮不谋而合，但孙刘两家的军队一共只有三五万人，他忧心即便联合，也无法抵挡自称拥有八十万大军的曹操，所以一直举棋不定。

诸葛亮见到孙权后开门见山表明了来意："将军，曹操已将荆州攻克，下一步就要向东吴进犯。您作何打算呢？身为汉家宗室后代，我们将军是决不投降于曹操的。"

还没等孙权说话，诸葛亮就如同看透了孙权的疑虑一般，又开门见山地指明："刘将军虽然败于长坂坡，但仍有两万水军。尽管曹军的兵力远大于我们，但他们来自遥远的北方，已经非常倦怠，并且对水战完全不熟悉，只要孙刘两军联起手来，必定大败曹操。"

诸葛亮的一番话将孙权的疑虑彻底打消了。他立刻将部下召集起来，一同研究如何对付曹操。

就在此时，曹操命人将战书送达，威胁称自己亲率八十万大军要与孙权一决高低。孙权看后有些拿不定主意，一些部下主张投降，孙权无法定夺，就将大将军周瑜召回协商。

周瑜的立场十分坚定，称："曹操虽然名义上是汉朝丞相，事实上却是个奸诈小人，我们怎么能投降于他？"

他紧接着又说："曹操虽然说自己的兵马有八十万，实际上仅仅二十万，他弄虚作假不说，并且这二十万兵力里面有很多人是荆州战败后收编的荆兵，他们与曹操并不一条心，因此，我们没必要担心。并且我们与曹军相比，有很多优势。第一，陆军作战是曹军强项，但现在要与我们在水上打仗，他们依仗人多，并没有扬长避短，此乃兵家大忌。第二，曹军第一次到南方，很多人很快就会因为水土不服而得病，这必将在很大程度上削弱战斗力。我求将军能划拨几万精兵给我，我保证打败曹军！"

周瑜的话掷地有声，终于让孙权做了最终的决断：势与曹操不两立。次日，孙权认命周瑜为大都督，会合了刘备的水军，一同对战曹军。

孙刘两军在赤壁（今湖北武汉赤矶山）迎头碰上曹操的排头兵。此时，果如所料，曹军大部分兵士因为水土不服生病了，双方第一次对战，曹军就输了，不得已退至长江北岸，而孙刘两军控制了长江南岸，两军隔江扎营。

曹军的北方兵完全不谙水性，很多人一上船就头晕呕吐，病倒一大片，曹操对此一筹莫展。随后，他采纳谋士的提议，将战船用铁链锁在一起，上面铺着木板来固定船身，不但能走人，还能骑马。曹操觉得用这个方法很不错，但他哪里知道早已中了周瑜的"连环计"，要是这么做，连起来的战船就变成了一个很大的目标，让敌方攻击起来更加方便，而移动起来却一点都不灵活。

黄盖建议周瑜："目前敌多我少，适宜以速度取胜。连环的战船一时之间是很难解开的，我们可利用这一缺点，用火攻曹军。"

周瑜也是同样的想法，因此，周黄二人密谋，要在曹操面前上演一出"苦肉计"。

次日，周瑜集结手下商讨对策，黄盖故意当着众人的面建议：要么立刻发起总攻，要么及早投降。

周瑜怒火中烧，要砍黄盖的头。一干将士再三劝阻，周瑜才免了黄盖的死罪，但赏了黄盖五十大板，这五十大板打得黄盖皮肉没一处好的，数度晕厥。

过了几日，黄盖遣人密送了一封信给曹操，表明自己投降曹军的决心。在听到细作回报黄盖被痛打之后，曹操打消了自己的疑虑，信以为真，与黄盖定了暗号。

火攻的所有准备工作都已完成，就差东风。当时正是寒冬腊月，"呼呼"作响的西北风只会将火引到自己船上，周瑜为此整天一筹莫展。

一天，周瑜因为急火攻心，吐出了一口鲜血后，不省人事，昏了过去，将士们乱作一团。诸葛亮遣人将药方递上，上书十六个字："欲破曹公，宜用火攻；万事俱备，只欠东风。"他还说自己能把东风借到，甚至还把详细时间说了出来。

周瑜尽管不太相信，但还是命令黄盖悄悄预备了二十艘船头布满铁钉的大船。在船舱中填满了芦苇柴火，浇上煤油，再用布严严实实地盖起来，插上军旗，又在船尾拴了几艘轻盈的小船。

一切安排停当，只等刮起东风。诸葛亮约定的日子到了，但是一直到天色发亮，江面还是没有一丝微风。等到三更天，突然刮起了大风，旌旗猎猎。周瑜马上嘱咐六支兵马依照之前的安排开始行动，又让黄盖遣人给曹操送信，说今晚将押送粮草投降。

东南风越刮越紧，黄盖带领的大船鼓足了劲儿，借着东风迅速驶向江北的赤壁。船队开到江心，黄盖吩咐士兵大声喊道："黄盖来投降了！"

听到叫喊，曹营中的士兵都出来看热闹。曹操的一个手下怀疑起来，对曹操说："这些船看似很轻，开得很快，与吃水深的运粮船很不一样，属下害怕这是假降。"曹操这才意识到问题，命令不能让这些船只靠近。

但是太晚了。黄盖已经命令属下："点火！"瞬间，所有的战船被点燃，像是燃烧的二十条火龙，借风势径直冲入曹军水寨，船头的铁钉猛地插入曹军的船只。曹军船只被铁链牢牢地拴在一起，火势瞬间蔓延开来，这些战船瞬间葬身火海，并且火势越来越大，径直烧到了岸上。曹操的士兵烧死、淹死的无数。

周瑜瞧见赤壁上空的熊熊大火，得知黄盖已经成功，马上领兵追击，一时间喊打喊杀的声音一浪高过一浪。曹军完全没有还手之力，曹操领着残余势力狼狈逃亡，孙刘两军乘胜追击，大败曹军。

赤壁之战后，曹操、孙权、刘备分别雄霸一方，三国鼎立的局面初步形成。

—— 华佗救人难救己 ——

曹操在赤壁之战中折损了很多兵将，这对他的打击非常大。返回许都后，他的心情一直不好。恰逢此时，他最心爱的小儿子曹冲身患重病，药治无效身亡。曹操伤心地说："唉！要是华佗在这里，这孩子是不会这么早离开人世的！"

华佗生于东汉末年，是伟大的医学家，有"神医"的美誉。

华佗学医十分用功，他认真地研究了古代的医学名著，如《内经》《难经》《神农本草经》等，深入民间医治百病，对内科、妇科、儿科、针灸等都十分精通，尤其擅长外科。他还研制出了能让全身麻醉的药物——麻沸散，这种药物可极大地减轻病人手术中的痛苦。

有一次，华佗在外行医的途中，一个年轻人迎面而来，这个年轻人一手推着车，一手捂着肚子，脚步虚浮，脸色蜡黄，呼吸十分紧促。华佗赶忙上前，将那晃晃悠悠的年轻人一把扶住，询问他怎么了。那人非常痛苦地说："肚子太痛了！"

华佗马上动手治疗，判断他得了肠痈（阑尾炎），必须马上开刀。他让那个年轻人喝下一碗麻沸散，很快就被麻醉了。华佗用刀子将病人的腹部割开，将早已溃烂的肠子剪掉，把腹腔清理干净后缝合好，又将消炎生肌的药膏涂在伤口处。过了几天，病人的伤口就愈合了。

华佗擅长根据病情的不同开出不同的药方。有一天，两个将军都得了病，病症完全一样，都是浑身发热头痛。他们都找到华佗看病。华佗问诊后，给两人开的药方完全不一样，一个人需要吃泻药，另一个人需要吃发汗药。其他人都很不理解，问华佗，为何病症一样的人却要吃不同的药。

华佗答道："一眼看去，两人的病症完全一样，但发病原因不一致，一个着了凉，只用喝药发汗就行；而另一个是身体中的病，只有服泻药才能痊愈。"

果不其然，这两个将军在喝了药之后，很快就痊愈了。

华佗还自创了一套叫"五禽戏"的体操，这是模仿虎、鹿、熊、猿、鸟五种禽兽的动作与姿态而成的，这套体操长久练习下去，能够提高免疫力、预防疾病。据说他的徒弟一直操练"五禽戏"，直到90岁高龄还像年轻人那样，耳不聋眼不花，伶牙俐齿，身体强健。

因为高超的医术与高尚的医德，百姓们都十分尊敬华佗。同时，朝廷也十分赏识他，一些达官显贵数次推荐他当官，但都被他回绝了。

曹操年轻时得了头风病，随着年纪增大，这个病越来越严重，每次发作时，心慌气短，头晕眼花，头痛非常。曹操曾请来许多名医看病，但都没有治好。后来，曹操听闻华佗的医术高超，就让人请来华佗。华佗听命前来，在详细检查后，取出一直不离身的银针，往曹操胸椎上的穴位扎了几针，令人意想不到的事情出现了，刚才还痛得满头大汗、大声喊叫的曹操顿时神清目明，立刻不疼了。曹操异常兴奋，诊治数次后就要求华佗留下来，专门为他诊治。

治病救人是华佗一贯的信条，对只给曹操一人看病他非常不情愿。便找了个借口，称家里人身患重病需要他回去看病，就告别了曹操返回家乡。曹操数次命人催华佗尽快返回，而华佗一直拒不返回。

曹操十分愤怒，他遣专人抓了华佗，施以酷刑，逼迫华佗屈服。在曹操的威逼利诱下，华佗坚持自己的看法不屈服。曹操盛怒之下要将华佗处死。

此时，有个谋士劝诫道："华佗有高超的医术，是世间罕见的，并且他的生死关系到天下黎民，请丞相宽恕华佗。"

但是，曹操坚持己见，完全不采纳任何意见，他依然命令处死关押在牢中的华佗。

华佗临死前，依然不忘救治世人，他将一部完成的医书《青囊经》交由狱卒保管，但狱卒害怕连累自己，拒不接受。华佗万分悲痛，不得已将医书掷于火中，烧成灰烬。

后来，曹操头风病发作了很多次，但仍觉得自己处死华佗的决定是无比正确的。直到他最宠爱的儿子曹冲病死，才意识到自己的错误决定，觉得自己杀了华佗是错误的，并为此懊悔不已。

—— 刘备夺取益州 ——

周瑜在赤壁之战后，趁势加大了攻击力度，花费一年多时间，把曹军完全赶出了荆州。三年后，关西（今陕西函谷关、潼关以西地区）的马超讨伐曹操，但被曹操在潼关（今陕西潼关东北）打败。

曹操战胜马超之后，将攻打的对象瞄准盘踞在汉中（今陕西汉中东）的张鲁。而地理位置横亘其中的益州便有了祸连之殃，益州牧刘璋害怕曹操径直攻打过来，吃掉益州，所以每天都担惊受怕，愁眉苦脸。

谋士张松称："曹操国富力强，天下第一。要是他继续攻克汉中，随后抢占益州，可能谁都挡不住他。"

刘璋眉头紧锁，说道："是啊，我也为此忧心忡忡呢，但是一时想不出更好的办法。"

张松借此机会道："刘备跟您是同族，他与曹操不睦。刘备此人很擅长用兵，要是让他攻打张鲁，张鲁必死无疑。打败了张鲁，那益州就没有威胁了，就算曹操领兵攻打，我们也不必害怕。"

刘璋觉得张松说得有道理，就打算派法正去将刘备请来。

再说东吴攻克荆州后，刘备认为荆州本就是本家刘表的封地，刘表死后，荆州就该归他所有，因此要求拥有这块土地的管理权。孙权不同意，后来周瑜病死，鲁肃认为和刘备联手还是非常重要的，就劝孙权借给刘备荆州这个地方。刘备并不满足于只获得荆州，他还看中了益州，正找各种机会拿下这块地。

没想到机会自己找上门来了。法正奉旨带领四千人马邀刘备做益州的主人，让刘备更意外的是，法正竟单刀直入劝说刘备攻下益州："将军雄才伟略，刘璋没有德才，益州应该属于将军，张松可以与您里应外合，夺取益州就会轻而易举了。"

原来，张松与法正早就觉得刘璋软弱没本事，打算另觅新主。他们曾经与曹操接洽过，但曹操完全不把他们放在心上，后来他们受到了刘备的热情款待，就打算投奔刘备，秘密商讨让刘备入主益州。

法正走后，刘备开始思考起来。谋士庞统说："孙权在荆州东面，曹操在荆州北面，想有所作为很难。但益州拥有百万人口，良田广阔，能够大施拳脚，况且法正、张松还能里应外合，这个机会非常难得啊！"

刘备终于不再犹豫。实际上他早就借机探听了蜀中的地势、兵器、人马与险要关口，手里还拿着蜀中的山川地图，几乎已经全部掌握了益州的情况。因此他打算让诸葛亮、关羽留守荆州，亲自带领几万人马攻打益州。

刘璋率领三万兵马亲自恭迎刘备，还为刘备把粮草兵马、武器装备一一补齐。张松奉劝刘备可借此机会杀了刘璋，庞统也同意，但刘备答道："兹事体大，万万不能莽撞行事。并且我初入此地，并没有完全笼络人心。"

刘备借攻打张鲁的名义，一路向北来到葭萌关（今四川昭化东南），一路广施恩泽，以此笼络百姓。

过了一年，曹操攻打孙权，孙权求助于刘备。刘备问刘璋索要一万兵马与粮草物资，但只得到了四千兵士，还是老弱之人，并且只给了一半的粮草。刘备很生气。刚好在这个时候，刘璋也察觉到了张松是刘备的内应，立刻杀了张松，并命令驻守每个关卡的将士不能让刘备过关。

刘备眼见纸里包不住火，马上出兵攻打雒城（今四川广汉北），这一仗整整打了一年，最终胜利，但是也付出了庞统中箭身亡的代价。214年，刘备借着胜利的时机，径直攻打成都（益州的治所），诸葛亮携张飞、赵云前来相助，刘璋无力招架，被迫出城投降。刘备获得胜利并进入城中，自封为益州牧。

—— 关羽败走麦城 ——

益州被刘备攻下后，紧接着，曹操的大军也被刘备驱出长安。这样一来，益州刘备的地位更加稳固，他封自己为汉中王。随后，关羽受刘备之命，带兵攻打樊城，关羽利用当时正好汉水暴涨的时机，把曹军大将于禁的七支军队全部淹在大水里，并乘胜把樊城团团围住。

曹操得知樊城被围，就给孙权写信，让他趁此时荆州空虚，去攻取荆州。而关羽听到消息后，为救荆州必定退兵。这样樊城的危机便会不战而解，在曹操看来，这个计策真可谓是一举两得。

孙权看过曹操的信后，觉得有道理，立刻命吕蒙率兵攻打荆州。密探回来报告吕蒙，说荆州沿江一带处处设有烽火台，防备甚严。于是吕蒙跟孙权商议，为了让关羽放松戒备，吕蒙装作生病需要回家休养，另派年轻的陆逊接替吕蒙。

陆逊还修书一封夸赞关羽水淹七军、俘获于禁的英勇行为，说自己对关羽佩服至极。信件很快被递到樊城，关羽觉得陆逊相比于吕蒙就是个乳臭未干的书生，便放松戒备，并把原本防卫荆州的兵力，陆陆续续地调到樊城。

孙权得知关羽中计，命令吕蒙迅速袭击荆州。吕蒙把战船装扮成商船，自己率精兵藏在船舱内，骗过关羽的江边守军。半夜时分，藏在船舱里的士兵一齐拥出，趁其不备，突袭守防士兵，没伤一兵一卒就攻取了荆州。

荆州失守后，江陵（今湖北荆州一带）、公安（今湖北公安）的守军也被吕蒙劝降，纷纷归顺东吴。

关羽不敢相信荆州、江陵等长江要塞连续失守，他大为震惊，不得已只好撤去对樊城的包围。

吕蒙进入江陵并将于禁释放出来，还派人慰问蜀军战士以及他们的家属，导致有不少蜀军兵士偷偷地在半路上逃走。关羽十分恼恨，大声喊道："我生杀不了吕蒙，死了也要把他杀了。"

孙权的军队乘势长驱，势不可当。而关羽被打得连连败退，他只好带兵逃到麦城（今湖北当阳东南）。孙权率兵进军麦城，并命诸葛瑾多番对关羽进行劝降，最后，关羽叫人在城头上立起白旗，假意投城，自己却带着数十个骑兵向西奔逃。

然而，关羽却不知晓，孙权早就派人在他要走的小道上设下埋伏。关羽一到便被伏兵用绊马索绊倒，被活捉了。

这次孙权自己去诱降关羽，但关羽还是不肯投降，并愤怒地瞪着双眼，大骂："我与我家主公齐心协力共谋大业，绝不会跟你这叛贼共事。要杀要剐痛快点，不必废话！"

孙权知道关羽宁死不降，索性把他杀了。

刘备得到关羽被杀的消息后悲痛欲绝，连日不思饮食，终日痛哭，久久不能平息。就连关羽的坐骑赤兔马也绝食昼夜哀鸣，没过几天，赤兔马便死了。

　　曹操觉得孙权这次击杀关羽立下大功，封他做南昌侯。曹丕称帝后，孙权又被封为吴王。

第八章 / 三国两晋南北朝

—— 曹丕废汉称帝 ——

孙权攻占荆州，又把关羽给杀了，他怕刘备前来为关羽报仇，便归顺了曹操，并建议曹操接天命早日称帝。曹操想称帝很容易，因为他掌控着汉献帝，随便找个理由便可以把他废了。但自古以来称帝都要有个正统的名义，曹操担心自己称帝人心不服，所以曹操打算只做魏王，将来让他的儿子做皇帝。

魏王曹操子嗣众多，有二十多个儿子，其中最喜爱的是曹丕和曹植，他打算就在这两个人中选一个立为太子。

曹丕从小随父亲外出打仗，出生入死，常年在军营中生活，不到 10 岁便会骑马射箭，而且在父亲的潜移默化下，曾钻研诸子百家学说、古今经传等文学书籍，具有很深的文学素养。

而曹植从小聪明非凡，满腹经纶，长大后，又擅长诗文，在当时是一位相当有名气的文学家和诗人。

曹操始终不确定要立谁为太子，但曹操内心深处对曹植特别宠爱，他认为曹植的才华非一般人可比，写的文章更是充满激情。他以前曾多次亲自考察曹植的才华，每次曹植都能脱口成章、下笔成文。曹操想立曹植为太子，但遭到大臣反对，说："从古至今，王位都是由长子继承，如果由次子继承，恐怕会使大臣们不服，朝中混乱。"

曹丕得知曹操有意要曹植当太子，便想方设法在曹操面前故意抬高自己。事实上曹丕的才学也相当好，可是，跟曹植的才华和名望比起来，却远远不及。所以一直以来，曹丕都十分忌恨曹植。一次，曹植领兵出征，却耽误了出征的大事。原来，曹丕为了诋毁曹植，知道曹植喜欢喝酒，就利用曹植这个缺点，私下里做了小动作。从那之后，曹操对曹植便没有那么宠爱了。后来，曹丕千方百计地去讨曹操欢喜，在曹操眼前处处故意显示自己的忠诚与厚道。终于使曹操感觉曹植的才学也没有比曹丕高多少，但曹丕待人更加宽厚和仁爱，并且当时替曹丕说好话的人也有很多。最后，太子之位归了曹丕。

曹操去世后，太子曹丕继位为魏王，并兼做丞相，掌握朝政大权。曹丕对曹植一直不放心，担心他夺取自己的王位。于是，他找了个借口把曹植给抓了，说要治曹植的罪。

曹丕的母亲卞太后得知慌了神，她不想看到同胞兄弟自相残杀，连忙去找曹丕替曹植求情。母亲的话曹丕不能违背，为了整治曹植，他只能另想他法。

再说曹植，从被抓进宫，一直都是低头不语，忐忑不安。他不知道自己的哥哥曹丕究竟要怎样对付自己，他心里也很清楚，哥哥一直忌恨自己。

曹丕坐在王位上对曹植说："父王在世时，常常夸耀你的诗歌文章写得好，又写得快。我还没亲自请教过。现在我命你在大殿上七步之内作一首诗。"

曹植一听，让自己作诗，从容地抬起头道："那就请王兄出一个题目吧。"

曹丕道："我和你本是同胞兄弟，你就以'兄弟'二字为题目。可是，'兄弟'二字不能在你作的诗里面出现，不然我会治罪于你。"

"兄弟"二字，让曹植心情很复杂，不禁悲愤万分。他思索片刻，便在大殿上走一步吟一句：

煮豆燃豆萁，
豆在釜中泣。
本是同根生，
相煎何太急！

七步不到，诗已经出来了。

在这首诗里，曹植把曹丕比作豆萁，把自己比作豆，豆与豆萁本是同一个根长出来的，而豆萁在燃烧着，豆却在锅里被煮得"咕咕"作响，似乎人在哀哀痛哭一样。这首诗不着痕迹地将曹丕紧追不舍、换着花样加害自己的事情叙述出来。曹丕听了曹植的诗，心里也感觉有些惭愧，便免了曹植的死罪，降职为安乡侯。

曹操生前挟天子以令诸侯，但他怕别人非议，迟迟不敢称帝。可是，曹丕却不像他的父亲，他想废除汉献帝，自立为皇帝。因此，便上演了一出禅让帝位的戏码。

由曹丕的亲信华歆带领群臣联名上奏汉献帝，劝他让位给魏王。汉献帝做了三十多年没有实权的皇帝，他很清楚自己的能力，为了活命，他虽不情愿，但还是把玉玺递到曹丕手里。曹丕在百官跟前还装模作样地推辞了一番，并把玉玺还给了汉献帝。

汉献帝吓得微微发抖，拿着玉玺不知道该如何是好。最后，汉献帝在曹丕的指示下，派人搭建一座"受禅台"，并择良日禅位。曹丕还装作好像被逼迫的一样。

220 年，曹丕登上受禅台，继位称帝，国号为魏，建都洛阳，便是魏文帝。

221 年，汉中王刘备正式称帝，国号为汉，建都成都。

229 年，孙权也继皇帝位，立国号为吴，定都武昌（今湖北鄂州），后迁都建业（今江苏南京）。

此时，东汉王朝真正结束，三国鼎立真正形成。

—— 陆逊火烧连营 ——

汉献帝在禅位给曹丕后，没过多久，外界就风传他被曹丕杀了。

221 年，身为汉朝宗室的刘备，以继承汉献帝之位的名义，在成都正式称帝，是为汉昭烈帝。史上又称为蜀汉，由于他当时统治的是蜀（包括今四川、云南大部、陕西、甘肃的一部分以及贵州、重庆的全部）一带地区，当时世人称刘备为蜀汉先主。

刘备对荆州被东吴孙权攻取、好兄弟关羽被杀一事始终不能忘怀。在他称帝不久，便着手攻打孙权，洗刷耻辱，为关羽报仇。当时诸葛亮和不少将领都纷纷劝谏刘备当务之急应该集中兵力灭掉魏王。因为那个时候，曹丕刚刚篡夺皇位。而任凭大臣们怎么劝，刘备就是听不进去，气势汹汹地朝东吴进军。

吴王孙权得报后，也惶惶不安起来。于是就派人向刘备讲和，但被刘备一口回绝。

孙权只好听取大臣阚泽的建议，任命年轻的书生陆逊担任大都督，统领全军，迎战蜀军。孙权还把自己的佩剑取下授予陆逊，说："有谁不听从指挥，准许你先斩后奏。"

陆逊率军从水路和陆路一齐发兵抵抗蜀军。

刘备亲自带兵出征，几个月工夫不到，就把东吴的五六百里地给占领了。又沿着长江南岸，翻山越岭，进军到了湖北宜都西北的猇亭。在那里沿路扎下大营共四十多个。排列整齐，前后长达七百里地，白天的时候，战旗都能把太阳遮住，到了晚上，火光把天都照亮了。

刘备对东吴步步紧逼，东吴将士看到蜀军如此，也都被激起了斗志，准备与蜀军大战一场。可是，大都督陆逊不允许出战。

陆逊的手下见陆逊不允许出战，觉得他胆小如鼠，害怕打仗，他们原本对孙权让年轻的书生当大都督指挥全军就不是很乐意，如今他们对陆逊更是不满。私下里都对他愤愤不平。陆逊却置若罔闻，依然按兵不动。

从222年1月到6月，两军就这样一直对峙了近半年。

半年之后，陆逊突然对将士们说："我们要向蜀军进攻了，由于蜀军刚进东吴那会儿，他们士气正盛，连连打了十几个胜仗，我们若是那时出战是不会轻易取胜的。现在，大半年过去了，他们的士兵已经有些松懈怠慢了，我经过长时间的观察，已经掌握了蜀军的每一个举动。他们扎了四十多个大营，又用树木做的栅栏把各大营相互连在一起，这种形势用火攻最好。可分三路人马出击蜀军，一路在船上囤满茅草，从水路进攻，另外两路分别从北岸、南岸进攻，并且每个人各带一束里面放有硫黄的茅草和火种。待靠近蜀军大营的时候，乘东南风放火，点着了一个营，隔一营再点，火烧连营，势必把刘备生擒。"

陆逊的这番话说完，将领们打心眼里对他佩服。将士们的斗志一下子高涨起来，领命各自去备战了。

当天晚上，东南风刮得很大，陆逊看到可以行动了，便派二路人马直奔蜀军大营，用火种点燃茅草，在木栅栏外放起火来，木栅栏被引燃，顷刻间，蜀军连在一起的大营都燃烧了起来，宛如一条巨大的火龙，连长江两岸都被烈火照得和白天一样。等到蜀军发现起火，已经无法抵抗，全部溃散而逃，刘备连忙骑上马，慌慌张张地东奔西突，逃到了马鞍山上（今湖北宜昌附近）。

陆逊得知刘备逃走，又马上命令各路人马围攻马鞍山。

刘备在关兴、张苞两人的保护下突围逃走，吴兵一见刘备逃走，立功心切便在后面紧紧追赶，紧急时刻，突然大将赵云率兵前来救驾。吴兵被赵云打得落花流水。陆逊得知急忙下令退兵。刘备这才带着残兵百余人逃到了白帝城（今重庆奉节东白帝山上）。

这一场东征大战，蜀军一败涂地，几乎全军覆灭。刘备十分悔恨，感觉无颜再见成都的文武百官，就一直在白帝城驻扎下来，把驿馆改成永安宫。他整日活在对牺牲将士的愧疚和思念里，最后终于体力不支，一病不起了。

后来刘备的病势越发严重，他把丞相诸葛亮从成都召来，叮嘱后事，他诚恳地对诸葛亮说："依先生的才干，一定可以把国家治理好。如果太子刘禅（小名阿斗）可以，你就辅佐他；如果不行，你就自己来做这个皇帝吧。"

诸葛亮流着泪说："请皇上放心，我必定竭尽心力辅佐太子刘禅，到死为止。"

刘备死后，诸葛亮辅佐刘禅即位，历史上称蜀汉后主。

—— 诸葛亮病死五丈原 ——

诸葛亮是三国时期著名的军事家，打的漂亮仗不计其数，荆州、巴蜀、汉水等地就是他指挥拿下的，敌军纷纷对其赞叹不已。但与传说中不同，他并不总是兵如神助、每战必胜，特别是五次北伐，逐鹿中原，均没有取胜。

诸葛亮几次北伐，都是因为蜀道难走，导致粮食供应不上而退兵。他总结了教训，针对蜀山他设计了两种交通工具，即"木牛"和"流马"。对在山地上运输和在凸凹的蜀道上都非常实用。诸葛亮善于思考，他不仅改良了军事上的阵法，就像罗列在巴山蜀水与关陇之地的"八阵图"那样，在军械方面，还勇于技术创新，比如军中惯用的"诸葛行锅""诸葛铜鼓""孔明灯"、能十箭连发的连弩等。后世传记中将"木牛""流马"描绘成不靠人力就能飞速运转的神奇物什，明显是夸大了。事实上，"木牛"这种小车没有前辕，"流马"就是小巧灵活的独轮车。

234年，做好充分准备的诸葛亮，兴兵十万攻打魏国。蜀军在五丈原驻扎下来，五丈原位于渭水的南岸。之后，为了做长期与魏军抗衡的打算，诸葛亮派人构筑营垒，随时应战，又在五丈原屯田耕种。正好在这个时候，诸葛亮派去东吴的使者也说动了孙权，东吴也组织了三路人马出兵进攻魏国。

当时，魏国在位的皇帝是魏明帝曹叡，魏明帝也是相当厉害的，他亲自率领大军抵御东吴孙权的进攻。另外又派司马懿去防守五丈原的蜀军，并嘱咐他："只守不战。"

诸葛亮想跟魏军做最后的决战，他让人用尽各种方法去挑衅魏军，但司马懿始终稳守营垒，诸葛亮就想方设法去激司马懿，他派人将一套妇女穿的衣服给司马懿送去，意思就是司马懿这样胆小，不敢出战，如女人一般。司马懿看破诸葛亮的激将法，对此一笑而过，没有发火，更没有因此采取任何行动。

面对蜀军百般挑衅，魏军将士可不像司马懿那般有耐性，他们纷纷吵嚷着要跟蜀军拼了。司马懿便对将士们说："你们先不要急，我马上向皇上奏请，允许我们与蜀军决一死战。"

过了不久，魏明帝派了一个钦差大臣来到魏军军营，向将士们传达魏明帝的命令："不许出战！"

这一命令传达完后，别说魏军将士没了斗志，就连蜀军将士听到这个消息，也都特别失落。还是诸葛亮厉害，一眼就把司马懿的用心看穿了，说："司马懿给魏王上个奏章请求打仗，这些都是做给他的部下看的，大将率领军队在外，哪有不远千里去向皇上奏请出战的呀？"

诸葛亮猜到了司马懿的用意，他依旧派使者去向魏军挑战，而司马懿也通过使者探问诸葛亮和蜀军的动向，每次都很热情地接待使者。他从使者口中得知诸葛亮终日操劳，胃口不好，吃得不多。司马懿对手下的亲信说："试想一下，诸葛亮整日繁忙，吃得又那么少，长此下去，身体肯定受不了，早晚会倒下的。"

果真如司马懿说的那样，诸葛亮最终因过度操劳而病倒了。

后主刘禅知道后急忙派大臣李福赶到五丈原去慰问诸葛亮。

不久李福从五丈原回来，向刘禅上报说："丞相的病势很不乐观，皇上应该想想让谁来接任丞相。"刘禅一听，也急得没了主意，说："我哪里知道谁合适接任，你马上再去一趟五丈原，让丞相来定夺由谁接替。"

诸葛亮清楚李福再次返回的来意，就对他说："请你带我转告皇上，我死后，让蒋琬接替丞相一职，蒋琬之后可以让费祎担任。"

没过几天，45岁的诸葛亮便在军营中病逝了。

蜀军将领们遵循诸葛亮生前的布置，没有把他去世的消息泄露出去，而是把他的尸体裹着放到车里，然后安排各路人马井然有序地从五丈原撤退。

蜀军撤退的消息被司马懿知晓了，司马懿立即带领魏军追赶过去，魏军刚过五丈原，发现蜀军猛然停下，掉头后转，后队变成前队，径直杀向魏军。司马懿大惊失色，下急令撤退。

最后蜀军全部人马安然无恙地撤出了五丈原。

诸葛亮的遗体安葬于定军山（今陕西勉县西南）。诸葛亮辅佐蜀汉统一天下的愿望并没有实现，但他的智慧、品格一直被后世人传播颂扬。在《后出师表》中有两句话"鞠躬尽瘁，死而后已"就是他一生的缩影。

—— 司马懿装病篡权 ——

蜀汉在诸葛亮死后的几年里，不敢再对魏国贸然出兵。魏国的势力越来越强大，但魏国内部却发生了动荡。

魏国大将司马懿，祖上世代为官，在曹操刚掌大权的时候，司马懿就被曹操请出为官。到了魏明帝曹睿时期，他更是得到了极大的信任和重用。司马懿是世间少有的一个将才，同时也深谙权谋之术。

魏明帝时期，司马懿带兵多次参加战役，立下丰功伟绩，功绩卓越，曾采取守势战略，让诸葛亮病死五丈原；他又率兵镇压了公孙渊的叛乱。他在朝中的声望也越来越高，位极人臣。

魏明帝去世前，把司马懿和大将军曹爽叫到跟前，嘱托他们一起辅佐太子曹芳。魏明帝死后，年仅8岁的太子曹芳即位，史称魏少帝。

曹爽虽说是宗室贵族，但在能力和资历上都与司马懿相去甚远，但即使这样，他也不能眼看着权力落到异姓司马手里。他决定夺取司马懿的大权，自己独揽。

曹爽用魏少帝曹芳的名义升司马懿为太傅，表面上司马懿升官了，但实际上他的兵权却被夺走了。

曾经的司马懿是多么的赫赫有名，现在却被夺去了兵权，做了个有名无实的太傅。他虽然心里很不爽，对曹爽也是深恶痛绝，但他是一个深谋远虑之人，他清楚现在还无法与曹爽抗争，只能忍气吞声，来日再找机会夺回大权。

此后，司马懿便假装生病在家，不上朝了。

曹爽听到司马懿生病了，高兴得不得了，但是只要司马懿活着，他就无法安心，曹爽的心腹李胜被派为荆州刺史，曹爽让他去司马懿府上告辞，借机窥探下司马懿的情况。

老谋深算的司马懿早已知晓李胜的真实来意，并想好了应对之策。

当李胜走到司马懿的卧室，看到司马懿一副病病恹恹的样子，早前领兵打仗的英勇豪气早已被消磨殆尽。

司马懿见到李胜便要用手拿衣服穿坐起来，但手颤抖得连衣服也掉到了地上，不得已示意两个婢女给他穿。李胜在一旁看到后，心中暗喜。

李胜对司马懿说："我将要出任荆州，今日前来特向太傅辞别，我只听说您的旧疾复发，但实在没有料到太傅的病情如此严重。我就要去荆州上任了，今天特地来向您辞行。"

司马懿长长地吁了一口气说："你要到并州，它在北方，接近胡人，你要自己保重，多加防备。如今我危在旦夕，恐怕以后见不到你了。我的儿子司马师、司马昭以后就烦请你多多照顾。"

李胜纠正说："我是到荆州，不是到并州。"

司马懿还是假装听不清楚说："是啊，就是并州啊，你刚才就是说要去并州的啊。"

这时的李胜有些无可奈何了，又大声地说了一遍。

司马懿这次总算稍稍听清楚了，说："我年纪大了，耳朵不好使。难怪听不清你说的。"

这时，婢女给司马懿送来了一碗粥，并喂他吃，他吃粥时，一部分粥顺着口角流到了胸前的衣襟上，如同3岁幼儿一般。

李胜离开司马懿家，把在司马懿家发生的事情从头到尾给曹爽说了一遍。曹爽听了欣喜万分，乐不可支，拍手叫好，说："如此看来，司马懿就差一口气了，我就放心了。"从那以后，曹爽对司马懿不再那么防备了。

249年新年，按照惯例，魏少帝曹芳去城外祭扫明帝陵，曹爽等大臣们都去了。

谁也没有料到，曹爽一群人刚一出城。司马懿便立即下床，披戴盔甲，带领从前的手下以及他的儿子司马师、司马昭先占据了曹氏军营。司马懿又入宫向太后诉说曹爽的不是，迫使太后罢黜了曹爽大将军的职务。然后，司马懿占领了武器库，控制了整个都城。

外出的曹爽得知消息，急得团团转，他的部下建议他挟太子曹芳撤到许都，再召集兵力对付司马懿。但曹爽没有胆量，只能假装交出兵权，答应向司马懿投降。

等到曹爽回到城中，才发现自己彻底失败了。过了一些日子，司马懿以谋反的罪名，把曹爽一家和他的党羽全部诛杀。自此以后，魏国的政权几乎全归了司马氏一族。两年后，司马懿去世，他的儿子司马师继任了他的职位。

—— 司马昭之心 ——

魏少帝曹芳怀着对司马家族的恨意被废黜，曹丕的孙子曹髦在司马师的支持下称帝。但是，曹髦仍然是个傀儡皇帝，没有大权，没有官员的任免权力。朝廷的所有权力依旧掌握在司马师与他的弟弟司马昭手里。

司马昭是司马懿的第二个儿子，他在哥哥司马师死后，继任了大将军之职。和父亲与哥哥相同的是，司马昭也善于玩弄权术，且城府极深。在司马昭大将军的位子还没坐稳的时候，镇东大将军诸葛诞起兵造反，司马昭领兵，克敌制胜。司马昭这个人十分狡猾，他觉得魏国之所以有今天，全是仰仗司马家族，所以他每次出门或者回家都会有三千名手持利器的仆人簇拥护卫，一切事宜完全不上奏朝廷，都由他独断专行。

曹髦名不副实的皇帝之位坐了几年，越来越不满于司马昭的独断专行，担心自己总有一天会与曹芳的下场相同，被司马昭废黜。他经过几天的左思右想，终于下定决心。

有一天，曹髦把平常看起来比较忠实顺从他的三位大臣——王经、王沈和王业宣旨入宫。曹髦从怀中拿出一样东西，这是一封早就写好的征讨司马昭的诏书，说："三位爱卿，司马昭的独断专行和他的狼子野心，连过路的人都看出来了。我不能坐在这里等死，等着他来罢免我。现在，我下定决心要与你们一同讨伐他！"成语"司马昭之心，路人皆知"就是出自这则典故。

三位大臣闻言，呆立在场，好久没有回过神来。

王经"扑通"一声跪了下去，连连叩首，劝谏道："皇上，这件事不能做啊！之前鲁昭公无法忍受季氏专权，后来在争斗中落败，国破家亡，沦为天下人的笑柄！目前司马昭专权也不是一天两天了，他的耳目广泛散布于朝野之中，宫里能听您号召的人，也不多啊！您两手空空，用什么去征战？假如失败了，恐遭来更多的祸端。还请皇上三思，徐徐图之！"

曹髦咬牙切齿地说："我一天都不想再忍下去了。我主意已定，已经抱着必死的决心，没什么能让我害怕的！况且万一我们不会死呢？"

话音刚落，他就自己一个人走入后宫，禀明太后去了。

王沈与王业将局势看得很透彻，认为曹髦完全不能与司马昭相提并论，此去必死。他们害怕司马昭会秋后算账，治他们的罪，趁机溜出大殿，径直朝着司马昭的府邸跑去，向他汇报去了。

曹髦手里拿着刀剑，带领着百十来个奴仆刚冲出宫门，就与司马昭的亲信贾充迎面遇上，贾充奉了司马昭的命令带队行事。双方发生了冲突，曹髦手里拿着剑，一声大喊："吾乃真龙天子，你们涌入宫内，是想谋朝篡位吗？"

这当头棒喝让贾充的手下呆立在场，有几个胆小的人眼看要倒戈相向。贾充见此情形，对自己的随从成济大声喊道："现在正是司马公养兵千日用兵一时的时刻，你们报效司马公的时候到了！"

成济胆战心惊地问道："您觉得如何是好？是杀还是留活口？"

贾充瞪了他一眼，道："司马公有令，不留活口。"

成济这才斗胆，手持长矛径直冲到曹髦驾前。曹髦大喊："你竟然敢失礼于天子？"谁知话音未落，已被成济一箭穿心，从车上跌落，当场毙命。

曹髦被自己的仆从杀死后，司马昭也有些心慌意乱。他立刻召集大臣们，假装十分伤心地流下几滴眼泪，装模作样地说："这究竟是怎么了？"大臣们心知肚明，但谁都不敢明说。

司马昭又向老臣陈泰询问道："天底下竟然能有这种事发生，别人该如何看待我呢？"

陈泰思索片刻，说道："唯有贾充以死谢罪，才能告慰世人。"

司马昭听了这话，心里十分不是滋味，又问道："难道就没有别的更好的办法了吗？"

陈泰说："实在想不出了。"

听了此话，司马昭不发一言，心里默默地算计着该怎么处理这件事。他最终决定把这笔账算在成济一个人的头上，命令属下砍了成济的头。

如此，司马昭将杀曹髦的罪责很轻易地掩盖了过去；随后，另立曹奂为帝，也就是历史上的魏元帝。

—— 刘阿斗乐不思蜀 ——

司马昭将魏国的内斗处理完之后，就开始着手实施天下归一的计划，灭掉蜀汉是他计划的第一步。

当时蜀汉的国主是刘禅，诸葛亮尚在时，刘禅对他言听计从，能时时约束自己。诸葛亮死后，刘禅顿觉无人可以依靠，无所适从之下，竟偏听偏信宫中宦官黄皓之言，置国事于不顾，成天花天酒地。而作为蜀汉大将军的姜维，则屡次出兵征战魏国，一门心思全扑在恢复中原国土上。而连年征战，也让百姓们的负担极重，怨声载道。

263年，司马昭认为伐蜀时机已到，派钟会领兵十万伐蜀。姜维听到风声之后，立刻上报刘禅。刘禅正和黄皓在宫中游戏作乐，收到汇报后转头反而问身旁的黄皓："魏国带了大部队来讨伐我国，该如何是好呢？"

黄皓说："陛下别紧张，我听说城中有一个能占卜吉凶的巫婆，很灵验，咱们可以把她叫来占卜一下。"

刘禅随即命令黄皓将巫婆用小车接入宫，在后殿摆下香花纸烛，设案焚香祝祷。那巫婆头发散乱，光着脚，假模假式，嘴里嘟嘟囔囔道："我乃西州土神，陛下此劫无碍，再过几年，魏国也将臣服于陛下，此事无须顾虑。"

刘禅闻言，高兴至极，让人重赏了这个巫婆。从那以后，他再也不将姜维的话放在心上，成天和黄皓一道在宫中饮酒作乐。姜维发出数封告急文书，都被黄皓藏起来了，而刘禅只顾玩乐，对此一无所知。

魏国大将钟会、邓艾等率领大军，从十余个方向包围蜀国。蜀国空有姜维、张翼、廖化这些大将军，因为刘禅偏信巫婆的话，一直按兵不动，最终无法抵御魏国大军，退守到现在的四川剑阁附近。剑阁是蜀国的一个险要关口，魏军一时之间也无法攻克。

眼见蜀军主力退守剑阁，邓艾亲自率领五千精兵，丢盔弃甲，拿起了开山斧，从崇山峻岭之中硬生生劈出一条小径，悄无声息地径直奔向蜀国首府成都。

成都的刘禅收到探子报，说邓艾已经领兵到了城外，百姓们老幼相携、逃难而去，大惊失色，不顾群臣的反对，让人写了投降诏书，悬挂起降旗。刘禅第五子——北地王刘谌，看到父王这么昏庸无道，一家五口绝望之下自裁，以身殉国。

次日，刘禅反绑着自己的手，率领着大臣们归降邓艾。消息传到镇守剑阁的姜维等将士耳中，他们都无比震惊，悲恸大哭，足以撼动天地。

邓艾占领成都后，姜维假意投诚钟会，试图在钟会和邓艾之间制造矛盾。最后，在战乱之中，邓艾、钟会、姜维接连死去。

成都的局势越加混乱，于是，司马昭就让人将刘禅送往洛阳，任命他为安乐公，把金钱、美女、宅邸赏赐给他。刘禅心安理得在洛阳居住下来，逐渐忘记了亡国之痛。

在某次宴会上，司马昭让蜀国人表演蜀戏，蜀国官员见此情形，都低下了头，想着国破家亡，在他乡为俘虏，还被敌国胁迫看家乡戏，不禁流下泪来。只有刘禅，一直仰着头看得十分入迷。司马昭看到了，就询问刘禅："你还想家吗？"

刘禅毫不犹豫地答道："这里很不错，我早已经不想家了。"这就是成语"乐不思蜀"的由来。

刘禅的近身大臣郤正在上厕所的时候，对刘禅说："假如之后晋公再问陛下还想不想家，陛下可以回复他祖先的坟茔均远在家乡，我的心里无时无刻不在想念着他们，盼望着能早日回乡拜祭。如此一来，晋公可能会让陛下回到家乡。"

刘禅点了点头，将这些话牢记于心，等到司马昭再次问他是否思念家乡时，刘禅双目微闭，硬挤出两滴泪水，把郤正教给他的话复述了一遍。

司马昭道："这话感觉不像是从你口中说出来的，郤正倒是像说这话的人。"

刘禅一下瞪大了眼睛，讶然道："你如何知晓？"见此情景，周围的人哄堂大笑。

司马昭不由得感叹道："人竟然能无情到这种地步，就算是诸葛亮还活着，辅助这种君主，也无法长久。"

后世之人就用"扶不起的阿斗"来比喻那些昏聩无能，而又没有奋起之心的人。

── 王濬楼船破东吴 ──

蜀王刘禅降魏不久，司马昭还未顾得上攻打东吴，就病故了。他的儿子司马炎于 265 年废黜魏王曹奂，自称为帝，始创晋朝，即晋武帝。自此之后，曾经三足鼎立的魏、蜀、吴，仅存东吴一国。

吴主孙休，认为司马炎一定会向吴国下手，每天都非常忧愁，最终病故，之后继位的是孙皓。

孙皓性格暴躁，十分爱喝酒，他当了皇帝后，立刻大兴土木，劳民伤财，修建了昭明宫，又遴选上千宫女，毫无节制。每每摆酒设宴，让大臣们陈述自己的过错，有违法行为的，就把他的脸皮生生地剥下来，要么就把他的双眼戳瞎，十分残暴。眼见孙皓这么残暴，宰相、将领、大臣们纷纷劝阻，反而都让孙皓给杀了。孙皓在位十多年间，杀了四十多位忠臣，群臣惶恐万分，只好任其为所欲为。

晋益州刺史王濬听闻这些，就上表晋武帝司马炎，道："吴主孙皓残暴淫荡，境内人人自危，现在就是征战吴国的好机会。孙皓死后，吴国必将择立明君，恐怕到那个时候，再攻打就困难了。臣已经是古稀之人，备战的战船也已经建造了七年之久，渴望有一个进攻的机会，望陛下勿失良机。"

紧跟着，大将军杜预也呈上了与王濬一致的奏章，请求攻打吴国。晋武帝阅读完奏折后，决心攻打吴国。

279 年，晋武帝命杜预率领陆路部队，王濬率领水路部队，共二十余万人马，数万艘战船，大举进军东吴。

消息传入东吴孙皓耳中，惊慌之下，孙皓召集官员讨论如何克敌。丞相张悌领军，亲自对各路人马进行调配。孙皓才稍微放宽了心。

孙皓满脸忧色地退朝后，亲近的臣子岑昏见此情形，询问君主为何难以安寝，孙皓道："本次进犯我国的晋国大军足足几十万之众，陆路迎战的是各位大将军，我不太担心。我最担心的就是水路，晋朝大将军王濬有着丰富的造船经验，已经造了数年战船，我们的水军怕是抵挡不了，因此朕十分烦恼。"

岑昏道："反正江南遍地是铁，可以把铁锻造成铁锁链，链长几百丈，横置于沿江险要关卡，阻止战船通过。再锻造数万铁锥，尖头向上置于水中，晋国战船顺风顺水而来，遇到铁锥就会凿破船底沉没，是没办法渡江的。"

孙皓闻言，连连夸赞岑昏想了一个好办法，立刻命令工匠在江边连日锻造数量极大的铁链与铁锥，置于江中，用来抵挡晋国的战船。

杜预率大军进攻东吴，一路战无不胜，大多镇守东吴城关的将领没有对战就直接投降了。杜预大振军心，势如破竹。

王濬率水军沿江而下，探子回报道："吴人锻造了很多铁链，横置于江面；又放置了极多铁锥来损坏船只。"

王濬闻言，大笑道："就凭这点手段就想损坏我的战船，真是愚昧至极。"

王濬让人打造了十几只巨大的粗木筏，又在上面放置了长达十几丈的粗大火炬，里面盛满了麻油，碰到铁索就点燃，让它们燃烧，直到烧断。大木筏顺流而下的巨大冲力将置于江中的那些铁锥撞得七零八落，要么倒在江底，要么一头扎在木筏底，被木筏拖走了。

有了木筏在前开路，清扫障碍，王濬率领的水军乘着战船，畅通无阻地顺流而下。吴国将领张象，率领水军在江河下游迎战，看到对方的气势，主动投降了。

王濬说："假如你是真的想投降，就在前面带路，迎我们入城。"

于是，张象回到自己船上，驶回城下，号令开城降敌。

孙皓见此便脱掉外衣，命人将自己双手反绑起来，带领文武百官降了王濬。

至此，三国鼎立时代宣告终结，晋武帝司马炎一统天下。

—— 石崇王恺斗阔 ——

晋武帝司马炎一统天下之后，自视劳苦功高，开始了荒淫无度、寻欢作乐的生活。他手下的大臣们更是饮酒作乐、毫不顾忌。

在晋朝都城洛阳，晋武帝的舅舅、后将军王恺，散骑常侍石崇与掌管禁卫军的中护军羊琇是城中有名的巨富。

石崇曾出任荆州刺史。荆州不但是个大都会，还是水陆交通要塞，走南闯北的客商众多，石崇不但大肆敛财，还放纵部下对民众横征暴敛，当街抢劫，由此获得了巨额的财产，成为洛阳城中排得上号的大富翁。为了显摆自己的财产，石崇特命人搜罗全国境内的珍稀花草，在住宅旁边打造了一座金谷园，园内花团锦簇，一座精致的绿珠楼拔地而起，连里面养的歌女都是他用五斗珍珠买回来的。

石崇有个叫刘实的朋友，在探望石崇的时候，突然想去上厕所，刚进厕所，就看到里面摆着一张挂着美丽纱帐、铺着奢华垫子的大床，两个侍女分别立于床的两侧，手持香囊。刘实赶忙退出来，连连道歉：“抱歉，抱歉，我不是故意要进到你的闺房的。”

石崇闻言，大笑不止：“你进的就是厕所呀。”

石崇的奢侈糜烂由此可见一斑。

王恺则依仗自己是皇亲国戚，四处搜刮民脂民膏，为虎作伥。为了彰显自己有钱，他家中刷锅的水都是糖水，他命人在大门两旁，用稀有的金丝线织成足有四十里长的围栏。人们要去王恺家，就必须经过这条围着金丝线围栏的路。

石崇听闻，就让厨子做饭时拿蜡烛当柴火用，刷墙时蘸香料，并命人把自己家门口用五彩的锦缎做围栏围了五十里，风头盖过了王恺。

王恺不甘示弱，他向外甥晋武帝告状。晋武帝觉得舅舅与石崇比阔气是件很有趣的事情，就命人把宫里的一株珍贵的珊瑚树赏赐给王恺，好让他大显威风。

王恺得了赏赐后，就像得到了宝贝，接连发帖，邀请石崇与文武百官到家中赴宴。饭毕，王恺故弄玄虚地说：“在下偶得一件稀罕物，平日里不轻易示人，今天趁着大家在兴头上，就拿出来让大家开开眼，如何？”

众人连忙称：“快请快请。”在王恺的命令下，两个侍女万般小心地将一株珊瑚树捧出来。大家只觉眼前一亮。只见那珊瑚树大概二尺多高、红中带粉、晶莹剔透、枝棱均匀、有棱有角，乃是一株上品珊瑚。大家都赞叹不已，石崇慢慢走过去，像是在细细观摩，王恺在一边暗自得意，眯缝着眼。

突然之间，只见石崇顺手抄起桌边的一柄如意，重重地朝那株珊瑚树挥去，顷刻之间，那株珊瑚树就被打散了，碎了一地。

围观的人大惊失色，王恺更是恼羞成怒，一把将石崇揪住，索要赔偿。

石崇哈哈大笑道：“行行行，我来赔。”随即命令仆人返家，将家中的珊瑚树多搬几株过来，让王恺随意选择。

不多久，仆人们就把十几株珊瑚树搬来了，那些珊瑚树都比王恺的那株要高上许多，株株俊秀、玲珑通透，远胜王恺那株。

周围的人对这些珊瑚树评头论足，眼睛都快顾不过来了。王恺这才知道，自家的宝物的确不如石崇，只好罢休。

西晋朝堂上下都这么奢侈、荒淫无度、腐败无能，注定其江山是不会长久的！

—— 愚蠢的晋惠帝 ——

晋武帝时期，朝政腐败昏庸，官员之间摆谱比阔成风。晋武帝更是居功自傲，因自己是一统江山的人而得意扬扬。在一众官员的溜须拍马之下，更是只顾寻欢作乐，不干正事。

晋武帝虽然荒诞，但他心里一直藏着一件事：太子司马衷是个白痴一样的低能儿。这事大家心知肚明，但都是睁一只眼闭一只眼，没人敢开口。但大家又满怀担忧，假如晋武帝死后，皇帝之位让这个低能儿坐，天下会变成什么样子，可想而知了。

司马衷一向很笨，虽然教育他的老师换了好几拨，但架不住这孩子生来就笨，胸无点墨，老师们都拿他没办法。可司马衷又是继任王位的唯一人选，这让晋武帝很头痛。

大臣们对晋武帝的心事了如指掌，但又不敢轻易开口，曾经有一位大臣，在酒席上喝多了，就示意司马衷不是当太子的料。晋武帝闻言，没有表态，只是支支吾吾地说他喝多了，闹得很不愉快。从那之后，再也没人敢对皇上提起这件事了。

晋武帝虽然并未提及，但眼看着自己日渐衰老，总有一天要儿子继位。于是就送了几本正要批阅的奏章到太子那里，让他批阅，实际上是想看看儿子到底有没有继任的能力。

太子司马衷虽然笨拙，但他的妃子贾氏却十分狡黠。她看到皇帝遣人送来的奏折，清楚太子完全没有处理的能力，急忙将教导太子的老师请来，与亲信太监一道，拟了一份批注，再让太子自己抄了一遍。这份批注写得通俗易懂。晋武帝见了批注后，龙颜大悦，认为自己的儿子尽管愚笨，但并不是愚不可及，顿时放宽了心。

太子司马衷30多岁时还是不长进，无法处理国事。此时，晋武帝病重，思来想去还是对自己的儿子不放心，于是叫发妻的父亲杨骏来辅佐儿子。

太子司马衷在晋武帝死后继位，也就是晋惠帝。

晋惠帝当上皇帝后，他的皇后贾氏对杨骏把持朝政很不满，设计除掉了杨骏，自己垂帘听政，充当了幕后操纵者。晋惠帝乐得如此，每日只顾吃喝玩乐。他有一天闲得发慌，就让太监们陪着自己去御花园玩乐。他听到池塘里蛤蟆的叫声，突然头脑一热，朝太监们喊道："你们听到什么声音了吗？"

太监们回答："听到了，这是池塘中的蛤蟆在呱呱叫。"

晋惠帝又问："那我考考你们，它的叫声是为公还是为私呢？"

太监们一时不知其所云，无法作答。后来有个太监，还算是有点胆识，答道："陛下，要是蛤蟆在宫里叫，就是为公；要是在宫外叫，就是为私。"

晋惠帝似是而非地点了下头。

有一年，地方上闹了旱灾，粮食没有收成，百姓大多饿死了。事情报到京城，所有官员聚集到一起商讨应对方针。晋惠帝闻言，对他们说："真是件怪事，人为什么会被饿死呢？"

官员们答道："遇上旱灾，大家都吃不上饭。"

晋惠帝思考片刻，说："要是没有白饭，就吃点肉呗，这样怎么还会饿死呢？"

一众官员啼笑皆非，心里暗道："这个皇帝真笨。"而那些忠臣良将，则在心里接连哀叹，司马家由这样的皇帝当权，怎么能长治久安呢？

这种担心并不是毫无道理的。有这么个笨蛋皇帝当权，难免一些有野心的人想上位。

—— 八王之乱 ——

西晋一统天下之前，由于常年战乱，民生凋敝。老百姓极度渴望和平。所以在西晋最初的十年间，没有战事困扰，社会生产得到了一定程度的发展，这就是历史上的"太康之治"。晋武帝司马炎死后，传位于笨蛋太子司马衷，即晋惠帝。但在惠帝当上皇帝的第二年就发生了一场重大的政治变革，即八王之乱。

晋朝政权初建时，晋武帝觉得魏朝灭亡的最根本原因是没有对同姓王进行封赏，皇家亲族手中无权，后来的皇帝就无人可依。因此，他即位后，便对皇家亲族大肆封赏，同姓王就封了五十七个，并让他们都手握军权，有的王不但手握中央军权，还握有地方的军权。晋武帝在统治晚期，将荆州封赏给楚王司马玮、将许昌封赏给汝南王司马亮，让这些诸侯盘踞一方，实力越加雄厚，但这也为以后埋下了战乱的隐患。

晋武帝于290年4月驾崩前，曾颁布了一道诏书，将摄政大权交由汝南王司马亮和发妻杨艳的父亲杨骏两人。哪知道杨氏父女矫诏，将司马亮排除在权力范围之外。杨骏在晋惠帝司马衷即位后，以祖父和太傅的身份辅佐朝政，成为了权力的实际操控者。

晋惠帝很笨，完全没有能力管理国家，也毫不在意自己的处境。但皇后贾南风，与她的父亲贾充一样，阴险狠毒又擅权。她不愿让杨骏独掌大权，就与楚王司马玮密谋把杨骏杀死。

楚王司马玮于291年3月，从荆州领兵抵京，宣扬自己是收到晋惠帝密诏来征讨谋反的杨骏的。他将杨骏的宅邸团团围住，将杨骏与其上千党羽斩杀。皇后贾南风又将太后杨艳贬为庶人（平民百姓），逼她绝食而亡。

之后，汝南王司马亮抵京，与元老卫瓘一道把持朝政。当时司马玮手握中央禁军大权。而司马亮也希望能够独揽大权，二人之间的矛盾逐渐激化。

贾后也觉得司马亮很碍事，就让晋惠帝向司马玮颁布诏书，让他将司马亮与卫瓘等人悉数斩杀。司马玮依密诏行事。

贾后恐惧司马玮将政敌都除掉之后就会专权。当晚，就宣称楚王司马玮矫诏，擅自斩杀朝廷命官，判了他死罪。司马玮连声喊冤，但为时已晚。

自此之后，晋惠帝就是挂名皇帝，掌权的是贾后。她在朝中党羽众多，机关部门都是自己委派的亲信，独断专权八年多，坏事做尽，恶名远播。

太子司马遹不是贾后所出，她为此一直耿耿于怀，她担心太子长大成人后自己的地位堪忧，同时自己的亲信也经常在她跟前说太子不好，说一旦太子继位，贾后就不会有好果子吃，要她趁早除掉太子，以绝后患。

在贾后的设计下，太子被安上谋反的罪名，被贬为庶民。群臣不满于她的做法，背后牢骚满腹。赵王司马伦传播了一些准备推举太子复位之类的谣言。贾后当真，索性一不做二不休，直接让人把太子毒死了。

司马伦手握禁军指挥权，利用了大臣们对太子的同情，举着为太子复仇的大旗，带兵闯进贾后宫中，将其抓了起来。

贾后花容失色，哭骂道："你们想怎样？要谋反吗！"她寄希望于晋惠帝，希望他能救自己。

司马伦并未在意贾后的话，直接将她与她的亲信全部斩杀，把持了朝政，做了宰相。

第二年，野心家司马伦尊称晋惠帝为"太上皇"，并将其囚禁起来，自己做了皇帝。

赵王司马伦谋权篡位的消息一传开，遭到了各地诸侯王的强烈反对，他们也想自己当皇帝。

最先起兵讨伐司马伦的是齐王司马冏，紧随其后的就是成都王司马颖、河间王司马颙。三王联合，在京城洛阳郊外花了两个多月时间，与赵王的军队战得你死我活，近十万人阵亡。赵王接连败退，手下又在城中叛变，恭迎晋惠帝复位。

随后，赵王司马伦被赐死，齐王司马冏获得入京辅政的权力。成都王司马颖和河间王司马颙所得好处不多，对齐王心生怨恨，与在洛阳的长沙王司马乂一道，征讨齐王。齐王司马冏战败后被杀，由长沙王司马乂执掌朝政。

成都王司马颖和河间王司马颙并不满足于此，借长沙王"论功不平"之名，又联手来征讨长沙王，将他逼入绝境。此时，东海王司马越找机会带兵抓了长沙王，将他交与河间王大将张方。

张方是个狠角色，非常毒辣，在攻占洛阳后，将长沙王司马乂置于火上活活烧死。

诸侯王间厮杀不断，战争的规模逐渐扩大。晋惠帝也被当作人质，被胁迫至长安。东海王司马越于 305 年，再次发兵，攻入关中，次年攻破长安，接晋惠帝回洛阳。

"八王之乱"一直打了十六年，汝南王司马亮、楚王司马玮、赵王司马伦、齐王司马冏、成都王司马颖、河间王司马颙、长沙王司马乂等七王相继死去，最后仅存东海王司马越。

此时，司马越更加无所顾忌，306 年，他索性毒杀了晋惠帝，另行册立了晋武帝第二十五子司马炽，也就是晋怀帝，将朝政全部把持在自己手中。

—— 匈奴贵族称帝 ——

自汉魏起，中原周围的民族就不停地迁入内地，西晋末期，几乎遍布中原的每一个角落。但是时局不稳，少数民族，像匈奴、鲜卑、羯、氐、羌等领袖都兴兵，先后建立起独立的政权。在 303 年至 460 年的一百多年间，北方曾先后存在了十六个政权，这就是"十六国"的由来。

匈奴贵族刘渊是第一个在中原兴兵的人。十六国时期，刘渊创立了汉国，是匈奴左部帅的继承人。

匈奴人在"八王之乱"的动荡中日子也并不好过，一些贵族聚集在一起商讨应对方针。有个长者说："我们匈奴人自汉朝起，就与汉人结为同好，曾经非常威风。但现如今，匈奴单于的后人尽管有世袭的爵位，但毫无封地，与寻常人家没什么不同，我们可以借着目前晋朝诸王动乱、时局混乱的时机，夺回失去的东西！"

这些匈奴贵族深以为然，但苦于没有一个有魄力、有胆识的领头人。大家商议，只有让有勇有谋的刘渊坐上单于的位置，或许能起事并取得成功。

当时刘渊在邺城，也就是现在河南安阳北的地方，管辖五部匈奴军队，是成都王司马颖军队的一员大将。他对匈奴要他回去当单于的请求非常高兴，立刻向司马颖告假，称自己要回匈奴葬父。司马颖未批准，刘渊就暗地里集合了五部匈奴的兵马，渐渐往南方渗透。等到"八王之乱"时，司马颖战败逃至洛阳，才允许刘渊返回匈奴招兵买马前来相助。

刘渊一回到左国城，也就是现在的山西离石东北后，便被推上了大单于之位。他召集了五万兵马，一路向南，协助晋朝大军与鲜卑人作战。他的部下很不理解，问："为何不尽快消灭晋朝，反倒去帮晋朝人打鲜卑人呢？"

刘渊是这么解答部下的疑惑的："要灭了晋朝一点都不困难，但这不一定是民心所向。我思来想去，唯有一种方法。众所周知，先祖冒顿单于和呼韩邪单于，都与汉朝公主成了婚。我们匈奴人尽管有自己的姓氏，但我们都有跟随母姓这个习俗。由于这个机缘，我们这些冒顿与呼韩邪的子孙，都随母姓刘。关外众多刘姓匈奴后裔，均认为汉高祖刘邦是他们的始祖。汉朝成立时间长，在民间影响深远，我们可以打着汉朝后裔的旗帜争夺政权，取得关中百姓的支持！等政权到手，再做下一步打算。"

大家纷纷对刘渊的想法表示赞同，拥立他为汉王。

刘渊竖起反晋兴汉的大旗，将上党、太原、河东、平原等几个郡依次拿下，势力得到了飞速扩张。308年，刘渊登基为帝，建都平阳，也就是现在的山西临汾西南。

刘渊登基后的第一件事是灭掉晋朝，因此集中火力攻打洛阳，但却遭到晋国的顽强抵抗，先后两次兴兵均无成效。

刘渊的儿子刘聪，他在刘渊死后继承大统，继续兴兵攻打洛阳。311年，攻克此城，俘虏晋怀帝司马炽。过了没多久，晋怀帝就被刘聪所杀。

身居长安的晋朝官员听闻晋怀帝被杀之事，将晋怀帝的侄儿司马邺推上皇位，史称晋愍帝。刘聪于316年攻克长安。在受尽凌辱后，晋愍帝被刘聪所杀，西晋灭亡。

—— 司马睿建东晋 ——

刘聪于 316 年攻破晋都长安，俘虏并杀了晋愍帝，消灭了西晋王朝。愍帝被俘前，将一封写好的密折交与弘农太守宋哲，宋哲带着这封密诏逃离长安，来到了建康，也就是现在的江苏南京，觐见琅琊王司马睿。

司马睿在看到愍帝要他继位的遗诏之后，非常高兴，立刻走马上任。他登基后，任命了文武百官，接受群臣朝拜，并将建康定为国都，沿袭了晋的国号，318 年即大兴元年，自称晋元帝。为了区别已经灭亡的晋朝，历史上称司马睿建立的晋朝为东晋。

司马睿登基时，还发生了一件啼笑皆非的事：司马睿登基时，文武百官纷纷叩拜新帝并高呼万岁，他竟然站在御座前，对他新封任的丞相兼骠骑大将军王导招呼道："王将军，快上来和朕一起坐。朕要邀你同富贵共荣华！"

跪在底下的臣子们听了此言，皆震惊万分。王导急忙惊惶万状地说："陛下就像天空中的太阳，文武百官与黎民百姓就好像是世间万物。万物不能与太阳混为一谈，太阳是照耀万物的。"

听了王导的话，司马睿觉得心里十分安慰。他感慨道："我的知音就是王爱卿！其堪称国之栋梁！"

那么，司马睿为什么这么看重王导呢？因为司马懿乃是司马睿的曾祖，琅琊王司马觐是他的父亲。他于 307 年承袭了父亲的爵位。当他赴任建业时，受到当地豪门贵族的排斥。他们瞧不上司马睿，也不参见，对其颁布的政令也拒不执行。司马睿心急如焚，向自己的参军王导请教方法。王导认为他应该先把姿态放低，带着那些从北方追随他而来的名流贤达拜访当地有名的士族名流。

过了不久，王导又动员自己的堂哥、扬州刺史王敦，在江南百姓过节时，让司马睿乘着奢华的轿子、举着仪仗前行，自己与王敦及府内官员毕恭毕敬地随行在侧。司马睿的这些举动最终流传于百姓之中。那些江南乡绅士族终于受了影响，都赶去琅琊王府求见司马睿。

此时，王导又及时劝谏司马睿不要顾忌以前，借此机会收纳了大量人才。一些司马睿称帝后分封的大臣，比如顾荣、纪瞻、贺循等人，都是他在这个时候收纳的。至此，司马睿最终掌管了建康，并在王导尽心尽力的辅佐下，使建康成为江南的政治中心与军事重地。

晋元帝称帝后，王导依然尽心尽力辅佐，逐渐确立了东晋王朝在江南的地位。最开始，王导倡议元帝由官府出面对农桑进行奖励，江西等地地广人稀，可以把那些从北方逃难而来的百姓安置到那里耕田种地，平日里，军队也可以参与屯田。这样，百姓生活安居乐业，粮食充足，也能相应地增强军事实力。

随着晋朝权贵们的南迁，西晋时期石崇、王恺等豪门贵族相互攀比的恶习也被裹挟而来，王导提议让元帝下令，严禁朝廷官员与人民生活奢侈糜烂。王导上奏元帝："此风气既有损国家财力，又滋生腐败，会让百姓不满于朝政，总有一天会损害国之根本的。"元帝闻言，深以为然，就让王导带头将这种风气扫除。

那年清明，东晋的王公大臣纷纷乘着华丽的车子、穿着锦衣华服、装着珍馐美味到新亭，也就是现在的江苏南京南去踏青。新亭周围搭起很多彩色的棚子，非常热闹。但是，当大臣们去给丞相王导敬酒的时候，看到王导坐在一个十分简陋的草棚内，身着布衣，手里拿着一壶浊酒，给大家斟酒道谢。吏部尚书周顗瞧见之后，十分羞愧，感慨万千："王丞相这是在点醒我们，江北的百姓还未安居乐业。我们不能学刘禅啊！"

短短数言触动了众人，很多大臣当时就十分自责，难过得哭了起来。在那之后，东晋官场的奢侈糜烂之风便逐渐得到了遏制。

晋元帝看到王导无时无刻不在为他着想，很是高兴："王丞相既能辅佐朕治理朝政又能理财，真是朕的好帮手啊！"

从那之后，元帝就更依赖王导，朝中之事都会与他商量。所以，当时民间流传着这么一句话："王与马，共天下。"

—— 王羲之与《兰亭集序》 ——

东晋初年，宰相王导的兄弟王旷膝下有一爱子，名为王羲之。受他父亲热爱书法、舞文弄墨的影响，王羲之也深深迷上了书法。十几岁时，王羲之就在父亲的书房中翻弄前人的书迹、碑帖。见儿子如此热爱书法，王旷便用一本《笔说》做教材，亲自教王羲之笔法、笔势、笔意。在王旷的悉心指引下，王羲之的书法很快就打下了深厚的基础。

后来，王羲之的书法有了名气，多人争相求之，就连京城里的官绅、地方的富豪也都渴望得到他的墨宝，得到他墨宝的人更是因此为荣。

王羲之也曾出任过朝廷的官员，一生做过刺史、右军将军、会稽内史。其当右军将军而被当时的人们称为"王右军"。40多岁时，他因与上司意见不同，辞去了官职，从此游山玩水、吟诗会友，专心投入书法艺术中。也正是因为他辞去了官职，没有琐事缠身，一心投入书法，王羲之的书法才能登峰造极。

一年春天，王羲之宴请宾客，其中有司徒谢安、司马孙绰和附近的几个县令及他们的几个儿子。正值春暖花开、山清水秀之际，他们一行几人悠闲地行走在山径中，前往会稽兰渚山麓的兰亭聚会。

这时，王羲之提议采用传统"曲水流觞"的方式来助兴，这一建议得到了众人的赞同。于是，在一条曲折的小溪旁，众人分别找个石头坐下，由书童在木盘上放上几只装满酒的觞（古代称酒杯为觞），顺着河的上游将木盘放下，使其顺流而下，每经过一人，那人就要尽快作诗一首，如果作不出来，就要罚酒三杯。这场"曲水流觞"让众人玩得不亦乐乎，最后众人竟作出了二三十首好诗。大家提议将这些诗编辑成一个集子，取名《兰亭集》，以此来纪念这次有意义的聚会。大家一致推举王羲之为这个集子写一个序。对此，王羲之毫不推辞，直接让书童在兰亭摆下笔墨，准备写序。在众人的左右簇拥下，王羲之来到兰亭，他环顾四周，发现这里风景优美，不由感慨万千。没过多长时间，他已经胸有成竹，思考好了序的腹稿，接着，他在书案前盘腿坐下，拿起毛笔，挥洒自如，一气呵成，这就是被誉为"天下第一行书"的三百二十五字的《兰亭集序》。就这样，在会稽群山中"天下第一行书"诞生了，只可惜因为种种缘故，真迹已经失传，流传下来的只是一些古人的临摹本。

王羲之一生中还发生了很多趣事，其中就有《换鹅帖》一事。相传，王羲之酷爱养鹅，不管路途有多远，只要有好鹅，他都会去欣赏；碰见自己喜爱的鹅，他甚至会不惜重金买下。一位山阴（今浙江绍兴）城外道观中的老道知道了王羲之的心思，他特意养了一群可爱的白鹅在道观外的池塘中。

一天，王羲之刚来到道观外就被池塘中可爱的白鹅深深吸引住了，他痴痴地站在池塘边，久久望着池塘中的白鹅。忽然，王羲之对自己的仆人叫道："来人呀，快将道观中的道长请来，给他说，我有要事与他相商。"不一会儿，老道便匆匆赶来，对王羲之深深作揖说道："贫道这厢有礼了，请施主前往道观里坐。"

可王羲之心中全都是鹅，哪有闲心去坐，他直接问道："道长，你这些鹅是否可以卖给我，还请道长开价！"老道面带难色地说道："敝观养这些鹅是为了让来此的香客观赏的，是不会卖的。"可王羲之哪里会放弃这样好的机会，他脑袋一转说道："那这样吧，我用更多的鹅来换你这些鹅，这样总可以了吧！"

老道支支吾吾了半天，才将本意说了出来："换不是不可以，只是鹅换鹅却不行。早就听说右军大人书法高超，贫道想用鹅来换你的字，你看这样可以吗？"王羲之听了，立马答应了下来："行，只是怎么个换法？""恳请右军大人为敝观书写一卷《道德经》，如果大人愿意屈就，那这些鹅就全归你了！""好，我现在就去写。"王羲之满口答应，于是，就给道观写了一卷《道德经》。

—— 桓温领兵北伐 ——

东晋王朝在经历王敦、苏峻叛乱之后，对于所有掌握军权的将领都不是很放心，而荆州桓温的势力越来越大。

桓温时任荆州刺史，掌控着长江上游所有的兵力。他足智多谋，曾趁蜀地的成汉政权内部不稳，率领军队攻打成汉，于347年成功平定了整个蜀地。因此，桓温名声大振，功高震主，引起了朝廷对他的怀疑。

349年，北方各国政权不稳，再次发生混乱。桓温见此多次请求朝廷批准他带兵北伐。尽管东晋朝廷很想北伐，可惧怕桓温利用此机会乘机扩充势力，对朝廷不利，便改派扬州刺史殷浩率兵北伐，以此来压制日益壮大的桓温。可万万没想到，殷浩不懂带兵打仗，大败而归，朝廷无可奈何，只能派遣桓温带兵北伐。

354年，桓温率领晋军，兵分三路，从江陵出发，向关中的前秦攻去。在殽函（今陕西潼关以东至河南新安）一带，晋军与前秦主力相遇并发生激战，秦兵大败，只有前秦国主苻健率领六千人马败退回了长安。自此以后，他深挖沟，高筑墙，一直坚守在长安不出来。桓温一路势如破竹，一直打到离长安不远的灞上。听说晋军来了，关中百姓都兴高采烈纷纷准备牛羊酒菜前去军营慰劳晋军将士。

桓温本可以一鼓作气，趁着苻健元气大伤时拿下长安，可此时桓温却想，正是因为有前秦的存在，他才可以与朝廷讨价还价，因此一拖再拖，没有及时进行攻打，就这样战机从手边溜走了，前秦也得到了一定的恢复。长安城外的麦子即将成熟，桓温准备派遣士兵进行抢收，这样可以为长期驻扎准备下军粮。但没想到的是，苻健抢先一步将麦子割完，就连未成熟的都没给他留下，桓温可谓是颗粒无收。桓温见一时无法将前秦完全消灭，而军队的粮食又快供应不上了，便只好班师回朝。

总的来说，这次北伐还是打了胜仗，因此，晋穆帝便将他升为征讨大都督。

后来，桓温又进行了两次北伐。在第二次北伐时，他甚至还一度收复了洛阳，因此，他建议东晋迁都洛阳，可这一建议却遭到朝中大臣的强烈反对，引发了朝廷内部的不和。前燕也趁此机会出兵夺回了洛阳。最后一次，桓温率兵攻打前燕，所向披靡，部队都攻打到了枋头（今河南浚县西），可前燕切断了桓温的粮道，军粮缺失，最后也不了了之。几次北伐扩大了桓温的影响力，也扩大了他在军队中的势力，他的政治野心也急剧膨胀。一天，他嘟囔道："男子汉如果不能流芳百世，那遗臭万年又有何妨？"

371年，为了进一步提高自己的威信和政治影响力，桓温率领军队进入国都建康，废除了晋废帝司马奕，立司马昱为帝，也就是晋简文帝。而桓温自己则自封为宰相，带兵驻扎在姑孰（今安徽当涂），控制着朝廷的军政大权。两年过去了，晋简文帝死了，桓温本以为会传位于他，可没想到却是让太子司马曜继承王位，称晋孝武帝。桓温大为恼怒，再次带兵进入建康，他要找机会取代东晋。

桓温带的将士一个个杀气腾腾，吓得朝廷官员全都脸色大变。当时，王坦之、谢安这两位士族大臣声望很高，因此，桓温点名这两人前去他的官邸，准备在客厅后面埋伏武士，煞煞他们的威风。

王坦之刚走进相府，就吓出一身冷汗。而谢安却镇定地坐了下来，说道："历来所有有信义的大将都会将兵马布置到边关去，以此来防止外敌入侵。你为何要将士兵藏于壁后呢？"听了之后，桓温也感到有些尴尬，便下令将埋伏的士兵全都撤走。

见东晋士族中反对他的势力依旧不小，桓温始终没敢篡位。没过多久，他暴病身亡，带着他的皇帝梦进入了坟墓。

—— 扪虱谈天下 ——

桓温在东晋王朝的政坛上呼风唤雨时，北方地区也出现了一位名叫王猛的著名政治家。

王猛所生活的时代，中国正四分五裂，东晋王朝处在长江以南地区，而北方则被各少数民族占领，分别建立了自己的政权，相互攻伐。频繁的战争给人民带来巨大灾难，百姓苦不堪言。见此情形，王猛不因自己出身卑贱而灰心丧气，立志要做出一番事业来。他研究治理国家的学问，对历代圣贤进行了深入的研究和学习。他还游历四方，拜访各地的贤才，了解天下大事。

王猛为人小心谨慎，性格刚正坚毅。在他看来，北方所有政权都有局限性，成不了大事，他学习当年姜太公的样子，等待他的周文王。于是，他来到了关中，在华山脚下隐居，等待时机。

354年，东晋大将桓温北伐，一路上所向披靡，一直打到关中，驻军灞上，与前秦的苻健形成了对峙的局面。见晋军来了，关中百姓奔走相告，热烈地欢迎。对此，王猛也是十分的高兴，他很清楚桓温是一个英雄，便去晋军大营拜见他。

见他身着麻布短衣，桓温满脸不屑，碍于大庭广众之下，还是耐心地问道："先生可以教给我什么？"

王猛一边伸出手去捉虱子，一边说道："对于称王称帝这种事，我是教不了的。可一统天下、流芳百世这些事，我还是有些见解可以与将军切磋的。"

桓温见他其貌不扬，谈吐不凡，话中另有他意，立马脸色庄重了起来。王猛继续神态自若地讲天下形势和治国策略。桓温不由听得入了神，为此人暗暗称奇。

见桓温已经被自己深深地吸引，王猛立马话锋一转，劝说桓温要趁此机会与前秦决战，以免丧失良机。可这时桓温还想利用前秦来与东晋朝廷抗衡，不想攻秦。见他一言不发，陷入沉思，王猛看穿了他的心思，内心十分失望。不久后，桓温退兵，临行前，他前去邀请王猛南下，可王猛意识到东晋朝廷内部隐藏着危机，便婉言拒绝了。

前秦将军苻坚胸怀大志，想要成就一番事业。听说了王猛的事迹后，认为王猛是个人才，便派人请他出山。一见面，两人聊得十分投机，都表示相见恨晚。苻坚十分信任王猛，将其视为诸葛亮。不久后，前秦皇帝苻健死了，苻坚自立为大秦天王，任命王猛为中书侍郎（中书省副职）。因为政绩卓越，很快王猛就得以升迁，先后升为尚书左丞（尚书省副职）、京兆尹（首都的最高长官）。

出任京兆尹的王猛刚正不阿，执法严格，不畏强权，对于酗酒行凶、抢劫的太后弟弟不留一丝情面，坚决捕杀，仅一个多月就处罚了二十多个胡作非为、为非作歹的权贵。在他的大力整顿下，不良风气得到了抑制，社会风气转好。一年之内他升了五次官，可当时他才36岁，可谓是年轻有为。

王猛具有杰出的才能，对于领兵打仗，王猛也不含糊。为了前秦，他左右征战，率军攻打东晋的荆州，讨伐叛乱的羌族首领敛歧，出征前凉的张天锡等，这些大大小小的战役，他都取得了胜利。因此，他立下了赫赫战功。为了帮助前秦扫除通往中原道路上的障碍，他还率兵平定了前秦宗室苻柳、苻双、苻搜、苻武等人的叛乱。370年，在王猛的带领下，前秦消灭了前燕。

两年后，王猛升为前秦丞相。在任期间，他刚正不阿，选拔任用人才，重视农业发展，大力整顿军队，使前秦出现了国富兵强的局面。就在他准备实现自己的抱负、大干一场的时候，375年，却因病倒下了。

临终前，王猛嘱咐苻坚道："虽然东晋远在江南，但它毕竟是华夏正统，现在国家安定。臣死之后，陛下谨记不要去攻打东晋。还有那些鲜卑、西羌等投降贵族，他们都表里不一，心藏祸心，早晚会成为祸害的，希望陛下早做准备。"

没过多长时间，王猛就病死了。

对于王猛的死，苻坚伤心欲绝，悲伤地对儿子说道："上天是不想让朕一统天下呀，为何这般早夺走我的丞相？"只可惜王猛的嘱咐，苻坚并未听进去。没过多久，苻坚就率领军队去攻打东晋，果然不出王猛所料，在淝水苻坚大败。

—— 苻坚一意孤行 ——

376 年，前秦统一了北方，消灭了前凉和代。放眼整个天下，只剩下东南地区没并入前秦的版图，这成了苻坚的一块心病。几年内，他对东晋发动了好几次小范围内的试探性的攻击。

终于，苻坚忍耐不住了。382 年，他决心攻打东晋，也就在这一年的十月的一天，他召集大臣商议此事，他说："我打了一辈子的仗，只希望能在有生之年一统天下。现在只剩下东南部的晋国还没攻克，因此，我准备举全国之力前去征讨，对此，你们有什么意见？"听完苻坚说的话，大臣们全都表示反对。一个名叫权翼的大臣说道："臣认为攻打晋国，时机尚未成熟。目前晋国国家稳定，上下一心，大臣十分有才能，尤其是晋国的宰相谢安，他十分了不起。因此，不能小看了晋国。"

听到权翼的话，苻坚满脸不开心。这时，武将石越说道："晋国有长江天险作为天然屏障，再加上民心所向，我们难以取胜。"苻坚没有想到自己的武将石越也会说出如此长他人志气、灭自己威风的话，他十分生气，大叫道："哼，长江天险算什么，我可是有百万大军的，只要我们将马鞭子投入江中，长江水就会被堵住。到时候看他们还有什么依靠。"众人讨论了半天也没讨论出结果来。苻坚让大臣们全都散了，仅留下自己的弟弟苻融。

苻坚将自己的弟弟拉到自己身边说道："自古成就大事要力排众议，由一两个人拍案决定。对于这件事，你是怎么想的？"

苻融忧心忡忡地说道："大家说得都有道理。我军征战多年，士兵们早已厌倦和疲惫，需要休整，我看还是缓缓为好！"见亲弟弟也反对自己出兵，苻坚十分地失望，不解地说道："现在我们秦国国富民强，兵强马壮，去对付那小小的晋国，还不是手到擒来，怎么会打不赢？你们都这样反对，真让我失望。"见到苻坚如此固执，苻融急得焦头烂额，忽然，他想起王猛的话来，说道："难道陛下忘记王猛临终前的嘱咐吗？现在我们最要紧的事应该是将对我们有二心的投降贵族全铲除掉。你想想看，有这么多的鲜卑人、羌人、羯人在京城中，要是他们在陛下远征之际，发生了叛乱，这可如何是好？"一提起王猛的话，苻坚顿时哑口无言，可他并未完全听进去。接下来的几天，不断有大臣前去进言劝苻坚不要去征讨晋国。可苻坚始终坚持自己的想法。

一天，投降苻坚的前燕大臣慕容垂前来拜见苻坚。在苻坚的要求下，他说出了自己的看法。慕容垂说道："自古以来，强灭弱，大吃小，这本是天经地义的事情。再说了，现在我们秦国兵强马壮，君主圣明，手下更是拥有雄师百万，对付小小的晋国，那还不是易如反掌。只要陛下下定决心，完全不用去问他人的意见。"听到慕容垂的话，苻坚心花怒放，高兴得很，随即说道："看来，你适合跟我一起平定天下！"

随后，他赏赐了五百匹绸缎给慕容垂。

伐晋事宜开始有条不紊地筹备，竟然连后宫都惊动了。听到朝中大臣许多都不赞成出兵，苻坚的妃子张夫人也前去劝阻。苻坚说道："自古以来，打仗是男人的事情，你们女人家不要插手，更不要多问。"看到父亲要亲征，苻坚的小儿子苻铣也劝说道："父皇，苻融皇叔对陛下是最忠诚的，他的建议父皇应该采纳呀！"

苻坚狠狠地瞪了他一眼，说："这是国家大事，你一个小孩懂什么。"

苻坚一意孤行，完全不顾他人的劝阻，决意要攻东晋。

383年，苻坚率领八十七万大军亲征东晋。他派遣苻融、慕容垂为先锋，封姚苌为龙骧将军，指挥益州、梁州的兵马，准备前去攻晋。

慕容垂跟两个侄儿谈到此事，大家都暗自高兴："太好了，皇上目中无人，光复燕国的机会来了。"

—— 谢安镇定自若 ——

　　383 年，不顾众人的反对，苻坚率领八十七万大军朝南方挺近，准备攻晋。其实，在他心中有一个如意算盘：这次要一鼓作气将东晋拿下。经过一个月的行军，苻坚的主力抵达项城（今河南沈丘南），益州的水军也向东驶来，以至于黄河北面的军队也全都调到了彭城。针对东晋，前秦摆出了咄咄逼人的阵势。

　　这下，建康城里晋孝武帝和文武百官都紧张了起来。他们都希望宰相谢安能拿出个好主意。谢安，陈郡阳夏（今河南太康）人，祖上是有名的士族。自从逃到南方之后，他便与王羲之结为好友，整天在会稽的东山上与一群朋友聚会游玩，吟诗作对，喝酒抒情。谢安具有高超的才能，又有十分高的威望。年轻时，他曾在东山隐居，就是不出来做官。随后在他人的推举下，出来做官，可他仅做了一个月的官就再次返回东山隐居了起来。直到 40 岁时，他才再次出来做官。后来，对于再次出来做官，人们就将其叫作"东山再起"。

　　谢安痴迷于下围棋，但他下得十分慢，总是将后面几步棋思考清楚后，才再次运子。至于做事，他也是这种风格。真正了解他的人清楚，他那是胸有成竹，而不了解的人却总是为他的慢而着急。

　　那时，前秦时常来骚扰东晋北面的边境。谢安便举荐自己的侄儿谢玄前去广陵（今江苏扬州），由他来统率江北的人马。听说谢安举荐谢玄，朝中一位与谢玄不和，名为郗超的官员感叹道："谢安的高明在于他举贤不避亲，一切以国事为重，他推举自己的侄子，是因为谢玄有真才实学，完全可以担此重任，不会辜负谢安的重托。"

　　刚到广陵，谢玄就招募军队。不少从北方逃难到广陵的人都被谢玄招募了进来。其中有个名为刘牢之的彭城人，他武艺高强。谢玄重用他，不久便训练出一只战斗力极强的军队。这支军队常年在京口驻扎着，而京口又被称为"北府"，因此，这支军队被称为"北府军"。

　　面对有百万雄师之称的前秦军队，谢安毫不慌乱，立即对现有的兵力进行部署，他派弟弟谢石为大都督，谢玄为前锋都督，率领八万军队前往江北抵抗前秦军；另派遣胡彬率领五千水军前往寿阳（今安徽寿县）以对抗东进的前秦水军。

出征之前，面对兵力远超自己的前秦军，谢玄心中也没有底，特意去拜见宰相谢安，询问对策。

等了老半天，谢玄还是没等到谢安所说的安排。

没有办法，谢玄只好回家去，可心中总是觉得不妥。一天后，谢玄请自己的好友张玄前去看望谢安，顺便问下宰相的安排。见张玄到来，谢安依旧没说什么，带着他来到自己在山上的一个住地。在这里，谢安跟许多有名望的客人谈天说地，没有理会张玄。张玄也无从开口。

又过了一会儿，谢安对张玄说道："你是一个下围棋的高手，是否愿意与我下一局？如果你战胜了我，那山上的房子就归你了！"这个时候，张玄哪有心思下棋，但一想到下棋时可以询问宰相的打算，也就答应了。谢安跟平常一样，下棋十分稳健，而张玄却十分不自在，结果，张玄输了。

紧接着，谢安带着大家去欣赏美景，游山玩水，直到夜幕降临，才返回家中。

晚饭过后，谢石、谢玄等将领全都赶到了宰相府。谢安将他对战事的分析和评估及每个将领的任务全都交代清楚。听完之后，谢玄以前的疑惑一扫而光，谢安的安排如同他下棋一般，步步为营，有条有理，一点都不马虎。就这样，众将领信心满满地回到各自的军营了。

身在荆州的桓冲得知苻坚来势凶猛，不由担心起建康的安危，随即派遣三千精兵前往建康去增援。可没想到，谢安却对他们说道："我早已安排好了，不用担心，你们还是返回去好好把守西面。"听到返回将士的报告，桓冲心中依旧不安。他说："宰相真是有气度，镇定自若，一点也不慌乱。只是他不会打仗，兵力远不及敌军，还让几个年轻人去指挥军队，我看大事不妙呀！"

再说苻坚，他来到寿阳后，觉得晋军兵力不足，根本不堪一击，丝毫没放在心上。就在这时，谢玄派出的刘牢之所率领的五千精兵朝洛涧（今安徽淮南东）的前秦兵发起了袭击。北府军骁勇善战，如同猛虎一般冲了下来，直接杀向前秦军。前秦军根本不是对手，刚交上手就开始溃逃。前秦军将军梁成被杀，其他前秦军则疯狂地抢渡淮水逃命，结果大部分都淹死在河里了。

北府军成功袭击洛涧，缓解了对东晋很不利的局面。

在谢安的吩咐下，水军将领胡彬带领水军顺着淮水朝寿阳进发。刚走了一半，前秦前锋苻融攻破寿阳的消息就传了过来，没有办法，胡彬只能率军退往硖石（今安徽寿县西北），等候和谢石、谢玄会合。

攻克寿阳的苻融自信心膨胀了，他派遣梁成率领五万人马攻下洛涧，断了胡彬的退路。在晋军的围困下，胡彬的水军粮草逐渐供应不上，只能派兵偷偷给谢石送信。可没想到，在穿越前秦军阵地时，送信的士兵被前秦军抓住了，这封信就落到了苻融的手里。看过信的苻融立即将信送给了远在项城的苻坚。

见到此信，苻坚高兴坏了，心想，果然，晋军怎么会是强大前秦军的对手呢！于是，他将大军留在项城，自己带上八千骑兵赶往寿阳。到了寿阳之后，他与苻融一商量，全都认为晋军害怕了，希望逼迫他们投降，他们派遣使者前往晋军营地劝降。

对于派遣使者的人选，苻坚认为要派遣能说服晋军的人。于是，他们就将几年前在襄阳俘虏的坚决抵抗前秦军的朱序派了出去。让他们没想到的是，朱序是身在曹营心在汉。一见到谢石、谢玄，他如同见到久别的亲人一般亲热。不仅没有劝降，反而给晋军提供情报，出点子说："苻坚的主力还在项城，并没赶到前线，前线兵力虚弱，趁此机会，你们赶紧发动攻击，挫挫他们的锐气，这样还有取胜的希望，不然就来不及了。"深思熟虑之后，谢石、谢玄决定采纳朱序的建议，派遣北府军去袭击洛涧。果然，北府军名将刘牢之不负众望，仅用五千精兵就将秦军打得落花流水，溃不成军。紧接着，刘牢之率领人马赶往硖石，前去救援胡彬水军。这下，晋军士气高涨，在谢石、谢玄的带领下，他们乘胜追击，一直追到淝水（今淝河，在安徽寿县北）东岸，随后晋军驻扎在八公山下，与驻扎在寿阳的秦军隔岸相望。

对于苻坚而言，洛涧大败简直是当头一棒，他还没缓过来，晋军就到了对岸，这让他更加迷惑了。在苻融的陪伴下，苻坚登上寿阳城头，朝对岸望去，只见晋军营地连成一片，看不见尽头，遍地人马调动，尘埃四起，他又将目光转向八公山，山上遍插晋军军旗，看不出到底有多少晋军，他越看越迷惑，将八公山上的草木也全都看成了晋军。"草木皆兵"这个成语就是由此而来的。

苻坚对苻融说："看起来，晋军真的很强大，到底是谁说他们弱了？"这下子，苻坚丧失了信心。紧接着，他命令前秦军加强防御，不可轻易出击。

见前秦军一直没有动静，晋军等不及了，怕再拖下去，前秦兵会来得更多，更加对自己不利。于是，谢玄给苻坚写信道："秦军大军早已深入敌后，在淝水边上排好了阵势，可你们现在像打仗吗？一直按兵不动。要是真的想打仗的话，就将军队稍微往后撤点，留下一片空地，让我们渡过淝水，再与你们决一死战。对于这个决定，你们有没有胆量？"看完信，苻坚思考再三说道："如果我们不答应后撤的话，那他们肯定会觉得我们胆小。可就这样撤的话，岂不是让他得逞了。我觉得我们应该将计就计，先腾出地方，趁他们渡河时派出骑兵，这样肯定会消灭他们。"于是，苻坚给晋军传信表示同意。

两军约定的日期到了，双方的军队也都做好了准备。苻坚一声令下，苻融便指挥前秦军向后撤，慢慢地，撤出的地方大了，可前秦军却收不住了，一个劲地往后撤，最后竟演变成逃跑。原来这些前秦军一听见撤退的命令，只希望赶紧回去，根本不想打仗，前不久北府军给他们的苦头，他们不愿再吃了。

谢玄率领八千骑兵快速渡过淝水，朝着前秦军杀去。一时间，前秦军大乱。这时，趁着前秦军后撤，朱序大叫道："秦军战败了，秦军战败了！"见前面的士兵在跑，后面的士兵加紧了脚步；见后面的士兵朝自己跑来，前面的士兵以为真的战败了，更加拼命地向前跑去。

见前秦军大乱，形势不对，苻融手握宝剑想将军队稳定下来。可前秦军依旧如潮水般后撤，兵败如山倒，根本无法阻止。逃命的士兵将苻融的战马冲倒在地，他刚想挣扎着站起来，可追赶的晋军却冲了上来，一刀解决了苻融的性命。这下，前秦军更加乱了，士兵如同无头苍蝇四处乱窜。苻坚见情况不妙，赶紧骑马逃命。这时，一支飞箭射来，正中他的肩膀。一时间，他竟忘记了疼痛，一直催马狂奔，逃到淮北才敢停下。

秦军不顾一切地逃跑，被挤死的、踩死的不计其数。听到风声和野鹤的叫声，他们都以为是追兵赶来，更加没命地狂奔。"风声鹤唳"这个成语由此而来。

晋军大获全胜、收复寿阳的捷报送到建康时，谢安正在与客人下棋，他看完捷报后，随手一扔，没事人似的接着下棋。客人急忙问道是什么事情，谢安随意地说道："就是几个孩子打败了苻坚。"听到这个消息，客人高兴极了，跑出去将这个好消息告诉大家。

淝水大战，极大地削弱了前秦的势力。苻坚逃回洛阳时，部队仅剩下十几万人。不出王猛所料，见前秦势力衰弱，鲜卑族的慕容垂和羌族的姚苌纷纷叛离，建立了自己的政权，这也就是后来的后燕和后秦。后来，姚苌杀了苻坚。

—— 刘裕智摆却月阵 ——

淝水大战后，晋安帝复位。北府军将领刘裕掌握了东晋的政权。

与祖逖一起闻鸡起舞、苦练本领的刘琨是刘裕的曾祖父。小的时候，刘裕家境贫寒，父亲做官府小吏所得的薪酬养活不了人口众多的一家人，不得已，在很早的时候，刘裕便承担起养家的重任。农忙时种田，农闲时砍柴捕鱼，还经营过卖鞋这类的小本买卖，他饱经生活疾苦，也磨炼出他坚韧不拔、强悍的性格。

从军之后的刘裕立下赫赫战功，在迎接晋安帝复位这件事上，他功劳甚巨，可他知道，他出身贫寒，士族从心底里看不起他。为了提高自己的威望，刘裕决定北伐。409 年，刘裕从建康率军出发，讨伐南燕（十六国之一），没花多大工夫，他就消灭了南燕。

几年之后，刘裕平定了南方的割据势力之后，决心再次率军北伐，征讨后秦。他命令尚书左仆射刘穆之代理朝政，并负责军队粮草的后勤保障；大将王镇恶、檀道济则从淮水一带率领步兵朝洛阳进发；而他自己则沿着黄河，率领水军北上。

在晋军的猛烈进攻下，后秦军队溃不成军，节节败退。没有办法，后秦国主姚泓只好求救于北魏皇帝拓跋嗣。那时，北方鲜卑族所建立的北魏王朝已经开始崛起，势力快速扩展到了黄河北岸。收到后秦的求救信后，拓跋嗣便在黄河北岸集中了十万大军，严密监视晋军的动向。

刘裕的水军顺着黄河北上，而魏军也派遣了几千骑兵在岸边紧跟不舍，不断地骚扰晋军。黄河风大浪高，颠簸不堪，不断有晋军士兵掉入水中，往岸上冲去，魏军一见到便立即抓住杀掉；可没等到晋军上岸追击，魏军骑兵就策马跑了。这使晋军苦不堪言，十分疲惫，行军也十分缓慢。

对此，刘裕很是焦虑生气，他苦思冥想了半天，终于想出了对策。

他挑选出七百名勇士和两百辆战车，在北岸上沿着河岸摆出一个半圆形，两头紧靠河岸，中间突出，内部埋伏两千士兵，一根白羽毛高插在最当中的兵车上。这种阵形酷似一弯新月，因此，刘裕起名为"却月阵"。

见晋军布下如此阵势，魏军有些害怕，不知刘裕葫芦里卖的是什么药，一时不敢轻举妄动。

忽然间，白羽毛晃动了几下，两千士兵快速涌了出来，带着一百张大弓登上晋军的兵车，接着，白羽毛又摇晃了几下，战车上的弓箭瞬间齐射，魏兵一排排倒下了。可是，魏军凭借着人多，依旧勇猛地不断向前冲。

令魏军没有想到的是，却月阵后面竟准备了一千多支三四尺长、锋利的长矛。就在魏军猛攻的时候，突然晋军士兵停了下来，将长矛装备上大弓，用铁锤敲大弓，一支支长矛朝魏兵射了过去，每支都带走了三四个魏兵的性命，没一会儿，几千魏兵都成了弓下之鬼了。晋军把魏军杀得魂飞魄散，纷纷逃命。晋军乘胜追击，消灭了很多魏军。

刘裕巧妙利用却月阵，大挫魏军，从而顺利打开从黄河西进的道路，一路上势如破竹，顺利进军。这时，王镇恶、檀道济所率领的步兵顺利攻下了洛阳，在潼关与刘裕的水军成功会合。随后，在刘裕的命令下，王镇恶不惜一切代价拿下了长安，自此，后秦灭亡。

接着，刘裕便住进了长安，这一住就是两个月。这时，从建康传来消息，尚书左仆射刘穆之死了。这让刘裕十分的担心，害怕自己离开朝廷时间过长，别人会夺走自己的大权。于是，他命令王镇恶辅佐自己 12 岁的儿子镇守长安，自己则带兵返回了建康。

几年之后，晋安帝去世，刘裕的政治野心急剧膨胀，他派人逼迫刚即位的晋恭帝退位。420 年，刘裕称帝，东晋王朝在南方一百零四年的统治正式宣告结束。他定国号为宋，史称他为宋武帝。

当了皇帝的刘裕没有忘记自己的出身，一直过着简朴的生活。他平时衣着朴素，还将自己小时候用过的农具、打满补丁的破棉袄高挂在宫中，警示后辈，让他们知道祖辈的艰辛和江山来之不易。

—— 檀道济以沙代粮 ——

420年，刘裕建立宋朝，一统南方地区。十九年后，也就是439年，北魏太武帝拓跋焘一统北方，消灭了十六国中最后的小国北凉。自此中国历史上出现了自东晋灭亡后长达一百七十年的南北对峙局面，史称南北朝。南朝先后更替为宋、齐、梁、陈这四个王朝；而北朝的北魏先分裂为东魏、西魏，后又被北齐和北周所取代。

宋武帝仅当了两年皇帝就因病去世了。随后，他的长子宋少帝刘义符即位。不幸的是，宋少帝在位仅一年就被宋武帝的三儿子刘义隆取代了，史称宋文帝。一时间，宋朝政局动荡不安，北魏也趁机渡过黄河，攻击宋朝，抢占了黄河以南的大片土地。见此情形，宋文帝急忙派檀道济率军抵抗。

檀道济是宋朝将领中最出色的一个。

晋安帝末年，在刘裕的带领下，檀道济投身于北府军名将刘牢之麾下，开启了他的军旅生涯。他机智勇敢，在平定桓玄叛乱等一系列战斗中立下了汗马功劳，成为东晋后期为数不多的重要将领。

416年，刘裕北伐攻秦，檀道济奉命率军沿淮河朝洛阳进发。一路上，檀道济过关斩将，所向披靡，先后拿下了新蔡（今河南新蔡）、许昌（今河南许昌东）、荥阳，后在成皋（今河南荥阳一带）大败后秦主力，迫使洛阳守将开城投降，一时军威大振，名气高涨。

一时间俘虏太多，难以控制，有些将领竟主张全部杀掉，可檀道济却坚决不同意，说道："我们晋军之所以北伐，是为了讨伐罪逆，保护百姓，怎么能滥杀无辜？"

于是，檀道济下令将俘虏全都释放了。这些俘虏返回之后，大肆宣传晋军的宽大，一定程度上瓦解了后秦的军心。紧接着，晋军乘胜追击，一举拿下长安，后秦被灭。自此，檀道济威名大振，几乎无人不知无人不晓。

这次，在宋文帝的命令下檀道济前去抗击北魏的军队。二十多天的时间里，宋军竟一口气接连打了三十多仗，全部获胜，一直打到了历城（今山东济南）。一连串的胜利让檀道济有些骄傲，防备自然松懈了下来。这时，魏军抓住机会，派遣骑兵绕过宋军，一把火烧了宋军的辎重粮草，并迅速包抄了宋军。

一时间，宋军陷入危险之中。这时，檀道济十分明白，宋军不能匆忙撤退，不然魏军就会怀疑宋军粮草不足，从而大举进攻，全歼宋军。在檀道济看来，当务之急就是使魏军相信宋军粮草充足。没过多久，他想出了一个主意。

一天晚上，宋军军营中灯火通明，在檀道济的指挥下，一批管粮的士兵清点起了粮食。士兵们边用斗子测量大米，一边手持竹筹，高声喊着计数。见到米袋里装着白花花的大米，宋军将士们十分高兴，都认为是后方送来了军粮。

果然，魏军探子也侦察到了这个情况，立即汇报给了魏将。对于这个情况，魏将深信不疑，没有贸然派兵追击。就这样，檀道济顺利率领宋军撤离。其实，檀道济欺骗了魏军，军营中所测量的并不是白米而是沙土，只是在沙土上覆盖了一层白米罢了。

檀道济战功累累，威名远扬，也因此引起了朝廷的猜疑。不久，宋文帝大病一场。主管朝政的彭城王刘义康和将军刘湛更加担心，害怕文帝死后，檀道济更加难以控制，便在文帝面前说檀道济的坏话，建议早日铲除，以免埋下祸端。

436年，宋文帝下旨召檀道济回京。这时，刘湛与刘义康认为时机成熟，便鼓动宋文帝下诏以收买人心、图谋不轨的罪名逮捕檀道济并将其杀害。檀道济的十一个儿子及薛彤、高进之等大将也惨遭杀害。临刑前，檀道济把头巾摔到地上，大叫道："你们在自毁长城呀！"

450年，刘宋王朝再度北伐，结果被魏军打得落花流水，几场战役全都失败了，魏军一路南下，一直打到长江边的瓜步。在建康的石头城上，宋文帝望着远方的魏军，长叹道："要是檀道济还在的话，魏军怎么能攻到这里！"这时距宋文帝下诏处死檀道济已经十四年了。

—— 祖冲之推算圆周率 ——

452 年，魏太武帝死在了宦官的手里。453 年，宋文帝的儿子刘骏即位，即宋孝武帝。即位之后，宋王朝在政治上没有太大的作为，但在科学方面却出现了一位伟大的科学家——祖冲之。

祖冲之的兴趣爱好深受祖父的影响。祖冲之的祖父是宋朝一名监管朝廷建筑的官员。祖冲之的父亲对他有很高的期望，在祖冲之不到 9 岁时，就让他去读《论语》，还让他读一段就背一段。可祖冲之对经书不感兴趣，两个月的时间，才背出十来行，这让他父亲大为恼怒，骂他蠢笨。可他的祖父却十分开明，认为不喜欢读书并不是没出息。祖冲之曾好奇地问他："爷爷，为何十五的月亮一定会圆呢？"还总是缠着他，询问各种天文现象。于是，他特意每天教他看天文书，甚至有时祖孙三代还一起研究天文。就这样，祖冲之越来越热爱天文了。

一天，在祖父的带领下，祖冲之前去拜访一位熟知天文的官员何承天。何承天问道："其实研究天文十分的辛苦，依靠它，不可能升官，也不可能发财，那你为什么要去研究它？"祖冲之回答道："对于升官发财我不稀罕，我只喜欢了解和探究这天地的秘密。"

听了这话，何承天大声夸赞祖冲之有出息。自此以后，祖冲之便时常研究日月星辰的运动轨迹，与何承天一块儿研究天文历法和数学，探究各种机械制造的奥秘。在刻苦的钻研和大量的实践下，祖冲之成为著名的数学家、天文学家和发明家。

精确推算出圆周率是祖冲之在数学方面最伟大的成就。圆周率是一个圆的圆周长度和它的直径长度相比的倍数，它固定不变，是一个常数，不随圆的大小而变化。

对于圆周率的研究，早在祖冲之之前，人们已经有所研究和结论。秦汉之前，人们都是用"径一周三"这一"古率"做圆周率。不久后，人们便发现这样的误差实在太大了，便改为"圆径一而周三有余"，可对于这个"有余"，人们都拿不准，意见纷纷。直到三国时期，刘徽采用"割圆术"得出了一个较为准确的圆周率。他让圆内接正多边形的周长与圆周长接近，从圆的正六边形开始，正十二边形、正二十四边形……直到正九十六边形，依次求出长和面积，就这样，他得出了圆周率为3.14。后来，刘徽进行了深入的研究，最终得出结论：只要圆内接正多边形的边数越多，所得的圆周率就会更加的精确。

在刘徽的研究基础上，祖冲之通过长时间的艰苦研究和反复运算，最终成功计算出圆周率在3.1415926和3.1415927之间。这是世界数学史第一次将圆周率推算到小数点后七位。这一伟大的成就领先了世界一千多年。直到一千多年后，一位名叫阿尔·卡西的阿拉伯数学家将圆周率计算到小数点后的十六位，才将这项纪录打破。

祖冲之还计算了圆周率分数的近似值，即约率为22/7，密率为355/113，其中355/113取六位小数为3.141592，这是在1000以内，分子分母最接近圆周率的分数。一千多年后，在欧洲两位科学家的艰苦研究下，他们才得到与祖冲之一模一样的结果。祖冲之在世界上第一次提出了这一密率值，不少外国科学家建议将它称为"祖率"。

天文历法方面，在祖冲之的长期观察下，他制定了一种新的历法"大明历"。跟现代科学所测定的相比，这种历法中所测定的每一回归年（两年冬至相隔的时间）的天数，和月亮环行一周的时间，两者相差只能用秒来计算。"大明历"极大提高了历法的精确程度，这是历法史上的新纪元。

462年，祖冲之上书请求宋孝武帝颁布新历《大明历》，但受到了大臣戴法兴等人的阻拦。他们认为后人不可改动古人制定的历法，否则就是离经叛道。面对权贵的谩骂和指责，祖冲之并没被吓倒，他勇敢地进行辩论。这一争论就是两年。其间元嘉十三年到大明三年中的四次月食时的太阳位置跟《大明历》所推算出来的完全吻合，而使用戴法兴所主张的古历却偏差了整整十度。祖冲之死后十年，也就是510年，在祖冲之的儿子祖暅的多次请求下，朝廷才正式实施《大明历》。

此外，在机械制造方面，祖冲之也取得了辉煌的成就。他研制出了失传的指南车，研究出"水碓磨"——利用水力春米、磨面，还制造出了"千里船"，即能日行百里的船只。

—— 贾思勰与《齐民要术》 ——

在南朝的科学家祖冲之推算出圆周率的同时，北朝北魏的贾思勰著出我国古代科学史上的伟大著作——《齐民要术》。这本书是一部总结黄河中下游地区农业生产经验的农学专著。

贾思勰，益都（今山东寿光南）人，出身于世代务农的书香门第之家。祖、父两代喜爱读书，又擅长经营，劳动经验丰富，十分重视农业技术方面的学习和研究，因此攒下了不少家产。贾思勰在田园之中长大，掌握了很多农作物的习性，也跟着父亲参加各种农业劳动，学习和掌握了大量农业生产的技术。他饱读家中各种藏书，汲取了各方面的知识，为以后他编撰《齐民要术》打下了深厚的基础。

成年之后的贾思勰先后做过高阳郡（今河北保定、清苑、高阳等地）太守等官职，后来又游历山东、河北、河南等地。他所生活的年代，政局相对稳定，天下太平，各种生产得以发展。尤其在北朝，几代皇帝都十分重视农业，因此农业发展更是迅速。随着游牧民族的融入，北方农业中的畜牧业和养殖业也逐渐繁荣起来，这与汉族固有的耕种相互渗透发展起来，农业呈现一种欣欣向荣的局面。贾思勰每游历到一个地方，都观察到了这种变化，他十分重视各地农业生产技术，遇见好的经验和技术都及时推广。

一次，他出访到山东的一个地区，正值春耕时节，他来到一块田地间，发现一个老农正在耕种，旁边却荒置了很多地，完全没有耕种的意思。他便询问老农，为何要将田地荒置，老农告诉他说这是保持地的肥力而采用的轮流耕种的方法，叫作轮作；不想荒置的话，还可以采用套种的方法。听了之后，贾思勰连连点头称是。

还有一次，他路经一个村庄，见一个农民在庭院里认真地捡麦粒。这让贾思勰十分好奇，前去询问。原来，这位农民正在挑选优良的麦种，他还讲述了很多关于选种的事情。

就这样，贾思勰不断利用机会与农民进行接触，或者自己观察和请教，积累了丰富的农业知识。后来，为了让农业获得更大的经济效益他决定编撰一本农书，将先进的农业技术、工具和经验全写在里面，向全国推广。

做出这样的决定之后，贾思勰更是大量收集农业信息和先进的技术经验。他考察的足迹遍布山东各地。甚至在办公务之际，利用便利将周围几省的农业生产情况都考察了一遍，进一步扩大了他的视野，丰富了信息的来源。

随着时间的推移，他收集到的材料越来越多，农书的撰写也在按部就班地进行着。后来，他干脆辞去官职，返回故乡，亲自经营农牧业，参加劳动，因此获得了不少农业方面的亲身体会。他还深入牧民家中，针对畜牧和养殖进行了进一步的观察和了解。他一边观察和收集农业信息，一边撰写农书。经过数十年的呕心沥血，他终于完成了传世著作《齐民要术》。

《齐民要术》共分为十卷，九十二篇，十一万字，内容十分丰富，涉及面广，其中不仅介绍了各种农作物的栽培，各种经济林木的生产，以及各种野生植物的利用等，还介绍了各种家禽、家畜、鱼、蚕等的饲养和疾病防治，甚至还涉及了农副产品的加工以及食品储藏等内容。

《齐民要术》不仅是一部总结我国古代农业生产经验的农业著作，更是一本农业百科全书。

—— 郦道元撰写《水经注》 ——

南北朝时期，南北文化交流密切。在士大夫中间兴起了一股游山玩水的风气。在这样的时代背景下，《水经注》在北魏的郦道元笔下诞生了，这是我国历史上第一部记载全国河流情况的综合性地理学名著。

郦道元，范阳涿县（今河北涿州）人，祖父两代都曾是北魏的大官，他自己也在朝廷和地方担任过很多的官职，阅历十分广泛。

他为人小心谨慎，处事坚毅果断，不畏权贵，严惩违法乱纪，对于犯罪的贵族也不留情面。因此，一些地方豪强和皇亲国戚怀恨在心，四处造谣，说他是酷吏。为此，郦道元也受到了朝廷的多次指责，可他依旧不为所动。

他出任御史中尉（主管纠察弹劾的官员）时，汝南王的亲信丘念犯了死罪，但他一直躲藏在王府之中。郦道元设计将他引出了王府，并逮捕了。汝南王急忙去向太后说情，可郦道元顶住了来自太后的压力，坚决处死了丘念。这一举动无疑得罪了皇室的人。于是，他们想要借刀杀人，便任命他为关右大使，去监视即将反叛的北魏将领萧宝夤。最后，郦道元死在了那里。

郦道元能名留青史是因为他完成了《水经注》这本伟大的著作，而不是他在政治上的作为。

郦道元跟众多士大夫一样，喜欢游山玩水。有时与好友结伴而行，有时则跟祖父、父亲一块儿游历，有时会自己一人云游四海。没几年，北方的山山水水都被他游历了个遍。通过游历，他扩大了见识，开阔了眼界，对于各地水文地理、风土人情、历史文化都有了真实的了解。郦道元还喜爱读书，读书范围十分的广泛，不仅喜欢正统的四书五经，还喜欢读方术、医学、地理、天文类等，尤其喜爱读文学方面的书籍。随着知识的积累和见识的增加，他的脑海中时常出现一种写作的冲动。

一天，他一位朋友从南朝归来，特意给他带回来了一本郭璞的《水经》。一看之后，郦道元惊喜若狂，接连好几天都不知疲惫地研读它。《水经》是我国古代第一部系统地记述全国河流状况的书籍，汉代桑钦所著，但文字简单，因此，东晋的文学家郭璞特意为此书作了注。自从得到这本书，郦道元不管去哪里都会将它带在身边，有空便翻阅。

正所谓日有所思，夜有所梦。相传，一天夜里，郦道元梦到了郭璞，梦中说道："在为《水经》作注的时候，恰逢天下大乱，时局动荡，没有办法详细记录北方的河流，因此留下了深深的遗憾。要是你愿意再次为这本书作注，我愿意以笔墨相助。"刚说完，梦就结束了，郦道元也就醒了过来。随后，他坐在那里思考了很长一段时间。从此，他的文采大有长进。当然，这些全都是古人的神话传说，不足为信，但有一点却可以肯定，那就是从那以后，郦道元开始着手撰写《水经注》了。

因为他有着丰富的游历经验和深厚的文化知识，因此，各地的山水情况和风土人情他甚是了解。但为了给《水经》作注更加严谨，他又针对一些山川水流进行了实地勘察。他总是从一条河流的上游走到尽头，内蒙古、河北、河南、山东、山西、安徽、江苏等地都留下了他勘察的足迹。

每勘察一个地方，郦道元都会先去游览当地的名胜古迹、山川河流，再去考察地形地貌、水流分布；他还通过向当地老人询问或查看史册和县志的方式来了解水道古今的变迁情况和河流的源头、水文特点等。对于那些没有办法进行实地勘察的地方，他尽可能地搜集材料和查阅资料。

他还擅长总结思考，他思考的结晶完美展现在《水经注》中对各种不同湖泊性质、功能的表述中。他还发现对于各种地形的形成，水流产生了重要的作用。他以《水经》为蓝本，将自己多年勘察和思考所得的东西记录下来，按照一定的体例，再将它们记在各条河流的条目之中。经过多年的艰苦奋斗，地理学名著《水经注》最终诞生，并流传至今。

《水经注》全书共四十卷，内容丰富，记载大小河流一千二百多条。它以水道为纲，详细介绍了河流流经地区的古今历史、地理、经济、政治、文化、社会风俗和遗迹等情况。此外，《水经注》也对我国游记散文发展产生了影响，是一部文学色彩浓厚的著作。

—— 魏孝文帝迁都与改革 ——

在魏太武帝死后不到二十年的时间里，北魏竟连续更替了三个皇帝，政治迅速腐败，百姓苦不堪言，纷纷起来反抗。

471年，文成帝拓跋濬的皇后冯氏凭借自己太后的身份，杀死了专权的大臣乙浑，逼迫18岁的献文帝拓跋弘让位于刚满4岁的太子拓跋宏，而自己则被尊为太皇太后，开启了她长达二十年的临朝听政。这二十年间，她控制着政权，史称她为"文明太后"。

历史上极为有名的孝文帝就是拓跋宏。他在位期间组织实施了一系列改革，其中汉族出身的冯太后直接决定和实施了一部分改革内容。不得不说，冯太后在很大程度上影响了孝文帝的思想和政治决策。

北魏前期，官员并没有俸禄，他们的经济来源大多靠剥夺百姓。孝文帝即位后，认为此举极为不妥，应当实行俸禄制，可不少人极力反对。

有人说："如果朝廷给官员发放俸禄，这无疑增加了朝廷的负担。"

孝文帝回答："完全可以通过增加赋税来解决这笔开支。"又有人说："增加赋税，百姓的负担不就加重了吗？"

孝文帝回答道："看起来这样做是增加了百姓的负担，但官员不能再随意剥削百姓了，对百姓实际上是有利的。"

孝文帝力排众议，克服了种种困难，推行了俸禄制，先后处死了四十多个贪官污吏，严厉打击贪污腐败，北魏吏治得到了极大整顿。

在孝文帝看来，吸收先进的中原文化，彻底改革落后的风俗，这样才能进一步巩固北魏的统治。可这操作起来非常不易，他不仅要突破鲜卑族上层贵族的阻力，还要得到汉族地主的支持。当时平城（今山西大同东北）是北魏的都城，土地贫瘠，地理偏北，不仅食物和财物需要依靠中原输入，还面临着北方柔然人的威胁。因此，他觉得，想要改革，需要将都城迁到洛阳。

洛阳远离鲜卑族的祖居之地，但却是当时中原的政治经济文化中心，一旦迁移，生活方式必定会发生改变，这一计划也一定会遭到众多大臣的反对。因此，他想到了一个迂回的办法促使他们同意迁都——攻打南齐。

对于攻打南齐，大臣们纷纷持反对意见，认为条件尚未成熟，没有必胜的把握。但孝文帝一意孤行，亲率三十万兵马南下。刚到洛阳，天就下起了雨，下了整整一个月，见此情形，孝文帝故意命令行军。

大臣们纷纷劝阻："陛下，雨势不停，道路不畅，别说行军打仗了，就算是出门走路都十分的困难。还请三思，停止进军吧！"孝文帝回答道："我们如此兴师动众南征，要是就这样半途而废，这不是让人笑话吗？起码要有所建树吧，要是停止南下的话，那就直接将都城迁到这里算了。对此，各位有何意见？"

大家万万没想到，孝文帝竟会在这时提出迁都洛阳，可大家又不想南下攻齐，这让大家一时不知所措。

可孝文帝现在就要他们明确态度。这时，一位贵族带头说道："要是陛下不再南下攻齐，我等愿意迁都洛阳。"其他贵族大臣也纷纷表示同意。

孝文帝将都城顺利地迁到洛阳后，便立即开始了以汉化为中心的一系列改革。他先是征求大臣们的意见道："到了新的国都，你们说是该移风易俗呢，还是因循守旧呢？"

咸阳王拓跋禧第一个表态："臣觉得应该移风易俗。"

孝文帝扫视了一下大臣们，说道："那你们可不要反对我的改革呀！"紧接着，孝文帝先后出台了一系列以汉化为中心的改革。他规定一律改穿汉人的服饰，自己率先带头；官方语言改为汉语，禁说鲜卑语，朝廷命官不说汉语者，一律降职或撤职；改鲜卑复姓为音近的汉姓，皇族的拓跋改为元姓，先后总共有一百一十八个姓改为了汉姓。按照姓氏划分等级，皇族元氏最高，鲜卑八大姓同北方汉人世族崔、卢、李、郑这四姓门第相当，还鼓励按照门第等级，鲜卑人同汉人的贵族通婚。

孝文帝还任用南朝降官王肃，参照南朝朝廷制度，对官制、法律、礼仪、典章等方面进行了改革。自此，孝文帝建立起一个相对完备的政治制度来治理国家。

孝文帝的改革触犯了鲜卑贵族的利益，保守的鲜卑贵族们进行了强烈的反对。太子元恂因不满改革，密谋叛乱，结果被孝文帝下令处死。对于旧京平城发生的几次叛乱，孝文帝坚决地进行了镇压，进一步保障了改革的贯彻和实施，这凸显出孝文帝改革的决心。

通过改革，北方政治局面迅速稳定了下来，鲜卑族和汉族得到了进一步的融合，经济、文化都有了极大的发展。

—— 梁武帝出家为僧 ——

梁武帝萧衍本是在襄阳镇守的南朝齐雍州刺史。当年，齐朝内乱，他趁机起兵夺取帝位，建立梁朝。他从宋、齐这两个朝代的灭亡中汲取教训，对于自己的亲属十分的宽宏大量，就算犯了罪也不进行责罚。

此外，梁武帝还是一个十分虔诚的佛教徒。他对佛教在中国的普及和传播做出了巨大的贡献。在建康，他建造了规模巨大的同泰寺，每天早晚两次，他去寺庙烧香拜佛，声称这是为了积累功德，替老百姓消灾减难。

519 年，梁武帝前去寺院受菩萨戒。在他的提倡下，一时间王侯子弟纷纷以受戒为荣。这时，南朝佛教进入了全盛时期。在梁武帝的影响下，他的长子萧统（昭明太子）、三子萧纲（简文帝）、七子萧绎（元帝），以及众多朝廷官员纷纷都信奉了佛教。

有一次，当时南海（今广东广州）的最高行政长官刺史萧昂向梁武帝报告，一位名叫达摩的高僧从佛教发源地印度远道而来。听到这个消息，梁武帝立即派人前去迎接达摩前往都城建康。

一见到达摩，梁武帝便急切地问道："我做了如此多的好事，一心致力于建造寺庙、造塔、写经书、度僧、造佛像等佛教建设，那我会有多少功德呢？"

达摩缓缓地说道："没有一点功德。"

这个回答让梁武帝十分不解，问道："为何没有功德？"达摩诚恳地说道："你所做的全都是表面文章，并非实实在在的功德。"听到并非所期望的答案，梁武帝很失望，沉默了一段时间后，话题一转说道："那佛学的真谛是什么？"

达摩回答道："世上并没有绝对的真理，只要佛在心中，那心便是佛。"听了这话，梁武帝有些不愉快，连提问的热情都没有了。

见话不投机，没有进行下去的必要，达摩便起身离开了。

送走达摩之后，梁武帝长出了一口气，如释重负。他想，虽然自己贵为天子，可不知为何，面对达摩总有些压抑。

于是，梁武帝便将自己与达摩的谈话告知了自己的师父志公禅师。

不料，志公却急切地问道："达摩大师现在何处？"

梁武帝随意说道："走了。"

志公顿足道："你怎么能让他离开呢？"

志公说："他所说的话并非常人能说、敢说的，实在妙不可言。这位达摩大师可以解说佛教的真谛，皇上又怎么能怠慢他呢？"

梁武帝听到志公禅师的话，后悔莫及，急忙派人追赶达摩。可还是晚了一步，达摩去了北魏，成了中国禅宗的开山鼻祖。

到了老年，梁武帝为了凸显自己对佛法的虔诚，决定舍弃皇位，前往同泰寺出家当和尚。

可国不可一日无君，皇帝出家了，朝廷大事无人决断。因此，只过了四天，大臣们就将梁武帝接了回来，让他继续管理朝政。

回到宫中的梁武帝左思右想都觉得不对："普通百姓出家还俗，还要拿出一笔钱给寺院用于赎身；我是一国之君，还俗竟然不出钱？"于是，梁武帝再次到同泰寺"舍身"当和尚。不久之后，大臣们来请他回宫，可他说什么都不答应。这时，一个大臣灵机一动，说道："既然皇上'舍身'为僧，我们想请他回宫就需要为他'赎身'。"

大臣们都认为这话有道理，便花了一万万钱为梁武帝"赎身"。收到这样一大笔钱，寺院住持自然是十分的高兴，爽快地同意了这位皇帝和尚还俗。

又过了一段时间，梁武帝第三次到同泰寺"舍身"出家，这次，他为了凸显自己虔诚信佛，不仅将自己的身子"舍"了，还"舍"了宫中的人和土地。

自然这次为梁武帝"赎身"的钱要花得更多。整整一个月，大臣们才凑足了二万万钱，再次赎回了他。

一年之后，梁武帝第四次"舍身"到同泰寺。没有办法，大臣们只能再花一万万钱为他"赎身"。

前前后后四次出家，大臣们花费了四万万钱为梁武帝"赎身"，国库的钱也全都折腾光了。

—— 侯景屡当叛将 ——

北魏的六个军事重镇多次反叛，北魏进行讨伐没有结果，因此，掌控大权的大将军兼尚书令尔朱荣问大将高欢道："对于这个问题，你有什么办法解决？"

高欢回答道："派遣你的心腹爱将前去当统帅，只要有人违反军令，去责问主将就可以了。"

于是，尔朱荣问道："那你认为谁可以出任统帅呢？"恰好都督贺拔岳在场，他推荐高欢出任统帅。可是高欢却不领情，直接伸出拳头打向贺拔岳，牙齿都打掉了一颗，说道："我出生在征战天下的时代，是大将军的奴辈，职位就如同鹰犬。现在天下大事，大将军一人说了算，我没有才德，更没有资格出任统帅，你这样推举我，不是欺上瞒下吗？"听到这样的话，尔朱荣觉得高欢忠厚老实，便将统兵大权交给了他。

做出这样的决定后，尔朱荣让高欢陪他喝酒。尔朱荣喝醉了，高欢害怕酒醒之后，尔朱荣会改变主意，便急忙出去宣布自己受命统领各州镇的兵马，并命令军队立即开拔赶往某地集结。将士们向来都十分喜欢他，听到命令之后，没有迟疑立即动身了。紧接着，高欢赶往了那里，开启了他的军旅生涯，北魏的实权逐渐转移到他和宇文泰手中。

后来，北魏一分为二，宇文泰杀害了孝武帝，改立文帝，史称西魏；高欢则另立孝静帝，史称东魏。

高欢出任东魏宰相，派遣手下大将侯景带领精兵十万，驻扎于黄河南岸。高欢临死之前，害怕侯景靠不住，便派人召他回京。侯景自然是很不高兴，一直没回京，直到听到高欢死去的消息，便带着人马投降了西魏。

对于侯景的为人，西魏丞相宇文泰是十分了解的，他不信任侯景，却又准备接受他的献地，召他到长安来，解除他的兵权。宇文泰的用心被侯景察觉到了，随即他准备向南梁王朝投降。

侯景先是派遣了一位心腹前去面见梁武帝，称东西两魏跟自己都有仇恨，因此愿意向南梁投降，此外，为了表示忠心，侯景还愿意献给梁武帝——他手中掌握的函谷关以东的十三个州。

接见完侯景派遣的使者后，梁武帝立即召集大臣们进行商量。大多数大臣都认为，近年来，南梁和北朝之间相对稳定，要是现在接纳了侯景这个叛将，有可能会引发两朝之间的矛盾。可梁武帝却认为，将侯景接纳后，自己的实力会壮大很多，甚至能一举收回中原。因此，梁武帝力排众议，不仅接纳了侯景的投降，还封他为河南王、大将军。

梁武帝派遣侄儿萧渊明率领五万人马前去接应侯景，以保障接纳事宜顺利进行。可在他们北上的途中，却遭受到东魏的攻击。梁军多年没有进行过战事，军纪散漫，刚交战就溃不成军，几乎全军覆灭，主帅萧渊明被魏军俘虏了。

紧接着，东魏军队前去攻打侯景，侯景更加不堪一击，最后他带着残余的八百人，逃到了南梁的寿阳。

东魏不想与南梁撕破脸皮，便派遣使者，前往南梁，表示愿意送回萧渊明。不承想，侯景知道了这个消息，便派遣人假冒东魏使者，向梁武帝提出用侯景换萧渊明的条件，去试探梁武帝，没想到，梁武帝竟答应了。知道梁武帝的态度后，侯景立马再次叛变，自己招兵买马，反抗南梁，不断攻城占地，一直打到了建康城下。南梁的王宫贵族竟腐败到连抗击的能力都没有了，一个个抱着自己的金银财宝，躺在地上，准备等死。

梁武帝居住的内城——台城被侯景的叛军团团围住，并遭到疯狂的进攻。台城里的军民团结一心，奋力抵抗，侯景攻打了四个多月都没有打下来。台城的军民们一心期待南梁各地诸侯王的军队前来救援，可他们赶到后，全都在建康四周观望，不进行救援。最终，叛军攻破了台城，梁武帝被俘，最后在台城被活活饿死了。

侯景先后给南梁立了两个傀儡皇帝，551年，侯景干脆登基自己当了皇帝。他四处搜刮百姓，欺压屠杀百姓，一说起他，老百姓都恨得咬牙切齿。后来，在江陵，湘东王称帝，也就是梁元帝。他派遣王僧等人率兵攻打建康及侯景。随即侯景的叛军和政权被摧毁了，在逃跑的路上，侯景也被部下杀死了。

至此，"侯景之乱"正式结束。但经过这一场动荡，南梁王朝元气大伤，不久就被陈朝取代了。

—— 陈后主骄奢亡国 ——

趁着梁元帝萧绎忙着平定"侯景之乱"，无暇顾及其他时，陈朝的建立者陈霸先崛起了。不久后，梁元帝在江陵被杀，陈霸先先是与威望极高的王僧辩一起举荐萧方智为太宰（执政大臣），紧接着杀了王僧辩，拥护萧方智为帝。随后，他就跟南朝历代开创者的命运一样，先后被萧方智封为义兴郡公、陈公、陈王。直到557年，陈霸先才取代了南梁皇帝，开创了陈朝，就是后来的陈武帝。

不过，陈朝同样很短命。皇帝传到第三代，陈伯宗仅在龙椅上坐了两年时间，就被他强悍的皇叔陈顼夺帝位。

登基后的陈顼为了进一步巩固自己的势力，全身心投入铲除异己中，北周趁机占领了大批的土地。待他儿子陈叔宝继位之后，陈朝已经陷入风雨飘摇、动荡不安之中。

陈叔宝又名陈后主，不会处理国家政事，只知道吃喝玩乐，贪图享乐，建造宫室。而他身边的大臣宰相江总、尚书孔范等人，也都是阿谀奉承、逢迎拍马之辈，只会玩文字游戏，从不重视国家大事。每天，陈后主都会在皇宫中跟他的宠妃举行酒宴，总带上江总、孔范之辈参加。他们整天饮酒作诗，制作低俗淫荡的诗词，比如《玉树后庭花》《临春乐》等，还都一一配上曲子。陈后主还特意挑选了一千多名宫女，为他们演唱他们"创作"出来的靡靡之音。

陈后主四处剥削百姓，整天过着穷奢极欲、花天酒地的生活。老百姓一年的辛苦所得大多都被统治者剥削了，因此，路边时常有人饿死、冻死。

就算在昏君手下，也有一些有良知的大臣。对于陈后主的胡作非为，有个名叫傅縡的大臣忍无可忍，劝谏道："陛下，还请整顿朝政，减少赋税，老百姓已经穷困得揭不开锅了，甚至已经达到了民怨沸腾的地步了，不然我们的国家会很危险的。"

对于这些劝诫，陈后主怎么能听得进去，尤其是百姓的穷困之类的事情，他更是痛恨人家在他跟前说。他告诉傅縡："你胡说八道，这是诽谤朝政。要是你愿意更改的话，我才饶恕你！"倔强刚正的傅縡回答道："这些话全都是从我内心发出的，我的心跟我的面貌一样，要是面貌可以更改，我的心才会更改。"

于是，陈后主残忍地将前来进言的傅縡杀了。自此，再也没人敢进言劝谏。

也就在这个时候，北齐、北周分别取代了北方的东魏、西魏。550年，东魏高欢的儿子高洋建立北齐。557年，陈霸先建立陈朝，西魏宇文泰的儿子宇文觉建立了北周。结果，北齐和北周互不承认，相互仇恨攻击。直到北周武帝即位，北周才统一了北方，消灭了北齐。

其实北周武帝是一个不错的皇帝，可是他死后，接替他皇位的北周宣帝却是一个昏庸无能之辈。宣帝刚死，他的岳父杨坚就篡夺了北周政权。581年，杨坚自立为帝，建立隋朝，也就是隋文帝。

建立隋朝的隋文帝，无时无刻不在等待机会，壮大自己的实力，以消灭南方的陈朝。听闻陈后主沉迷酒色，不理朝政，隋文帝觉得时机已到，便向他的大将高颎询问攻陈的策略。

高颎说："江北气候寒冷，因此旱田收割要晚；而江南气候温和，水田收割季节自然较早。在他们准备收割粮食之时，我们调动人马，大肆宣扬要发动战争。那他们肯定会召集兵马，严防死守，这样一来，农时也就耽误了。等他们集结起来，正好赶上江北旱田收获，那我们就解散军队，让士兵回家收割粮食。反复几次，他们自然会习以为常，到时我们再真的聚集人马，他们肯定不会相信，届时，我们出其不意，突然进攻，挥师渡江，士气绝对高昂，胜利也触手可及。"

高颎的计策，隋文帝照办了，结果令他们十分满意。589年，隋朝军队真的开始进攻了，可陈后主收到警报后都不理会，照样醉生梦死，不相信这是真的。

陈后主说："江南是一块富贵宝地，以前北齐攻来三次，北周打来两次，都化险为夷，没有占到便宜。这次隋军来袭，不过是装腔作势，完全不足为虑。"

直到隋军兵临建康城下，陈后主才相信这是真的，一时间慌了手脚。尽管城中有十几万人马，可陈后主和他的宠臣江总、孔范等人都不懂军事，无法指挥，竟急得痛哭了起来。隋军攻进城后，陈朝军队乱作一锅粥，根本没有组织起像样的抵抗，兵、将相互找不到，最后纷纷被抓或投降。

陈后主无计可施，只能带着两个宠妃跳进枯井中躲了起来。可隋军最后还是把他们搜了出来。就这样，陈朝灭亡，一朝昏君沦为了俘虏，最后在洛阳病死了。

历史总是这样相似，合久必分，分久必合。伴随着陈朝的灭亡，分裂二百七十多年的中国再一次走向了统一。

第九章 / 隋唐盛世

—— 修建大运河 ——

隋文帝第二个儿子隋炀帝杨广是历史上非常有名的暴君。

对于子女，隋文帝要求一向严格，他发现太子杨勇生活奢侈，爱摆排场，便训斥道："从古至今，喜欢奢侈的君王都无法长久稳坐龙椅。而你是太子，怎么不厉行节俭节约呢？"

身为晋王，非常机警的杨广摸清了父亲的心思，表面上，他相当的老实，十分孝顺隋文帝和独孤皇后，还十分的节俭朴素，骗得了隋文帝和独孤皇后的信任。于是，隋文帝废除了太子杨勇，立杨广为太子。后来，杨广原形毕露，隋文帝后悔莫及，想将杨勇召回，却已经晚了。隋文帝63岁时，卧病在床被杨广谋刺并夺取了皇位。

隋炀帝当上皇帝四个月后，就下令迁都，前往洛阳。为了修建新京城的屏障，隋炀帝随即征发了几十万民工前去挖长堑（壕沟），起自山西龙门（今陕西韩城与山西河津之间），止于上洛（今陕西商县），跟关中相连，长达数千里。

605年，建造东都洛阳的工程正式开始了，每个月都需要征发民工两百万之多。建造宫殿选用的木材石料一律采用一流的，全都来自长江以南、五岭以北的地区。可当时的运输条件有限，仅一根巨型柱子就需要上千人来拉。为了让隋炀帝随时玩赏，在洛阳西面，建造了一个方圆两百里的"西苑"大花园，西苑南边开挖了五个湖，龙舟凤船在其中飘荡，岸边则遍栽桃花、柳树。在湖旁特意修建了几条长堤，每隔百步，就建有一处亭榭；西苑北面则是一个"海"，建有华丽的亭台楼阁，蓬莱、方丈、瀛洲这三座"神山"就在"海"中，一条渠将这"五湖"和"海"相连。隋炀帝还特意建造了四十多处离宫别馆，以便在全国各地中搜寻到奇木异草、奇材怪石，供自己享用。

隋炀帝为了能进一步控制全国，同时将江南的物资便捷地源源不断地输送到北方，更是为了方便自己游玩，他下令修建五千余里长的大运河。开通运河的主要步骤是：先是修建一条名为"通济渠"的运河，起自洛阳西苑，引谷水、洛水入黄河，再引黄河之水到淮河；将春秋时期吴王夫差修建的"邗沟"运河加宽，并从山阳延长到江都（今江苏扬州）。自此，洛阳到江南的交通就相当便捷了。此后，隋炀帝又修建一条名为"永济渠"的运河，连通了洛阳到涿郡（今北京）；接着还开通了从江都对岸京口到余杭（今浙江杭州）之间的运河，名为"江南河"。就这样，一条贯通南北的大运河形成了。

运河的贯通，不仅加强了都城和富裕的河北、江南之间的联系，还对我国经济文化的发展、交流起到了重要的作用，进一步促进了国家的统一。

隋炀帝在位十四年，而他外出巡游就占了十一年。自从修建了运河，仅江都他就巡游过三次，还特意建造了龙舟及各色的船只数万艘。一路上，隋炀帝和萧皇后分别乘坐了两艘装饰得金碧辉煌的四层楼高的大龙舟；皇妃宫女、王公贵族、文武百官则分别乘坐几千艘彩船；后面则是卫兵乘坐和后勤的船只。这支庞大的船队在运河里排开，一望无际，长达两百多里。

为这支船队拉纤的是专门征召来的八万多个民工。在运河里，这支船队行驶着，骑兵在岸边护卫着；只要船只停下来，沿岸的州县官员都会逼迫百姓为隋炀帝办酒席进行"献食"，为了能从陆路到北方去巡游，隋炀帝还特意开凿了数千里的驰岛（供国君车马行驶的大道）。因为担心路上的安危，隋炀帝还特意征发了一百万民工去修筑长城，而他则在五十万将士的护卫下，前往北方的边境巡视了一圈。

隋炀帝好高骛远，好大喜功，对西部和北方边境的突厥、吐谷浑等少数民族进行过多次的征讨；多次征战高句丽。612年，隋炀帝发动了对高句丽的第一次讨伐，仅军队就动用了一百一十三万余人，民工更是高达三百多万人，连接起来的运送军需的舟车竟长达千余里。一路上，士兵、民工受苦受累，许多人病死在路上，这种离心背德的战争，其结果自然是以失败告终。

隋炀帝刚即位时，隋朝一片生机盎然。可隋炀帝昏庸无道，视百姓为草芥，滥杀无辜，每年都要奴役多达几百万之多的民工。百姓活不下去，只能奋起反抗。正因为隋炀帝的胡作非为，隋王朝最终葬送在他的手里，而他自己也死在他的禁军将领宇文化及的手中。

—— 瓦岗军起义 ——

隋炀帝专横跋扈，狂妄自大，不喜欢他人进谏，还诛杀众多栋梁之臣。朝臣们纷纷胆怯，不敢说真话，一时间统治阶级内部四分五裂。在隋炀帝的压迫和剥削下，各地百姓无法生存，纷纷揭竿而起，全国各地都出现了起义的浪潮。

隋炀帝发动第二次对高句丽的战争时，派杨玄感督运粮草。杨玄感的父亲杨素本是隋炀帝的亲信，曾帮助隋炀帝夺取皇位，但是后来遭到猜疑，导致杨素郁闷而亡。因此，杨玄感对隋炀帝十分不满，想趁着天下大乱的时候推翻隋炀帝。

杨玄感先是发动运送粮草的八千民工跟他一起起义，后来又将他的老朋友李密请来，当他的谋士。

李密是北周和隋朝贵族的后裔。少年时，李密就曾在隋炀帝宫中当过侍卫，可表现得太过机灵，让隋炀帝认为他不老实，免去了他侍卫的差事。回家之后，李密立志做个有学问的人，发愤读书。一次，他骑着牛去看望朋友，坐在牛背上，他还在读书，恰巧碰上了宰相杨素。于是，两人便交谈了起来。李密的谈吐中流露出不凡的智慧，杨素认为这个年轻人会成大事，便介绍给他的儿子杨玄感，并嘱咐他的儿子："以后碰到难以决断的事情，都可以去找李密商量。"

于是，杨玄感揭竿而起，第一时间就想到请教李密："我想推翻这个暴君，可不知该怎么办？"

李密也坦诚相告："从当前的形势来分析，想要将暴君推翻，有三条计策。上策：趁暴君攻打高句丽之机，我们率兵北上，断了他的退路，只要他没了粮草，军心肯定稳定不下来，这仗自然也就不战而败；中策是：我们趁机夺下长安，端了暴君的老家，要是他杀回来，我们依旧可以依靠天险进行防守，将关中经营成根据地；下策是：我们就近攻下东都洛阳，给暴君一个深深的震撼。"

可杨玄感等不及了，觉得前两条计策所耗费的时间精力过多，便选用了下策。他率兵攻打洛阳，接连打了好几个大胜仗。在此期间，众多忍受不了杨广暴政的农民纷纷加入，很快，他的队伍就达到了十万人。

隋炀帝一收到洛阳告急的文书，立即派遣大将宇文述等人率领大军前去夹击杨玄感。没过多久，这支起义队伍就以失败而告终，杨玄感也被杀死了。

趁乱，李密逃跑了。可没过多久，他还是被搜捕严密的官军抓住了。押往隋炀帝行营的路上，李密跟另外几个被捕者一起将随身财物送给看押他们的士兵，换取了他们的信任。于是，他们几个人趁士兵们喝酒玩乐、防守松懈之机，逃跑了。

尽管暂时脱离了危险，可天天提心吊胆、东躲西藏终究不是办法。于是，李密决定前往东郡（今河南滑县东），前去投靠一直相对强大的起义军。

这支起义军大多是擅长使用长枪的渔民和猎户，还有一些农民，他们骁勇善战，以瓦岗寨为根据地，因此，也被叫作瓦岗军。这支起义军的首领是翟让，他作战勇敢，既有胆识也有气度，深受士兵们的爱戴。在他的带领下，瓦岗军专门杀富济贫，攻打官府富豪。也是这个原因，前来投靠的人越来越多，这支军队很快就扩大到一万多人。

在李密的帮助下，翟让整顿军队，联络附近的起义军，说服他们听从翟让的指挥，跟瓦岗军联合。因此，翟让十分高兴，更加信任李密。

李密鼓励翟让努力奋斗，建功立业。在李密的建议下，翟让先是攻打了荥阳，获得了胜利。接着，隋炀帝派遣大将张须陀前来镇压。李密先是让翟让正面迎敌，而他自己则前往荥阳大海寺北面的丛林里埋伏，设计将张须陀带领的官军引入埋伏圈，大获全胜，张须陀也死在了瓦岗军的刀下。

自此，瓦岗军名声大振，李密的威信也得到了显著的提高。而他自己不仅要求部下严守纪律，他自己也以身作则，生活朴素，深受瓦岗军上下的爱戴。

攻下荥阳后的第二年春天，李密建议翟让趁隋炀帝巡游、东都洛阳空虚之机，拿下洛阳。没想到，不知谁走漏了风声，被官方察觉，洛阳的防守力量得到了加强。李密随即改变计划，前去攻打洛阳附近的兴洛仓，大获全胜。

兴洛仓是隋朝最大的一个粮仓。瓦岗军攻下之后，立即开仓放粮。常年忍饥挨饿的百姓蜂拥至粮仓。他们领到粮食后，全部眼泪汪汪的，充满了对瓦岗军的感激之情。

瓦岗军杀富济贫，在种种口碑相传下，贫困农民纷纷加入瓦岗军，队伍愈发壮大起来，没过多长时间，瓦岗军就发展到几十万人，河南大部分的郡县都在他们的掌控之下。这时，翟让深感自己的能力不足，便将瓦岗军首领的位子让给了李密。

得到瓦岗军领导权的李密，建国号为魏，自己为魏公，兼行军元帅，政权机构则为"行军元帅魏公府"。

李密大力整顿瓦岗军内部机构，与此同时，他还发布檄文，声讨隋炀帝，号召各地百姓一起推翻隋王朝。他重用隋朝的降官降将，这让一些起义军的将领尤其是翟让十分不满。为了进一步巩固自己的地位，李密设计安排刀斧手杀害了翟让。瓦岗军内部出现了分裂，逐步走向灭亡。

此后，李密一边跟隋军大将宇文化及大战，一边派人前去洛阳拜见隋越王杨侗，接受封赏。后来，李密与隋将王世充大战，失败后李密逃往关内，后又投降唐朝。不久后，他又聚兵反叛唐朝，无奈大势已去，最后被杀死。

—— 李渊建立唐朝 ——

李渊出身贵族。在西魏时期，他的祖父李虎官至太尉（跟丞相并列的中央高级官员），而李渊的妻子则是北周武帝的外甥女，姨母是隋文帝的独孤皇后、隋炀帝的母亲。因此，李渊不仅出身高贵，更是隋朝的皇亲。到他这代，他继承了祖上的爵位，被称为唐国公。

617年，李渊被派往太原任留守，去镇压农民起义。尽管李渊打了几次胜仗，可农民起义军却如同滚雪球一般越来越强大，眼看隋王朝不保，李渊也思考起自己的退路来。

李渊总共有四个儿子，数二儿子李世民最具有才华和胆识。当时，太原北面的突厥多次来犯，李渊率兵抵抗，可接连吃了好几个败仗，这让李渊忧愁不已，生怕隋炀帝知道后追究责任。在任何一个封建王朝中，反抗朝廷是重罪，稍有不慎就会被株连九族。然而，随着形势的发展，李渊越来越意识到隋朝的问题和危险。这时，李世民趁机劝父亲起兵反隋。

听到李世民说出这种反叛的话，李渊竟吓得浑身哆嗦，责怪道："你怎敢说出如此反叛的话？要是有人听到，向上报告，我们全族人都要被砍头的。"

李世民镇定自若地说道："父亲想去告发邀功，尽管去，儿子我一点都不怕！"
李渊无奈地摇了摇手，叮嘱儿子不要再说这种话了。

可到了第二天，李世民再次跟父亲谈论到这个话题："你是受命来当太原留守的，可现在不仅要去讨伐造反的人，还要去抵抗突厥的进攻，这根本就是一件不可能两全的事！而且就算你再有功劳，可当今皇上只要猜忌你，你的处境就会更加危险。因此，我觉得，现在只有一条路可以走，那就是起兵反隋。"

李渊叹着气，犹豫不定地说道："你说得都有道理，我也明白。可我就是下不了决心，一旦失败，那就是满门抄斩的死罪呀！"

一听到父亲有所松动，李世民接着说道："现在局势混乱，各地争先恐后地起义，官军力量分散，想要对付并不难。我有一个朋友名为刘文静，是个人才，现在关押在晋阳牢中，他可以帮我们招兵买马！"在李世民的劝告下，李渊从牢中放出了刘文静，并派遣他去招兵买马；与此同时，他将在河东打仗的两个儿子——李建成和李元吉召回太原。

太原的另外两个副留守眼看形势不对，便准备前去阻止，还没等他们阻止，李渊便以"勾结突厥"的罪名将他俩抓了起来，杀掉了。

在李世民的建议下，李渊派遣刘文静带上厚礼前去与突厥结交，并说服突厥可汗跟自己一起反隋。突厥可汗同意后，李渊再没后顾之忧，宣布正式起兵反隋。他将士兵们称为"义士"，称自己为"大将军"，封李建成和李世民分别为左、右领军大都督，刘文静为司马。

李渊的策略是先攻下长安，把关中建立为自己的根据地。他按照农民起义军的做法，开放太原官仓，救济贫民，收买人心，发檄文声讨隋炀帝，随后，他率领三万人马攻向长安。

攻下地势险峻的霍邑（今山西霍州）是李渊攻占关中的第一场硬仗。这场胜利来得非常及时，让军队上下士气大振。一路上，李渊所到之处纷纷打开粮仓救济贫民，招兵买马。对于这支队伍，老百姓都很有好感，越来越多的人加入这支队伍中，攻打长安时，这支军队已经壮大到二十多万人了。

李渊拿下长安，便获得了号令关中的地位，他立即废除了隋朝的暴政，宣布约法十二条，这些举措深受老百姓的欢迎。

见时间尚未完全成熟，李渊先是尊称隋炀帝为太上皇，立他的孙子杨侑为皇帝，即隋恭帝，而自己则以唐王、大丞相的身份管控国家的一切军政要事。

这时，隋军被各地发展壮大的起义军已经打得元气大伤，像李密领导的瓦岗起义军、窦建德领导的河北起义军、杜伏威领导的江淮起义军等。隋炀帝没有办法，只能躲在江都继续过着花天酒地的生活。

暴君的末日一天天临近，第二年夏天，护卫隋炀帝的禁军将士们不想白白送死，纷纷叛离。趁此机会，宇文化及发动兵变，占领行宫，软禁了隋炀帝。

起初，隋炀帝还十分嚣张地叫道："谁这般大胆，带头这样做的？"

将士们愤慨地说道："你这个暴君，天下人恨不得将你千刀万剐，不管到哪里都会有人来杀你？"

一听到这话，隋炀帝不由低下了头，知道自己的死期不远了，便将巾带解下来交给了看押他的卫士。

618 年，宇文化及在江都勒死了隋炀帝，这一消息很快传到了李渊的耳朵里，他立即废除了杨侑，自立为帝，建立唐朝，史称唐高祖。

虽然隋炀帝已死，可隋炀帝的孙子杨侗和大臣王世充还掌控着东都洛阳。随后，王世充立杨侗为帝，即隋越王，打着隋朝的旗号，继续跟起义军交战。

李密所率领的瓦岗军被王世充完全打败之后，王世充便废了杨侗，自立为帝，国号为郑。这时，窦建德也自立为帝，国号为夏。这两个新生的割据政权都是新生唐朝的劲敌。

随后，李渊派遣李世民等进行多次征战，先后消灭吞并了各支起义军和割据势力。

623 年，唐基本统一了全国。

—— 玄武门之变 ——

626 年 7 月的某一天，李世民率领尉迟恭等人，在玄武门（长安太极宫北正门）附近埋伏。没过多久，太子李建成和齐王李元吉奉李渊之命前来见驾，路过玄武门。刚到玄武门，他们觉得有些不正常，与他们相熟的领兵将军常何不见了，守卫也十分陌生。就在他们疑惑时，门官出来传话，让他们留下护卫，只身前往拜见李渊。

一听到这话，李建成立马掉转马头往回跑。这时，李世民骑马追去，大叫道："站住，别走！"李建成哪里会理他，没命地往前跑，只见李世民拈弓搭箭，一箭射死了李建成。见此情形，李元吉也要射李世民，只是心里紧张，拉了好几次都没拉开弓。这时，尉迟恭带着七十骑兵赶到，一阵乱箭将李元吉射下了马。李元吉拼命逃跑，结果被尉迟恭一刀砍死了。

李渊在宫中焦急地等待自己的三个儿子，只听见外面一片混乱，不知何事。就在这时，尉迟恭手持长矛率领人马冲了进来。他向李渊禀报，李建成、李元吉作乱，已经被秦王杀死了，"秦王特派我前来护驾，以免乱兵惊动皇上。"接着，他又请李渊下旨，命太子宫和齐王府的守卫放弃抵抗。

听了之后，李渊大吃一惊，但面对此情形，他也没有办法，只能立李世民为太子。两个月之后，李渊传位给李世民，史称唐太宗，自己去做太上皇了。

这就是历史上著名的"玄武门之变"。

李渊称帝后，按照封建社会的宗法制，应该立长子李建成为太子，而为唐王朝立下汗马功劳、有勇有谋的李世民只能被封为秦王。因此，李世民的存在让李建成十分担忧。他跟弟弟李元吉结成同盟，不断拉拢李渊宠爱的妃子，让她们说李世民的坏话，逐渐地李渊开始疏远李世民。就这样，他们还不满足。一天，李建成邀请李世民前往太子宫喝酒，他在酒中下毒，李世民仅喝了几口，就开始腹痛呕吐。幸好陪席的李渊弟弟、淮安王李神通救助及时，这才捡回了李世民的性命。

对于李建成的步步紧逼，李世民一再忍让。没多久，李建成和李元吉想出一个挖空秦王府的策略。626 年，突厥入侵中原，李建成建议让李元吉带兵迎战，李渊同意了。出征之前，李元吉提出要调遣李世民手下大将尉迟恭、秦琼等人一起出征，还要管辖秦王府的所有兵马。其间有消息传出，这些人马全调到李元吉手下后，他要将其全部活埋，然后再除掉李世民。

在此危难之际，尉迟恭等人纷纷不干了，向李世民表示："我们不会在大王这里等着被人杀掉。"李世民的心腹长孙无忌等人也都觉得，既然他们不仁，那我们也可以不义，先下手为强，除掉他们。

最终李世民听从了将士们的劝告，趁李渊召见他们兄弟三人之机，李世民果断发动了玄武门之变。

登上皇帝宝座的李世民面临着严峻的局面。隋朝的暴政和多年的战乱，导致百姓生活穷困，社会生产力急剧倒退。从隋末农民大起义中，李世民深知百姓力量的重要性，于是，他决心大力恢复社会秩序和经济生产，稳定百姓。

李世民不得已发动了"玄武门之变"杀死了李建成和李元吉，登基之后，他立即追封李建成为息王，李元吉为海陵郡王，下诏按王子之礼安葬他二人。落葬之日，李世民不仅允许两宫旧部前去吊唁，甚至还亲自参加了葬礼。

玄武门之变后，有人向李世民告发，说李建成手下官员魏徵曾参与谋害李世民的行动。

李世民将魏徵召来问道："你为何要挑拨我们兄弟间的关系？"魏徵十分镇定地说道："那时我是太子的手下，我自然会尽全力为他着想。可惜当时太子没有听进去，不然今天的结果就不是这样了。"

李世民认为魏徵正直刚正，有胆识，说话直接，升他为谏议大夫。李世民曾公开对大臣们说道："治国如同治病，就算病治好了，还需要去休养。别看现在四海太平，四方朝见，是少有的太平盛世。但还需要小心谨慎，才能将这太平维持下去。"为了进一步稳定人心，李世民委派魏徵前往山东去安抚李建成旧部，给他们提供施展各自才能的平台。

多年的战乱，唐朝初期人口损失严重。李世民改革府兵制度，加强了武备，击败东突厥，让他们放回中原百姓，同时，他将宫中的三千宫女遣散出宫，这些举动都促进了人口的恢复。为了让百姓全身心投入生产，李世民又推行了奢省费、轻徭薄赋的方针，大兴水利，开垦荒地，社会经济得到了恢复和快速发展。这一系列的措施是相当有效，这一时期被后世称为"贞观之治"，也为唐代的繁荣昌盛打下了基础。

—— 魏徵直谏 ——

魏徵在幼年时，父亲就去世了，家境贫寒，可他却喜欢读书，掌握了渊博的知识，也曾出过家，当过道士。隋朝末年，各地都出现了农民起义的浪潮，魏徵先后加入李密瓦岗军和窦建德起义军中。在李建成被杀，唐太宗李世民登基后，因为他敢于进谏，深受唐太宗的重视。

魏徵时常被唐太宗召进宫中，让他提出意见。只要唐太宗有不对的地方，魏徵都能当场指出，有时甚至会让唐太宗下不来台。

有一次，在右仆射（掌管奏章文书的官员）封德彝的建议下，唐太宗决定让18岁以上身体强健，还没服过兵役的男子全去当兵。但是，魏徵坚决不同意。按照当时的规定，只有经过谏议大夫签名，皇帝的敕令才会生效。

唐太宗问他："既然你不同意，那有何理由呢？"

魏徵回答："作为谏议大夫，陛下做出了违背治国安民的方针决定后，臣有义务指出。男子20岁当兵，60岁可免的规定在开国后就定下了，怎能轻易更改？"

唐太宗大怒，指责道："你太自以为是了。"魏徵一点都不退让，郑重地说道："陛下，将河水放干，这样的确可以捕到很多的鱼，可明年鱼就没有了；将森林烧掉，再去打猎，猎物自然多，可明年野兽就没有了。要是将18岁以上身体强健的男子全去当兵了，那国家今后的赋税徭役从何而来呢？"

魏徵的一番话，让唐太宗恍然大悟，赶紧收回了命令。

有时，李世民还跟魏徵共同讨论问题。

比如，唐太宗曾问魏徵："历朝历代如此多的君主，为何有些明智，有些昏庸呢？"魏徵回答道："通常明智的君主能听从各方面的意见；而昏庸帝王通常是骄傲自大、自以为是，只听从单方面的意见。"成语"兼听则明，偏听则暗"就是由此而来的。

唐太宗称赞道："你说得很好！"

大臣郑仁基的女儿相貌出众且有才华，皇后想要将其收为李世民的嫔妃。册封诏书刚写好，有人在旁边提醒："她不是已经有婚约了吗？"

魏徵听到后，向李世民进谏道："陛下住着富丽堂皇的宫殿，心里应该希望百姓都有可安身的房子；陛下吃着山珍海味，就该希望百姓食物充足；陛下有着众多的妃子，就该希望百姓们都有合适的婚姻。可现在陛下要将已经订婚的女子抢过来，这让人家父母怎么想？"听了这番话，唐太宗立即将册封取消了。

魏徵因病去世后，唐太宗下令罢朝五天，他还亲自登上御苑西楼，遥望魏徵逝世之处，表达自己的哀思。他沉痛地说道："以铜为镜，可以正衣帽穿戴；以史为镜，可以明天下兴亡；以人为镜，可以明自己行径。魏徵死了，我也失去了一面镜子。"正是因为唐太宗大度，从谏如流，闻过甚喜，才让魏徵得以在初唐的政治舞台上展示自己的才华。

唐太宗时，一个名叫马周的人，也时常大胆进谏。原本马周只是守卫玄武门中郎将常何的客人。631年，唐太宗下令让百官上书谈论自己对朝政的得失。可常何是武将，丝毫不懂政治，因此很是发愁。马周得知后，亲自为他写了二十多条关于政治得失的意见，让他交差。唐太宗读后，认为条条有理，可常何这武夫怎么会这么有政治头脑，唐太宗很是奇怪，便找他面谈。常何是个老实人，如实告诉唐太宗，这些全都是马周写的。随即唐太宗召见了马周，经过一番长谈，十分赏识他，认为是个人才，没过多久，就任命他为监察御史。

果然，马周没有辜负唐太宗，他时常进谏，提出了很多建设性的意见。他让唐太宗从隋朝灭亡中吸取教训，要他了解民间疾苦，爱护百姓；他要唐太宗不要过于宠爱子女，每年给孩子们加赐财物，过于奢侈只会祸害子女；他要唐太宗真正以人为本，让老百姓满意，任用德才兼备的好官。对于这些建议，唐太宗全都认真听取了，并进行了实施。

魏徵、马周等人还时常提醒唐太宗，隋末滥刑暴政导致了隋朝的灭亡。因此，唐太宗十分重视立法，要求有关部门根据实情，结合前朝立法、司法经验，制定了《贞观律》，为以后的《唐律》打下了基础，提供了模板。

—— 平定东突厥 ——

唐朝初期，边疆北部的东突厥和边疆西部的吐谷浑时常侵犯大唐的国土，骚扰百姓，破坏社会安宁。其中，突厥的骚扰最为严重。

当初，唐高祖起兵反隋，就曾与东突厥联盟，得到了始毕可汗的支持。620 年，即唐高祖武德三年，东突厥的颉利可汗即位。为了扩大自己的势力，颉利可汗几乎每年都会南下，侵占唐朝的土地。就在李世民即位之初，颉利可汗就觉得有机可乘，亲率十几万骑兵南下，攻占了泾州（今甘肃泾川西北），一直南下到便桥之北，直逼京都长安。

这时各州增援的兵马都没赶到，长安城中仅有几万民众可以参战，面对这样不利的形势，唐太宗亲率军队赶到渭水桥边，怒斥颉利不守信用。在唐太宗的叱责下，颉利无言以对，又见唐军守备森严，更不敢轻举妄动了。最后，在桥上，颉利与唐太宗签订盟约，随后退兵。

此后，唐太宗重视军事训练，大力提高官兵的战斗力，严格整顿府兵，还将著名的军事家李靖任命为兵部尚书。

不久之后，东突厥国内发生动乱，因不满颉利可汗四处征战，薛延陀、回纥等部落纷纷叛离。恰逢那年冬季东突厥遭遇暴风雪，很多牛羊都被冻死了，国内出现了饥荒，突厥人纷纷逃难。在大臣们的建议下，629 年，李世民任命李靖为定襄道行军总管，让他率领十几万大军进攻东突厥。

第二年正月，天寒地冻，李靖不顾酷寒，亲率三千骑兵从马邑出发，直袭定襄。唐军的突然来袭，这是颉利可汗万万没想到的，一时间吓得惊慌失措。在夜色的掩护下，李靖一举拿下定襄城。颉利可汗逃到（今内蒙古二连浩特西南）碛口去了。

捷报传到李世民耳中，他对大臣高兴地说道："汉代的李陵，仅带五千士兵就敢直入匈奴腹地，就算被俘投降，他的战场功绩依旧写入了史册。今李靖亲率三千骑兵，直袭东突厥大营，还拿下了定襄城。前无古人呀，我在渭水边的耻辱也算是洗刷了。"

在逃跑的途中，颉利可汗又遇到并州（今山西阳曲以南、文水以北地区）都督李勣的埋伏，被打得落花流水，最后只剩下几万人马狼狈不堪地逃走了。于是，颉利可汗派遣人去长安求和，表示愿意亲自入朝请罪。其实，他这是在拖延时间，准备趁着青草茂盛、马儿肥壮的时候逃往漠北，以求东山再起。

于是，李世民任命唐俭为安抚使，前去安抚颉利，又命令李靖亲自率兵前去迎接颉利入朝。在白道（今内蒙古呼和浩特北），李靖和李勣会合，他对李勣说道："尽管颉利吃了败仗，但实力依旧不可小觑，兵马不少。要是他从碛口逃走了，那路途遥远，再想去追捕就更加难了。皇上派遣的使臣唐俭就在他那儿，那他心中肯定松懈，只要我们带上一万精骑兵和二十天的口粮，前去偷袭他，根本不用作战，就可以轻轻松松抓住他。"他的计划，李勣同意了。李靖连夜率军出发，李勣率领军队在后面紧跟着。

果然，见到安抚使唐俭后，颉利可汗放松了警惕。在大雾中，李靖的前锋悄然前进着，到距离颉利可汗营帐只有七里的地方才被发现。见唐军来袭，颉利连忙骑马北逃，想穿过大漠。在碛口，颉利遭到李勣的阻击，他的大酋长率领众人投降唐军。没过多久，大同道行军总管、任城王李道宗抓住了颉利可汗，并将他送到了京城，自此，东突厥灭亡。当时，太上皇李渊依旧健在，听到这个消息后，他十分高兴，在凌烟阁摆下宴席，召来李世民、诸王和公主们，庆贺到深夜。

在与东突厥的作战中，李靖大军杀掉一万多官兵，俘虏了十几万人。对于俘虏，李世民十分优待，尤其是其中的酋长、将帅，不少都被李世民留在了朝中，并任命了官职，仅五品以上的官员，就有一百多人。颉利可汗也被封为了右卫大将军，死后，还追封他为"归义王"。东突厥部众迁往长安居住的就有一万多家，差不多是俘虏人数的一半。

至于其他东突厥人，李世民特意在幽州（今北京西南）和灵州（今宁夏灵武西南）直接设立了顺、祐、化、长这四个州，又将漠北分为六个州，将其他的东突厥人安置在那里，由投降的东突厥各部落酋长担任都督刺史，进行管理。

635 年，李世民任命李靖为西海道行军大总管，率领侯军集、李道宗等人，带领大军进攻吐谷浑。在库山（今青海境内），唐军打败吐谷浑主力，吐谷浑王逃往沙漠。不久，吐谷浑王的手下杀死了吐谷浑王，吐谷浑王的儿子投降了唐朝。自此，西部边境也恢复了平静。

640 年，依附西突厥、阻挠西域与唐朝通商的高昌（今新疆吐鲁番）都城被唐军攻破，高昌王投降。647年，勾结突厥的焉耆（在今新疆焉耆西南）被唐军平定。同年，唐军又攻下龟兹的都城（在今新疆库车）。就这样，西部边疆地区被大唐政权有力地控制住了，中原与西域之间的经济文化从此可以顺利地交流。

通过这一系列的军事和政治政策，在西北各民族心中，李世民的威信大大地提高了，回纥等各族的部落首领纷纷前来长安朝见大唐天子，尊称李世民为"天可汗"。

—— 玄奘西行 ——

东汉初期，起源于印度的佛教传入我国。为了研究佛学的真谛，取得"真经"，我国不少高僧付出了艰苦的努力，这从客观上促进了中外文化的交流。其中最为杰出的代表是唐代著名和尚、佛经翻译家玄奘。

玄奘俗称唐僧，洛州缑氏（今河南偃师缑氏镇）人，俗名陈祎。从他的高祖起，到他父辈都做过官，只是他父亲陈慧做官很短一段时间后，就辞职回家研究儒学了。

玄奘幼时，家境衰退，生活贫困，时逢隋朝末年，天下大乱，玄奘也就跟着二哥长捷法师住在洛阳净土寺，拜佛念经。13岁那年，他已经对佛学颇有研究，洛阳度僧，破格选他做了沙弥（没有成人的佛教出家人）。20岁那年，玄奘在成都受具足戒（取得正式僧尼资格所必受持的戒法），从此以后，玄奘云游四海，拜访各地名师，精通佛教各家学说，被称为佛门千里马。从中，玄奘深感佛学各家说法差异太大，为了弄清楚佛法的真谛，他决定前往佛教发源地求法。

于是，玄奘给朝廷上奏，请求西行，前去求法，恰逢西突厥进犯，边境局势不稳，朝廷没有同意。629年，北方发生灾荒，朝廷允许百姓（包括僧人）逃难，玄奘趁此机会，立即西行。

从长安出发，途经凉州时，守卫关卡的士兵发现了玄奘。凉州都督以朝廷严禁百姓出境为由，要把玄奘打发回长安。但玄奘的求法精神深深感动了当地的慧远法师，他派他的两名弟子，顺利帮他越过边防，出了玉门关。

途中，他碰见了一位熟知西域地理的老人，老人被他坚毅的精神所感动，坚持将一匹曾十五次往返伊吾（今新疆哈密）的老马送给他。穿越沙漠时，玄奘将水袋给打翻了，没有了水。他本想往回走，但一想到自己立下的誓言，不达目的地，甘愿去死，便立即掉转马头，继续向西。

在沙漠里行走了四五天，玄奘没有进一滴水，最终熬不住，昏了过去。半夜，一阵凉风吹醒了他，他站了起来，继续往西走。幸好老马识途，玄奘在附近找到了水，摆脱了困境，这才走出了沙漠。随后，他又经过伊吾，赶到高昌。

到了高昌时，高昌王麴文泰是一名虔诚的佛教徒，当他听说大唐高僧玄奘来到高昌，十分高兴，连忙将他接到宫中，请他讲经说法，诚恳地请求他留下来。可玄奘坚持要走，高昌王没有办法，便送给他黄金一百两、白银三万两、绫帛五百匹、好马三十匹、骑手二十五人，给他的西行提供了充足的物质保障和人力配备。高昌王还跟玄奘约定，等他取经回来，他要先在高昌讲经三年。随后，高昌王花费重礼疏通了突厥的可汗，还写信给沿途的国王，希望给玄奘提供方便。

玄奘带领人马，历经艰辛，爬雪山，过冰河，最终到达了佛教圣地印度。当时的印度在地理上分为东、南、西、北、中五部，史称"五天竺"。而玄奘游览的顺序是北、中、东、南、西，最后又返回到中天竺。在印度，他一边朝拜圣迹，一边拜访名师、求学。在庄严巍峨的那烂陀寺，玄奘拜当时有名的高僧戒贤大师为师，花费了整整五年的时间，他拜读佛经和其他古印度重要的典籍，极大地提高了佛学水平。在那烂陀寺，玄奘还开讲佛经，着手撰写了《会宗论》三千颂，把佛教中瑜伽、中观两大学派之间的相关隔阂一一沟通畅通，得到了戒贤大师等众多佛学大师的赞许。

当时印度还有个摩揭陀国，国王戒日王是一个虔诚的佛教徒。他听说了玄奘的事迹后，就在国都曲女城（今印度北方邦境内卡瑙季）开了一个没有任何阻碍的无遮大会，邀请了当时印度十八个国家的国王和三千多名高僧、学者。会上推选玄奘为此次大会的论主，与与会者进行辩论。大会整整开了十八天，玄奘的精彩演讲深深折服了到会的每一个人。自此，玄奘在印度名声大振，成了全印度最有影响力的佛学大师，声望和学问都远超他的老师戒贤。

这时，玄奘给大唐朝廷上书，讲述了自己求学的经历，并表示已经取得真经，要返回祖国。收到来信的唐太宗十分高兴，让他尽快东归。

回到长安不久，玄奘就赶紧赶往洛阳，觐见即将出征辽东的唐太宗。唐太宗十分赞赏他的取经精神，劝说他还俗从政。可玄奘表示想继续研究佛学，要把带回来的经书全翻译出来。对于玄奘的想法，唐太宗表示支持，并为他创造了很多翻译经书的条件。

玄奘不仅翻译了大量的佛经，还跟弟子一起将西行路过的一百一十个国家及听说过的二十八个国家的山川地形、边防、交通、风土人情、物产气候、历史传闻等各方面情况全都记录下来，编著为一本《大唐西域记》。这本书为研究印度、尼泊尔、巴基斯坦、孟加拉国、斯里兰卡以及中亚等地古代历史地理提供了重要的文献资料。后来，很多关于唐僧取经的传说在民间流传开来，明代小说家吴承恩根据民间的传说写了一部优秀的神话小说《西游记》，经久不衰。

—— 文成公主入藏 ——

贞观之治，使唐朝的经济文化高度繁荣发达，令周围少数民族十分向往，纷纷称臣纳贡，前来修好。一时间，许多少数民族首领纷纷向唐朝求亲，以与唐朝宗室联姻为荣。为了进一步确保边疆太平，各民族和谐相处，唐太宗也推行和亲政策。比如，唐太宗曾将妹妹衡阳公主下嫁给突厥处罗可汗的儿子阿史那社尔，弘化公主嫁给吐谷浑可汗诺曷钵，进而建立和维护了唐朝和突厥、吐谷浑之间的友好关系。

此时，在西南地区的高原上，一个强盛的吐蕃政权崛起了。634 年，它的赞普（吐蕃王的称号）松赞干布派遣使者前往长安，希望与唐朝交好。

从小，松赞干布就擅长骑马、射箭、击剑等各种武艺，文化素质也较高，能写诗歌，深受吐蕃人的爱戴。他父亲去世以后，吐蕃贵族发动叛乱，想要夺取吐蕃政权。面对错综复杂的形势，松赞干布十分镇静地凭借着自己的智慧和勇敢，很快就平定了叛乱。

松赞干布派遣使者前往长安，不仅是想学习唐朝的先进文化，更想联姻唐皇室宗亲。对于松赞干布的要求，唐太宗并没立即答应。吐蕃使者没有完成任务，害怕松赞干布怪罪，返回后撒了谎，说唐朝并不尊重吐蕃，根本不把吐蕃的要求当回事。

640 年，松赞干布派遣由精明能干的大论（宰相）禄东赞带队的上百人的队伍，带上金银财宝，再次前去唐朝长安求亲。

见到唐太宗后，禄东赞转达了松赞干布愿跟唐朝友好相处的心愿，又委婉地提出了国王想迎娶一位大唐公主的要求。

唐太宗十分赞赏禄东赞的言谈举止，并从他的口中了解到松赞干布的更多情况。于是，唐太宗在皇室姑娘中，挑选出一位漂亮温柔且文化素质较高的姑娘，封为"文成公主"，许配给了松赞干布。

641 年，在唐太宗的委任下，礼部尚书、江夏王李道宗亲自护送文成公主前往吐蕃。在文成公主的嫁妆中，不仅仅有金银珠宝、绫罗绸缎，更有吐蕃缺少的粮食、蔬菜、水果的种子和蚕种等。更重要的是，她带去了中原先进的文化，携带了众多儒家经典和农业、医药、天文、历法和科技等方面的书籍，还有中原的侍女、工匠和厨吏。

得知文成公主嫁给了松赞干布，一路上吐蕃人民表示了热烈的欢迎，纷纷备下礼物和交通工具前来接送。松赞干布依照唐朝礼仪，亲自从吐蕃都城逻些（今西藏拉萨）赶往柏海（今青海扎陵湖）迎接公主，并举行了隆重的婚礼。他以儿子女婿这种晚辈身份与李道宗相见，表达出自己崇高的敬意。

接着，松赞干布带着他的妻子文成公主返回逻些。同年藏历四月十五日，逻些百姓如同过节般地热烈欢迎文成公主。

松赞干布十分宠爱文成公主，他特意按照唐朝的建筑，为文成公主建造了一座宫殿，即当今仍然存在的伟大建筑——布达拉宫。至今，在拉萨的大昭寺和布达拉宫中仍然供奉着松赞干布和文成公主的塑像。

650 年，松赞干布去世，此后文成公主依旧努力促进和维护汉藏两族人民的文化交流和友好联系。当时，前往印度求佛的唐朝僧人多半会取道吐蕃，文成公主还接见了一些高僧。在吐蕃生活近四十年的文成公主极大地促进了藏族的经济发展。她让随从指导百姓耕种，还亲自指导青稞等谷物的试种。她还上书请求唐朝派遣工匠，帮助吐蕃建设。文成公主入吐蕃后，唐朝和吐蕃之间的交流有了极大的加强，促进了汉藏人民之间的团结和友谊，她也成为汉藏两族情谊的象征，至今当地人民还深深怀念这位公主。

自松赞干布之后的几个赞普都与唐朝保持着友好的关系。710 年，唐中宗将金城公主嫁给了吐蕃赞普。

—— "药王"孙思邈 ——

652 年，即唐高宗永徽三年，唐代著名医学家孙思邈撰写出了一部享誉中外医学史的医学巨著《千金要方》。此书共三十卷，分二百三十二门，存有药方五千三百多首，分列妇产、小儿、五官、口腔、传染病、杂病、外科、急救等科目，按照科目分别叙述各科疾病的诊断、预防和治疗方法。这部书内容之丰富，规模之宏大，以往各朝医学书都无法相比。同样，这也是我国最早的临床医学百科全书，极大地促进了我国医学的发展。

幼年的孙思邈身体虚弱，经常生病，为了给他看病买药，家产都耗尽了。因此，从小身受疾病困扰的孙思邈立志学医。他不断地钻研古书，总结前人经验，大量地进行实践，最终成为一代名医。

有一年，唐太宗经常心口痛，御医们束手无策，治不好，他们将孙思邈请来治病，没过多久，唐太宗就痊愈了，他十分高兴，封孙思邈为"药王"。

在孙思邈看来，妇女、儿童的疾病跟成年男子的疾病不同，应当独立出来，采用不同的方法进行医治。因此，孙思邈十分重视对妇女和儿童疾病的研究和医治。经过长时间的医学实践，孙思邈在治疗妇科和儿科疾病上有了独到的见解和治疗方法。

有一次，孙思邈正在赶路，前边传来了阵阵哭声，孙思邈连忙赶过去，只见一行人抬着棺材，一对老夫妻和一个年轻男子跟在后面。

孙思邈急忙上前进行询问，因为悲伤，老夫妻哭得说不出话，只听见那年轻人呜咽地说道："前天，我媳妇说肚子疼，要生孩子了，可整整折腾了两天两夜，孩子都没生下来，后来接生婆就说母子不保。果然，今天早上，我媳妇就死了。"

听到这个悲伤的消息，孙思邈不由低下了头，突然，他看见一滴滴血从棺材缝里滴了出来，他连忙蹲下去查看，只见血液还是鲜红的，连忙叫道："快将棺材打开，说不定，她还有救。"

老夫妻很疑惑，瞪大了双眼说道："不会吧，这都死去两个时辰了！"

孙思邈来不及回答，只是让人打开了棺盖，进行查看。那女子面色惨白，没有一点气息。他搭脉查看，捕捉到一丝跳动，很有把握地说道："那让我来试下吧！"这时，他将随身携带的银针取了出来，朝着穴位扎去。一分钟，两分钟……时间就这样过去了，只见那产妇的胸口逐渐有了起伏，眼皮也动了，隆起的腹部也开始蠕动。

突然，"哇"的一声啼哭，一个白胖的婴儿出生。年轻人和老夫妻全都惊呆了，好长时间才缓过神来，连忙感谢孙思邈。自此，孙思邈更是声名远扬。

孙思邈另一伟大的贡献是在外科方面首创了导尿术。

一次，一个病人尿不出来，可家境贫寒，病人家属也就不好意思前来找他看病。

这事让孙思邈知道了，他立即起身赶往病人家中。病人面色枯黄，双手捧肚，躺在床上不断呻吟着，肚子肿大如鼓。

孙思邈不断安慰病人，思考着该如何进行治疗。他想，这种情况怕是尿道口出现了问题。可耽误到这种程度，吃药肯定是来不及了，只能想其他的办法。

孙思邈陷入了深思，这时，窗外一群小孩正拿着葱管吹着玩，他立即大叫道："有办法了！"他想，葱管细软，要是将它插入尿道，尿可能会从管中出来。

于是，孙思邈找来一棵细葱，将两头切除，只留葱管，小心地将其插入病人的尿道。插了好几次，葱管进去了，他用力对葱管一吸，尿液果然流了出来。

孙思邈心情激动，他继续对着葱管吸着，病人尿液流光、肚子小了之后，他才起身。

受这个案例的启发，孙思邈最终发展并完善了导尿术。

681年，孙思邈已经百岁了，可他还是着力给《千金要方》编写了续篇《千金翼方》，弥补了《千金要方》的不足。《千金翼方》同样是一部三十卷的巨著，其中编录了八百多种药、两千多个古代处方，还将当时秘藏的《伤寒论》的内容收录了进去。

孙思邈对我国古代医学的发展，做出了巨大的贡献。他高尚的医德和精湛的医术深深折服了世人，也得到了世人的尊敬。因此，他晚年所隐居的五台山又被称为"药王山"，山上还特意建有"药王庙"。

唐代可称为我国封建社会的全盛时期，各方面都发展较好，医学研究也达到了很高的程度。当时经济文化交流密切，不断有外来药物出现，用药经验也得到了很大的积累，因此，撰写一部总结药物学的专著很有必要。唐高宗显庆年间，在官方的支持下，在医学家苏敬的带领下和二十多名专家的共同努力下，我国医学史上第一部国家药典《新修本草》诞生了。

唐朝的外科也发展得很迅速，朝廷专门设定了"太医署"，其中有一个与外科性质相同的疮肿专科。这个科的学生，必须要通过五年的专业知识和技术的学习，最后考试合格才能毕业。此外，太医署还设了按摩科，专治跌打损伤，也获得了不俗的成就。

—— 武则天当皇帝 ——

唐高祖李治登基之后，不顾他人反对，决意废除皇后王氏，改立他宠爱的武昭仪为皇后，此举震惊了朝野。而这位武昭仪就是后来的武则天，中国历史上唯一的女皇帝。则天是她的谥号，也是她退位后，唐中宗特意给她上的尊号。

武则天进宫那年才 14 岁，进宫后，她被唐太宗封为才人（唐代一种妃子的称号），赐号武媚，又称为武媚娘。也就是说，刚开始，她其实是唐太宗的妃子。在她称帝之后，还特意造了一个表示日月当空的"曌"字来当自己的名字。

唐太宗驾崩后，包括武则天在内的众多妃嫔都被遣送到感业寺做了尼姑。早在高宗李治还是太子时，就与武则天彼此倾心爱慕。待高宗继位之后，一天，他前往感业寺拜佛，再次与武则天相见，两人旧情复燃。见到李治，武则天跪接，忍不住哭啼了起来。高宗甚是感动，便决心找个机会接她入宫。

皇后王氏生性傲慢，既不肯去奉承皇帝，也不体贴下人，又没有产下子嗣，早已被高宗冷落多年。可高宗的淑妃萧氏却产有一子，母子二人深得皇帝宠爱。当时后宫斗争严酷，为了巩固自己的地位，打压萧淑妃，王皇后想起了武则天，她知道高宗思念武则天，便让武则天蓄起了长发，随后接她入宫。对此高宗非常高兴，封武则天为昭仪，越发宠爱。

武则天从小就志向远大，充满才智。当年母亲给武则天送行时，哭得很伤心，可武则天却镇定地说道："我前去面见皇帝未必不是福分，你怎可如同小儿女那般悲伤。"听到这话，她母亲竟不好意思再哭啼了。

武则天对文学、书法都有研究，她出众的才华，让只知道争宠的后宫妃子们望尘莫及。后来，高宗便有了立武则天为皇后，废除王皇后的心思。

对于任何一个朝代来说，改立皇后都是一件大事，高宗知道，这件事必须要听取长孙无忌、褚遂良等老臣的意见，他们若是不同意，这事情就无法办成。于是，高宗亲自前往长孙无忌家中说明了自己的心愿。可这些大臣认为王皇后出身显赫，还是太宗皇帝亲自为李治迎娶的，不可轻易废除掉；就算一定要改立皇后，也要从名门望族中挑选女子。而武则天出身低微，他的父亲最初只是一个木材商人，只因帮助高祖李渊起兵，当了工部尚书，才被封为应国公。因此，长孙无忌和褚遂良坚决反对，觉得武则天不配做皇后。

事实上，长孙无忌们所代表的是士族地主阶级的利益，而武则天代表的是庶族地主阶级，因此不会同意。可自南北朝开始，士族地主阶级势力不断衰弱，而庶族地主阶级的势力却在不断壮大。唐高宗想要获取更大的权力，摆脱顾命大臣对他的控制，就要依靠有才干却出身低微的武则天的帮助。

一天，元老派的李勣拜见高宗，高宗问道："朕想封武昭仪为皇后，可是褚遂良却十分固执，坚决反对，事情弄得很尴尬，他是顾命大臣，我又不能违背他的建议。这该怎么办？"李勣回答道："像改立皇后这种事，都是陛下的家务事，陛下自己做主就可以了，根本不用问他人。"李勣的回答让李治下定了决心。

655 年，高宗李治废除了王皇后和萧淑妃，改为庶人，打入冷宫；立武则天为皇后；把反对他立后的大臣或诛杀或放逐，他的舅父、顾命大臣长孙无忌被迫自杀。

自 660 年起，高宗病重，头晕，无法再处理朝政。而武则天喜欢政治，权力欲强烈，因此，她经常代批奏章。自此以后，武则天开始慢慢参与到国政之中。她不断树立自己的权威，没过多久，她的权威就高过了高宗，这让高宗不痛快。老臣上官仪对高宗说道："如今皇后专权，民心丧失，希望陛下废黜她。"于是，高宗让上官仪起草诏书废后。

可没想到，有人将这件事告诉了武则天。武则天严厉地责问高宗。高宗性格软弱，被吓得不轻，将责任全都推到上官仪身上。武则天便找个罪名，把上官仪杀了。

从此之后，武后开始垂帘听政，跟高宗并坐于朝堂之上，大小政事，武后一人说了算。674 年，高宗称天皇，武后为天后，朝野上下，人们将这二人并称为"二圣"。

683 年，唐高宗因病驾崩，武则天先是立儿子李显为帝，也就是唐中宗。唐中宗登基后，朝廷大事依旧掌控在武则天手里，中宗成了一个傀儡皇帝。对此，他很不甘心，便私自将皇后的父亲，从参军提升为刺史，准备重用提拔他。

武则天知道后，甚是愤怒，认为他挑战了自己的权威，便废除了中宗，贬为庐陵王，改立豫王李旦为帝。可仅仅过了半年多，武则天再次将李旦废除了，改元为光宅，自己掌控朝政，提拔重用武氏家族的人。武则天频繁地废立皇帝，这是对封建社会男权统治的挑战，也是当时的男尊女卑思想所无法容忍的；再加上武氏家族横行霸道，仗势欺人，引得李唐皇室人人不安，一些人开始公开反对她。

刚开始，徐敬业、骆宾王等人在扬州叛乱，他们提出：推翻武后专权，让李显复位。没几天，他们就聚集了十万多人，一举攻占了润州（今江苏镇江）、淮阴等地。为了扩大影响力，引起全国的响应，骆宾王亲笔写下了征讨武则天的檄文。这是一篇文采飞扬、通俗易懂的好文章，千百年来，只要读过它的人无不称颂。

檄文中，将武则天骂得狗血喷头，可是武则天读了之后却不生气，称赞文章的文采，深深地惋惜没有能重用骆宾王，这实在是朝廷的"宰相之过"。这件事淋漓尽致地表现出这位女皇帝的胸襟和度量。

徐敬业反叛朝廷，武则天派遣大将军李孝逸率领三十万大军前去镇压。不久，武则天又镇压了唐宗室诸王。

690年九月，武则天正式登基，改国号为周，给自己加尊号"圣神皇帝"。

她是我国历史上第一位也是唯一的女皇帝。

—— 狄仁杰桃李满天下 ——

唐太宗治理下出现的"贞观之治"深深影响了早年的武则天。武则天文史修养较高，对历代的兴亡和政治得失都有自己独特的见解。因此，她努力在她统治下的五十年里，继续保持"贞观之治"所开创出来的局面，唐朝得以继续繁荣发展。

跟唐太宗一样，武则天重视农业发展，减轻赋税，让百姓得以休养生息。她注重听取他人意见，广开言路，虚心纳谏，就算是进谏的内容触犯了她，她也不生气，不降罪。在选拔人才方面，她开创了"殿试"（皇帝亲自主持考试、选拔人才）和选举军官的"武举"，有力地发展了科举制度。通过这些途径，武则天很快选拔出了一批有才干的官员，比如狄仁杰、姚崇、宋璟、张柬之等人。其中，姚崇、宋璟等人在以后的唐玄宗时期都发挥了巨大的作用。而在武则天主政期间，宰相狄仁杰当属最著名的人物了。

686年，狄仁杰出任宁州（今甘肃宁县一带）刺史，执政期间，他发展生产，安抚百姓，极大地缓和了中原地区与少数民族戎狄之间的紧张关系，保障了朝廷的安全。监察御史郭翰前往地方上巡查，一路上，各地都有弹劾地方官的，可到了宁州，却没有出现这种情况，老百姓全都夸口称赞狄仁杰。于是，郭翰向朝廷进谏，推荐狄仁杰，很快，狄仁杰就升任工部侍郎。

688年，狄仁杰在豫州当刺史。当时，有两千多人受到越王李贞案的牵连，被朝廷判了死刑。可狄仁杰知道这些人是无辜的，便秘密奏报了朝廷，这些人得以宽大处理。武将张光辅仗着自己镇压叛乱有功，傲慢无礼，纵容部下勒索财物。狄仁杰严厉地警告他："李贞才是叛乱的人，这些城里的人全都投降了，要是你再纵容这三十万人去烧杀抢夺，那不是要血流成河了！"

对此，张光辅无言以对，却对他怀恨在心，上奏弹劾狄仁杰，说他傲慢无礼。可武则天何等聪明，一眼就看清楚了是非，对狄仁杰更是深信不疑。

升任户部侍郎后，武则天召见狄仁杰，说道："你出任豫州刺史时，名声在外，纷纷称赞，可有人也跟我说了你的坏话，你可想知道他们的名字？"

狄仁杰回答道："要是陛下认为那的确是我的过错，那我就努力更改；要是陛下觉得错不在微臣，那是我的幸运。至于是谁说我的坏话，我真的不想知道。浊者自浊，清者自清。"

这番话凸显出狄仁杰宽以待人的气度和胸怀，武则天甚是欣赏。

其实，狄仁杰任宰相是娄师德这位老将推荐的。对此，狄仁杰却毫不知情，甚至有点看不起娄师德，觉得他仅仅是一名普通的武将，几次把他调到外地。武则天察觉到了，一天，武则天故意问狄仁杰："在你看来，娄师德这人是否有才能？"

狄仁杰回答道："娄师德是将军，他去守卫好边疆就很不错了。他的才能呢，我是真的不知道。"武则天又问道："那你觉得，他是否能发现人才？"狄仁杰说："我曾与他共过事，可我没听说过他可以发现人才呀！"

武则天笑道："之所以我能知道你，这还要感谢娄师德的推荐呀！仅凭这点，娄师德就能算得上是发现人才。"听了武则天的话，狄仁杰深感惭愧，说道："娄公对我恩重如山，可我却毫不知情，真是惭愧呀！"此后，狄仁杰十分注意发现人才，积极地向武则天举荐。

有一次，武则天让狄仁杰推举一个优秀的人才。

狄仁杰问道："陛下是要用哪个方面？"武则天说："将相方面。"

狄仁杰说："若仅论才华，苏味道、李峤都是可以的。可一定要最优秀的人才的话，也就只有荆州长史张柬之了。虽然这个人的年纪大些，但才华出众，适合当宰相。"

没多久，武则天就升张柬之为洛州（今河南洛阳）司马。

几天后，武则天再次召见狄仁杰，问举荐人才的事，狄仁杰回答道："可上次举荐的张柬之，陛下至今还没任用呀！"

武则天说："他不是已经被我提拔为洛州司马了？"狄仁杰回答道："我所推荐的张柬之，是担任宰相的人选，并不是当司马的。"于是，武则天便将张柬之升为刑部侍郎。果然，张柬之在任期间，政绩出众，不负众望，后来很快升任宰相。

狄仁杰陆续向武则天推荐了张柬之这样的人才数十人，后来这些人大多都成了唐代的名臣，其中如桓彦范、敬晖等人。因此，有人对狄仁杰这样评价道："狄公桃李满天下。"

狄仁杰回答道："举荐人才，这是为了国家，并非个人私利。"

对于狄仁杰，武则天是十分的信任和敬重，常不呼其名，称其为"国老"。武则天还经常阻止狄仁杰跪拜，说："看到狄公跪拜，我深感心痛呀！"武则天还将狄仁杰守夜值班的任务取消了，专门对狄仁杰的同僚说："只要不是军国大事，都不许去麻烦狄公。"狄仁杰喜欢当着众多人的面提出意见，即使武则天心中不大赞成，但往往都依了他。

年老之后，狄仁杰多次告老还乡，武则天都没准许。狄仁杰93岁高龄去世。去世后，武则天哭道："再也见不到狄公了。"

—— 酷吏当道 ——

在男尊女卑的封建社会，武则天开创了女性称帝的先例，这势必让她面临重大的政治压力和众多敌对势力。徐敬业和唐宗室诸王等先后起兵反对她，这让她担心终有一天，朝臣会背叛，民心会动摇。她不得不实施严刑峻法，任用酷吏，大兴检举告发，以此来维护自己的统治地位。

那时，告密的人都会享受到优厚的待遇，只要告密的内容符合武则天的心意，那这个人就会做大官。如果告密的内容不实，武则天也不会去追究。一时间，人心惶惶，告密成风。李唐皇族数百人因为告密被杀，不计其数的大官和地方官吏也因此被杀。就在这种歪风下，一些投机取巧的人将告密认为是升官发财的捷径，如索元礼、来俊臣、周兴等人，就是由此而发迹的。

索元礼是一个胡人（我国古代对北方各少数民族的泛称），依靠告密起家。他虚报情况，声称有急变，捏造事实，还得到了武则天的亲自召见，被升为游击将军，让他在洛州负责审理案件，管理秘密审讯犯人的"制狱"。索元礼凶狠残暴，杀人成性。他审理案件，全都是严刑逼供，而且刑具花样百出，让犯人活受罪，动不动一个案子就牵连成百上千人。老百姓认为，他比狼虎还要可怕。可武则天却多次召见并赏赐他，极大地助长了他的威风，他手上可谓血债累累。

在索元礼的影响下，来俊臣等奸恶之人纷纷效仿，都以告密起家，并且都身居高位，天下人称他们为"来索"。

来俊臣是一个人格低下、反复无常的小人，以前曾因为奸盗罪而被捕入狱。狱中，他诬告有人反叛，可东平王李续审理后没有证据，便打了他一百杖。后来碰上李续被诛，来俊臣趁机告密，这次武则天召见了他。武则天觉得他忠心，便升他为侍御史加朝散大夫，让他监管刑狱。

来俊臣摸清了武则天的脾气，每次审案的结果都很符合武则天心意，因此，他用酷刑威胁群臣的事情，武则天也就睁一只眼，闭一只眼。来俊臣先后害死了朝中数千人，只要跟来俊臣有纠纷的，全都让他给杀了。在这种情况下，几乎没有人敢讲话。有一段时间，人们只敢用眼睛表达，也就是"目语"来表达意思。

来俊臣手下招募了数百名无赖之徒，还跟一些官员勾结，只要他们诬告一个人，全国各地会同时进行揭发，形成巨大的效应，这让武则天信以为真，便让来俊臣进行审问。武则天还为来俊臣审案特意设立了推事院，又称新开门。只要进了这"新开门"，很少能活着出来。后来，来俊臣跟同伙一起编写了一部《告密罗织经》，专门记述告密整人的方法。

来俊臣每次审案之前，都会将自己置办的令人心惊肉跳的刑具往犯人面前一扔，犯人吓得心惊胆战，大多数犯人首先心理上就崩溃，选择编造事情招供了事。有很多官员，入朝时什么事情都没有，突然被诬告了，音讯全无，甚至全家被杀。有一段时间，官员们上朝时都会跟家人诀别："不知是否还能相见？"

后来，来俊臣竟然去诬告狄仁杰，将他关进了大牢，幸好狄仁杰想出了办法进行自救，不然一代名臣估计也要屈死在来俊臣手里了。来俊臣有一个同伙叫周兴，也是一个酷吏，在他手下冤死的人也不下数千人。没想到，有人告周兴谋反，武则天命令来俊臣审理这个案件。

来俊臣和周兴合伙做坏事多年，但二人之间没有真正的情谊。

来俊臣故意问周兴："很多囚犯不愿认罪，这该怎么办？"

周兴回答道："这个很简单，去找个大瓮，将囚犯装进去，放在炭火上烤一烤，这种情况下，他什么都会认了。"

来俊臣说道："真是个好主意。"

便立即着手让人去准备了。

随后，他又对周兴说道："朝廷现在有令，让我审讯阁下，就请周兄来尝试下烤瓮的味道吧！"这就是"请君入瓮"的由来。

武则天登基后，来俊臣野心急剧膨胀，最后竟三番五次地陷害武氏诸王和太平公主，甚至还想去诬告皇子李旦、李显谋反。自古以来"疏不间亲"，这让武则天开始反感和提防起来。后来，武氏诸王和一些大臣对来俊臣等酷吏群起而攻之。武则天就将他处死了。消息一传开，人们全都奔走相告，说："终于可以睡安稳觉了。"

武周皇权不断稳固，在大臣的建议下，逐渐废除了制狱和告密等制度，社会逐渐稳定下来。

705 年正月，武则天病重。她所宠爱的张易之、张昌宗二兄弟，仗势欺人，祸害朝纲。不久，宰相张柬之联合桓彦范、敬晖等大臣，带领禁军杀入宫中，处死了二张，逼迫武则天传位中宗。

中宗尊称武则天为"则天大圣皇帝"，恢复了大唐的国号，武周政权宣布结束。

同年十一月，武则天因病去世，享年 82 岁。她与高宗一起安葬在乾陵。其他帝王都是竖碑歌颂自己的功绩，而武则天却不同，生前她下令墓前竖立无字碑，让世人来评说自己的功绩。

武则天作为中国历史上唯一的女皇帝，在她执政的五十年中，有功绩也有弊病，千百年来人们评论不一，功过是非任人评说。

—— 开元盛世 ——

唐中宗复位之后，妻子韦后掌握大权，朝政黑暗混乱，最后，中宗被人毒杀。李隆基起兵反对韦后及党羽，拥立父亲睿宗李旦为帝。712 年，李旦让位于李隆基，就是著名的唐玄宗。李隆基登基后，改年号为开元。

唐玄宗登基后，先后任用了姚崇、宋璟等为宰相，大力整治朝政，改革弊病，政治上一时间出现了清明安定的局面，再加上兴修水利，生产得以进一步发展，开元末年的户口数跟唐初的相比，整整增加了四倍，不管是官家还是个人，粮食的储藏都丰盈了起来；海上航行、贸易快速发展，大唐成了当时亚洲经济文化交流的中心，中亚、西亚以及日本、新罗等国使者纷纷访唐，来到长安。历史上将这段时间称为"开元盛世"。

姚崇担任宰相后，一直任劳任怨，工作诚恳、积极。相传，他曾给玄宗提出了十条建议，比如，以仁义之心治理国家、不进行扩张性战争、皇亲国戚不担任宰相，臣子犯罪与民同罪、禁止租税外的一切进贡、停造寺庙宫殿、只要是臣子都可进谏，等等。据说，唐玄宗闻过则喜，全都答应后实施。当时，张九龄、张说等一大批正直官吏一直辅佐姚崇。张九龄任左拾遗时，他建议姚崇选拔人才要凭借他的才华，而不是关系，这让姚崇很是赞赏。

当时姚崇的两个儿子都在东都做官，他们知道父亲姚崇曾经对黄门监魏知古有恩，便想去找他开后门办事。没想到魏知古直接将这件事上报给了玄宗。几天后，玄宗特意问姚崇："你儿子们的才能如何，现任什么官职？"

姚崇回答道："我的两个儿子都在东都任职，他们办事粗鲁，一点都不谨慎，欲望还多，一定是给魏知古提出了过分的要求，我现在还没来得及问他们。"玄宗本来觉得姚崇会隐瞒自己儿子的事情，可听了姚崇的话，他十分高兴，问道："你是怎么知道的？"

姚崇回答道："魏知古还没有当官的时候，我帮助过他，可我两个儿子都很笨，认为魏知古肯定会感恩于我，任由他们胡作非为，这才去开后门。"听后，玄宗更加觉得姚崇这人没有私心，却认为魏知古忘恩负义看不起他，想罢斥魏知古。

可姚崇求情说道："陛下宽恕我儿子违反朝廷法规的罪责，已经很宽大处理了。要是为此去罢免了魏知古，那会伤了天下人的心，他们都会觉得陛下对我有私心，这样就不好了。"

715 年，河北、山东一带蝗灾严重。农民们觉得这是降下的天灾，纷纷在田头祭拜，而不去消灭蝗虫。姚崇奏请朝廷，让朝廷派遣出御史深入州县督促捕捉蝗虫，再进行掩埋。就在商讨时，有人却提出，蝗虫无边无际，根本无法消灭。

姚崇说："蝗虫成灾，黄河南北的百姓全都去逃难了，为何不去消灭，难道要眼看着蝗虫把禾苗吃完吗！？"

最终，玄宗准许了姚崇的意见。有个大臣却说道："要是捕杀的蝗虫过多，恐怕会伤了世间的和气。"

姚崇说："以前，楚王吃腌菜时，将菜中的蚂蟥都吃了，也没有去处分厨师，还将病医好了；孙叔敖捕杀毒蛇，也因此得福。我们不忍心去捕杀蝗虫，难道要看着老百姓都饿死不成。要是捕杀蝗虫会降下灾祸，那就降给我姚崇好了。"

到了第二年，山东蝗灾依旧严重。姚崇下令继续进行捕杀。汴州（今河南开封等地）刺史倪若水不赞同姚崇的意见，反对道："蝗虫乃是天灾，人力不可能消灭的，只有积德修行去祈求上天，不然的话，蝗灾只会越捕越多。"

姚崇回了一封信对倪若水严加叱责。没有办法，倪若水只能下令捕杀蝗虫。后来，姚崇奏请朝廷派遣使者去当地勘察各州县捕杀蝗灾的情况，不留情面直接通报。因此，尽管开元年间，常年蝗灾，但没有造成饥荒。这件事，姚崇功不可没，甚至有人将他称为"救时宰相"。

宋璟担任宰相时，他也重视人才，敢于在皇帝面前提出意见，就算为此惹怒了皇帝，他也不会畏惧。因此，玄宗十分敬重他。有时，宋璟提出的意见并不符合唐玄宗的心意，但唐玄宗还是点头同意了。

唐太宗贞观年间，只要有宰相或三品以上官员给皇帝奏事，谏官、史官都会跟随着，好事坏事全都记录下来，过失当场进行纠正，一点都不马虎。可到了高宗、武后执政后，这项制度就废除了。一时间，社会风气大变，进谗、诬告成风，酷吏当道。直到宋璟当了宰相，这项制度才得以恢复。这项制度规定，只要不是很机密的事情，都需要当殿进行奏闻，由史官进行记录，这一举措在一定程度上杜绝了进谗这一恶行。

宋璟曾在广州做过官。后来，宋璟当了宰相，广州的地方官和老百姓特意为宋璟建了一块"遗爱碑"。宋璟知道后，奏告玄宗说道："在广州，我并无突出的功绩，只因我深受皇上恩宠，这才让我成了他们奉承的对象，给建了什么'遗爱碑'。我觉得这种歪风必须革除，就请皇上下旨，从我开始，严加禁止。"宋璟的刚正无私令玄宗十分赞赏，同意了这一建议。自此以后，这种歪风得到了抑制，没有地方再做这种阿谀奉承的事了。

—— "诗仙"李白 ——

历史上将唐玄宗开元年间称为盛唐时期。同时，这一时期也是诗歌创造的鼎盛时期，在此期间，诗坛上出现了两颗灿烂的星星，一个是浪漫主义的大诗人李白，另一个是现实主义的大诗人杜甫。

李白，字太白，原籍陇西成纪（今甘肃天水）。隋朝末年，因战乱全家迁往西域的碎叶（今吉尔吉斯斯坦共和国北部），李白也就出生在西域。5岁时，李白随着父亲迁移回锦州昌隆（今四川江油）青莲乡，因此，李白又号青莲居士。

李白从少年时就显露出了非凡的才华。25岁时，李白顺着长江东下，离开四川，先是去了江陵，拜访一位80岁高龄的道士司马承祯。当时，司马承祯名气十分大，他曾受到过武则天、睿宗、玄宗三朝皇帝的接见。见到李白之后，司马承祯大为赞赏。这让李白很高兴，回去之后即兴写下了《大鹏赋》，将自己比作壮志凌云的大鹏。很快,《大鹏赋》流传开来。

734 年,李白游历到襄阳,拜见了以喜欢提拔人才而出名的荆州刺史韩朝宗。当时在民间流传着一句话:"生不愿封万户侯,但愿一识韩荆州。"韩朝宗对李白赞赏不已,而李白所写的自我推荐信《与韩荆州书》也是一篇著名的散文。

742 年,李白奉诏来到了京都长安。得知李白来到长安,当时在朝中任职的著名诗人贺知章亲自赶往旅社去拜访李白。他读了李白十年前所写的《蜀道难》,赞叹道:"这真是一个天上贬下的仙人呀!"从此之后,"谪仙"这个称号就流传开了,人们也将李白称为"谪仙""诗仙"。

李白进宫让唐玄宗很高兴,直接封他为翰林供奉。据说,当年李白进宫,唐玄宗亲自走下台阶迎接,为他亲手调制羹汤。玄宗非常信任李白,甚至还让李白参与起草诏书。

对于李白,唐玄宗更多的是希望他为太平盛世多作歌颂的诗文,成为一个宫廷诗人。可李白壮志凌云,抱负不在此,刚入宫廷,他对政治了解不多,奉命写了不少歌颂盛事的诗。随着时间的推移,唐朝政治开始衰弱,唐玄宗也逐渐变为庸主,一些有识之士纷纷担忧朝政,恐发变故。这时,李白的思想也改变了,变得更加关注现实。

李白是一个名扬四海的大诗人,个性自然也很豪放。他尤其喜欢喝酒,总是喝得不省人事。杜甫曾作诗来描述李白喝酒:"李白斗酒诗百篇,长安市上酒家眠,天子呼来不上船,自称臣是酒中仙。"实际上,朝中很多权贵难以忍受李白的个性。相传,李白最先得罪了玄宗最为信任的太监高力士。高力士怀恨在心,故意扭曲他所写的《清平调》,说李白讽刺唐玄宗宠爱的杨贵妃,杨贵妃也因此产生了忌恨,唐玄宗也疏远了李白。

可是,性格高傲的李白"安能摧眉折腰事权贵,使我不得开心颜",他所向往的依旧是云游四海的无拘无束的生活。后来,李白请求唐玄宗批准他离京。745 年,李白离开了长安,开始了游山玩水的自由生活。

755 年,安禄山和史思明发生叛变,"安史之乱"爆发。叛军先后攻下洛阳、长安,唐玄宗逃往四川,在灵武,唐肃宗即位。唐玄宗在逃难路上,任命他的十六子永王李璘为江陵大都督,命他招兵买马,阻挡南下的叛军。

当时,李白在隐居以躲避战乱。永王东下,路经浔阳(今江西九江),得知李白就在此避难,特意派人邀请他参加到自己的幕府中。李白出于爱国,答应了,还一连写下十一首赞扬永王的《永王东巡歌》。

可唐肃宗认为永王出师东巡是要去割据江南，不信任他，准备调兵消灭永王。永王十分恼怒，起兵反抗，就这样，他也成了叛逆之臣，犯了重罪。将士们见此，纷纷离开他，永王战败自杀。为此，李白也受到了牵连，被判了死刑。在郭子仪等人的极力相救下，李白改判为流放夜郎（治所在今贵州正安西北）。不过，幸运的是，李白还没到夜郎，朝廷就宣布大赦天下，李白得以返回四川。

李白的族叔在安徽当涂做县令，于是，李白就在那里度过了晚年。唐代宗即位后，下诏任命李白为左拾遗，可诏书还没到，李白就离开了人世，享年62岁。

直到今日，在安徽当涂都还有李白的衣冠冢和纪念堂。

李白留存于世的诗歌有一千多首，大部分都是对祖国大好河山的歌颂。在他的描述和想象的渲染下，这些诗都显得雄伟壮观，出神入化。他还写了很多描述百姓生活、抨击政治黑暗的诗。从民歌和神话中，李白汲取营养和素材，再通过他独特的想象，让他的作品雄奇豪放、丰富多彩。人们认为他是屈原之后最伟大的浪漫主义诗人，他的诗歌创作代表着中国浪漫主义诗歌的新高峰。像《蜀道难》《静夜思》《早发白帝城》等，这些诗歌都是千古绝唱。

要用几句话来概括李白在诗歌创作上取得的伟大成就，非常困难，一定要概括的话，恐怕只有杜甫的"笔落惊风雨，诗成泣鬼神"可以概括吧！

—— "诗圣"杜甫 ——

杜甫，字子美，河南巩县人，伟大的现实主义诗人，小李白11岁。他的祖父杜审言对五言律诗的形成和发展做出了贡献，是初唐时期与宋之问、沈佺期齐名的著名诗人。杜甫的父亲曾经担任过兖州司马，母亲崔氏在杜甫幼年就过世了。

杜甫很小的时候就博览群书，满腹经纶，就像他在诗中自称的："读书破万卷，下笔如有神。"他壮志凌云，有着远大的政治抱负。736年，杜甫参加进士考试，可惜落榜了。于是，他便在山东、河北一带游山玩水，也写下了他留存下来最早的几首诗，其中就包括已成为千古名句的《望岳》中一句"会当凌绝顶，一览众山小"。

744 年，杜甫在东都洛阳遇到了李白。两位伟大的诗人，一见如故。他们一起游山玩水，拜见了擅长作边塞诗的诗人高适。第二年，杜甫再次与李白相见，在齐州（今山东济南）、兖州一带，这两人接连几个月在一起饮酒作诗，访问山中隐士，"醉眠秋共被，携手日同行"，两人形影不离，亲密无间。可惜的是，从此以后，二人再无相见的机会。

746 年，杜甫返回到京都长安。第二年，唐玄宗昭告天下，只要擅长一种艺术的士人，都可前来京师参加考试。当时的宰相李林甫是个妒忌贤能、阴险的奸臣。他害怕有才华之人进入朝廷之中，自己的地位受到冲击，于是便命令考官，谁都不准录取。

在这种情况下，杜甫落榜，生活逐渐变得贫困起来，他也只能给那些达官贵人投去诗词，表现自己的才华。751 年，唐玄宗要举行三次祭祀大典，趁此机会，杜甫连写了《三大礼赋》，得到了唐玄宗的赏识。杜甫又通过集贤苑的考试，得到候补官吏的资格。直到四年后，杜甫才得到兵曹参军的职位。

在随后的政治生涯中，杜甫逐渐看清封建统治者荒淫腐朽的真实面目，看见了百姓的贫苦生活，正是有了这样的经历，他才能在思想上、创作上更加接近人民群众。755 年秋，杜甫从长安离开，返回家乡。途经骊山行宫时，他见到唐玄宗带着亲信日夜寻欢作乐，可回到家中，才知道自己的小儿子已经被饿死了。正值秋收时节，他还是个官员，可孩子竟被饿死了。这些都深深地刺激了杜甫，再联想到贫苦百姓，可想而知，他们的生活该有多贫苦。于是，他一蹴而就，写下了一首《自京赴奉先县咏怀五百字》。这里面有一句"朱门酒肉臭，路有冻死骨"传颂至今。

"安史之乱"爆发时，杜甫被围困在长安，直到 757 年，他才逃离了长安。在凤翔，杜甫见到了即位的唐肃宗，唐肃宗任命他为左拾遗，虽然这是皇帝身边的谏官，可官阶极小。上任不到一个月，因唐肃宗要罢免宰相房琯，杜甫进谏为其辩护，触怒了肃宗，审问杜甫，幸好新宰相张镐等人为杜甫求情说好话，才让肃宗免除了对杜甫的处分。从此，杜甫失去了肃宗的信任。

758 年，杜甫被贬，降为华州（今陕西华县）司工参军。在华州，杜甫深刻感受到了深受战乱之苦的百姓们的悲惨生活，见到战争带给百姓的灾难。在这样的情况下，杜甫写下了"三吏"（《新安吏》《石壕吏》《潼关吏》）和"三别"（《新婚别》《垂老别》《无家别》），这些都是他的代表作，更是诗歌史上的不朽名篇。

其中，《石壕吏》更是采用白描的方式，形象地将官吏强征兵士，造成百姓家破人亡的悲剧描述得淋漓尽致，震撼人心，具有极强的艺术感染力。

第二年，杜甫辞官，前往成都，他的老友严武在那里做剑南节度使。在成都郊外的浣花溪旁，他筑了几间茅屋当作住所，这就是著名的"杜甫草堂"。这里的生活比较安定，只是依旧贫困潦倒。一年秋季，茅屋上的草被大风卷走了，这让杜甫从自己的穷苦中联想到更多流离失所、贫苦的文人学士。有感而发，杜甫写下了《茅屋为秋风所破歌》，其中"安得广厦千万间，大庇天下寒士俱欢颜"这句诗表现出自己的美好希望，也成为千古名句。

765 年，杜甫的老友严武因病去世。严武的去世，让杜甫失去了依靠，没有办法，他再次带着全家迁移。他先是顺着长江东下，来到了夔州（今重庆奉节），在这个地方，杜甫生活了两年，其间也写下了四百多首诗。

768 年，杜甫开始了他人生中最后一次漂泊，他再次沿着长江南下，先后到达了江陵、公安、岳阳、潭州（今湖南长沙）。杜甫原本是准备投奔潭州刺史韦之晋（他的老友），可没想到，韦之晋早就去世了，恰逢潭州又发生了兵变，杜甫也只能率全家沿着湘江而上，准备赶往郴州，投靠他的舅父崔伟。没想到，船行到耒阳（今湖南耒阳），江水上涨，无法行驶，只能在方田驿停靠。在那里，他们整整挨饿了五天，幸好耒阳县令知道后，送来了酒食，他们这才没有饿死。

船无法南行，他们也就只能重返潭州。他本准备从潭州北上襄阳、秦中。只是杜甫这时已经身患重病。770 年冬，在小船上，杜甫写下了最后的《风疾舟中伏枕书怀三十六韵奉呈湖南亲友》，然后就病死在了船上，享年 59 岁。

病逝后，家人将杜甫埋葬在了岳阳。四十三年后，他的孙子才将他的灵柩迁回了河南偃师。一代诗人的后事竟是如此凄凉。

杜甫给后世留下了一千四百多首诗作。他的诗采用现实主义手法，表达出对劳苦大众的同情，展现了儒家的仁爱，因此，他被称为"诗圣"。因为他的作品大多直接展现处于动乱中的社会生活，具有真实性，因此又被称为"诗史"。千百年来，后人喜欢将李白、杜甫进行对比，可他们是两个完全不同风格的诗人，无法进行比较，相同的是，他们二人都对诗歌的创作做出了巨大的贡献，就像唐代散文家韩愈所评论的那样："李杜文章在，光焰万丈长。"

—— 鉴真东渡 ——

唐朝繁荣的经济文化吸引了众多的邻国学习，其中就有日本，它派遣众多遣唐使前来学习唐朝文化。荣睿和普照两位僧人就是派来学习佛法的。同时，他们还肩负使命，邀请精通戒律的中国高僧前往日本传法。

742 年秋天，在扬州大明寺，高僧鉴真讲授佛法，荣睿和普照两位僧人专程从长安赶往扬州，遵照日本天皇的旨意，拜见鉴真，并诚恳地请他前往日本传授佛学。

鉴真，扬州人，14 岁时就出家了，到了 20 岁，他前往洛阳、长安等地游学，跟随很多有名的佛教大师进行学习。很快，勤奋好学的鉴真成了江淮地区最有名的高僧。众多弟子中有名气的就三十多人，他还建造了众多的寺院和佛塔，写下了三部大藏经，名扬四海。

鉴真觉得日本跟佛法有缘，是一个有缘之国，便询问他的弟子哪位愿意前往。弟子们全都低头沉默不语，没有人吱声，鉴真正要再次询问，一个弟子站起来说道："大唐与日本之间路途遥远，又隔着大海，真的太危险了。"

鉴真却说："既然是去传扬佛法，这些算得了什么！既然你们不去，那我自己去。"当时鉴真已经 55 岁了，身体也欠佳，但他执意要东渡传法。

弟子们全都被感动了，纷纷愿意一同前往。

决定东渡后，鉴真立即开始准备船只和干粮。第二年春天，鉴真率弟子东渡，可惜在以后的五年中，都因为唐朝海禁严格，海上环境恶劣，遭遇海浪，一连四次东渡都失败了：第一次官方认为是"勾结海盗"，第二、第三次都是遭遇到飓风导致触礁，第四次是官府押送回籍。748 年，已经 60 多岁的鉴真决定第五次起航。从扬州崇福寺出发，刚行驶到舟山群岛，他们就遇到了风暴，被迫停留了近两个月才出发。不承想，到了第二天，他们又碰上了飓风的袭击。船只颠簸，迷失了方向，整整在海上漂泊了十四天，粮食和淡水全都消耗完了，就算这样，都没动摇鉴真和他弟子们传法的决心。历经千辛万苦，终于船只靠岸了，上岸之后，他们才知道这是海南岛的振州（今海南崖县）。艰苦的舟车劳顿，他们的身体健康受到了损伤。日本僧人荣睿因病身亡。为此，鉴真万分悲痛，突发眼病，导致双目失明。后来，他的得意弟子祥彦也因病死在了船上。

不管是风浪还是病魔，都没能阻挡住鉴真东渡的步伐。753 年，已是 66 岁高龄的鉴真搭乘日本遣唐使的船只，第六次东渡。这次事先安排周密，比前五次要顺利得多。次年一月，鉴真顺利抵达日本九州岛，在经过十多年的努力后，东渡终于成功。

日本人民热情接待了鉴真，日本天皇下诏对他表示慰问和欢迎，邀请他前往东大寺设立讲坛，进行传法，授予他为"传灯大法师"。

757 年，日本天皇将故新田部亲王的旧宅送给了鉴真，让他建造寺庙，也就是位于奈良的唐招提寺。在唐招提寺中，鉴真讲经传法，还将中国的书法艺术、建筑艺术、医学知识等传给了日本，极大地促进了中日之间文化的交流。为了纪念鉴真，日本人民特意在唐招提寺中竖立起鉴真的塑像，尊称他为"盲圣""日本律宗太祖""日本医学之祖""日本文化的恩人"，以此来表达对鉴真的崇敬之情。

除了鉴真东渡传授佛法和文化，在唐代，更多的是日本政府派遣出一批批遣唐使和留学生来到中国，他们学习了大量的中国文化，然后到日本进行推广。如 818 年，菅原清公担任式部少辅时，就请求朝廷规定男女服饰效仿唐朝。回国之后的遣唐使，广泛地传播了唐朝的文化，极大地促进了当时日本文化的繁荣。

—— 李林甫口蜜腹剑 ——

自从唐玄宗即位之后，他任用的宰相都很正直且各具特长，比如姚崇、宋璟等。可到后期，玄宗却日益昏庸起来。他任命了卑鄙小人李林甫为宰相。更令人可悲的是，经过二十多年"开元盛世"的太平日子，唐玄宗竟认为天下平安无事了，整日在宫中醉生梦死，让李林甫处理国家大事，也就此埋下了动乱的祸根。

李林甫本来是吏部侍郎，后来他讨好嫔妃，交好宦官，了解唐玄宗的动向和喜好。因此，只要皇上有什么打算，他都能做到了如指掌。因此，他所呈上去的奏章总能讨皇上的欢心。

当时，唐玄宗尤其喜爱武惠妃，对武惠妃所生的寿王自然宠爱万分，对太子和其他皇子都有所疏远。这时，李林甫借机向武惠妃表示愿全力保护寿王，讨好武惠妃，武惠妃很感激，经常在皇帝面前说他的好话。当时的宰相是张九龄，他为人正直，只要他认为不对的事情，他都会跟唐玄宗进行争论。李林甫趁机说张九龄的坏话，导致唐玄宗逐渐疏远了张九龄，甚至最后让李林甫替代了张九龄的宰相职位，罢免了张九龄。自此，李林甫一手遮天，朝中大臣们畏惧李林甫的权势，没人敢说真话，大多都选择沉默。

为了蒙蔽唐玄宗，掌控实际大权，李林甫将唐玄宗与大臣们隔离开来，不让大臣给皇帝上奏章。一次，他把谏官们召集起来开会，公然说道："当今皇上圣明，我们这些做臣子的只需要根据皇帝旨意办事就可以了，不用多说话。你们看，那些仪仗用的马匹，它们的饲料可是三品官的待遇，可哪匹马敢乱叫一下，就会被宰了，根本没有回头路。"谏官杜进不理会他，照样给皇帝上奏章，结果，第二天就被贬为外地的小县令了。

李林甫为人阴险狡诈，毫无真才实学。只要跟他相争，大多都是惨败而归。阿谀奉承，排除异己是李林甫最为擅长的。但凡比他声望、才能高的，又深受皇帝器重的，他总是千方百计地进行结交和奉承。可只要他们威胁到自己的地位时，他就百般排挤和暗害。对那些才华横溢的人，李林甫往往当面好话说尽，背地里千方百计置人于死地，还不留痕迹。因此，人们都称李林甫："口有蜜，腹有剑。""口蜜腹剑"这个成语也就由此而来。

一次，在勤政楼，唐玄宗隔着帘子看外面的景象，刚好兵部侍郎卢绚从楼下骑马经过。唐玄宗一直目送他离开，很是赞赏。李林甫就将卢绚的儿子召来说道："目前你父亲威望很高，交广地区（今广西、广东一带）正缺少人才，皇上想调派你父亲过去，你看如何？要是不想去这些边远地区，那可是会被降职的。要不就去东都担任太子宾客、詹事，这也算得上优待贤才，你看怎么样？"

听到之后，卢绚十分害怕，主动要求前往东都，李林甫又担心会有官员反对，便将卢绚降为华州刺史。卢绚刚上任不久，李林甫就谎称卢绚身体有病，不适合担任华州刺史，再次降为詹事，负责管理东宫内外事务。

唐玄宗曾想将天下的人才都笼络到他的身边，下诏只要有一技之长的都可以赶往京师应考。李林甫害怕读书人会在文章中说出自己的罪恶，严令郡县长官进行挑选，将有才华的读书人全都送省复试，却一个都不录取。他给唐玄宗上奏道贺："野无遗贤。"意思就是民间没有什么遗留的人才了。

自开元起，节度使经常会升任宰相，这让李林甫甚是担心，害怕他们的到来会影响自己的权力，便想出让胡人担任节度使，这样就不会再有宰相与自己争权了。

他上奏给唐玄宗说："陛下雄才壮志，国家富强，为何边患至今没有消除呢？根在于儒臣担任将军，他们根本不可能去冲锋陷阵，因此，将军不如用番将，他们本来就擅长骑射，又作战勇猛，要是委以重任，边境必定安稳。"

唐玄宗竟觉得有道理，因此，安禄山就当上了节度使。后来，安禄山反叛，大唐元气大伤，根源就是李林甫为巩固自己地位所造成的。

—— 安禄山叛乱 ——

755 年冬，安禄山觉得时机已经成熟，决定起兵反叛。恰好从京都过来一名官员，安禄山就假造圣旨对将士们宣布："皇上给我下了密旨，要我们入朝清除杨国忠。"这个消息实在太突然了，将士们都不知所措，十分惊讶，但也不敢反对。而安禄山的心腹们则疯狂鼓动响应。

十一月初，安禄山集结了十五万人马，号称二十万大军，从范阳（今北京市城区西南）连夜向南进军。当时的老百姓几代都没经历过战争，和平生活了几十年，突然听到范阳兵变，十分震惊。很快，河北各郡的防守被攻破了，紧接着洛阳、潼关相继失守，长安危在旦夕，唐玄宗只好带着杨贵妃逃离长安。

路上，曾有老人对唐玄宗说道："安禄山的狼子野心早就暴露了出来，只是但凡有人向陛下禀报，全被陛下杀死了，这才造成了这样的结果。记得宋璟当宰相时，敢说真话，天下太平；可如今的朝臣只懂得阿谀奉承，陛下对天下的事一无所知呀！要不是陛下逃难至此，我哪有机会说这些事呢？"

这些话令唐玄宗十分痛心，说道："我糊涂呀，真是后悔呀！"其实老人所说的是大实话，唐玄宗和他的宰相李林甫，还有杨贵妃的堂兄杨国忠一伙人是造成安禄山造反的根源。安禄山是一个胡人，原本只是平卢（今辽宁朝阳）节度使张守珪的偏将，后因犯罪而判处了死刑，可张守珪认为他作战勇猛，就将他送往京都，交给朝廷做决定。当时宰相张九龄觉得："军令如山，不可免除安禄山死罪。"可是，唐玄宗也十分欣赏安禄山的勇猛，执意要赦免他。张九龄坚守原则说道："安禄山违法犯纪，法律不能饶恕他；再说他面带凶相，不杀了他，恐怕会有后患。"唐玄宗却说："不要屈死了忠良之才。"依旧赦免了他。

安禄山为人狡诈，擅长察言观色，投人所好。他出任平卢兵马使的时候，只要是朝廷来的人，走的时候他都会送上厚礼。有一次，御史中丞张利贞前来视察，安禄山费尽脑筋地奉承招待，就连张利贞的随从都给予了厚待。张利贞回朝之后，向皇帝禀报时，大肆夸奖了安禄山，安禄山也因此升为营州都督，充平卢军使、黑水等四府经略使。

743年，安禄山入朝，唐玄宗越发得宠信他，随时接见，还给予了优厚的封赏。安禄山编造道："去年营州发生虫灾，我对上天祈祷道：'要是我安禄山心术不正，不忠诚皇上的话，就让蝗虫吃完我的心肝；要是我虔诚的话，就让虫子都散去吧！'紧接着，从北面飞来了大批的鸟群，瞬间将害虫消灭干净了。请皇上让史官记录下来。"没想到唐玄宗竟答应了。

为了邀功获取皇帝的信任，安禄山经常去掠夺边境各族百姓。契丹等少数民族受不了欺辱，先后杀死了唐室下嫁的公主，反叛了唐朝。于是，安禄山顺理成章地进行讨伐。他上奏给朝廷说道："在我讨伐契丹至北平郡时，竟梦见先朝名将李靖、李勣求食于我。"于是，唐玄宗就下旨给李靖、李勣建庙。庙建成以后，安禄山又上奏道："正在祭祀时，在庙梁上面，竟然出现了灵芝草，这真是大吉之兆啊。"这些话，唐玄宗竟也相信了。

安禄山个子矮小，身体肥胖，据说肚皮垂到膝盖。只要见到皇帝，他就装作一副滑稽的样子。有一次，唐玄宗指着他的肚子问道："你这胡人肚皮如此大，这里面到底装的什么？"安禄山回答道："没有其他的，只有一颗对皇上的赤子之心。"

后来，在唐玄宗的授意下，安禄山拜杨贵妃为母。唐玄宗跟杨贵妃一起坐的时候，安禄山总是先拜贵妃，后拜皇上，皇帝问为何，安禄山说道："胡人的规矩是先拜母亲，后拜父亲。"这样唐玄宗甚是高兴。

750年，安禄山被封为东平郡王，兼任河北省采访处处置使，他打着友好交往的名号，将契丹酋长等诱骗来，灌醉后，活埋了数千人，还将八千人当作俘虏，连同酋长的首级一起被送往京都，向朝廷邀功。唐玄宗特意在京城为安禄山建造了府邸，第二年又下令建造更为豪华的府邸。新的府邸建成之后，安禄山请求皇帝通知宰相前来赴宴，当时唐玄宗本是准备去打球的，却也改了期，带着宰相一起去了安宅。

到了安禄山生辰，唐玄宗和杨贵妃都送了厚礼。第三天，皇帝下令让安禄山进宫，杨贵妃竟用绸缎做了一个褵裸，把安禄山像婴儿般包起来，让宫女用彩轿抬着安禄山走。听到后宫里传来的欢笑声，唐玄宗问其原因，宫女们便说这是杨贵妃的婴儿过"三朝"（古代的一种风俗，通常在结婚、生孩子或死亡后第三天举行庆典或纪念）。唐玄宗亲自前往查看，甚至还赏给了杨贵妃三朝洗儿的金银钱，也赏赐了安禄山。从此之后，宫中的人就将安禄山称为"禄儿"，允许他自由进入宫廷，与贵妃对饮，甚至是夜宿宫中，任意妄为。原本安禄山只是平卢节度使，兼任范阳节度使，最后，他请求去兼任河东（治所在山西太原）节度使，唐玄宗同意了。

于是，安禄山兼任了三镇节度使，他重兵在握，实力大增，更加骄横了。他觉得皇帝年老力弱，惧怕内室，朝廷也是武备松弛，力量薄弱，无法与他对抗。他手下的官员也乘机劝他反叛。安禄山将契丹等族投降的八千余人都收编了，又养了百余名亡命的家丁。他驯养了数万匹战马，派人四处购买刀枪。为了收买人心，他还奏请朝廷将他部下五百多人全封为将军。

在他认为准备妥当之后，就起兵反叛了。756年正月初一日，安禄山在洛阳称帝，国号大燕。

—— 杨贵妃命丧马嵬驿 ——

"安史之乱"爆发之后，唐玄宗派遣重兵把守长安的门户潼关。每天晚上，潼关守将都会在烽火台上烧上一把火，以表平安。因此，"平安火"是当时长安君臣和百姓最为期待的东西。

756年六月初九夜，唐玄宗收到消息，"平安火"迟迟没有传来。唐玄宗最不愿听到的事情终于发生了，潼关已经失守了。这意味着长安的门户已经打开了，安禄山随时杀到长安，他的骑兵很快就会出现在皇宫里。

安禄山来势汹汹，以长安的兵力根本阻挡不住叛军，可各地的兵马也很难迅速调来。如此危难之际，唐玄宗身边却没有一个可以分忧的人，急得玄宗一夜都没合眼，第二天赶紧召集群臣来商议对策。当时的宰相是杨贵妃的堂兄杨国忠，是个无能之辈，他提出建议：到成都去！杨国忠兼任剑南（今四川成都）节度使，在安禄山刚反叛的时候，他就在剑南偷偷储备了物资，以备不时之需，因此，他才提议入蜀。朝臣们也都没有主意，吵了半天，最后还是散了。

长安城中的老百姓知道潼关失守后，纷纷奔走相告，准备逃难。杨国忠让杨贵妃的姐姐韩国夫人、秦国夫人和虢国夫人进宫去劝玄宗和贵妃，让他们尽快离开长安，赶往成都。

第二天上朝，只有零零落落几个人在殿上，在勤政楼上，玄宗宣布他要御驾亲征，可没有一人相信。当天晚上，唐玄宗通知龙武大将军陈玄礼秘密集结士兵，每个人都给予重赏，然后又挑选了九百余匹好马。准备就绪之后，六月十三日天刚亮，唐玄宗就带着杨贵妃和她三个姐姐，以及皇子、妃子、公主、皇孙，还有杨国忠、陈玄礼等人，从皇宫禁苑的西门逃走，不在宫内的公主、妃子和皇孙都给丢下了。在经过国库时，杨国忠要将其烧掉，玄宗却阻止道："留下吧，不然叛贼该抢老百姓了。"逃出长安之后，玄宗派宦官王洛卿前去提前通知沿途郡县准备接驾。可玄宗一行人赶到咸阳望贤宫，宦官王洛卿和县令全都逃走了，太监们寻找当地官员和百姓索要食物，也没有人响应。到了中午，玄宗饿得前心贴后背，杨国忠只能亲自到市场上买来一块饼给玄宗吃。不久后，有百姓给他们送来粗饭，还有麦子和豆子在饭里拌着。不过玄宗甚是感激，付钱给了百姓。只是当时并没碗筷，皇子皇孙们全都是用手吃饭，很快就将这些粗饭抢完了。

临近半夜，玄宗一行人赶到金城（今陕西兴平）。县令早就逃走了，没有办法，唐玄宗只能在驿馆里休息。夜里也没有灯，大家疲惫至极，全都随意地躺在地上。

第二天，玄宗一行人走走停停，赶到了马嵬驿（今陕西兴平西）。将士们饥饿至极，又身体劳累，一肚子的怨言，大家你一言，我一语，火气就这样起来了。龙武大将军陈玄礼知道大家的怒气难以平息，认为根在杨国忠，便决定杀掉杨国忠以安抚将士。于是，他通过东宫太监把这个想法转告给了太子李亨。

就在李亨犹豫不决时，二十多个吐蕃使者把杨国忠的坐骑围住，问他要饭吃。杨国忠还没来得及回答，周围的士兵就大喊道："杨国忠与胡人勾结，准备谋反了。"接着，就有士兵朝杨国忠射箭。杨国忠骑上马逃跑，逃到西门时被围上来的士兵困住，一阵乱箭射击，杨国忠终于命丧九泉。杨国忠的首级被士兵们挂在枪上，放在唐玄宗的驿馆外示众。在混乱中，杨国忠的儿子、户部侍郎杨暄，以及杨贵妃的姐姐韩国夫人和秦国夫人也都被愤怒的士兵杀死了。士兵们把驿馆团团围住，大声喊叫，不愿散去。

听到外面吵闹，唐玄宗便问何事，左右回答道："外面说杨国忠谋反，已经被杀掉了。"唐玄宗慢腾腾地拄着拐杖，脚上穿着薄底鞋，走出了驿馆的大门，安慰士兵，并命令他们回营。可士兵们依旧不理睬，照样吵闹。玄宗让高力士前去打听原因。这时，陈玄礼直接对玄宗说道："大家已经杀死了谋反的杨国忠，而他的妹妹贵妃娘娘已经不再适合伺候皇上了，请皇上下令，将她也正法了。"玄宗沉思了一会儿，无奈地说道："让我来亲自处理这件事吧！"

玄宗颤抖着走进了驿馆，拄着拐杖，头低着，站立在那里。好久之后，一名叫韦谔的官员走上去对唐玄宗说道："从现在来看，众怒难平，安危就在这一瞬间，希望陛下尽快下定决心。"

玄宗还是犹豫不决，嘟囔道："贵妃一直在深宫中，杨国忠谋反的事情，她怎么会知道？"

高力士劝道："贵妃是没有罪责，可将士们已经杀死了杨国忠，要是陛下左右依旧有贵妃娘娘的陪伴，他们会感到不安的，还望陛下思索清楚，只有将士们一心报国，那样陛下的安危才能得到保证。"

听到这些话，玄宗没有办法，只能让高力士把杨贵妃带往佛堂绞死。

745年，杨贵妃入宫，据说她机灵聪明，擅长音律，深得皇帝喜欢。不到一年时间，杨贵妃就集万千宠爱于一身，随后她的一家人也都被封了官，三个姐姐成了夫人，堂兄杨国忠成了宰相。

杨贵妃的尸首放在了驿馆里，在陈玄礼等人查看之后，才整顿队伍开始西逃。

—— 抵抗安禄山叛军 ——

尽管唐玄宗西逃，但是忠于唐朝的官员们还是带着军民抵抗叛军。平原（今山东平原）太守颜真卿和他的堂兄常山（今河北正定）太守颜杲卿是最早站出来带领军民打击叛军的。

安禄山反叛迹象刚刚暴露的时候，颜真卿就为未来做起了准备。他说为了预防大雨，派遣军民修固了城墙，又召集了大量的壮丁，对城防进行加强，还提前储备了很多的粮食。安禄山反叛之后，河朔（黄河以北地区）一带全都沦陷了，唯有平原城完好无缺，听到河朔沦陷，唐玄宗悲叹道："堂堂河北二十四郡，就没一个忠臣？"他知道平原城依旧顽强抵抗叛军后，他转悲为喜，说道："颜真卿不知是什么模样，做得这般出色。"

本来颜杲卿是安禄山的部下，当安禄山的叛军抵达到藁城后，他就集结了一千多名士兵，准备抵抗叛军。安禄山攻克洛阳后，在十天之内，颜真卿就招募了一万多人，跟颜杲卿一块儿讨伐安禄山。颜杲卿跟袁履谦用计断了安禄山的退路，攻占了井陉关（今河北井陉），一时间河北军民士气高涨，又有十七个郡重返朝廷的怀抱。

见后路被断，后方不稳，安禄山立即派出大将史思明、蔡希得兵分两路前去攻打常山。当时，常山的工事并没修建好，兵力较少，颜杲卿亲自率领军民拼死抵抗，整整打了四天四夜，最终常山弹尽粮绝，被叛军攻下了。颜杲卿和袁履谦被俘，押往洛阳，面对酷刑，他们依旧不屈服，怒骂安禄山，最后全部牺牲。

颜杲卿牺牲后，颜真卿依旧顽强抵抗。唐肃宗即位之后，颜真卿率领军队赶往凤翔（治所在今陕西凤翔），面见肃宗。

在抵抗安禄山的叛军中，还有一名战功累累、抗击叛军的名将张巡。

756年正月，安禄山接连攻克宋、曹等州，谯郡（今安徽亳州）太守杨万石举城投降安禄山，还强迫当时的真源县令张巡西去迎接叛军。可张巡却带领军民在距离真源不远的雍丘（今河南杞县）阻击叛军，击败了叛军大将、原雍丘县令令狐潮。

几个月之后，令狐潮卷土重来，率领四万大军直奔雍丘，准备报仇。张巡手下仅有四千人马，这让士兵们甚是担忧。张巡却镇定地对将士们说："令狐潮来势凶猛，想必是了解城中的情况，但肯定轻视我们，只要我们出其不意，打他个措手不及，敌人势必退却，我们乘胜追击，一定会取得胜利的。"

接着，他派遣一千人登上城墙进行防守，自己则亲自率领一千人，把他们分成数个小队，突然打开城门冲了出去。张巡奋勇杀敌，冲向敌阵，一时间，叛军抵挡不住，节节败退。

第二天，叛军再次攻城，百门大炮一起轰向城墙，城墙坍塌了。张巡开始修建木栅进行防守。只见叛军蜂拥而至，抵挡不住，便让士兵向叛军投点燃浸着油脂的干草，叛军只好退却。

张巡深知自己兵力薄弱，便以坚守为主，使用计策打退敌军或夜袭敌营。就这样，他坚持了六十余日，大大小小打了三百余场仗，叛军无可奈何，只能团团围住雍丘城。

不久，张巡学习诸葛亮草船借箭，为雍丘城借来不少的箭。他命令士兵制作一千多个草人，全都披上黑衣，夜幕降临后，用绳索吊到城下，叛军误以为他们要突围，纷纷用箭射向他们。很久之后，他们才反应过来，城上吊的全都是草人。这时，草人身上全都是箭，足足有数十万支。

后来，张巡趁着夜色派遣五百名敢死队员缒下城去，叛军没有一点防备，五百名敢死队员横冲直撞，杀向敌营，叛军一时大乱，纷纷烧掉自己的营帐逃走了。就这样，张巡不仅守住了城池，还沉重打击了叛军。

不久后，令狐潮再次来袭，包围了雍丘城。张巡派部将雷万春与令狐潮对话，叛军纷纷射箭过来，雷万春脸上连中六箭，可他依旧屹立不动，面不改色。令狐潮认为他是个木头人，经过打听后大吃一惊，他竟是真人，叫雷万春，便对张巡喊道："从刚才雷将军身上看出你治军之严，可终究人斗不过天，雍丘城还是会被攻破的。"

张巡回答道："阁下连人都不会做，怎么知道天呢？"令狐潮理亏，无言以对，叛军士气瞬间低落。张巡趁机出击，再次取得了胜利，仅叛军将领就擒获了十四人，令狐潮惊吓之余，连夜逃到陈留，龟缩在城里，再也不敢出来。

直到这年年底，张巡奉命撤离，在这段时间里，张巡带着将士誓死守卫雍丘城，沉重打击了叛军，成为大唐抗击叛军的榜样。

后来，唐肃宗李亨专门下诏，升张巡为河南节度副使，以表彰他的忠诚和卓越战功。

—— 李光弼大败史思明 ——

马嵬驿事件之后，唐玄宗将太子李亨和两千将士留了下来，自己逃往了成都。

756 年七月，李亨在朔方节度使治所灵武（今宁夏灵武）即位，史称唐肃宗，尊称玄宗为太上皇。

刚一登基，唐肃宗就重用善战的大将来抗击叛军。河北将领郭子仪被唐肃宗任命为朔方节度使，李光弼为河东节度使，由这两人率军平叛。接到命令之后，郭、李二人率领步兵骑兵五万人，从河北马不停蹄地赶往灵武。

这时，叛军势力不断增强，形势对唐朝不妙。唐朝宰相房琯反攻长安，失败而归。直到 757 年，形势才发生了变化。

这年正月，叛军发生内乱，安禄山的大儿子安庆绪杀死了安禄山，自己当了大燕皇帝。虽然安庆绪成了叛军的首领，可他昏庸无道，生性懦弱，只知道纸醉金迷，所有的事情全让手下人处理。失去安禄山这个领导者，叛军走向衰败。

手握重兵的史思明是安禄山手下大将之一。史思明不仅是安禄山的同乡，也是突厥人，因此深受安禄山信任，让他指挥很多精锐部队。安禄山死后，史思明手握重兵，财力丰厚，便不想听懦弱无能的安庆绪的命令了。

唐肃宗乘机准备反攻。他任命自己的儿子李俶为元帅，郭子仪为副元帅，让他们率兵收复长安。唐军一路势头很猛，所向披靡，很快就收复了长安和洛阳。安庆绪退守相州（今河南安阳）。

史明思趁机投降了唐朝。肃宗封他为归义王、范阳节度使。可唐朝并不放心他，策动几个范阳将领去杀他。不承想这件事让史思明知道了，他决定再次反叛。

759 年，肃宗派出九个节度使率领六十万大军前去攻打相州。唐军大将虽多，但肃宗放心不下，没有任命元帅来统一指挥，仅派宦官鱼朝恩前去监军，让将士们听从鱼朝恩的号令。就这样，唐军无人统一指挥，各节度使又不一起商议，围攻相州几个月都没有拿下。

也就在这时，史思明再次反叛，对抗唐朝，占领了相州。史思明得知唐军留下的辎重粮食全都没有动，十分高兴，嚣张地进了相州，杀了安庆绪，不再当他的部下，自称大圣燕王。

唐军大败，鱼朝恩将战败的责任推给了郭子仪。因此，郭子仪被唐肃宗撤了职，由李光弼接替，来对付史思明。

这年秋天，史思明再次率军南下，攻打洛阳。李光弼知道洛阳不保，便撤出了城内的所有军民，退守到河阳（今河南孟州）。于是，史思明得到的也仅仅是一座空城。

在洛阳站稳脚跟的史思明派遣大将刘龙仙前往河阳城下进行挑战。刘龙仙气焰嚣张，大骂李光弼。李光弼派出偏将白孝德前去迎战，以灭敌人的威风，并给了他五十名骑兵做后援，唐军擂鼓助威。

白孝德骑着马，带着两支矛，渡过河水，赶到了对岸。见白孝德单人单骑而来，刘龙仙不以为然。当两人相距仅十步时，白孝德瞪大双眼，厉声叫道："贼将，你可认识我？"刘龙仙立即骂道："你是哪儿来的畜生！"他的骂声还没结束，只见白孝德大叫一声，跃马挺矛冲了上去。这时，唐军鼓声震天，呐喊助威，五十名骑兵飞驰过来接应。刘龙仙急忙掉转马头，准备逃走，可白孝德已经冲到他身边，一枪将他刺倒在地，拔刀下马，把他的脑袋砍了下来，又赶紧上马，返回军中。这一幕让叛军胆战心惊。史思明自然不甘心，便派兵火烧唐军浮桥，截获唐军补给。幸好李光弼早有准备，叛军的阴谋才没得逞。这让史思明大为恼火，直接出兵攻打城池。见敌人来势凶猛，李光弼便亲自上阵，指挥作战。他对守城的将士们说道："一切听从我的旗号作战，旗子挥动慢，就选择有利地方作战。如果旗子连续三次倒地，你们就一致向前，谁敢后退，定斩不饶。"

接着，李光弼把短刀拔出来，放入靴筒里，说道："一旦战败，你们在阵前为国捐躯，我就跟你们一样，用短刀自杀，为国牺牲。"这一仗，李光弼挥动令旗，唐军奋勇杀敌，喊声震天。叛军大败，纷纷逃命，掉入河中淹死的就有一千多人，被杀的也有一千多，被唐军俘虏的五百多人。史思明害怕了，不敢再次交战，急忙退守洛阳。

在河阳，李光弼打退了叛军多次进攻，坚守了十七个月。在鱼朝恩的鼓动下，唐肃宗下令让李光弼攻打洛阳，可李光弼觉得叛军势力强大，不能随便冒险。可唐肃宗一直派遣使者催促，没有办法，李光弼只能出兵攻打洛阳，结果，唐军吃了败仗，连河阳都守不住了，只能退守到闻喜（今属山西）。

史思明准备乘胜追击，攻占长安。可此时叛军内部出现了内乱，史思明的儿子史朝义跟安庆绪一样，杀死了父亲史思明，却没有能力统领部下，叛军无法发起新的进攻了。

762年，太上皇唐玄宗和他的儿子唐肃宗先后驾崩，肃宗的儿子李俶（已改名李豫）继承皇位，史称唐代宗。代宗即位后，派遣官军和回纥援军收复了洛阳。见大势已去，叛军主要将领纷纷投降。第二年正月，史朝义山穷水尽，自杀了。

这场持续八年的战争终于结束了，可大唐王朝也由此走向了衰落。

这次战乱在历史上被称为"安史之乱"。

—— "茶圣"陆羽 ——

唐肃宗至德、乾元年间，我国第一部关于茶的著作诞生了，这就是著名的《茶经》。《茶经》分上中下三卷，大概七千多字，书中分别介绍了茶树的性状、茶叶的品质和土壤的关系；茶叶的种类；烹茶和茶具的用法及茶汤的功效；烹茶和饮茶的相关知识等。全书内容全面，见解独特，对后世影响极大。在我国茶文化史上，占据着非常重要的地位。

《茶经》的作者是唐代学者陆羽。他是一个孤儿，被一个法号为智积的和尚从河边捡回来抱到寺院收养，后来，智积师父教了他很多的东西。

在寺院里，陆羽就从小帮忙打杂煮茶，日复一日，长久下来，他喜欢上了茶道，慢慢地对茶道的研究也有了很多心得，自称为"桑翁"。后来，他先后游历了河南、四川等地，还考察了名茶紫笋的产地苕溪（今江苏吴兴）。随后写下了不朽的名著《茶经》一书。他也因此被人们所熟知，受到人们的尊重，被尊称为"茶圣"。

在陆羽看来，从神农氏开始，人们就饮茶了。在原始社会，人们通常为了填饱肚子，吃的是野生植物，可到了神农氏时期，他们发现了一些有毒的植物，偶然间又发现野生茶树的鲜叶汁饮用后可以解毒，便喝茶解毒，饮茶就由此开始。

从中我们也可以得知，最早的饮茶是当作药用的。陆羽的见解和他的《茶经》极大地推动了茶文化的形成和传播，在他的影响下，后人又陆续出版了一百多种关于茶的著作和书籍。

代宗年间，李季卿被任命为湖州（今浙江湖州、德清、安吉等地）刺史，出任途中经过扬州，听说陆羽在此地。李季卿也是一名爱茶之人，十分钦慕陆羽的茶技，趁此机会，他打算前去邀请陆羽。

在李季卿的带领下，陆羽跟着上了船。李季卿直接问道："你为何要将如何煮茶当作一个重要的话题撰写到你的《茶经》中？"陆羽回答道："就算有了名茶好水，那也仅仅是具备了条件，没有高明的煮茶手段，再好的茶和水都会被糟蹋的，因此，煮茶被划为'九难'之一，是理所应当的。"李季卿接着问道："煮茶到底难在哪儿？"陆羽回答道："火候的掌控就是最困难的地方。茶的挥发与水煮的程度有密切的关系，过嫩或过老都影响味道，甚至还会产生'厌饮'的感觉。"船只在扬子江边停靠着。李季卿说道："你擅长品茶的事，天下皆知，恰逢扬子江南零水（又称南泠，在今江苏扬州附近）天下难得。今日两者都在，怎么能错过呢？"陆羽兴奋地说道："能以南零水煮茶，真是一大幸事呀！"

接着，李季卿就派士兵带上瓶子，乘坐小船到南零深处去取水。

而陆羽则准备茶具，等待士兵将南零水送到船上来煮茶。

终于，南零水送来了。陆羽接过瓶子，用勺子舀出一勺来，说道："这不是南零水。"一个士兵辩解道："我们刚才深入到了南零，至少有上百人看见我们去那里取水了，不可能是假的！"

陆羽也不理会他们，让士兵将水倒入盆中，水倒了一半，陆羽赶紧叫停，用勺子舀出一勺剩下的水，说道："剩下的半瓶水，才是真正的南零水。"听了这话，两个士兵脸色大变，急忙跪下请罪："我们是去南零取的水，只是快到岸边时，小船摇晃，瓶中水洒了一半。我们担心会挨骂，就将岸边的水舀了些装满了瓶子。先生简直太厉害，我们以后什么都不敢隐瞒了。"

这件事也让李季卿和在场的所有人都深深地佩服陆羽。

我国的茶叶在5世纪的南北朝时就输送到了东亚地区。9世纪的唐代，中国茶种被日本僧人带回了日本，从此之后，茶逐渐成为日本的大众饮料。10世纪时，来华贸易的蒙古商队又把中国砖茶带到了中亚。17世纪，荷兰人又将中国茶传到了欧洲，接着又从欧洲带到了美洲。18 世纪时，英国已经大量进口中国茶叶了。19 世纪时，茶叶成为世界性饮料。

—— "颜筋柳骨" ——

782 年，有五个节度使公然反唐，起兵造反，其中淮西节度使李希烈势力最为强大。在宰相卢杞的蛊惑下，唐德宗派遣太子太师颜真卿前去安抚叛军。当时颜真卿已经是 76 岁高龄了，可为了朝廷，他仍然义无反顾地前去安抚。

颜真卿赶到叛军营地后，李希烈的部下和养子共一千多人手持刀剑把颜真卿团团围住，又骂又叫，说要杀了他，将他分吃掉。可颜真卿镇定自若，一点都不怕。见硬的不行，李希烈采用软的手段，他将颜真卿送往驿馆，用高官厚禄诱惑他。李希烈称帝之前，他还特意让朱滔等四镇藩王前去劝颜真卿，希望颜真卿能做他的丞相；在称帝时，李希烈又派人询问称帝的仪式。不过，对于这一切，颜真卿都没有理会。

早在颜真卿担任平原太守时，正逢安禄山造反，他跟堂兄、常山太守颜杲卿一起起兵抵抗叛军，最后，颜杲卿为国牺牲了。因此，颜真卿此刻深处叛军之中，心中却想的是堂兄的气节，为国捐躯。784 年，李希烈下令杀害了软硬不吃的颜真卿。

颜真卿壮烈牺牲了。

颜真卿不仅仅是忠臣，还是一名著名的书法家。他所创作的颜体跟他光明磊落的人格一样，方正浑厚，被称为"唐代书法第一人"。

刚开始学习书法时，颜真卿临摹过王羲之父子的书法，又受到了"草圣"张旭的指导。在前人的基础上，颜真卿书写楷书用篆书的笔意，把初唐四大家的"瘦硬紧劲"改为丰腴雄浑、宽博舒张的风格，独特的颜体就这样出现了。

如今颜真卿流传下来的作品以楷书居多。比如《多宝塔碑》，是学习书法最好的教材，它结构严密，点画有法。还有《颜勤礼碑》，展现出宽博魁伟的特点，《李元靖碑》则展现出质朴苍劲的感觉。而颜真卿的行书《祭侄文稿》更是气象非凡，被誉为《兰亭序》之后的"天下第二行书"。

同时期的柳公权和颜真卿一起在书法史上并称为"颜柳"，他也是一名影响极大的书法家。

从小柳公权就热爱学习，不管是写字、画画，还是写文章，总是一点就透。他还喜爱读书，熟读百家经典。因此，他文学水平极高，出口成章。相传他比曹植更厉害，曾在七步之内就作诗三首。

柳公权以楷书出名。他最先学的是王羲之的字，后来又临摹欧阳询、颜真卿。最后，他学习各家书法的长处，创作了独特的"柳体"。人们将他跟颜真卿并称为"颜柳"，这表明他们的楷书都具有极高的艺术水平。不过，颜真卿的楷书与柳公权的柳书风格各异，一个雍容气派，另一个刚劲挺拔，因此，又称为"颜筋柳骨"。

柳公权生前就已经很有名了。相传，当时王公大臣死后，只要碑文不是柳公权写的，就会被认为子女不孝顺。甚至那些不写汉字的少数民族前来京城送贡品，都会重金买柳公权的墨迹。

柳公权擅长书法，被唐穆宗封为翰林院侍书学士。有一天，唐穆宗问柳公权，如何才可以达到书法的理想境界。

柳公权一想，皇上处理朝政总是随意，便准备趁此机会进言几句。于是，他回答道："'体正'是写字的关键，连体都正不了，那书法的最高境界又从何而来？"

唐穆宗又问道，如何才能做到体正。

柳公权回答说："虽然手里握着笔，可心却指挥着笔。只要心地端正了，笔法自然而然就端正了。"

柳公权"心正则笔正"的说法就由此传开了。他的为人和字极大地影响了后世，后人纷纷效仿。

—— 郭子仪单骑退回纥兵 ——

"安史之乱"后不久，又有人叛乱，这让元气大伤的大唐更加雪上加霜。765年，河北副元帅仆固怀恩认为自己立下了汗马功劳，可朝廷却对他不公，他心中不平便唆使回纥、吐蕃起兵反唐。这年十月初，回纥和吐蕃的军队长驱直入，打到了京城长安北面的泾阳（今陕西泾阳），朝野震动。宦官鱼朝恩劝代宗再次逃离长安。两年前，吐蕃和党项军曾攻克了长安，代宗被迫出逃陕州（今河南三门峡西），颜面尽失，这次大臣们拼死反对代宗再次出逃。于是，朝廷这才考虑该如何抵抗，大家一致认为，唯有老将郭子仪才可以打击叛军。

郭子仪，唐代名将。当时，他已是年近古稀，却仍在担任关内副元帅，奉命驻守在泾阳。泾阳兵力薄弱，他严令手下防守，不可出战。一天傍晚，城外的回纥、吐蕃兵马全都退守到城北的原野上，可第二天，他们又返到泾阳城下。原来在行军路上，仆固怀恩暴死了，回纥、吐蕃都为了谁当头领而争论不休。最后，双方分营驻扎，回纥军在城西驻扎。

得到这一情报的郭子仪大悦，悄悄派出部将李光瓒等人前去说服回纥，让他们跟郭子仪联合，一起讨伐吐蕃。可在这之前，仆固怀恩骗回纥说代宗已死，连郭子仪都让宦官杀死了。因此，这些回纥人根本不相信郭子仪就在泾阳。他们说道："郭令公（对郭子仪的尊称）会在泾阳？你这是骗我们的吧，要是他老人家真在的话，让我们见他一面可好？"

李光瓒把这个消息报告给了郭子仪，郭子仪说道："目前敌强我弱，用武力是不可能获胜的。我朝与回纥向来关系融洽，有深厚的感情，我去跟他们交谈一番，或许不用开战就能取胜。"

将领们觉得太危险了，坚持要给郭子仪配备上五百名骑兵，当作护卫。郭子仪却摇头说道："不可，此去是以理服人，要是这么多人去了只会坏事的。"郭子仪的儿子郭晞紧抓马缰说道："他们都是虎狼，父亲你可是大唐元帅，怎能送入虎口呢？"

郭子仪说：“从目前的形势看，一旦打起仗了，不仅我们父子要在泾阳为国捐躯，就连国家都要处于危难之中了。如果我跟他们真诚地谈一谈，他们或许会退兵，甚至会一起赶走吐蕃人，这才是国家的福分呀！”说完，郭子仪带着几名骑兵出城了。

郭子仪赶到回纥营前，让人给回纥军报信：“郭令公来了！”回纥兵大吃一惊。这时，他们的大帅药葛罗手持弓箭，站立在阵前，随时准备发射。

郭子仪解盔卸甲，把手中的枪也丢掉了，一个人走向了回纥军。回纥的酋长们见到之后，纷纷说道：“真是郭令公！”便跳下马去，围着郭子就拜。郭子仪也下了马，朝药葛罗走去，紧握住他的手。

双方寒暄一阵后，郭子仪对他说道：“在平定安史之乱时，你们回纥立下了汗马功劳，可我大唐也没亏待你们呀！可你们为何要抛弃以前的功绩，冒着违背盟约，结下新怨的代价，再次深入我朝境内，侵扰我们呢？仆固怀恩背信弃义，背叛大唐君主，连自己的老母亲都抛弃了，这种行为，你们回纥都能容忍？今天我来劝你们，不管你们是杀掉我还是怎么样，但我的部下一定会战斗到底的。”药葛罗急忙回答道：“这一切都是仆固怀恩欺骗我们，说什么大唐皇帝已死，您老人家也不在世了，我们这才敢出兵。如今已经知道大唐皇帝依旧在长安，而郭公你又镇守在此地，我们怎敢与郭公您动手呢！”

郭子仪顺势劝说道：“吐蕃是我大唐的亲戚，却侵占我国边境，烧杀抢夺，侵扰百姓。他们抢来的东西多得运输不了，仅马牛猪羊等牲畜就绵延数百里，漫山遍野望去，全部都是。这些可都是老天爷赏给你们的。要是大唐跟回纥一起击败吐蕃，那这些东西不就是你们的了。你们自己好好想想，怎样才是最有利的，机会稍纵即逝呀！”药葛罗说：“仆固怀恩欺骗了我们，我们深感有愧于令公。既然令公需要回纥尽一份力，一起打败吐蕃，弥补我们的过失。可我们有个请求，希望可以赦免仆固怀恩的儿子，也就是我回纥可汗的小舅子，留他性命。”

郭子仪答应了。

这时，回纥将士从两边悄悄地向前，见到这个情形，郭子仪的部下也向前移动。可郭子仪却挥手示意，让他们后退，拿出酒来跟药葛罗共饮。在药葛罗的要求下，郭子仪先执酒为誓，把酒洒在地上立誓道：“大唐天子万岁！回纥可汗万岁！违背此约定者，阵前身亡，家族被灭。”药葛罗也执酒洒地立誓道：“我的誓言和郭令公一模一样。”终于，郭子仪和回纥签订了和约。

吐蕃人听到这个消息，连夜逃走了。

—— 白居易写《琵琶行》 ——

唐代宗大历年间，属于唐朝的中晚期，这一时期出现了一名伟大的诗人白居易。

白居易，字乐天，祖上是山西太原人，后迁移到下邽（今陕西淮南北）居住。他的祖、父辈都曾做过县令这样的地方小官，祖母和母亲也具有一定的文化水平。白居易生活在这样的家庭中，很小就学会了识字，五六岁时已经懂得写诗，八九岁甚至都懂声韵了。

后来，白居易的父亲被调往徐州一带，全家也都迁往符离（今安徽宿州东北）。恰逢淮西节度使李希烈反叛。为了躲避战乱保证安全，白居易借居到相对安定的浙江亲友家中。可亲友家中贫寒，整天借米度日，讨衣御寒，过着风雨漂泊的苦日子。这让白居易认识和了解到了社会的真实以及百姓的贫苦，这些都极大地影响了他以后的创作。

十五六岁时，白居易前往京都长安，带着自己所写的诗去拜见诗界前辈顾况。顾况生性高傲，但他读完白居易所写的"离离原上草，一岁一枯荣。野火烧不尽，春风吹又生"后，忍不住大加赞赏，从此，白居易在长安小有名气。

但是，白居易的仕途并不顺利，直到28岁时，才考中进士，两年后被任命为秘书省校书郎。

白居易在诗作方面，名气很大，唐宪宗即位之后，他提拔白居易为翰林学士，后又让白居易担任谏议大夫。可白居易在这一时期写了不少讽刺权贵、反映人民生活疾苦的诗作。因此，不少有权势的人对他怀恨在心。

815年，平卢节度使李师道派刺客行刺朝廷官员，宰相武元衡被刺死，御史裴度受伤。按照朝廷规定，白居易作为左赞善大夫，不得干预朝政，只负责给太子讲道德修养之类的道理。可白居易不顾这些，毅然上书要求朝廷捉拿严惩凶手。这样，那些怀恨他的权贵们找到了借口，一番鼓动之后，白居易被唐宪宗贬为江州（今江西九江）刺史。白居易还没到任，第二道诏令紧接而至，白居易降为江州司马。著名的叙事类长诗《琵琶行》就是白居易在江州时写下的。

822 年，白居易调任杭州刺史。825 年，白居易又调为苏州刺史。842 年，他又升任为刑部尚书。虽然朝廷又重新起用了白居易，可他遇到的君主全都是穆宗、敬宗、武宗这些年幼的君主。而晚唐的君主，大多荒唐平庸，朝政混乱。因此，白居易的政治抱负和理想难以实现，导致他开始意志消沉。白居易晚年信奉佛教，经常一连几个月不沾荤腥。他和洛阳香山寺的和尚如满等关系密切，与香山寺结成了香火社，还自己出钱整修了香山寺，他也自称为"香山居士"。

846 年，历经一场重病的折磨后，白居易去世了，享年 75 岁。

白居易一生共创作了两千八百多首诗歌和八百多篇散文，其中《长恨歌》流传得最广。《长恨歌》是一篇叙事长诗，长达一百二十句，总共有八百多字。当时的乡校、寺院和旅社中都有人歌颂这篇诗歌。这首诗是他跟友人游览仙游寺时，从唐玄宗和杨贵妃的故事中有感而发所创作的，他采用叙事和抒情相结合的手法，形象地再现了李、杨二人的爱情悲剧，深受欢迎。

他被贬江州时写下的《琵琶行》与《长恨歌》一样有名。《琵琶行》同样是一首长篇叙事诗，它长达六百多字，讲述了在浔阳送客时，听见红遍一时的长安歌女弹奏的琵琶曲，和她"老大嫁作商人妇"的凄惨故事，从而感慨自己被贬江州的悲惨遭遇。诗中用"银瓶乍破水浆迸，铁骑突出刀枪鸣"来描绘乐曲声，富有表现力；"同是天涯沦落人，相逢何必曾相识"委婉地表达出作者的感慨。

这两首诗作问世后，之所以广受好评，成为白居易的代表作，不仅是因为这两首诗的意境和语言优美，还因为它的故事情节和人物形象生动感人。

但对于白居易来说，他所作的讽喻诗却是他最为看重的，《秦中吟》十首和《新乐府》五十首是他的代表作。《轻肥》是《秦中吟》十首之一，《论语》中"乘肥马，轻衣裘"，反映了权贵们奢侈糜烂的生活，也是这首诗题目的由来，诗中描绘了赴宴时权贵们的骄横、自大、奢侈，与当时"江南旱，衢州人食人"形成鲜明对比。

白居易所写的《新乐府》五十首，大多三言、七言混合运用，采取乐府歌行体。陈子昂、李白、杜甫是白居易所推崇的人物，他尤其看重杜甫诗歌中所体现出来的现实主义精神，因此，《新乐府》五十首中大部分反映的是劳苦大众和社会矛盾，具有深刻的现实意义。像《杜陵叟》《卖炭翁》《新丰折臂翁》等有名诗歌都是白居易的代表作。

与白居易同一时代的诗人还有元稹，他们二人在文学史上并称为"元白"。

两人感情深厚，关系友好。白居易曾给元稹写的信（《与元九书》）中提到了自己的抱负和文学观，直接提出了自己的主张"文章合为时而著，诗歌合为事而作"。在这里，"为时""为事"都是现实的意思。有了明确的主张和优异的创作实践，在古代文学史上，新乐府运动留下了灿烂的一页。自杜甫之后，白居易被公认为又一位伟大的现实主义诗人。

—— 王叔文改革失败 ——

为了平定安史叛乱，唐朝政府在内地册封了不少节度使。可在叛乱平定之后，各地的节度使都趁机扩充势力，抢占地盘，招兵买马，名义上他们所管辖的地区是唐朝的藩镇，实际上却是独揽大权，不仅不上交赋税，连官吏都是自己设置的。在唐朝后期，藩镇割据现象开始出现。

除了藩镇割据外，在唐朝晚期，政治上还有另外一个弊病就是宦官专权。

唐太宗时期，宦官只不过是看门传令的奴仆。到了唐中宗时，宦官人数大量增加，仅官衔七品以上的就有上千人。唐玄宗时，宦官更为庞大，竟达到了三千多人，在宦官的官衔中，甚至出现了三品将军。唐玄宗所宠爱的高力士，其权势熏天，一度影响朝政。唐肃宗时，宦官李辅国因随肃宗到灵武称帝，更是权倾一时。只因对太上皇玄宗不满，他竟私自赶玄宗去太极馆居住。到了代宗即位后，更是拿他没办法。

763年，吐蕃进犯泾州，京都危险，代宗逃往陕州。宦官鱼朝恩因率领驻扎在陕州的军队和神策军迎接唐代宗有功，深得代宗宠信，被任命为宣慰使，掌管神策军，随意进出宫廷禁地。自此之后，鱼朝恩不可一世，骄横至极。最后，代宗都忍受不了，跟宰相元载密谋，趁着三月寒食节举行宴会，杀死了鱼朝恩。

鱼朝恩死了之后，宦官没有再掌管过军权。可到了唐德宗时，泾原兵变，德宗被迫逃往奉天，宦官窦文场、霍仙鸣率领宦官和随从一百人护驾逃离，这让宦官再次掌控了兵权。兵变之后，德宗返回长安后，便让窦文场、霍仙鸣分别掌管左右神策军。796 年，神策军扩充到十五万人，这让窦、霍二人一时间权倾四海，各地藩镇将领不少都是从禁军中选派出去的。

贞元年间，宫中还让宦官去市场上低价强买百姓物品，称为"宫市"。派出九百个叫作"白望"的东张西望的人去长安的东市、西市和其他热闹的贸易场所。只要有看中的物品，仅用一百文钱就要换取价值几千的物品。这些宦官不仅把控朝政，还公开到社会上掠抢，伤害百姓。

除了宫市之外，宫中还存在雕坊、鹘坊、鹞坊、鹰坊、狗坊这五坊。这五坊中做事的宦官称为"五坊小儿"，他们借口说宫中需要而祸害百姓，四处张网捕鸟，甚至故意在百姓的家门和井口上张网，使人进出不得，也无法取水，只有给他们送钱物，才能把网收回去。

唐顺宗李诵做太子时，从陪伴他读书的王叔文、王伾等人口中得知了宦官的行为，很想除掉这些祸害，整治朝政。可李诵还没等到登基就中风了，说不出来话，这可急坏了唐德宗，一下子病倒了，不久就驾崩了。805 年，身患重病的李诵即位，即唐顺宗。

顺宗即位后，在王叔文和王伾的帮助下，整顿朝政，进行改革。唐顺宗的年号为永贞，因此这次改革史称"永贞革新"。王叔文掌控大权之后，代替顺宗下了诏书，取缔了宫市和五坊小儿，又将给老百姓造成额外负担的各种苛捐杂税免除了。

王叔文深知自己威望不高，便请来老资格的官员韦执谊来担任宰相，又重用了像柳宗元、刘禹锡这些有才干的官员，一时间，朝廷面貌大为改进。

对于藩镇割据势力，王叔文也时刻保持警惕，并采取积极的措施抑制藩镇势力的扩张。王叔文严词拒绝了剑南西川节度使韦皋统领剑南东川、西川和山南西道这三川的要求。

王叔文知道，要想彻底改变宦官专权的局面，必须夺取他们的兵权。因此，顺宗派出威望极高的老将范希朝去掌管神策军，可宦官们的亲信已经遍布朝野，他们早就做好了准备，让范希朝接管人马时空手而归。

王叔文的改革威胁到了宦官们的安危，他们不仅气愤，还害怕。当然，他们也进行了反抗，当时俱文珍是宦官们的头目，他先是冒用顺宗的名义免除了王叔文翰林学士的职务，接着，他勾结大臣，称顺宗病重，由太子李纯监国，一个月之后，他又宣布太子李纯即位，即唐宪宗。

顺宗的退位，代表着不到一年的"永贞革新"彻底失败。王叔文、王伾贬往外地，柳宗元、刘禹锡等八人则被贬谪到边远地区当了司马，这几人在历史上被称为"二王八司马"。

第二年，王叔文惨遭杀害。

—— 李愬雪夜取蔡州 ——

唐宪宗是一位有作为的皇帝，他即位后，决定不再姑息藩镇割据，努力进行改革，这也使他主政年间出现了"元和中兴"的兴旺局面。

814 年，淮西节度使吴少阳病故，其儿子吴元济不对朝廷报丧，却进行了反叛，自己掌管了淮西的军务，占据了蔡州（今河南汝南）。虽然他占领的面积很少，但地理位置优越，直逼唐朝东都洛阳，还可以向东北推进，切断运河交通，控制汴州，影响漕运。因此，这次叛乱危害极大，唐朝相当重视。

吴元济刚发生叛乱时，宰相李吉甫就对唐宪宗说道："淮西这地方位置重要，常年都有朝廷的几十万军队在防守，如今发生了叛乱，必须及时处理，不然叛军势力增大后，后患无穷呀！"李吉甫的话得到了唐宪宗的认同，814 年，唐宪宗派出十六路人马共九万大军去讨伐吴元济，攻打淮西。

在淮西，唐军作战了好几年，依旧没平定叛乱。一些官员觉得不能再这样下去了，便上奏劝说唐宪宗收兵。这时，李吉甫早已病死，新的宰相裴度坚持用兵，说道："淮西叛乱直接关系到唐朝的安危，必须铲除叛军，况且，朝廷已经出兵了，其他割据藩镇都在观望，因此此次平叛坚决不能中途停止，否则其他藩镇势力就会伺机而动，后患无穷啊。"

于是，唐宪宗继续攻打淮西，平叛叛军。816 年底，他任命李愬为唐、随、邓三州的节度使，前往唐州（今河南泌阳）。

李愬，天资聪慧，足智多谋，是唐朝名将李晟的儿子。赶到唐州后，他故意装出懦弱、胆小的样子，以此麻痹吴元济，并且对将士们说："我生性懦弱无能，皇上派我来安抚你们，至于攻城打仗之类的，我可不会。"这些话让吴元济知道了，他觉得李愬软弱无能，放松了对他的戒备。

那时，吴元济击败了唐朝的队伍，造成了大量的伤员。李愬亲自去慰问伤员，跟士兵们同甘共苦，同吃同住。将士们甚是感动，士气慢慢振作了起来。见此情形，李愬要求朝廷增兵，准备偷袭吴元济的老巢蔡州。于是，朝廷又增派了两千骑兵。

想要拿下淮西，李愬知道必须要有熟悉叛军内情的士兵。一次，一位名叫丁士良的淮西将领被李愬的部下活捉了。吃过他苦头的唐朝官兵纷纷要求将他开膛挖心。可李愬却敬重他是名好汉，亲自为他松了绑，收他为部将。之后，李愬又陆续收降了吴秀琳、李忠义、李祐等淮西部将。李祐在淮西很有名气，作战勇猛，官军在他手上吃了大亏，因此，都想杀了他，可李愬却尽力保护他，李祐甚是感动，决定帮他拿下蔡州。

当时，吴元济的主力全都在对付其他官军，李祐对李愬说道："如今蔡州精兵都在洄曲（今河南商水西南）和四面边境把守，蔡州兵力薄弱，留守的全是些老弱病残，趁此机会可以直取蔡州。"于是，李愬就把偷袭蔡州的计划报告给了在前方督战的宰相裴度。看到这个计划，裴度十分赞赏，说道："拿下蔡州，就要出其不意。"

817 年十一月的一天，狂风暴雪，天寒地冻。李愬命令李祐、李忠义带上三千人马，组建成突击队，当作先锋，而自己和监军的宦官也带领三千人马，为中军；后军也是由一个将领带领的三千人马。他们出发了。可他们全不知道目的地是哪里，便问李愬。李愬仅说一句："向东！"向东行军六十里后，大军到了一个名为张柴村的地方，这里有一小队敌军把守，很快，他们就被官军消灭了。

李愬下令在此休息片刻，然后继续东进。这时，将领们又去问李愬大军的去处，这时，李愬才回答道："去蔡州捉吴元济。"这时，天气十分恶劣，风雪交加，寒风把旗子都给吹裂了，一些士兵和战马忍受不住，冻死在路边。官军从未走过张柴村以东的道路，又加上是夜间行军，行走艰难，将士们都觉得自己会把性命丢在这里，却没人敢违反军令。

大概又行走了七十里，半夜后，大军成功抵达蔡州城下。见到城下有个鹅鸭池，李愬心生一计，让人驱赶鹅鸭，这样一来，全都是嘎嘎的叫声，人马发出的声音也就被盖住了。

蔡州已经有三十多年没有战事，官军也从没来过这里，因此守军一点防备都没有。李祐、李忠义亲率突击队，在城墙上挖了一个个坎，悄悄爬上了城头，在睡梦中，守城的将士全被杀死了，就这样，外城被攻破了。接着，李祐、李忠义又拿下了内城，接着，后面的官军也顺利进了城。

黎明时分，雪停了，蔡州已经被李愬的军队控制住了。当官军来到吴元济的住处时，吴元济的亲兵大吃一惊，急忙跑进去报告。

吴元济还在床上躺着，根本不相信这是真的，不在意地说道："也许是洄曲的士兵过来讨寒衣吧！"

吴元济慢慢地穿衣起床，突然听见传令兵的声音，应答的竟有上万人，他吓坏了，急忙带领卫兵爬上墙头，进行抵抗。战斗了两天，终究因准备不足而抵挡不住，最后只能投降。

官军攻下蔡州后，吴元济其他地区的叛军也都纷纷投降，而吴元济则被押回长安处死了。

吴元济被处死的消息让其他地方割据的藩镇知道后，震惊至极，纷纷表示愿意臣服朝廷。

—— 古文运动 ——

"骈文"兴起于魏晋南北朝时期，这种文体讲究对仗、声律和辞藻，以上下对称的双句为主，每句四个字或六个字，因此这种文体也被称为"四六文"。后来，越发注重声律对仗的工整、华美的辞藻，经常运用难懂的典故，可内容却十分空洞，甚至不知在讲些什么。

一些有识之士甚是反感这种靡烂不健康的文风，纷纷要求改革。隋朝时，隋文帝下诏要求更改文风。魏徵等人在初唐编著《隋书》时，就没有使用骈文，甚至还在著作中批评六朝的文风。他们主张恢复秦汉以前自由、质朴、实用的文风，采用"古文"（秦汉时所用的散体文）。只可惜，这个时期并没有佳作产生，因此，他们也没取得太大的成就。后来，唐代著名文学家韩愈、柳宗元用他们优秀的散文创作成就和理论主张，开启了"古文运动"，在中国文学史上留下了光辉的一页。

韩愈，字退之，河南河阳人。韩家祖籍昌黎（今辽宁义县），曾是昌黎的名门望族，因此，韩愈又自称昌黎人，后人称他为韩昌黎。3岁时，韩愈的父亲去世了，长兄韩会担负起抚养的义务，没想到，韩会也很快去世了，并且留下了一个年幼的儿子，小名为十二郎。于是，寡嫂郑氏便将韩愈叔侄抚养长大，他们一直过着颠沛流离的艰辛日子。

韩愈从小就学习认真，7岁开始读书，到了13岁就能写文章，20岁时前往京师赶考，可惜到了第四次才考中进士，这时的韩愈已经25岁了。十年后，也就是到韩愈35岁时，才被任命为国子监四门博士（国家最高学府的讲师），第二年，他又跟柳宗元等人一起升任为监察御史，但自从他给朝廷上了《御史台上论天旱人饥状》这本奏折后，便被贬为连州阳山县令。

韩愈官场不得意，在文学上的成就却越来越大，《杂说》《师说》等流传千古的好文章就出自他的笔下。《杂说·四》中，他用"伯乐相马"的典故来抨击当政者不懂得识别和任用人才，将人才埋没摧残，还哀叹世上没有人才。文中留下了千古警句和名言"世有伯乐，后又千里马。千里马常有，而伯乐不常有"，以此来悲叹对人才的埋没。

韩愈所写的文章富有深度，敢写别人不敢说的内容。他所写的《谏迎佛骨表》差点给自己带来杀身之祸。当时是唐宪宗时期，朝廷给寺庙和僧侣不纳税等优惠，目的是为了佛教能在我国更好地传播和发展。817年，宪宗平定了淮西节度使叛乱，他开始居功自傲，以"太平天子"自居，渴望长命百岁。而就在这时，他听说佛祖释迦牟尼的一节手指骨在凤翔法门寺中供奉着，便派出一支庞大的队伍去法门寺将之接回宫中供奉。

对此，韩愈写下了《谏迎佛骨表》。文章中他说但凡帝王长寿者，都不供奉佛；而供奉佛的却大多短命。这让唐宪宗十分愤怒，要将他处死，宰相裴度和其他大臣为韩愈求情，韩愈才逃脱一死，贬往潮州（今广东潮州）当刺史。

韩愈一生共写下了三百多篇优秀的散文，提出了"文道合一"的创作主张，这一主张也是古文运动的核心理论。后人将"文道合一"解释为"文以载道"，其中"道"指的是孔孟之道，也可以理解为文章的内容和思想。在韩愈看来，道是主题，是文章的灵魂，而文则是手段，宣传的工具罢了。

韩愈一生共四次进入国子监，从博士开始，一直做到了祭酒（国立大学的校长）。他在教学过程中倡导古文运动，向青年学子宣传他的文学主张。一代文学新人在他的精心培养下成长起来，这些都极大地扩大了古文运动的影响。

—— 甘露之变 ——

自从平定了淮西叛乱后，唐宪宗就变得骄傲自满，他开始信奉神道，想要长生不老，下诏寻找能炼制长生丹药的方士。唐宪宗长期服用金丹后，脾气变得暴躁，常常处死宦官，没过多久，他在宫中暴死。

宪宗死后，宦官王守澄、陈弘志拥立李恒为帝，也就是唐穆宗。穆宗死后，他的儿子敬宗仅仅做了一年的皇帝，宦官王守澄拥立李昂为皇帝，即唐文宗。

李昂即位，王守澄功不可没，很快从枢密使升为骠骑大将军。文宗表面上对宦官重用，其实内心十分厌恨他们。看着他们权势滔天，越发骄横，越来越难以忍受。

831年，文宗跟宰相宋申锡秘密商议如何除掉宦官，没想到京兆尹王璠把秘密泄露了出去，导致宋申锡被贬，机会丧失。可文宗依旧不甘心，暗地里物色能帮他铲除宦官的人。

两年后，文宗因病说不出话来，王守澄把他手下的官员郑注推荐给文宗治病。早年郑注以行医为业，一次路过襄阳时，恰逢襄阳节度使李愬患病，郑注使用偏方治好了李愬的病，李愬很是高兴，便推荐他做了官，并让他参加决策军政。通过李愬，郑注认识了王守澄，自王守澄调往内廷，郑注也就跟着来到了京师。在郑注的治疗下，文宗喝了几服药病情好转了很多。因此，文宗开始信任郑注。

经过了太和五年的失败后，文宗不敢在朝中大臣面前表露一点憎恨宦官的迹象。但郑注知道文宗的心思，经常给他献计，又推荐了进士李训。文宗看到李训文质彬彬，口才了得，手腕毒辣，非常欣赏。

对于当时的朝政，李训、郑注都有自己的见解，并指出了朝中的弊病和症结所在，再加上他们都是王守澄推荐上来的，宦官们也没有多加怀疑。于是，文宗开始跟他们一起密谋铲除宦官的行动。他们二人认为，宦官间也存在矛盾，可以加以利用，分化瓦解，让他们内斗，以此除掉宦官，坐收渔翁之利。

除了王守澄外，仇士良当年也拥戴了文宗。只是在王守澄的压制下，仇士良的仕途一直不太顺利。后来，文宗任命仇士良为左神策军中尉，将王守澄的权力分掉了一部分，这让王守澄很是不高兴。后来，在李训和郑注的努力下，其他几股宦官势力被一一分化和瓦解。

李训升为宰相后，任命王守澄为左、右神策军观荣使，看起来官阶上升了，可军权被剥夺。同年十月，文宗赐了一杯毒酒给王守澄，就这样，这位不可一世的宦官头子就被除掉了。

李训知道，只有掌握了军事力量才能铲除宦官，毕竟有权势的宦官几乎都掌控着军权。为此，文宗特意让郑注出任凤翔节度使，去组织军队，当作外援。李训从名臣子弟中精心挑选出一批有才干的，给郑注当助手，还让文宗把罗立言任为京兆尹、韩约任为禁卫军将军，方便接应。

刚开始李训和郑注的计划是，在王守澄下葬时，即835年11月27日，文宗下令，宦官中尉以下全部都去送葬，届时由郑注率领官兵将他们全都杀死。可李训想独占功劳，又急于求胜，提前采取了行动。

835年11月21日，文宗正在紫辰殿上早朝，百官站定后，禁卫军将军韩约上奏说，昨天夜里，在禁卫军大厅后的院子中的一棵石榴树上降了甘露。古人认为天降甘露是祥和的兆头。李训便带领百官向文宗表示了祝贺，并请文宗移驾禁卫军后院，前去观看。

于是，文宗乘坐轿子去了含元殿，他让李训先带一些官员前去观看。李训回来后，说好像不是真正的甘露，接着，文宗又让仇士良带领宦官们前去观看，仇士良等人来到禁卫军大厅时，却发现韩约十分紧张，态度也很反常，这让仇士良很是疑惑。

天公不作美，刮来了一阵风，将厅中的帷幕吹动了，仇士良看到后面埋伏着不少士兵，连忙逃走。就在仇士良等人去看甘露的时候，李训则在含元殿布置安排。这时，仇士良等人跑了回来，将文宗挟持，强行塞进轿子，抬起来就跑，李训大叫道："快去保护皇上，每人赏钱百千。"

禁卫军们奋不顾身地冲了上去，情形甚是危急，仇士良见状，抄近路逃往内廷。见李训紧抓轿子不放手，仇士良与他厮打。李训掏出靴筒中的刀，刺中了仇士良，宦官们把仇士良救了起来。李训紧抓文宗坐的轿子不放，被拖到了宣政门。这时，宦官郗志荣过来了，打倒了李训，仇士良等人拥着文宗的轿子进了内宫。

看到计划成功无望，李训只好换上便衣逃走，后来还是被抓住了。押送回京师的路上，李训害怕遭受宦官的酷刑和侮辱，说服了押送他的人，把他的头砍了下来，送到了神策军。事发时，郑注正带着兵马往京师赶，听到李训失败的消息后，他立即退回凤翔，后来他还是被仇士良秘密杀死了。

这个事件，历史上称为"甘露之变"。

"甘露之变"后，在仇士良的指挥下，大量的朝廷官员和禁卫军士兵被宦官杀死，足足有六百多人，宰相王涯更是抛尸街头，无人敢去收尸。在宦官严密的控制下，文宗于 840 年抑郁成疾而死。

—— 朋党乱朝政 ——

就在文宗全力去铲除宦官时，朝中的大臣们却暗地里结党营私，组成"朋党"，不同的派系之间争斗得不可开交。其中，以牛僧孺、李宗闵为首的这一派大多是通过科举进入朝廷的，而另一派则是以李德裕为首的世袭父辈做官的公卿子弟。在政治方面，这两个派别并没太大区别，他们的矛盾只是为了争权夺利，这使得晚唐的政治局面更加混乱不堪。文宗曾向李训感叹道："除朋党比除藩镇还要难呀！"

然而，朋党政治早就有之。自唐宪宗开始，就出现了朋党之争的苗头。808年，宪宗举行考试，选拔敢于进谏的人才，在考卷中，牛僧孺、李宗闵抨击朝政，这让主考官韦贯之大为赞赏，并将他们推荐给了宪宗。当时，李德裕的父亲李吉甫是当朝宰相，他看不起科举出身的官员，如今牛、李二人又批评他的过失，他十分生气，便对宪宗说，牛、李二人完全是因为与考官有私人交情，这才得到了推荐。唐宪宗相信了，将韦贯之等人全部贬官，也没再提拔牛、李二人。自此，两派结了怨。李吉甫去世后，他的儿子李德裕接替了父亲的职位，成了公卿派的首领。李德裕自小饱读经书，文章写得十分漂亮，可就是不愿参加科举，还说："好骡马不入行。"其意思就是，他这样的人才，瞧不上科举，是不会参加科举的。

李德裕与他父亲一样，瞧不起科举出身的官员，觉得真正有才学的人才未必能通过科举选拔出来，而公卿子弟，从小熟知礼仪制度，他们才应该担任重要的职位。正是因为他的这些成见，使他与牛僧孺等人始终不和，处于对立面。

在他父亲李吉甫做宰相时，按照唐代"门荫"（因祖辈功绩，子弟授予官爵），李吉甫被补为校书郎。穆宗即位后，他又升为翰林院学士。

821年，朝廷再次选拔进士。西川（治所在今四川成都）节度使段文昌等人要求主考官钱徽照顾下跟他们有关系的人。可这个要求并没有被满足，他们便向穆宗告状，说选拔不公。

恰逢那年，牛党李宗闵的女婿也参加了考试，并被录取。于是，在穆宗向翰林院学士询问情况时，李德裕等人便回答："段文昌所说为实。"这让穆宗大为恼怒，下令复试，贬钱徽为江州刺史，李宗闵为剑州（今四川剑阁、梓潼一带）刺史。

当时，李德裕和牛僧孺名气都很大，有很大的机会出任宰相，只是当时的宰相李逢吉并不喜欢李德裕，便让穆宗任命李德裕为浙江观察使，牛僧孺为宰相。

唐文宗太和年间，李德裕返回京城，升任为兵部尚书。四朝元老、宰相裴度认为李德裕才干突出，举荐他为宰相。可吏部侍郎李宗闵走了宦官的后门，成了宰相。随后，李宗闵又举荐牛僧孺，将时任鄂州刺史的牛僧孺调回任兵部尚书，后来又升为宰相。牛李二人都仇恨裴度举荐李德裕，设计让裴度丢了相位，后来又把他调为兴元节度使。不久后，李德裕也被调往西川，任节度使。自此以后，牛李势力得到了空前壮大。

到了西川后，李德裕大肆整顿，西川的情况得到了好转。吐蕃、南诏（治所在今云南大理）都不再骚扰唐朝，831年，南诏主动放回他们抢去的四千人，吐蕃的维州（治所在今四川理县）守将悉怛谋率部在九月到成都投降。李德裕急忙上报朝廷，又快速占领了维州，这样，被吐蕃占领长达四十年的区域又回到了唐朝的怀抱。

就在悉怛谋投诚的同时，吐蕃使者也在长安，表示愿意与唐朝停战修好。文宗把此事交给大臣们评议，大家都赞成李德裕的做法，只有牛僧孺要求归还给吐蕃维州，并把悉怛谋等人交给吐蕃。文宗是一个没有主见的人，听从了牛僧孺的话。维州失守，悉怛谋等人被害。

832年，政绩显著的李德裕再次出任兵部尚书。对于党争祸乱朝政，文宗甚是讨厌，曾跟李德裕探讨过这件事，李德裕说道："朝中三分之一的大臣都是朋党。"没过多久，文宗就下令把牛党官员杨虞卿、张元夫贬往外地出任刺史。

文宗再次议论朋党时，李宗闵毫不客气地说道："我知道有这事，因此，像杨虞卿他们，重要的职位我是绝对不会任命他们的。"

李德裕直接说道："侍中、中书舍人这些官职不算美差，那还有什么美官！"不久后，李宗闵就被贬为山南西道节度使，调出了京都。

几年后，郑注举荐李训给文宗。李德裕觉得李训是小人，反对给他官职。这让文宗很是不满，也让宦官王守澄怀恨在心。于是，他们将李宗闵召回辅政，贬李德裕为镇海节度使。

李德裕最终在唐武宗即位后当上了宰相。843 年，李德裕帮助武宗平定了刘稹的叛乱。刘稹本是昭义节度使刘从谏的侄子，在刘从谏死后，刘稹要求接任节度使，朝廷没有答应，这才发生了叛乱。平叛后，李德裕上奏武宗，说在牛僧孺、李宗闵为宰相时，刘从谏曾来朝廷，他们不但没留他，还给了他宰相头衔，无疑是放虎归山。因此，这次反叛，牛、李二人罪责难逃。这让武宗甚是生气，把牛、李二人贬到外地去了。

846 年春，武宗因病去世，宣宗即位，第二天就贬了李德裕的官职。到了第二年，又找了个差错，贬李德裕为潮州司户。849 年九月，李德裕到潮州没多长时间，再次被贬为崖州（治所在今海南琼山东南）司户，随后在任上死去。牛僧孺虽然升为太子少保，但在 848 年，就因病去世了。李宗闵在武宗时被贬到封州，虽然宣宗时被任命为郴州司马，可他还没出封州就死了。

就这样，持续四十年的"朋党之争"终于结束，而大唐政权越来越风雨飘摇，到了唐朝末年，农民起义风起云涌了。

—— 黄巢起义 ——

待到秋来九月八，我花开后百花杀。

冲天香阵透长安，满城尽带黄金甲。

这首《不第后赋菊》是唐末农民起义领袖黄巢作的诗。在他年轻的时候，曾前往京城长安赶考，没有考中。在长安他看到了朝廷的腐败无能，愤慨地写下了这首诗，以此表示推翻唐王朝的决心。

唐朝晚年，尤其是唐宣宗之后的懿宗、僖宗，他们只知道寻欢作乐，醉生梦死，不理朝政，也不管百姓的死活。当时，朝廷政治黑暗，民间赋税重，大量的土地被贵族和官僚霸占了，百姓流离失所。有些地方出现了灾荒，老百姓吃树根树皮，可官吏们依旧催逼赋税。农民都活不下去了。唐懿宗即位那年，浙东地区出现了裘甫所领导的农民起义，868 年，庞勋所领导的桂林守军起义爆发了。

875 年，在长恒，濮州（今山东鄄城北）人王仙芝自称"天补平均大将军"，领导几千人起义，没过多久就占领了曹州（今山东曹县）和濮州。见此情形，附近的农民纷纷参加，一下子，起义的军队就扩大到了几万人。

黄巢，冤句（今山东曹县西北）人。他的家乡就在王仙芝起义军所占领的地区。黄巢武艺高强，也读过四书五经，曾贩卖过私盐，因此结交了很多英雄好汉。黄巢早已想将唐朝推翻，王仙芝起义后，便组织了几千人马，起兵响应，加入王仙芝的队伍。

王仙芝、黄巢在山东、河南一带声势浩大，四处攻城略地，打下了不少州县，名气越来越大。朝廷前去镇压，可总是吃败仗，这时就有人建议招降王仙芝。

朝廷给王仙芝许下承诺，王仙芝相信了，准备接受招安当大官。结果，这事让黄巢知道了，他气势汹汹地去找王仙芝说道："当初我们立誓要将那些祸国殃民的坏人除掉。如今事情尚未成功，你却要做官，你对得起这些兄弟吗？"

黄巢越来越气愤，不由朝王仙芝脸上打了一拳。自此，两人结下了梁子，黄巢自己带着一支队伍开始单独作战。

这样一来，王仙芝的力量就大不如前了，势力也大大地削弱，可他一心想做官，多次向唐朝求降，但后来唐朝也觉得他没有太大的用处，不理会他。不久后，王仙芝战败被杀，他手下的队伍赶去投靠黄巢了。

两支起义军再次会合之后，推崇黄巢为黄王，称"冲天大将军"。黄巢在军内设置官职，管理事务，起义军有了初步的组织。

黄巢准备带领起义军去攻打洛阳，唐僖宗连忙调兵增援洛阳。见唐军守备森严，兵强马壮，黄巢渡过淮水，朝唐朝兵力薄弱的南方挺近。就这样，大半个中国都留下了他们的足迹，一路上他们所向披靡，打到了福州、广州。

黄巢攻下广州后，没想到那里出现了瘟疫，起义军将领趁机劝黄巢进行北伐。于是，黄巢将队伍修整了一番，再次带兵北伐了。

这时，起义军已经几十万人，兵强马壮，实力雄厚。一路上他们势如破竹，所向披靡，各地官军败得落花流水，很快他们就打过了长江，后又过了淮水。

880年十二月，黄巢攻到洛阳城下，洛阳官员根本就没有反抗，立即开城投降了。起义军纪律严明，在黄巢进城后，不骚扰百姓，街上跟平常一样，商店也照样营业。

黄巢下令朝潼关进发，很快，他的先锋就到达了关外。起义军都打着白旗，望过去，满山遍野全都是白旗，一望无际，如同一片白色的海洋。每当黄巢出现的时候，起义军就会高声大呼，声势震天，驻守关外的唐军很快就全都逃命去了。

潼关左边山谷中有条小路直达关后，起义军从此绕道关后，前后夹击，顺利拿下潼关。

潼关的失守，导致长安无险可守，一时间长安乱作一团。唐僖宗骑上快马，在几百个士兵的保护下，仓皇逃往成都。

当天下午，黄巢率领起义军进了长安城。长安百姓热烈欢迎起义军进城，欢迎的人群站满了街道两旁。

黄巢的手下大将尚让对长安百姓说道："为了黎民百姓，黄王才起兵讨伐腐败的唐王朝。我们不会跟唐朝皇帝那样不看重你们，大家可以安居乐业。"这让百姓很感动。那些罪大恶极的官僚，只要被起义军抓住的都被杀死。见到路边的穷人，起义军常将自己的东西送给他们。

同年年底，黄巢在长安称帝，国号为大齐。长安完全成了起义军的天下，黄巢"冲天香阵透长安，满城尽带黄金甲"的愿望也得到了实现。

尽管新的政权建立了，可实际掌控的地方却很小，仅仅有长安及附近的几个地方，如同弹丸。以前黄巢流动作战，打下的地方虽多，却都没派兵把守，他前脚走，后脚官兵就将那些地方又给夺了回去。

唐僖宗逃到成都后，很快便集结了军队，将长安团团围住。几十万起义军都在长安这块小天地里挤着，时间一长，起义军出现了最大的困难——粮草不足。就在这时，黄巢手下大将朱温投降了唐朝。

与此同时，唐僖宗将西北沙陀族酋长李克用的骑兵调了过来，打败了起义军。

见形势不利，黄巢立即带兵撤离长安，一路上，作战总是失败，在泰山狼虎谷被唐军打败后，自杀了。

然而，这场历时十年的起义虽然最终失败，但让腐朽飘摇的唐朝政治彻底失去了根基，没过多久，唐朝就灭亡了。

第十章

五代十国的分裂割据

—— 朱温登基 ——

朱温，砀山（今属安徽）人，黄巢起义军中的叛徒，他出生在穷苦的教书先生家中，父亲早逝，他跟着母亲给别人当佣人。他身强力壮，却不愿劳作，整日游手好闲，无所事事，乡下人甚是讨厌他。

随后，他参加了黄巢的起义军，各种阴差阳错、机缘巧合之下升为大将。在黄巢占据长安后，他被派往镇守长安附近的同州（今陕西大荔）。后来，朱温见唐军将长安团团围住，局势不利，便投降了唐军，转过身来打起义军了。

得知朱温降唐，唐僖宗很高兴，下令让他改名为朱全忠，希望他一心忠于唐朝；还封他为玄武节度使，守卫在大梁（今河南开封），协助镇压起义。

当时，唐朝藩镇割据现象十分严重，大小军阀遍布全国。为了抢夺地盘，他们经常相互攻打。朱温做了节度使后，手中既有地盘，也有军队，也加入抢占地盘的混战中。

朱温军事才能突出，打仗是个好手，又擅长阴谋诡计，很多藩镇都败下阵来。没过多久，他就占据了黄河南北的大片土地，一跃成为最强大的割据势力。随着势力的增长，他的野心也随之膨胀起来，不再满足当一个藩镇了。

除了藩镇割据，还有宦官干政，也是当时朝政的一大问题。唐僖宗死后，他弟弟唐昭宗即位。对于宦官干政，唐昭宗更加痛恨万分，常与宰相崔胤密谋如何铲除宦官。崔胤认为当时宦官力量过于强大，昭宗一派已很难抗衡。便联系朱温，让他做外援。

可这些情况让宦官知道了，他们先行一步发动了宫廷政变，囚禁了昭宗，让太子即位。在朱温的帮助下，崔胤联合一些将领，杀死了四个宦官头子，准备迎昭宗复位。

可惜当时一些宦官手中依旧有兵权，朝廷内部的冲突仍没有结束。这些宦官的存在让崔胤寝食难安，他写信请朱温发兵消灭宦官，迎昭宗出京。朱温正想寻找机会灭掉唐朝，自己当皇帝。正好崔胤的信来了，便认为时机来临，立即率兵前往。

这让宦官乱了分寸，立即挟持唐昭宗去了凤翔，借凤翔节度使李茂贞的手，去对抗朱温。朱温将凤翔团团围住，断了凤翔的外援。时间一长，粮草严重不足，就连皇帝也是一天吃粥，一天喝汤，甚至在百姓中出现了人吃人的惨象。不久后，凤翔守不住了，李茂贞只能交出皇帝。

于是，朱温便挟天子以令诸侯，以天子的名义发号施令。唐昭宗也被迫封他为梁王，一时间，朱温的权力无人能及。

很快，唐昭宗身边的宦官差不多都被朱温杀死了。见崔胤不听话，朱温就给他定了个专权乱国的大罪，杀死了他。

朱温的旨意连唐昭宗和朝中的大臣都要遵循。为了进一步控制皇帝，达到自己谋权篡位的目的，他逼迫唐昭宗下令迁都洛阳，还将原京都长安的所有官吏、百姓全部东迁。

临走时，朱温下令拆掉长安所有的房屋，将拆下的木柴全都抛进黄河，进而运到洛阳。就这样，几天后，长安就成了一堆废墟。

一路上，长安居民扶老携幼，痛哭不已，愤怒地骂道："乱臣贼子崔胤，勾结朱温，导致国家颠覆，将我们害成这样。"一天，唐昭宗的车行驶到了华州，百姓见到后，纷纷在路边高呼"万岁"。唐昭宗两眼含泪地说道："别喊万岁了，我很无能，不配做你们的君主。"晚上，唐昭宗居住在馆舍之中，又对身边的随从哭道："如今我在外漂泊，无依无靠，都不知道会死在什么地方。"唐昭宗十分清楚，这次必定是有去无回，便想在路上拖延时间，借口说皇后刚生完孩子，不方便赶路。这让朱温很生气，对一个将领说道："你快快前去，叫皇帝立即赶来。"到了洛阳后，唐昭宗身边没有禁卫军，只有两百个孩童在服侍他。可惜，就连这些孩童，朱温也不放心，假装召他们去吃饭，将他们全部绞死，剥下衣物，另派一些小孩穿上衣物，去服侍唐昭宗。这样一来，唐昭宗身边没一个自己人，全是朱温的人了。

朱温想逼迫唐昭宗禅让给自己，却担心昭宗不肯，便准备处死昭宗，另立一个小皇帝。这件事，他让心腹大将蒋玄晖带领朱有恭、氏叔琮两个将领去办。

一天夜里，蒋玄晖等率领一百多名士兵冲入宫中，杀害了唐昭宗，也杀了两个女官。第二天，蒋玄晖编造说两个女官杀害了唐昭宗，让唐昭宗第九个儿子、年仅13岁的李柷即位，即唐朝最后一个皇帝唐哀帝。

朱温得知消息后，心中乐开了花，可表面上却装作很悲痛，号啕大哭，哭得让人伤心。他还特意赶往洛阳，在唐昭宗棺材上趴着哭了一场。

为了掩盖自己的罪行，朱温让朱有恭、氏叔琮当了替死鬼，宣称这两人治军不严，处死了他们。

朱有恭原名李彦威，是朱温的养子，直到临死，他才看清朱温的真实面目——残酷无情，他大喊冤枉，却来不及了。

朱温一心想早日夺取帝位登基。他把这事交给了蒋玄晖去办理，蒋玄晖按照魏晋时禅让的办法，去一步步办。这让朱温很生气，这时，有人挑拨说，蒋玄晖是在故意延长唐王朝的时间。一时间，朱温大怒，处死了自己的心腹蒋玄晖。

907年，唐哀宗被迫让位，朱温登基，国号为梁，建都汴州，史称后梁。朱温成了五代时期第一个开国皇帝梁太宗。这位被唐僖宗赐名"全忠"，希望他忠于唐室的朱温却根本不忠心，亲自推翻了统治近三百年的唐王朝。

—— 吴越"海龙王"钱镠 ——

唐朝灭亡以后，中原地区相继出现了梁、唐、晋、汉、周这五个朝代，史称后梁、后唐、后晋、后汉、后周，并称为五代。其中只有后梁和后周的君主是汉人，其他三个朝代的君主都是沙陀族人。他们的统治时间都很短暂，在一起也没超过五十四年。

五代时，还有前蜀、后蜀、吴、南唐、吴越、闽、楚、南汉、南平（荆南）和北汉共十个割据各地的国家，只有北汉在北方，建立在如今的山西境内，而其他的全都在南方和巴蜀地区。这一时期，这十个国家和五代并存，历史上称这段时期为五代十国时期。

吴越在这十国统治时时间最长。唐朝末年时，吴越就开始了割据，五代结束后，它被宋所灭。

吴越的建立者是钱镠，杭州临安（今浙江临安北）人，从小喜欢练武，经常在他家附近空地的一根木头上打拳射箭。有时，他还坐在一块石头上，指挥儿童排队操练，这些儿童操练得很认真，宛如一支小军队。

长大之后，钱镠做了盐贩子。当时正值唐朝晚期，战火一直不断。在唐僖宗时，浙江将领王郢起兵造反，对抗朝廷。当地镇守将领董昌自己招募士兵，前去镇压叛乱。钱镠武艺高强，便投奔了董昌，成了他的一名部将。很快，这次叛乱就平定了。

钱镠擅长带兵打仗。不久后，黄巢率领起义军南下，抵达临安。钱镠仅带领很少的士兵在山谷中埋伏，利用弓箭杀死了起义军先头部队的主将，还杀死了好几百个起义军。

见先头部队受挫，黄巢没敢停留，直接离开了临安。

钱镠因镇压王郢叛乱和黄巢起义立下赫赫战功，很快就升为刺史、节度使。他跟董昌分别占据浙西、浙东，是当地最大的割据势力。后来，董昌叛乱，自立为帝。钱镠不服，出兵铲除了董昌。这样一来，钱镠更加功勋卓著，开始加官晋爵。唐末，他被朝廷封为越王、吴王。后梁时，梁太宗封他为吴越王。那个时候，现在浙江全省和江苏省的一部分地区全都在他的控制之下，就成了吴越国国王。

被封了王的钱镠得意万分。在杭州，他修建了富丽堂皇的王府，只要出门，随从前呼后拥，车马众多，气派得很。对于这种排场，他父亲钱宽甚是不满。当时，钱宽依旧在老家住着，只要听见钱镠来了，就躲起来，不见他。

有一次，钱镠既不用车马，也不带一个随从，独自一人步行回家，见到父亲后，问父亲为何躲着不见。钱宽说："我们家世世代代都是依靠捕鱼种田度日，从没出过你这样的贵人。现在，你占据了这般大的地盘，可三面全是敌人。我害怕以后会出现大祸，祸及全家。"

钱镠随即答应记住父亲的话，一定保住自己的地盘。从此以后，他小心谨慎，进行自保。后梁建立后，不管中原换了哪个王朝，吴越国一直向他们称臣进贡。

钱镠十分担心周围国家会突然进攻，夜里都不敢好好睡觉。他让人做一种叫"警枕"的圆木枕头，当他入睡以后，只要头稍微动一下，立即就会从警枕上滑下来，人也就醒了。

在卧室里，他放一个盘子，里面装有白粉，只要晚上想到什么，就会立即记录在粉盘上，到第二天再处理。他还让人通宵值班，只要有人来报告事情，立即将他叫醒，以免误事。

钱镠不仅自己谨慎小心，还要部下时刻保持警惕。每天夜里都有士兵在他住宅周围打更巡逻。一天夜里，打更士兵在墙角坐着睡着了。这一幕让钱镠看见了，他拿起几颗铜弹子朝墙上打去。铜弹击中墙壁发出清脆的声音。士兵立即惊醒了，士兵知道这是钱镠提醒他，再也不敢粗心大意了。

还有一天夜里，钱镠身着便服，想从北门进城，不想城门早就关闭了，他高喊开门。在城墙上，管门的小吏说："夜已经深了，门是不会开的。"钱镠说道："大王派我去城外办事，现在急着赶回。"

小吏说："就算是大王亲自来了，也不会开这城门，更别说大王派你办事了。"没有办法，钱镠只能绕道南门，才进了城。第二天，他召来管北门的小吏，称赞他负责任，还赏了他些钱财。

在钱镠谨慎小心的保护下，他的国家十分稳定，一直没有遭受到大的战祸。

统治稳定后，钱镠就努力发展农业生产。他征发民工，让钱塘江附近的农田免受水灾，修建了堤岸和海塘。他还特意在苏州建立一支营田军，专门负责筑堤开河，灌溉农田。他注重兴修水利，因此，浙江百姓就给钱镠起了"海龙王"这个名号。

当时，江浙一带，年年丰收，米价十分便宜，每石仅五十文钱。这个"海龙王"在一定程度上推动了江浙农业的生产发展。

—— 耶律父子建辽 ——

当朱温推翻后唐，建立大梁，沉浸在夺权成功的喜悦之中时，我国东北辽河上游，以游牧为主的契丹慢慢地崛起了。

在契丹中有个部落名为"迭剌"，在这个部落中，有一男子，身高九尺、目光有神，他姓耶律，名为阿保机，他具有非凡的政治才能，深谋远虑，不到30岁就被推举为军事首领了。他陆续将周围一些弱小的部落收到麾下，随后在西潦河（今辽宁）的南面建造城池，一边跟唐朝将领李克用结为兄弟，交换衣袍、战马；一边跟朱温表示友好，接受了朱温送来的钱币、衣带、珍玩等物。

907年的农历正月，通过部落选举仪式，阿保机正式成为契丹新首领。随后，他重用汉人韩延卉等人，改革陋习，创造契丹文，努力发展农业、商业，在这种具有实效的努力之下，契丹日益强大了起来。

阿保机掌权之初，受到了一些皇弟、皇叔的反对。他们进行了多次谋反，但都被阿保机一一挫败。就这样，契丹内部的争斗持续了十多年。916年，阿保机称帝，建立契丹国，废除部落联盟制，采用汉族的政治模式，还仿照汉族王朝体制，自称"天皇帝"。

契丹建立政权后，阿保机亲征突厥、吐浑、党项、沙陀等部落，接连取胜。随后，他继续东进，接连攻克了蔚州（今河北张家口南）等五个城市。围攻蔚州时，恰逢后梁和吴越的使节在场，为了夸耀他的战功，阿保机特意邀请使节们登上城楼，观看城池被破后的情景。

不久后，阿保机征讨乌古都部落，俘虏了一万四千多人，牛马、车辆、帐篷等器物更是缴获了二十余万件。在这期间，母亲不适的消息传到了阿保机耳中，阿保机竟一口气骑马飞奔六百多里，回去看望服侍母亲。尽了自己的孝心后，阿保机又赶紧返回到军队中。

两年后，原唐朝将领李克用的儿子，后唐创建者李存勖跟契丹军队进行了激战。阿保机手下一位悍将率领五千多名骑兵，将李军团团围住。幸好李克用养子李嗣昭率领三百骑兵及时赶到，救回了李存勖，才让李存勖逃过一劫。因此，李嗣昭立下了大功。

922年，李存勖攻打镇州（今河北正定），镇州长官张文礼求救于契丹国。阿保机派兵救援。这次，李嗣昭不仅没有建功，还将命丢在了这里。交战中，他被伏兵的箭射中脑袋，一回到营地就死了。

阿保机不仅在政治、军事上取得了辉煌成就，文化建设上也有不少建树。他创造了契丹文，契丹文分大小两种字。920年，创立了契丹大字，随后，又创制了新"契丹小字"，这种文字一直沿用了近三百年，直到1191年才逐渐废弃掉。

一天，阿保机将所有亲人和大臣全都召来，说道："也许三年之后，我就不在人世了。可有两件事没办完，我放心不下。"是哪两件事呢？一是还未对吐浑、党项、阻卜等部落进行讨伐；二是当时的古渤海国还没消灭。

他的话让在场的人十分惊慌，不知要发生什么事情。

以后的三年里，阿保机把吐浑、党项、阻卜等部落一一征服，也顺利灭了渤海国，将其改为东丹。就在大军行进到扶余府（今内蒙古巴林左旗西）时，阿保机病倒了，几天后就死去了。

这时，人们才想起这一切都应验了他三年前的一番话。

927 年十一月，耶律阿保机的儿子耶律德光继承了皇位。947 年正月，耶律德光率军攻进后晋国都开封，废了晋出帝。同年二月，耶律德光身着汉人服装，接受了百官的朝贺，正式改国名为辽，定年号为大同元年。只可惜，同年四月，耶律德光因病去世，仅仅当了几个月的辽朝皇帝。

—— 李存勖统一北方 ——

唐朝利用沙陀族首领李克用来镇压黄巢起义。李克用非常厉害，瞎了一只眼睛，因此人们称他为"独眼龙"。他因镇压起义有功，唐朝任命他为河东节度使，后又封他为晋王。今山西太原一带都在他的控制之下，他也成了一股强大的割据势力。

884 年，李克用击败黄巢起义军，返回河东。途中，李克用经过朱温驻地汴州，朱温害怕李克用势力庞大，会危害到自己，便想消灭他。李克用刚烈，朱温先是客客气气地将他请到了驿馆，设宴招待，暗地里却布下伏兵。深夜，伏兵杀入馆舍，李克用喝醉了，呼呼大睡，完全不知情，幸好他的随从拼死保护，用褥子将他裹了起来，塞到床下，这才没有被害。后来，在一阵电闪雷鸣之中，李克用和随从趁机逃脱，返回军中。就这样，李克用和朱温结下梁子，两人经常互相攻打。

朱温消灭了唐朝，建立了后梁，这让李克用很是不服，他依旧使用唐"天祐"的年号，说要复兴唐朝，跟后梁对抗。这时，北方的契丹族崛起了，耶律阿保机统一了契丹各部，建立自己的政权。随后，他亲率三十万大军前去攻打云州（今山西大同）。李克用准备联合契丹，一起对抗朱温。李克用派人与耶律阿保机取得联系，在云州东城相见，两人结为兄弟，并约定当年冬天一起攻打梁朝。在李克用军中，耶律阿保机整整逗留了十天之久，其间李克用送给耶律阿保机众多财宝，他也回赠给李克用很多马匹和其他牲畜。不承想，耶律阿保机回到契丹后，见梁朝势力很大，便立即撕毁了盟约，与梁朝交好。这让李克用气愤不已。

908 年正月，李克用身上长了毒疮，愈发严重，临死前他拿出三支箭交给了他的儿子李存勖，嘱咐道："你知道，梁朝是我的仇家。燕王刘仁恭、刘守光父子是依靠我的推荐才出任龙军节度使据有幽州的，而契丹的耶律阿保机也曾跟我结为兄弟，可是他们全都背叛了我，归顺了梁朝，与我作对。这就是我人生中的三件恨事，给你三支箭，你要谨记父亲的遗愿。"李存勖将箭郑重接了过来，答应为父亲报仇。随后，李存勖继承了父亲的爵位，成了晋王。他继位后，将这三支箭放入宗庙中供奉起来，只要出兵作战，就派人取出这三支箭，放入锦囊中，让人背着，在队伍最前面走着，以示警惕，作战结束后，再将箭放回宗庙。

为了给父亲报仇，李存勖整顿军队，严明纪律，积极训练，规定不能违反军令，退缩者、违纪者立斩。这一规定让将士们拼死作战，不敢退缩。

没过多久，李存勖亲自率军前去救援被后梁围攻的潞州（今山西长治），后梁大败，李存勖歼灭了梁军一万多人，缴获的战利品更是数不清。朱温本来认为这一仗毫无悬念，在京城等着捷报，得到的却是败讯，过了半天才缓过神来，叹息道："生子就该生李亚子（李存勖的小名），我的儿子全是猪狗！"

两年后，在柏乡（今河北邢台北），李存勖再次击败后梁军，后梁损失惨重，阵亡的将士就有两万多人。自此以后，后梁军只要听见李存勖这三个字，就感到恐惧。

朱温接连战败，随后出动五十万大军，想跟李存勖决一死战，又被李存勖打得落花流水，一气之下，朱温患病不起。912年，他的次子杀死了他。

接着，李存勖攻下幽州，刘仁恭、刘守光父子被擒，押回太原被杀。就这样，李克用弥留之际的其中一项任务完成了。

朱友珪杀死朱温后，自立为帝。第二年二月，朱温的第三子朱友贞不服，起兵造反，朱友珪被迫自杀，朱友贞即位，即后梁末帝。在常年征战和内讧的内忧外患之下，后梁日渐衰弱。

从此以后，后梁末帝和契丹的耶律阿保机就成了李存勖的主要敌人。

916年，耶律阿保机称帝，也就是辽太祖。第二年，契丹军号称百万之众，攻打幽州。恰逢李存勖正在黄河沿线对抗后梁，随即他派出三员大将前去营救，契丹军大败，幽州之围解除。几年后，耶律阿保机再次南侵，这次李存勖亲率骑兵为先锋，再次击败契丹军，耶律阿保机只能败退回去。李存勖取得了一连串的胜利，完成了父亲遗留的第二项任务。

李存勖与后梁末帝交战十来年，眼看后梁就要灭亡了。于是，923年四月，李存勖在魏州（今河北大名北）称帝，国号为唐，史称后唐。他也就是后唐庄宗。同年十月，他灭掉后梁，一统北方，迁都洛阳。

父亲的三个大仇全都让李存勖给报了，李存勖当了皇帝，可以说志满意得。他觉得靠自己的武力和本事征服了天下，接下来就该安心享受了。

打仗、打猎、演戏，这三件事一直是李存勖的最爱。后梁被消灭后，打猎和演戏就成了最重要的事。

唐庄宗李存勖仅当了四年皇帝。他统治期间，猜疑大将，残害功臣，导致众叛亲离。926 年，魏州兵变。趁此机会，李克用的养子李嗣源占领了汴州。李存勖的禁卫军指挥使郭从谦是个伶人，曾认大将郭崇韬为叔父。郭崇韬被人陷害惨遭杀害，郭从谦怀恨在心，趁机在京城叛乱，李存勖中箭身亡。

李存勖死后，李嗣源前往洛阳即位，即后唐明宗。

—— 石敬瑭当"儿皇帝" ——

五代时，后晋开国皇帝晋高祖石敬瑭出卖国土，认契丹国主做父，成了一个"儿皇帝"。

石敬瑭，沙陀族人，后唐明宗李嗣源的女婿。后唐时，他出任河东节度使，驻扎在晋阳，以防备契丹的骚扰。唐明宗去世后，他的亲生儿子李从厚的帝位被养子李从珂夺去，即唐末帝。这件事，让石敬瑭眼红万分，他也想找机会夺取帝位，当一次皇帝。唐末帝与石敬瑭不和，相互猜疑。唐末帝放心不下，就下令调石敬瑭去别的地方做节度使。石敬瑭推辞有病，不愿前去，就趁机反叛，争夺帝位。

石敬瑭特意召集亲信商量反叛这件事。谋士桑维翰说道："你不是明宗的女婿。只要你肯屈尊投靠契丹，请他们相助，那一切就好办了。"桑维翰的建议恰好符合石敬瑭的心意，当时，耶律阿保机已经病死，他的儿子耶律德光是契丹的君主。石敬瑭决定联合耶律德光，帮自己实现做皇帝的愿望。石敬瑭先是用唐末帝的帝位是抢来的这件事做文章。他上奏朝廷，要求帝位让给明宗的亲生儿子，唐末宗是养子，并没有资格继承帝位。

看到石敬瑭的奏章，唐末帝火冒三丈，将奏章撕成碎片，捏作一团，扔到地上，直接下令削去石敬瑭的官爵，并让大将张敬达率军讨伐。

936年六月，张敬达率领大军将晋阳围得水泄不通。

晋阳刚被围，石敬瑭就让桑维翰写信给耶律德光，表示愿意称臣，拜耶律德光为父，请求出兵救援。并且答应事成之后，雁门关以北的燕云十六州（又称幽州十六州，在今河北、山西两省北部）全都当作酬谢割给契丹。

当时，石敬瑭已经45岁了，可耶律德光才34岁。见石敬瑭要拜小自己11岁的耶律德光为父，他手下大将刘知远看不下去了，劝道："向契丹称臣已经够了，拜耶律德光为父，这也太过分了吧！"

刘知远又说道："请契丹出兵相助，不用割让土地，多给财宝就是了。这样做，后患无穷，以后后悔都来不及。"

石敬瑭一心求兵，完全听不进劝告，急忙派使者去送信了。

耶律德光早就想攻占中原，一直没找到合适的机会，现在收到石敬瑭的信，满心欢喜，立即给使者承诺，深秋马肥之后，立即出兵。

同年十月，耶律德光亲率五万骑兵前往晋阳，向张敬达的军队发起进攻，石敬瑭也派出刘知远率军相助，张敬达大败，阵亡上万人。

石敬瑭亲自到城外拜见耶律德光，拼命奉承耶律德光，完全一副孝顺儿子的样子。

耶律德光考察了石敬瑭好几天，确信他是自己的忠臣和孝顺儿子后，满意地跟他说："我千里出兵相助，把事情办好才能回去。看你的模样和气度完全能做一个皇帝，我决定，立你为天子。"

石敬瑭欣喜万分，假装推辞了一番后就不推让了。

耶律德光将自己的衣帽脱了下来，亲手给石敬瑭穿戴好，立他为"大晋皇帝"。于是，石敬瑭便身着契丹装，不伦不类地成了后晋皇帝，也就是后晋高祖。

石敬瑭刚做上皇帝，便立即执行之前所答应的条件，向契丹献出了燕云十六州，还承诺每年给契丹献帛三十万匹。从此以后，河北平原无险可守。

在耶律德光的帮助下，石敬瑭长驱直入，一直南下，后唐将领抵抗不住，纷纷投降。唐末帝山穷水尽，索性放了一把火烧掉皇宫，带着一家老小，跳火自杀了。

石敬瑭拿下洛阳后，顺理成章地成为中原的皇帝，定都汴州，并将它称为东京开封府。宋朝人也沿用这个名字。

石敬瑭称帝后，只要上奏给耶律德光，都尊称他为"父皇帝"，而自己为"儿皇帝"。但凡契丹有不顺心的事，契丹就派人前来责备，石敬瑭小心应对，赔礼道歉。为此，众多官员深感羞愧。

石敬瑭当了七年丢人的"儿皇帝"后就病死了。他的侄儿石重贵继承了他的帝位，这就是后晋末代皇帝晋出帝。晋出帝向契丹通知石敬瑭死讯时，称孙没称臣。这让耶律德光大为恼火，派遣大军前来问罪。对于契丹的做法，石重贵没有像他的叔父那般卑躬屈膝，他立即出兵抵抗，接连两次打败契丹军。946年，耶律德光第三次率军侵犯中原，开封府被破，晋出帝成了俘虏，后晋也就随之灭亡了。

947年春季，耶律德光在开封又进行了一次即位仪式，正式改国号为辽，自称大辽皇帝。随后，他派兵抢掠，洗劫了开封及周围几百里内的财物和牲畜，所过之处，寸草不留。

中原人民忍受不住契丹的欺压，奋起反抗。一时间义兵四起，耶律德光痛恨地说道："中原百姓如此难对付。"

同年三月，耶律德光借口天热避暑，开始从开封北撤，途经河北滦县的杀胡林时病死了。

—— 周世宗率军亲征 ——

得知耶律德光占领开封，在太原驻守的后晋大将刘知远一边给耶律德光上书表示祝贺，一边暗地里探听风声。随后，他断定耶律德光很难控制住中原，便在947年二月中旬，在太原登基称帝。不过，他依旧使用后晋的年号，没有更换国名。同年六月，耶律德光北撤，刘知远乘虚而入，拿下开封，设国都为开封，改国号为汉，史称后汉，而他就是后汉高祖。

刘知远也是沙陀族人，仅做了十个月的皇帝就病死了。他死后，他的儿子刘承祐继承皇位，即后汉隐帝。隐帝登基后，大臣专权，将相之间存在尖锐的矛盾。隐帝当即杀死了几个大臣，又处死了领兵在外的大将郭威的家属，并准备秘密处死郭威。随即郭威带兵入朝，进行反叛，杀死了隐帝，就这样，后汉灭亡。

951年，在部下的拥护下，郭威称帝，依旧定都在开封，国号为周，史称后周，而他就是后周太祖。

对于郭威称帝，刘知远的弟弟刘崇表示不服，他控制了太原一带，自立为帝。随后，他改自己名字为旻，国号为汉，史称北汉。北汉国力薄弱，刘旻便投靠辽，与辽皇帝以叔侄相称，尊辽皇帝为"叔皇帝"，而自己为"侄皇帝"。

郭威仅当了不足三年的皇帝就病死了。他出身贫寒，深知民间疾苦，即位后，做了很多爱护百姓的事情。废除了很多苛捐杂税和酷刑，还将无主荒地分给贫困农民耕种，又提倡节俭，惩治贪官，禁止军队扰民。在他的统治下，唐末以来混乱的北方社会得到了恢复。

954年，郭威因病去世，他没有儿子，养子、柴皇后的侄儿柴荣继承了皇位，也就是后周第二位皇帝周世宗。

北汉国主刘旻知道周太祖病死的消息后，非常高兴，觉得拿下后周的时机到了，便勾结辽，前去攻打后周。他从晋阳出发，亲率三万兵马，而辽也派出大将杨衮率领一万多骑兵前来协助。

北汉入侵的消息传到后周朝廷后，周世宗决定亲自前去应战，大臣们却纷纷反对，劝道："陛下新登大宝，根基不稳，不可轻易出动，这种事还是派大将为好！"

周世宗说："如今我国有丧事，我也是年轻新立，刘旻趁机想吞并我们，定会亲自率兵前来，我必须要去！"

周世宗从都城开封出发，亲率大军日夜前进，没过多久就赶到高平（在今山西），与北汉和辽的大军相遇了。

北汉国主刘旻亲率中军，东面是北汉大将张元徽的军队，西面则是辽大将杨衮的军队，阵容严密。

而后周刘词率领的后续部队还没赶到，人马不多，将士们有些担心。而周世宗毫无惧色，将精锐部队放在中间，左右各有一支队伍，自己骑马上阵前去督战。

见后周兵力不足，刘旻得意地对部下说道："要是早知道后周兵力不足，完全不用请辽军，我们汉军就能打败他们。"

辽大将杨衮将后周军的情况认真研究后，对刘旻说道："不可大意，后周军是劲敌啊。"刘旻捋了下胡子，傲慢地说道："机不可失，将军不必多言，只管看我破敌就行。"这种傲慢的语气让杨衮很不开心，他一言不发返回到军中，下令按兵不动，看情况再说。

不久后，北汉军队发起了进攻。张元徽亲率一千多骑兵，直冲后周右军。不久后，后周将领樊爱能、何徽就带着骑兵逃跑了，见主将逃跑了，剩下一千多步兵也全部放下武器，投降了。

形势万分危急，周世宗立即率领亲兵冲了上去。后周禁军将领赵匡胤和另一个将领张永德各自带着两千人马冲了上去。见皇帝亲自上阵，后周将士士气大振，作战勇猛，击败了北汉军，还杀死了张元徽。

见后周军如此勇猛，杨衮也不敢出手相救，再加上他本来就不满刘旻说的话，便率军返回了辽。当天晚上，刘词带领的后续部队赶来了。有了这支生力军，周世宗朝北汉军发起了猛烈的进攻。刘旻骑着辽送的黄马，仓皇逃跑。一路上，他忍饥挨饿，有时刚拿起碗筷，追兵到了的警报就响了起来，只能丢下碗筷，连忙上马逃跑。他日夜逃跑，最后狼狈地返回了晋阳。

取得胜利后，周世宗严惩了樊爱能、何徽等临阵脱逃的败将，奖励作战有功的将士。随后，他整顿军队，改革政务，鼓励生产，计划一统中国。后蜀的四个州、南唐的十四个州先后落到他的手里，他还收复了辽占领的三个州。就在他准备乘胜追击拿下幽州时，不幸得病，只能撤军返回开封。959 年六月，周世宗在京都开封去世，享年 39 岁。

周世宗年仅 7 岁的儿子柴宗训继承了皇位，即周恭帝。

第十一章 ／ 宋朝的兴衰

—— 陈桥驿兵变 ——

周世宗手下有名重要大将，名叫赵匡胤。涿郡（今河北涿州）人，自小热爱习武，曾投到郭威帐下，后来跟着周世宗南征北战，立下了赫赫战功，深得周世宗信任。因此，周世宗升他为殿前都点检，成了禁军统帅，后周的军事大权也都交给了他。

五代期间，武将经常夺取皇位。周世宗壮年夭折，周恭宗又年少无知，见此机会，赵匡胤和他的弟弟赵匡义、幕僚赵普等人便密谋夺取皇位。

960 年春节，正月初一，后周文武百官正在给周恭宗祝贺新春时，忽然河北镇、定二州（今河北正定、定州）派人谎报军情，称辽与北汉再次联合南侵，情况万分危急。其实，这都是赵匡胤特意安排的。

后周宰相范质、王溥等人大吃一惊，根本来不及辨别情报真假，立即让赵匡胤率军北上应战。

赵匡胤立即调兵遣将，准备出征。正月初二，前队开拔出发，初三，大军全部出发。行进到汴京东北的陈桥驿时，大军停了下来。当天夜里，将士们议论朝政，有人说："当今天子年幼无知，我们拼命抗敌，以后谁知道呢？不如让主帅点检成了天子，随后再北征。"众将士纷纷同意，连声称好，当即推举一名将军前去赵匡胤和赵普那里转告大伙的意见。话还没说完，又有一大批将领闯入，大声叫道："我们一致同意让点检做天子。"这让赵匡胤和赵普开心不已，随即命令诸将分布于周围，等候天明，同时让人连夜赶回汴京，给镇守京城的禁军将领石守信和王审琦送信，让他们当内应。两人本是赵匡胤亲信，收到信后，立即答应。

第二天一早，这个消息已经在军中传开了。天刚蒙蒙亮，一阵呼喊声从陈桥驿四周传了过来，一群全副武装的将领都在赵匡胤营帐外，大叫道："我们一致推举点检为天子。"

赵匡胤酒醉刚醒，走出营帐，众将一拥而上，将皇帝登基穿的黄袍给他披上，随即下拜高呼"万岁"。他们将赵匡胤推上马背，要他回汴京。

赵匡胤抓住缰绳，假装推让了一番，随即说道："你们贪图荣华富贵，要将我立为天子，但你们能听从我的号令吗？"

诸将齐声道："愿意服从命令。"

赵匡胤说道："进了京城后，你们不得惊犯宫廷，侮辱大臣，更不能抢掠。只要听从命令，都有重赏，但凡违反命令，一律严惩。"大家都齐声答应。

就这样，赵匡胤带领大军返回了汴京。回京前，赵匡胤已经派人告诉范质、王溥等人兵变的消息。

这时，后周的早朝尚未结束，范质知道后，紧抓王溥的手，无可奈何地说道："一时慌乱没有辨别军情真假，就派出大将，这都是我们的过错呀！"

范质因为紧张，指甲深深嵌入了王溥肉里，王溥疼痛难忍，被吓得说不出一句话。一个名为韩通的将军，他连忙跑回家中，准备组织反抗，还没走进家门，赵匡胤的部将王彦升就追了上来，杀死了他。

石守信、王审琦掌控着京城中的禁军，他们做内应，没有人敢再反抗了。

不久后，赵匡胤率领大军回到汴京。他让士兵全都归营，自己也暂时回到以前的公署中。

范质、王溥被一些将士拥到赵匡胤那里，赵匡胤假装流着泪说道："周世宗对我恩重如山，可将士们逼迫我做这件事，真让人惭愧，我该如何是好？"范质还没回答，一个叫罗彦瓖的将军立即拔剑上前，厉声说道："我们都没有主子，今天一定要立点检为天子。"赵匡胤假意厉声喝道："还不赶紧退下！"

这一幕吓得王溥脸都变了，他退到台阶下，朝着赵匡胤下拜。没有办法，范质也只能跟着下拜。

正月初五日，在崇元殿，赵匡胤召集百官，正式称帝。一位官员宣读了以周恭宗的名义写的禅让诏书。赵匡胤拜接了诏书，随后升殿，正式登基。

赵匡胤曾出任宋州归德军节度使，因此，他定国号为宋，东京（今河南开封）依旧为都城，史称北宋。北宋的开国皇帝就是赵匡胤，即宋太祖。

这次历史上著名的政变也被称为"陈桥兵变"。

—— 杯酒释兵权 ——

宋太祖即位后，便开始论功行赏，赏赐功臣。后周大将慕容延钊因拥护宋太祖有功，且手握重兵，在真定（今河北正定）镇守，被宋太祖升为殿前都点检，管理禁军。同样，石守信和韩令坤这两位将领也因功共同统领禁军。

然而，后周领兵在外的节度使尚未全部降服，即位不到半年，先后有两个节度使起兵反对宋太祖。宋太祖御驾亲征，平定了叛乱，宋朝的统治才逐步稳定下来。

宋太祖不断封赏将领，这让大臣赵普甚是担忧，害怕兵权一旦握在他人手中，他日反叛朝廷，后果不堪设想。于是，他多次向宋太祖说了这个想法，可宋太祖却毫不在意。

有一次，赵普将这件事又提了出来，宋太祖说道："你为何要担忧呢？他们可都是我的亲信，不会反叛的。"

赵普说："我相信他们不会反叛，但是他们未必可以控制部下，一旦将士们贪图荣华富贵，拥立其中一位为皇帝，怎么办？"

这次，宋太祖听进去了。

一天，宋太祖召赵普进宫商讨政事。他无奈地叹了口气，问赵普："自唐末以来，帝王频繁换姓，战事不断，百姓受苦，原因在哪里呢？我想天下太平，再无战祸，该怎么做呢？"

赵普早就对这个问题进行了深入的探究，他胸有成竹地回答："君弱臣强，藩镇割据，这才导致动乱。如今要去治理国家，没有其他的办法，只能收回他们的权力到中央，控制他们的钱粮，把精兵都收回由中央控制……"

赵普还没说完，就被宋太祖打断了，说道："不用再说了，我全明白了！"

961 年，宋太祖取消统领禁军殿前都点检这一职位，并宣布永不设立，还收回慕容延钊、韩令坤统领禁军的兵权，让他们出任节度使，派往外地。因为功勋卓著，石守信暂时没有被罢免。

同年秋天的一个晚上，宋太祖宴请石守信等高级将领。丰盛的酒席，君臣共饮，气氛很热烈！

忽然，趁着酒劲，宋太祖装出一副忧虑的样子，对石守信等人说道："因为你们的帮助，我才有了今天。可当这个天子却很难呀！真心不如节度使快乐。整夜都睡不安稳呀！"

这番话让石守信等人感到疑惑，问道："为何？"

宋太祖说："这还看不明白吗？谁不想坐我这个位置？"这时，石守信等人明白了潜在的意思，立即都跪下，说道："陛下怎能这样说呢？如今天下稳定，谁有异心呢？"宋太祖接着说道："我相信你们没有异心，可万一你们部下也贪图荣华富贵，把黄袍加到你身上，你能做到不干吗？"这吓得石守信等人一身冷汗，觉得是宋太祖怀疑他们心存异心，连忙磕头，流着泪说道："我们愚蠢，想不到这一点，还请陛下可怜可怜我们，给我们一条生路。"

宋太祖说："人生在世，短短数十载。贪图富贵的人，无非是想多积累财宝，好好享福，让子孙也不受穷。你们不如交出兵权，去地方做个大官，买下田地、豪华住宅，为子孙多置办家业，再买些歌姬舞女，饮酒作乐，快活地过上一辈子。我再与你们结成儿女亲家。这样一来，君臣之间不猜忌，相互安好，两全其美。"

这时，石守信等人才明白过来，宋太祖要他们交出兵权，他们只有答应的份儿，连忙磕头谢恩。

第二天上朝，石守信等人都称自己有病，主动要求辞去军职。宋太祖立即批准，还赏赐他们大量财物，让他们去地方做官。仅有石守信一人还在禁军中兼职，只是没有了实权。

这就是历史上有名的"杯酒释兵权"。

那时，地方上一些节度使依旧掌控着不少的兵力。宋太祖决定故技重施。

后来，王彦超等几个节度使前来朝见宋太祖。宋太祖设宴招待，酒饮了一阵子后，宋太祖说道："你们都是元老级人物，现在还长期担任要职，事务繁忙，实在不符合我优待元老大臣的用意。"

王彦超早就听说了之前的事，也是精明之人，立即懂得这话是什么意思，说道："我没多大的功劳，只是深受陛下恩宠，如今已经年老多病，还请陛下批准告老还乡。"可其他几个节度使依旧想带兵，竟相说自己以前打仗的艰辛和功劳。宋太祖冷冷地说道："全是些陈年旧事，不值一提。"

第二天，宋太祖就将这些节度使的官职罢免了，让他们担任一些没有实权的官职，全留在京城里了。

节度使的兵权被宋太祖收回后，他就把地方精兵全调到中央充当禁军，由皇帝直接掌控。他又将禁军轮流派往戍守，兵士经常换防，将领也随时调换。朝廷直接委派各地行政长官。这样一来，将领不可能拥有重兵，自然无法割据。

这些举措在很大程度上促进了唐末以来战乱局面的结束。

——　李后主亡国　——

尽管宋朝已经建立起来，可地方割据势力依旧存在。当时除了辽外，北方有五代十国中占据太原的北汉，南方有南唐、吴越、后蜀、南汉、南平（荆南）等国，而在湖南等地也存在着割据势力。

宋太祖将内部隐患解除之后，便考虑该如何消灭这些割据势力。是先解决北方呢，还是南方呢？宋太祖日夜思考，他想先南后北，却拿不定主意。

一天，狂风暴雪，天就要黑了，可鹅毛大雪依旧下个不停，宋太祖冒着风雪前往赵普家中，要与赵普商议此事。他来到赵府门口，赵普听到敲门声后，开门见宋太祖立在风雪中，赶紧下拜请他进府。

宋太祖来到厅堂坐下，赵普立即命人烧红炭火，火上烤肉，还让妻子倒酒亲自招待宋太祖。

数杯之后，宋太祖试探着说道："我想征讨诸国，先出兵攻打太原，你看如何？"

赵普早就考虑过这个问题，说道："辽就在北汉的西北，如果我们攻下太原，势必会受到辽的威胁。我看，应该先攻下南方诸国，到时候弹丸之地的北汉能跑到哪里去？"宋太祖大笑道："我也是这个意思，刚才只是试探下你的意见。"

听到这话，赵普也跟着笑了。两人又商议了一番，最后确定了宋太祖先南后北的方针。

接着，宋太祖就武力征服了南平、后蜀、后汉。南方诸国只剩下了南唐和吴越。南唐位于江南地区，是一个大国，也是个弱国。宋建立后，南唐国主唐元宗李璟深知不是宋朝的对手，便屈服了宋朝，送去了大量金银财宝，祝贺宋太祖即位。

961 年，唐元宗死了，他的儿子李煜即位，人称李后主。在我国历史上，李后主也是一位著名的词人。他喜爱文学，熟知音律，书法绘画也十分出色，写词更是很有水平，只是不愿过问政事，喜欢听奉承的话。他即位后，依旧不敢得罪宋朝，每年照样送去大量金银财宝，甚至宋朝征讨他国，他也送去财物，去犒劳宋军。南汉被宋朝灭掉后，他十分惶恐，主动上书宋朝削去南唐国号，称江南国主。李后主绞尽脑汁，委曲求全，可它毕竟是割据政权，宋太祖怎能容忍它长期存在呢？

974 年九月，宋朝大将曹彬、潘美在宋太祖的命令下，率领十万大军，攻打南唐。宋朝早就做了准备，在荆南建造了几千艘战船。曹彬亲率水军，自江陵出发，顺长江而下，不断击败南唐守军。没过多久，他就打到了采石矶（今安徽马鞍山）。这时，潘美也率领步兵赶到了采石矶。

这时，渡江就成了问题。有个名为樊若水的读书人给宋军建议，让他们用大船和竹筏搭建浮桥，使大军通过。仅用了三天时间，就搭建成了一座浮桥。

这件事传到李后主耳中，他惶恐不知所措，便问身边的一个大臣，那大臣回答道："自古历史上就没有过可以在长江上搭桥的。"

李后主这才放心了，高兴地说道："我也觉得，这是一场儿戏。"可宋军顺利渡过长江，没多久就打到了金陵（今江苏南京）城下。不过，这事李后主完全不知道。一天，李后主登城瞭望，见到城外遍是宋军，才发觉大事不好。他连忙派大臣徐铉前往东京求和。

徐铉赶到东京后，有人给宋太祖说道："徐铉知识渊博，擅长口才，不好对付呀！"

宋太祖笑道："不用担心，我自有办法。"

第二天，徐铉走进朝堂面见宋太祖，他仰头大声道："陛下师出无名，李煜无罪呀！"于是，宋太祖便让他说出理由。徐铉说道："李煜如同儿子侍奉父亲一样，以小国侍奉大国，一点过错都没有，宋朝为何要讨伐他呢？"

徐铉说了好长时间，宋太祖只反问一句："既然你说像父子，那父子能分为两家吗？"

徐铉无言以对，只能灰溜溜地返回了。

一个月后，李后主再次命令徐铉去东京面见宋太祖恳求退兵。宋太祖大怒，手按利剑说道："不必多说，江南没有罪，只是天下一家，卧榻之侧，岂容他人酣睡？"

这可把徐铉吓得不轻，不敢多说，只能返回复命。

见求和不成，李后主立即将驻守长江的十五万大军调回救援金陵。援军行进到皖口，就被宋军前后夹击，南唐军放火，不承想突然刮起了北风，大火反向烧了自己，救援主帅投火身亡。就这样，南唐最后一支生力军覆灭了。

很快，宋军攻进金陵，李后主投降，成了亡国奴。

押到东京后，李后主被宋太祖册封为违命侯，可实际上他几乎被软禁，成为一个囚徒。从此没有了潇洒放纵的帝王生活，还要忍受被侮辱的痛苦，他每天以泪洗面，内心凄凉悲苦。在此期间，他写下了很多表露悲愁情绪的诗词。诗词中抒情运用得当，善用比喻，情真意切，比如人人传诵的名句"问君能有几多愁，恰似一江春水向东流"。

后来，宋太宗毒死了李后主。

—— 杨家将一门忠烈 ——

宋太祖踌躇满志要完成他的统一大业。然而，人算不如天算，他继承皇位没多久，就因病驾崩了。他的弟弟赵匡义继承了他的帝位，成了皇帝，即宋太宗。

宋太宗决定完成宋太祖的遗愿，继续平定北方。979 年，宋太宗亲率大军，平定北汉。北汉的京城太原被宋军团团围住，遭受猛烈攻打。北汉求救于辽，辽派兵救援，宋军击退辽军。北汉抵挡不住，只能投降宋朝。

北汉投降宋朝后，老将杨业也跟着归顺了宋朝。就是传说中的杨老令公。杨业自小喜欢骑马射箭，练就了一身好武艺。他武艺高强，骁勇善战，所以人称"杨无敌"。宋太宗十分器重杨业，先是让他担任郑州刺史，后又让他出任代州（今山西代县）刺史，去镇守北方边境。980 年三月，辽南侵，进攻代州北面的雁门关，足足有十万大军。消息传到代州后，杨业手下仅有几千骑兵，力量悬殊，大家很担忧。不过，杨业决定出其不意，亲率几百骑兵，走小路绕过雁门关，抵达雁门关北面，从辽军背后攻击。当时，辽军正向南进军，突然一阵呐喊，背后杀出了宋军。辽军大吃一惊，也不知宋军到底有多少人，兵士们四处逃窜。这一仗，杨业以少胜多，战果累累，一个辽驸马被杀，还俘虏了一个大将。这让宋太宗十分高兴，升了杨业的官。从此以后，"杨无敌"这个名号越叫越响。

一些大官僚十分忌妒杨业的功绩，担心他的声望和地位会威胁到自己，便想方设法排挤陷害杨业。驻守边境的主将潘美特意上书宋太宗，说杨业的坏话。可是宋太宗很明智，没有听信谗言，将这些奏疏全都封存起来，送给杨业，以表君臣之间的信任。

几年后，辽景宗耶律贤因病去世，他年仅12岁的儿子辽圣宗耶律隆绪即位，因新帝年纪太小，便由其母亲萧太后暂时执政。见辽政局发生变动，宋太宗觉得机会来了，决定出兵收复燕云十六州。

986年，宋太宗派三支军队前去攻辽。大将曹彬率领主力部队从幽州进发，为东路。田重进为中路，负责攻取河北西北部等地；潘美为西路，负责攻取山西北部各地。而杨业在潘美的西路军中，担任副将。

潘美率领西路军，从雁门关向西进攻。杨业和他的部下骁勇善战，势如破竹，很快就攻克了寰州（今山西朔州东）、朔州（今山西朔州）、应州（今山西应州）和云州，山西西北部的大片土地被宋朝收复了。

就在西路军接连获胜的时候，东路军却吃了败仗。主力部队失败，宋太宗不敢再战，赶紧下令退兵。于是，潘美、杨业只能退回代州。

宋朝的大军刚撤，应州的宋军也弃城逃跑了。辽军趁机攻克了寰州，形势万分危急。

这时，宋朝下令，将寰、朔、应、云四州的老百姓全迁往内地，由潘美和杨业的部队护送。可寰州和应州已经落入辽军手中，辽军身后就是云州，身旁则是朔州，迁移百姓真的不容易呀！

经过一番考虑，杨业提出建议："目前敌人强大，我们应暂避锋芒，不可硬拼。我们假装攻打应州，将辽军吸引过来，趁机命应、朔两州的守将带领百姓南迁，我们派军中途接应，就可以安全转移这两州百姓。"

这的确是个好主意，可潘美军中的监军王侁却不赞成，说道："我们手中有几万精兵，为何如此胆小，直接从雁门关北面大路出发，朝朔州进发就可以了。"

杨业说："这样做必定失败。"王侁完全不考虑杨业的正确建议，讽刺道："向来将军称杨无敌，可现在见到敌军竟会停留不进，该不是你有别的想法了吧？”

王潘这样诬蔑杨业，杨业非常气愤，横下心来说道：“我不是怕死，只是时机不到，不想让士兵送死，既然你说出了这样的话，我领兵前去就是了。”潘美看着杨业和王潘发生争执，却不制止。他深知，这次出兵，杨业凶多吉少，可他忌妒杨业的才能，便不表态，随杨业去了。

出发时，杨业对潘美说道：“这次出兵凶多吉少，原本我是准备等待时机，杀敌报国，现在有人说我惧敌，我愿先死在敌军手里。”他又说道：“你们准备好步兵弓箭，在陈家谷接应，不然，军队真的回不来了。”说完，杨业便率领人马，朝朔州前线进发，他的儿子杨延玉和岳州（今湖南岳阳）刺史王贵随军前往。

见杨业前来，辽军出动大军团团围住宋军。虽然杨业父子和部下骁勇善战，毕竟人少，从正午战到黄昏，军队仅剩下一百多人，非常艰难地突出重围，边战边撤，一直退往陈家谷。不承想，潘美军队完全不顾杨业安危，根本没来接应，早就逃走了。

没有办法，杨业只能率军跟辽军决一死战。王贵射死了几十个辽士兵，没有箭了，便用弓打，他又打死了几个辽兵，最后壮烈牺牲。在战斗中，杨延玉和其他将士全部壮烈牺牲。

杨业身上十几处伤，但依旧苦战，又杀死了几十个辽兵。他伤势太重，战马也受重伤，没办法走了，只能到树林中躲避。很不幸，辽兵射中了他，故被俘虏。被俘后，杨业坚贞不屈，最后绝食而死。

杨业共有七个儿子，除杨延玉壮烈牺牲外，数杨延朗最为出名。后来，杨延朗改名杨延昭，在边关镇守了二十多年，多次打败辽军的骚扰。而他的儿子杨文广同样是位将军，曾镇守西北和河北一带边境。

杨家将祖孙三代英勇抗辽，为宋王朝立下汗马功劳，极大地保护了宋王朝。对于这些英雄，人们十分怀念和敬重。后来，在传说、戏曲和小说中，纷纷为他们添枝加叶，编著了很多英勇的事迹，甚至还塑造了历史上没有的杨门女将。相传杨业的妻子佘太君同样是位了不起的人物。据史料记载，杨业的妻子姓折，她的祖父和父亲都与辽军交过手。也许因为“佘”和“折”读音相似，人们才将她误传为佘太君。至于穆桂英，是一个虚构人物，史书上根本没有她的记载。

—— 萧太后执掌辽朝 ——

辽在经历辽世宗和辽穆宗两朝后，到了辽景宗耶律贤这一朝，此时中原已经进入了北宋时期。北宋初年，辽日益强盛，是宋朝的主要敌人，两朝为了争夺黄河以北的土地，进行了长达四十多年的战争。这时，辽统治阶层中出现了一位极有远见的女政治家和军事家，就是萧太后，她的执政让辽逐渐变得强大。

萧太后，名绰，字燕燕，契丹人，953 年出生，是辽北府丞相萧思温最喜欢的女儿。很小的时候，萧太后就表现出聪明才智。有一次，萧思温命令几个女儿一起去扫地，最后观察，就燕燕扫得最为干净。他心道："以后这个姑娘肯定最有出息。"后来，萧燕燕应召入宫，被册封为贵妃。辽景宗耶律贤即位仅三个月，她就被册封为皇后，那年她才 16 岁。契丹族的女性擅长射箭、打猎，燕燕也不例外。

景宗即位后，政局一片混乱，他立志大力整治，做出功绩，萧皇后没少给他出主意。景宗经常对大臣们说："只要你们写到皇后的讲话，也都用'朕'字，这必须要当作一条法令定下来。"由此可见，当时萧皇后的政治才干已经显露出来。

不幸的是，景宗 35 岁时就病死了，他的儿子辽圣宗耶律隆绪即位。在遗嘱中，景宗特意强调，以后国家大事要听皇后的。当时，圣宗仅 12 岁。于是，萧皇后便以皇太后的身份摄政，掌管了辽的政权。那年她 30 岁。

当时很多大臣对萧太后并不服气，又经常有打仗的消息传来，这让萧太后很是担忧，他们一个寡母，一个幼子，该怎么办？于是，她向丈夫的旧臣哭诉自己内心的忧虑。耶律斜轸、韩德让等人说道："我们全都是先皇的臣子，只要你信任我们，还有什么好害怕的。"

韩德让为了表达自己对朝廷和萧皇后的忠诚，不管是外出作战，还是管理国家，他都尽心尽力，让萧太后和辽圣宗逐渐巩固了自己的地位。后来，辽圣宗特意给韩德让赐名耶律隆运。

983 年，辽圣宗尊自己的母亲萧太后为"承天皇太后"，历史上著名的"承天后摄政时期"由此开始。军事上，萧太后信任和依赖耶律斜轸和耶律休哥。她任命耶律休哥为南方军事总负责，镇守在燕（今北京）；而耶律斜轸擅长治国，萧太后便把自己的侄女赐给了他，任用他为北方的机要大官。

三年后，宋朝将领曹彬、米信等人讨伐辽。耶律休哥切断了宋军的粮道，又率领一支轻骑兵针对脱离大部队的宋军士兵进行打击。甚至萧太后亲自上阵，率军追击，把宋军吓得溃不成军，逃跑途中宋军互相踩踏，导致伤亡过半。有不少宋兵跌到河中，把河道都阻塞了。耶律休哥战功赫赫，萧太后特意封其为"宋国王"。

与此同时，在山西，耶律斜轸与宋朝名将杨业展开了激战，还俘虏了杨业。萧太后加封耶律斜轸"太保"的名号。后来，他跟随萧太后南下，不幸途中去世，萧太后亲自赐棺，还参加了他的葬礼。

萧太后执政期间，虚心依靠信赖的将领，任用大量汉人。她定下了重视农耕、减轻农民赋税的政策，还亲自教儿子中原文化。在她的不断教诲下，对于中原文化，辽圣宗了解甚多，用契丹文翻译了白居易的文集，跟臣下共同欣赏。辽圣宗还很喜欢《贞观政要》这部书，并从这部书中汲取了不少治国的经验。

在萧太后的辅佐下，当辽圣宗能自己掌权处理政事时，辽已经十分强大了。

—— 寇准坚决抗辽 ——

11世纪初，辽入侵北宋，北宋人心惶惶，一些大臣主张立即迁都逃走。就在这时，一位大臣站了出来，主张抵抗，并劝说宋真宗御驾亲征。他就是宰相寇准。

寇准从小就展现出自己聪慧好学的一面。19岁时，他考中了进士，在地方和朝廷都做过官。他办事干脆利落，为人耿直，得罪了不少人。

1004年8月，宋真宗任命毕士安为副宰相，毕士安向宋真宗谢恩，宋真宗说道："用不着谢恩，我还准备升你为宰相呢。"

宋真宗又说道："我想再任命一人跟你一块儿为宰相，你觉得谁合适？"

毕士安说："寇准重情重义，可以独自处理大事，我不如他！"

宋真宗说："可我却听说，他为人刚强任性，容易得罪人。"当时，辽不断骚扰北方边境。毕士安说道："寇准不为自己，一心为国，坚守正道，反对邪道，不少人很讨厌他，现在辽不断入侵，百姓流离失所，正是应该重用寇准这种人的时候。"

毕士安的话让真宗觉得很有道理，便任命毕士安和寇准两人为宰相。

寇准出任宰相仅一个月，辽萧太后和辽圣宗亲率二十万大军南侵宋朝。同年十一月，辽军打到了澶州（今河南濮阳），直逼宋朝都城汴京。

边境的告急文书在一天之内向东京发来了五次。不过，寇准将这些告急文书全扣了下来，依旧谈笑自如，就好像没有这回事一样。

第二天，人们把这件事报告给了宋真宗。宋真宗大惊之余，心里不免害怕起来，立即召来寇准，问他如何处理。寇准说道："既然陛下让辽退兵，那就需要花费几天时间。"

接着，寇准提出让宋真宗御驾亲征，前去澶州。宋真宗胆小不敢去，听到这个建议立即起身，准备回内宫。寇准说道："陛下这样一进去，群臣见不到你，这大事就完了。因此，陛下不可以回内宫。"没有办法，宋真宗只能留下来，接见一些大臣，共同商议对策。副宰相王钦若是江南人士，提议迁都金陵。还有一个来自四川的大臣陈尧叟，建议迁都成都。

宋真宗问寇准道："如今分别有人劝我迁都金陵和成都，你看该如何处理？"

一听，寇准就知道这些是王钦若和陈尧叟的馊主意，就装作不知道，大声道："现在上下一心，要跟敌人决一死战，谁提迁都就杀头。陛下要是御驾亲征，敌人必定退却。一旦迁都，京城丧失，民心就散了，到时敌人再长驱直入，怎么能保住这天下？"经过寇准不断劝说，宋真宗决定御驾亲征。同年十一月，北宋军队从东京开拔，赶往韦城（今河南滑县）。

听到皇上御驾亲征，守卫澶州的宋军士气大振，接连打退了辽军的进攻，辽大将萧达兰也被宋军打死了。萧达兰一死，极大地影响了辽军的士气。

然而，北宋统治集团内部的主和派这时再次提出了迁都金陵。宋真宗再次准备后退。寇准继续劝道："现在陛下只能前进，不能后退。一旦现在后退撤军，百姓必定失望，军心散失，敌军必定趁机杀来，金陵就危在旦夕。"

这时，宋真宗依旧下不了决心。寇准和殿前都指挥使高琼再次劝说宋真宗，宋真宗才勉强同意前进。

没有办法，宋真宗只能下令进军，渡过黄河，前往澶州城。宋真宗站在北城门楼上接见众将士。将士们远远望见宋真宗的御盖、龙旗，顿时士气高涨，高呼"万岁"。

接着，宋真宗就将军事大权移交给了寇准。这时恰逢几千辽军骑兵攻城，寇准下令出击，宋军各个奋勇杀敌，很快一大半的辽军都被消灭了。

得胜之后，宋真宗命令寇准留在北城，自己则返回行宫。回到行宫后，宋真宗依旧不放心，派人前去查看寇准的举动。只见寇准跟官员饮酒说笑，完全不把辽军放在眼里。这时，宋真宗才放心，十分开心，说道："连寇准都这样从容不迫，那我还担心什么呢？"

宋真宗一直都没有太大的决心抗辽。出征前，他派一名叫曹利用的官员，去与辽谈判。辽军的进攻不断受挫，处境越来越危险，最后终于同意跟宋朝议和。

寇准依旧反对议和，他建议一鼓作气把燕云十六州收复。这时，一些主和派便造出谣言，说寇准准备利用军队，图谋不轨。于是，寇准为了表示自己的清白，不再坚持自己的意见，只能答应议和。

这时，辽使者跟曹利用一并赶到澶州，商量议和。宋真宗准备每年进贡给辽一些银绢，打算求和。他对曹利用说道："只要能谈下来，每年给一百万都可以。"

曹利用准备前往辽营签订和约，这时，寇准叫他来说道："皇上答应可以百万，但是你能答应的数绝对不可以超过三十万，不然，我就砍了你的头。"

寇准的命令，曹利用不敢违背，只能去辽营力争，最终议和谈下来的数字就是三十万。

曹利用返回之后，还没向宋真宗禀报，宫廷中就误传消息说是三百万。这让宋真宗很生气："真的太多了！"一会儿又说道："算了，只要能了却此事就可以了。"

不久后，宋真宗知道了准确数字，欣喜至极，不停称赞曹利用能干。

1005 年一月，宋辽双方在澶州正式达成和约。规定，每年北宋给辽国白银十万两，绢二十万匹。这样一来，北宋百姓肩上的负担又重了许多。幸好这次寇准坚持抗辽，北宋的损失并不是很大。这次和约是在澶州签的，史称"澶渊之盟"。

—— 元昊反宋建西夏 ——

北宋时，我国西北地区有一个名叫西夏的割据政权，它由党项族建立，它也是宋朝的劲敌。

党项族是羌族中的一个分支，自唐中期以来，他们就居住在宁夏、甘肃、陕西西北一带。北宋初年，党项族首领李继迁时常骚扰宋朝边境。北宋多次出兵攻打，可双方一直僵持不下。

宋真宗即位后，采取妥协退让的政策，给李继迁封官，把夏、银、绥、宥、静五个州（都在今陕西）划给他管理。可李继迁依旧侵扰宋朝边境，不断挑起小规模的战争。1002 年，李继迁攻克灵州（今宁夏灵武），改灵州为西平府，派官员管理。

一年后，在一场与吐蕃的作战中，李继迁中箭身亡，他的儿子李德明即位。李德明一方面向辽请求封号，同时又向宋朝称臣，最后，宋、辽都册封他为西平王。

李德明掌权三十年，在他统治期间，每年都给宋朝进贡马、牛、羊、驼之类的动物，同样，宋朝也赏赐给他绢帛、茶叶、银钱、药等物品，双方关系融洽，保持和平。在这期间，党项族的农牧业发展非常迅速。

然而，李德明的儿子李元昊却是一个野心勃勃、雄才大略的人。他武功高强，精通汉文，精心研究过宋朝的法律、兵书，对于画画也有所研究。他早就想摆脱宋朝的控制，他几次劝父亲独立，不向宋称臣。

然而李德明却不赞成儿子的主张，说道："三十年来，依靠宋朝的恩德，我们才能穿绸着绢，可不能背叛朝呀！"

元昊说："我们的风俗是穿皮毛，养牛羊，我们是天生的英雄，自该称帝称王，还要穿什么绸绢！"后来，李德明病死，李元昊接替他的位置，决定自立门户，脱离宋朝。

1038 年，李元昊称帝，定国号为大夏，定都兴庆府（即兴州，今宁夏银川），他就是夏景宗，控制了今天的甘肃、宁夏、青海和陕西、内蒙古的一部分地区。因其位于宋朝西北，史书上称为"西夏"。

元昊称帝后，给宋朝上书，要求宋朝承认。这让宋朝政府十分震惊，当时，宋真宗已经不在了，他的儿子宋仁宗赵祯掌权，他与宋朝大臣商议之后，不仅拒绝承认，还撤销了西平王的官职，在边境各地悬赏贴榜捉拿他。

这惹恼了李元昊，他亲率大军，进攻延州（今陕西延安）。宋朝守将范雍不敢应战，躲在城里不出来。于是，元昊诈降，范雍放松了警惕，宋军大败，损失惨重。

这让宋仁宗很恼火，撤了范雍的职，派大臣韩琦和范仲淹前去陕西指导作战。

1041 年二月，元昊再次南侵，当时，范仲淹在延州防守，守备森严，元昊便转攻渭州（今甘肃平凉），韩琦连忙派大将任福率领一万八千勇士前去应战。

出发前，韩琦再三告诫任福，让他别出击，只在险要地方埋伏，截断对方的归路，最后还强调："如果违反了我的命令，就算有功，我也要杀了你的头。"任福出发后，听到夏军人数并不多，便不顾韩琦的警告，前去出击夏军。元昊假意西逃，任福猛追，一直追赶到六盘山下的好水川（今宁夏隆德），最后，人马劳累，只能扎营修整。

这时，元昊集结了十万大军在好水川口埋伏。他让人将一百多只鸽子分装在一些泥做的盒子中，在宋军进军的道路旁放着。

第二天一早，任福率军顺着好水川继续西追。这时，士兵们发现一些泥盒在道路旁放着，盒子里还有跳跃声。这让士兵们很惊讶，纷纷将泥盒交给任福。任福没有思索，直接让人把泥盒打开，一时间，一百多只鸽子起飞，盘旋在宋军上空。

见到这些鸽子，宋军还不知道怎么回事。这时，西夏伏兵冲了出来，朝宋军发动了猛攻，原来他们是根据鸽子的盘旋位置知道了宋军的位置。

突然的袭击把宋军打迷糊了，很多将士都被西夏军杀死了。就连任福也身中十多箭。这时，有人劝任福逃跑，他坚决地说道："我是宋朝大将，兵败就该以死殉国！"最后，任福壮烈牺牲。

任福违抗韩琦的命令，导致好水川一战，宋军惨败。宋仁宗知道后，十分生气，将韩琦和范仲淹两人降了职。

从此以后，西夏不断进犯，宋军接连失败。夏军攻打定川寨时，宋军仅战死的将军就有十四位。没有办法，宋仁宗只能再次任用韩琦和范仲淹，命他们前去镇守西北边境。

元昊接连发起战争，虽说胜仗不少，却没得到什么实际好处。以前，宋、夏之间存在和约，经过双方贸易，西夏可以得到很多战备物资。可现在贸易中断，就连西夏人生活必备的茶和布都十分缺乏。他们已经厌倦了战争，希望以前的和平贸易得以恢复。再加上辽、夏边境上，辽修建城堡，集结军队，做出进攻西夏的样子。元昊不敢再跟北宋战下去，便上书北宋朝廷，主动要求议和。

1044 年十二月，双方签订了条约：元昊主动取消帝号，西夏名义上对宋朝称臣，宋朝册封他为夏国王；宋朝每年给西夏银七万两，绢十五万匹，茶三万斤；恢复贸易往来。就这样，宋夏之间断断续续的七年战争结束了。

—— 欧阳修提倡新文风 ——

范仲淹推行新政时，范仲淹和执行新政的人被反动派诬陷为"朋党"，说他们结党营私，滥用权力。当时，谏官欧阳修赞成新政，为此特意写下《朋党论》这篇文章，替范仲淹辩护。因此，欧阳修也受到牵连，和范仲淹一道被贬了官，去了外地。

欧阳修，庐陵（今江西吉安）人。4 岁时，他的父亲就去世了，家境贫寒。母亲郑氏亲自教儿子读书识字，买不起纸和笔，就在泥土地上用荻草秆写字，历史上有名的"画荻教子"的故事由此而来。

欧阳修刻苦读书，非常专心，很多书籍，只要读一遍，就能背诵下来。本来家中藏书就不多，很快就读完了，于是，他便向邻居借书读，只要遇见重要的书籍，还会亲自抄写一部。在母亲的辛勤教诲和自己的刻苦努力下，少年时代的他打下了扎实的文学基础。

长大后的欧阳修前往京师参加进士考试，并高中第一名，被派往西京（今河南洛阳）当留守推官（地方行政长官的助手），充当西京留守钱惟演的幕僚。

当时，钱惟演是一个十分有名的文人，他手下的幕僚大多都很会写文章。有一次，他在西安建造了一所驿舍，让尹师鲁、谢希深和欧阳修三个幕僚分别写文章把这件事情记述下来。

文章写好后，三人拿出来相互观看，谢希深的文章最长，足足有七百字，欧阳修的文章其次，有五百多字，而尹师鲁的文章最短，仅有三百多字。但是，尹师鲁的文章短小精练，叙事清晰，结构严谨。这让欧阳修钦佩不已，立即带上酒前去拜访他，向他讨教，结果两人整整讨论了一夜。

这让欧阳修知道了自己写作上的缺点，再次认真重写了一遍。这次写的文章要比尹师鲁的少二十几字，但结构内容更加完整。这让尹师鲁大为赞赏，对人称赞道："欧阳修的进步一日千里呀！"欧阳修将自己的写作经验总结为三多：看得多，做得多，跟别人商量得多。欧阳修写文章时严肃认真，只要他写好一篇文章，就把它贴到墙壁上，自己坐着或躺着都能随时看见和修改它。直到修改至欧阳修自己满意，他才会拿出来给别人看。相传，《醉翁亭记》原稿开头写的是滁州（今安徽滁州）四面有山，东是什么山，西是什么山，南是什么山，北为什么山，仅这点就写了几十字。写完之后，他自己觉得啰唆，便反复修改，最后仅保留"环滁皆山也"这五个字。这样的开头，不仅字数少，语言精练，还把意思全都表达出来了。家喻户晓的著名成语"醉翁之意不在酒"就是出自这篇文章。

在文坛，欧阳修最大的贡献就领导了北宋的古文运动，顺便将王安石、曾巩、苏轼父子等一批著名文学家、政治家提携了上来。

唐代韩愈、柳宗元所倡导的古文运动极大地推动了文学的革新。可到了晚唐时，讲究形式、内容空虚的文风再次重上文坛。北宋初年，"尊韩重道"的主张也被一些文人提了出来，但一时间改变不了整个文坛的风气。早年游学期间，欧阳修就拜读过韩愈的文章，万分仰慕。后来，他跟梅尧臣等人一块儿提倡诗和文章要平实朴素，并将韩愈的文章推广。就这样，在他的倡导下，北宋的古文运动也逐渐开展起来。

1057 年，时任翰林学士（为皇帝起草诰令的官）的欧阳修奉命主持科举。对于当时读书人喜欢写浮华晦涩的文章，他特意规定，只要参加考试的，就必须采用明白朴实的古文体写作，华而不实者不予录取。苏轼也参加了这场考试，欧阳修十分欣赏他的文章，将他列为第二名。自此以后，宋代文坛的风气得到了极大的转变。

欧阳修一生写下了很多优秀的散文，他对自己的要求十分高，到了晚年还将自己过去的文章拿出来推敲修改。他的夫人曾劝道："你何必要吃这样的苦？你已经不是学生了，还怕先生责怪不成？"

欧阳修笑道:"虽然我不怕先生责怪,可我怕后生们讥笑呀!"从此以后,他的夫人再也不劝阻了。

欧阳修不仅会写散文,他的诗、词都写得十分出色。同时,他还是位优秀的史学家,像七十四卷的《新五代史》就是他的作品,共有二百二十五卷的《新唐书》是他跟别人合著的。

—— 包拯铁面无私 ——

北宋时期出现了一个我国历史上最著名的清官,那就是包拯。人们都称他为包公,他的名字很少被提及。在流传的古代通俗小说和传统戏曲中,就有很多关于包拯的故事。

只是小说戏曲中的包拯跟历史上真正的包拯存在巨大的差异,很多故事情节都是虚构的。

包拯,999 年出生,庐州合肥(今安徽合肥)人。他 28 岁时,考中进士,仕途由此开始。后来官至开封府知府、枢密副使(当时枢密使是最高军政长官,而枢密副使是副职)。

包拯擅长处理案件,并且执法严格,铁面无私。在庐州做官时,他的亲戚犯了法,让人告到了官府。包拯毫不留情,依法打了他一顿板子。本来有些亲友想让包拯当靠山,做一些不合乎情理的事情。这样一来,他们再不敢乱来了。

后来,包拯调往京城任职。京城中很多皇亲国戚和权贵大臣,他们仗着有权,胡作非为,无法无天。当时有个人叫张尧佐,因侄女在宫中当贵妃,他竟同时担任三司使等好几个要职。三司使主管全国财政赋税,包拯觉得以张尧佐的才能无法胜任三司使,更别说同时担任几个要职,便接连上了五道奏疏,去弹劾这个有后台的权势人物。

为了这件事,包拯跟宋仁宗在朝堂上大吵了一次。在包拯的坚持下,最后,宋仁宗免去张尧佐两个官职。

当时，有个名叫王逵的大官僚。他出任荆湖南路转运使时，为人残忍凶狠，大力剥削欺压百姓，甚至逼得老百姓只能逃往山中，联合反抗他。后来，他出任转运使，依旧死性不改，继续压榨残害百姓。

包拯知道这些情况后，生气至极，立即连上两道奏疏，弹劾他："王逵压榨残害百姓，把百姓都逼入了山洞，造成了极大的危害，至今还没平息，像这种坏人，朝廷不能任用。"

两道奏疏上报给了朝廷，可朝廷不仅没罢王逵的官，反而调他为淮南转运使。对于这种做法，包拯坚决反对，紧接着第三道奏疏上报了，再次弹劾王逵。

不久后，包拯了解到王逵的另一宗大罪。他曾在担任江南西路转运使时，怀疑地方官卞咸故意揭发他，便特意打击报复，让人诬告卞咸，关押了五六百人，这样就牵扯出了一个大冤案。然后，包拯接连再上四道奏疏弹劾王逵，他质问朝廷："朝廷能狠心让一个地区的百姓任由王逵残害吗？"在包拯的不懈努力下，最终经过七次弹劾，终于取得了效果。宋仁宗免去了王逵的官职。包拯铁面无私，执法严格，从不讲情，在他面前不管是皇亲国戚还是权贵大臣都走不了后门。因此，当时流传着："关节不到，有阎罗、包老。"可见，在当时的人们眼里，他就是传说中的阎罗。

包拯秉公执法，洁身自好。端州（今广东肇庆）府当地出产一种名为端砚的石砚，石质细腻，雕刻精美，是为数不多的工艺品。以前端州的地方官都趁着给皇帝进贡的机会，大肆搜刮，献给权贵大臣，他们搜刮的端砚是进贡给皇上的几十倍。自从包拯出任端州地方官后，仅收取给皇帝进贡的数量，自己一块也不拿。见包拯清廉自守，端州百姓都很钦佩。

包拯做了大官后，家中生活依旧像平常百姓，十分俭朴。贪官污吏是他最痛恨的人，在一篇《家训》中，他说："只要后代子孙做官贪污受贿，一律不准回老家，就算死了，也不能进包家的祖坟。"

包拯清廉刚直，深受人们的赞扬和钦佩。

—— 王安石变法 ——

庆历新政失败后，北宋的社会矛盾更加尖锐。官僚地主兼并大量土地，他们有的享有免役权，有的直接利用权势瞒税漏税，将赋役重重地压到农民身上。再加上每年朝廷要给辽和西夏大量的银绢，这些全都由农民承担，导致民不聊生，起义时常发生，北宋政权危机四伏。

1067 年，年仅 20 岁的宋神宗赵顼即位。虽然他年轻，但他十分想做出一番功绩来。他很早就听说王安石有才能，因此，登基后，先升任王安石为江宁府（今江苏南京）知府，几个月后，又升王安石为翰林学士，调到京城。

王安石，抚州临川（今江西临川）人，北宋著名的政治家和文学家。年轻时，王安石酷爱读书，而且十分认真，只要读过的书，便很难忘记。他不仅文章写得好，诗词也很有名气。曾巩给欧阳修看过王安石的文章，欧阳修十分赞赏。唐宋八大家中就有王安石。

22 岁时，王安石考中进士，他由此开始做官，不过一直担任地方官。他出任鄞县知县时，兴修水利，疏通河道；在青黄不接时，把官府存粮借给农民，仅让他们在秋收后加上少许利息归还官府即可，这样一来，减少了农民受地主豪绅的重利剥削，农民也得到了好处。

王安石整整当了二十年的地方官，做了很多对农民有利的事情。后来，宋仁宗听闻他的名气，将他调到京城，掌管财政。这时，他写下了一篇上万字的奏疏给宋仁宗，请求变法。只是宋仁宗不重视这个，便耽搁了。

见朝廷没有改革的决心，自己又跟执政大臣在意见上存在矛盾，王安石趁着母亲去世，辞官回乡了。

后来，刚即位的宋神宗命他出任江宁知府，他听说新皇帝年轻有为，壮志凌云，便高兴得离开家乡，去江宁上任了。

王安石刚到京城，宋神宗就立即召见他，问道："你觉得把国家治理好，应该从什么地方入手？"王安石立即回答道："当务之急是变风俗，立法度。"

宋神宗接连点头称是，说道："希望你能帮我变革朝政。"

1069 年，宋神宗升王安石为副宰相，第二年又升他为宰相。可当时朝廷中有好几个宰相和副宰相，他们中有些年老怕事，有的对变法持反对意见。王安石深知，他是不可能跟这些宰相们一起实行变法的。他担任副宰相时，就让神宗批准建立一个主持变法的新机构——制置三司条例司，任用了一大批新人。名义上这个机构是由王安石和另一个官员共同掌管的，可实际却是王安石一人主持。

对于实行变法，宋神宗极度关心和焦虑。条例司成立第二个月就来催问新法制定情况。王安石急忙派人深入各地去查看农田水利和赋役等方面情况，加快新法制定，并实施。

新法的内容主要是：

一、青苗法。这是王安石曾在鄞县使用过的办法。春天青黄不接时，由政府出面，以低利息或借粮食给农民，秋收后，再让农民偿还。

二、农田水利法。政府鼓励开垦荒地，修建水利。

三、免役法。服役人家把免役钱交给政府，由政府雇人服役。以前没有差役的官僚、地主也需要出钱。这样一来，农民的劳役负担就减轻了。

四、方田均税法。政府再次丈量土地，根据土地好坏程度规定纳税，官僚、地主也不例外。

五、保甲法。政府将农民按户组织起来，十家为一保，五保为一大保，十大保为一都保。但凡家中有两个以上成年男子的，都必须抽一人为保定，农闲练武，战时参军作战。

新法的实行收到了显著的效果，不仅发展了生产，还增加了政府的收入。但新法从根本上损害了大地主的利益，所以，大官僚、大地主等保守派极力反对新法。他们不停地散播谣言，咒骂王安石，还攻击变法。

宋神宗也听到了这些议论，他对王安石说道："现在有人说朝廷不顾祖宗法制，不怕天变，更不顾民心，对此，你怎么看？"

王安石回答道："陛下仔细处理政务，担心做的事会伤害百姓，这就是所谓的天变。陛下听臣下给你忠告，说明这就顾及到了舆论。可这些舆论呢，需要看看是否合理，要是合理，就不用怕他人说长道短，再说，祖宗的法度，也不能死守，需要经常变。"

虽然王安石对人们的讨论没有惧怕，可宋神宗却不像王安石那样坚定，他提议将新法稍作修改，可王安石坚决不同意。

1074 年，一些地方出现了大旱，甚至有一些地方整整十个月都没下雨，很多农民流离失所。保守派特意画了一幅流民图，呈送给宋神宗，说道："这是王安石变法造成的旱灾，只要停止变法，天就会下雨，灾情就会结束。"

保守派大多是元老重臣，他们背后还有神宗的祖母曹太后和母亲高太后。这两个太后还跑到神宗面前去哭，攻击新法道："整个天下被王安石搞乱了。"

毕竟保守派势力强大，本来就优柔寡断的宋神宗终于招架不住，动摇了。王安石也被迫辞职两次，第二次辞职后，他住在江宁府，至死没再做官。

1083 年，宋神宗病死，年仅 10 岁的宋哲宗赵煦接替帝位，高太后执政，将反对变法的司马光立为宰相，就这样，新法几乎被全部废除，王安石变法宣告失败。

—— 沈括与《梦溪笔谈》 ——

北宋的农业、手工业和商业都十分发达，科学技术也取得了较大的成就。我国古代著名的科学家沈括就出现在北宋中期。

沈括，钱塘（今浙江杭州）人。他的父亲长期在外做官，自 10 岁起，沈括开始跟着父亲四处游荡，增长了很多的见识。24 岁时，沈括开始做官，去了很多地方。在他 33 岁时，沈括考中进士，后来被调到京城昭文馆编校图书，借此机会，他阅读了大量藏书，学识得到了很大的长进。

沈括爱好数学和天文学，对天文历法有自己独到的研究。1072 年，朝廷派他掌管司天监。司天监是负责观测天象、制定历法的机构，可司天监的一些官员根本不了解天文历法。沈括刚掌管司天监，就把这些不懂的官员全部撤掉。当时，有位名叫卫朴的平民天文学家，实践经验丰富，于是，沈括便破格让他来司天监工作。沈括改制了大量天文仪器，进一步观测天象。在他的大力整顿下，司天监面貌一新。

对于王安石的变法，沈括积极支持并参与。朝廷委派他去全国各地视察，回来后，他提出了很多建议，为推行新法做出了很大贡献。

1075年，辽派使臣萧禧前往北宋东京，说北宋黄嵬山（今山西原平西南）一带三十里的地方是辽的。于是，宋神宗派沈括前去与辽谈判。沈括接到命令后，先去枢密院查看档案，后将以前双方规定的边界文书仔细看了一遍，还把边境地图画了出来，直接反驳辽的无理要求。随后，他又出使辽，跟辽就边境进行进一步交涉。在辽京城上京（今内蒙古巴林左旗），双方进行了六次会谈，沈括据理力争，毫不退让，最后辽只能放弃这一无理的要求。

沈括趁着从辽回宋的机会，将沿路的山川地理、道路河流和风土人情都仔细调查汇集起来，写成《使契丹图抄》一书。沈括返回京城后，立即把这部书呈给了宋神宗。这次出使，沈括立下大功，宋神宗提拔他为翰林学士。

虽然沈括一生大部分时间都在做官，但只要遇见合适的机会，他就会根据实际情况，展开科学研究，是一位当之无愧的、渊博的科学家。58岁时，沈括定居到润州（今江苏镇江），一心投入科学研究和写作中。就在他居住的梦溪园中，他写下了著名的科学著作《梦溪笔谈》。

《梦溪笔谈》简称《笔谈》，涉及天文、历法、数学、物理、化学、生物、地理、地质、医学、历史、考古、文学、音乐和绘画等众多领域，范围广泛，在这些领域中，沈括有自己独特的见解和研究成果。

指南针，是我国古代的四大发明之一。对于指南针的使用，沈括做了很多实验，还将实验的方法全部记录在《笔谈》中，为研究我国古代指南针留下了弥足珍贵的资料。他惊奇地发现，指南针指的方向稍微偏东，却不是正南，这在物理学上称为磁偏角现象。沈括发现地磁偏角的现象比欧洲哥伦布的发现早了四百多年，是世界上最早发现地磁偏角的记录。

沈括前往河北，经过太行山时，看见一条螺蚌壳和卵石组成的带状堆积层在山壁中间，经过一番研究后，沈括断定这是古时的海边，可这里明明距大海有千里之遥，所以他再次推断，浊流冲积成了现在的大陆。他断定，河北平原是黄河等浊流冲积成的。世界上最早的水流侵蚀堆积作用的论述就出自沈括之手，整整比西方学者早了七百年。

世界上最早提出"石油"这一概念的，也是沈括，他还对石油的用途有所研究。那年，他在陕西发现丰富的石油蕴藏在地下。它被当地人称为"脂水"，主要用来烧烟制墨。当时他就预言道："将来这种东西肯定大行于世。"在他看来，我国"石油众多，在地中没有穷尽"。现在他的这些论述都得到了证实。

很多劳动人民的创作发明也都被沈括记录在《梦溪笔谈》中。最著名的当数毕昇的活字印刷术。毕昇的发明，极大地促进了印刷术的变革。

1095 年，沈括病逝在润州，享年 65 岁。沈括所著的《梦溪笔谈》是世界科技史上一部伟大的著作，中外科学家高度评价这本书，称它为"中国科学史上的坐标"。

—— 宋朝的科技成就 ——

我国古代的四大发明：纸、印刷术、指南针和火药，不仅是我国文化上的创新，更是我国对世界文化的贡献。到了宋代，不管是使用方法还是制作技术上，四大发明都获得了较大的发展。

印刷术最早出现在我国。伴随着造纸和制墨等技术的出现和改进，雕版印刷术也随之被发明出来。将图案和文字刻在木板上，再用水墨涂染印刷，这就是雕版印刷术。在唐代，我国已经十分盛行雕版印刷了，而宋代毕昇所发明的活字印刷术更是印刷技术上的一大飞跃。

根据《梦溪笔谈》记载，宋仁宗庆历年间的刻字工人毕昇发明了活字印刷术。当时毕昇在北宋国都汴梁城雕刻书籍，是一位了不起的工匠。雕版印刷过的木板，它们不仅占地，物品多，还用途单一，最后只能当柴火烧掉。毕昇一心想改进雕版印刷术。他想：这些书中很多字都反复出现，就像"之乎者也"，出现一次就要刻一次，实在麻烦，如果刻一次能多次使用就好了。

如果一次印刷后想让老的雕版可以再次使用，就需要将雕版拆为单字，可怎样拆呢？拆完怎样才能再次合拢印刷呢？要是将字分别刻在一块小木板上，或许可以。想到这些，毕昇立刻展开了试验。他将整块木板切为一块块半寸左右的小木块，再在小木板上刻上三千个常用字，每个单字都刻了好几个，像"之""也"等常用字，都分别刻了二十多个。

可如何将这些分散的字连接起来，用什么材料连接，这又是一个问题。不久后，毕昇找来松香、油脂、纸灰等材料做试验。

他先是准备一块铁板，在铁板四周围上铁框，把松香、蜡烛和纸灰等材料敷到铁板上，随后将木头雕好的字放进去，排列整齐。再将铁板放在火上炙烤，松香融化后，木板轻轻一压，一框木活字就齐整整地黏在一块儿了。毕昇在木活字上均匀地涂墨，后铺上纸张，再轻轻地用刷子刷一下，一揭下来，便是一张字迹清晰的完美印刷品。

可木质的字模极易吸水导致变形，仅印刷几次，字迹就变得模糊不清。如何找到一种既不吸水变形，又能刻成字的材料成了毕昇新的难题。

一天，毕昇发现自己家中烧水的瓦罐。他想，用泥坯做字不是比木质的好多了吗？先在泥坯上刻好字，再放入窑中烧制，那不就是跟瓦罐一样不吸水的泥活字吗？接着，在自家后院中，毕昇搭建了一座小窑，用胶泥制作了很多半寸见方的"小土坯"，总共有五千多块，也就刻了五千多个字，随后，点火烧窑，日夜守候。终于，两天后，一套不吸水、清晰又坚硬的泥活字制成了。

制成之后，毕昇拼好活字版，整整试印了三百多张，张张清楚。就这样，活字印刷术成功了。毕昇发明的活字印刷术比德国谷登堡所发明的用金属铜制成的活字印刷术早了整整四百多年。

在活字印刷的推动下，宋代印刷业快速发展，由此促进了造纸业的发展。同样，造纸业发展最鼎盛的时期也是宋朝，以竹子为原料制作成质地好的竹纸正是宋代造纸业的主要成就。竹子质地相对紧密、结实，可在工艺上将纤维分离出来当作造纸原料却困难重重。宋代的图书典籍、官府文件等主要用纸都是竹纸，从中可以看出当时造纸技术取得了重大的突破。此外，四川的造纸工匠用舂米的水碓舂捣造纸原料，不仅节省了大量的人力，还提高了功效、保证了质量；安徽的造纸工匠更是制造出长达三至五丈的巨型纸张。古代造纸技术的革新和发展由此表现出来。

早在战国时期，我国就有人使用天然磁铁发明了判定方向的仪器"司南"。它看起来像勺子，底部是圆的，在刻有表示方位刻度的"地盘"上会自己转动。根据地磁原理，司南停止时，勺柄肯定会指向南方，可在转动时，司南与地盘摩擦过大，灵活性不足，一旦受到震动，便指向不准。

《梦溪笔谈》中记载了北宋时已经发明出了新型指南针，它是在天然磁石上不断摩擦细小钢针制成的。在天然磁石的摩擦下，细小钢针会带上磁性，从而变成磁针，由此就能指引方向。后来，磁针被人们装在刻有方位的罗盘上，就这样，方便准确的罗盘针就制成了。宋朝末年，这种罗盘针开始广泛应用到海船上。

我国古代炼丹师炼制丹药时无意发现了火药。而制造火药的最早记载是在唐代中期，到了唐末，火药开始使用在作战方面。到了宋代，军事上已经广泛使用火药了，就连火箭、火炮、火枪等多种火药武器已经被发明并运用在军事上了。北宋政府特意设置了制作火药和火药武器的作坊，最鼎盛时期，大概有四万工匠在作坊里工作。

北宋初期，火箭被发明了出来。这种武器是在箭头上绑上火药，添上引线，使用时只需点燃引线，将箭射向目标即可，方便使用、杀伤力大。北宋和西夏作战时，一次战争就使用了整整二十五万支火箭。到了北宋末年，一种名叫"霹雳炮"的武器开始运用到军事上，这种武器只要点燃火药，炮就会炸开，导致烟雾弥漫，就会使敌人看不清。世界上最早的管状武器突火枪出现在南宋时期，它被认为是近代步枪的前身。刚开始时，突火枪是用粗毛竹制成的，到了元代改为铜铸，改名为"火铳"。目前所知，最早刻有铸造年代的元代铜火铳现珍藏于北京中国历史博物馆。

—— 司马光与《资治通鉴》 ——

在政治上，司马光反对王安石变法，可以说是一个保守派，可他在学术上却是一位贡献极大的历史学家，历史巨著《资治通鉴》便由他编著。

司马光，陕州夏县（今山西夏县）人，祖上都是官员。在童年时，司马光就表现出自己的聪明才智。司马光砸缸救友的故事不仅在当时流传甚广，甚至还成了流传至今家喻户晓的佳话。

从6岁时，司马光就开始读书。7岁时，老师给他们讲《春秋左氏传》，司马光回家之后把书的内容讲给家人听，讲得头头是道，令家人十分惊讶。可以说这本书极大地影响了他的未来，从此以后，他深深爱上了历史。

司马光20岁时考中了进士，从此开启了他的仕途。但他依旧刻苦学习，只要有时间就去钻研历史。慢慢地，他发现，从古至今的历史著作五花八门，相当繁多，穷尽人的一生都难以读完。他想如果有一部能够系统完整的通史可以让人学习该有多好呀！

反复思考后，司马光决定自己动手撰写一部简明扼要的编年体通史，让后人学习。他对别人说："自春秋以来，已有千余年的历史，从《史记》到《五代史》，加起来竟达一千五百多卷，这让读书人读一辈子都读不完。因此，我想撰写一部历史书，上至战国，下至五代，采用左丘明（《左传》的作者）等人使用的编年体，集百家之说，汇集成一家之言。"体裁确定下来之后，他先把战国到五代的大事年表列了出来，将历朝历代的兴亡扼要地叙述了一遍，编著为一本名叫《历年图》的书籍。接着，他又花费了两年时间，根据年代顺序将周、秦的历史编为八卷，取名为《通志》，也就是《资治通鉴》的前八卷。

1066 年，司马光给宋英宗进贡了《通志》这本书。宋英宗本来就喜欢读历史，读完《通志》后，更是赞不绝口，立即下旨让司马光继续编著这本书，还同意设置一个书局，专门作为一个编写机构协助他；还将挑选编写人员的权力给了司马光，甚至允许他借阅官府的藏书。

接到旨意的司马光兴奋极了，立即成立书局，他把当时著名史学家刘恕、刘攽和范祖禹邀请来，当作编书的助手，一起编写通史。后来，他的儿子司马康也来到书局中负责检阅文字。

书局成立不到一年，宋英宗就因病去世了，接替他即位的宋神宗也对历史感兴趣，希望可以了解历史。司马光便将《通史》读给宋神宗听，神宗大为赞赏，觉得书中讲述了历代王朝的兴衰，有助于治理天下；同时，书中记载的历史如同明镜般可以供人对照借鉴。因此，神宗改书名为《资治通鉴》。"资治"的意思是帮助治国；"鉴"代表镜子，有警戒和教训的意思。后来，人们简称《资治通鉴》为《通鉴》。

司马光和他的助手付出了艰辛的努力去编著这本书。每写一段历史，都需要先让助手编出事目、排出资料，再进行考证鉴别，撰写出详细的编年史当作草稿，最后再由司马光对草稿进行删减修改定稿。就像唐史部分，初稿高达六七百卷，可到了定稿时，却仅剩下八十一卷，从中就能展现出他们工作的艰辛和工程量之巨大。

相传，完成这本书后，初稿就堆了足足两间屋。司马光的案头上更是堆满了手稿，他日夜不停地埋头修改。他时常到了深夜才入睡，还特意制作了一个易滚动的圆木枕头，以防睡过头，只要他翻身，枕头便会滚动，他自然就醒了。这个枕头被他称为"警枕"，以此告诫自己不可睡太长时间，以免影响读书写作。

1084 年，《资治通鉴》终于完成。这本书记载了公元前 403 年到 959 年共一千三百六十二年的历史，上起韩赵魏分晋，下至五代后周灭亡，共二百九十四卷、三百多万字。它取材广泛，仅参考书就用了三百多种，其中不少参考书早已失传，可以说，它的史料价值极高。

《资治通鉴》内容丰富，文笔生动，不仅是我国古代史学史上的一座里程碑，更是我国文化宝库中的一颗明珠。司马光编著的《资治通鉴》在史学史上占有非常重要的地位，因此，人们将《资治通鉴》的作者司马光和《史记》的作者司马迁合称为"两司马"。

—— 北宋的绘画发展 ——

北宋长卷《清明上河图》是一件艺术价值和历史价值极高的风俗画杰作，目前收藏于北京故宫博物院。画卷长达五米多，高二十五厘米多，展现出北宋京城汴梁东门内外繁华的景象。

长卷主要描绘了城郊、汴河、街市这三大部分的景色，每个部分都栩栩如生，人物和情节详细生动。长卷的中心描绘地是跨越汴河的"虹桥"，在河中的这座桥没有一根支柱，木条将桥架空，酷似雨后的彩虹，才得名"虹桥"。桥下的船不是满载货物，就是彩旗招展，或纤夫牵拉，还有船工划桨。一艘船正从桥洞中穿过，只因桅杆过高无法通过，几个船工正努力将它放下，而其他的船工则撑篙、用长杆抵住桥洞的顶，桥上和旁边船上的人在指手画脚地给他们出主意。桥上也是十分热闹，桥栏两侧有不少小贩和往桥下看风景的人。一个人骑着大马刚上桥，另有一顶小轿即将下桥，马上就要撞上，牵马的人紧紧勒住马头不放，把马前的两头小毛驴吓得跳了起来……

汴梁城的繁华、城郊的春色全都融合在这一幅小小的画卷上，上面有五百多个栩栩如生的高不过半寸的人物，画面非常壮观，描绘入微，让人叹为观止。后世许多达官贵人都曾收藏过这幅画卷，这是一幅精品中的精品。

历经五代十国的酝酿期，在宋代，中国画蓬勃发展起来。宋代商品经济高度发展，形成了很多商业发达的城市，对于绘画，宫廷贵族、大地主、大商人和新型的市民阶层，都有很大的需求，从而使绘画成为一种行业，这也形成北宋画坛的一大流派——画工画。

另外，帝王的喜欢和提倡也大大促进了宋代绘画的繁荣。宋朝建立不久，就设置了规模宏大的宫廷画院——翰林图画院，出现了一大批画技出色的画家。宋徽宗时，《清明上河图》的作者张择端就供职于翰林画院。这属于北宋画坛的另一流派——画院画。

山水画的鼎盛期也出现在宋代。当时北方山水画的杰出代表是宋仁宗时的画家范宽，他绘画的《溪山行旅图》是现存绘画中最为动人的一幅，甚至被明代著名画家董其昌称为"宋画第一"。看这幅山水画的第一印象就是迎面而来的一座主峰，如同泰山压顶般雄伟壮观。黑压压的一片密林生长在峰顶，画面的厚重感又增强了几分。一线瀑布在山峰的转合处飞流而下，让画面的厚重中多了一分生气和跳动感。这幅画主要描绘雄伟壮阔的山峦，添加上瀑布山泉、楼阁行旅而让画面更加充满生机。

南宋时，马远、夏珪等人把"全景山水"的画法稍加改动，取得了独特的艺术效果，他们只画山的一角或水的一边，因此人们称他们为"马一角""夏半边"。就像马远的《寒江独钓图》，寥寥数笔仅画了一叶扁舟、一垂钓渔翁和几纹水波，其他全是空白，却让观画人联想万千，达到了"虚中有实"的艺术效果。

宋代的花鸟画也很繁荣，还形成了两种技法——以墨线勾画轮廓的"勾勒法"和直接以彩色描绘物象的"没骨法"。花鸟画的代表人物是宋徽宗赵佶，他所画的《芙蓉锦鸡图》《五色鹦鹉图》等，勾勒细致，色泽鲜艳，属稀世珍品。

苏轼的好友李公麟，是一名画家，更是被誉为"白描大师"。他用墨线勾画的人物形象达到了出神入化的地步；也因为有了他的存在，白描这种绘画方式才发展成为一种影响力极大的独立绘画形式。李公麟擅长画马和人物，他曾到皇家养马的"骐骥院"去看马画马。相传，他曾为一匹马画完画之后，马很快死去了，这可把养马的人吓坏了，认为李公麟画得太像了，让天上的神仙知道了，便施了法术，这匹好马便升到天上了。就这样，李公麟擅长画马的名声传开了。

中国画坛上还有一个举足轻重的画派——文人画，出现在北宋中期。它是从画家文同开始的。

文同，字与可，梓州永泰（今四川盐亭东）人，他又被人们称为"石室先生"。

1049 年，他考中进士，开始了他的仕途。神宗元年间，他被朝廷派往湖州出任知州，不承想在赴任途中去世，因此，他又被人们称为文湖州。

文同的诗文书画样样精通，尤其擅长画墨竹，开创了画竹叶正面用深墨，背面用淡墨的画法。他跟苏轼不仅是亲戚更是好友，苏轼画竹也是受到他的影响，还给他不少作品品过题。一次，苏轼品题文同墨竹时讲述了他的绘画理念："画竹，必须要先成竹于胸中。""成竹在胸"一词由此而来。

经过苏轼的品题和文人画的自身发展，后来画竹的人学文同的人很多。"湖州竹派"由此产生。在绘画上，苏轼的成就要比文同大得多，加上他还是欧阳修之后的文坛领袖，因此，文人中很快就盛行文人画，形成了一个独立于画工画、画院画之外的新的绘画新流派，在中国绘画史上留下了灿烂的一笔。

—— 宋江方腊起义 ——

1100 年初，宋哲宗因病去世，可他没有儿子。于是，宋神宗的儿子赵佶继承了皇位，即宋徽宗。

宋徽宗荒唐至极。他十分宠信手下的六个大臣，他们分别是蔡京、王黼、童贯、梁师成、李彦和朱勔。这六个人把控政权，为非作歹，残害百姓。百姓十分痛恨这六人，骂他们为"六贼"。

宋徽宗穷奢极欲。蔡京为了迎合他的心意，特意提出"丰亨豫大"这个口号，意思就是丰盛、亨通、安乐、阔气，大量建造豪华宫殿园林，很快就把北宋政府历年积累的财富挥霍完了。宋徽宗还派出朱勔前往江南一带搜刮奇花异石、珍贵宝物。但凡百姓家中有可以供赏玩的花草石头树木，全都被强行带走。搬运过程中，拆屋毁墙，一点都不顾及。无数百姓因此被害得家破人亡。

搜刮来的花石等物，等凑够一定数量后，朱勔便用船只运往东京，每十只船组成一纲，称为花石纲。就连运货的船夫都仗势欺人，不断欺压运河两岸的百姓。百姓苦不堪言。

就这样，官逼民反。在北宋宣和年间，爆发了大量起义，北有宋江，南有方腊。

说起宋江，大家都会联想到《水浒》中梁山好汉的形象。可小说毕竟不是历史，小说中讲的人物和情节跟历史上真实的宋江起义完全是两码事。

在今山东梁山县有一座梁山，山的附近有个名叫梁山泊的大湖泊。北宋时，黄河曾两次决口，大量的河水流入这个湖泊，导致湖面扩大了很多，周围竟扩大到八百里。当地百姓便去湖中捕鱼捉虾、采集蒲苇勉强度日。宋徽宗时，官府见到梁山泊存在大量利润，便将梁山泊收为公有，前去打鱼捕虾的农民全都要按照船只缴纳赋税。每年官府都要从这里收十多万贯的租税。这让原本贫寒的百姓更加难以生存，于是，在宋江的带领下，这些人走上了起义这条路。

梁山起义的农民首领一共有三十六人，据说，他们都是本领不小的好汉。起义军的人数少说有几千人，只是史书缺乏详细的记载，没有办法进行准确的考证。

1119 年，梁山起义军发展到连朝廷都震动的地步了。宋徽宗随即下旨招安宋江，只是宋江没有理睬。

第二年，起义军冲出梁山，在今天山东、河北、苏北一带作战，专门打击封建地主官僚。宋徽宗派兵镇压，起义军采取流动的战术，越打越强，打得官军晕头转向。

恰逢这时，南方发生了方腊起义。一个名叫侯蒙的官员趁机献计给宋徽宗说道："宋江带着几千人就敢横行霸道，几万官军抵挡不住，不如将宋江招降，让他去镇压方腊。"

这条计策很合宋徽宗的心意，他立即派侯蒙前去招降，只是侯蒙还没去招降，就病死了。

1121 年二月，宋徽宗下令让海州（今江苏连云港）地方官张叔夜前去镇压和招降宋江。张叔夜派人日夜观察起义军的一举一动，得知起义军夺取了海州十几艘大船，还满载货物准备撤离。张叔夜设下伏兵，引诱起义军在海边与官军作战，就在双方激战时，在海边埋伏的另外一批官军冲了上去，放火烧船，而在其他地方埋伏的官军也冲了上来，将起义军团团围住，没有办法，宋江只能投降宋朝。

镇压完宋江起义后，北宋政府便开始调集力量去对付方腊了。

方腊，歙州人，后迁到青溪县（今浙江淳安）生活，给地主家当长工。青溪因当地盛产竹木漆茶等经济作物，而深受"花石纲"的骚扰，朱勔不断派人前来搜刮竹木花石，还敲诈勒索。这让百姓苦不堪言。方腊也是气愤不已，时常跟一些贫困农民前去山谷深处的帮源峒集会，谋划起义。

1120 年十月初九，在帮源峒的漆园，方腊召集了贫苦百姓一千多人，准备起义。他愤慨地对大家控诉道："国跟家一样，要是小辈一年到头辛勤劳动积攒下来点粮食布匹全让父兄拿走用光了，要是不称心还毒打辱没小辈，甚至虐待处死。你们说，大家谁忍受得住？"大家都说道："不能！"方腊又说："我们现在都忍饥挨饿，连吃一顿饱饭都是奢望，你们说，我们该怎么办？"大家高叫道："全听从你的命令！"

群情激昂，大家纷纷表示愿跟随方腊起义，就这样，在方腊的号召下，一场农民大起义爆发了！

消息一传开，附近州县的贫苦百姓纷纷响应。仅几天时间，起义军队就壮大到几万人。同年十一月初，方腊建立政权，自称"圣公"，年号为"永乐"。方腊起义的声势更加大了。

这让当地政府震惊不已。两个主管地方军事的将领急忙率领五千人马前去镇压，不承想，中了方腊设下的埋伏，五千官军全军覆灭。

接着，起义军乘胜追击，拿下了青溪县城。仅仅三个月的时间。起义军接连攻下歙州、杭州等六州五十二县。起义军也发展到上百万人，声势浩大，整个东南都被震动了。

宋徽宗立即派童贯率领十五万大军前去镇压。大军出发时，宋徽宗哭丧着脸对童贯说道："东南的事情，就全仰仗你了。"童贯出征后，分兵两路，一路去打杭州，一路去打歙州。虽然起义军人数众多，但缺乏作战经验，兵器匮乏，被官军打败，很多州县又回到官军手中。

1121 年二月，方腊率领一部分起义军退守青溪县帮源峒，顽强抵抗。官军不知帮源峒的路径，一时攻不进去，不久后，起义军中出现了奸细，在其带领下，官军顺利攻了进去，俘虏了方腊。同年八月，方腊被押往东京处死。

—— 阿骨打反辽建金 ——

北宋末年，位于我国东北的女真族逐渐崛起。

女真族是我国一个古老的少数民族。11 世纪末，女真族的完颜部将黑龙江和乌苏里江流域的广大地区征服。1113 年，完颜部首领完颜阿骨打成为了酋长。

年少时，阿骨打就擅长骑马射箭。有一天，辽使者前来女真族，见到阿骨打手持弓箭，便让他射鸟。阿骨打连射三箭，连中三鸟，这让辽使大吃一惊，称赞道："真是一个奇男子呀！"当时，辽控制着女真族，每年都要向女真族征收大量的珍珠、人参、貂皮、马匹和一种可以捕捉天鹅、大雁的小猎鹰——海东青。辽使者还时常敲诈勒索女真族人，侮辱妇女，这让阿骨打很愤怒，心中早就产生了反辽的情绪。

1112 年二月，辽天祚帝巡视到东北的春州，后又去混同江（今松花江）捕鱼。女真族各部落酋长赶去朝见。当时，阿骨打还没当酋长，不过也去了。按照当地风俗，每年河水解冻后捉到的第一条鱼要被拿来举办头鱼宴。辽天祚帝便邀请这些酋长一起来参加宴会。

辽天祚帝在宴会上喝了几杯酒，趁着酒兴，让那些酋长轮流跳舞。前面的酋长一个个都跳了，可到了阿骨打，阿骨打推辞说不会，端坐着不动，眼睛瞪着辽天祚帝。辽天祚帝再三命令他跳舞，可他就是不跳，这让辽天祚帝很生气。

事后，辽天祚帝便对大臣萧奉先说道："阿骨打如此嚣张，必须找个借口赶紧杀了他，否则后患无穷。"

萧奉先劝道："阿骨打只是个粗汉，陛下犯不着跟他较劲。再说，他也没犯什么大过错，要是将他杀了，恐怕会导致其他酋长不满。就算他有野心，就凭他一个小部落，还能有什么作为！"

萧奉先这一番劝阻打消了辽天祚帝杀阿骨打的念头。

从春州返回后，阿骨打下令定心要摆脱辽的奴役。他当上酋长后，就修建城堡，训练兵马，为抗辽做准备。

1114 年九月，阿骨打攻打辽，当时他的军队仅有两千五百人。出发前，他对士兵们说道："只要同心协力，必定能立功。到时，奴婢可以做平民，平民可以当官，至于有官职的则根据功劳大小升官。但是谁抗令的话，立即处死。"

很快，阿骨打就率领女真军到了辽的边界，跟辽军队大战了一场。阿骨打一箭射死了辽军大将，一时间，辽军大乱，女真军乘机进攻，打败了辽军，打了大胜仗。没过多久，女真军又拿下宁江州（今吉林松原），缴获了大量的马匹和财物，胜利返回。

宁江州失守的消息传到辽天祚帝耳中，他顿时大怒，立即派出十万大军前去攻打女真，阿骨打仅率领三千七百人前去迎战辽军，再次以少胜多，打了大胜仗。

1115 年，阿骨打称皇帝，定国号为"金"，都城定在会宁（在今黑龙江阿城），他就是金太祖。

同年九月，金太祖出兵攻下辽要地黄龙府（今吉林农安）。辽天祚帝亲率十万大军跟金军交战。辽军再次战败，辽主力全部丧失。从此以后，辽再也没有力量对抗金了。

辽军接连被金军击败的消息传到了东京宋徽宗耳中，他连忙召来蔡京、童贯来商量，准备趁机收回辽占领的燕云十六州。于是，他派人从山东渡海前去金商议联合攻辽事宜。

几次协商后，宋金两朝订下了联合攻辽的军事同盟。按照盟约规定，宋、金两朝同时出兵攻打辽，金军负责攻打长城以外辽的中京（今内蒙古宁城西大明城），长城以南的燕京则由宋军前去攻打。待攻辽成功后，燕云十六州还给宋朝，而宋朝则要将每年给辽的银、绢转交给金。历史上称这件事为"海上之盟"。

1122 年，按照盟约，金出兵攻辽，可一直打到长城脚下的古北口，都没见到一个宋朝士兵。于是，金军顺着长城西进，攻下了辽的西京（今山西大同），仅留下一个燕京让宋军攻打。

宋徽宗再次任命刚镇压完方腊起义的童贯为统帅，蔡京的儿子蔡攸为副统帅，前去攻打燕京。辽军本来就腐败，碰到金军就吃败仗。可没想到，宋军比辽军更加腐败，刚接触到辽军，就溃不成军，败下阵来，童贯连吃两场败仗，宋朝多年积累下来的粮草、武器也在这次战争中被用光了。童贯再也不敢出兵攻辽了。

为了逃避兵败的罪责，童贯偷派使者前去金营，请求金军攻打燕京。于是，金军从大同进军居庸关，毫不费力地攻下了燕京。

金太祖占领燕京后，不愿将它还给宋朝。没有办法，童贯只能答应每年加一百万贯的"燕京代税钱"给金，这才拿回了燕京。

1123 年八月，在从燕京回朝的路上，金太祖病死。他的弟弟完颜晟继承了他的皇位，即金太宗。

太宗即位后，继续攻打清理辽的残余势力。1125 年春，辽的天祚帝被金军俘虏，辽灭亡。

—— 李纲坚守东京 ——

金统治者在北宋对辽作战的过程中看到了北宋的腐败与无能。因此，辽被金太宗灭掉后，他就准备攻宋。他接连三次用不同的名义派遣使者前往宋朝，秘密探测北方到东京的道路和宋的防守情况。

1125 年十月，金太宗以宋朝收留金叛将为借口，派兵南侵。金兵兵分东、西两路，宗翰（又名粘罕）率领西军进攻太原；宗望（又名斡离不）率领东军进攻燕京（今北京）。太原守军坚决抵抗西路金军的进犯，而东路金军刚到燕京，燕京守将郭药师就投降了，在郭药师的引导下，东路金军长驱直入，朝着东京奔去。

宋徽宗接二连三收到金军逼近东京的消息，竟吓晕过去。苏醒后，宋徽宗要来纸和笔，写道："皇太子可以即位。"同年十二月，宋徽宗退位，他的儿子宋钦宗赵桓即位，他成了太上皇。

第二年一月，金军抵达黄河北岸，宋徽宗连忙带着蔡京等奸臣逃往南方。

在京城留守的宋钦宗不知所措，急忙召集群臣进行商议。这时，宰相白时中和李邦彦都给宋钦宗提议弃城而逃，宋钦宗也有所动摇。

这时，新晋升兵部侍郎的李纲站出来说道："太上皇将国家交给陛下，就是希望陛下可以在京城留守，陛下怎能不管，自己逃走呢？"

这让宋钦宗无话可说。

在一旁站着的白时中说道："可京城守不住呀！"

李纲说："这天下的城池哪个有京城这般坚固？再说，很多官员和百姓都在这里生活，把京城丢弃掉，我们还能去哪里？"

宋钦宗问道："谁可以带兵守住京城呢？"

李纲回答道："虽然宰相不一定懂军事，但有责任去守城，因此这是白时中、李邦彦的职责。"白时中他自己害怕金人，误以为别人也怕，便故意大叫道："莫非李纲可以去守城作战？"李纲镇定地说道："要是让我带兵守城，我定以死报国。"见李纲态度坚决，宋钦宗便命令由李纲带领人马去守卫京城。

第二天，李纲去上朝，见宋钦宗已经备好车辆，禁卫军也是随时准备出发。原来，宋钦宗改变了主意，依旧想逃跑。这时，李纲对即将出发的禁卫军说道："你们是愿意死守京城呢，还是自己逃命呢？"

禁卫军将士一起说道："愿意死守！"接着，李纲对宋钦宗说道："禁卫军的家属都在城中，他们怎舍得离开？万一在半路上，他们都逃了回来，那陛下的安危谁可保护？再说了敌军早已逼近，要是他们知道陛下的车辆没有走远，快马追赶，那该怎么办？"宋钦宗思考了一下，为了他自己的人身安全，他不敢走了。

于是，李纲当众宣布："皇上心意已定，谁再说撤离，立即处死。"将士们立即高呼"万岁"。

李纲亲自带领军民去布置守城的防务，仅用了三天，就全都准备好了。这时，金兵已经攻到东京城下，他们乘着几十只小船，顺河而下。李纲组织两千多名敢死将士，在城下列队，用长钩把敌船拖住，朝船上投掷石头，又把一些叉木放在河中，将蔡京家中的山石搬来堵住要道。仅在水中，宋军就杀死了一百多金兵。

见东京防备森严，宗望便让宋朝派出使者前往金营中商议和谈。此举正合宋钦宗的心意，他立即派人前往金营，答应了一系列屈辱的条件：割让太原、河间（今河北河间）、中山（今河北定州）三镇，给金朝黄金五百万两，白银五千万两，牛马万头，绢百万匹，还要尊称金皇帝为"伯父"。尽管李纲极力反对，可无济于事。宋朝政府拼命搜刮京城百姓，可还是凑不够赔款的数目。

这时，宋朝的援军从四面八方源源不断地赶来了。一个名叫姚平仲的将军建议夜袭金营，活捉宗望。不料，消息被金军知道，提前做了准备，姚平仲大败。

很快，宗望派人前来质问偷袭的事情。李邦彦回答道："这全都是李纲、姚平仲的主意，并不能代表朝廷的意思。"

宋钦宗赶紧派人前往金营进行解释，还给金营呈上太原三镇的地图，罢免了李纲，给金兵谢罪。

李纲被罢免的消息刚传开，顿时引来百姓的愤怒。太学生陈东痛恨奸臣，在宋钦宗刚即位时，就跟一群太学生上书朝廷，请求处死蔡京等"六贼"，逼宋钦宗惩办"六贼"。这时，他带着几百名太学生去宣德门上书，要求恢复李纲的职位，严惩并罢免李邦彦。听到太学生请愿，东京军民纷纷前来声援，一下子聚集了好几万人。

恰逢李邦彦前去上朝，愤怒的百姓当面将他臭骂了一顿，还投掷石块瓦片打他，吓得他连忙逃进宫中。

这时，人群如同潮水般涌到皇宫门口，喊声震天。宋钦宗害怕事情闹大，无法收场，便派人出来欺骗群众道："李纲用兵不利，这才罢免了他，待金兵退却，他会官复原职的。"群众不满，依旧不散。开封府知府王时雍这时赶来了，威胁太学生道："你们敢威胁天子？还不赶紧散去！"

太学生厉声说道："我们是用我们的忠义去胁迫天子的，比奸臣胁迫天子卖国好多了。"

接着，群众便想动手揍他，他赶紧逃走了。

没有办法，宋钦宗只能立即召回李纲，当众宣布恢复李纲的职位，还让他兼任京城四壁防御使，人群这才欢呼散去。

李纲官复原职后，立即部署防务，重赏杀敌立功的人。一时间，京城守军士气高涨。见宋朝防备加强了，一心抵抗，金军有些胆怯，就撤军了。

—— 徽钦两帝当俘虏 ——

金兵退却后，宋钦宗跟一些大臣都认为以后天下太平了。宋徽宗也重返东京，跟以前一样，他们照样过着奢侈糜烂的生活，没有做一点防御的准备，还将各地前来救援东京的宋军遣散了回去。

见此情形，李纲忧虑万分，几次上书给朝廷，请求宋钦宗加强军备，以防金军再犯。可当时是投降派当权，他们不仅不理睬李纲的意见，还处处排挤他。宋钦宗也讨厌他，害怕他在京城中多嘴，便将他调离京城，派往河北、河东（今山西）抗金。

李纲前去抗金，可宋钦宗仅给他一点人马和军饷。到了怀州（今河南泌阳），当地将领不听他的调动。结果，李纲吃了败仗。这样一来，投降派有了理由，立即攻击他，说他主战，可打仗却损兵赔钱。在投降派的鼓动下，宋钦宗罢免了李纲的官职，将他贬到南方。

听到李纲被宋钦宗罢官贬往南方，金太宗万分高兴。1126 年八月，金太宗再次南侵北宋。他任命宗翰为左副元帅，宗望为右副元帅，分别率领东、西两路大军攻宋。

这时，各地宋军再次自发赶来保卫京城。可投降派一心求和，下令让这些军队全都停止前进，就这样，这些军队又返回去了。

金军赶到黄河北岸后，见到黄河对岸驻扎了十几万的宋朝守军，一时不敢渡河。他们将军中的战鼓全部集中到一块儿，敲了整整一夜，竟把南岸的宋军全给吓跑了。

金军渡过黄河后，宗翰派遣使者前往宋朝，提出以黄河为界，河北、河东这些地方全都要划给金。为了让金军退兵，宋钦宗对金人百依百顺，立即派耿南仲和聂昌两个官员前去割地，还下诏给那些地方的军民，命令他们开城投降。

这让河北、河东的人民十分愤怒，表示坚决反对投降割地。聂昌刚来到绛州（今山西新绛），就被当地军民杀死了。耿南仲和金使臣一起来到卫州（今河南卫辉），当地人们四处寻找捉拿金使者，使者被吓跑了，耿南仲也不敢提割地的事了。

很快，金兵就杀到了东京，东京守卫薄弱，援军早已遣散了，宋钦宗毫无办法。这时，抗战派官员向宋钦宗请求出战，宋钦宗却不答应。

当时，京城中有个骗子名叫郭京，吹自己懂什么"六甲法"（一种捏造出来的妖法），说只需七千七百七十七人就可以活捉金国大将宗翰和宗望。这让兵部尚书孙博高兴不已，立即将这个骗子推荐给了宋钦宗，并对郭京封官赏钱，命他尽快招募够人马，去完成守城的任务。

但凡有点见识的人都反对孙博这样做，他们对孙博说，自古以来，就没有听说过这种办法可以取胜的。可孙博却坚信能够成功。

金兵攻城十分猛烈，宋朝不断催促郭京出兵，郭京不断推辞，说道："不到万分危急之时，我是不会出战的。"后来，郭京实在没有办法，只能派人出城作战，而他则在城墙上假装作法，不让人看。不承想，他的军队刚与金人交锋，就败了下来，还有不少人掉入护城河中被淹死了。幸好宋军及时关闭城门，挡住金兵入城。

见混不下去了，郭京对守城宋将说道："金兵如此猖狂，我要亲自出城作法。"

郭京下了城楼后，带着一批残兵败将，大开城门，朝南逃去，很快就消失了。金兵则趁机进攻，宋军没来得及关上城门，金兵就攻了进来，就这样，东京失守了。

城破后，宋军将士和城中居民请求抵抗到底，并愿意保护皇帝突围，可宋钦宗不仅没有勇气抵抗，还怀疑这些人别有用心，不接受他们的请求。

宋钦宗派宰相何栗前去金营求和。这把何栗吓得不轻，连马背都爬不上去，手中马鞭更是连着掉落三次。

何栗赶到金营后，宗翰、宗望虚情假意地对他说道："我们也不想消灭宋朝，那就让你们的皇帝亲自来议和吧！"

没有办法，宋钦宗只能亲自带着几个大臣赶往金营，给宗翰、宗望交上了降书，向金称臣，并跪在金兵的面前。

宋钦宗刚交上降书，金人立即变卦，提出要废除宋钦宗，另立宋朝皇帝。宋钦宗一回到城中，立即放声大哭，说道："宰相误我父子二人！"

接着，金兵派人进城把府库中的金银财宝全都查封，还勒索了金一千万锭，银两千万锭，绢一千万匹。而软弱的宋钦宗甚至还派出大量官员，前去帮助金兵去百姓家中搜刮财物。

1127 年春天，金兵要求宋钦宗再次前往金营。宋钦宗刚到金营，就被他们给扣押了，几天后，宋徽宗也被押到了金营。就这样，徽宗、钦宗两位皇帝都成了金军的俘虏。接着，金太宗将宋徽宗和宋钦宗废为庶人，连同皇亲国戚、各种手工艺人等三千多人全都押往金当奴隶。同时，还带走了大量的金银财宝和文物图书。

这次事变发生在北宋靖康年间，因此，史称为"靖康之变"。

就这样，赵匡胤开创的北宋王朝仅统治了一百六十七年就被金灭亡了。

当时，宋朝的皇族中仅有康王赵构，因领兵在外，才得以逃脱这场灾难。于是，一些宋朝官员拥护赵构即位。同年五月，赵构在南京（今河南商丘）即位，改年号为"建炎"，后来，他迁都临安（今浙江杭州）。就这样，这个偏安的宋王朝成立了，史称南宋。宋高宗赵构为南宋第一个皇帝。

—— 李清照的诗词 ——

南宋小朝廷依旧腐败不堪，对金兵不抵抗，只知道逃跑。从临安到越州（今浙江绍兴），再从越州到明州（今浙江宁波），后又乘船从海上到温州，宋高宗从当上皇帝开始，就一路溃逃！没有办法，宋朝的百姓也跟着朝廷不断辗转逃难，备受战乱的煎熬，家破人亡。宋朝著名女词人李清照就在这些逃难的人群中。

李清照，号易安居士，历城（今山东济南）人，熟知书画，擅长写诗文，其中以写词最为出名，代表南宋婉约派词人。她出身于书香门第，家庭成员的文学素养都很高，父亲李格非是苏轼的学生，曾担任礼部员外郎等官职。母亲知书达理，熟读很多书籍。在这样的家庭中长大，李清照通晓史书，见识广博，少女时代所写的诗词就已经小有名气了。

18岁时，李清照嫁给了当时的吏部侍郎赵挺之的幼子太学生（我国古代的大学生）赵明诚。赵明诚是宋代有名的金石学家。

李清照与赵明诚有着共同的爱好，他们都擅长写诗文，还都喜欢金石（古代铜器和石碑上的字画）学。李清照帮助赵明诚搜集碑文字画、金石器皿，还跟他一块儿整理研究家中所收藏的商周时期的彝器、汉唐时期的石刻拓本。

闲暇时，夫妻二人夫唱妇随，诗词相唱和，情深意长。相传在宋徽宗宣和年间，有一年重阳节，夫妻二人分居两地，李清照便写下一首《醉花阴》的词，寄给远在莱州为官的赵明诚，赵明诚读后赞赏不已，自认为比不上妻子。为此，他特意闭门谢客，整整写了三天三夜，创作了五十首词。他将妻子李清照的《醉花阴》夹杂在自己写的词中，拿给朋友陆德夫看。陆德夫仔细品读后，说道："有三句写得最好。"

赵明诚立即追问道："是哪三句诗？"

"莫道不销魂，帘卷西风，人比黄花瘦。"

这正是李清照所写《醉花阴》中的最后三句。由此可见，李清照的词作艺术成就有多高。

李清照一生中最为美好的时光就在"靖康之变"之前的这段岁月。当时赵明诚呕心沥血二十年所编撰的《金石录》终于编著成功。在我国古代学术上，这本书具有极高的地位。

同时，李清照在这一时期写下了很多清丽婉转的诗词，其中大多数表现的是她在优裕生活中的悠闲情怀。

然而，"靖康之变"后，李清照便开始了凄凉悲苦、流浪的后半生生活。

1127年，赵明诚的母亲去世，赵明诚离开任所前往江宁奔丧。宋高宗即位后，他升任江宁知府。到了第二年，他的妻子李清照为了躲避战乱也来到江宁。来江宁前，赵明诚曾将家中名贵的金石字画装了整整十五车一并带来。后来，金兵烧毁了他们在家乡的房子和留存的文物。

夫妻二人刚团聚没多长时间，赵明诚就被任命为湖州知府。他一个人骑马前往建康（当时江宁改名为建康）去接受任命。在路上不幸患病，到了建康后就去世了。

丈夫的去世极大地打击了李清照。她埋葬了丈夫后，前往临安去投靠她的弟弟李沆。

不久后，金兵南下攻宋，宋高祖南下逃难，李清照也只能跟着去逃难了。当她重返越州时，她带出来的文物不是毁于战火，就是被盗掠，仅剩下一些残简碎片。

山河破碎，家破人亡，凄凉漂泊，这些极大地影响了李清照后期的创作风格。特别是她的词，从清丽婉转到沉重悲壮。她怀念故国，讽刺了南宋小朝廷不抵抗只逃跑。在《乌江》这首诗中，她写道："生当作人杰，死亦为鬼雄；至今思项羽，不肯过江东。"

1132年，李清照迁移到临安居住，在那里度过了凄凉的晚年。但她关心国家命运，坚持文学创作和学术研究。1134年，她最后一次修整了《金石录》，写下著名的融叙事、抒情为一体的《金石录后序》，然后将书献给了朝廷，请求出版发售。在1155年左右点，一代女词人走完了她的一生，去世时，她70多岁。

李清照去世后不久，《金石录》就刻成问世了；随后，她的词集《漱玉集》六卷和诗文集《李易安集》十二卷，也相继呈现在世人面前。只可惜因为诸多原因，她的诗词集后来全散失了，今天我们所看到的《李清照集》，仅仅是后人收集起来的，她的作品的一小部分。

—— 韩世忠抗击金兵 ——

1129 年秋天，金朝进攻江南，由兀术为统帅率领十万兵马南下。前面讲过，宋高宗一路南逃，到明州后，乘船渡海南下。金兵也是急忙乘船追击，只是碰上大风雨，一些船被刮翻，再加上金兵生于北方，不习惯乘船，只能放弃追赶。兀术害怕孤军深入，会遭到宋军埋伏，不敢久留，便在明州、杭州一带烧杀抢夺了一阵后，急忙撤往北方。

对于金兵的侵略，南宋爱国军民痛恨万分，趁第二年初金兵北撤之机，在镇江驻守的宋朝大将韩世忠率部阻击金兵。

韩世忠，延安（今陕西延安）人，18 岁时从军。他力大无穷，能拉开硬弓，作战勇猛无比。早年宋军与西夏作战时，他就立下了赫赫战功。抗金战争刚开始时，他在河北抗金，随后随着宋高宗南下。他的夫人梁红玉也是武艺高强，是一位巾帼英雄，时常协助丈夫指挥作战。

得知兀术即将带兵北撤的军情后，韩世忠决定选在镇江阻击金兵。他先派出三路军队，分别驻扎在青龙镇（今上海青浦北）、江湾（今上海）和海口，进行严防死守，不让金兵从此撤离。

为了进一步迷惑金人，上元节（农历正月十五日元宵节）那天，韩世忠特意下令在秀城（今浙江嘉兴）城中大闹元宵，欢度佳节。而他则趁机调兵遣将，让军队连夜直奔镇江而去。

兀术得知青龙镇、江湾、海口、秀州都有韩世忠的驻军严密把守后，他绕开这些地方，率军沿运河北上，计划从镇江渡江撤离。

同年三月，兀术抵达镇江，惊讶地发现江面上全都是韩世忠的兵船，顿时觉得情况不妙。他想进一步了解宋军的虚实，便亲率四名部将，骑马悄悄登上江金山的龙王庙，去观察宋军的部署。

韩世忠早就猜到兀术会这样做，提前在龙王庙中埋伏了两百精兵，又在山脚下埋伏两百精兵，相约听见鼓声后，山脚下的伏兵先出击，随后庙中伏兵再杀出来，一举活捉兀术。

兀术一行五骑刚抵达山顶，庙中的伏兵就杀敌心切，没听见鼓声就冲了出来，结果仅抓住了两名敌将，另外三人逃走了。其中有一人身着红袍，腰系玉带，慌乱中跌下马，然后跳上马背，策马奔逃。后来，宋军审问那两个俘虏，这才知道，那个人是兀术。

见宋军防备森严，兀术知道一场恶战在所难免。他想自己人数远超宋军，便派人去跟韩世忠约定决战日期。

针对敌强我弱的情况，韩世忠做出了周密的部署，他用大战船把江面封锁，不让金兵北逃，表现出自己全歼金兵的决心。

终于，决战这一天来了，在长江南岸江边，宋、金两军摆开了阵势，当时双方兵力悬殊，宋军仅有八千人，而金兵高达十万之众，但韩世忠没有一点畏惧，亲自率军冲锋，跟兀术大战了十个回合。他的夫人梁红玉也身披戎装，站在高处，擂鼓为宋军助威。见主将夫妇都一起上阵杀敌，宋军将士备受鼓舞，士气大增，拼命冲杀。虽然金兵人数众多，但经过长期行军作战，早已疲惫不堪，而宋军势头很猛，杀死了众多金兵，取得了这次战斗的胜利。

兀术被打败后，便率军乘船撤到黄天荡（今江苏南京西北）。黄天荡是长江的一段江面，却是死港，无路可退。就这样，金兵进退两难，渡江不成，后退无路。于是，兀术便改变策略，派人前去找韩世忠求和，表示愿将所有抢的财物全都交给宋军，只求宋军放他们一马。韩世忠拒绝了他们的要求，接着，兀术又提出将他自己的宝马送给韩世忠，可韩世忠依旧一口拒绝了。

得知兀术被困黄天荡，江北的金兵纷纷乘小船渡江救援。韩世忠早就料到他们会前来救援，派大战船在江面守候，船上全准备有铁索链的大铁钩，只要金兵小船一靠近，宋军立即抛出大铁钩，将小船钩住，用力拉铁链，就这样，小船被掀翻了。金兵小船不断被宋军钩翻，其他没被宋军钩住的金兵的船见势头不对，立即逃回江北了。

没有办法，兀术只能亲自前往阵前向韩世忠求情，请他放过他们。韩世忠厉声道："只要你们把我们的两个大宋皇帝归还，再还我大宋疆土，我自会放过你们的！"

兀术无言以对，只能灰溜溜地返回军营。

几天后，兀术再次与韩世忠谈和。谈判时，兀术口出狂言，这让韩世忠大为恼怒，一把拿起弓箭，要将他射死，吓得兀术赶紧逃回军营。

在黄天荡中，金兵被围困了整整四十八天，眼看弹尽粮绝，救兵无望，整个军营唉声叹气。兀术只能召集诸将商议对策。

这时，有人给兀术献计道："以前黄天荡北面有一条淤塞的河道，只要将它疏通了，便能直达宋军上游，趁机渡江北撤。"

兀术大为兴奋，立即派兵连夜把三十多里的淤塞河道给挖通了。第二天天亮后，晴空万里，一点风都没有，金兵纷纷乘上小船，一边放火，一边放箭，朝建康逃去。虽然韩世忠的船队部署严密，只因没有风力，导致船帆无用，行驶缓慢，这才让金人抢占了先机。就在这时，金兵射来火箭，宋军战船纷纷着火，没有办法，只能看着金兵逃跑了。

镇江一战，虽然韩世忠没有大获全胜，但是他凭八千人马将兀术的十万大军打败，具有重大的意义。

逃到建康后，兀术在城内抢掠一番，不承想又碰上宋将岳飞的阻击，金兵被杀得溃不成军后，逃回了北方。

—— 岳家军 ——

岳飞是南宋时最著名的抗金将领，他所率领的岳家军更是让金兵闻风丧胆。

岳飞，字鹏举，相州汤阴（今河南汤阴）人。岳家家境贫寒，但岳飞从小就聪明好学，待人谦和，对父母极为孝顺。长大后，岳飞更是熟读兵书，力大无穷，擅长射箭。在他20岁时，他应朝廷征召入伍。他有勇有谋，立下了不少战功。他所率领的岳家军，纪律严明，战斗力强，只要士兵拿了百姓一草一木，立即处死；就算老百姓主动开门要留宿他们，也没士兵留宿。因此，岳家军深受百姓爱戴。岳家军的口号是："冻死不拆屋，饿死不掳掠。"但是遇见战事，全军士气高涨，奋勇冲杀。因此，只要敌人碰见岳家军，要么溃败逃跑，要是向他们投降。

因此，在当时金兵中流传着"撼山易，撼岳家军难"这句话。宋高宗赵构更是亲笔写下"尽忠岳飞"这几个字，并做成旗子赐给了岳飞。

岳飞以尽忠报国、光复中原为自己的一生目标和任务。1130年，完颜兀术在侵扰常州、镇江后，准备渡江北归。岳飞率兵围追堵截，仅清水亭一战，就将金兵打得弃甲逃跑，并配合韩世忠在黄天荡取得阻击金军的大捷。兀术从黄天荡逃跑后，直接朝建康奔去。岳飞提前在牛头山埋伏，夜间，他派出一百多名士兵化装成金兵混入金营进行骚扰，金兵一时大乱，互相残杀。兀术连忙向淮西逃去，最后岳飞收复了建康。

在此前后，岳飞曾写过一篇表示他收复中原的豪情壮志的《满江红》，其中"三十功名尘与土，八千里路云和月"一句已经成了千古名句。

岳飞曾多次上表朝廷，请求北伐，可宋高宗、秦桧等人都主张议和，导致北伐的事情没有一点结果。1138 年，金派使者前来议和，尽管岳飞尽力劝阻，可第二年宋金依旧达成了议和条约。宋向金称臣，每年需要给金进贡银二十五万两、绢二十五万匹，而金则把河南等地归还给宋。历史上著名的"绍兴和议"就指这次宋金议和。和约签订后，宋朝还准备去庆贺，可岳飞却上书道：议和乃是国耻，庆贺多有不便；并表示出自己愿收复燕云、为国雪耻的意愿。不过，朝廷根本不采纳他的意见，为了安抚他，便升了他的官职。

果然不出岳飞所料，1140 年，金朝撕毁和约，分四路大军南侵宋朝。不到一个月，金按照和约归还给南宋的土地再次沦陷。情况万分危急，这时朝廷派岳飞前去抗金。接到命令后，岳飞立即调兵遣将，率军北上，朝中原进发。没过多久，朝廷便收到了各路将领传来的捷报，大量失地收复了。王贵等将领更是分路前去出战，岳飞则率轻骑进驻到郾城。金兵被宋军打得节节败退，一时间，岳家军声势大涨，传遍大江南北。

完颜兀术慌了，立即召来部下龙湖大王等商量对策，他们觉得，宋朝只有大将岳飞难以对付，便想集中兵力跟岳飞决战。

于是，兀术将龙湖大王、盖天大王和韩常的兵力集合在一块儿，一起朝郾城逼近。而岳飞则派儿子岳云率领骑兵朝金军冲去，果然，岳云没让岳飞失望，跟金军大战数十回合，杀得金兵溃不成军。

兀术手下有一支劲旅，士兵都是身披重甲，三匹马为一组，用铁索相连，称"拐子马"，威力了得。这次，兀术特意调来一万五千名骑兵对付宋军。岳飞派出步兵冲入马阵，让他们持刀专砍马腿。只要他们砍掉一条马腿，"拐子马"相连的另两匹马便也无法行动，也就失去了战斗力。就在这时，宋军趁机冲向金兵，宋军大胜。"拐子马"更是全军覆灭，兀术忍不住痛哭道："自从起兵开始，全都仰仗'拐子马'来打胜仗，现在全完了。"岳飞接连获胜，便对儿子岳云说道："敌军战败多次，必定改攻颍昌（今河南许昌东），你快带兵前去支援。"

果然，金兵转攻颍昌。在岳飞和颍昌的王贵的配合下，将金兵围而歼之，杀得金军丢盔弃甲，兀术的女婿夏金吾、副统军粘罕索索堇也都在这次战斗中阵亡了。兀术屡战屡败，只能下令先让妇孺老弱撤离了。

岳飞趁机拿下朱仙镇，这里距离汴梁城仅四十五里，这让在汴梁城中的兀术陷入了绝境。

岳家军的捷报传开后，在民间各地活跃的各路义军都纷纷打起岳家军的旗号，不断打击金兵。各地百姓更是争相推车牵牛前去犒劳岳家军。兀术叹息道："自打我从北方起兵以来，从没像今天这样失败得如此惨。"见胜利在望，岳飞在朱仙镇对岳家军众将士说道："大伙奋勇杀敌吧，我们拿下黄龙府后，再一块儿喝庆功酒。"一时间，全军上下，士气高涨。

南宋抗金收复失地形势大好。

—— 秦桧陷害忠良 ——

宋军想要乘胜追击，收复失地，可却受到宰相秦桧的百般阻挠，秦桧以宋军撤军为议和条件，鼓动宋高宗与金人进行谈判。岳飞知道后，立即上书道："如今金兵锐气丧失，辎重已经全部被抛弃了，正渡河北逃；各地豪杰纷纷前来支援，将士士气高涨，都想为国建功立业。我大宋收复失地，重整雄风，就看现在了，机不可失呀！"

秦桧知道不可能改变岳飞抗金的决心，便先将韩世忠等几路大军统帅调离，然后告诉岳飞不可孤军深入太久，让他立即班师回朝。为此，宋高宗竟一天内给岳飞连发十二道金牌，催他撤兵。岳飞悲叹道："十年的努力，要毁于一旦了。"这时，兀术想从汴梁逃走，但有人拉住他的马缰的道："不要走太子，岳少保（'少保'是岳飞当时的官职）即将退兵。"兀术并不相信他说的话，说："岳飞能用五百骑兵击败我五十万大军，现在乘胜追击，汴梁怎么能守住？"

那人回答道："自古以来，只要有奸臣在朝中掌权，那么大将就很难在外立功。岳少保已经自身难保，形势可能要大转啊！"这番话让兀术恍然大悟，他就留在汴梁，等候时机。

此人说的奸臣正是宋朝秦桧。

秦桧本是北宋的大臣，金兵把徽、钦二帝抓往北方时，秦桧和他的妻子王氏也都被俘带往北方。秦桧为人狡诈、阴险，擅长见风使舵。于是，金太宗便让他去其弟挞懒部下做官。后来，挞懒南侵，秦桧夫妻二人也"逃离"了金军，去了越州宋高宗的行宫。大臣们全都怀疑他是金人派来的奸细，不过，当时的宰相范宗尹跟他交情很深，便把他推荐给高宗。

恰逢宋高宗一直想跟金人议和，跟秦桧一拍即合，任命他为礼部尚书，不久后，又升他为宰相兼枢密使。秦桧掌管南宋军政大权后，一心想跟金人议和，将抗金名将岳飞视为心腹大患。见岳飞即将北伐成功，秦桧便耍起了阴谋诡计，甚至假传圣旨，让岳飞停止追击。

韩世忠、岳飞被秦桧召回京城后，宋高宗升韩世忠为枢密使，岳飞为副枢密使，看起来升官了，可实际上兵权被夺走了。兀术知道这件事后，秘密写信给秦桧道："你朝想跟我大金求和，可岳飞却日夜想用武力征服中原，只有你们杀死岳飞，我们才有议和的可能。"

秦桧也害怕岳飞会对自己产生危害，便下决心杀死岳飞。

右谏议大夫万俟卨忌恨岳飞，在秦桧面前没少说岳飞的坏话。秦桧升他为言官，万俟卨立即明白秦桧的意图，上书朝廷，诬告岳飞，罗织了金人进攻淮西时，岳飞用兵不救援、放弃阵地等罪名。随后，他们又唆使何铸、罗汝楫等官员去弹劾岳飞。见秦桧党羽联合陷害自己，岳飞便几次请求辞职。

不久后，岳飞改任两镇节度使，不过秦桧依旧不肯罢休。大将张俊与岳飞有矛盾，于是，秦桧唆使张俊去诬告岳飞部下张宪密谋兵变，还兵权给岳飞。一听到岳飞有兵变的可能，宋高宗大怒，秦桧趁机把岳飞和他儿子岳云、部将张宪押入大牢。见人前来抓他，岳飞十分坦然地说道："皇天后土，皆可表此心。"秦桧命令御史中丞何铸前去审讯岳飞等人。可何铸没有查出岳飞的罪证，便让万俟卨去接着审讯。万俟卨也找不到一点罪证，便捏造事实，说岳飞和岳云曾给张宪写过信，让他用谎报军情的办法使朝廷恢复岳飞的兵权。随后，他们又胁迫岳飞部将孙革等去做伪证，陷害岳飞。

秦桧一伙直到年底也没能找个合适的罪名去定岳飞的罪。其间，觉得岳飞无罪的朝廷官员，全都被秦桧贬往外地了。一个叫刘允生的平民，上书替岳飞申冤，竟被秦桧处死了。

韩世忠也替岳飞打抱不平，前去责问秦桧，秦桧无言以对，竟说："虽然岳飞和岳云给张宪写信这件事弄不清楚，但莫须有（或许有吧）。"韩世忠十分生气，说道："仅凭'莫须有'这三字，怎么能让天下人心服呢？"

岁末寒冬，大雪纷纷，秦桧夫妇在东窗下喝酒取暖，秦桧想让岳飞死，可苦于没有证据，害怕引起公愤，导致心事重重。秦桧妻子冷笑道："缚虎容易放虎难。"

这让秦桧下定决心，立即写了张小纸条，让人秘密杀害岳飞等人于狱中。这起千古奇冤就这样在这对奸臣夫妻手下完成了。

直到宋高宗死后，岳飞的冤狱才得以平反昭雪。岳飞也成了千古称赞的英雄，在杭州西湖边，人们修建了岳坟、岳庙纪念他！人们又在岳飞墓前，用生铁浇筑了秦桧、王氏、万俟卨、张俊的跪像，让人永远唾骂他们陷害忠良，让他们遗臭万年。

—— 虞允文智勇退金兵 ——

自从完颜亮杀死金熙宗，自立为帝后，金朝就积极备战，准备灭宋。可宋高宗却对"绍兴和议"和偏居江南的局面十分满足，根本不理会完颜亮入侵宋朝的野心。

1161年六月，完颜亮将京城迁到汴梁，灭宋的最后准备也完成了。同年九月，完颜亮亲率三十二路共百万大军南下攻宋。十月，大军顺利渡过淮河，攻下两淮地区，宋军节节溃败，很快，金军就直逼采石矶。

江淮防线，本来是主帅负责防守江北，副帅王权防守淮西，可金军大军压境后，王权立即逃走了，恰逢主帅患病，无力迎敌，只能退守扬州。与金交战，首战失利的消息一经传开，震惊了朝廷内外。

形势万分危急，宋高宗慌了起来，想逃往海上去躲避一阵子。幸好有陈康伯等大臣大力阻拦，这才让宋高宗打消了逃跑的念头，让枢密使叶义前去查看江淮地区的军情，虞允文为助手；又让成闵、李显忠负责江淮防线，企图重整大军，在江淮地区与金兵决战。可叶义是个胆小鬼，不敢上前线，只让虞允文前往采石矶去慰问将士，以此来敷衍朝廷。

虞允文赶到采石矶时，王权已被撤职，可李显忠却没到任，金军已经压境了，即将渡江，可宋军没有主帅，军心大乱，士兵们三五成群，卸掉马鞍，脱下盔甲，在路旁散坐。虞允文看不下去了，责骂他们道："金兵马上就要渡江了，你们这么散漫地坐在这里，想要干什么？"

士兵们抱怨道："将军们全都逃跑了，这让我们怎么打仗？"

虞允文科举出身，1153 年考中进士，是个书生，从没带过兵，更别说打仗了。可形势万分危急，他想：要是消极等待李显忠前来处理的话，必定会误大事。一旦江淮失守，金兵就可能长驱直入，到时百姓又要遭殃了。

于是，他将士兵们召集来，大声说道："我给大家带来了朝廷的命令和慰问物资，只要大家齐心协力，奋勇杀敌，保卫大宋，朝廷定会论功行赏的，正值大宋危难之时，也是大家立功的好机会。"

听到虞允文的话，将士们的精神有些振奋，说道："既然你可以为我们做主，我们愿跟金兵决一死战。"

这时，一名随从来慰问的官员劝说虞允文道："朝廷是命你来慰问将士，又没让你来指挥打仗，现在别人把事情弄砸了，你能把这烂摊子收拾好？"虞允文说道："正值国家存亡的生死关头，我怎能坐视不管呢？"于是，虞允文直接担起主帅的担子，将士们也都十分拥护他！

虞允文亲自前往江北视察，只见对面金军军营连绵十里之长，正中间矗立着一座高台，两旁分别插着深红色大旗和绣旗各一对，金朝统帅就坐在中间黄帐中的台子上。这时，探子来报说："昨天金军杀死了白马、黑马各一匹，用来祭天，还宣布第二天渡江，今早又宣布，谁先渡过江面，就赏金一万两。"当时，金兵有四十万大军，还拥有大批骑兵，可宋军仅有一万八千人。敌强我弱，形势万分危急。

虞允文命宋军布好阵，坚守在原地，并将战船分为五队：江的东西两岸各有一队前去巡逻；在江中停泊一队满载精兵，随时让他们投入战斗；其余两队则在港汊中隐蔽，准备时刻增援。

虞允文刚安排完，金兵就开始渡江了。只见完颜亮拿着小红旗，亲自指挥数百艘战船过江。很快，金兵七十条船都已经抵达了南岸，开始登岸，朝宋军杀去，宋军只能退却。

这时，虞允文赶往阵中，手拍着大将时俊的肩背说道："将军的胆量可是闻名四海，要是一直躲在阵后不出战，那可就跟小女人没什么两样了！"

时俊受到虞允文的鼓舞后，立即挥着双刀冲向敌阵，见到将军如此拼杀，士兵们也都奋勇杀敌，跟金军死战到底。这时，宋军的战船趁机撞沉金军的船，金兵大多不识水性，淹死无数。金兵士气大减，而宋军备受鼓舞，斗志高昂。两军一直战到日落西山，一半金兵被宋军消灭了，其他的则一直抵抗。

两军相持不下，就在这时，一群从光州（今河南潢川）败退的宋军路经采石矶，虞允文丝毫没指责他们，而是鼓励他们将功赎罪，将军旗和战鼓都给了他们，让他们从山后转出，大声击鼓摇晃旗子，进而迷惑金军，果然，金兵见到他们后，认为宋军的援兵到了，纷纷溃逃，这时，虞允文下令追击，再加上用强弓进行射杀。金兵大败，四千多人被宋军杀死了，还被俘虏了五百多人。完颜亮大怒，竟残忍地杀死了溃逃回去的士兵。

虞允文断定完颜亮定会再次攻击，便连夜部署防备。他让一部分士兵乘船在上游埋伏，一部分在渡口埋伏堵截。果然，五天后，金兵来袭，宋军两面夹击。

完颜亮惨败后，把自己的龙凤舟烧掉，还杀死了教他渡江的梁汉臣和负责造船的两名官员，随后，率军前往瓜洲（今江苏扬州南），准备第二天在此渡江。同时，他还宣布，胆怯不向前的士兵会被处死。完颜亮的暴行引起了士兵们的不满。第二天拂晓，金朝兵部尚书耶律元宜发起兵变，把完颜亮射死在大帐中。

就在完颜亮被杀前的一个多月，金朝内部也出现了政变，在东京留守的完颜雍称帝，即金世宗，为了进一步稳固内部，金世宗派人前往宋朝议和。

在种种矛盾交织下，宋金之间多年的战争再次停止。

—— 朱熹理学集大成 ——

1162 年，宋高宗因没有儿子，便立太祖赵匡胤的后裔赵玮为太子，并将其改名为眘。同年六月，宋高祖让位于太子眘，自己做了太上皇，新即位的就是宋孝宗。

宋孝宗即位后，也曾雄心壮志想要整顿好朝纲，去抗击金兵，收复中原。他即位后没多久，就下诏让大臣们针对朝廷政治提出意见。于是，曾任泉州同安（今福建厦门东北）主簿的朱熹立即给宋孝宗写了奏章。奏章中，他说，与金人"只能作战复仇，守不住国土就保证不了胜利"；他觉得，和议百害无一利。他还劝孝宗"正心诚意"，多学习知识，增长才干，这样才能管理好国家。

朱熹，徽州婺源（今属江西）人，南宋著名哲学家、教育家，1148 年考中进士。从小，朱熹就表现出了极高的天赋，还十分有悟性。在他学说话时，一天，他父亲朱松手指着天空教他"天"。朱熹仰视着天，眨着眼睛问他父亲道："天上有什么呢？"

朱松大吃一惊，又感到欣喜，随即教他读书。朱熹学习十分认真，很快通晓经史，老师称赞他是一个难得的人才。

1163 年，朝廷授予朱熹武学博士一职，两年后，又派他去临安上任。当时，在符离宋军被金军击败，宋朝被迫跟金签订"隆兴和议"；抗金名将张浚这时也病死了，宋孝宗没有了依靠，朝中主和派再次占了上风。在这样的政治环境下，主张抗金的朱熹很快就辞官回家。在他 49 岁时，朱熹再次回到南康军（治所在今江西星子）执政，距他上次做官已经过去了十多年。

朱熹任职期间，着手修复了庐山五老峰下的白鹿洞书院，亲自给学生们上课。当时，他的学说处于发展成熟时期，影响十分广泛，全国各地的读书人都慕名而来，前往白鹿洞书院求学。一时间，白鹿洞书院名声大振，跟石鼓、应天、岳麓并称为宋代"四大书院"。

在学术方面，朱熹最大的成就是继承和发展了北宋哲学家程颢、程颐兄弟关于"理气"的学说,集理学为一体,建立了完整的理学体系。

儒家思想从汉武帝"罢黜百家,独尊儒术"以后,就成为中国古代的主流思想文化。而儒家所提倡的学说又根据不同时期封建统治者的需求而有所不同。宋代儒学注重阐释天道义理,因此称为理学,又称为道学。这是一种新的儒学,构成了儒学发展史上最大的学派和思想体系。

宋早期的哲学家周敦颐是理学的先驱,而奠基者则是程颢、程颐,他们二人都是周敦颐的学生,被称为"二程"。他们二人在洛阳长期讲学,建立起以"天理"为核心的唯心主义理学体系。以"理"为天下最高的范畴,主张"天下仅有一个理",认为"天理"可以产生和主宰万物,是真实独立存在的精神实物,"顺之者昌,逆之则难";他们还提出一条著名的理学原则"存天理,灭人欲"。当时有人问:"寡妇家贫是否能改嫁?"他们回答:"饿死事小,失节事大。"

而朱熹则是程颢、程颐的第四代,他将二程的学说继承并发扬,世人称他们的学说为"程朱理学"。朱熹对二程的"理""气"学说继承并发展,他主张,理、气相依无法分离,"天地之间,有理有气"。生物根本是理,生物形态是气,但"理在先,气在后","理生气","有理便有气,流行发育万物"。

朱熹的理学同样具有辩证法的因素,他所提出的"凡事无不相反以相成",天下事物都是"一分为二"的,都有相互对立、对应的一面。而这些对立、对应的方面又可以相互转换和产生联系。朱熹坚持"天理"和"人欲"的对立,倡导"存天理,灭人欲",将人的自我完善放到最重要的位置。

1190年,宋光宗即位,升朱熹为漳州(今福建)知府。三年后,朱熹又被调任潭州知府。在潭州,朱熹将四大书院之一的岳麓书院修复重建,吸引众多学子纷纷前来求学。1195年,宋宁宗即位,宰相赵汝愚推举朱熹为焕章阁侍讲。赵汝愚为太宗赵匡义的后代,而宁宗为太祖的后代,因此,很快赵汝愚就受到宁宗的猜忌,被贬为福州知府,朱熹等人也因此受到牵连,不仅罢了官,还把他的理学定为"伪学",称他的学生为"伪党"。历史上著名的"庆元党禁"指的就是这件事。

1200年,71岁的朱熹病逝。自从他去世后,党禁开始放松,他的学说逐渐受到重视,到了元代,他的《四书集注》已经被运用到科举考试中了;而明清两代更是将他的学说提到儒学正宗的地位,使他的学说成为封建社会后期的主流统治思想。在日本的江户时代,他们也流行朱熹的"朱子学",由此可见,朱熹的学说影响力之大、范围之广。

—— 爱国大诗人陆游 ——

南宋对金兵不抵抗、一意偏安的政策，导致广大爱国军民对政府的强烈不满。这一时期，反对投降、以抵抗为主题的文学创作不断涌现出来。其中代表人物就是陆游。

陆游，字务观，号放翁，是浙江山阴人，祖上务农，后来有人开始读书做官，而陆游的父亲陆宰也曾出任过京西转运副使。

陆游出生没多久，就发生了"靖康之变"，时局急剧动荡，陆游的父亲也失去了官职，只能带着全家南迁。陆游9岁时，全家才辗转返回到山阴老家。

虽然陆宰隐居在家中，但国家大事、民族存亡他都时刻放在心上，他的朋友也全是爱国志士，谈到国家兴亡和前途时经常痛哭流涕，希望自己能够赶赴沙场，为朝廷献身。长辈们的爱国情怀极大地影响了陆游，他很早就立下"上马击狂胡，下马草军书"的豪言壮志。

1153年，29岁的陆游前往临安参加科举，获得了第一名，第二年参加礼部的复试，依旧成绩优异。只因他写的文章中有收复中原的要求，名字又在奸臣秦桧的孙子秦埙之前排着，秦桧便利用权力把陆游的名字划掉了。直到秦桧死后，陆游才被升为福州宁德县主簿，随后又被朝廷调回临安任职。

1162年，宋孝宗即位。他起用老将张浚，任命他为枢密使，筹备北伐。而陆游则升为枢密院的编修官，他支持抗战，提出了很多收复失地、改革政治的主张。只可惜，北伐没多久就失败了，在符离，张浚的部队打了败仗，全线溃败。朝中抵抗派受到了空前的打击，张浚被罢免了官职，陆游也因此受到牵连，被罢免了官职，返回山阴老家了。

1170年，朝廷再次起用陆游，任命他为夔州通判。夔州是西南地区的偏远小县。陆游上任时，路经今天江苏、安徽、江西、湖北、湖南，再通过长江三峡进入四川，一路上游山玩水，了解当地的风土人情。因此，眼界开阔了不少。他边走边记，赶到夔州后写成了著名的《入蜀记》六卷。《入蜀记》详细记录了陆游入川时路上的所见所闻和自己的感慨，表现出自己对大好河山的热爱和坚定的爱国信念。

两年后，陆游被调往四川宣抚使王炎幕府中办理军务，这让他能亲临前线，体验军旅生活。当时，他经常往返驻地南郑（今陕西汉中）和前沿军营之间，曾在大雪纷飞的夜晚穿过汉江，从金军阵地旁边经过。也跟普通士兵同甘共苦，连吃了三天冷硬的荞麦饼。这段军旅生活极大地影响了陆游的思想和创作，使他写下了众多充满爱国情怀、气势磅礴的诗篇，创作也进入新的阶段。

这样的生活不到一年，朝廷召回了王炎，陆游也因此改任成都府路安抚司参议官。随后，他又陆续出任了四川几个地方官，几乎走遍了整个蜀中地区。

1174年，陆游成为镇守四川的范成大的参议官。范成大是南宋著名的诗人，与陆游更是好友，诗文创作方面也有很高的成就，因此，范成大并没有将陆游当下属。

然而，陆游生性豪放，又因报国之志难酬，便时常借酒消愁，因此他深受排挤，最后官职也给丢了。对此，陆游一点都不在意，索性自称"放翁"，以此表示自己不屈服的意志。

1178年，宋孝宗下令让陆游东还，此后陆游在福建、江西、浙江等地做官。他主张坚持抗金、反对妥协投降，朝中主和派一直压制他。在江西任职时，他因开仓赈灾而失去了官职，直到八年后，朝廷再一次召回他。第二年，陆游被升为礼部郎中，可到了十一月，再次被免职，返回山阴老家闲居。1190年冬，66岁的陆游再次被朝廷召回，只是此后的十多年里，他担任的大多是闲差。

1210年1月26日，85岁的陆游病逝。临终前，陆游写下了千古名诗《示儿》：

死去元知万事空，
但悲不见九州同。
王师北定中原日，
家祭无忘告乃翁！

陆游给我们留下了《剑南诗稿》八十五卷，其中收有他的诗作九千三百多首。陆游的创作主要分为三个阶段，早期，他的作品注重技巧、辞藻。从中年开始，尤其是入蜀之后，他的创作境界因为军旅生活的开拓，风格变成了激昂豪迈。晚年，主要以田园景色为内容，风格趋于平淡。只是，不管风格和内容如何变更，他创作的主题依旧是抗金、反对妥协、收复中原。继屈原、杜甫之后，陆游是又一位爱国大诗人。他的爱国诗众多，代表作有《关山月》《书愤》《示儿》等诗。

陆游同样擅长写词，《放翁词》二卷中，就有他的词作一百四十多首，其中数《钗头凤》最为著名，这首词表达的是他跟前妻唐琬之间的夫妻情深，而更多的篇章则是表达他的爱国情怀。此外，收有著名《入蜀记》的《渭南文集》五十卷和《南唐书》十八卷等也都是陆游的作品。

—— 壮志难酬的辛弃疾 ——

与陆游同一时期的辛弃疾，也是南宋著名的爱国词人，他与陆游一样，坚决地反对投降、反对妥协。

辛弃疾，字幼安，号稼轩，山东济南人。辛弃疾出生时，北方大片土地已经沦陷，成为金朝的统治区。辛弃疾很小的时候，父亲就死去了，祖父辛赞抚养他长大成人。辛赞因家中人口众多，不便行动，便没有随宋朝廷南渡，一直在北方生活，还担任了金朝开封府知府等职。可辛赞是"身在曹营心在汉"，始终不忘大宋政权，时常带着子孙望眼山河，渴望大宋恢复中原。他对辛弃疾给予厚望，曾两次让辛弃疾前往金都燕京，去参加科举，侦察和了解金的形势。

在祖父的教诲下，辛弃疾诗文写得不错，剑术高明，还立下了抗金报国的豪言壮志。他曾豪迈地说道："我要用词去骂天下所有的贼，用剑杀死所有的贼。"1161年，金的海陵王完颜亮南侵，准备灭掉南宋，一统江南。这时，中原百姓受够了金朝的压迫，纷纷起义抗金。当时，年仅22岁的辛弃疾组织二千多人起义。后来，他带领起义部队前往山东，投靠当时影响力最大的农民起义军领袖耿京，耿京十分器重辛弃疾，把全军的文件和大印交给他掌管。

1162年，完颜亮被杀，金世宗完颜雍继承金朝皇位。对于起义部队，他采用分化瓦解、诱降和残酷镇压相结合的政策，而他们重点镇压的对象就是耿京所领导的起义军。

面对如此残酷的形势，辛弃疾劝说耿京接受南宋朝廷的领导，获得南宋的支持，配合宋军作战。于是，耿京派辛弃疾等十一人前去与南宋取得联系。在建康，高宗接见了他们，任命耿京为天平军节度使，辛弃疾为天平军掌书记。

于是，辛弃疾等人返回山东复命，刚走到海州（今江苏东海附近）时，噩耗传来：耿京部下张安国、邵进等人，被金朝收买，把耿京杀死了。大部分起义军都溃散了，还有一部分在张安国的带领下投降了金。金朝任命张安国为济州（今山东巨野）知州。辛弃疾悲痛万分，愤怒至极，立即约上海州统制王世隆带上五十人马，朝济州奔去，准备捉拿张安国。赶到济州那天晚上，张安国正跟金朝将领在帐中饮酒。辛弃疾率兵出其不意闯进金兵大营，活捉张安国，当时金军大营有五万士兵，辛弃疾说，宋军十万人马马上就到，并劝他们尽快投降。军中很多将领本是耿京的旧部，听到辛弃疾这样说，当场就有上万人跟随辛弃疾南下。后来，张安国被押往临安斩首示众。

辛弃疾的壮举震动了南宋朝野，军民们十分钦佩辛弃疾的勇气，就连宋高宗也连声称赞他。

此后，辛弃疾开始在南方做官，他先是被朝廷派往江阴，虽然江阴靠近前线，然而朝中的主和派势力依旧强大，辛弃疾的抱负无法实现。宋孝宗即位后，起用主战派张浚，南宋王朝终于开始了第一次真正出击。然而，不承想在符离，张浚大败，宋金只能签订"隆兴和议"，主和派再次占了上风。

尽管这样，辛弃疾依旧忠心不改，顶着重重压力，给宋孝宗上疏《美芹十论》（又称《御戎十论》）。文中，他就当时的宋金形势进行了详细的分析，提出收复中原和抗金的战略战术。可朝廷根本不重视他的主张和建议，这让他深感悲愤和苦闷。在这段时间里，他写的词大多都是抒发自己壮志难酬、报国无门的悲愤的。

从1168年开始，辛弃疾先后在建康府、滁州等地做官，后又出任过江西、湖南安抚使。只是主和派依旧占上风，不管他职位再高，始终无法实现他报国的志向。他也只能大力整顿地方，创办准备北伐的军队"飞虎军"。不过，这些举措让主和派抓住了把柄，1181年，主和派不断诬陷和排挤辛弃疾，使得皇帝最终罢免了他的官职，让他回江西上饶闲居。

十多年后，宋光宗绍熙年间，朝廷才再次起用他，出任福州知府、福建安抚使等职。可没过多久，他再次被罢官。1203年，朝廷再次起用他，让他出任绍兴知府、浙东安抚使等职。

在绍兴任职期间，辛弃疾特意去拜会年近80的陆游。这两位文坛悍将、抗敌志士，饮酒作诗，如同多年好友。同年年底，辛弃疾被宋宁宗召去临安，征求军国大计。临行前，辛弃疾前去同陆游告别。陆游特意写下《送辛幼安殿撰造朝》这首七言长诗，为他壮行。陆游诗中用"稼轩落笔凌鲍谢""青史英豪可雄跨"称赞辛弃疾词远超南北朝的诗人鲍照、谢灵运，才能非凡，前无古人。对于这位文坛后起之秀，陆游高度评价了他。

1205 年，朝廷任命辛弃疾为镇江知府。就在他积极备战、准备抗金时，朝廷以他推举的官员存在不法行为为借口，连降他两级，后来，干脆罢免了他的官职。1207 年，北伐失败后，宰相韩侂胄召辛弃疾等人前去挽救败局。可是，辛弃疾当时已经身患重病，并于当年九月十日去世，享年 68 岁。

辛弃疾一生留有词集《稼轩长短句》和后人撰录的《辛稼轩诗人钞存》，留下来的词有六百多首，数量高居宋代词人之首。辛弃疾是南宋词人豪放派的杰出代表，继承了苏轼慷慨豪放的风格，跟苏轼在文学史上并称为"苏辛"。他的作品展现了不同方面的内容，有写自己壮志报国的，有诉说自己壮志难酬的悲愤的，也有揭露主和派丑行的，也有赞美大好河山的。但中心主题却都一样，都是抗金、收复中原。

此外，辛弃疾也写得一手好文章，尤其是政论文，与他的词一样，充满激情、慷慨豪放，具有很强的说服力。

第十二章 / 元朝的草原帝国

—— "一代天骄"成吉思汗 ——

　　1206 年，当宋朝宰相韩侂胄上书请求宋宁宗下诏北伐金朝时，位于北方的蒙古贵族都在斡难河（今鄂嫩河）源头展开大聚会，共同推举铁木真为大汗（皇帝），尊号为成吉思汗（古突厥语中"强大"的意思），并宣布建立蒙古汗国。

　　铁木真，蒙古孛儿只斤部人，其父亲也速该是蒙古部落中强悍的首领之一，素有勇士之称。铁木真出生时，恰逢也速该攻打塔塔儿部，把当时的部落首领铁木真俘虏了，因此，他给自己的儿子也取名铁木真，用来纪念这次战争的胜利。也有传说，说铁木真出生时，他的手中紧握一把凝血，如铁一般坚硬，于是，也速该给他起名铁木真。后来，塔塔儿部设计害死了也速该。此后，年仅 9 岁的铁木真跟母亲兄弟备受苦难。

　　大概在 1189 年，各部共同推举铁木真为首领，第二年，札只剌部首领札木合带领原属铁木真的泰赤乌等旧部，共计三万人马前去攻打铁木真。铁木真率领三万部众，把他们分为十三翼军队前去迎战，最后，铁木真战败。著名的"十三翼之战"指的就是这次战斗。战胜后，札木合杀害了大批的俘虏，手段残暴，导致部下纷纷不满，都去投奔铁木真，就这样在各种机缘巧合之下，铁木真虽然吃了败仗，可实力却得到了大大的增强。

　　当时，泰赤乌部在蒙古诸部中最为强大，可泰赤乌时常抢夺族人的车马和粮食，没有一点首领的气度和风范。而铁木真的宽宏大量和仁义吸引了泰赤乌的很多部下纷纷去投奔他。就这样，铁木真的势力不断增强。1200 年和 1201 年，铁木真多次击败泰赤乌部，随后整个部落都被并入蒙古族，后来，克烈部也被铁木真收复了。

　　1204 年，铁木真召开大会商议讨伐乃蛮部。有人提出，恰逢春天，马群瘦弱，应该到秋季后再攻打。但更多的将领却建议，这场仗已经不可避免，要尽快做出决断，马瘦不能成为推脱的理由。又说："乃蛮部企图解除我们的武装，实在是太小看我们了，我们该一举出其不意，胜利就在眼前。"这让铁木真信心大增，随即率兵讨伐乃蛮。

乃蛮首领太阳罕集结了蔑儿乞、克烈、斡亦剌等部的兵力前去迎战，声势浩大。

一天，乃蛮大营中闯进一匹铁木真营中的惊马，太阳罕见到后，对部下说道："看，铁木真的马如此瘦弱，我们可以诱敌深入，仅需一战，就能击败他！"

可有个部将对这一计策感到不服，讽刺道："如此拖延时间，难不成真的惧怕铁木真不成？那为何不让后妃前来统率军队呢？"

太阳罕听到后，大怒，立即拍马去跟铁木真挑战。

这时，札木合也带着部众前来给太阳罕助战，见铁木真军队整齐严肃，便对左右说道："铁木真发展如此迅速，不再是往日的铁木真了，当初乃蛮举兵就十分轻敌，此战他必败不可，我们还是赶紧撤吧！"说完，札木合就带着本部的人马悄悄撤离了。

这一天，铁木真跟乃蛮军交战到傍晚，铁木真大胜，擒杀了太阳罕。

铁木真跟各部落不停征战，逐渐把蒙古全部统一了。1206 年，铁木真被推举为蒙古皇帝，尊称为成吉思汗。

成吉思汗当了皇帝后，立即组建了一万四千名的禁卫军，由号称"四杰"的四大功臣博尔忽、博尔术、木华黎、赤老温统率，又设立相当于丞相的"扎鲁忽赤"去掌管财赋，总管各项政务，颁布法律条规，蒙古逐渐强大起来。

蒙古国建立后，成吉思汗继续南征北战，征讨各方。他一边将乃蛮等部落的残余势力清除掉，一边谋划讨伐金朝。蒙古曾一度屈服金朝，每年要向金朝进贡。有一年，金章宗派成卫王完颜永济前往蒙古受贡。成吉思汗故意怠慢他，导致永济十分气愤，返回金朝就要请兵前去讨伐，正好金章宗去世，完颜永济即位，诏书传到蒙古后，要求成吉思汗拜接。

成吉思汗从金朝使者的口中得知新皇帝是完颜永济，傲慢地朝南边吐了口唾沫说道："我本以为中原的皇帝全都是天上人做的，想不到永济这样庸懦的人竟然也能成为皇帝，我为何要拜他呢？"说罢，就自己骑上马朝北奔去。

1211 年，成吉思汗率军讨伐金朝。1213 年，金主完颜永济被害，丰王完颜珣继承皇位。成吉思汗兵分三路，分别进攻金朝各地，把河北所有的州县全给占领了。在 1214 年春，三路大军在中都（今北京）会合。没有办法，金宣宗完颜珣只能求和，将完颜永济的女儿歧国公主以及金帛、童男童女各五百、骏马三千匹献给了蒙古。从此以后，金朝开始衰落。

早在 1205 年，蒙古汗国建立之前，铁木真就曾出兵西征西夏。1218 年，铁木真二度讨伐西夏，西夏国主李遵顼被迫出逃。1226 年后，蒙古多次征讨西夏，终于，在 1227 年，西夏被蒙古所灭。

1219 年，在途经花剌子模（中亚细亚阿姆河下游地区的古国）时，成吉思汗西派的使者被人杀害，同年六月，成吉思汗率领二十万大军讨伐花剌子模。随后，又继续向西攻去，势不可当，把中亚大片的土地都占领了。铁木真把这些土地分封给长子术赤、次子察合台和三子窝阔台，此时的蒙古国力处于鼎盛时期。

这时，成吉思汗病倒了，弥留之际，他对左右说道："宋金世代有仇，我们要灭金，可以借道宋朝，到时大军直捣大梁，一举灭掉金朝。"

1227 年，"一代天骄"成吉思汗病死。

后来，蒙古新汗窝阔台灭掉了金。

—— 耶律楚材的改革 ——

成吉思汗在拿下金朝中都后，就将金朝官员耶律楚材召到自己身边。成吉思汗十分赏识耶律楚材的才干，曾说："这个人可是上天赏赐给我们蒙古族的，不管以后谁当国君，都必须重用他。"

耶律楚材出身高贵，是契丹族的后代，更是辽皇族的子孙。他父亲 60 岁时才有了他，老年得子，自是非常喜爱。他曾感慨地对家人说道："他是我们家中的千里马，以后必成人物。"在他父亲去世后，母亲亲自教导他，他得以博览群书，精通天文、地理、历法和医术。他身材魁梧，下巴上长着一把漂亮的长胡子，因此，成吉思汗称他为"长髯人"。

1229 年，成吉思汗的第三个儿子窝阔台即位，他即位后，立即任命耶律楚材为中书令——主管汉人文书的官。只要有政事需要处理，不管事情大小，窝阔台就会先去请教耶律楚材。正因如此，耶律楚材得以展现自己的才干，提出并实施了众多利于社会稳定和经济发展的政策。

蒙古族世代游牧，不懂农业生产，初入中原时，也不重视农业。有一次，窝阔台手下大臣别迭主张："那些汉人有何用？不如将他们全都赶走，把这里开辟成牧场，放牛羊多好！"耶律楚材坚决不同意他的意见，反驳道："如今天下广大，四海富有，我们只需向汉人征收各种税款和买卖酒醋、盐铁的利息，就能每年得到白银五十万两，绢八万匹，粟四十多万石。这可不是一个小数目呀！"经窝阔台同意后，耶律楚材在河北地区实施赋税制度，建立了税收机构。税收机构的成立，让统治者逐渐意识到，征收赋税的收入要比抢夺财产稳定得多，而且更有保障。随后，耶律楚材根据两次全国人口调查为基础，重新调整了税制。他还劝说窝阔台不要让未婚女子入宫，在中原地区不要抢夺马匹。正是有了这些政策，百姓有了喘息的机会，荒芜的田野又种满了庄稼。这些举措在很大程度上促进了社会的稳定。

经济改革的同时，耶律楚材又帮助窝阔台进行政治上的改革，统治机构得以进一步完善。

窝阔台即位之前，耶律楚材就制定了即位的跪拜仪式，还劝说皇帝的哥哥察合台："尽管你是皇帝的哥哥，可在朝中你也是个大臣，根据礼仪，你应该向你弟弟行跪拜之礼。只要你带头跪拜，那就没人敢不拜了。"

察合台觉得有道理，便率先带领皇族和全体大臣朝窝阔台行跪拜之礼。

耶律楚材几乎制定了当时所有的重要典章制度。窝阔台即位后，耶律楚材立即上书，提出了十八条立法建议，其中有：设立郡州管理人民；军队的基本编制问题；惩治贪污、挪用公产等；只要是死罪的人，都要上报朝廷审核后行刑。他还建议廉政，认为应该禁止地方给朝廷进贡，不然危害极大。

1234 年，蒙古军拿下蔡州，金灭亡。两年后，窝阔台准备按照旧制，分封华北地区。耶律楚材立即反对道："分封只会让诸侯各自为政，引起国家分裂，不可分封。"他的建议，窝阔台也悉数采纳，而一些受封的诸王，仅有在其封地内的征税权，中央直接行使官员的任命、征兵等权。这样一来，不但国家统一的局面得到了保证，也消除了分裂的隐患。

耶律楚材认识到大力培养汉族官员的重要性，便向窝阔台提议："只有重用有学问的人才能巩固统治。"他建议通过科举选拔人才，不分民族出身，只看才干。这一举措促使了各民族间的交流，加快了民族间的融合。

耶律楚材不仅是个政治家，还是一个著名的诗人，在随成吉思汗讨伐西域时，他将沿途的所见所闻所感全都用诗歌记录了下来，后收录在《西游录》这本书中。他的其他诗文还被后人编著成《湛然居士文集》。耶律楚材也精通音律，弹奏古琴更是一绝，能弹出跟别人不同的意境。

窝阔台病死后，他的儿子贵由即位。新的统治者不再认同耶律楚材的意见。在耶律楚材 55 岁时，郁郁而终。

—— 忽必烈建立元朝 ——

贵由即位不到两年，就暴病而死。这导致蒙古统治集团爆发了激烈的汗位之争。1251 年，忽必烈的哥哥蒙哥被蒙古王公们推举为大汗。这时，忽必烈掌管着中漠南（蒙古高原大沙漠以南地区）汉地的军政事务。两年后，京兆（今陕西西安）又封给了忽必烈。忽必烈胸怀远大，学习汉文化，重用汉族读书人，整顿吏治，发展农业，建设学校，得到了北方汉族地主阶级的拥护，为元王朝的建立打下了坚实的社会基础。

1253 年，忽必烈受命跟兀良大将一起南征云南，大理国被消灭后，他让兀良镇守云南，自己班师回朝。不久后，忽必烈在金莲川（今河北滦河上游）建设藩府，修建宫室，继续让汉族读书人给他出谋划策，大力整顿地方，藩府势力逐渐扩大。很快，这些引起了蒙哥的猜疑和不满，以查核关中赋税为借口，派人前来打击和限制忽必烈的势力。忽必烈深知哥哥来者不善，便采用谋士姚枢的建议，亲自将一家老小送往和林当作人质，还对蒙哥说道："要是我存有二心，背叛朝廷，那你就杀死我的家人吧！"

一听这话，蒙哥消除了猜疑，也停止了所有对关中查核赋税的工作，只是撤销了忽必烈所设置的汉族模式机构。

1258 年，西征波斯等地的旭烈兀给蒙哥送来获胜的消息，蒙哥因此决定伐宋，兵分三路，统一天下。他亲自前去攻打四川，宗王塔察儿攻打鄂州（今湖北武昌），兀良合台攻打潭州。只是这次南宋早有防备，蒙哥攻打合州（今四川合州）钓鱼城整整五个月都没攻下来，塔察儿也一直没渡过长江。没有办法，蒙哥只能起用忽必烈，让他去替换塔察儿。

1259 年八月，忽必烈抵达黄陂时，蒙哥死于军中的消息传到他的耳中，可他依旧率军强渡长江，攻打鄂州。忽必烈猛烈的进攻势头对南宋朝廷造成了很大的冲击。当时的宰相贾似道，没有任何的真才实学，依靠玩蟋蟀，其姐姐是宋理宗的贵妃才当上宰相。而这次，就是派他来抵抗忽必烈。

三个月后，忽必烈的妻子给忽必烈密报，说他的弟弟阿里不哥正在调兵，准备即位。这时，贪生怕死的庸臣贾似道正在偷偷跟忽必烈求和，答应向南宋称臣，将长江以北的土地全都割让给蒙古，还每年向蒙古进贡银帛各二十万。

忽必烈就势答应，并从鄂州迅速撤兵。1260 年四月，在开平府（今内蒙古正蓝旗及多伦一带），忽必烈继承汗位，定年号为"中统"。与此同时，在北面，忽必烈的弟弟阿里不哥即位，占据整个漠北，积极活动，互不相让。双方激战四年，忽必烈击败阿里不哥，蒙古得到了统一。

随后，忽必烈大举南下，攻打南宋。其间，他听从汉人官员姚枢、刘秉忠的建议，没有杀害无辜百姓，他说："但凡贤明君主前来出征，目的是征服敌人，并非屠杀百姓。滥杀无辜，只会自毁国家根基。"

早在忽必烈即位时，就在《即位诏》中宣布："祖述（祖宗的制度）变通，正在今日。"由此可见，他打算用汉法建立一个和中原经济相适应的中央政府。1263 年，忽必烈改国号为"至元"，定都燕京。在中央，忽必烈设立中书省，在地方，忽必烈分设十路宣抚使，让汉族读书人负责；废除蒙古建立以来的诸侯世袭制，采用中原汉族的传统制度，这一系列举措，基本上确定了元朝的政治体制。

1267 年，忽必烈在中都燕京的基础上，在城东北建造新都。四年后，即 1271 年，中都的扩建工程完成，正式改国号为"大元"，元朝正式建立，忽必烈为元世祖。第二年，升燕京为大都。

元朝是我国历史上第一个由少数民族建立的统一封建王朝，它初步确定了我国疆域的规模，并重新确立了中央集权，从一定程度上限制了统治者对人民的剥削程度，实行垦荒屯田、兴修水利、限制奴隶等一系列有利于农业和手工业发展的举措，推动了社会的进步。

1294 年，80 岁的忽必烈病逝。他是我国历史上著名的政治家和军事家。他用他的雄才伟略结束了中国数百年来军阀割据和辽、金、西夏等少数民族政权长期存在的分裂局面，建立起一个广阔的庞大帝国，进一步促使各民族间经济文化的交流，使统一的、多民族的国家更加稳定和繁荣。

—— 元世祖重用读书人 ——

　　许衡，元代著名学者，他终其一生致力于促进汉、蒙之间文化的交流与融合。忽必烈即位之后，任命许衡为集贤大学士兼国子祭酒。

　　盛夏的一天，烈日当空，许衡因一件急事要外出处理，便带着几个人匆忙出门了。

　　许衡一行人在酷暑中匆忙赶路，热得满头大汗，口渴似火。忽然间，他们看见前面有棵梨树，不由心生喜悦，朝梨树奔去。

　　大家争先恐后地摘梨来解渴，唯有许衡一人在树下端坐。

　　有两个下属把梨拿给许衡吃，许衡谢绝了。

　　这时，下属问道："天气如此炎热，你就不觉得口渴？"

　　许衡回答道："盛夏中匆忙赶路，自然是酷热难耐，肯定口渴！"

　　"那你为何不吃梨子来解渴呢？"下属又问道。

　　"不是我的东西，我怎能随意拿来享用呢？"许衡反问道。

　　下属劝道："这棵梨树并没有主人，你又何必如此拘泥呢？"

　　许衡回答道："就算梨树无主，可我的心却不能无主！天下是混乱还是太平，他人是高尚还是卑鄙，我都要坚持自己的原则。心中有主了，就感受不到炎热和烦躁，也不会口渴难耐了。唯有心中有主了，事业才有成，才战无不胜。"许衡的话让随行人员十分感动，也感到十分羞愧。

　　对于中原文化，忽必烈其实并不熟悉，但他当亲王时，就高瞻远瞩地去招揽人才，尤其是汉族读书人中有才干的。而许衡就是这些人中的一个。元太宗时，窝阔台就曾下令考试，许衡参加了这次考试，考中了，自此以后，许衡就名声大振。忽必烈为亲王时，曾特意派使者前去请他，还任命他为京兆提学。许衡上任后，兴办学校，教授程朱理学，他的名气很大，很多人慕名前来求学。

　　许衡出任集贤大学士兼任国子祭酒后，设立了国子学（封建社会的最高学府），挑选忽必烈手下的蒙汉大臣子弟为学生。以朱熹的《小学》等为教材，给他们讲授程朱理学等儒家文化，课余时间，许衡还将儒家的礼仪和技艺教授给他们，让他们了解中原文化和儒家治国方略，给元朝培养了大批的人才。后来，他的这些学生，有近十人成了宰相、大臣，各部和地方长官也有数十人。

刘秉忠是忽必烈最信任，也是最早任用的汉人谋士。17岁时，刘秉忠就出任了邢台节度使府令史，22岁时隐居在山中，学习全真道，后在天宁寺出家为僧。1242年，在忽必烈的召请下，禅宗高僧海云前去忽必烈王府讲佛法，随行人员中就有刘秉忠。在交谈中，忽必烈发现刘秉忠知识渊博，上知天文，下知地理，熟读诸子百家，对天下大事几乎无所不知，也有自己深刻的理解和研究。于是，刘秉忠被忽必烈留在王府当书记。此后，刘秉忠一直追随忽必烈，重要的政治决策都有他参与，对忽必烈的决策影响很大，因此人们都尊称他为"聪书记"。

忽必烈即位后，忽必烈要求刘秉忠制定各项制度。他结合蒙古制度和中原传统制度，制定出新的元朝制度，在建立中书省、使用年号"中统"，选用官员方面，他都有不小的贡献。他还跟许衡等人共同策划了立国规模，商定了官员任命、俸禄等制度；参照唐代的《开元礼》，制定了元朝的朝廷礼仪制度。"大蒙古国"这一国号自成吉思汗建蒙古汗国后，就一直使用。忽必烈即位后，政治中心随即转移到中原。1271年，在刘秉忠的建议下，改国号为"大元"。早在1264年，定燕京为中都，可旧城破坏严重。1266年，在忽必烈的命令下，刘秉忠开始建造新都城。刘秉忠把新城的城址定为旧城东北空地上，根据中原都城的传统制度和规格进行了全面的规划，从而建立起一个新的都城。1272年，在刘秉忠的建议下，忽必烈把燕京从中都改为大都，元朝的统治中心从此迁移至此。

此外，刘秉忠还把不少有才干的汉族知识分子推举给忽必烈，比如张文谦、姚枢等。忽必烈在这些人的辅佐下，进一步巩固了统治。1279年，南宋被灭后，唐末以来长期分裂的局面在元朝终结，元统一了全国，为以后及明清两朝的长期统一打下了坚实的基础。

—— 纺织家黄道婆 ——

史上最著名的纺织技术家黄道婆出现在元代。

黄道婆，又名黄婆，出生于南宋末年，原本是松江府乌泥泾镇（今上海徐汇）人。她家境贫寒，被生活所迫，十二三岁就被卖给他人当童养媳。她白天下地，晚上纺织，进行繁重的劳动，还饱受公婆和丈夫的虐待。最后，她实在忍受不住，一天半夜偷跑了出来，躲在黄浦江边停泊的一条海船上，随船漂到海南黎族地区。

最后，黄道婆落脚在崖州（今海南三亚西北）崖城镇内草村中，她衣服破旧，在一个黎族老大妈家的屋檐下瑟瑟发抖，守门的黄狗冲着她汪汪大叫，把她吓得不轻，就在她准备逃走时，老大妈开门出来了，见她可怜，将她拉入屋中，让她穿上黎族人穿的筒裙，给她喝了几口山兰玉液来驱寒，随后问起了她的家世。

在黄道婆的哭诉下，黎族老大妈流下同情的眼泪，随即认她为女儿，给予了她生活上细致的照顾。

海南岛盛产木棉，黎族人民纺棉织布技术先进，黄道婆心灵手巧，学习了他们的技术。在她的家乡江南，需要用手来剥棉籽，效率低下；而弹花只能用小竹弓，棉絮不松软。而黎族妇女采用纺织工具踏车来纺织，不仅轻巧灵活，编织出来的布更是精美细致。很快，黄道婆便精通了黎族的各种纺织技术和工艺，织出来的布更是色彩斑斓，有各种花草、走兽等花纹图案，这些布做成筒裙和被面，十分美观，只要看过的人都赞不绝口。

很快，黄道婆的名气就传开了。一天，一个外地商人闯到她家中，野蛮地说要用高价收买她所有的纺织精品，用来当作贡品呈给皇上。眼见来者不善，黄道婆委婉地谢绝道："我织出来的布还不够自己穿的，没有多余的可以来卖！"商人威胁说："就算你没穿的，那也不能不给皇上呀！这个罪责你可是承担不起的啊！"

黄道婆直接说道："你们觉得有钱就什么事都办得成吗？既然你要呈给皇上，那就自己去织吧！"这时，大妈也在旁边帮她说话，最后那位商人恼羞成怒，只能灰溜溜地走了。

在海南黎乡，黄道婆生活了三十多年，尽管不愁吃喝，可她时刻想念着自己的家乡。元朝至元年间（约1295—1296年），她依依不舍地告别黎族同胞，带着黎族先进的纺织工具和技术乘船返回三十多年未归的松江乌泥泾镇。黄道婆返回故乡时，长江流域已经大面积普及了植棉业，可纺织技术没有跟上，依旧十分落后。于是，黄道婆以自己几十年在海南学到的手艺和丰富的纺织经验为基础，与当地群众一起大胆改革了当地落后的纺织技术和工具。

黄道婆将黎族人民用的搅车介绍给当地群众剥除棉籽。机架上装两根碾轴组成了搅车，依靠摇臂，两轴向相反方向转动，再将棉花放入两轴间的空隙碾轧，棉籽就会被挤出来，而棉纤维（皮棉）则会被带到前面。搅车的广泛运用，极大地提高了纺织的生产效率。

至于弹松棉花，黄道婆将弹花的弓从一尺多长改到四尺多长；线弦被绳弦取代；手指弹拨被檀木做的锥子取代。这样一来，弹出来的棉花均匀细腻，纱和布的质量都得到了提高。至于纺车，黄道婆跟木工师傅一块儿进行了多次实验，将纺织麻的脚踏纺车改为三锭棉纺车，效率一下子提高了两三倍，操作简单且省力。

乌泥泾越来越多的人在黄道婆的影响和带领下从事纺织业。乌泥泾的棉纺织技术和新设备在浙江一带影响极大，松江也一度成为全国棉纺织业的中心。黄道婆终生奔波辛苦，回乡没几年，就离开了人世。但她的事迹被广为流传。时至今日，在当地仍然流传着这样的歌谣：

黄婆婆，黄婆婆，
教我纱，教我布，
两只筒子，两匹布。

—— 马可·波罗游中国 ——

　　元帝国疆域辽阔，地跨欧亚两大洲，为此中央政府特意设置驿路（传递公文、官员往来的路线）来保持跟各汗国之间的联系。这也导致中原地区与海外文化的交流变得更加安全且方便，因此，这一时期中西文化交流频繁，大量的欧洲商人得以进入中国，甚至抵达元朝都城。威尼斯商人马可·波罗正是他们这些人中最为有名的一个。

　　马可·波罗的父亲尼古拉、叔父马菲奥曾在属于元朝的钦察汗国生活过很多年，他们是经营东方贸易的欧洲商人，后来，他跟着汗国的使者一起来到了中原，大概在 1265 年抵达上都（今内蒙古多伦西北）。忽必烈亲自接见了他们，并从他们口中了解了欧洲各国的情况，随后，忽必烈决定派出使者前往罗马教廷，命尼古拉兄弟一同前往。

　　1269 年，元朝使者和尼古拉兄弟一起抵达了地中海东岸的阿迦城，这时，老教皇去世，新教皇还没选举出来，他们返回到尼古拉威尼斯的家中。两年后，即 1271 年，他们带着 17 岁的马克·波罗再次来到阿迦城。这次，新教皇格里戈里十世派两位教士跟随他们前去面见忽必烈。途中，两位教士因为害怕路途艰难，不再前行。只有马可·波罗和其他人沿着古老的"丝绸之路"继续东行，穿过叙利亚、两河流域、伊朗高原、中亚细亚，翻过帕米尔高原，最后在 1275 年抵达元朝上都。

　　马可·波罗天资聪明，没过多长时间就掌握了蒙古语和汉语。忽必烈也十分器重他，曾让他去各省巡视，因此，他有机会可以游遍中国各地，新疆、甘肃、内蒙古、山西、陕西、四川、云南、山东、江苏、浙江、福建等省区，五十多个城市都留下了他的足迹。其间，他甚至还在扬州做过三年的官，又在元朝的派遣下，作为使者出使到越南、印尼等地。

　　在中国，马可·波罗居住了整整十七年。后来，伊儿汗国的汗王向元朝皇室求婚，忽必烈为其选定新王妃阔阔真，让马可·波罗和他的父亲、叔父前去护送，从泉州乘船去位于波斯的伊儿汗国。1292 年，他们离开中国，经过苏门答腊、印度等地抵达波斯。1295 年，他们回到威尼斯。

1298 年，威尼斯跟热那亚交战，马可·波罗不幸被俘。在狱中，他把自己在东方的见闻口述了出来，让监狱里的比萨人鲁思梯谦编著成书，举世闻名的《马可·波罗游记》就在这样的情况下问世了。

这本书又称为《东方见闻录》，一共有四卷。第一卷主要讲述了在中国的所见所闻；第二卷主要讲述中国丰富的物产和城市的繁华；第三卷则讲述中国附近国家和地区的情况；第四卷则讲述成吉思汗以后诸王之间的斗争。书中所记内容真实可靠，史学价值很高。这本书大大开阔了欧洲人的眼界，让他们对东方文明充满了向往。其中，著名航海家哥伦布就是其中一位读者，他读过并批注过的《马可·波罗游记》现在还在里斯本博物馆中保存着，是其镇馆之宝。一些欧洲地理学家还根据这本书描绘出世界上最早的"世界地图"。

早在马克·波罗来中国之前，元朝也有很多旅行者抵达过西方，其中成吉思汗时期的耶律楚材最为出名。1219 年，耶律楚材跟随成吉思汗远征西域，1224 年，返回中原，1228 年，耶律楚材写了《西游录》，这本书记载了他随成吉思汗远征时，沿途的地理及风土人情，具有极高的科研价值，是研究 13 世纪世界地理的重要文献之一。

元成宗时，温州人周达观跟随使团去了真腊（柬埔寨），这是元代从海路出使外国最为著名的一例。他所写的《真腊风土记》是最早一本全面介绍柬埔寨吴哥政权时期的作品，资料真实可靠，在国际上享有盛名，1819 年，这本书被翻译为法文。

广泛且频繁的文化交流让包括四大发明在内的中华文化走向欧洲和全世界。据史料记载，大约在 14 世纪，活字印刷术传到朝鲜、日本。在活字印刷术的基础上，朝鲜人制作出铜和铅的活字。后来，活字印刷术被阿拉伯人从丝绸之路带到欧洲，结束了欧洲只有僧侣才能读书受教育的状况。

13 世纪时，阿拉伯人的书中提到了他们称作"中国雪""中国盐"的火药。蒙古西征时，通过作战，阿拉伯人学会了使用和制造火药武器的技术。接着，欧洲人也掌握了这种技术。

指南针同样是阿拉伯人传到欧洲的，自从有了指南针，欧洲的航海业得以快速发展，一些航海家开辟出新的航道，并发现了美洲大陆，最终完成环球航行。

—— 元朝的画坛 ——

1286 年，元世祖命令朝廷官员程钜夫前往江南寻访人才。经过一段时间的寻访后，程钜夫列出一个二十多人的名单，赵孟頫名列名单第一。

赵孟頫，湖州人，字子昂，号松雪道人。他出身高贵，是宋太祖赵匡胤的第十一世孙，他是元代书画巨匠，在书画界，对当时和后代都有很大的影响。

赵孟頫的书法师承王羲之父子，楷、行、草、隶、篆各种字体都十分擅长，字体秀美、刚劲，有赵体之称。在当时，他的字就十分出名，甚至有印度僧侣不远万里来到中国只为求得他的书法带回国珍藏。

赵孟頫不仅能画出笔法工整细腻的工笔画，他也会画笔法奔放、表达意境的写意画，并且擅长画山水、人物、花木、竹石。他开创了元代绘画深厚含蓄的画风，将工笔和写意和谐地结合在一块儿。

对于绘画，赵孟頫最大的贡献是在唐代王维以诗入画的基础上，提出观点"书画同法，以书入画"。在他看来，书法和绘画的原理是一样的，书法的技巧也完全可以用到绘画中来。就像书法中的"飞白法"，这是一种枯笔露白的技法，要是用来画石头，能增强石头的质感；用书法中大篆的笔法来画枯树，可以更好地表现出遒劲和苍老的感觉；用楷书画竹，画出来的竹子没有琐碎的感觉。他的这些理论极大地推动了中国画的发展，尤其是文人画。

赵孟頫的诗文也十分有名，甚至元仁宗将他比作唐代的李白、宋代的苏轼。赵孟頫的妻子管道昇、儿子赵雍也十分擅长书画。元仁宗曾用玉轴把他们的书法作品装饰起来，藏到秘书监，并说：我朝一家夫妻父子都擅长书法的事要是让后人知道了，他们肯定会感到惊奇。这是我朝的幸运和骄傲。

赵孟頫的管理才能也十分出色，但所知者甚少。1292 年，赵孟頫出任济南路总管府事，他主管总管府时，以"兴学"为主要工作，政绩可观。多年后，在这个地方涌现出了不少优秀的人才。

在元朝并没有设置画院，再加上宋朝留下的文人大多隐居山林、寄情书画，因此，宋朝兴起的文人画，到了元代，几乎呈喷发态势，发展迅速，还形成了以主要表达意境、抒发情趣的写意画风。黄公望、吴镇、倪瓒、王蒙四人便是继赵孟頫之后杰出的文人画家，素有"元四家"之称，黄公望在这四人中对后世影响最大。

黄公望，原名陆坚，平江常熟（今属江苏）人。永嘉（今浙江温州）有个叫黄乐的人，十分欣赏陆坚，便将他收为义子，改名为公望，号子久，其意思就是黄公望子很长时间了。

黄公望在大都做过书吏，但上司贪污连累到他，被抓进了大牢。出狱时，黄公望已经47岁了，便断了再做官的念头，从此整日云游四海，开启了隐士的生活。

黄公望十分擅长画山水，他是从大自然中学会画山水画的。在家乡时，黄公望每天带着一壶酒，安坐在湖边，观看云霞的变化，查看湖水的波纹。有时一整天，他都会行走在丛林乱石中，或在竹林中静坐，没人知道他在干什么想什么。有时，他去大河交汇处观察水流变化，就算下大雨，他也不躲避。只要外出，黄公望都会在皮袋中放些画笔，一旦看见美丽的风景、奇异的树木，便立即用画笔画下来。

黄公望晚年作的长卷《富春山居图》是他一生中所画的山水画中最出名的一幅，作画时，他已经是78岁高龄了，隐居在富春山，他画这幅画画了三四年，终于完成这幅代表他最高成就的作品。

《富春山居图》高三十三厘米，长达六百三十六点九厘米，是长卷。画卷描绘的是初秋时分富春江一带的景色，画面山峰起伏，林岗绵延，江水清澈，意境开阔。画上有几十座山峰，每座都有自己的形态；几百棵树，千姿百态，变化无穷。这幅画卷被后人称为"画中兰亭"，认为其价值可以与王羲之的《兰亭集序》相提并论。

《富春山居图》每一段都有景色，都是精品，整个画面淡雅干练，历代收藏家都视为珍品。沈周、董其昌等书画大家都曾收藏过这幅作品，到了明代万历年间，江苏宜兴的收藏家吴之矩收藏到了它，后传给了他的儿子吴洪裕，为了这幅画，吴洪裕特意建造了一座"富春轩"进行珍藏。后来，吴洪裕病危，要把此画当随葬品投入火中，幸亏吴洪裕的侄子吴子文从炉火中把这幅画抢了出来，尽管画保存了下来，可画卷却被焚烧为两截。前段仅有五十一点四厘米，1938年，画家吴胡帆将前段购得，经过重新装裱，命名为《剩山图》，现藏于浙江省博物馆。至于后段《富春山居图》现藏于台湾省台北市"故宫博物院"。

除了"元四家"之外，元代的花鸟图则是以王冕为代表，他尤其擅长画梅竹，对明、清两代画家都有所影响。钱选善、任仁发也都是技术高超的画家，一个擅长画人物花鸟，另一个擅长画人物鞍马。

—— 关汉卿与《窦娥冤》 ——

元代出现了一批剧作家。其中关汉卿、马致远、郑光祖、白朴这四位被誉为"元曲四大家"，他们的作品极大地推动了元曲的发展。其中关汉卿的创作成就最高。

关汉卿，大都人，曾做过太医院的官员，他时常出没歌楼舞榭，参加戏剧的导演和演出。现存关汉卿的小令有五十多首，套作十多篇，残存的套作也有两篇。他创作了六十多种杂剧，其中最出名的就是《窦娥冤》。

《窦娥冤》全名《感天动地窦娥冤》，讲的是一位名叫窦娥的年轻女子的不幸遭遇。3岁时，窦娥母亲去世，7岁时，她父亲还不起债务，只能将她抵押给债主蔡婆婆当童养媳，而她父亲则自己上京赶考。

成年后的窦娥跟丈夫结婚没多长时间，丈夫就去世了，婆媳两人相守度日。一天，蔡婆婆去跟开药铺的赛卢医讨要债款，赛卢医将蔡婆婆骗往郊外，想把她勒死，恰好被恶棍张驴儿父子看见了，要挟蔡婆婆，要她们婆媳俩嫁给他们父子，不然就勒死婆婆。没有办法，蔡婆婆只能将这父子二人带回家。他们在蔡婆婆家赖着，整日逼迫窦娥成婚，窦娥不答应，还痛骂了张驴儿一顿。

张驴儿想毒死蔡婆婆，以此来霸占窦娥。一天，蔡婆婆生病了，窦娥特意为她烧了羊肚汤，张驴儿将从赛卢医那里弄来的毒药偷偷下在汤里，可是因为蔡婆婆当天身体不适，并没有喝汤，结果让张驴儿的父亲喝了，随后，张老儿立即死了。于是，张驴儿便威胁窦娥，要她嫁给他，不然就要告官。

窦娥并没有罪，因此，她宁愿去见官，也不愿屈从张驴儿。不承想，太守桃杌却是个昏官，不听窦娥申辩，直接严刑逼问她们婆媳俩，窦娥担心婆婆年事已高，受不住这酷刑，只能含冤承认。这个昏官当场判处了窦娥死刑。

临刑前，窦娥羞愤含冤，发下三桩誓愿：

第一桩，要是窦娥我真是冤枉，那就刀过处头落，热血全飞在白练上，地上不沾半点。

第二桩，现在是三伏天，要是我窦娥真的冤枉，我死之后，天降三尺瑞雪，盖住我窦娥的尸首。

第三桩，如果我窦娥死得冤枉，从今往后，我所在的楚州要大旱三年，颗粒无收。

行刑后，血飞白练、六月飞雪当场出现，接下来的三年，楚州果真三年没有下雨。后来，窦娥的父亲中举做官。他前来楚州视察时，窦娥的冤魂对父亲控诉了一番。他的父亲设计得到了张驴儿、太守等人的口供，为窦娥洗冤雪耻。《窦娥冤》讲述了窦娥的不幸且冤屈的一生，表现了她成鬼魂也要申冤的不屈精神。因此，自从其问世以后，深受广大民众的喜爱，这部作品也是关汉卿的代表作。

关汉卿的杂剧擅长描绘青年妇女形象。他笔下的妇女，生活大多不幸，但充满勇气和智慧，具有不屈的斗争精神。这一点也充分表现在他的爱情剧中。

《救风尘》《望江亭》《拜月亭》等这些是关汉卿的爱情剧代表作。《救风尘》讲的是具有侠义心肠的妓女赵盼儿，用自己的机智勇敢同残暴的奸商斗争的故事，她用周舍好色的弱点，骗他写下休书，救出了她的妓女姐妹宋引章，最后与自己喜爱的书生安秀实结婚。《望江亭》的主角则是太守白士中的妻子谭记儿。朝廷权贵杨衙内看中了白士中的妻子谭记儿，用皇帝的势剑金牌来捉拿白士中，企图娶谭记儿为妾，谭记儿巧妙扮作渔妇，打着献鱼的旗号，在望江亭上，把杨衙内的势剑金牌取了过来，粉碎了他的阴谋，进而保全了丈夫和她自己。《拜月亭》讲的是在战乱中王尚书的女儿王瑞兰跟书生蒋世隆成为夫妻，但王尚书嫌弃门第差别大，便拆散了他们，后来，蒋世隆高中状元，这才使二人得以团圆。剧中展现出王瑞兰对爱情的忠贞不贰，以及战争带给百姓的灾难。

关汉卿还写了许多历史剧，其中代表作有《单刀会》。《单刀会》讲的是关羽渡江后前去东吴赴宴的故事。

关汉卿的剧作取材广泛，内容丰富多彩，善于从多个角度和方面展现中国戏曲。他是我国历史上屈指可数的剧作家。

—— 情深意浓《西厢记》 ——

"元曲四大家"都擅长写爱情剧，除关汉卿外，像马致远的《汉宫秋》、郑光祖的《倩女离魂》、白朴的《墙头马上》这些都是著名的爱情剧。可爱情剧中，王实甫写的《西厢记》最为有名，也最具思想性，被后人称为"天下夺魁"的爱情剧。

王实甫与关汉卿大概是同一时代的人。他时常出没于官妓居住的教坊、行院或演戏的勾栏，熟知官妓们的日常生活，因此，十分擅长"儿女风情"这类戏。曾有人这样评论他的作品："如花间美人，铺叙委婉，深得骚人之趣，极有佳句。"其大意是：王实甫写的杂剧，文字优美，叙述细腻，就跟诗人写诗那样，优美句子极多。如今我们知道王实甫创作的杂剧高达十四种，可仅保留下来《西厢记》《丽春堂》《破窑记》这三个。而最有名的则是《西厢记》，其主要内容是：

相国府小姐崔莺莺性格娴静、长相出众，不仅擅长裁缝绣花，还识文断字，写得一手好诗词。长期以来，她都在相国府里寂寞地生活着，无法与外界接触。她父母在她很小的时候就把她许配给"花花公子"郑恒，这让她十分苦恼。崔相国死后，崔莺莺跟随母亲把父亲的棺椁送回故乡，途中，她们在河中府的普救寺中暂住。正巧，前往京城赶考的洛阳秀才张君瑞也路经此地，在普救寺中休息。张君瑞和崔莺莺两人用互送诗歌和听琴声等方式表达出相互的爱慕之情。

这时，河桥镇的守军头领孙飞虎知道了崔相国死去的消息，便欺负崔家母女二人没有依靠，率军把普救寺包围了，准备逼迫老夫人把女儿崔莺莺嫁给他。情况万分危急，老夫人便说道："谁可以让孙飞虎退兵，就将崔莺莺许配给谁。"张君瑞趁机挺身而出，先用智慧使孙飞虎退兵，又写信给他的好友白马将军，请他带兵速救。就这样，在张君瑞的帮助下，老夫人和崔莺莺的危机解除了。

可事成之后，老夫人却反悔了，想赖婚，要张君瑞跟崔莺莺结为兄妹。幸好有丫鬟红娘的帮助，两人得以冲破老夫人的重重阻拦，私下结合。事情到了这一步，要面子的老夫人只能承认这二人的婚约，但她让张君瑞立即前去京城赶考，只有取得功名，才能与崔莺莺成亲。后来，张君瑞高中状元，这对有情人终成眷属。

王实甫的《西厢记》取材于唐朝元稹的传奇小说《会真记》。在北宋，民间说唱、说书的大多题材都来源于《会真记》。南宋时期，中原和江南地区几乎已经传遍了《会真记》这本书。到了金朝，著名的说唱家董解元将这本书改写为《西厢记诸宫调》，而王实甫又将《西厢记诸宫调》加工改写为杂剧，写了曲文，增加了大量的对白，删除了不合理的情节，增加了结构的严谨性。

《西厢记》在当时的杂剧里面，完全是一个创新。当时的杂剧通常有四折，可王实甫所写的《西厢记》却有二十一折；一般的杂剧由一个主角来唱，而《西厢记》却需要两三个角色分别来唱。《西厢记》结构严谨、规模宏大，没有戏能够与它相比。剧中，他塑造出老夫人、崔莺莺、红娘、张生等具有鲜明个性的人物：老夫人代表着封建礼教，莺莺则代表对封建礼教的叛逆形象，红娘则表现出古代劳动人民朴实、善良、高尚和斗争的智慧。尽管元稹的《会真记》、董解元的《西厢记诸宫调》和王实甫的《西厢记》在故事情节上基本一致，可王实甫笔下的《西厢记》反封建的倾向更加鲜明，主题也很明确："愿天下有情人终成眷属"，这一主题是他发自内心的愿望，同样也是数百年来无数青年男女心中美好的愿望。

此外，王实甫的《西厢记》语言优美、典雅，一开头就深深吸引住了读者。比如第四本第三折的开头：

碧云天，黄花地，西风紧，北雁南飞。晓来谁染霜林醉？总是离人泪。

深秋时分，西风呼呼，大雁南飞回家，可张君瑞却要从恋人身边离开。清晨，到底是谁将这树叶给染红了？那一片片红叶，多像亲人分别时滴下的眼泪，不，这不是眼泪，这明明是一滴滴血呀！

这几句，将崔莺莺和张君瑞在长亭分别时的气氛描绘得多真实、动人呀！

在当时，《西厢记》一经演出，便受到了社会的广泛认可和欢迎。很多文人都对它赞不绝口，称赞它不仅文字、诗句优美，就连意境都是美的。

—— 贾鲁治理黄河 ——

1344 年上半年，我国北方一些地区连降几个月的大雨，仅平地积水就高达三米多深，导致黄河暴涨，白茅堤、金堤（今河南兰考东北）决堤，黄河沿岸州县遭受水灾，百姓死伤无数。元顺帝害怕水灾会造成民心大乱，引起叛乱，便在山东郓城设立水监，命贾鲁为"都水监使"，负责治理黄河。

贾鲁，河东高平（今山西高平）人，从小聪明好学，富有智慧。元仁宗、元英宗时，两次被州县推举去参加科举。元顺帝时，中书右丞相脱脱负责修订辽、金、宋史，贾鲁被任命为《宋史》的撰修官。后来，贾鲁又出任过工部郎中等官职，算得上一个知识和经验都丰富的工程技术专家。

接到治理黄河的任务后，贾鲁不顾辛苦，不远千里去查看河道，因此，他得到了治理河道的第一手资料。根据河道的形势，他还规划出一幅详细的治理河道图。与此同时，他规划出两个治河的方案：一是修建堤坝在决口以下的新河道北岸，防止河水横向泛滥；二是采用疏通和堵塞并用的办法，引导黄河水东流到故道。这两个方案对治理河水都取得了不错的效果。

只可惜贾鲁的方案最终没有得到皇帝的重视，没被采纳，甚至他还被皇帝调离了"都水监使"的职位。结果，水患不断加重，甚至影响了山东、河北一带。

脱脱再次当上右丞相后，认识到必须要彻底治理黄河，随即召集大臣前来商议治河方案。这次，贾鲁作为"都清运使"（官职名），也参加了这次讨论会。在谈论会上群臣展开了激烈的讨论，最后形成两种相对的意见。一派以工部尚书成遵为代表，他们的意见是："山东多年歉收，百姓苦不堪言，要让黄河还走故道，肯定是不行的，要是二十多万人都在灾区生活，一旦闹事，可比水患严重得多！"另一方则是以贾鲁为代表，他们坚持以前的方案："治理黄河要有效果，就必须将已经淤塞的旧河道再次疏通，还要在汛期内进行。"贾鲁抵住压力陈述自己的想法。

脱脱重视国家利益，尽管朝廷斗争十分激烈，但他深入分析比较后觉得贾鲁的方案比较实用，最终予以采纳。

1351 年，朝廷正式任命已经 55 岁的贾鲁为工部尚书兼总治河防使。他动员了十七万人前去治河工地，其中有十三路（相当于州）的民工共计十五万人左右，军队士兵两万多人。

四月开工，到七月，河道就已经疏通成功了；八月，冲破堤岸的河水再次回到原先的河道中；九月，船只可以从黄河上通行了；十一月，水土工程彻底完工，黄河从故道再次汇入大海。

贾鲁针对治理过程中出现的复杂情况，创造出很多堵塞决口和重建堤岸的办法。其中比较出名的就是"石船堤障水法"。堵塞决口时恰好碰上秋雨时节，水势暴涨，施工难度就增加很多。贾鲁准备了二十七艘大船，用大橛或长木桩连接好，再将船的上下捆上大麻绳，拼接成方舟。施工时，在上游把船放下，让它顺流而下，抵达决口处，随后让水性好的民工每两个人上一条船，手持斧头、凿子分别站在船首船尾。听见岸上鼓声齐鸣后，他们立即凿船，很快，船破水入，船沉在决口处，决口处正好被它们堵住，河水流入故道。这就是贾鲁所创造的著名的堵口技术"石船堤障水法"。

完成治理黄河的重任后，贾鲁特意画了一张《河平图》呈给皇帝，皇帝十分高兴，为贾鲁专门立了一块"河平碑"，还命翰林学士欧阳玄写下《至正河防记》来总结治河经验，并镌刻在碑上，以此表彰贾鲁的功绩。

当年，有人在贾鲁故宅墙上写下这样一首诗："贾鲁治黄河，恩多怨亦多。百年千载后，恩在怨消磨。"这表明后世会公正地评价他的功绩。原来横贯河南、自东南流入淮河的惠民河也被改名为贾鲁河。

不过，世事难料，贾鲁万万没想到的是，他受命治理黄河，竟然引发了红巾军起义。

—— 红巾军起义 ——

"石人一只眼，挑动（开挖）黄河天下反。"

这是元朝末年，秘密流传在山东、河南开挖黄河河道民工中的一个预言。当时官吏贪污腐败，贵族生活奢侈糜烂，天下民怨沸腾。元朝最后一个皇帝顺帝（又称惠宗，名妥懽帖睦尔）竟一次性给一座大寺院赏赐了十六万二千多顷土地。统治者的压迫、剥削，压得贫困百姓喘不过来气，无法生存。全国各地陆续开始有小规模起义，但没有形成燎原之势。

河北农民韩山童与刘福通、杜遵道等通过宣传白莲会（民间秘密组织）的方式，以此鼓动组织民众造反。他们四处散布说，象征光明的弥勒佛即将降世，天下即将大乱。又说，老韩家本来姓赵，是宋徽宗第八代子孙，刘福通更是宋代名将刘世光的后人，老天爷让他们来拯救百姓和治理国家的。

1344 年后，黄河在河北、山东境内决口，淹没了大片的土地和房屋，紧接着，发生了地震，导致众多民众流离失所、无家可归。元朝政府更是强行征召全国各地近二十万民工前去疏通黄河故道。督河官吏剥削克扣河工们的工钱，任意体罚民工，导致河工们怨声载道，矛盾很多。就在此时，韩山童、刘福通觉得时机成熟，准备起义，古老的黄河翻动起来，天下即将大乱。

他们又偷偷凿了一尊仅有一只眼睛的石人，在石背上刻上"挑动黄河天大反"这句预言，偷埋到即将挖到的老河床中。民工挖出这尊神秘石人时，人们都惊呆了，纷纷奔走相告，说：天意，这是天意呀！

1351 年 5 月的一天，韩山童等人秘密聚集在一块儿，宰杀了白马、黑牛用来祭天告地，歃血为盟，并宣誓：共同举兵，推翻元朝统治。他们头扎红巾当作起义的标志，故被称为"红巾军"。

没想到，很快官军便发现了他们的行动，就在他们商议起义大事时，官军袭来，韩山童被捕并惨遭杀害。刘福通等人逃往颍州（今安徽阜阳）城，继续发动起义。

很快，大批的河工和流民都投靠到刘福通义旗下，一时间队伍达十几万人，随后，他们迅速攻占了罗山（今河南罗山）、上蔡（今河南上蔡）、舞阳（今河南漯河）等十多个城市，成为全国各地起义中的模范和旗帜，其中响应最强烈的是江南民众，湖广有蕲州（今湖北浠水）、黄州（今湖北新洲）徐寿辉，湘、汉的布王三、孟海马，江淮有濠州的郭子兴，丰县、沛县有芝麻李等，这些地方都迅速组织起队伍，都称自己为红巾军。来自苏州盐贩出身的张士诚也起兵反元，不过他没用红巾军的旗号。

各地的起义让元王朝惊慌了起来，立即派军前去围剿。精锐部队阿速军是进攻刘福通的主力，它成立于元初，由色目人组成，作为皇帝的随从、警卫，负责城防等，武器精良，人强马壮。可是到元末，他们都已经腐败不堪了，跟农民军刚交手，就溃败下来。领兵主将先逃跑了，随即士兵们也都四散逃命了。

官军与起义军交战了两三年，一直镇压不了起义军。江南的张士诚越来越强大。1354年，元王朝从西域和西番（今西藏）征调了一些少数民族组成了一支强悍的军队，由丞相脱脱率领，号称有百万大军，前去围剿张士诚。本来官军众多，可朝廷内乱，导致功亏一篑。因此，大江南北的起义军又获得了一个很好的喘息和发展机会。

第二年二月，刘福通正式在亳州建立起义军政权。定国号为宋，年号龙凤，韩山童的儿子韩林儿为皇帝，白莲教信奉光明之王，因此又称皇帝为小明王。刘福通掌握军政大权，而集聚、号令各路起义军的权力由小明王来行使。

不久后，起义军出现了内乱，借此元军也打败了刘福通，刘福通被迫带着小明王逃往安丰（今安徽寿县）。没过多久，刘福通势力恢复。1357年，刘福通又率军攻打汴梁，同时派出三路起义军进行北伐。李武、崔德、白不信、大刀敖等将领率领西路军，从商州（今陕西商州），直指关中；关先生、破头潘等将领率领中路军，负责攻打山西、河北，目标直指元大都；毛贵率领东路军，从山东、河北出征，目标也是元大都。

元朝各地守城官吏毫无斗志，大多闻风而逃。中、西两路北伐军的进展几乎是一路凯歌，但军队纪律不严，号令不一，很多兵士不听从统帅的约束指挥，这种情况下很难长期占领攻占下来的土地。仅有毛贵这支军队，攻占山东后，立即建立政权，派兵屯田，得到了充裕的粮食和巩固的根据地，进行了长达三年的战争，一度打到大都城下。不过，最后这三路起义军都以失败告终。

刘福通曾占领汴梁，把汴梁当作新都城，可不久后，元军又打败了他，他只得带着小明王退回安丰。1363 年，反复无常的张士诚在安丰击败刘福通，前来解围的朱元璋的军队救走了小明王。自此以后，尽管南方许多起义队伍都承认龙凤年号，但各自为政，不再有人听小明王的号令了。而北方各地起义的烈火逐渐平息了下来，距离第一次起义的日子已经有十二年了。

第十三章 ／ 明朝的历史大势

—— 朱元璋初出茅庐 ——

在元朝末期轰轰烈烈的农民起义中，出现了一名杰出的领袖。他就是朱元璋。

朱元璋居住在距离濠州不远的钟离县的农村，是一位穷苦农民，他 17 岁时，父母双亡，当时穷得连买棺材墓地的钱都没有，在好心邻居的帮助下，他才得以安葬双亲。后来去了附近的皇觉寺中当小和尚。他整日挑水打杂，混口饭吃，可年成不好，寺庙同样困难，没过几天，庙里连粥都喝不上了，他也只能跟其他和尚一样，手持木鱼和食钵，外出讨饭度日。在外面，他流浪了三年，去过很多地方，见识了各种民间疾苦，也增长了很多见识。

他返回皇觉寺之后，听说刘福通在颍州起义，接着又听到郭子兴也在濠州城内起义，于是，他打算前去投奔郭子兴。

郭子兴本是定远县（今安徽定远）的财主，为人仗义。因无法忍受官吏的欺压，便与几个江湖朋友聚集了几千人，杀掉濠州州官，自己做了元帅。他这个队伍里共有五个元帅，他们豪气冲天，但毫无纪律，也没一个真正的领袖。郭子兴很想有个得力助手来帮忙改变现状。一见到朱元璋，二人相谈甚欢，便将他留在身边当作亲兵，后升为亲兵长（侍卫队长），还将自己的养女马氏嫁给了朱元璋。马氏聪明贤惠，一直是朱元璋的贤内助。

朱元璋性格坚韧刚强，聪明绝顶，十分沉着镇定。别的元帅与郭子兴之间发生了一些矛盾。有一天，他们竟然扣押了郭子兴，要谋害他。郭子兴的家属和部将一时没了主意，朱元璋巧妙利用其他元帅间存在的矛盾解决了这个问题，并救回了郭子兴。这场风波过后，朱元璋的威望得到了很大的提高。但朱元璋是有大志向的人，他感觉到很难在这样的队伍中取得发展，与郭子兴商量后，自己返回家乡，组建起自己的队伍。很快，他就组织了七百多人，他幼时亲密的伙伴徐达、汤和、邓愈、花云等人都在其中。后来这些人都成了他最信任、最得力的将领，也都是明朝开国的元老功臣。

很快，朱元璋就打了好几个大胜仗，收编了元军好几万的降军，兵力壮大了起来。随后，郭子兴命令他去攻打滁州，1353年，朱元璋攻下了和州（今安徽和县）。

此时的朱元璋仅仅是郭子兴手下的一员大将，可他胸怀大志，希望能建功立业，统一天下，重建太平。于是，他十分注重听取有学问、有远见的读书人的意见。朱元璋在攻打和州之前，定远人李善长前来投奔他，他知道李善长擅长计谋，便诚恳地问道："李先生，现在天下大乱，如何才能保证太平呢？"李善长十分有针对性地说道："秦朝时，天下也大乱，汉高祖出身亭长，气量大，能容纳人，不滥杀无辜，最终一统天下。要是将军能学习汉高祖的气度和胸怀，成就大业指日可待。"

李善长的话让朱元璋受益匪浅，并按照他的话做了，还把他留下当作自己的谋士。朱元璋很认可李善长，把二人的关系比作是汉高祖与萧何。

朱元璋严禁自己的队伍伤害百姓。攻入和州城后，有几个老百姓前来哭诉，经过询问后才知道，滁州来的部分将领流寇习气十分严重，纵容部下抢掠百姓财物，侮辱妇女，滥杀无辜。这让朱元璋十分生气，立即召集众将训话道："我们为了推翻暴政，安定民生才起义的，可你们公然抢掠妇女和财物，这跟盗贼有什么区别，如何得到民众的拥护？"他随即下令，严惩违反纪律的将士，把所有抢来的东西归还百姓。

1355年，朱元璋准备渡过长江，以求得更好的机遇和发展。恰巧，当时的名儒陶安前来拜见朱元璋。朱元璋向他请教渡江之后的方略。陶安先是称赞朱元璋心怀大志，不与其他拥兵割据的人一样只知抢掠，预言朱元璋等可平定天下，随后建议朱元璋渡江之后，立即占领太平（今安徽当涂），然后再去迅速夺取龙盘虎踞的金陵，以此当作平定天下的根据地。陶安的意见得到了朱元璋的认同。

朱元璋渡江之后，迅速攻占和州对岸的太平，随即率军攻打集庆（今江苏南京），也就陶安所说的金陵。

此时，郭子兴早已病逝，小明王封他的小儿子郭天叙为都元帅，朱元璋为副元帅，但朱元璋掌握着实权。攻打集庆时，郭天叙不幸战死，他的人马也就自然都到了朱元璋手里，朱元璋的兵力得到了增强。

1356年，朱元璋在采石矶消灭了元朝的水军，集庆城中的元军投降，朱元璋进入集庆，他把集庆改名为应天，从此以后，他获得了一个相对稳定却最具有发展前途的根据地。

但朱元璋认为自己的势力还不够强大，所以，当占据浙江、四川、湖广的张士诚、陈友谅、明玉珍等都称王称帝之后，他还在默默发展自己的势力，在太平他仅设太平兴国翼元帅府，在金陵他也只是称自己为吴国公。

朱元璋十分清楚，他的政权和军事活动少不了粮食等物资的支持，因此，不管军务有多繁忙，每到一地，他都会关心当地的农业生产，鼓励农耕养蚕。他还安排军队去屯田耕地，任命专门的官员去负责修筑堤坝，兴修水利，确保军粮的供应。

在徽州，朱元璋广纳谏言，征求谋士朱升对他以后的战略方针提出意见，朱升建议："高筑墙，广积粮，缓称王。"这个方针正合朱元璋心意，这让他很高兴。也正是在这一方针下，朱元璋一步步完成了他统一中国的大业。

—— 大战鄱阳湖 ——

尽管朱元璋的起义军取得了一系列的胜利，并设置应天府，听取朱升等谋士的建议，还将金陵建造为一个攻防兼备的根据地，但元朝依旧控制着北方，而南方也并不太平，有着强大的敌人：浙西、福建、两广等广大地区依旧由元朝官吏掌控；而浙东的方国珍，吴地的张士诚，四川的明玉珍依旧割据一方；而陈友谅占据长江上游的湖南、湖北与江西，实力强大，更是十分危险。这些都需要朱元璋小心应对。

陈友谅为人凶狠霸道，他先是跟随徐寿辉、倪文俊举兵起义，徐寿辉当了皇帝后，将陈友谅封为元帅，后来陈友谅谋害了徐寿辉、倪文俊二人，自己掌控军权，当了皇帝，定国号为汉。

他将朱元璋视为心腹大患，从而不停地进攻长江下游地区。

1360年，陈友谅派人邀请张士诚一起攻打朱元璋，见张士诚犹豫不定，陈友谅自己带着兵船，从江州出发，顺着长江东下，驻扎在采石矶，朝应天府攻去。

汉军来势汹汹，兵力更是自己的十倍，这让应天城里的气氛变得很紧张，有的人建议弃城逃跑，有人建议开门投降。但军师刘基却有他的看法，他认为陈友谅有勇无谋，虽然汉军众多，但都是远道而来，孤军深入，军队肯定十分疲惫，可以设计引诱其来攻城，同时设下伏兵击败他们。可派谁去引诱陈友谅去攻打金陵呢？

这时，刘基的计策被朱元璋采纳了，他让康茂才给陈友谅写信诈降，信中说，应天城兵力薄弱，汉军要尽快分三路前来攻打，康茂才当内应，一举能攻下金陵。

给陈友谅送信的是曾在陈府服侍过的老仆，陈友谅读完信后，一点疑心都没有，直接问老仆："届时康公会在什么地方等候我？"老仆回答道："我家主公说，他会在江东桥上驻守，迎接陛下。"

陈友谅随后问清江东桥是石桥后，让老仆给康茂才回话："我将亲自带兵前去，届时以'老康'为暗号，要他尽快来接应。"老仆连忙答应了下来。

康茂才的信让陈友谅兴奋不已，随即下令兵分三路出发，而自己率领主力朝江东桥奔去。

朱元璋随即部署埋伏：自己亲率大军在卢龙山（今南京狮子山）驻守，在汉军进军的沿江要道上由大将徐达、常遇春率军埋伏，又让人连夜把江东桥改为木桥。

陈友谅的兵船悄悄行驶到约定地点后，却见到的是一座木桥，没有一个人影，这让他们起了疑心，他连忙叫："老康！老康！"可没人回应。就在这时，齐刷刷的一片旗帜从岸边伸展了出来，陈友谅大叫不妙，立即掉拨船头撤离，可已经晚了，朱元璋的士兵和战船遍布在岸上、水里，无数的飞箭夹杂着炮石朝汉军船队射去，汉军大败，死伤无数，仅船舰就被朱元璋俘虏了一百多艘，士兵更是有两万多人。陈友谅换乘小船，才得以捡回一条命，逃回了汉阳。

朱元璋的军队乘胜追击，一直攻打到南昌。

这一仗，让陈友谅元气大伤，可他也不甘心就这样失败，他牢牢把控着湖南、湖北大片的土地，依旧是朱元璋的劲敌。

陈友谅精心建造了数百艘大型战船，准备报仇雪恨。这种战船有数丈高，上下有三层，外面用铁皮包着，兵士在上层，下层是橹工，每条船上都有数十条橹，行驶起来速度非常快。

1363 年，陈友谅孤注一掷，把他的家眷和文武百官全部都搬到船上，号称六十万大军，趁朱元璋解救安丰之围，率军东袭，可陈友谅犯了一个重大的战略性错误：应天空虚时，他没率军攻打朱元璋的老巢，反而率军攻打防守严密的洪都（今江西南昌）城，攻打了数月的时间，还是没有打下来，战机就这样溜走了。

安丰之围解除之后，朱元璋立即调集二十万大军前来营救洪都。陈友谅把水军全都撤到鄱阳湖上，想用战船高大且数量多的优势来压制朱元璋，并一举消灭朱元璋的主力。朱元璋随即下令让各军把鄱阳湖的出口封锁住，要跟陈友谅决战。

在湖中康郎水面上，两军主力相遇了，汉军船大，朱军船小，虽然朱军作战勇猛，对汉军造成了不小的伤害，可本身遭受的损失也不小。双方激战三天，难分胜负。甚至在一场混战中，汉军还差点俘虏了朱元璋的座船。

思考之后，朱元璋打算采用火攻的办法，他调来七条满载芦苇火药的小渔船，让敢死队员驾驶着，慢慢靠近汉军大船，占据上风向，东北风一刮，就点火朝汉军冲去。汉军船只高大，不便转动，再加上你推我撞，根本来不及躲避，纷纷被火船引燃，火势蔓延开来，刹那间，烈火烧了起来，几百艘战船很快就化为灰烬，无数汉军死在火海和湖水之中。混乱中，陈友谅中箭而亡。

陈友谅被消灭后，朱元璋得以腾出兵力，先后平定了东吴张士诚、浙东方国珍的势力，又将福建、两广地区元朝的残余势力清扫了一遍，这样一来，朱元璋基本上占据了南方的半壁江山。后来，他又干了几件大事：第一，在瓜洲附近将小明王杀了，自此龙凤政权彻底结束；第二，将应天府扩建了好几倍，筹备建立都城；第三，自封为吴王；第四，出兵北伐，统一华北地区。

1364年的农历十月，朱元璋出动二十五万将士北伐，由徐达为征北大将军，常遇春为副将军，率军出征。虽然当时北方名义上还是元朝统治，可实际上已经被元朝军阀、官僚割据得四分五裂。朱元璋采用各个击破的方法，先打山东，再打河南、潼关、河北，把元朝皇帝的左膀右臂除掉，没有顾虑后，再攻打京城大都。

1368年农历正月，朱元璋在应天称帝，后人称他为明太祖，定国号为大明，改元洪武。同年农历闰七月，徐达率军攻进大都城，元顺帝带着宫妃文武百官向上都逃去，统治中国九十八年的元朝彻底灭亡了。

此后，明太祖朱元璋多次派徐达、常遇春、蓝玉等大将率军深入漠北，去清除元朝残余势力，这一举措，在很长时间里保证了明代北方的稳定与安宁。

—— 神机军师刘伯温 ——

朱元璋之所以能成功起兵，把元朝残余势力赶到北方。这里面除了跟他一块儿起兵的徐达、汤和、常遇春等忠心耿耿的"二十四将"，以及在后面的战争中归顺他的众多武将功不可没外，还有一点非常重要。那就是朱元璋有意识地将各地文人和有才学的人士吸收到自己的帐下，让他们参与到战略决策和指挥中来，这些文官在统一大业中的贡献也同样卓越，这些人中比较有名的有李善长、朱升、叶琛、宋濂、刘基等，而刘基则是这批人中关键的一个人物。

刘基，字伯温，浙江青田人，人们常称他为刘伯温。他是一个学识渊博的知识分子。他年轻的时候，曾在元朝政府里做过官，但他见元朝统治日益腐败、黑暗，便意识到一场社会大变动一定会来临，随即辞去官职返回老家青田隐居。朱元璋率军攻打浙江时，听说刘基的名气很大，随即派人带着自己的亲笔信和礼物前去见刘基，恳请他出山，跟他一块儿推翻元朝统治，为天下苍生谋条出路。

见朱元璋有成大事的魄力和气度，刘基来到朱元璋的军营，与他相见。朱元璋随即与刘基进行了彻夜长谈。当时，朱元璋占领应天城没有多长时间，刘基为他就当前形势进行了分析，劝说朱元璋先不要急着称王，让刘福通自己去直面应对元军，当作自己的军事屏障；也不要着急把浙江的方国珍和江苏的张士诚吞没，方国珍势力单薄，根本不足为患；张士诚实力雄厚，可他占领平江（今江苏苏州）后，沉迷享乐，并无大志。当前最重要的是养精蓄锐，全身心地对付西边的劲敌陈友谅。

刘基的话让朱元璋心服口服，连声夸赞道："伯温先生，你可真是我的卧龙（诸葛亮，刘备的军师）呀！"

根据刘基的策略，朱元璋布置兵力，巩固根据地，扩充军队，准备战争。陈友谅率领数十万大军兵临应天城时，也是刘基提出先把东边的张士诚稳住，避免出现东西夹击的局面，再以智取胜的计策。刘基的意见被朱元璋采纳，使用智谋巧妙地击败了陈友谅。

自此以后，朱元璋更是深信刘基，称赞他就是辅佐汉高祖的张良。但刘基时刻保持头脑清醒，总是在恰当的时机给朱元璋提出明智的建议。

几年后，朱元璋感觉根基已稳，"缓称王"这个策略就没有再实施的必要了，便在李善长、徐达等人的劝说下，自称吴王，设立了左右丞相，开始建立起相对完整的政权体系。以前那种相对宽容、体贴部下的策略也被朱元璋逐渐放弃，对于那些稍有过失或不慎触犯他的官吏或部将，他总是一副铁面无私的面孔。

这种情况下，有些人会为了自己的私心或自己的私利去诬陷他人，这样一来，应天监狱里的犯人不断增多，不可避免的冤狱也增多了不少。当时恰逢江南大旱，一连好几个月都没下雨，农作物眼看颗粒无收，百姓急了，朱元璋也有点不安了，粮草问题关系到朱元璋的军队和政权能否巩固和发展。于是，朱元璋将刘基找来。

朱元璋问刘基：为何近来老天不下雨呢？有无灵验的方法来求雨？

刘基乘机说道："主公，这般长时间不下雨，应是老天爷在说牢狱中存在冤情吧！"一般官员可不敢说这样的话的，但刘基说的，朱元璋就十分相信，随即派刘基清查应天监狱中的案件。刘基还真查出很多冤案，立即上报给朱元璋，朱元璋立即给予平反。事情说来也凑巧，刚平反完冤假错案，就下雨了，江南的旱情也得到了缓解。

利用平反冤假错案来求雨，这自然是没有一点科学依据的，但刘基博学多才，足智多谋，通过天文学和气象学，预测到即将下雨，便选准时机巧妙规劝统治者去平反冤假错案，真是用心良苦呀！

朱元璋登基后，大封功臣，跟他出生入死的文臣武将不是封"公"，就是封"侯"。比如李善长被封为韩国公，徐达被封为信国公，常遇春被封为鄂国公，李文忠被封为曹国公，康茂才等十八人也被封了侯。按照功劳，刘基是要被封为"公"的，但他坚决不要，给他封"侯"，他依旧推辞，最后他勉强接受一个三等爵位，叫诚意伯。

当时被封了大官的人不理解刘基的谦让，但通晓社会和人性的刘基对朱元璋的本性很了解，他是一个可以共患难但是难以同享乐的君主。因此，从朱元璋登基之后，刘基就开始与他保持距离。朱元璋称帝的第三年，刘基上奏请求告病还乡，但朱元璋没有同意，一年后，刘基的夫人在老家病死，刘基趁着奔丧，返回老家，再也没出山。

刘基走后没多久，朱元璋就大肆杀害功臣，他亲手封的公侯们，几乎全都被他给杀了，仅有刘基等几人逃过一劫。这件事，再次显示出刘基在政治上的卓越眼光。

—— 滥杀功臣 ——

明太祖开国后大肆杀害功臣，胡惟庸谋反案就是杀戮功臣案件中最严重的一桩政治案件。

早在和州时，胡惟庸就跟着朱元璋南征北战，是明朝开国元老之一。他办事能力强，又小心谨慎，擅长揣摩明太祖的心思，因此地位不断上升，从县主簿（知县副职）升到知县、太常寺卿（礼部官员）、中书省参知政事。虽然刘基曾在明太祖面前批评过胡惟庸，说他是匹顽劣的牛犊，会将车拉翻在地，明确表示不赞成他做宰相。可明太祖还是坚持己见，让他做了宰相。

当上宰相的胡惟庸，得意忘形，日益骄横，没有往日的小心谨慎，他甚至不向明太祖禀报，就独断专行。只要有京城内外送来不利于他的奏章，他都会私自扣下，不呈给明太祖，他还收取各地官员的贿赂。时间一长，这些事情就传到了明太祖的耳中。

1379 年，占城国（今越南南部）使臣来到北京朝贡，对于这样重大的事件，胡惟庸却没有报告给明太祖，反而自己接待了使臣。宫内太监发现后，立即报告了明太祖，太祖大为恼怒，下令追查胡惟庸及六部长官的责任。第二年，有人告发胡惟庸密谋造反，这让朱元璋更是生气，不仅处死了胡惟庸及全家，还把与胡惟庸有牵连的大小官员及家属全都诛杀，人数达一万五千多。

胡惟庸案件牵连的还有宋濂和李善长这两位最有名望的开国功臣。

宋濂，浙江人，宋朝开国之初的文官代表。从 1359 年就开始跟着明太祖，深受重视，一直做到大学士，还当过太子的老师。明太祖也尊称他为宋先生；他侍奉明太祖十分的小心谨慎。一天上朝，太祖突然问他："昨晚你喝过酒？请的客人是哪些呀？"

宋濂确实在前一天的夜里请过几个朋友喝酒，没有隐瞒地如实回答了。这让明太祖十分满意。其实他已经派锦衣卫特务侦察过了，宋濂说的全是实情，对他是忠诚的。宋濂 68 岁时，请求告老还乡，宋太祖给予了最高规格的礼仪来欢送他。

可胡惟庸案牵扯到他的孙子宋慎，明太祖随即派人把宋濂从老家抓到应天，准备处死他。

听说宋先生即将被处死，明太祖的妻子马皇后伤心欲绝，多次劝明太祖："宋先生在乡下居住，他孙子做的事，他怎么会知道？放了他吧！"

明太祖与马皇后之间感情深厚，因马皇后的劝诫，最终免除了宋濂的死罪，可最终还是下令把他发配到当时偏远荒凉的四川茂州（今四川茂县）充军，在充军路上，宋濂抑郁而死。

李善长更是明朝开国的重要功臣，明太祖甚至称他为自己的萧何。论功行赏时，明太祖赏赐给他两道丹书铁券，可以免除死罪。胡惟庸案过去十年后，又被人翻了出来，还追查到李善长，说他与胡惟庸关系甚好，知道胡惟庸谋反却不上报，如同谋反，随后朱元璋下令杀了李善长和他全家七十多口人。

1393年，发生了大将军蓝玉谋反案。蓝玉曾多次率军出关清扫元朝残余势力，一度打到捕鱼儿海（又名清水泊，今内蒙古新巴尔左旗西南中蒙边境上的贝尔湖），还俘虏过元主的弟弟与吴王等人，战功累累，因此被朝廷封为凉国公。但他自恃功劳甚大，对明太祖傲慢无礼。明太祖逐渐讨厌和疏远他。另外，还有人告发蓝玉跟胡惟庸谋反案存在牵连。但当时蓝玉正在前线带兵打仗，明太祖也就没有追究。后来，有人告发蓝玉在府中藏士兵，准备政变。随即明太祖下令让锦衣卫去逮捕蓝玉，诛他九族，就这样，又有近两万人丢了性命。

明太祖为了巩固皇帝的权威和地位，他直接废除了宰相这个职位，宰相的权力被他分散到吏、礼、户、兵、刑、工六部。六部尚书只对皇帝负责；又把掌管军队的大都督府的兵权分散，设立左军、右军、中军、前军、后军五个都督府。五军都督府平日里训练士兵，但到了战时，皇帝可直接指挥军队。这样一来，皇帝专制的权力得到了前所未有的集中。

明太祖通过几次有意识、大规模的屠杀，几乎把明初的功臣宿将全杀干净。有一天，明太祖跟他孙子朱允炆聊天时，朱允炆问道："爷爷，你为何不少杀些人呢？"明太祖说道："我这是在帮你除掉道路上的荆棘呀！"

然而，让他没想到的是，他的那些开国功臣并没有去争夺朱家的天下，反而他自己的亲人制造出了一系列争夺天下的惨祸。

—— 朱棣夺皇位 ——

朱元璋当皇帝三十一年后，于1398年病逝，享年71岁。让他万万没想到的是，不久后，他的儿子和孙子为了争夺皇位，大打出手，造成了一系列悲剧。

朱元璋一生共有二十四个儿子，除了皇长子朱标被立为皇太子外，其他皇子都为亲王，在全国各地镇守。比如北平（今北京）的燕王、西安的秦王、太原的晋王等，他们的封地都在边境，拥有强大的武装力量，担负着镇守边境的责任。

太子朱标很让明太祖喜欢，但在1391年，太子朱标却不幸病逝，朱标的儿子朱允炆被明太祖立为皇太孙，当作皇位的继承人。

其实，朱允炆那些手握重兵的叔叔在明太祖还健在的时候就对这个侄儿不太客气。朱允炆很清楚自己的处境，向师傅黄子澄请教，询问对策。黄子澄便把历史上汉景帝削藩王的事例讲给了他，暗示等他登基后，可以利用皇帝权威去削弱各藩王的兵权。朱允炆牢牢记住了这个办法。

不过，只要是明眼人都能看清这其中隐藏着的祸患。有一个训导（学校教官）假借星象的变化，给明太祖上疏，说亲王们势力强大，即将引发政变，希望早日做好准备，将隐患消灭在萌芽中。可这一建议让明太祖大怒，把上疏的人关进大牢，最后致死，从此以后，吓得没人敢再开口提这件事了。其实，明太祖心里也清楚这件事情的严重性，只是不愿这么早就把边防力量削弱，也不情愿他的"家事"让外人插手。他死后，留下遗诏特意规定不让外地亲王前来京城参加葬礼，还强调各地的官吏必须听从朝廷的指挥，其目的就是防止变乱，可反心早就存在，即便这样周密安排，终究还是晚了。

朱允炆继承皇位后，改元建文，历史上称他为明惠帝，又叫建文帝。对于他的统治，他那些手握重兵的叔叔们都不愿意接受，其中燕王反对最为激烈。

燕王是太祖的第四个儿子，名棣，自小生活在军中，又在北平镇守了二十多年，可谓是身经百战，打仗也是把好手，兵力也最强大。

明太祖去世的消息传到朱棣耳中，他完全不顾及禁令，坚持前往应天去参加葬礼。建文帝随即派人在半路阻止朱棣。

朱棣只能返回北平，十分生气，随即跟各亲王串通起来，一起对抗朝廷，同时，他招兵买马，笼络人才，大力练兵，扩充自己的武装。

建文帝再次找到黄子澄，询问对策，黄子澄说道："陛下放心吧，按我当初给陛下说的办就可以了。"黄子澄找到大臣齐泰商议对策。齐泰建议直接抓捕燕王。黄子澄却说道：燕王势力强大，想要抓捕十分不容易，不如先把其他几个亲王抓起来，这样一来，反抗的势力就小了很多，到时再去抓燕王，就会容易很多。

齐泰同意这个建议，这个建议也得到了建文帝的支持，很快，周王等几个亲王都被他们抓了起来。

黄子澄往北平派了忠于朝廷的高级官员去侦察燕王的行动，还调集重兵严加防范；安插内应在燕王府，进行严密的监视。

当意识到朝廷针对他的这些行动后，同时为了获得更多时间去准备，朱棣开始装疯：他满大街地乱跑乱叫，抢他人的酒喝，含混不清地乱说话，整日在泥地里昏睡，大热天还在炉火旁烤火。

对于燕王疯了这件事，齐泰不相信，他逮捕了燕王府里的一个军官，从中了解到燕王将要起兵造反的阴谋，马上让北平最高军政长官张昺、谢贵把燕王府团团围住，说府中有图谋不轨的官员，要逮捕，同时密令北平都指挥张信逮捕燕王。

可张信却把这一秘密报告给燕王，燕王随即决定起兵。他先是假装答应把府中密谋造反的官员交出去，然后把张昺、谢贵二人引到府中杀死，把朝廷安插在他府内的内应一一清除，然后迅速占领北平，宣布反叛。

朱棣说，这次起兵是为了"清君侧"，要把皇帝身边的奸贼清除掉，平定内乱。可实质却是一场叔侄间为争夺皇位而爆发的战争。这次战争被后人称为"靖难之役"。

建文帝随即以朝廷的名义下令征讨叛军。在战争初期，朝廷的军队（南军）依靠人数众多，物资雄厚，几次都攻到北平城下，占据优势。但燕军（北军）连年征战，战斗力很强，燕王自己又很擅长打仗。因此，南军不仅没有攻下北平，还被燕军多次击败，伤亡不小，北军趁机开始南下。

建文帝优柔寡断，燕王公开造反前，曾来到应天朝见建文帝，态度傲慢无礼，见了皇帝也不肯跪拜。当时就有大臣建议，将此作为借口，抓捕他，将他迁到江西南昌，消灭隐患在萌芽中。可建文帝却说："我们都是太祖的骨肉，他会念及骨肉之情。不用深究，要放过他。"开战后，建文帝又特意嘱咐军队，不要杀死燕王，以免让自己背负杀死叔父的罪名。这个命令极大束缚了南军的手脚，燕王几次面临绝境，南军却都不敢去直接伤害他，这才让他几次顺利逃脱。在河北、山东、河南、江西、安徽，双方来来回回交战三年，各有胜败。

1402 年，战争出现了转折，燕王大军大举南下，直奔应天。然而，建文帝重用的齐泰、黄子澄等人，都是忠心有加，韬略不高，再加上几年征战，朝廷方面的力量也几乎消耗殆尽，文武官员外逃严重，京城兵力薄弱。没有办法，建文帝只能罢免了齐泰、黄子澄的职位，还答应把长江以北的土地全都划给燕王，以此要求停战，可燕王的胃口很大，目标也不是这些，没有同意。

在安徽凤阳附近的齐眉山，南北军队再次打了一场恶仗，北军曾一度坚守不住，想撤兵。这时燕王激励道："这一次是大决战，将士们不要后退，只能前进，违令者立斩！"

燕王又截获了南军的粮道，把南军彻底击败。北军直奔京城，围困京城。

南军大将李景隆打开城门投降。燕王进城直奔皇宫，可这时的皇宫已经燃起了熊熊烈火，变成一片火海了。

据说，这场火是建文帝自己放的，他带着后妃一起跳入火中烧死了；还有人说，混乱中，建文帝换了服装，逃离了京城。总之，建文帝失踪了。

最终，朱棣夺得了皇位。第二年，朱棣改年号为永乐，他就是明成祖。

帮助建文帝的齐泰、黄子澄、方孝孺等大批大臣，都被朱棣逮捕，最后被残酷处死，还诛灭了九族，因这一场夺位战争，应天城遍地鲜血。

—— 《永乐大典》 ——

明成祖有雄心壮志，希望能够在文治武功方面都能有一番成就。永乐年间，他下旨编纂一本前所未有的巨著——《永乐大典》。它是我国历史上一次规模宏大且意义非凡的文化建设工程，也是世界文化花园中的珍宝。侍读学士解缙负责主编《永乐大典》。

解缙，江西吉水人，从小聪明敏捷，满腹经纶，善于动脑。1388 年，19 岁的他考中进士，进入翰林院做庶吉士（相当于研究生）读书进修。明太祖十分喜欢他，曾说道："我跟解缙，名分上是君臣关系，可感情上跟父子没什么两样。"

明太祖时常把解缙留在身边，让他陪伴读书，甚至还亲自给解缙端过砚台。解缙性格耿直，说话直来直去。有一次，明太祖要解缙说出心里话，让他知无不言。解缙也毫不顾忌，竟在一天内写了上万字的意见书，在文化、教育、刑罚、用人、任官等方面对明太祖不当的地方，一一提出了严厉的批评。他的才华深深征服了明太祖，明太祖根本没怪罪他。

解缙在陪明太祖读书时，发现明太祖有广泛的阅读兴趣，尤其喜欢读一些杂书，如佛家、道家的书，汉代刘向的《说苑》、宋代的《韵府群玉》等。于是，他对明太祖建议说，这些书不值得浪费太多时间去仔细阅读，它们要么内容荒诞，要么杂乱无章。同时他说，他想找一批跟他有共同爱好的优秀的儒家学者一起编著一部类书，要内容丰富，品类齐全。对于他的志向，明太祖十分欣赏，但当时明朝刚建立，需要处理的事务太多，一时顾不上这件事。

一些大臣十分妒忌解缙的才华，时常在明太祖面前说他傲慢无礼。明太祖认为他尚且年轻，性格不够稳重，有意无意地磨炼他，他对解缙的父亲说道："你先将解缙带回家，让他好好用功读书，增加他的学问和自身修养，等十年后，再让他来，我定会重用他。"就这样，解缙回到了家乡。

明成祖的帝位是发动兵变，从他侄儿手里强行夺过来的。在战争中，很多拥护建文帝、有名望的读书人都惨遭他的毒手，比如方孝孺等人。明成祖为了笼络人心，消除臣民尤其是读书人心中的不服气，以便笼络人心，他决定让一批读书人来编著一部很有特色的巨著。

明成祖给这些人交代编书的宗旨是：自古以来，天下的知识特别多，所编成的书，不仅内容要包罗万象，丰富多彩，不怕浩繁。同时还要进行分类，按照韵律进行编排，方便查找，要让读者查找起来，就如同从口袋拿东西那样方便。

这时，解缙早已回到明成祖身旁，成了侍读学士。1403年，明成祖正式下令，开始修书，解缙和他同乡湖广等人为主编。

对于编书，明成祖要求的时间比较紧张。解缙随即召集了一百四十七个读书人，分别开始编纂。1404年底，解缙编书成功，起名为《文献大成》，并呈给明成祖。可明成祖不满意，觉得这本书搜集的范围并不广泛，内容简陋。

1405年农历正月，当着解缙的面，明成祖指示，《文献大成》需要重新修整。可能是解缙太自信了，对于明成祖的旨意没有完全执行，明成祖这次加派大臣姚广孝和郑赐、刘季箎等人监修，还增设了正、副总裁，先后选派优秀官员和全国各地知识渊博的老儒前来参加撰修，参与人数多达两三千人。

1408年，重修后的《文献大成》终于完成，仅目录就长达六十卷，正文更是有两万两千八百七十七卷，全书共有三亿七千万字，被装订成一万一千零九十五册。看着这般空前巨大的书，明成祖十分高兴，亲自为其写下了序言，改书名为《永乐大典》。

《永乐大典》中收集有八千多种古代文化典籍，其中不少都是整本搬进《永乐大典》中，这里面包括不少民间已经看不见的珍贵图书，像明代前大量的哲学、历史、地理、语言、文学、艺术、宗教、科学技术等方面的资料，都在这本书中保存着。可惜的是，由于当时的条件所限，这本书没有雕刻出版，除正本外，仅有一部副本。明朝时期，就有一部下落不明，而另一部到了清朝时仍在"皇史宬"（皇家档案库）保存着，可在八国联军侵略中国时，被侵略军一把火给烧了，仅留下几百册，这几百册也没有全部都在中国，至今散落于世界各地。

虽然解缙立下大功，受到了明成祖的奖励，可他性格依旧刚直。后来，他得罪了明成祖，先是被贬到广东地区，后被锦衣卫抓了起来。1415年，在查看禁卫军关押囚犯名单时，明成祖看到了解缙的名字，随即冷冷地问道："这个解缙现在还活着？"皇帝这样一说，锦衣卫头领立即就明白了，便找了个机会，假意邀请解缙喝酒，把他灌醉后，将他埋进积雪中，活活地冻死了。

—— 迁都北京 ——

朱棣在南京当了皇帝，但始终没忘当年的军事和政治根据地北平。登基当年，朱棣就改北平为北京，当作陪都，并开始做迁都北京的准备工作。

在辽代和金代，北京都做过都城，元代称它为大都，是全国的政治文化中心。元朝末年，北京城遭受到严重的破坏，经济衰退，人口大量减少，但在政治和军事上，北京的重要性却更加突出了。当时，退守关外的元朝残余势力是威胁明朝安危的主要力量，他们一直幻想着能够攻下北京，复辟元朝。因此，明朝迁都北京，将会更加有效地震慑和组织力量去反击元朝的残余势力。明成祖曾多次从北京出发，派军征讨瓦剌等蒙古贵族。

明成祖镇守北京长达二十年，熟悉北京的一切，在当地拥有深厚的势力，对北京有独特的感情，迁都北京，更加有利于他的统治。

从永乐元年开始，明成祖就多次下令让江苏、浙江、山西等九省大批富足的居民迁居到北京，还将他的陵墓建在北京北面的昌平营。

1416年，明成祖下令，命文武大臣商议建造北京城的方案。第二年，泰宁侯陈圭被任命为总指挥，他先后召来二十多万名全国各地的工匠，上百万的民工，甚至还有无数的军队。从全国各地搜集建城所用的材料。从湖广、四川、贵州等地采伐来上百年的珍贵木材，历经千山万水，不远万里送往北京；在山东，日夜烧制城砖和墙砖；至于宫内铺地所用的"金砖"（大方砖），这些全都在苏州烧制而成。

建造北京城，最重要的是建设宫城（紫禁城）和皇城（包括祭坛和官署）。明代的紫禁城在元代皇宫大内的旧址上修建，只是稍微向南偏移，而南北方向则扩大了不少，长九百六十米，东西宽七百六十米。周围城墙都高达十多米，东华、西华、午、神武四座城门分别建在东西南北四个方向的正中间。午门的南边就是皇城的南门，叫作承天门，也就是今天的天安门。宽达五十二米的护城河围绕着皇城。至于紫禁城里的宫殿则分为前后朝，前朝（外朝）主要是皇极、中极、建极三大殿，后朝是乾清宫、交泰殿、保宁宫三大殿。这六座大殿全都位于全城的中轴线上，布局紧凑严整。在营建北京城的工程中，一个名叫蒯祥的能工巧匠引起了明成祖的重视。蒯祥，苏州人，出身木工世家。他的父亲曾主持过南京城内所有宫殿的木工活。蒯祥从小耳濡目染，因此手艺精湛。建造房屋，估计出的尺寸，测量出的长短，布置间架结构，都跟最初设计的丝毫不差。泥、石、漆、竹等手艺，他也是十分擅长。据说，他能双手各自持笔，同时画龙，画成后，两条龙身能完全重合。

蒯祥归工部管辖。开始修建紫禁城后，明成祖把他召到北京，让他担任"营缮所丞"，这是一个专门新设的职位，负责工程的设计与施工。紫禁城中大部分的布局都出自他的手。他还时常解决技术上的难题。据说，有一次，在锯皇极殿宫门的门槛时，一个木工不小心把木料锯短了一尺。那可是缅甸进贡来的珍贵巨木，这个工匠面临杀身之祸，一时间吓得没了主意。这时，蒯祥来了，他仔细看了一会儿后，说道："没事，还能补救。"随即他让闯祸的木工把木料的另一头也锯短一尺。那个木工不敢下手。蒯祥一把接过锯子，自己动手锯了。锯完之后，他便按照尺寸又另刻了两个口中含珠的龙头，在锯短的门槛上，用活动榫头将其装上，然后把门槛装到门上，尺寸正合适，而且拆卸方便。这种装置被誉为"金刚腿"。还有一次，给宫殿上梁时，一边的榫头就是投不准，这难住了在场的工匠，他们立马请来蒯祥帮忙。蒯祥爬到梁上，看好位置，朝它狠狠地砸了一斧头，两根梁木就这样吻合到一块儿了。因此，蒯祥被人称为"蒯鲁班"。后来，蒯祥做了工部尚书。一直到明天顺年间，他还负责明朝宫廷内所有的营缮和建筑工作。

多年的修建，北京宫城和皇城基本建成。1420年，明成祖正式迁都北京，原来的京城应天府改为副都，改名为南京。

在北京，明成祖还下令大臣姚广孝为他建造两口青铜巨钟。人们猜测，这是因为"靖难之役"中，明成祖杀人过多，导致心生恐惧，才希望用这两座充满法力的大钟保佑他心灵上的平安。目前，这两口大钟仅剩一口，它高七米，重四百多公斤，外径三米三，有二十多万字的经文在上面铸着，是北京城的传世珍宝，现珍存于北京大钟寺内。

—— 郑和下西洋 ——

明朝建立后，在几十年间发展迅速，经济高度繁荣，国家实力不断增强。明成祖雄才大略，但好大喜功，产生了派遣使团前往各国弘扬国威、展开贸易的想法。后人推测，此举明成祖也许有自己的打算和私心。

南京宫殿的大火扑灭后，为何找不到建文帝的尸体？传闻中所说建文帝去海外避难，是否属实？他一旦再用皇帝身份来号召他人攻击自己，那不是相当麻烦！于是，他决定派自己信任的人去查看一番。

为了找寻能担起重任的人，明成祖可没少花工夫。

早在明太祖大军征讨元朝的云南势力梁王时，曾带回一个12岁的小孩送往宫中当小太监。这个孩子姓马，小名为三保。这个孩子十分聪明，很讨人喜欢。

随后，明太祖把他送给了燕王朱棣。

长大成人后的三保，人高马大，相貌英俊，声音洪亮，精明能干，燕王非常信赖他。在"靖难之役"中，因为他立下战功，被燕王赐名郑和，升为内宫太监首领。

郑和忠心耿耿、文武双全，是明成祖不二的人选。

经过几年的准备，以郑和为钦差的使团终于组成。由各级官员、士兵、水手、航海技工、医生、翻译组成的队伍共计二万七千八百多人，海船六十多艘。这些船只长达四十四丈，宽达十八丈，是当时世界上一流的海船，可见，当时明朝的航海技术已经领先世界，属于一流水平。

1405 年七月的一天，郑和的船队正式启程第一次远航，从江苏太仓刘家港起锚，朝西洋进发。当时的西洋指的是中国南海以西的广大地区。

第一站，船队抵达了占城国，并进行了访问。占城气候温和适宜，盛产多种物产。郑和抵达占城时，占城国王亲自骑着大象，率领群臣和人民，身着颜色鲜艳的民族服饰，出城迎接郑和使团。

和占城国王会见时，郑和把明成祖的诏书宣读了一遍，表达出友好往来的愿望，还赠予了很多礼品。占城国王很高兴，立即同意派出使者进行回访。

随后，郑和又前后抵达并访问了爪哇（今印度尼西亚）、旧港（今印度尼西亚巨港）、苏门答腊、锡兰山（今斯里兰卡）、古里（今印度科泽科德）等国家和地区。在爪哇地区，郑和参观了当地具有民间风情的"步月行乐"的游戏。农历十五的夜晚，月明星稀，在椰树林中，成群的姑娘嘴中嚼着槟榔，互相挽着手臂，口中唱着民歌，从一间间屋舍中绕着行走。歌声穿透木屋时，屋中主人兴奋地走出屋舍，朝姑娘们撒出一把钱，姑娘们纷纷笑嘻嘻地捡拾。

当郑和船队穿过马六甲海峡时，遇到了一伙海盗。这群海盗的首领是陈祖义，广州人。洪武年间，他纠集一些同伙，在海上胡作非为，专门抢劫过往的商船，杀人越货。见到郑和船队，陈祖义想趁机抢劫，郑和也想趁机为当地百姓除害，消灭掉他们。陈祖义先是接到郑和的来信，假装答应向他们投降，却暗地里准备趁黑偷袭郑和的船队。

晚上，黑漆漆一片，十几艘海盗船悄悄朝郑和船队驶去。海盗船前低后高，灵活迅速。陈祖义十分得意，紧握手中的利刃，贪婪地看着高大瑰丽的宝船，双眼放光，心中想着船上的珍宝。

其实郑和早有密报，准备好了应战。海盗船一驶入伏击圈，大船桅杆上一盏红灯突然高高升起，紧接着，一片灯笼火把出现了，照亮了整个海面。大船团团围住了海盗船，不到一个时辰，海盗船全被歼灭，陈祖义也被俘虏了。接着，郑和乘胜追击，端掉了陈祖义在旧港的老巢。

1407 年，郑和的第一次远航顺利结束。紧接着，他开始第二次远航。到1421 年，郑和共进行了五次远航。除了上面曾提到过的国家，他还抵达过暹罗（今泰国）、真腊、淡马锡（今新加坡）、急兰丹（今马来西亚哥打巴鲁）、柯枝（今印度柯钦）、忽鲁谟斯（今属伊朗）、祖法儿（今佐法儿，在阿拉伯半岛）、木骨都束（今索马里摩加迪沙）、麻林（今肯尼亚境内）等三十多个国家和地区，最远到达了东非海岸。

郑和每抵达一个地方，都会受到当地热烈的欢迎和接待。他每次结束访问，准备返回南京时，都有众多外国使团，甚至还有一些国王和王族随船前往中国。他不仅带回了各国人民友好的情谊，也随船带回了很多当地的特产和野兽，像胡椒、硫黄、象牙、宝石及狮子、金钱豹、长颈鹿、长角马哈兽、鸵鸟等，都是由郑和的远航带入大明王朝的。

虽然明成祖并没打听到建文帝的下落，但郑和船队的成绩让他十分满意，他特意写下碑文，下令树碑以作为纪念。

郑和第六次远航归来时，明成祖驾崩，新即位的皇帝在任不足一年也死了，随后即位的宣德皇帝两三岁，更顾不上远航的事了。1430 年，朝廷再次起用郑和，让他进行第七次远航。当时郑和已 60 岁高龄，但他仍然义无反顾地承担起了重任，再次远航，弘扬国威。但这次远航回来后没多长时间，郑和也因病去世了。也有人说，郑和是在归国的途中死的。

郑和的远航，具有重要的历史意义。不仅向世界展示了当时中国高度发达的航海技术和造船水平，展现出我国古代人民伟大的求知精神和坚韧不拔的毅力，更促进了我国与亚非各国人民的友好往来。至今在很多亚非国家上还保留有郑和的遗迹，像爪哇的"三宝垄"、泰国的"三宝庙"、印度古里的纪念碑等。

—— 土木堡英宗被俘 ——

明成祖驾崩后，明仁宗朱高炽继承了帝位，可他继位不到一年，也死了。随后，明宣宗朱瞻继位，年号为宣德。

明宣宗在位十年就去世了。随后，明英宗朱祁镇继承皇位。但他宠信太监，导致宦官专政，给国家带来了一场巨大的灾难。

北京西北方，出了居庸关，距离怀来县不远的崇山中，有个小地方叫土木堡，这个地方几乎不被外人知道。但在 1449 年，明英宗亲率大军出征，在土木堡这个地方遭到惨败，甚至被蒙古军俘虏，土木堡也因此闻名于世。

而明英宗宠信的太监王振，则是造成这次惨祸的祸首。

王振，山西蔚州人，曾念过几天书，后来进宫做了太监，一直服侍当时的东宫太子朱祁镇。1435 年，年仅 9 岁的朱祁镇继承皇位，即明英宗。王振也平步青云，担任司礼太监，此后他仗着皇帝的信任，开始为所欲为，甚至擅自封官。这让太皇太后张氏对他十分不满，随即召集来杨士奇、杨荣、杨溥等五位宣宗临终之时托付的大臣，当着这几位大臣的面，狠狠地训斥了王振，警告王振不要干预朝政。

但五个大臣之间也存在尖锐的矛盾，无法达成一致，对王振的行动也就谈不上有效的控制。1441 年，太皇太后张氏病逝，王振一时没了束缚，更加肆无忌惮，他竟命人将明太祖立的、铸有"内官不得干预政事"这八个字的铁碑偷偷藏了起来，变本加厉地巩固自己的地位和权力，甚至专权达到可以自己任命兵部尚书。这时，一些没有骨气和节操的官员纷纷去巴结、讨好他，甚至给他当干儿子。

1443 年，蒙古草原上瓦剌部落的首领也先即位成了新的大汗，也先即位后兼并了其他的部落，势力得到了进一步的提升，开始骚扰明朝边境。

1449 年农历正月，也先派出两千人前往北京给明朝进贡马匹，但他假称派来三千人，想多领赏金。王振面对也先的试探，先是下令把马价扣减，然后将人赶出京，这对也先来说是很大的羞辱。从此，便埋下了战争的祸根。

农历八月，瓦剌大军进攻大同，大同守军战败，塞外很多城堡都落入敌手。

很快，明军失利的消息传到了北京，惊慌失措的明英宗召集大臣们前来商议对策，王振想要炫耀自己，便主张皇帝御驾亲征，去抗击瓦剌。但兵部尚书邝埜等人坚决反对亲征，认为此举缺乏必要的准备，过于鲁莽。然而，明英宗却不这样认为，他想起自己的曾祖父永乐皇帝、父亲宣德皇帝都曾御驾亲征，有着辉煌的战绩，他作为皇家子孙，为什么就不能效仿一下？于是，他同意了王振的意见，在没有进行过多战备的情况，征调五十万大军，就出了居庸关，穿过怀来，朝宣府、大同进发。

然而，已经出兵，到底是进是退，也没有统一的意见。一路上，不断有人向明英宗请求退兵。临时召集的将士们大多缺乏纪律和战斗意志。行军途中，几乎天天遭遇大的风雨，还没抵达大同，军队就缺少粮食了，路上躺的到处都是病死和饿死的士兵。还没抵达战场，军心就已经乱了。

好不容易，明英宗君臣终于抵达大同，王振要求继续北上，可邝埜等纷纷要求在这种毫无胜算的情况下尽快转回北京。这时，前锋西宁侯朱瑛、武进伯朱冕战败全军覆灭的消息传来，王振也害怕起来。随后，他听取了在大同镇守太监的密报，同意撤军回京。

大同总兵郭登给宋英宗建议，说大军应尽快通过紫荆关退往内地。因为紫荆关位于大同正东方向，路途不远，也是最安全的退路。可王振却要把皇帝带往他的家乡蔚州，可以炫耀一番，他在那里还有很多田产，也想借此机会回去看一下。可军队刚行走了四十里，王振又下令转往东走，原来，他是怕军队到了蔚州，踩踏坏他的庄稼。这样一来，退兵的时间也被耽误了。

途中，王振还派出三万军队殿后，阻击追兵。可是很快这三万军队遭到了蒙古军的埋伏，全军覆灭了。长途跋涉后，大军行进到土木堡，这个地方虽然名字叫土木堡，但偏僻荒凉，既无城堡，也没水源，无法久留。并且此地距离怀来城不远，只有二十里，天色尚早，军队完全可以抵达怀来城中。可有一千多辆运送粮草物资的辎重车没跟上队伍，王振舍不得，便下令等候。于是，大批的官员和士兵只能待在这个小地方。第二天，蒙古人的骑兵赶到，把明军团团围住，还占据了土木堡南不远处的唯一一条小河，把明军的水源彻底切断。

见此情形，也先没有急着进攻，先假装跟明英宗讲和。王振以为这是真的，丝毫没有戒备，下令开拔移营。几十万的军队就在山间小路上挤着逃命。瓦剌大军趁机围了上来，一阵砍杀，明军将士丢盔弃甲，四处逃窜，不是被杀，就被拥挤的人群踩死，有很多掉入山涧摔死。军队损失过半，大臣和高级官员阵亡的就有数百人。二十多万头骡马和无数的衣甲器械辎重都落到了也先手里。

在禁军的保护下，明英宗左右突围，可就是冲不出去，最后，他索性下马，在地上坐着，让蒙古兵砍杀。瓦剌士兵识出他的身份，将他送往也先的帐下。也先没杀宋英宗，将他留在自己身边，当作以后跟明朝谈判的筹码。

混战中，明军护卫将军樊忠愤怒至极，将王振一把抓住，挥动铁锤，砸死了他，喊道："我为天下杀了这奸贼！"随即率领士兵朝蒙古军冲去，杀死数十名蒙古兵后，壮烈牺牲。

这次事变史称"土木之变"。这场战役之后，明朝元气大伤，开始走下坡路。

—— 于谦保卫北京城 ——

"土木之变"后，明代出现了一位杰出的英雄——于谦。

千锤万凿出深山，烈火焚烧若等闲。
粉骨碎身浑不怕，要留清白在人间！

这是于谦所写的《石灰吟》，这首诗明白顺畅，也是他一生的事业和道德情操最真实生动的写照。

于谦，浙江钱塘（今浙江杭州）人，因被封过"少保"官衔，所以又称作于少保。他从小性格刚强，具有雄心壮志，崇拜南宋的英雄文天祥。1419年，他考中进士，宣德年间，他出任御史，在江西巡视时，平反了大量的冤假错案，后升任兵部右侍郎，又先后出任过河南、山西巡抚。他四处访问贫苦百姓，兴修水利，为民除害，为老百姓做了很多实实在在的事。

于谦从不攀附权贵，每次前往京城办事，都是空手去，从不带礼品。当时接受地方官员的贿赂，对于京城权贵而言已经是一种风气了。对此，于谦十分的不满，还特意写了一首诗来讽刺他们，其中有两句："清风两袖朝天去，免得闾阎

（街坊里巷）话短长。"这两句诗的大意是：做人就要清清白白，别让人说三道四。从此以后，"两袖清风"就成了常用的成语。

后来，王振专政，将于谦误认为是一位曾经得罪过他，但姓名相同的另一个御史。于是，王振指使他的同党去诬陷他，让他下了大狱，准备处死他。后来，王振知道是自己搞错了，便把于谦放了出来，但依旧贬了他的官职。这时，山西、河南上千的官员百姓联名上书，请求于谦留任，于谦这才得以回到河南巡抚的位置上。

1448 年，于谦调到北京任兵部左侍郎。第二年，瓦剌入侵发生了"土木堡之变"。八月下旬，逃回京城的将士们带回土木堡大败，皇帝被俘，瓦剌军即将打来的消息。上至皇室，下到黎民百姓，全都震惊了，一时不知该如何应对。整个京城遍布愁云。

皇太后连忙让明英宗的弟弟郕王朱祁钰前来监国（暂代皇帝掌管国家），随即召集众大臣一起商议如何保卫京城。侍讲学士急切地说道，他观察了天象，明朝气数已亡，对付不了瓦剌，建议迁都南京。

这些话让于谦十分气愤，他厉声叱责："只要谁说迁都，那就砍谁的头！国家的根基在京城，一旦放弃京城，那国家就算完了！你们难道不记得南宋灭亡的教训了吗？"

于谦的话有理有据，义正词严，得到了众多大臣的拥护和支持。

可人心尚未安定，局面依旧混乱不堪。一天，郕王召集众大臣议事，大家悲愤难过，要郕王宣布王振的罪行，但郕王并没有明确表态，当他准备走回内宫时，大臣们越来越激动，都跟着郕王涌入了宫。没有办法，郕王只能同意抄王振的家，但执行抄家行动的却是王振的同党、宦官马顺。这时，马顺还在狐假虎威，吆喝着要把大臣们都赶出宫。一时间，人群愤怒，抓住马顺痛打，不一会儿，马顺就被打死了，大臣们依旧大声喊叫，局面混乱，郕王脸色惨白，无法脱身。

这时，于谦挺身而出，把众人挡住，说道："殿下先不要走，王振毕竟是罪魁祸首，只有严惩才能平民愤，群臣这样做也是为了国家，请殿下宣布王振的罪行吧！"

最后郕王按照于谦说的做了，众人才散去。

朝局混乱，群龙无首，这种混乱局面不能长久。于谦跟群臣一起规劝郕王尽早登基，而皇太后也是这个意思。九月，郕王登基，称为代宗，年号为景泰；尊明英宗为太上皇。随后，他升于谦为兵部尚书，负责京城的保卫工作。

于谦得到任命后迅速准备，将京城的防务增加了不少。同时，将辽东、山东、河南等地的明军火速调集到北京参加防护。还命令工部调集粮草物资，制作衣甲器械，做好战斗准备。

也先最初是想以明英宗做诱饵，来让明朝讲和。于谦顶住压力，排除众议，没有中也先的诡计。到了十月间，也先终于忍不住了，他挟持明英宗，攻下紫荆关，一直打到北京城下，在西直门外安营扎寨。

于谦随即召开军事会议，商量对策。大将石亨建议暂避锋芒，将军队全都撤回城中，坚壁清野，等也先军疲惫后，再去攻击。这个建议，于谦表示坚决反对，他说道："只要我军退缩，敌人会更加轻视我军，现在我们已经从各地征调来二十多万大军，应趁敌人没有站稳脚跟，主动出击，一鼓作气打掉他们的锐气和傲气。"于是，明军在北京九座城门之外都建立了阵地，将士们准备报仇雪恨、保家卫国，全都斗志高昂，准备与也先军进行殊死搏斗。

于谦让副手前去暂代兵部事务，自己亲率人马，在德胜门外列阵，抵抗正面攻击的也先大军。他下令：一旦开战，带队将领不顾部下，先后退的，处死将领；部属不听从将领指挥私自后撤的，后队将士可直接杀掉前队官兵。

也先根本没有想到，这次的北京军民抵抗如此顽强。仅在德胜门，也先就遭到了埋伏，一万多名骑兵被杀掉。在西直门，都督孙镗与赶来的援兵围攻瓦剌军，瓦剌军被打得落荒而逃。有好多地方的百姓也都参加战斗，他们爬上房顶，朝瓦剌兵投掷砖瓦。到处都是英勇杀敌的悲壮场景。

在北京城下，也先硬撑了五天，打了几次败仗，明朝的援军不断从各地赶来，形势越发不利，没有办法，也先只好挟持明英宗退往关外。

京城保卫战取得了胜利，于谦趁机收复了关内的大片失地，还调遣并加强了各边关的守卫力量。

第二年八月，看到明朝政治开始稳定，也先觉得明英宗已经没有什么利用价值，便放了明英宗。

于谦为人正直刚烈，得罪了一些人。像那个主张逃跑，被于谦叱责的徐有贞和想讨好于谦反被责备的大将石亨，都对于谦怀恨在心。

1457 年，不甘寂寞的明英宗在徐有贞、石亨等人的策划下，发动了政变，废了明代宗，再次登上皇位。对于那些支持朱祁钰做皇帝的大臣们，明英宗恨之入骨，再加上徐有贞、石亨等人的煽风点火，明英宗竟杀害了功勋卓著的忠臣于谦。

—— 王阳明创立"心学" ——

英雄屡遭迫害，明朝开始走下坡路，国力日渐衰弱。但在明孝宗弘治年间，曾出现过一段和平发展的气象。然而，到了明武宗朱厚照即位后，他听信宦官刘瑾的鼓动，竟然不理朝政，整日四处游玩，沉迷于醉生梦死、荒淫无度的生活中；并且利用特务统治，不断打击忠臣。慢慢地，刘瑾和他的同党开始把控朝政，买卖官爵，欺君误国。

1506年，南京二十几个官员联名上书朝廷，弹劾刘瑾，请求朝廷罢免刘瑾。可刘瑾非但没下台，这些弹劾的官员却遭到了他的残忍报复和迫害，不是被罢官就是入狱。此后大臣们都不敢再说话了。这时，一位职位低的京官挺身而出，上书皇帝，为这些官员打抱不平。结果在朝堂上，这位官员被当众打了四十大板，还被贬到当时交通不便的贵州龙场（今贵州修文）当驿丞（负责接待过往人员的小官员）。而他就是王守仁，又叫王阳明。

王阳明，1472年出生，浙江余姚人，明代最杰出的思想家和教育家，对军事也比较了解。他从小就聪明好学，做事不拘小节，擅长独立思考。

他11岁那年，父亲带着他前往北京，途中经过镇江金山寺，偶遇一位朋友，他们几人在亭子中饮酒聊天。酒至酣处，朋友建议写诗，大人们都还在思考时，王阳明已经作好诗并念了出来："金山一点大如拳，打破维扬水底天。醉倚妙高峰上月，玉箫吹彻洞龙眠。"大人们大吃一惊，便让他再作一首。王阳明稍作思考，便又吟出一首诗来。

12岁时，王阳明到私塾读书，问私塾先生道："对读书人来说，最重要的事情是什么？"私塾先生说道："高中举人进士吧！"

王阳明说："我认为中举做官并非头等大事，做圣人才是头等大事吧！"王阳明还喜欢骑马射箭、习武。15岁时，他前往居庸关、山海关游览并访问了一个月，他还时常到关外去，考察塞外的山川河流、地理形势，与当地牧民亲密交往，比试骑马射箭等，深入了解他们的生活习性。

28 岁时，他考中进士，先后出任刑部、吏部、兵部主事。1506 年，王阳明冒犯刘瑾，被贬官到龙场。去龙场时，他想先回家乡，再去龙场赴任。

对于反对他的人，刘瑾不会轻易放过，后来他又想办法把王阳明等五十三人都列为奸党，派出杀手追到钱塘去刺杀王阳明。王阳明故意做出一副投江自杀的假象，趁机从舟山逃往福建武夷山中，藏了起来。

直到第三年，王阳明及随从三人才抵达贵州龙场。这里群山连绵，山高林密，瘴气十分严重，时常有毒虫出没。刚开始时，他们没有地方安身，只能各自搭建草棚居住。没过多久，随从病倒了，王阳明亲自为他烧饭煎药照料他。王阳明能放下自己的架子，虚心请教学习，很快就与当地的苗、彝等少数民族打成一片，相处融洽，赢得了他们的尊重。后来，当地群众为他修石洞，砍伐树木，帮他盖了好多间房子。后来，王阳明在此地开办了龙冈书院，开始收徒讲学。

王阳明一生最大的成就是研究人的"心""性"，讲求道德修养的学问。他年轻时，曾学习过道家的修养，又学过佛家的禅理，还对宋代理学大师朱熹的学说进行过深入的研究和学习。但对他们的学说或理论，王阳明认为都有不足的地方。比如朱熹解释儒家名言"格物致知"时说：只要自己默默理解思考事物中的道理，就能从中获取到知识。王阳明父亲的官署院子中有一丛竹子，王阳明就照着朱熹所说的，搬来椅子，在竹子前静坐着，苦思竹子中的道理，可连续看了七天，他还是没想出来一点道理，还生了场大病。此后，对于朱熹的学说，王阳明产生了怀疑。

在龙场这种安静但自然环境恶劣的条件下，王阳明深思多年来的遭遇，反思后自问：处在这样的环境中，圣人会采取什么样的原则呢？

一天夜里，他突然产生了顿悟，高兴得欢呼了起来。他所领悟到的是：宇宙万物是我的心，我的心就是宇宙万物。真理就在人的心中，人的心中本来就存有真理，只是不正确的杂念掩盖了真理罢了。做学问，最重要的就是把心中不正的念头纠正好，以恢复自己求真向善的本性。只要明白自己心中原本存在的正确念头（良知），就会到达真理的境界，成为圣人。这是"心学"，也叫作"致良知"（恢复良知），叫"知行合一"（体验良知和恢复良知的统一体）。"心学"是主观唯心主义学说，但他提倡独立思考，反对盲目跟从，不用将前人说过的话作为唯一的真理，强调发挥个人的主观能动性，具有一定的积极意义。

后来，王阳明做过知县、巡抚等官。1502 年，明朝亲王朱宸濠在江西造反，王阳明迅速组织兵力，叛军还没到南京，王阳明就平定了朱宸濠的叛乱，活捉了朱宸濠。由此看出，王阳明也有着卓越的军事指挥才能。

对于当时和后世的很多哲学、思想、文化、艺术，都多多少少受到王阳明"心学"的影响。明代后期许多杰出的思想家、艺术家，如汤显祖、李贽等，在他们的思想体系中，明显深受王阳明"心学"的影响，是"阳明心学"的信徒代表。

—— 严嵩专权 ——

1522 年，明武宗驾崩，因武宗没有子嗣，由他的堂弟朱厚熜继承皇位，即明世宗，后改年号为嘉靖，嘉靖皇帝在位长达四十五年。在当政前期，嘉靖帝也励精图治过，可是到了后来，他跟道士整日混在一块儿，躲在深宫，求仙人，炼制丹药，求神问卦想长生不老。至于国家大事，也不管不问，全都交给善于迎合他的几个大臣处理。其中最会拍马屁的是大学士严嵩。

严嵩，江西分宜人。对于皇帝的心思，严嵩揣摩得十分透彻，经常见风使舵。有一次，明世宗跟群臣一起讨论祭祀问题，严嵩先说出了自己的意见，后来他发现，自己的意见跟皇帝的意见有出入，便立即更改了自己的态度。明世宗信奉道教，时常去祭祀神仙，需要有人来写"青词"（祭神的文告），严嵩的"青词"写得很漂亮。因此很快，他得到了明世宗的宠信，一路高升，从一般的官员快速升到大学士、内阁首辅（宰相）。

严嵩的儿子严世蕃也受到了皇帝的重用，父子二人勾结起来，收拢了一批人，把控朝政，贪赃枉法，残害忠良，为非作歹。京城中流传着"大丞相、小丞相"的说法来讽刺他们父子二人。

当时，一个蒙古部落在我国的北方崛起，首领名为俺答。从 1529 年开始，俺答带领蒙古人侵扰明朝边境，多年来，俺答的骑兵从陕西、宁夏、山西到河南、河北，再到辽东，沿长城一线，四处蹂躏，周边的百姓生活苦不堪言。

虽然严嵩专权，可在军事上却无太大才能，没有办法应对俺答的入侵。1550年，俺答的骑兵冲过长城，打到北京城下，到处杀人放火，抢掠妇女和财物，所到之处，民不聊生。熊熊大火日夜不灭，难民全都挤到城下。明世宗立即召集严嵩和礼部尚书徐阶等大臣，前来商议对策。明世宗问严嵩，严嵩竟一个字都说不出来。但他私下给负责守卫的官员丁汝夔和仇鸾说："边境吃了败仗，这还可以隐瞒下去，要是在天子脚下吃了败仗，那可没办法了。你们不用真的与俺答作战，他们抢够财物后，自然会退兵的。"仇鸾原本就是严嵩的同党，还贪生怕死，好大喜功。他掌控着十几万的大军，却不主动出击，反而滥杀无辜，杀掉一些无辜村民，以此来冒功请赏。

最终，入侵者杀够了也抢够了，满载着战利品，趾高气扬地从大批明军面前撤退。可皇帝却重赏了仇鸾等人。紧接着，在严嵩的支持下，仇鸾等人准备与俺答讲和、开"互市"（贸易往来）。本来，讲和也好，互市也好，这看起来都是对双方有利的事情。可俺答根本没有诚意，根本不兑现他所承诺的和平。而仇鸾等人讲和则完全是为了掩盖他们的胆怯和无能。

这样的讲和，很多有点见识的大臣都看在眼里，他们提出了强烈的抗议。其中兵部员外郎杨继盛是最愤慨激昂的反对者。他特意给皇帝写奏章，列举了十条当前不可议和的理由。明世宗读后，也比较赞同，觉得有道理。可仇鸾、严嵩却上密奏，攻击杨继盛，把他打入了大牢，后来贬往边远的甘肃狄道（今甘肃临洮），去做一个小小的典史（县令下面管捕盗的属官）。

杨继盛老家在保定荣城，在他 7 岁时，母亲就去世了。他的继母不断欺负虐待他，让他放牛。杨继盛对哥哥说他想跟其他孩子一样去读书，可他哥哥却说道："你这般小，不用读书！"

他反驳道："难道人小就只配去放牛，不能去读书？"这让哥哥哑口无言，后来他父亲送他去读书。他学习刻苦。1547 年，他考中进士，在兵部任职。他为人正直，性格刚强，一心为国，忠心耿耿，对严嵩、仇鸾一伙的行径十分反感，却没想到自己忠心为国，却被发配到西北小县城。

狄道多民族杂居，条件艰苦，百姓都很贫穷。杨继盛把妻子的衣服、首饰变卖掉，资助了一百多个品质优良的穷苦孩子去读书。遇到汉族与少数民族居民发生纠纷，他也能公正地调解，深受大家的信任，获得了"杨父"这个尊称。

互市进行了一年时间后，俺答始终没停止对明朝边境的侵犯。这让明世宗十分后悔，后悔当初没有采纳杨继盛抵抗的建议。这时，仇鸾私通俺答的罪行也被人揭露了出来，还没等到皇帝惩罚他，他便得急病死了。这时朝廷将杨继盛召回京城，出任刑部员外郎。

这时，严嵩想将杨继盛拉拢到自己阵营中，给他升官。但杨继盛痛恨严嵩专权误国，毅然上奏弹劾严嵩，写下了严嵩的十大罪状，比如窃取皇帝大权、勾结仇鸾、私通俺答、迫害忠良等。奏章中还指出，严嵩把皇帝左右的许多人都收买为内奸了。

这让明世宗很没面子，大为恼怒，严嵩更是痛恨万分，杨继盛再次被打入大牢。

在狱中，杨继盛受到了严刑拷打，十个手指全被折断了，小腿胫骨也被夹碎，在肌肉外面露着，腿上吊着打烂的碎肉。但他从不叫疼，也不求饶。严嵩一伙人威胁狱官，不让别人来看望杨继盛，也不给杨继盛医治，杨继盛身上的肌肉开始肿胀腐烂。半夜，杨继盛被痛醒，他让狱卒帮忙照明，他自己亲自用碎瓷片往肿烂处钻洞放脓血，然后把腐肉割去，甚至可以看见白骨。狱卒吓得连忙转过脸，但杨继盛却十分淡然。

在他受刑前，有好心人特意给他送来蛇胆，说吃了蛇胆后遭到毒打就不会感到痛。杨继盛说道："我自己有的是胆，用不上这蛇胆。"杨继盛在大牢中被关了三年，明世宗一直没有明确要杀他的意思。但严嵩却把杨继盛与另一桩要判死刑的案件联系了起来，让皇帝下旨杀死了杨继盛。那年杨继盛才40岁。

十多年过去了，严嵩父子的势力越发膨胀，明世宗也开始厌倦他们。反对严嵩的人将一个为明世宗扶乩（求仙人在沙盘上写字发指示的迷信活动）的道士买通了，让他假借仙人的指示，说除掉严嵩。这正好合了明世宗的心意。于是，大臣们开始弹劾严嵩父子，终于把危害多年的严氏父子给扳倒了。严嵩被罢免了官职，很快就死了。而严世蕃本来要密谋逃往日本，没有成功。最后被处死了，落得一个可耻的下场。

—— 海瑞冒死谏言 ——

明世宗经常猜忌大臣，敢于说真话，像杨继盛这种提意见的官员，不是被砍头、囚禁，就是被革职、充军。这就导致很多年来，没人敢说实话，没人敢谏言。

但到了嘉靖四十五年，却出现了例外。海南琼山人海瑞，他不怕死、敢于指出明世宗的错误，让晚年的明世宗很是头疼。

虽然这时严嵩父子早已垮台，但依旧没有改变吏治腐化的风气。明世宗继续沉迷于求仙问道，百姓越发困苦。当时，海瑞任户部主事，他上奏折，希望能让沉迷于迷信的皇帝醒悟。他知道，这份奏章呈上去以后，会给自己带来杀身之祸，但他已经下定决心，事先就遣散了自己的家人，将后事安排妥当，又为自己买好棺材，跟妻子诀别，然后才把奏章呈给皇上。

明世宗耐着性子读完了他的奏章，他越看越生气，上面写着：

"陛下刚即位时，为百姓真的做了些好事，但后来却在神仙和仙药中沉迷了，想要追求长生不老。可尧、舜、禹、汤、文、武这些古代的圣贤，还有那些秦汉自称有仙术的方士，他们至今还在吗？陛下让人四处采购炼丹的药材，还大肆修建道观，耗尽财物，导致民穷财尽。难怪现在老百姓都说：陛下年号为'嘉靖'，这是每家每户东西都干净的意思呀。陛下已经二十多年没上过朝了，官职滥派，也不与亲人和官员见面，却猜忌、杀害忠臣，导致国弱民穷，君道不正，臣职不清，形势万分危急呀，陛下自以为能跟尧、舜相比，可臣下觉得你连汉文帝都比不上……"

这可把明世宗气得不轻，他狠狠地把奏章摔在地上，大叫道："将这家伙抓起来，别让他跑了。"宦官黄锦说："听说这人不怕死，为官清廉，他自己知道触犯了陛下，自然活不成，早已安排好后事，买了棺材，是不会逃跑的。"

明世宗沉默了一会儿，然后把奏章捡了起来，反复读了几遍后，认为海瑞说的话也不是完全没有道理，他叹息道："这个人就好像是比干，但朕还没有商纣王那般坏吧！"

接下来几个月，明世宗并没有惩罚海瑞，但也没有对此进行批复。

后来，明世宗还是下旨抓了海瑞，不过仅仅过了两个月，明世宗就驾崩了。海瑞随即被放了出来，官职也得到了恢复。

海瑞，号刚峰。从小家境贫寒，他深知穷人的疾苦。他考中过举人，却没考中进士。刚开始时，他做的是县学的教谕（学官）。一到任，他就革除了学生给教官送礼和酒食的恶习。当提学御史来县学视察时，县官和其他教官全都下跪迎接，可海瑞仅仅作了个揖，就是不下跪，说学校乃是教学的地方，并非衙门，教师不应朝长官下跪。

后来，海瑞出任浙江淳安知县，他带头将官员们很多滥收的费用给废除了，还严格执行迎来送往时"不铺张浪费、不赠送礼物"的规定。有一次，严嵩死党鄢懋卿为御史，前往江南视察，出发之前他发出文告，表面上是不让地方官给他送礼，也不要铺张浪费，可实际上却在暗示地方官要收取好处。

这个消息传到海瑞耳中，他自然不会去迎合他。他亲自写信给鄢懋卿，说："大人的文告我拜读过了，知道大人为人简朴，不爱拍马屁。这些我都相信。可我却听说，此次大人南下，沿途都为大人举办了丰盛的酒宴，这些酒宴三四百两银子一桌，十分阔绰，就连那便壶都是银的。可能大人的本意这些地方官员没有真正领会吧，这样一来，他们会不会觉得大人是心口不一的浮夸之徒，只会讲排场、喜欢巴结，而没有真才实学？"

这封信把鄢懋卿气得脸色发青，全身发抖，只能取消了去淳安的行程。

还有一次，浙江总督胡宗宪的儿子途经淳安，觉得驿馆招待不够周到，便把管事人倒吊了起来，进行殴打。

衙役连忙跑到县衙中禀报，海瑞说道："我有办法对付。"随即带着衙役前往驿馆，先把胡公子抓了起来，又在他的行李中搜出几千两银子。这时，胡公子大叫道："海瑞，你好大的胆子，连堂堂总督的公子都敢抓。"

海瑞笑着说道："总督大人早有布告，三番五次告诫属下各州县，迎接上司不得铺张浪费。再说你猖狂至极，还带着这么多来历不明的银子，一定是冒充胡公子，来败坏总督名声，这件事必须要严办。"海瑞下令把银子收入国库，又写了一封信，连同人一块儿送往杭州，让胡宗宪亲自发落。胡宗宪有苦说不出，只能将自己的儿子臭骂了一顿。

1569 年，海瑞升任江南巡抚。一听说海瑞要来了，当地有钱有势的人家全都夹紧了尾巴，有的直接去别地躲避了，有的将自己朱红的大门漆黑，以此来减少人们的注意。到任后，海瑞让那些豪强大户把强占的土地都退了出来，分给穷人们，并且先从当朝首辅徐阶家下手。海瑞在海政上也有不错的政绩，他曾率领人马疏通苏州的吴淞江和常熟的白茆河。

海瑞不管在哪里任官，都会得到百姓的极大拥护，但官僚地主对海瑞却是十分的痛恨和反对。海瑞不断受到排挤，最后被迫辞官回乡。1583 年，72 岁高龄的海瑞再次被起用为南京吏部右侍郎，他终生勤恳操劳，一心为公，最后在任上死去。

海瑞一生没有为自己置办过田产，最后死时，家中仅有十多两俸银，他的丧事还是他的同僚们凑钱给他办的。真是让人感动，忍不住潸然泪下。

—— 戚继光痛剿倭寇 ——

明世宗时期，倭寇趁着东南沿海防务空虚、兵力薄弱，便伺机进犯，导致祸害空前严重。

在古代，我国对日本的称呼是倭。早在明朝初年，就有一批日本海盗抵达中国沿海一带，专门杀人抢劫，他们这伙人就被称为倭寇。不过，当时的明朝国力强盛，兵强马壮，战斗力强，社会相对安定，很容易就将入侵的倭寇给消灭了，因此并没有造成太大的灾祸。

然而，嘉靖年间倭寇猖獗，严重影响了沿海地区人民的安危。

最可恶的是当地的一些贪官、恶霸、奸商、罪犯等，他们勾结倭寇，助长倭寇的气焰，甚至给他们提供情报和支持，倭寇得以长期在浙江、福建、广州沿海等地为非作歹，烧杀抢掠。1553 年，在海盗头子汪直、徐海等人的引导下，大批的倭寇在浙江、江苏登陆，四处流窜骚扰崇明、上海、台州、温州、宁波、绍兴等几十个城市。

没有办法，朝廷派出官员和军队对倭寇进行围剿。在名将俞大猷的指挥下，明军打了一些胜仗，然而，当地奸商和贪官污吏不断诬陷抗击倭寇的将领，蛊惑朝廷先后将抗倭有功的大臣朱纨与李天宠、张经处死；又十分荒唐地派出严嵩的党羽赵文华前去祭祀东海海神，祈求保佑把倭寇驱逐出去，这让倭寇更加嚣张。1555 年秋，朝廷将山东沿海名将戚继光调任江浙参将，负责镇守宁波、绍兴、台州，把控这些倭寇时常出没的军事要地。

还有著名抗倭将领谭纶和俞大猷、戚继光并肩作战。后来，谭纶成了戚继光最直接的上司，给戚继光的军事活动提供了很大支持。

刚到浙江，戚继光与俞大猷就对在龙山登陆的倭寇进行了彻底的围剿，三次战争，三战三捷。但从实战中，戚继光发现明军纪律散漫，训练不到位，素质低下。有一次，战斗结束后，一个士兵拿着人头前来报功，身后跟着一个哭啼的士兵，说道："那是我弟弟，受了伤，但还没有断气，结果却被他给割了头颅。"这时，又有个士兵拎着人头前来邀功请赏，一查后发现，这是一个十几岁的无辜少年。

这两个杀人冒功的罪犯很快就被处死了，可他们的行为却让戚继光很震惊，这样素质的士兵，怎么能击败倭寇呢？于是，他决定自己组建一支新的、纪律严明、有战斗力的军队。他经过多次申请，朝廷同意了他的请求。他亲自前往浙江义乌招募新兵，那些偷奸耍滑的、胆小怕死的、有流氓习气的人，他都看不上，他精挑细选了三千个身体壮实、性格勇敢、心思灵活的农民和矿工，组建了一支新的军队，这支军队在后来的抗倭斗争中做出了巨大的贡献。

经过几个月短暂的刻苦训练，戚继光将这支队伍打造成了一支有纪律、有战斗力、广受民众赞扬的队伍。他们所到之处，百姓都纷纷拎着食物和茶水去欢迎他们，称赞他们是"仁者之师"。接着，戚继光带领这支战斗力强的队伍在浙江、福建的抗倭战场不断作战，战果累累。戚继光被倭寇称为"戚老虎"，而百姓则称他的军队为"戚家军"。

1559 年，戚继光与谭纶的军队会合，一起开往台州，去清剿在台州流窜的倭寇。一路上，他们打了不少硬仗，最后把倭寇驱赶到太平（今浙江温岭）的南湾。倭寇占领海岸边的高山，进行抵抗，雨点般的箭和石头朝明军飞去。戚继光跟他弟弟戚继美一直在阵地前指挥，只见这哥俩每人手持弓箭，一人发射一箭，正中敌方在前面正举旗呐喊的两个倭寇头目。其他倭寇连忙后撤，戚家军趁机一阵喊杀，冲上了山顶。倭寇朝海边退去，他们不是被戚家军杀死，就是掉入海中淹死。

浙江的倭寇被戚家军清剿得所剩无几，戚继光接着又奉命率领军队到福建清剿。到福建后，戚家军打的第一仗是横屿之战。在宁德城的东北海中有一座岛屿，名为横屿，它四周环水，水浅无法行驶大船，水退后，遍布泥泞，行动不便。倭寇的老巢就在这座岛上，这座岛已经被一千多名倭寇盘踞了整整三年，当地的官兵不敢去攻击它。

戚继光派人将横屿的地理位置、地形、水道、潮流等特点一一探明，随即制订了进攻方案，他下令要求每个士兵都背上一捆干草，到横屿对岸等待，待天黑退潮后，把干草抛到水中，以此铺出一条行军的道路。接着，大军强行登岛发动攻击，歼灭了三百多倭寇，俘虏了二十九人，而其他的六百多倭寇则大部分被淹死在海上。戚家军大胜。

此后，在牛田、林墩、平海卫、仙游、兴化等地，戚继光又打了一连串的胜仗。

1565 年，戚继光剿灭了常年与倭寇相勾结，占据广东与福建交界处的南澳岛的海盗吴平。至此，东南沿海数十年的倭寇祸乱终于结束，沿海人民恢复了安宁的日子。

—— 李时珍与《本草纲目》 ——

　　明代的社会经济很发达，除此之外，文学艺术和科学文化也很发达。嘉靖、万历年间涌现出一位名叫李时珍的杰出医学和药物学家，他穷其一生的精力编著了《本草纲目》这部优秀的医药学巨著。

　　李时珍，湖北蕲州人，家中世代行医。在当地，他父亲也是小有名气的医生，闲暇时，喜欢研究医药，曾写过《人参传》一书。从小，李时珍就看着他父亲给人治病、开药方，有时还跟着他前往山上去采药，日积月累和耳濡目染之下，李时珍从小就对医道和医药产生了兴趣，并有了一定的基础，他认识很多花草植物和动物。等他长大一些，认识了字之后，对医书产生了浓厚的兴趣，时常去有书的大户人家中借医书阅读和学习。

　　可李时珍的父亲却不想让自己的儿子继续行医，想让他去参加科考，做官光宗耀祖。可李时珍全部的兴趣都在医学和"本草"（药物学）上，再加上他身体不好，考中秀才后，几次乡试都没获得好名次，便放弃了参加科举做官的念头，全身心投入医学中。

　　李时珍牢记父亲所说的"熟读王叔和（晋代著名医学家），不如临症（临床看病）多"。他刻苦学习，不仅通晓《内经》《千金药方》等经典医学著作，还十分重视临床治疗，并从中积累经验。他不忘医生的职责，立志做个治病救人的好医生。但凡遇见水旱荒灾，李时珍全心为病人治疗，他的生活并不富裕，但只要穷苦百姓前来诊治，他连药费都不收。

　　李时珍医术高超，医德高尚。很快他就在家乡有了名气。楚王王府位于蕲州。一天，楚王的儿子患病，出现抽风症状。王府的医生医治不了，这时王府管家说：

"听说这里有个李医生医术高超，王爷不如将他请来为公子治病。"很快，李时珍就被请来看病了。他仔细观察孩子的脸色，诊脉后询问几句便确定这是由肠胃病所导致的症状。富贵人家孩子饮食不节制，很容易得这种病。于是，他开出药方，让管家去药铺抓药，熬成汤让孩子喝下，没过多久，孩子就好了。

楚王十分高兴，便把李时珍留在王府中做事。1556 年，北京太医院征求各地名医，楚王将李时珍推荐了上去，让李时珍做了医官。

明世宗信奉道教，想要长生不老，整日在宫中炼丹吃药，却吃出一身病来。太医院中一些医生为了迎合皇帝的喜好，也开始大讲丹药。但耿直的李时珍明确反对炼丹吃药，后来，在他的著作中，多次将方士们炼丹的骗人把戏揭露出来，说朱砂、硇石等药物有毒，吃了会对身体产生危害，也从没见过有人能够真正地长生不老。不过，幸运的是，李时珍以前待的楚王府，现在的太医院，都给他提供了一个可以阅读官藏的大量珍贵医学典籍的机会，还有一些收购名贵药材的场所，他都可以去参观和学习，这也让他增长了不少的见识。

在太医院中，李时珍待了几年便辞官归乡。此后，他全身心投入医药学的研究上。他在家中开辟出百草园，亲自栽种侍弄药草。辞官之后，他更加勤奋地研究医学著作和各种文化典籍，还时常远行，去过河南、河北、山东、山西、广东、福建，以及湖南、湖北、安徽、江西等地，足迹几乎遍及全国。有时，他深入深山老林、人烟稀少的地方去挖药草，访问药农，顺便印证、检验古医书上的内容。

有一次，他在广西遇见一队士兵，看见一个受伤的士兵服用一种药末。那种药末是从小核桃般大、灰黑色的硬果实上刮下的。他急忙上去打听，那士兵说：这叫三七，出产于云南。士兵受伤后，时常服用它，或者外用，有很神奇的效果。于是，李时珍便把这段认识新药物三七的知识记录了下来，后又将它写入自己的著作中。

有人说，在湖北均州（今湖北丹江口）武当山上生长着一种榔梅，那是一种仙果，能让人返老还童。朝廷下令让当地官员年年进贡，不让百姓私自采摘。有一年，李时珍前往武当山，特意找当地老药工给他领路，攀登悬崖，最终采集到了榔梅。他将榔梅带回家中深入研究，最后他确定，这真的是一种珍稀水果，能生津止渴，也具有丰富的营养。但不可能使人长生不老。

李时珍通过仔细研究和比对文献资料，再加上对实际药物的认识，他发现，虽然前人的医药书内容丰富，但也存在很多缺陷和错误。于是，他决定全面总结和整理古代的医书，编著出一部新的、全面的、更科学准确的医学著作。1552 年，35 岁的李时珍开始编著药书，整整花费了将近三十年的时间，终于写就了优秀的医药学著作——《本草纲目》。这本书将近两百万字，共记载了一千八百九十二种药物，其中有三百七十四种药是李时珍增加的，还收集了一万多个药方。书中对药物的分类更加的科学，十分接近现代植物学、动物学的分类方法。

这本书不仅在中国流传甚广，还被翻译为日文、德文、英文、法文、俄文等多种文字，并走向了世界；对中国，乃至世界来说，这部书对药物学及动物植物学的研究发展做出了巨大的贡献。

—— 张居正改革 ——

明世宗去世后，明穆宗朱载垕继位，但他仅做了六年的皇帝便驾崩了，享年 36 岁。

1572 年农历五月的一天，病重已久且自知命不久矣的明穆宗让太监扶他靠在御榻上，并把大臣高拱、张居正等人召来，当着皇后和太子的面，叮嘱他们几人，待他死后，要全心辅佐年仅 10 岁的皇太子朱翊钧当皇帝，帮助年幼的他处理国家大事。

不久后，明穆宗病死，朱翊钧即位，即为明神宗。

张居正，湖北江陵人。早在明世宗时，张居正就提出建议，要求政治改革。明穆宗时，他得到重用，又提出强化政令、提高行政效率、重视人才、打击豪强、加固边防等改革措施；在用人方面，也很大胆，重用了名将谭纶、戚继光，加强了北方的战备，跟俺答汗签订了互市协议，使北方边塞得到了数十年的和平。

张居正被任命为"顾命大臣"后，先是利用太监冯保，将同僚高拱排挤出朝廷，自己独掌内阁大权，做了首辅，在此前提下，才开始大刀阔斧地实施改革。

对于小皇帝的教育培养，张居正十分用心，精心为他安排好讲解经书和上朝听政的时间，要求也很严格，不让他随意耽误。张居正亲自给皇帝讲解，不像其他皇帝的老师那样照本宣科，会结合实际来进行启发教育。

一次，张居正给小皇帝讲了宋仁宗不喜欢佩戴珠宝玉石的故事，小皇帝紧接着说道："是呀，皇帝该将有贤德才能的大臣当作宝贝，至于那些珠宝玉器，对治理国家有什么好处呢？"张居正接着启发道："陛下说得很正确，圣明的君主都十分重视粮食，不看重珠宝。粮食可以养人，可珠宝不仅不能御寒，也无法充饥。"

小皇帝十分高兴地说道："对，对。宫妃们十分喜欢穿衣打扮，因此，我要将她们的这番费用减掉。"

张居正答道："陛下可以想到这一层，实在是国家的福分呀！"张居正亲自为小皇帝编了一本《帝鉴图说》，书中选了一百多个古代皇帝治理国家的故事，还配有生动的插图。明神宗看得津津有味，张居正在一旁耐心地指点。后来，张居正命人把明太祖创业的事迹、讲话、文告等编辑成书，分成"创业艰难""励精图治""劝学""亲贤臣""去奸邪"等四十项内容，让明神宗认真阅读学习。

张居正还将小皇帝的教育跟政治改革结合在一块儿。一年夏天，辽东方面传来警报，说二十多万敌军骑兵即将侵犯边塞。这让神宗十分吃惊。而张居正分析后认为，北方游牧部落不会在夏季来打仗，所以敌军不可能侵犯。没过多久，真的传来报告，说并没什么敌人，也不存在什么危险。这个时候，所有的人又觉得安定和平了。而张居正却对明神宗说："敌人的真实动向，我们并不了解。一个假警报就让我们大乱。这种情况一旦多了，我们就会麻痹大意，一旦真的敌人来袭，军队没有早做准备，那就要出大事了。这就表明有些官员和将领贪生怕死，一旦出现战事，天下就会大乱。所以，还请陛下下旨整顿军队，做好战备，以便随时了解敌情。"张居正停顿了一下，说道："据臣所知，很多边塞上的士兵连口粮都青黄不接，这可怎么打仗？还请陛下命令兵部迅速发放口粮，让士兵吃饱饭。"在张居正的主持下，朝廷大力整顿军务。明朝北方边塞的部队，一边守卫边疆，一边屯田耕种，装备和训练都得到了改善，加固了防御工事，在此期间，还收复了一些失地。

对于张居正，明神宗很是信任和尊敬，甚至有点畏惧。他尊称张居正为"元辅""太师""先生"。有一次，小皇帝读《论语》时，把"勃"字读成了"背"（bèi）的字音，张居正厉声道："要读'勃'（bó）！"把小皇帝和太监们吓一大跳。

张居正的改革在皇帝和皇太后的支持下，成效显著，在用人、行政、军事、边防、商业、田赋税收、水利等方面都取得了较好的效果。

通过改革，官僚机构得以精简，也抑制了腐败的风气。真正有才干的人得到任用，行政支出也大幅度减少，行政效率得到了极大的提高。而实行清丈田地，推行一条鞭法，则是张居正改革最重要的成就。

明朝中期，皇亲国戚、豪强地主兼并了大量的土地，导致农民困苦，国家赋税经常收不上来，国库空虚。针对这种情况，张居正在全国范围内丈量土地，把皇亲国戚、豪强地主多占的土地全给清理了出去，这样一来国家赋税多了，另一方面也对抗拒者进行了严厉的打击。这次清查，全国隐瞒的土地竟然有一百四十七万多顷。

张居正还把各州县府的赋税和劳役都合并了，根据实际占有的土地，折成银两进行征收，就如同几根绳子编织在一起，因此叫作"一条鞭法"。这条法令的实行，不但减轻了农民的负担，更重要的是增加了国家的赋税。

张居正还大胆任用治水专家潘季驯，让他去治理黄河、淮河，疏通水道，堵塞缺口，黄河、淮河的水患都大大减轻，极大地改善了运输条件，提高了农业生产的效率。

经过张居正的一系列改革后，国库中的存粮和银两充裕，至少可以维持朝廷支用十年，极大地增强了国力。

但张居正的改革严重损害了大官僚大地主的利益，他们对张居正怀恨在心。1577 年，张居正的父亲去世，张居正因为改革的需要，在明神宗的批准下，用"夺情"特例，并没有依照当时礼制离职回家为父守孝三年。那些怀恨他的官员和读书人便以此为借口，大肆攻击张居正。最后明神宗直接干涉，这才让事情暂时得到平息。

可明神宗逐渐长大，无法忍受张居正严厉的管束，内心也滋生了一些怨恨。1582 年，张居正病逝，那些被他压制的反对者这时把累积的怨恨全都发泄出来，上报朝廷说他骄纵跋扈，贪婪聚财。于是，明神宗下令把张居正所有的官爵削掉，还抄了他的家。然而张居正家及所有子女、兄弟、侄子家的财产全加起来，都没严嵩家产的二十分之一多。抄家人把张家子孙十多口人全部关在一间空屋子中，活活饿死。不久后，除了"一条鞭法"，张居正其他的改革全都被废除了，此次改革宣告失败。

—— 汤显祖的成就 ——

在张居正当权时，汤显祖和他的一位姓沈的好友，一起来到京城赶考，却遭到了张居正手下的威胁："考试时，你们不要写得太用心，不可以超过我们张公子（张居正的儿子张嗣修），这样做自有你们的好处。"

汤显祖一口拒绝道："我的名节不可能因为这些私利而被毁灭掉。"

汤显祖，江西临川人，他的祖、父辈都是很有学问的人，家中有四万卷藏书。5 岁时，汤显祖就可以作对子，刚 12 岁，就能作诗了。他的伯父十分喜爱戏曲，曾参加过戏曲演出，耳濡目染，从小汤显祖就对戏曲有了浓厚的兴趣。

汤显祖不愿意向张居正讨好，导致科考落榜，但因为他的正直，受到了人们的赞扬。张居正死后的第二年，汤显祖考中进士。当时宰相申时行和张四维都想把汤显祖拉到自己麾下，让他做自己的门生。但汤显祖一一拒绝，他说道："我是一根笔直的硬木头，不会很好地周旋，无法做到柔软的弯曲。"

在南京任职期间，汤显祖遇上灾荒，而朝廷派来赈灾的官员却贪赃枉法，只知道吃喝玩乐。汤显祖看不下去，冒险写了一篇奏章给皇帝，揭发时弊和朝政，弹劾那些贪官，最后直接指责当今皇上。这让明神宗雷霆大怒，下旨将汤显祖发配到广东雷州半岛南端的一个小县城，当一个小典史。

几年后，汤显祖调任浙江遂昌县知县。在遂昌县，他为当地百姓实实在在做了不少好事，在任五年时间里，他没有打死过一个囚犯。在除夕和元宵节，他甚至还下令让囚犯回家过年，观看灯节。村里出现虎患后，他立即组织村民前去打虎。他深入乡间，组织农民投入生产，兴利除害，还修建学堂，深受当地百姓爱戴，遂昌人都称他为"汤公"。

1598 年，因为汤显祖不善于攀附权贵，遭到排挤，被迫辞去官职，返回家乡临川。而这也开启了他戏曲梦的历程。在临川城内的香楠峰下，汤显祖修建了一座名为"玉茗堂"的新房子。此后，他后半生进行戏曲创作和演出活动的中心就在这座玉茗堂中。也就是在这里，他首次公开演出了他的代表作《牡丹亭》（又名《还魂记》）。

《牡丹亭》，是我国文学史上一部享有盛名的戏剧作品，其主要内容讲的是江西南安郡太守杜宝的女儿杜丽娘做梦梦见少年书生柳梦梅。自此以后，她便得了相思病，最后不幸患病死去，在浙江临安埋葬。三年后，柳梦梅前去考试，途经临安，捡到杜丽娘的自画像，便跟她的鬼魂相会，并把她的坟墓挖开，让杜丽娘起死回生，两人私订终身，结为夫妇。但杜宝却反对这门婚事。后来，柳梦梅高中状元，在皇帝做主下，杜宝才认了这门亲事。

汤显祖完美地塑造了杜丽娘这个封建时代大胆追求幸福的形象，也表达出在封建专制的重压下，广大青年要求个性解放、争取爱情婚姻自由的强烈呼声。

汤显祖除写了《牡丹亭》外，还写了《邯郸记》《南柯记》和《紫钗记》，人们将这四部戏合称为"玉茗堂四梦"。

《南柯记》主要剧情是：在梦中，书生淳于棼被大槐安国召为驸马，与瑶芳公主成婚。后来，淳于棼成了南柯太守，政绩显著。可不久后，外族入侵，导致公主受惊而死。淳于棼也被遣返回了故乡。最终他大梦初醒，皈依佛门。

《邯郸记》讲的是一个名为卢生的人在梦中娶了有钱有势的崔氏为妻，并高中状元，为朝廷立下了不小的功劳。虽然奸臣宇文融不断算计、陷害他，最后奸臣还是被杀了。卢生当了二十年的宰相，荣华富贵享之不尽。后来，他梦醒，才发现这是黄粱美梦一场。

《紫箫记》（后改为《紫钗记》），它讲的是一名叫霍小玉的女子跟李益之间的爱情故事。

"玉茗堂四梦"不仅在当时产生了很大的影响，甚至还影响了后世，因此，在中国文学史上，汤显祖一直有着极高的地位。

—— 离经叛道的李贽 ——

明朝后期，有一个学派非常流行，有很多信奉者。这个学派认为人天生就有"良心"，而人的"良心"则是"道"（最高的道德原则和自然法则），商人、学者、劳动大众的日常生活和社会活动，穿衣、吃饭、砍柴、挑水等，这些全都是道。每个人都应充分理解和发挥自己的良知和能力，这样才能达到最完美道的境界，圣人并非只有孔孟，人人都能成圣人。他们反对官方提出的正统的"道学"思想，更加反对权势和权威，他们不怕吃苦，不怕死亡，提倡通过自己的劳动来获取想要的生活。泰州人王艮则是这个学派的创始人。除了一些读书人，还有很多的农民、船工、矿工、商人都参加了这个学派。这个学派从王阳明的"心学"发展而来，名为泰州学派。

这个学派涌现了很多学者和思想家，其中最突出的是李贽。

李贽，号卓吾，福建泉州人。他从小就具有鲜明的叛逆性格，曾对孔子看不起农民的议论公开提出过自己的反对意见，他公然蔑视当时所公认的一些圣人的权威。

后来，李贽跟着王艮的儿子王襞深入学习研究泰州学派的学说。26岁时，他考中举人，先后出任过县学的教谕、南京与北京国子监的博士、南京刑部员外郎、云南姚安府知府。虽然贵为官员，但他的生活很是清贫穷苦。一年，碰上灾荒，他的三个女儿竟然饿死了两个。于是，他对做官便失去了兴趣。1581年，他在云南任职，距离任满还有两个月的时间，他不管上司是否同意，整理好公文，封存府库、官印，递交辞呈，离开了官署，带着家眷来到湖北黄安县。

在湖北黄安县，他有一位朋友，名叫耿定理。二人的思想、感情都很合得来。他在耿家住下来，读书、研究学问，顺便帮忙教育耿家的孩子。他不让孩子按传统的方法去背"四书五经"，却让孩子随意地去读书做游戏，发挥孩子们天真烂漫、自由奔放的天性。也因此，他与耿定理的大哥、做大官的耿定向产生了矛盾。虽然耿定向也是泰州学派中人，也聚徒讲学，但只要涉及个人及家族利益时，他仍然坚决地站在传统的礼法思想这边，责怪李贽把耿家孩子给带坏了。而李贽则叱责耿定向是"假道学"。

后来，耿定理去世，李贽随即从耿家搬出来，去黄安相邻的麻城县乡下龙湖边住下。在朋友的帮助下，他修建了几间房屋，特意取名为芝佛院，以此地落脚安身。他接着读书讲学，跟耿定向进行论战，写了不少具有战斗精神的书信和论文。在这里，李贽的确做了不少在当时人眼里出格的事，他招收女弟子，身着儒家服饰，却剃了光头，又不吃斋念佛。后来，耿定向的支持者以此造谣生事，说李贽勾引良家女子，伤风败俗，鼓动官府将他驱逐出境。

1600 年，那些反对李贽的人纠集起一伙人，硬闯入龙湖，彻底损毁了芝佛院。当时，李贽已经是 74 岁高龄了。后来的一年中，他四处流浪，依靠朋友救济度日。虽然生活中充满了不幸，但他依旧不放弃读书、写作、讲学，不断与传统和守旧思想进行斗争。

第二年春天，李贽受朋友马经纶的邀请，前往河北通州，居住在他家，准备在那里完成他对《易学》的研究。通州距离京城不远，他的到来如同洪水猛兽一般，把朝廷中的一些卫道士吓得不轻，他们连忙上书皇帝，说李贽惑乱社会，骚扰圣道，危害百姓，请求尽快逮捕并驱逐李贽。皇帝随即下旨，让锦衣卫前去通州捉拿李贽。

此时，李贽正患病，面对前来捉他的官兵，他十分镇静地说道："让他们抬块木板来，我躺上面，随他们前去。"

马经纶要跟随李贽一块儿入狱，但李贽说："你不能前去，你还有老父亲需要你照顾。"马经纶说："他们都说你是妖人，而我请你来我家居住，有庇护妖人的嫌疑，让我同你一起去受罪。"

在审问李贽时，官府的人问道："你为何在书中写反对朝廷、圣人的话语呢？"李贽态度坚定地回道："我所写的书就摆在那里，全都是有益于世道人心的，你们完全可以去自己看！"

1602 年，朝廷想将李贽驱逐去福建。可李贽一心想用自己的生命反对当权者的迫害。因此，他趁着狱卒给他剃发，一把夺过剃刀，迅速在自己喉咙上割了一个大口子，瞬间血流不止。狱卒立即抢过剃刀，迅速给他包扎，这才没让李贽当场死去。不过，两天后，有病带伤的李贽还是死去了。

李贽一生写下了不少著作，其中《藏书》《焚书》《续焚书》这三本最为重要。书名的意思就是他的书该收藏或烧掉，不能让人读，其实这都是为了抗议迫害他的人而说的反话。

李贽还有一些著名的言论：圣人和凡人一样，都没什么了不起的；每个人都是圣人，都能做佛祖；孔子的话并非真理，真理的标准在每个人的心中；他说，男女的差别只有性别，没有其他的差别，男女平等，卓文君的私奔，那是她追求自己的幸福，这是值得赞扬的。

李贽的这些言论和思想，反传统反封建，具有一定的进步意义，但在当时的社会，却被认为是离经叛道，曾一度引发激烈的议论。就连当时的一些所谓的思想家，也无法完全接受他的思想。

—— 葛成痛打税使 ——

自明朝以来，苏州的养蚕业、丝绸业便十分的发达，有些机户拥有十几台甚至几十台织机，出现了很多以出卖劳动力和技术吃饭的纺织机工。苏州的纺织品，畅销全国，名扬海内外。

可苏州的繁荣也屡遭暴政的摧残。明朝特意在苏州设立织造局，去满足皇室的享乐生活。为了监督织造各种高档的纺织品去当贡品，朝廷滥派劳役，仅做一件蟒龙袍就需要织工一年半的劳作；还设置税使抽取税费。织造及税使，都是皇帝直接从身边派出的一些太监任职。他们在地方网罗地痞流氓充当税官。除了官方规定的税额外，这些税官层层加码，征收苛捐杂税，导致很多机户破产、机工失业。

1601 年，皇帝派太监孙隆前来苏州征收税款。孙隆指派的税官在各个城门和水陆交通要道上都设立关卡。不管是大买卖还是小买卖，都要抽成。肩挑步担的小买卖，要十中抽一；各类店铺，十中抽二；织染机房，则是十中抽三。就连进城农民手中拿的一只鸡或鸭，也都要交税。这些贪婪的行径，终于逼得全城纺织户都关门进行抗议，一万多名机工没了收入，导致民怨沸腾。

苏州人民和机工决定进行一次斗争来抗议朝廷的暴政。而机工葛成（又叫葛贤）则是这次斗争的带头人。

一天，在葑门，税官殴打了一个卖瓜的农民，恰巧葛成路过此地，他立即挺身而出，责怪税官，为瓜农打抱不平。税官警告他不要多管闲事，不然连他一块儿打。这让葛成十分生气，一把夺过税官手中的皮鞭，围观的群众也都十分生气，一声呼唤，涌上前去，抓住税官打了起来。

葛成思索了一下，跟二十几个勇敢的机工商量了一番，准备趁此机会，教训一下那些鱼肉百姓的太监和税官。在他们的号召下，成千上万的人立即纷纷响应。葛成身着白布衫，领着大批满腔怒火的机工和市民，分头前往各个税卡，去教训那些贪得无厌的税官。

愤怒的市民一下子就将葑门税官黄建节等人打死了。紧接着，群众又去了汤莘、徐成等十二个税官的家，一把火烧了他们的房屋。聚集起来的人越来越多，一时间群情激奋，而葛成手持芭蕉扇，大手一挥，说："走，去跟孙隆算账去。"

接着，人们朝税使衙门涌去。吴县知府带着十几个衙役想将示威的人群吓退。可一看到示威人群这个阵势，被吓得赶紧躲在一旁，不敢说一句话。一时间税使衙门门前喧闹不已，人山人海，孙隆也觉得大事不妙，化装成一个商人，在衙役的帮助下，连夜逃向杭州。

民众大规模的反抗迫使苏州知府答应将一些税收撤销，这才平息了群众的怒火。可他一转身，就调集了军队，将示威的群众抓了起来。这时，葛成站了出来，主动承担起组织领导这次示威活动的责任，以免牵连到更多的百姓。知府把葛成抓了起来，并判处了死刑。

全城百姓知道这一消息后，成千上万的市民、机工再次自发聚集到一块儿，要求官府把葛成释放了。知府碍于民情舆论，不敢杀他，但也不敢释放他，只能将他一直关押在监狱中。1603年，鉴于全国各地百姓都反对太监监税，明神宗只能下令让苏州知府把葛成释放了。葛成成为苏州人民心中的大英雄，他们称他为葛将军，他受到了热烈的欢迎和尊重，人们还为他建造了祠庙。

在天启年间，苏州人民又爆发了一次抗击东厂特务统治的斗争。为了迫害东林党人，太监魏忠贤特意派出"缇骑"（专门捉人的武装特务），前来苏州抓捕东林党人周顺昌。苏州民众十分反感太监专权和特务政治，同情东林党人。很快，成百上千的民众自发聚集了起来，他们拦住特务，不让他们抓人。轿夫周文元跟东厂特务打了起来，众人紧跟着一起围攻，平日里蛮横无理的特务怎么能想到，他们会遭受到老百姓的袭击，再也不敢与百姓进行抵抗，四处奔走逃亡了。

不久后，魏忠贤的爪牙、苏州知府毛一鹭来了个秋后算账，将十多个参加袭击特务的人全部抓捕，官府还将其中的颜佩韦、马杰、沈扬、杨念如、周文元五人在阊门外吊桥处死。行刑那天，为他们送行的人多达好几万人。这五位壮士全都神色自然，厉声骂魏忠贤，随后英勇就义，表现出苏州人民坚韧的斗争精神。

明朝末年，复社文学家张溥为了颂扬这五位义士的精神和事迹，特意写了一篇《五人墓碑记》来颂扬他们。

—— 努尔哈赤统一女真 ——

宦官和奸臣当政，导致明朝末年的社会乌烟瘴气。就在这时，北方少数民族地区却发生了巨大的改变。1616年，在赫图阿拉（今辽宁新宾老城村），女真族首领努尔哈赤自称大汗，建立后金，改元天命，公开跟明朝对抗。

女真族是我国东北一个十分古老的民族，在商周时期，它叫肃慎，唐代叫作靺鞨，五代和宋、辽称作女真，曾统治过北方半个中国的金朝就是女真族所建立。自元朝末年以来，女真族开始分为众多部落散居在东北地区。其中有一支比较强大的女真族部落生活在吉林绥芬河流域，明朝特意在这里建立建州卫、建州左卫和建州右卫这三个卫所（军事、行政合一的军事单位）进行统治。因此，这片地区的女真族也叫建州女真。此外，还有野人女真、海西女真等几个部落比较强大。

对于建州卫，当时的明朝采取的是一种自治的统治形式，他们将当地女真部落的酋长任命为卫所的官员，让他们参加管理地方事务，同时也让他们处在明朝政府的管辖之内。努尔哈赤的祖父觉昌安、父亲塔克世，以及他本人都曾做过建州左卫的官员。

努尔哈赤，1559年出生，少年时，母亲就死了，他从小就性格独立。他胆大心细，能骑马射箭，跟随大人们前往深山老林中挖人参、打猎、采集山货，再赶往抚顺城中跟汉族商人进行交易，以此换来布匹、粮食等生活用品。后来，他去明朝辽东总兵李成梁的部下当兵，骁勇善战，立下了不少战功。他会说汉语，还读过《水浒传》《三国演义》等名著，从中了解到不少作战的策略。对于明朝官员、商人和平民百姓的想法和生活习惯，他都很了解。

当时，女真各部落间时常发生争斗，他们经常去汉人的地方抢掠财物和奴隶。在明朝眼里，它的存在是危害明朝边境的潜在威胁。为了防止他们中间的部落发展过于强大，明朝将领时常利用他们彼此之间的争斗，参与调停，通过这种形式来巩固明朝在这些地区的统治。

1583 年，在建州左卫酋长、土伦城城主尼堪外兰的引导下，明军前去镇压古勒城城主阿台的反抗。而阿台则是努尔哈赤的祖父觉昌安的孙女婿，当时，觉昌安与努尔哈赤的父亲塔克世去看孙女，全都在阿台那里。在战斗中，他们都被人杀死了，但不知道是谁杀死的。但从此以后，努尔哈赤对明军和尼堪外兰充满了仇恨，并要誓死报仇。

明朝为了将努尔哈赤的愤怒平复，特意下令让他从李成梁的部队返回建州，接替父亲塔克世的职位，并让他出任建州左卫指挥。

努尔哈赤深知自己力量弱小，当前跟明军算账并没有什么胜算，就先去找尼堪外兰报仇。他父亲塔克世给他留下了十三副铠甲，他精挑了一些勇士，用这些铠甲把他们武装起来，带着他们去攻打尼堪外兰的土伦城。经过一番激战，尼堪外兰被努尔哈赤击败，四处逃亡。后来，他逃到鄂勒浑（今黑龙江齐齐哈尔附近），躲在明军军营中。这时，明军依旧想通过和平的方式将努尔哈赤的怒火平息，尽量避免战争，随即杀死了尼堪外兰。这一举动让努尔哈赤看清了明军的软弱，报仇雪恨的愿望更加强烈了。

努尔哈赤野心勃勃，准备打着给祖父和父亲报仇的旗号，将女真部落统一，好跟强大的明朝进行对抗。

努尔哈赤占据尼堪外兰的土伦城后，又将建州女真内部有实力的部落全都打败，实力越发强大。努尔哈赤迅速扩张，海西、野人等女真部落，还有附近的蒙古部落感觉到了危机，随即联合起来，朝努尔哈赤进攻。这个部落联军，号称为九部，一共有三万人，由海西部的叶赫部落领头，声势浩大。

努尔哈赤为了防止出现两头战斗的场面，他一边积极准备迎敌，一边向明朝政府表示恭顺，因此，当时对于他们之间的战争，明军没有干涉。

联军的突然来袭，让努尔哈赤部落里的人都十分害怕，而努尔哈赤却十分镇定，他采用在《三国演义》等书中学习到的策略，在敌人必经的险要山谷中，埋伏精兵，并准备好滚木、礌石等在山岩上，就等着敌军的来袭，而努尔哈赤他自己则放心地睡起觉来。

女真、蒙古联军进入努尔哈赤设置埋伏的地方，突然间，他们遭受到一百多彪悍骑兵的偷袭，接连两员大将都死了。一时间，联军大乱，军心不稳。努尔哈赤的军队扔下一阵滚木、礌石后，士兵们全都杀了下来，联军被努尔哈赤的军队击败，四处奔逃。

当时，除了努尔哈赤，就属叶赫部最有实力。努尔哈赤击败叶赫部落后，在女真部落中，再无敌手。随后，他恩威并施，将整个女真族除了小部分野人女真外，统一了其他所有的地区。这个过程也很漫长，从 1593 年开始，整整持续了三十多年，才真正结束。

在统一过程中，在部落内部，努尔哈赤制定了法律和制度，建立了八旗制度，创制了属于女真自己的文字，并保持和加强女真与明朝、朝鲜之间的贸易，继续向明朝表示恭顺和臣属，还不断拉拢蒙古，为内部的统一和发展，创造出了比较安定的社会环境。

八旗制度，军民合一、政军合一。努尔哈赤把部落的属下所有人员及家庭，编入八个旗中，每旗下又分为若干"牛录"，一个牛录有三百人。战时作战，平时种田打猎。天天生活在一块儿，一个牛录里的人联系密切，感情十分深厚，还团结互助，作战勇猛，便于管理和指挥。后来，后金势力发展迅速，人数大量增加，随即扩建了镶八旗和"蒙古八旗""汉军八旗"等。在努尔哈赤的精心治理下，女真族国家的雏形逐渐形成。

1616 年，努尔哈赤建立后金，跟明朝分庭抗礼。

1618 年，努尔哈赤正式对明朝宣战，并宣布了与明朝之间的"七大恨"，其中一大恨就是他的祖父、父亲被杀。很快，努尔哈赤的军队攻占了抚顺、清河等明朝所统治的地区。从此，明朝辽东的军事、政治形势发生了根本性的改变。

女真族野心膨胀，开始与明朝争夺全国政权。

—— 明军兵败萨尔浒 ——

　　1616 年努尔哈赤建立后金政权，之后，他又用了二十八年，才在 1644 年入关并建立清朝。其间，他与明朝交战多次，而攻打抚顺之役则是第一次大战。这次战争，努尔哈赤先是向城内派遣化作商人的探子，当作内应，又把明朝的援兵伏击在城外，随即一举攻下抚顺。抚顺失守的消息传到了京城，朝野震惊。

　　辽东，是明朝东北方面的军事重镇，三面临敌，几乎每年都要爆发战事。然而，明神宗为了贪图享乐，派太监来当税使，搜刮百姓，导致军民贫苦。而朝廷所任命的巡抚等军政要员，多半是没有能力，只知混日子、捞好处的人。尽管一些有远见的大臣很早就发出警告，建议加强防卫，可朝廷就是不理睬，一直到形势接近崩溃的地步。

　　明神宗大怒之后，随即派出大军进行围剿，企图将努尔哈赤消灭，把危险扼杀在最初的阶段。

　　1618 年的冬天，朝廷下令从福建、浙江、四川、陕西、甘肃等省调兵，集结了九万多军队，号称四十万，全都在辽东汇集，准备攻打努尔哈赤。

　　第二年二月，在统帅辽东经略杨镐的带领下，朝廷正式朝努尔哈赤进兵。杨镐是位老将，但在指挥明军援助朝鲜抗击倭寇的战斗中，他指挥失误，导致大败。而今，他在沈阳坐镇指挥，把大军分为四路进发：总兵马林等率领北路军，从开原进发；总兵杜松等率领中路军，从沈阳出发；总兵李如柏等率领南路军，从清河进军；总兵刘铤等率领东路军。努尔哈赤的老巢赫图阿拉则是他们的最终目标。

　　但对于四路大军的行动，杨镐并没有协调好，努尔哈赤侦察到了明军进攻的日期和路线。针对明军"分而合击"的战略，努尔哈赤巧妙利用时间差，集中兵力，各个击破。他分析后得知，中路杜松的军队是明军的主力，而杜松这人有勇无谋，十分急躁，容易冒进，便准备找机会先击败他。

　　的确，杜松是员老将，长期在辽东镇守，身经百战，骁勇善战，但也自大，听不进他人的意见，还总想抢头功。这样，他便撞到努尔哈赤的枪口上了。大军进发那天，天降大雪，天气恶劣，杜松不管天气，也不管友军的配合，一意命令大军冒雪深入后金地界。

一天之内，杜松的人马就奔驰了一百多里路。渡浑河时，水流湍急，军队行进到河中央，却怎么也爬不上对岸。这时，杜松喝多了，强迫士兵进行强渡，还没开始打仗，不少将士就淹死在河里了。杜松带着剩余的军队前进。行军途中，他还打了两次小胜仗，这让他十分高兴。三月初一，杜松在萨尔浒（今辽宁抚顺东）谷口遭遇努尔哈赤的主力。杜松下令两万军队扎营在萨尔浒，并派出一万军队前去攻打在铁壁山后面修建的后金界凡城（今辽宁新宾西北）。

杜松在如此凶险的地方还将兵力分散，这是兵家大忌，这让努尔哈赤很高兴。随即努尔哈赤向界凡派出两旗军队来进行援助，而自己则亲率六旗兵力，前去围攻萨尔浒。进攻界凡的明军遭到后金军队的伏击，大败后溃散逃跑。努尔哈赤随即将所有兵力集中起来，强攻萨尔浒的明军大营。最终，明军主力抵挡不住八旗军队的进攻，营盘被八旗军队攻克，无数将士被杀或跌落山谷，战况惨烈，遍地尸体和鲜血，杜松在战斗中也阵亡了。

北路马林军刚行进到尚间崖和飞芬山，距离萨尔浒仅有四十里的路程时，传来了杜松兵败的消息，他竟吓得不敢前去救援，直接下令就地建造营寨进行固守。他在营地周围挖出了三道壕沟，布置火枪手在壕沟外，再在火枪手外布置骑兵；壕沟内的士兵则成方阵。努尔哈赤将杜松的军队彻底消灭后，集中兵力，朝马林打去。士气旺盛的后金军，仅仅用了几次冲击，就把马林的大营冲得大乱，阵亡的将士填满了山谷，马林左右冲杀后，才得以逃生。

东路总兵刘𫝶是一员骁勇善战的猛将，他手持一柄重达一百二十斤的大刀，在马上挥舞，抡转如飞，无人能挡，天下人称他为"刘大刀"。他作战也是把好手，曾在云南、广西、四川、陕甘一带作战，比较老成稳重。但他所行进的路线最为遥远，也最难行走，一路上全是山冈，马连队列都走不成。可刘𫝶军将士依旧不畏艰辛，一路向前，他深入后金境达三百里，还打了几次小胜仗，却不知道杜松失败的消息，一直前进，很快便遇到了努尔哈赤的军队。

刘𫝶随即让军队前去抢占高地，可努尔哈赤的军队抢先一步爬上了山冈，占据了有利地形，从山冈上冲杀了下来，虽然明军顽强抵抗，拼死战斗，可终究明军地势不利，又是疲惫之军，在旁边又有一支八旗的生力军冲杀来，最终战败。大部分的明军英勇战死，刘𫝶也战死了。他的养子刘招孙也十分的骁勇善战，徒手把好几个八旗兵打死了，最终寡不敌众，英勇战死。

南路李如柏军行进最慢，当杨镐听见三路讨伐军全都覆没的消息后，立即命令李如柏撤退，这路军队才得以保全。

此次战役被称为萨尔浒之战，是明末一次很有名的战役，也是努尔哈赤以少胜多的战役。在这场战役中，明朝文武官员阵亡三百多人，士兵阵亡多达四万五千八百多人。

此后，努尔哈赤继续南征北战，获得了众多辉煌的军事胜利，导致明朝最终走向灭亡。

—— 徐光启与《几何原本》 ——

明朝万历后期，虽然南方倭寇的祸害平息了，可北方后金的势力却在不断壮大。一些读书人这时纷纷开始研究救国救民的学问。徐光启就是其中一位。

徐光启出生在上海，虽然他出生时已经没有了倭寇的祸害，但倭寇几十年的骚扰一直深刻在江南民众心中，挥之不去。而徐家更是惨遭倭寇的洗劫，变得一贫如洗。年少的徐光启只要听见长辈说起倭寇祸害中国的事情，就会感到一阵痛心，报国之心油然而生。

徐光启读书刻苦，善于联系实际，有时自己还亲自下田种植庄稼和蔬菜。1597年，他参加乡试，初审时，他的试卷被淘汰了，幸好眼光卓越的主考官焦竑复审时将他重新选中，徐光启才中了举人，这让徐光启备受鼓舞。

七年后，徐光启高中进士，在翰林院任职，做庶吉士，得以继续深造。当时读书人一般都读的是儒家的"四书五经"，学习孔孟和朱熹的思想。可徐光启不但读儒家的书，还读那些在当时被认为新鲜却有些异端的西洋科学著作。

1582年，意大利天主教传教士利玛窦抵达澳门，后从广东、南京，于1600年抵达北京，明神宗特意召见了他，并对他所进献的自鸣钟十分感兴趣，赏赐给他许多财物，还同意他在北京居住。就这样，他在中国生活了将近三十年，其间他学会了汉语，能读儒家的书籍，还会写文言文章，跟众多读书人做了朋友。他来中国最初的目的是传播天主教，可面对中国读书人心中强大而牢固的儒家思想，他改其道而行之，开始传播西方的自然科学知识，以此来拉近他们之间的距离。

1603年，徐光启在南京与利玛窦相识。1604年，徐光启到翰林院做官，特意拜利玛窦为师，学习西方的天文历法、几何数学、武器制造等知识。徐光启觉得，西洋学问对富国强兵有很大的作用，尤其是制作西洋大炮和农业水利技术等新学问。

徐光启对数学有浓厚的兴趣。在他看来，数学原理能运用到各种实验科学中，对于解决天文历法、测量建筑、武器制造等方面都具有很大的实际用处，很多学问更是离不开数学。

一天，利玛窦给徐光启说起古希腊数学家欧几里得写的一本古老西方的数学名著。徐光启沉迷其中，认为这是一本好书。随即他跟利玛窦商定，两人要一起将此书翻译成中文，并把它介绍给中国的知识分子。

此后，每天徐光启从翰林院下班后，直奔利玛窦的住宅。由利玛窦口述，徐光启记录，两人翻译《欧几里得几何》。在他们之前，从没人将西方数学著作翻译成中文，因此他们的工作十分艰辛，很多术语、概念全部都是首创，这些首创的东西，不仅要翻译准确、典雅，更要让中国读书人能理解，还不能偏离原有的意思。这让徐光启花费了很多时间和脑力去思考。他们两人花费了一年多时间，经过多次修改后，终于将这本书完全翻译完，并命名为《几何原本》。全书一共六卷，直到现在数学中的一些通用的术语、概念，都是沿用这部翻译书中首创的内容，就像"几何""三角""直角""锐角""正弦""余弦"等。后来，徐光启还翻译过《泰西水法》这部介绍西方水利的著作。

徐光启研究学问，并不仅限于书本，他对科学实验和生产实践也十分重视。1619年，徐光启辞去官职，在天津闲居，自己买了一块田地，搞起了种植实验。

有一年，一位朋友从福建赶来看徐光启，给徐光启带来很多株甘薯的秧苗，说这是从国外传进来的，在福建种植得非常好，还可以食用，可以用来救灾。正好徐光启要返回上海老家居住，便在自己田中进行了试种，收成很不错，这让他十分高兴，于是，他便写了一本介绍它的用途和耕种方法的《甘薯疏》，并在江浙各省推广。

北方的战争和国家的兴亡一直都是徐光启非常关注的。

1619年，明军大败萨尔浒的消息传来，满朝文武大臣一时大乱，有的建议大量征兵，有的建议增加饷银。这时，徐光启勇敢地站了出来，几次请求明神宗批准，让他用新方法训练新兵去前线杀敌报国。于是，明神宗升了他的官，让他去通州练兵。

这让徐光启十分兴奋，他立即呈上新的奏章，给朝廷详细介绍了具体练兵的方案。可他练兵的衙门成立后，既没兵源，也没饷银。他只能不断去兵部要人要饷银。最后，他要来一点饷银和几千新兵。可新兵大多老弱病残，真正能上阵打仗的不多。这让徐光启十分灰心，没过多久，就以生病为由，把有名无实的练兵差事辞掉了，返回了老家。

可辽东形势日益严峻，这让徐光启再次坐不住了。他连忙上书明神宗，请求大量铸造西洋大炮，以此加强防守。这让明神宗有点心动，准备用他。可兵部尚书与徐光启意见不一样，再加上其他官员也排挤攻击徐光启，徐光启的希望再次落空。

晚年的徐光启返回上海，一边在田地中做农业科学实验，一边完善他早年开始编写的《农政全书》这一中国农业科学巨著。

徐光启一生生活俭朴，不在乎高官厚禄，心中只有国计民生和科学技术。他去世时，他唯一的一口箱子里仅有几件旧衣服和一两银子。

—— 魏忠贤迫害东林党 ——

风声、雨声、读书声，声声入耳；
家事、国事、天下事，事事关心。

辽东后金铁骑攻城略地的杀掠声，江南民众饱受摧残和剥削的呻吟声，这些都深深震撼着一批爱国的读书人。1593 年，吏部官员顾宪成直言抨击朝政，遭到免职，他返回家乡无锡，在他的主持下，修复了无锡东门外的一所书院，而文中开头的那副对联就挂在书院的讲堂上。在这里，宋代著名学者杨时曾讲过学。如今，顾宪成也召集来众多有志之士在这里讲学，不过，他们不是单纯地讲学，他们将讲学和国家大事结合了起来，抨击朝政，反对宦官，反对贪污腐败、守旧的官员，他们勇敢地向皇帝进谏。

他们都是一些正直、无所畏惧的人。因为这座书院名为东林书院，因此，那些反对他们的官僚、宦官把他们称为"东林党"。后来，人们也都习惯叫这些人为"东林党"。很快，他们的影响就传到了书院外面。越来越多的人同情并支持他们。在朝廷中，也有很多同情者，这些人积极影响着朝政。就像抗击后金入侵的杰出统帅熊廷弼、孙承宗、袁崇焕，这些人虽然不是东林党人，但是跟东林党人联系密切。

反对矿监、税使，这是东林党人做得最得人心的政治活动。为了满足私欲，明神宗派亲信太监，在全国各地监督开矿和税收，肆意搜刮财物，剥削百姓。这些太监们肆意打开居民的房屋，挖掘坟墓，奴役、残害工人，抢夺财物，为非作歹，导致农民无法种地，商人生意做不下去，百姓的基本生活都无法得到保证。

明神宗派矿监、税使压榨剥削百姓的行为遭到了东林党人中众多官员的强烈反对，要求立即撤销。其中凤阳巡抚李三才批评得最为尖锐，在奏章中，他说道："尽管皇上喜欢珍宝，但民众也需要温饱呀；皇上爱子孙，民众也喜欢妻儿呀。那为何皇上一定要在自己钱库里把黄金堆得如同天高，却不让百姓家中有一升一斗的存粮呢？矿监、税使的行为，一旦引起百姓的反抗，那连百姓都成了皇上你的敌人。到时皇上你守着无数的金银珠宝，又有何用？"

在皇帝的庇护下，李三才动不了那些矿监和税使。但他们的爪牙还是遭到李三才猛烈的打击，不是被捕就是被杀。有一个名叫程守训的税监帮凶，他独自贪污了几十万两银子，李三才搜集了他的证据，向朝廷弹劾他。没有办法，明神宗只能下旨把程守训和他的同伙逮捕进京，处死了。

1620年，明神宗驾崩，那些罪大恶极的矿监和税使才终于被取消。但一场更加严重的斗争又降临到东林党人头上。

明神宗死后，他的儿子朱常洛即位，只不过，他连一个月的皇帝都没做完，就死了。接着，朱常洛的儿子明熹宗朱由校继承了皇位。因为东林党人拥立明熹宗继位有功，曾一度受到明熹宗的重用，起用了很多曾被明神宗罢免的官员。可明熹宗也喜欢吃喝玩乐，他的乳母客氏和太监魏忠贤是他最为宠信的人。

本来魏忠贤是个地痞无赖，连字都不认识。赌钱输完了钱财，他竟把自己阉割为太监，进入皇宫，并巴结客氏，以此接近了当时的"皇长孙"朱由校。魏忠贤擅长奉承拍马屁，深得朱由校的欢心。朱由校即位后，他被提拔为司礼监秉笔太监，这个职位是代皇帝草拟批文的机要，位高权重！此后，魏忠贤跟客氏串通一气，诱使明熹宗整日陷入听戏听歌、打猎赌博的玩乐之中，对朝政完全不闻不问。

魏忠贤不仅掌握了代皇帝草拟批文的权力，还掌控了能逮捕官员的锦衣卫，可以随意指挥特务机构东厂，又在宫中组建了一支上万人的属于宦官的武装力量。朝堂上，他勾结反对东林党人的官僚政客，把控朝政大权，成为明朝后期，最反动的政治集团，东林党人痛骂他们是"阉党"。

勇敢的东林党人同阉党进行了长期的激烈的斗争。1624 年，左都御史杨涟率先抨击魏忠贤，一举列下了魏忠贤二十四条大罪，其中包括：专权；私自批复圣旨；罗织罪名陷害忠良；给魏家亲属封官；皇宫中练兵；等等。紧接着，无数的东林党人又采用口诛笔伐的形式来抨击魏忠贤，就连国子监师生一千多人，也开始上疏朝廷弹劾魏忠贤。

这让魏忠贤痛恨万分，随即进行了疯狂的反扑。第二年，魏忠贤找个借口，把人们尊称为"六君子"的杨涟和佥都御史左光斗等六个著名的东林党人逮捕了，并严刑拷打，逼迫他们承认那些不存在的罪行。在狱中，"六君子"备受酷刑，沉重的麻袋在杨涟身上压着，生锈的铁钉钉到他的耳朵里。狱卒用烧红的烙铁烙满了左光斗的全身，脸都被烧得焦烂，看不出来原来的面相，左膝盖以下的所有筋骨全都裸露了出来。

左光斗在任主考官时，在北京附近一座古寺中碰到一位名叫史可法的前来赶考的读书人。见史可法文章写得精彩，却衣衫单薄，左光斗便暗中记下了他的名字。考场上，左光斗读了史可法的试卷，十分欣赏，定他为第一名，并将他收为自己的学生。左光斗还曾向他的夫人称赞过史可法，说："将来这个年轻人，就是继承我事业的人。"

史可法十分钦佩自己老师的人品和学问。一听到阉党陷害自己的老师入狱，备受折磨，他偷偷买通狱卒，前来看望老师。见到老师如此凄惨，史可法悲愤万分。左光斗从哭声中听出是史可法，他硬是用手把自己的眼睛掰开，闪烁着怒火，责备自己心爱的学生："你真是个蠢货，这是什么地方？都什么时候了？国家被他们糟蹋到如此田地，我已经不行了，你竟然还来自投罗网！一旦你也被他们陷害了，那以后谁来支撑这个国家呢？"

不久后，六君子全都在狱中惨死。此后，东林党人不是被罢官，就是被捕入狱、充军，甚至被杀害。这种现象直到明思宗即位后，罢免了魏忠贤，才得以结束。

然而，明朝的形势越来越江河日下了。

—— 袁崇焕宁远大捷 ——

就在明朝内部，君臣之间、宦官和东林党人之间斗得你死我活之时，远在辽东的努尔哈赤却接连取得了胜利，他先是攻克了开原，紧接着又拿下了铁岭。1621年农历三月，沈阳也被后金军攻克。沈阳乃是辽阳的屏障，明朝在辽东的最高行政和军事长官都驻守在辽阳，很显然，努尔哈赤下个目标就是辽阳。只要攻下辽阳，明朝在辽东的势力就会全部散失。

明军特意在城墙周围挖了三四道壕沟，并注入河水，又在城墙上安置了火炮，想以此来保卫辽阳，抵抗努尔哈赤。尽管明军防备森严，也没能阻挡努尔哈赤的进攻。城中的奸细趁着明军出城与努尔哈赤交战时，在城中放起了火，一时间，城内外的明军大乱，很快，努尔哈赤几乎没费什么力气便占领了辽阳。辽阳城中高级官员和将领们，不是战死，就是自焚或上吊自杀。自此，辽河以东七十多座大小城池，全被后金占据。

自辽阳沦陷后，明朝只剩下辽阳南面广宁卫（今辽宁北镇）这一个重要的政治和军事基地了。明熹宗为了挽回明朝的败局，再次起用经验丰富的老将熊廷弼去负责军事；可他又让不懂军事的王化贞出任广辽巡抚。这两个最高长官的意见经常无法统一，熊廷弼要积极防守，坚守广宁；可王化贞却不积极组织防务，幻想着不战而胜。王化贞的不断阻挠，再加上兵部也支持王化贞，导致熊廷弼无法有效地指挥军事。在努尔哈赤渡过辽河，朝广宁发动攻势时，明军抵挡不住，王化贞率先弃城逃跑，幸好在半路上，他得到了熊廷弼的接应，这才得以逃回关内。广宁的失守，导致熊廷弼和王化贞被捕入狱，先后被杀。就这样，明朝在辽东的势力完全守不住了，努尔哈赤日益逼近山海关，威胁到了京城的安危。

这让明熹宗乱了分寸，立即召集大臣们前来商量对策。很多人建议放弃关外的土地，一心防守山海关，但谁都拿不出切实的方案。这时，兵部的官员们却发现职方司（掌管图籍的部门）的主事袁崇焕不见踪影。几天后，袁崇焕出现了，镇定地说道："只要给我些军队和钱粮，我就能守住辽东，保护京师的安全。"原来消失的这几天，袁崇焕独自骑上马前往山海关外进行了详细的实地考察。他掌握了第一手资料，于是，才成竹在胸地提出了坚守关外、保卫关内的方针。兵部尚书孙承宗十分欣赏袁崇焕的这种实干精神。

袁崇焕出生于广西藤县，祖籍是广东东莞，进士出身，曾做过知县。他有胆有谋，目光远大，忠心爱国。早在他出任知县时，就十分关心辽东的形势，只要碰见从辽东退伍的老兵，就会前去详细询问塞外的情况，对辽东的形势，早已了如指掌。看到后金军就快攻打到自己的眼皮子底下了，他勇敢地站了出来，担负起保卫边境的重任。

得到明熹宗的批准后，袁崇焕被朝廷派往关外监军，朝廷还拨给了他二十万饷银，让他收拾残局。袁崇焕冒着风雪，不顾严寒、虎狼、荆棘，连夜赶路，四更天就抵达了宁远（今辽宁兴城）前屯，他先安置难民，然后修建工事。将士们十分钦佩他的胆识和精神，全都听从他的指挥。

袁崇焕经过对整个形势的研究后，觉得应该尽快把宁远城建为新的军事重镇。对于他的想法，蓟辽督师孙承宗表示支持，随即命他到宁远镇守。

袁崇焕一到宁远，就组织军民加高城墙，修建炮台，制造火器，储存粮食，训练士兵，接济难民，很好地整顿了宁远的防务。后来，在孙承宗的支持下，袁崇焕派兵将锦州、松山、杏山、右屯、大凌河等城市收复，并构成了新的防御线，使宁远一带得到了四年的安宁。

没过多久，宁远就被建设为明朝在关外的军事重镇。商人和百姓逐渐到宁远城中来，宁远变得热闹起来。因此，关外的形势得到了很大的改观。

辽东局势的扭转，孙承宗和袁崇焕功不可没。可孙承宗却惨遭魏忠贤的陷害，被罢免了官职。魏忠贤将辽东的军事交给了他的爪牙、兵部尚书高第。高第刚上任，就一一撤销了锦州、松山、杏山等地的防御设施，将军民全都赶入关内。

高第弃城逃跑这件事，袁崇焕坚决反对，他说："宁愿在这里战死，也不愿撤回关内。"

高第不听劝阻，下令撤走了其他地方所有的军队，积蓄的粮食和装备也被全部丢弃。饿死、累死的难民尸体遍地都是，凄惨的哭声从未断绝。就这样，宁远变成了一座孤城。

这让努尔哈赤十分高兴，觉得战机来了。1626年农历正月，努尔哈赤亲率十三万大军，朝宁远城扑去。

袁崇焕早已做好战死的准备，他写下血书，跟将士们一同宣誓，誓与宁远同存亡。他的勇敢精神深深感染了每一个将士，他们都决心同袁崇焕一起保卫宁远城。

袁崇焕下令将城外百姓连同粮食全都撤进城中。另派专人负责军粮供应、奸细盘查、火器燃放等事宜。袁崇焕又向山海关守将报信，让他斩首从宁远逃进关内的将士。宁远军民团结一致，万众一心，准备抵抗努尔哈赤的进攻。

正月二十四日，努尔哈赤的军队朝宁远发动进攻，他们头顶着盾牌，猛冲到城下，架起长梯子，疯狂地朝城上爬去。城上明军则不断用火炮、弓箭、石块进行还击。雨点般的还击朝后金军队伍攻去，如同割草般，一批批的后金军倒下了，又冲上来一批批军队。这时，袁崇焕下令发射西洋巨炮，后金兵被打退了。

第二天，后金军再次攻城，努尔哈赤亲临前线进行督战。突然，他的身旁有一发炮弹炸开了，他被炸成重伤。努尔哈赤不得已下令撤军。就这样宁远城之围解了。这是明朝与努尔哈赤交战以来的第一次重大胜利。

没过多久，身受重伤的努尔哈赤含恨而死。

宁远大捷后，袁崇焕直接升任为辽东巡抚，管辖山海关内外所有的防务。这样一来，他有了更大的雄心，想一展宏图，将努尔哈赤占领的全部辽东土地都收复。

—— 皇太极离间明君臣 ——

努尔哈赤死后，他的第八个儿子皇太极继承了他的位置，成了新一代的大汗。这时，袁崇焕趁机派去使者，前去吊唁努尔哈赤，暗中试探这个新头领的动向。恰好，皇太极也想将军队修整一番，随即派出使者前去回访袁崇焕，商讨起罢兵的事宜。其实，双方都十分清楚，这是互相探底，为下场战争做准备。

利用这段短暂的时间，袁崇焕加紧修复了锦州、中左卫、大凌河等城市的防御工事。第二年农历五月，皇太极迫不及待地朝明军发动了攻势。他亲自率领四旗士兵，前去攻打大凌河，当时加固城墙的工程并未完工，皇太极的来袭，吓跑了城墙上的守军。而皇太极攻打锦州的军队却遭受了锦州守将的顽强抵抗，久攻不下。袁崇焕在宁远城镇守，他准备派出四千军队前去救援锦州，援军还没来得及出发，皇太极的大军就杀到了城下。

袁崇焕带领部分军队在城中坚守，另派出大将满桂、尤世禄出城，以护城河为依仗，布下车阵和火器阵，前去迎战后金的军队。

后金军伤亡惨重，就连济尔哈朗等将军都受了伤。宁远久攻不下，皇太极转过头来，再次攻打锦州，可还是攻不下来。没有办法，皇太极只能把他已经攻占的两座小城拆除了，随后退兵。当时，这场宁远、锦州保卫战被称为"宁锦大捷"。

辽东打了胜仗，魏忠贤一伙人便前去冒领军功，得到了丰厚的赏赐，而袁崇焕则被责备没有前去救援锦州，被迫辞职了。

1627 年，明熹宗驾崩，他的弟弟明思宗朱由检继承了皇位，改年号为崇祯。明思宗也是一位有雄心壮志的皇帝，他忙于政事，想挽救即将灭亡的明朝，可他有些冒进，一意孤行，本来是好事，反而被他办砸了。

崇祯帝一继承皇位，就沉重打击魏忠贤一伙，抄了魏忠贤的家，并将他充军到凤阳。魏忠贤还没走到凤阳，就自杀了，结束了罪恶的一生。不久，阉党冒功宁锦大捷的事也被翻了出来，大臣们纷纷请求再次起用袁崇焕。

对于袁崇焕，崇祯帝也抱有很大的期望，随即任命他为兵部尚书、督师，将河北、辽东以及山东、天津等地的军务全交给他指挥。

崇祯帝在偏殿亲自召见了袁崇焕，询问他的打算。袁崇焕说道："臣所有的计划都在奏疏中写着，只要陛下能给予臣下全权，收复辽东所有土地，大概只需五年的时间。"

这让崇祯帝十分高兴，立即赏赐了他一口尚方宝剑，还特许他有执行公务的全权。同时下令，让兵部、户部、吏部在兵权、钱粮、用人等方面，务必全力配合袁崇焕。

袁崇焕返回到宁远后，大力整顿宁远的防务，积极训练，加强火器粮草的储备，严申纪律，鼓舞士气，为迎击后金军队的再次攻击做准备。

可皇太极更是野心勃勃，辽东这一片土地根本满足不了他的胃口，他想要一统天下，跟明朝争夺全国的统治权。在宁远，袁崇焕率重兵把守，从山海关进军北京的道路都让他给堵住了。皇太极只能转向防守相对薄弱的长城口入关了。

1629 年农历十月，皇太极亲率十多万大军绕道喜峰口（今河北遵化东北）、大安口（今河北遵化北）越过长城，直奔北京。

虽然这几个关口在蓟辽总督刘策管辖范围之内，但袁崇焕仍然觉得保卫京城，自己有不可推卸的责任。随即派出一支援军赶往蓟州，前去阻拦后金的军队。这支援军伤亡很大，但并没能抵挡住后金军前进的脚步。眼看后金军即将兵临北京城，这让袁崇焕很着急，他亲自带领重兵，日夜兼程，赶到北京，前来保卫京城。在宫中，崇祯帝召见了袁崇焕。

可残留的魏忠贤的死党却四处造谣，说："袁崇焕跟皇太极讲和，二人勾结。这次皇太极攻打北京，就是袁崇焕特意引来的。"崇祯皇帝生性多疑，便开始有些猜忌袁崇焕了。

袁崇焕的队伍马不停蹄从千里之外赶到北京，进京后疲惫不堪。召见时，袁崇焕提出希望皇帝允许他的将士先进城休整一番。可崇祯帝只对袁崇焕说了一番慰劳的话，却拒绝了进城休整军队的要求。无奈之下，袁崇焕只能将他的队伍驻扎在广渠门外。

后金军与袁崇焕的部队交战几次，互相都有不小的伤亡。于是，皇太极准备退兵，可他不愿无功而返，想找个计谋，将袁崇焕除掉，少一个有力的对手。恰好后金兵俘虏了两个明朝的太监，关在营帐里。于是，皇太极便让人做了一些安排。

晚上，两个太监在营帐里关押着，没人跟他们说话，突然间，他们听见营帐的看守在说话，一个说："恐怕今天退兵是大汗的意思吧！"

另一个问："那你是怎么知道的？"

那个回答道："今天，我亲眼看见大汗与明营中来的军官在说话，说什么密约……据说这两个人还是袁督师派来的密使呢。"

那天晚上，看守看管得也不严，这两个太监趁机溜了出来。一返回到宫中，就将这件事向崇祯帝汇报了，这让崇祯帝不由想起以前的各种传闻和袁崇焕让军队进城休整的事，更加疑心起来，他也不敢深入细想，立即召袁崇焕进宫。

袁崇焕以为发生了什么大事，连忙赶到宫中，却让禁卫兵给拿下了。崇祯帝生气地问道："袁崇焕，为何你跟敌寇如此巧地一前一后抵达北京？为何你要在城中驻军？"随即把袁崇焕押往了监狱。刑部中魏忠贤的余党更是为袁崇焕罗织了不少的罪名：私自与皇太极议和；私自将大将毛文龙处死；勾结敌人，胁迫朝廷与敌签订"城下之盟"等。

任何给袁崇焕申冤的话，崇祯帝都听不进去，第二年，崇祯帝就处死了这位一心为国、战功累累的名将。

通过这种离间的手段除掉袁崇焕，这让皇太极十分高兴。他返回到辽东后，大力改革了后金的政治和军事，先后把后金的都城迁到辽阳、沈阳，并改沈阳为盛京。他改国号为清，改女真族为满族。

—— 徐霞客壮游神州 ——

就在东林党人与以魏忠贤为首的阉党拼死斗争时，在南方江阴的一个村庄里，出现了一个奇人——徐霞客。

徐霞客原名徐弘祖，号霞客。他自小家境比较富足，父亲喜欢读书游览，跟东林党人有所来往，但不喜爱权势。对于徐霞客，他父亲也不要求他做官，仅仅鼓励徐霞客去多读书，多读一些奇书。

事实上，徐霞客很听父亲的话，读过很多奇书，在上私塾时，《论语》《孟子》下面经常放的是一些历史、地理、传奇小说等，他喜欢看这些，并立誓一生要将五岳（衡山、恒山、嵩山、泰山、华山）等名山大川游览一遍。

徐霞客的母亲慈祥贤惠。徐霞客18岁那年，他的父亲去世了，母亲一人主持家务，织布、纺纱、种菜。对于他的志向，他的母亲也十分支持，并说道："男儿应当志在四方，去游览名山大川，读世界奇书，拜访有名之人，这可是好事呀！孩子怎能像篱笆下的小鸡、马圈里的马驹那样，被活活圈死呢！"

在徐霞客20岁时，他戴着母亲亲手为他缝的远游冠，开始了人生中第一次出游，前去泛舟太湖。两年后，徐霞客再次出游，这次走得比较远，他登了泰山，拜了孔林，游览了孟母三迁的遗迹。此后，山东、山西、河南、河北、安徽、江西、浙江、江苏、湖南、湖北、广东、福建，以至云南、贵州、四川等省的山山水水都留下了他的足迹。

1641年，徐霞客去世。他这一生，绝大部分的时间用在旅游考察上面了。1606年至1636年，是他旅游的前期，在这段时间里，他着重去探奇访胜，欣赏大自然秀丽的风光；1636年以后，则是他旅游的后期，这段时间里，他有意识并系统地考察记载了名山大川的地理位置、形状、走向等特征，给我们留下了众多古代地质、地貌、水文和珍稀植物等方面的宝贵资料。

徐霞客具有顽强的毅力。在游览和考察过程中，他不畏艰险，不怕吃苦，更不怕死。只要他知道哪里有奇洞、险峰，他都会去探险和攀爬。出游时，他能吃下很粗糙的食物，甚至可以几天不吃东西；他不畏严寒酷暑，在冰天雪地里都能睡着；再危险的山崖，他也敢去攀登，他随身带着一把坚硬的小铁镐，可以在石壁上凿出用于攀爬的脚蹬来。他时而像猿猴，时而像游蛇，身手敏捷，脑袋灵活。朋友们称他为"地行仙人"。

在安徽黄山，奇峰众多，山泉溪流，其中就数天都峰、莲花峰最为雄伟。一年秋天，徐霞客前去游览黄山，文殊院的和尚告诉他："天都峰相对较近，但十分险峻，根本没有路；莲花峰有路，且远，但不险峻，可以去爬，而天都峰只能远远看一下。"可徐霞客却说："天都峰越是险峻，越是奇异，那我就更要先去爬了。"于是，徐霞客便朝着险峻的天都峰前进了，在陡峭的石壁和乱石中，他紧抓杂草和荆棘，一寸寸地向前，最终登上了峰顶。第二年，他又爬上了莲花峰。以前，人们都说，黄山最高峰是天都峰，可经过徐霞客的亲自攀登，却发现莲花峰其实高于天都峰，随即便纠正了这一说法。

那些人迹罕至的深山老洞，时常出没豺狼虎豹等，也有着神仙鬼怪等传说，可这些都阻挡不住徐霞客考察的脚步。他游览到湖南茶陵云嵝山，听说山中古木不少，且景色优美，还有一所古寺坐落在那里。只因有老虎吃过寺里的和尚，现在已经没有人烟了。村民们都劝徐霞客不要去送死，而他却连夜进山，在几个带路山民的带领下，手持器械、火把，冒着大雨，行走了十多里路，找到了那座古庙，进行了考察。

听说茶陵麻叶洞中有神龙和妖怪居住，徐霞客偏要下去查看一番。村中人不愿做向导。幸好有个年轻人，答应带路，可到了洞口，知道徐霞客并不是捉妖的大法师，立即变卦说："我才不陪你送死呢！"立即逃走了。

徐霞客只能跟仆人打着火把钻入洞中。到了洞底，他们见到奇特的石头，都焕发着奇异的色彩，晶莹剔透。呈现的画面十分精彩，有的像亭台楼阁，有的像倒挂着的莲花、梁柱，还有各种禽鸟。他们一直到火把快烧尽时才退出洞去。这时，有几十个村民都在洞口围观，都以为妖怪把这主仆二人吃了呢。

徐霞客也经常用科学解释一些奇异的自然现象。广西浔州龙洞，洞底有个水潭，大且深。他跟带路的道人深入潭边，火把熄灭后，一片黑暗中，远处水面上有微光在闪烁。于是，那道人说，那是鬼光在作怪。

徐霞客却根据自己的经验说道："这恐怕是洞旁有孔穴在透光吧！"道人说："以前村里人曾划竹筏前去看过，石壁上并没有洞呀！"徐霞客说："这里距离刚才来的洞口很远了，距离南面的洞口应该不远，光是从水面反射而来的，要是真有妖怪，为何从没人见过呢？"

在旅途中，徐霞客曾遭遇了三次强盗，把他的衣服和路费都给抢走了。但这丝毫没动摇他游览神州的决心和壮举。1636 年后，他开始了他一生中路途最远、时间最长的一次旅行，他游览到贵州、云南，到过云南、缅甸边境的腾冲。

在旅游途中，徐霞客有每天记日记的习惯，在日记中记录下自己一天的行踪、所见所闻，还有他对大自然的描写、观察，以及研究心得和自己的感受。这些日记记录了丰富的科学资料，文字简要流畅，最后被汇集成册，即为《徐霞客游记》，这是地理学界的一部集大成之作，是我国地质、地理以及水文、植物学，尤其是西南地区的岩溶地貌，最为珍贵的资料。

—— 宋应星与《天工开物》 ——

明代后期，有很多心怀天下的读书人，为国家的安危担忧，并努力为国家贡献出自己的绵薄之力，他们有的参与到激烈的政治变革中；有的静下心来，去研究一些有助于国家的、实用的学问。这类学问被称作"实学"。李时珍、徐光启、徐霞客、宋应星这些人都是"实学"的代表人物，其中，宋应星的成就最大。

宋应星，1587 年出生，江西奉新人。他的一生经历了明朝从腐败到灭亡的这段时期。宋应星家世代为官，他的曾祖父曾做过工部尚书，负责工程事务。到了他父亲这一代，虽然家道中落，但生活还是比较优越，保持着书香门第的氛围。宋应星考中过举人，但五次去北京会试都惨遭失败，再加上魏忠贤阉党的影响，这让他十分寒心，干脆放弃考试做官这个途径，凭借举人的身份，获得了本省分宜县教谕的职位。

从小，宋应星就表现出不凡的聪明才智，10 岁时会作诗，拥有广泛的兴趣爱好，音乐、诗歌、医学、天文、下棋、绘画还有自然科学，这些他都喜欢；他尤其喜欢观察和研究现实中的事物，喜欢结交各种朋友。他认为，那些传统的读书人大多脱离实际，仅仅重视"道"，轻视"器"（具体的物质世界和生产技术等）。这些人说起"四书五经"，都是头头是道，可要是说起织布、种庄稼等具体的民生问题，他们连一个字也说不出来。对于这种不重视现实生产的作风，宋应星十分厌恶。他批评这些人用生产者所生产出来的东西，吃喝玩乐，却不懂得尊重生产者，只知道背诵经书，赞扬圣人，顿顿吃着白米饭，却忘记了它的来源。他还责备这些读书人摸都没摸过铸造铁锅的模型，却在那里奢谈春秋宝鼎的铸造。在他看来，财富并不只是金钱，财富更是物质生产。老百姓想富，国家想强，只有生产出更多的物质才能实现。

只要是有利于国家，有利于百姓生产活动的，都能吸引宋应星的关注和兴趣。平日里，他不是在工坊里观察打铁，就是在作坊里观看造纸，还不时请教工匠们一些技术细节。有时，他在现场时，还会将操作的场面和生产的流程都画下来。他家附近有著名的景德镇瓷窑，还有广信的铜矿，这让他有更多的机会接触和了解很多手工业、采矿业的生产技术。后来，他产生了一种想法，想将这些知识全都编辑成书，流传下去，让更多的人有机会看到和学习。

他多次去北京参加会试，屡次往返于南北方之间。在此期间，他四处游览，中原、东南、中南、华南各省都留下了他的足迹。旅行让他开阔了眼界；从他参观考察过的很多农村和手工业作坊中，他学到了很多关于矿山、冶炼、舟车、染织和制造兵器等方面的知识。他曾跟着在浙江湖州做知县的哥哥，前去杭州嘉湖地区，仔细考察过当地著名的养蚕、缫丝、纺织业。可以说，在他出任教谕之前，他已经积累了丰富的材料。

他一共当了四年的县学教谕。教谕酬劳较低，所要忙的事务也不多，他有很多空暇时间，这让他有机会去读书做学问。在这几年时间里，宋应星整理了手头所积累的资料，并仔细考察前人的技术文献，比如《考工记》《梓人遗制》《梦溪笔谈》《便民图纂》等，开始撰写书稿。当时一些西方读物和技术传入了中国，如《远西奇器图说》，还有朝鲜、南洋的一些最新的生产技术，都引起了他的注意。

1636年，宋应星的书编辑完成；第二年，这本书就出版了。这本巨著全面记述了中国古代的工农业生产技术，宋应星给这本书取名为《天工开物》。"天工"，说的是自然界提供物质，适合人类的需要；"开物"指的是人类的生产技巧，正是这些技巧开辟出自然界物质运用的价值和范围。

这部巨著一共有十八卷，配有一百多幅插图，内容涉及铸造、纺织、食品加工和造纸印刷等方面，反映了我国古代手工业和农业技术领域上处于领先地位和一些重大的成就。从中还反映出当时一些先进的学者，他们思想比较先进，重视技术和社会生产力的发展，以及产品的采掘、加工和制造等。

在后来抗清的战争中，这部著作也发挥过作用。宋应星的朋友陈弘绪任晋州（今河北晋州）知州时，曾用《天工开物》中旋转形火箭弹"万人敌"的制造法制造出的武器，击退了清兵的围攻。

《天工开物》有"中国的生产技术百科全书"的美称，并被翻译为日、英、法、德等文字，在世界上广泛传播。可以说，宋应星当之无愧是中国明代最杰出的科学与技术专家。

后来，宋应星出任过推官（管刑法的官员）和知州，编著了其他著作。明朝灭亡后，他辞官返回家乡，远离官场，大概去世于康熙初年。

—— 李闯王起义 ——

崇祯皇帝在位期间，明王朝危机不断，几乎达到崩溃的地步，后金的铁骑越来越接近北京城；陕西又因为出现了荒灾，官府不断压迫，在生死线上挣扎的民众此起彼伏地开始起义。

陕西米脂县怀远堡有个名叫李自成的青年农民，他身材高大魁梧，臂力过人。他小的时候曾给财主放过羊，长大成人后在银川驿站中养过马。他认识一些字，又擅长骑马射箭，十分讲义气，跟很多人合得来。他在家乡因打抱不平，向财主借债替人缴纳了欠税，却因自己还不上债，让官府给抓了起来，侮辱了一番。他的一些穷哥们将他从官府手中抢了出来。这样一来，他在家乡不能再待下去了，便去了宁夏固原从军。没想到的是，却遭遇了灾年，年成不好，军队里连饷银都发不出来。他时常被长官肆意克扣金额，还经常遭受侮辱，积了一肚子的火。

1630年，军队进行调防，行进到陕西金县（今陕西榆林）时，士兵们都不走了，纷纷要求发饷后再走，可是带队的军官不仅没有进行安抚，还要殴打带头人。这时，李自成站了出来，带头杀了军官和金县县令，把县府的库银给分了，随即拉起队伍起义了。

当时，陕西已经出现了很多起义的农民军。其中势力最强大的是李自成的舅舅、在安塞起兵的高迎祥，高迎祥自称为闯王。1631 年，高迎祥与八金刚、八大王等三十六支起义队伍联合起来，一共二十多万人，一路攻打到了山西，声势十分浩大。李自成随即前去投靠他，成了赫赫有名的将领，在陕西、山西、河南、湖北等地辗转作战。

朝廷立即派出名将卢象昇、陈奇瑜率领大军前去围剿农民军。1634 年，高迎祥的军队被陈奇瑜围困在汉中附近的车厢峡中。当时，天公不作美，连降两个月的大雨，导致农民军的粮草马料都急剧短缺，一时陷入了绝境。见形势不对，李自成买通了陈奇瑜的部将，假装说要将军队解散，回家务农，陈奇瑜竟然相信了。而李自成则趁机冲出了包围圈。

接到奏报后，崇祯皇帝大怒，立即撤了陈奇瑜的职，再次调集各省军队前去围剿。1635 年，在河南荥阳会聚了十三家七十二营的各路农民军，他们一起商议怎样打破官军的围剿。各路头领争执不下，都拿不定注意。

这时，李自成站了起来，慷慨激昂地说道："危急时刻，就算只有一个人也会去拼命的，更别说我们有十万大军呢！现在最好的办法就是分头出击，先确定好目标，然后各自作战，拼尽全力，我想肯定会杀出去的。"

他的话刚说完，就响起了一片叫好声。随后，会议决定，大军分为六路，一路目标是四川、湖广，一路目标是陕西，一路则去控制黄河渡口，一路当作机动，为各方做策应。其中高迎祥、李自成与张献忠为一路，朝皇帝的老家凤阳杀去。

农民军来势汹汹，官军抵挡不住，很快，凤阳城就被农民军占领了，他们一把火烧了明太祖父母的皇陵，这让崇祯皇帝深受打击，他悲痛万分，身着孝衣，去祖庙中大哭了一场。

接着，高迎祥转战陕西，明朝派出洪承畴、卢象昇、孙传庭率领官兵前去围追堵截。1636 年，在盩厔（今陕西周至），高迎祥中了官军的埋伏，被俘后押到北京处死了。他一死，群龙无首，随即众人推举李自成为新的闯王，带领队伍转战陕西南部和四川东北部及甘肃一带。

潼关地势险要，周边是崇山峻岭和深谷。1638 年，在这里，官军埋伏了大批的人马等农民军进入伏击圈。李自成中了埋伏，农民军被打得措手不及。虽然农民军英勇拼杀，可毕竟仓促应战，几万大军覆灭，只有李自成率领十八个人杀出了重围，逃往陕西西南部的商洛山中潜伏了起来。

这时，官军镇压了大部分的农民军，为了躲避官军的追杀，就连张献忠也都假装投降了。这让明朝政府觉得已经平定了农民军，就把洪承畴、孙传庭调往抗击清军的前线了，这给了李自成一个喘息的机会。

1640 年后，李自成通过几年的休整，从商洛山中杀了出来，朝河南进军。这时，河南出现了严重的灾荒，前来投靠的人不计其数。一天，有一支队伍前来投靠，而为首的是个读书人，他叫李岩（又名李信）。李岩原本是河南杞县大户人家的公子，为人仗义。正值灾年，他带头把粮食捐了出来，救济灾民。可官府不仅不去动员其他有钱人家去捐粮救济灾民，反而诬陷李岩带领灾民造反，把他抓了起来。后来，灾民把他救了出来，他一气之下，直接带领众人来投奔闯王了。

李自成的队伍是一支农民军，整体素质低下，缺乏明确的政治目标，流寇习气严重，经常烧杀抢掠。于是，李岩便向李自成建议，要整顿纪律，不要肆意杀人放火，努力减免穷人的赋税，这样才会得到各界人士的拥护，进而才能得到天下。接着，他又编写了"盼闯王，迎闯王，闯王来了不纳粮"这首儿歌，教孩子们唱，让其在城乡流传，吸引更多的人加入闯王的队伍。

李岩的意见，李自成都听从了，队伍越来越纪律严明，民众对闯王的期待也越来越高。这样，李自成的队伍发展迅速，胜仗不断，连洛阳都被他给攻下了，处死了明福王朱常洵，他占领王府后，将王府的粮食和财宝都分给了穷苦大众。

不久后，李自成不再四处流动作战，而是驻守攻下的城池，建立自己的根据地，设立了官署，还提出口号"剿兵安民"，逐步建立起农民军自己的政权。

—— 张献忠声西击东 ——

在李自成与官军激烈交战时，还有另外一支农民军的队伍由张献忠带领，也将官军杀得溃不成军。

张献忠，陕西延安卫柳树涧（今陕西定边东）人，出身贫寒，曾在明军中当过兵。几乎与李自成同一时期起兵造反，自称为"八大王"，成了农民军三十六营中的一个营的首领。他曾跟高迎祥一块儿进军江淮地区，攻下凤阳，烧了皇陵。后来，他在陕西、安徽、湖北等省流动作战。明朝曾派兵部尚书熊文灿率领六个省的军队前去围剿张献忠等人。

张献忠跟官军作战，各有胜负。有一次，张献忠不幸额头中箭负伤，官军名将左良玉骑马追赶，快追上了，刀刃在他面孔旁边劈过去，最后他还是顺利逃脱了。这时，农民军作战陷入了低谷，不少队伍都投降了官军，为了保存实力，张献忠也向熊文灿投降了，在湖北谷城驻扎。张献忠表面上归顺了熊文灿，但他暗地里一直在训练自己的队伍，制造武器，养精蓄锐，并想方设法向熊文灿索要饷银。

1639 年农历五月，张献忠再次起兵，其他的一些农民军队伍也再次揭竿而起。因此，崇祯帝治罪于熊文灿，把大学士杨嗣昌派来督率官军。

杨嗣昌在襄阳坐镇，指挥十万大军，声势浩大，采用"十面拉网"的方针，幻想一举消灭农民军。而张献忠则采用游击战，时而在东，时而在西，声东击西，行踪不定，打得官军摸不着头脑。但农民军内部出现了奸细，张献忠被围在玛瑙山，打了败仗，连家属都被官军给俘虏了。

张献忠突围出去后，重新集结了人马，率领一千多人，如同旋风一般冲入四川。杨嗣昌对张献忠并未重视，只是带领重兵一路追踪进了四川，在重庆驻扎。这时，他的监军提醒杨嗣昌道："张献忠极有可能转头向东突围，必须要有所防范。最好在他回归的道路上设下埋伏来阻止他。"可是杨嗣昌没有听进去，依旧下令将所有将领都派遣到四川，追赶农民军。

杨嗣昌一心想将张献忠消灭，他张贴出榜文："活捉张献忠者，赏金万两，封侯爵。"可到了第二天，杨嗣昌的下属向他禀报，张献忠的标语在辕门里张贴得到处都是，说："砍掉杨嗣昌头的，俺老张赏银三钱！"这可把杨嗣昌气得不轻。

张献忠的军队，北起广元，南到泸州，西起成都，东到巫山、夔门，不断在四川境内活动，攻占县城，杀贪官。只要官军大部队杀来，他们就立即转移，这让官军疲惫不堪。1641 年正月，明将刘士杰探知张献忠在开县的黄陵城中，立即率军追了过去，结果却中了张献忠的埋伏，他们被张献忠杀得片甲不留，就连刘士杰也战死了。

还没等杨嗣昌回过神，张献忠又朝东杀去。一整天率军狂奔三四百里路，路上仅遭遇一支官军对他们进行阻击，张献忠没有与他们纠缠，分出一支军队前去抵抗，而自己则带着轻骑兵向东，朝襄阳奔去。

杨嗣昌这下可着急了，急忙派出使者前去襄阳传达命令：加强防守，等候大军的支援。不承想，半路上使者让农民军给捉住了。张献忠派人冒充使者，带上杨嗣昌的文书、兵符，先混入到襄阳城中。夜里，混入城的农民军四处放火，在城中制造混乱，他们又趁乱打开了城门，大批的农民军涌入城中。杨嗣昌的辎重和物资全被农民军给缴获了。

农民军活捉了明襄王朱翊铭，给他五花大绑，让他在襄王府的大堂上跪着。而张献忠则下令放开了他，又去准备了酒菜，举着酒杯送到襄王的嘴边，说道："请你把这杯酒喝了，不久，我要借你的人头一用，让杨嗣昌因为没有保护好藩王而偿命。"襄王吓得浑身发抖，他立即求饶，表示愿将王府中的一切都献出来。这时，张献忠大笑道："现在你的王府就在我的手上，还用你献？"于是，襄王被处死了，他的金银财宝、军械粮食，全都成了农民军的战利品，其中一部分还被分给了穷苦大众。

听到襄王被杀的消息，杨嗣昌如同五雷轰顶。没过多久，他又听到李自成攻克了洛阳，福王朱常洵与襄王一样被杀了。这下子，他的精神崩溃了，当时他出战时，皇帝和文武百官曾隆重给他送行，对他寄予厚望，现在他没有脸再回到北京，没脸面对崇祯皇帝和其他大臣。他又恨又怕又急，三天没吃下饭，随即死了。

1643 年，张献忠攻下武昌，楚王朱华奎被他活捉，改武昌为天授府，自称为大西王。在他所占领的城市，他设立官吏，建立政权，湖南大部、湖北中南部、江西中部、广东北部和广西全州在他的统治之下。一时间，张献忠的政治生涯达到了顶峰。

—— 卢象昇巨鹿抗清 ——

就在李自成、张献忠与明军拼命厮杀时，后金军队也趁机加强了对明朝的进攻。

1634 年，皇太极出兵，兵分四路，从山西方面的关口越过长城，闯入关内，在内地烧杀抢掠了一个多月后才退回关外。两年后，皇太极正式做了皇帝，史称清太宗，他带领清军越过居庸关，攻下了昌平，直逼明朝京城北京。宣大总督梁廷栋吓得不敢出战，这让崇祯帝十分着急，立即征调军队前来保卫北京城。崇祯帝听说卢象昇很有军事才能，便下令把他从与农民军激战的前线召回京城，安排他到抗击清军的前线，接替梁廷栋出任宣大、山西总督。

卢象昇，江南宜兴（今江苏宜兴）人，从小就立志报国。1622 年，卢象昇考中进士。他从来不死读书，虽然人长得十分清秀，但意志十分坚定，臂力过人，能骑马射箭，还懂得兵法，体恤部下，是带兵打仗的好手。在打仗时，卢象昇往往身先士卒，带头冲锋陷阵，深受部下的尊敬和爱戴。

一到宣府，卢象昇就开始组织士兵屯田种粮，自给自足，当年就收获了很多的粮食。这让崇祯帝十分高兴，特意下旨号召各边镇统帅学习。1638 年农历九月，在亲王多尔衮的带领下，清军再次直逼北京。崇祯帝急忙调派宣府大同镇卢象昇和其他各镇军队赶往北京护驾。他三次赐予卢象昇尚方宝剑，让他进京督率各路援军。虽然卢象昇家中有丧事，但他还是身披孝衣，穿着麻衣草鞋，在宣府进行誓师后，连忙赶往京城。

清军的两次进犯，这让朝廷内部有了主战和主和两种意见，而崇祯皇帝也是犹豫不定。他一边调集援军，一边让兵部尚书杨嗣昌、宦官高起潜秘密同清军进行谈判。大敌压境，杨嗣昌竟然去讲和，这让卢象昇十分反感，说道："国家生养了我，我就要用死来回报国家，哪怕是头断血流，也绝不议和。"

卢象昇一进北京城，崇祯皇帝就立即召见了他，询问他抗清的办法，卢象昇直接说道："臣建议坚决抗战到底。"

这让崇祯帝脸色大变，过了一段时间才说道："议和是杨嗣昌他们自己的意见，朝廷可没有这个打算。"于是，崇祯帝给卢象昇拨了黄金和马匹，让他去慰劳军队，这让卢象昇备受鼓舞，认为皇帝也和他一样要坚决抗战。

卢象昇找到杨嗣昌，责怪道："你一定也读过《春秋》，在书中，签订城下之盟，是很可耻的行为。而你天天在谋划讲和，就不怕国人说你吗？那袁崇焕是怎么死的？"把杨嗣昌说得面红耳赤，他恼羞成怒地说："难道你想用你手中的尚方宝剑斩了我不成？"

崇祯帝依旧重用杨嗣昌，因此，杨嗣昌明里暗里不断阻挠卢象昇在军事上的准备。杨嗣昌利用自己兵部尚书的权力，仅让卢象昇指挥宣府镇中的军队，让宦官高起潜掌管其他的援军。名义上，卢象昇监察天下的援兵，可实际上，他所掌管的兵力不到两万，能指挥动的仅有五千，粮饷还不充足。

清兵一路南下，来势汹汹，卢象昇只能带着五千人马前去抵抗清兵。卢象昇的队伍在野外驻扎，连口饭都吃不上，老百姓都很同情他，纷纷前来慰劳军队，对卢象昇说道："将军忠义，不顾危险，率领饥寒交迫的士兵前去抵抗如狼似虎的清军，可朝中奸臣现在还在算计将军，真让人痛心不已。不如将军先吃顿饱饭，再去征集十万义军，前去杀敌，这可要比你孤军奋战，如同送死要强上百倍。"卢象昇双眼流泪，感谢百姓们的关怀，说道："我虽然仅有五千兵力，但大敌当前，朝中还有人监视我，征集义军已经来不及了。只能拼死搏斗，以死来报答国家。不必牵连父老乡亲了。"

百姓们把清军多次抢夺后剩下的杂粮全都送给了军队，还有人抱着一升枣子，对卢象昇说："给将军煮点热饭吧！"

这些行为让将士们很感动，他们都抱着必死的决心，在卢象昇的带领下，奔赴战场。到了巨鹿贾庄，明军探听到清军就在前方，而高起潜的大军也在离贾庄不足五十里的鸡泽驻扎。卢象昇派人前去督促高起潜发兵增援，可高起潜却视而不见，不进行增援，没有办法，卢象昇只能孤军前进，在清水桥碰上了清军的主力。

卢象昇把队伍分为左、右、中三军前去迎战清军。半夜里，凄厉的号角声四处响起，天刚亮，战斗就打响了。卢象昇被清军几万骑兵围了三层，他和将士们一起争先恐后地奋勇杀敌。到了下午，明军的弹药和弓箭全都用完了，拿起刀剑进行砍杀，前面的士兵倒下了，后面的士兵立即冲了上来。卢象昇身着孝服麻衣，头戴白网巾，左右厮杀，杀死了几十个清兵，最后身中四箭三刀，不幸牺牲了。仅有一部分明军顺利突围了出去。而高起潜早就卷起旗帜逃走了。

遇到这样的抵抗，清军有所胆战，害怕再深入，麻烦会更多，更怕宁远的明军趁机攻打自己的老家，便匆忙抢掠了财物，退回关外了。

卢象昇壮烈殉国的消息传开后，父老乡亲无不失声痛哭。可杨嗣昌向崇祯帝禀报时却隐瞒了卢象昇殉国的真相。一直到杨嗣昌死后，卢象昇家属才得到了朝廷的抚恤。

经过巨鹿之战，清太宗深感锦州、宁远还牢牢把控在明军手中，绕道入关，只能抢掠财物，根本占领不了明朝的土地，随即改为先攻占锦州、宁远，然后再夺取山海关这个对策。

1641 年，清太宗围攻锦州。明朝名将洪承畴带着十三万大军出关前来救援。这一次，明朝统帅内部意见不一致，导致战略失当，援军在松山被清军包围，粮道也被截断了，最后援军全军覆灭，锦州、松山都被清军攻陷。洪承畴被俘，随后投降清军，成了清军攻打明朝的帮凶。可崇祯帝还认为他是忠臣，特意为他举办了祭奠仪式。

此后，清军兵临山海关，清军的马蹄声在雄关古道上时常响起。

—— 崇祯帝煤山自尽 ——

山海关外，清军的铁骑虎视眈眈，中原的砍杀声越发激烈。

1643 年，在襄阳，李自成建立新顺政权，自称"奉天倡义文武大元帅"，他的政治目标越发远大。农历九月，农民军进军陕西，想要获得更大的发展。十月，李自成亲自率军攻克潼关。第二年正月，西安被李自成攻占，并恢复西安的古名为长安，将其定为都城，建立起大顺政权。

而北京则是李自成的最终目标，他想建立全国性的政权。他很早就派人化装成陕西商人，潜入到京城中开设商铺，或贿赂官员，进入衙门当差，以此侦察明朝动向，为以后攻打北京做好准备，当作内应。有时，明朝安排到农民军中的间谍被他们察觉后，先进行逮捕，后给予热情款待，策反为农民军的情报人员，将真情报送给农民军，把假情报送给明朝。因此，农民军知道明朝的一举一动。不久后，他们知道京城守卫空虚。

1644年，李自成率领大军，兵分两路进军北京。李自成亲率一路军队，渡过黄河，向太原攻去。见到农民军来袭，沿路的明军大多不进行抵抗就投降了。老百姓更是热烈欢迎李自成的到来。听到这些消息，崇祯帝愁得整日在朝堂上唉声叹气。大学士李建泰上奏崇祯帝说道："臣的老家就在山西，有不少的财产，愿全部捐出当作军饷，带支军队前去山西抵抗贼寇。"

崇祯帝以为碰见了救星，立即命令他带兵前去出征，还亲自给他送行，直到李建泰的帅旗看不见了，崇祯帝才默默返回宫中。可李建泰率领大军一直在路上停滞不前，原来，农民军早就攻占了他的老家，他的家财也早就成了农民军的战利品。很快，李建泰的人马崩溃了。

一时间，崇祯帝乱了阵脚，四处想办法，先自己下"罪己诏"承认自己在治理国家中的过失，然后又征调各地军队前来北京勤王，又要求王公大臣、外戚权贵各自捐献出家产来，充当军饷，组织力量抵抗。但他所做的一切都没得到积极的响应。外戚周奎家财多达几十万两金子，却一直装穷，说没钱，不捐。最后还是崇祯帝亲自出面，他才勉强答应捐两万。

管理宫门和各城门防守的军权被崇祯帝委任给亲信的太监。可那些太监只知道作威作福，没有一个是真心给他办事，这让那些一心为国的将军、大臣们非常寒心。

崇祯帝真正到了要人没人、要兵没兵、要钱没钱、要粮没粮的田地，身边连一个出主意、商量对策的人都没有，成了真正的孤家寡人。有一次，他在朝堂上连问了好几件事情，都没有一个大臣应答，他气得大骂道："我不是那亡国的君主，你们才是那亡国的臣子，真是一群饭桶。"然后怒气冲冲地回后宫了。

农民军所向披靡，很快，三月十八日，农民军攻到了北京城下。崇祯帝派出太监和士兵们上城墙进行防守，可仅有六七千士兵，还都是老弱病残，缺衣少食的，到了城楼上，大多都躺下睡觉，没有人进行防守。这让督战的军官非常焦急，他拿起鞭子抽起来一个，旁边那个就又躺下了。十九日，守城太监曹化淳打开了城门，放农民军进入北京城。李自成骑着大马，威风凛凛地进入紫禁城中。穷苦百姓争先恐后地热烈欢迎农民军进城。

知道农民军进城的消息后，官员和太监们早就跑了，只有太监王承恩还跟着崇祯帝。本来，崇祯帝也想逃出城去，先找个外戚的府第暂避一阵子，可他到处吃闭门羹，只能返回宫中，逼迫皇后上吊自杀，又亲手将15岁公主的手臂砍下，随后在王承恩的陪伴下，他二人去了紫禁城北面的万安山（又名煤山、景山）寿皇亭下，带着王承恩上吊自杀了。后来人们在崇祯帝的衣服口袋里发现了遗言，说：朝中大臣昏庸无能，误了我的大事，我死后尸体可以随意处置，但不要去伤害百姓。

崇祯帝有雄心壮志，只是他急于求成，又生性多疑，主观固执，心胸狭窄，但凡犯点小错，他都会给予严厉的惩罚，或者罢官，或下狱、杀头、充军。因此，在他的手下，真正的人才大多得不到重用和发挥作用，围绕在他身边的往往是一些阿谀奉承、没有本事的人。

明朝灭亡并非崇祯皇帝一人的错。事实上，明朝自世宗、神宗、熹宗以后，政治腐败，国贫民弱，国力急速下降，这才是明朝灭亡的主要原因。而崇祯帝悲惨的下场，也是历史的必然结果。

就这样，统治中国二百七十七年的明朝灭亡了。

第十四章 / 清朝的帝制挽歌

—— 吴三桂开关迎清军 ——

　　农民军攻进北京城，明朝近三百年的统治宣告结束。对于他们的进城，北京百姓热烈欢迎。很快，各行各业就安定了下来。明朝大部分的官员也都归顺到农民军新政权中。这让李自成和他的战友们都十分高兴。

　　很快，李自成带领农民军建立了新的国家机构，定国号为大顺，任命了内阁、六部和文武百官，并派出大顺政权的文武官员前往各地建立地方政府，进行布防，清剿还在负隅顽抗的明朝军队。

　　但眼前的成就已经让大顺军满足了，他们沉迷其中，忽略了新秩序的建设。虽然李自成也感觉到，在北京不远的山海关还驻扎着一支明朝大军，关外强大的清军也正虎视眈眈，这些方方面面的威胁，并没有让他认识到局势的严峻和紧迫。他忙着准备登基称帝，而大将们则忙着追缴明朝大臣、外戚家中的财物。

　　一些农民军将领更是对追缴对象和家属不进行区分，直接采取严刑逼供的办法，这些做法严重影响了社会的安定，极大地动摇了已归顺明朝官员们的心。一些大将甚至强行霸占人家的家眷、住宅，过起了奢侈的生活。在混乱中，士兵们开始私藏抢到手的金银财宝，完全没有了以前旺盛的斗志，军心涣散。李岩等少数将领看到了这种情况的危险性，立即劝告李自成，可惜没有引起李自成的重视。

　　更加失策的是，大顺军的一些将领根本不顾全大局，把明朝大臣吴襄抓了起来，严刑拷打，还抄了他的家，大将刘宗敏更是霸占了吴家的歌姬陈圆圆。吴襄是明朝镇守山海关统帅吴三桂的父亲，陈圆圆是吴三桂最宠爱的歌女。当有人提醒李自成时，李自成意识到吴三桂在山海关是一个大患，这才派出一个明朝降将前去招抚吴三桂，并让吴襄写信劝他儿子吴三桂归顺。

　　出于对家属的考虑，吴三桂准备先归顺大顺政权，以此来保护家人。在他快抵达北京时，他遇到一些从北京城中逃出来的明朝官员，一问，才知道自己父亲和爱妾的悲惨遭遇，怒火难平，他立马掉头退回山海关。他经过思考后，认为李自成肯定不会善罢甘休，要是自己独自作战，必定会遭受到大顺军和清军的双重夹击，必败无疑，还不如去投靠清军，一起对付大顺军，这样才能有一条活路。

于是，吴三桂写信给关外的清军，正式投降归顺。对于这样好的机会，清军统帅多尔衮怎么能放过，当即答应吴三桂的请求，亲率十多万军队，连忙赶到山海关外。

一听说吴三桂跟清兵勾结了起来，李自成这才慌了起来，亲率大军前去围剿吴三桂，号称有二十万大军，实则只有六万。

吴三桂亲自出关拜见了多尔衮，又把多尔衮接入关内，杀白马进行会盟，祭拜天地，共议对付大顺军的对策。

不久后，大顺军碰上了吴三桂的叛军。六万人马，"一"字排开，数里长，军容十分威武。吴三桂的军队身着白衣白甲，打着给崇祯皇帝报仇的旗号，从山海关中冲了出来，跟大顺军混战。一时间，山谷中杀声震天。

就在双方僵持时，忽然刮起了一阵大风，飞沙走石，天色昏暗，这时，在后面埋伏的大批清军冲了出来，一举冲乱了大顺军的阵势，李自成只能连忙下令退兵。可大顺军已经乱作一团了，清兵和吴三桂的军队继续追赶冲杀，大顺军大败。

这一仗，李自成元气大伤，连忙撤回北京，士兵们和将士们斗志全无。于是，他决定先撤出北京，返回陕西老家后再说。临行前，在金銮殿上，李自成完成了他大顺皇帝的登基典礼。接着，原先归顺大顺政权的城池也纷纷反叛，又投降了清军和吴三桂。

在吴三桂的帮助下，多尔衮进了北京城，夺走了大顺军手中的胜利果实，并在当年就把都城迁至北京，开启了清王朝对中国的统治。

第二年，清军一路追击大顺军到西安，大顺军被打散了，李自成退到湖北，最后在通山县九宫山下牺牲，而他的余部，不少参加了南明政权，继续反清。

李自成的起义完全失败。

1644 年十一月，张献忠进入四川，第二年，他攻占成都，建立大西国，又坚持进行了两年的斗争。

1647 年，在清军的猛攻下，张献忠中箭身亡，大西国就此灭亡。

—— 史可法血战扬州 ——

崇祯皇帝自杀的消息传到南京后，这座明朝陪都处于一片惊恐和慌乱之中，接下来最重要的问题就是，由谁来继承皇位，延续明朝皇室的血统呢？

这时，南京大臣们分为两派，一派以爱国官员、南京兵部尚书史可法为代表；另一派则是由腐败乱政的官僚、凤阳总督马士英为代表。为了独揽大权，马士英拥立昏庸无道的福王朱由崧为帝，史称弘光帝，并将这一政权称为南明政权。本来，史可法不赞成朱由崧称帝，但自己势单力薄，也只能无奈答应。

朱由崧沉迷酒色、荒唐昏庸。他根本没有任何收复失地的进取心，反而大兴土木，建造豪华宫殿，还派宦官到民间给他搜罗美女。趁着弘光帝荒淫无道，不过问国事，马士英疯狂结党营私，胡作非为，还将魏忠贤的余党阮大铖拉进朝堂中，给了他兵部的要职。马士英甚至公开卖官鬻爵，大揽不义之财。百姓们痛恨万分，当时街头巷尾流传着这样一首歌谣："都督满街走，职方贱如狗。相公（指马士英）只爱钱，皇帝但吃酒。"可见当时的混乱腐败情况。

南明小朝廷乌烟瘴气，这让史可法十分焦虑，他诚恳地劝谏弘光帝道："陛下应振奋精神，收复失地，也不应该只满足于江南这半壁江山啊。"

朱由崧仅仅"嗯"了几声，连句像样的话都不会说。这让史可法觉得自己在南京毫无用武之地，随即主动请求去抗清前线带领军队，前去杀敌报国。朱由崧同意了他的请求。

史可法赶到长江北岸后，发现情况远比他想象的要恶劣。长江北岸有四支明军驻扎着，称为四镇。这四个镇的将领都割据一方，互相厮杀，纵容士兵前去残害百姓。史可法一抵达扬州，便规劝他们，说国难当头，还是要以大局为重，替朝廷分忧解难。最后，他好不容易让这些将领都听从他的号令，江北的局面暂时稳定了下来。

史可法亲自在扬州坐镇指挥，大伙都尊称他为史督师。他治军严格，跟士兵们同甘共苦，深受将士们的尊敬和爱戴。这年大年夜，将士们都休息了，他还独自在官衙中批阅公文。一直到深夜，他感到饥饿，才让当班的厨师拿来酒菜充饥，这时，厨师给他汇报道："督师，按照你的吩咐，今天厨房里的肉全给将士们过节用了，一点下酒菜都没有了。"

史可法说："那就拿来点盐和酱油用于下酒吧！"

第二天天刚亮，扬州的文武百官照例前往督师衙门，却见大门紧闭着。这让大家十分纳闷，平常督师都起得很早呀！这时，有个士兵跑出来说道，昨晚督师喝了点酒，现在还没醒来。这让扬州知府任民育既难过又欣慰，说道："平日里督师如此操劳，实在太累了，昨晚睡得如此好，实属难得，那我们就先别惊动他，让他再休息会儿。"

任民育立即将打更的更夫叫来，让他重复打四更的鼓，代表天还没亮。

史可法醒来后发现天早已大亮，可更夫依旧在打四更鼓，随即叫士兵进来，叱责道："我的军令，是谁违反的，让他在那里乱打更鼓？"接着，士兵把任民育关照的话重复了一遍。史可法立即沉默了，随后便出去处理公务了。

1645年，在打败李自成的大顺军后，清朝派出豫亲王多铎率军南下攻打南明朝廷。史可法随即指挥四镇将领进行抗击，打了不少胜仗，而就在这紧要关头，南明政权内部却出现了内乱。马士英、阮大铖的专横跋扈引起驻守长江中下游的明军将领左良玉的强烈不满，随即发兵攻打南京。弘光帝立即下诏给史可法，让他速速率军救援南京，攻打左良玉。没有办法，史可法只能带兵返回南京，他刚渡过长江，左良玉兵败而死的消息就已经传来了，而清军这时已经逼近扬州，他又连忙赶回江北。

史可法立即下令各镇将领火速赶往扬州支援，集中兵力，共同抵抗清军的来袭。可在四镇将领中，只有总兵刘肇基带领队伍从高邮赶来救援。面对来势汹汹的十万清军，史可法仅有一万兵力可用，形势万分危急。他写了遗书给远在南京的母亲和妻子，誓与扬州共存亡。

为了不战而胜，多铎接连派出五个人前去劝降，可史可法对劝降书连看都不看，全给扔到护城河里了。这让多铎大为恼怒，下令把扬州城团团围住。这把扬州一些胆小的将领给吓住了，第二天，就有一个总兵和一个监军乘着夜色，带着他们的人马，偷偷溜出城去，投靠了清军，这样一来，守城的力量就更薄弱了。

接着，清军轮番开始攻城。在史可法的鼓舞下，扬州军民同仇敌忾，拼命抵抗，打退了清军的一次次进攻。三天过去了，清军依旧没有攻下扬州城。

这把多铎气得够呛，立即调来西洋大炮轰城，而且炮口正对史可法防守的西门，一颗颗炮弹落到西北角，城墙被炸开了一个大口子。

大批的清军立即涌入城中，见到城破，史可法万分悲痛，随即拔出佩剑就要自尽，随从的部将看见了，立即把剑夺了过来。部将们随即连拉带劝，保护史可法出了小东门，这时，碰见一队清兵，见史可法身着明朝官员的服饰，立即问他是谁。为了不连累部下，史可法立即说出自己的身份，大声道："我就是史可法。"

听说史可法被俘虏了，多铎亲自劝降。整整劝了三天，史可法硬是没有一点动摇。最后，多铎气急败坏地说道："既然你忠诚，那我就成全你，杀了你吧！"史可法大义凛然地说道："我早已决定誓与扬州共存亡，哪怕把我碎尸万段，我也愿意，只是，扬州百姓生灵，你们不可肆意杀掠。"

1645 年四月，史可法被害，因为攻城清军伤亡惨重，多铎为了报复，竟下令屠杀扬州百姓。屠杀持续了十天，这就是历史上的大惨案——"扬州十日。"

扬州失守后，没过多久，清军轻松攻占了南京。弘光政权宣布灭亡。接着，清军扬言，两个月内，他们要将最富饶的江浙地区攻占；还颁布剃发令，强迫百姓在十日内，按照满人的习俗，仅在脑后留一簇编成辫子，抗令者处死，"留头不留发，留发不留头"。这让江南百姓十分不满，奋起反抗。在典史阎应元的领导下，江阴军队用磨盘、石块等抗击清军，一直坚守了八十多天，清军死伤无数。嘉定军民坚持抗清一个半月，清军恼羞成怒，先后进行了三次屠城，制造了"嘉定三屠"的惨案。

后来，史可法的养子史德威进入城中寻找养父史可法的遗体，可尸体太多，再加上天气炎热，大多都腐烂了，无法辨认。他也只能在扬州城外的梅花岭上埋上史可法生前穿过的衣袍和用过的笏板。

这便是世人今天所见到的史可法衣冠墓。

—— 少年英雄夏完淳 ——

清军屠杀嘉定的消息传到松江（今上海松江）华亭后，当地小有名气的读书人夏允彝特意写了一篇祭文。弘光政权被清军消灭后，夏允彝跟陈子龙一起参加抗清斗争。吴淞总兵吴志葵是夏允彝的学生，曾邀请夏允彝前去军中出任参谋。

夏允彝的儿子夏完淳天资聪慧，在他父亲和老师陈子龙的教导下，他5岁可以讲述《论语》了，9岁时，更是写过一部诗集，名为《代乳集》，在当地被誉为神童。

苏州和杭州被清军占领后，他们企图拉拢夏允彝来做清朝的官，但夏允彝严词拒绝了清军的要求。夏允彝高尚的气节和坚决反清的精神，深深影响了夏完淳。

清军的暴行彻底激怒了江南百姓，夏允彝要去抗击清军，组织义兵前去攻打清军占领的松江城，并派人去说服吴志葵发兵前来援助。年仅15岁的夏完淳也跟随义军出征抗清了。当时他才结婚没几日，便告别了新婚的妻子，踏上了抗清的战场。

攻打苏州的战斗前期还算顺利，义军也一举攻入城内，可是吴志葵的援军一直不到，城中的清军进行反扑，义军战败了。这时，吴志葵的人马才姗姗来迟，见到义军战败，便立即撤退了。

在夏允彝和陈子龙的保护下，夏完淳他们得以冲出包围圈，在乡下躲避。清军四处搜捕他们父子二人。见山河破碎，自己又无力回天，夏允彝想自己还是个读书人，更不能被清军抓住，随即给夏完淳留下一份遗嘱，让他继承遗志，坚决抗清，不要做清朝的官，然后就投河自尽了。

父亲的牺牲让夏完淳万分悲伤，更激发起他抗清的斗志。他和老师陈子龙听说在太湖一带，有一支吴日升所领导的抗清义军，随即前去参加，并将自己的全部家产变卖，给义军当军饷，他还当了义军的参谋，主要负责作战计划的制订。

这时，东南沿海一带的抗清斗争依旧不断。

1645年七月，在福州，明朝官员黄道周、郑芝龙拥立唐王朱聿继承皇位，史称隆武帝。而在绍兴，鲁王朱以海宣布监国。

夏完淳随即写了一篇奏章派人送往绍兴鲁王，并同绍兴义军进行联系。这篇奏章写得振奋人心且慷慨激昂，鲁王十分赞赏，又听说这是一个 15 岁少年写的，更是高兴，立即封夏完淳为中书舍人。

太湖万顷碧波，吴日升水军利用这便利的条件来打击清军。但有叛徒告密，最后吴日升失败了。

一年后，陈子龙吃了败仗，被清军俘虏，最后也壮烈牺牲了。不久后，清军查获了一封夏完淳写给鲁王的奏折。几天后，清军闯入夏家，抓走了夏完淳，并把他押到南京。

自松山战役失败后，洪承畴便投降了清朝，正是这个原明朝大官亲自审讯夏完淳。他早就听说夏完淳是江南有名的神童，但他看他尚且年幼，觉得容易对付，便说："你说你年纪轻轻，懂什么，领兵造反你会吗？你肯定是受了奸人的挑唆，只要你愿归顺大清朝，本督都保证你身居高位。"夏完淳假装不知道上面坐的人是谁，大声道："很久以前，我就听说有个名叫洪亨九（洪承畴的字）的总督，他可是我朝的大忠臣。在松山跟清寇大战一场，战时身先士卒，冲锋陷阵，战败后自杀殉国了。他的忠烈我十分仰慕。虽然我年纪小，但忠奸我还是能分清的。我要学习亨九先生，以身殉国，坚决不投降，不做敌人的官。"

夏完淳说出这样一番话，是洪承畴万万没有想到的，并且当时还有众多下属在一旁站着，这让他的老脸一阵红一阵白。这时，押解夏完淳的卫兵悄悄对他说："快别胡说了，洪承畴洪大人就是堂上坐着的那位。"

夏完淳冷笑道："哼！洪大人早就献身给了大明朝，这件事天下人都知道。这不知道是哪里来的叛徒，竟敢冒充先烈的英名，玷污了洪老先生为国捐躯的忠魂。"

夏完淳连声痛骂，把堂上坐着的洪承畴骂得一头大汗，不知所措，说不出一个字来。而旁边的清兵都在暗暗发笑。过了好一阵子，洪承畴才缓了过来，恼羞成怒，一拍惊堂木，大叫道："把他拉下去，快拉下去。"

1647 年农历九月，年仅 17 岁的夏完淳英勇就义。

夏完淳和他的父亲夏允彝的遗体合葬于松江城的西边，至今受到人们的瞻仰和凭吊。

—— 郑成功收复台湾 ——

就在江南人民与清军苦战时，在张肯堂、黄道周等大臣的操劳下，福建的隆武政权也在积极准备北伐。可掌控实际军权的郑芝龙却有他自己的打算。

郑芝龙原是福建南安人，是福建沿海与南洋这一带的大商人兼大海盗，势力庞大。后来，郑芝龙接受了明朝的招安，便当上了福建总兵，可实际上是一个军阀。当然，他也是拥立隆武帝登基的重要功臣之一，在福建小朝廷中有着极高的位置。

郑成功乃是郑芝龙的儿子，在日本出生，在他7岁时，他回到祖国，接受了民族文化的教育，不仅聪慧敏捷，还有雄心壮志，《孙子兵法》《春秋左传》等书，都是他所喜欢读的。

就在隆武帝积极准备北伐时，年仅22岁的郑成功在亲军中担任一名将领。他本想跟着大军北上，前去跟清军作战。可他却突然听说，他父亲不仅不参加北伐，还要前去投靠清军，以此来保护郑家的家产。这让郑成功十分痛苦且悲愤，随即去规劝父亲，让他放弃降清。但是，郑芝龙一心想投降，还亲自跑到清营中去了，清军劫持了他，并把他带到北京软禁起来。

见郑成功赤胆忠心，一心为国，隆武帝特意给他赐姓为朱，称"国姓爷"，又封他为招讨大将军。后来，清军来袭，隆武帝出逃，郑成功的老家也惨遭清军蹂躏，他母亲受辱自杀身亡。他万分悲愤，跑到广东、福建交界的南澳岛上，招募了几千人，组建了新的武装。随后，他又去了厦门，扩充自己的武装，制造战船，训练兵马，准备同清军决一死战。

郑成功巧妙用计将厦门军阀郑联消灭了，并收编了他的军队，这样一来，他的力量就更大了。

郑成功执法严格，军纪严明。一次战斗中，他的堂叔郑芝鹏临阵逃脱，郑成功不顾情面，按照军法，照样把他斩了。从此以后，再没人敢违背他的军令了。

清军派郑成功的弟弟带着郑芝龙的亲笔信，前来劝郑成功投降清廷，并说：

"要是你不去，恐怕父亲性命难保呀！"

郑成功回信，说尽忠不能尽孝，自己只能跟父亲决裂，表明自己抗清的坚决立场。

1659年，郑成功联合抗清将领张煌言，带领十多万的水军，几千艘战船，进行北伐。在舟山附近海面不幸遭遇飓风，受损八千人马，无奈之下只能在舟山暂停休整。第二年，郑成功再次进行北伐，先后攻占瓜洲和镇江，兵临南京城下，江南很多州县响应郑成功，宣布起义。只可惜郑成功被清军南京守将假投降的奸计蒙蔽了，没有及时攻占南京城，导致被清军偷袭，伤亡惨重，只能退守厦门。

清军趁机向福建进军。见清军来势凶猛，郑成功意识到自己兵力、财力上的困难，他便准备先把台湾收复了，建成抗清的基地。

自古以来台湾就是中国的领土，它位于福建的对岸。三十多年前，荷兰人入侵台湾，并在宝岛台湾上建造了两座城堡——赤嵌城（今台湾台南），台湾城（今台湾安平），并在台湾私自收税，镇压居民的反抗，进行统治。

在厦门，郑成功精心进行收复台湾的军事准备。恰好，荷兰驻台湾总督揆一派遣华人翻译何斌（一作何廷斌）前来跟郑成功商议贸易事宜。何斌也是一个爱国人士，他向郑成功表达台湾人民欢迎大军驱逐荷兰侵略者的迫切愿望，又将一幅荷兰人在台湾的军事布防图和台湾海峡水路图送给了郑成功。

这件事更加坚定了郑成功收复台湾的决心。1661年农历三月，郑成功不顾一些将领的反对，执意收复台湾，从金门率军出发，抵挡住了狂风巨浪的袭击，抵达鹿耳门港外。一共有两条航道通向岛内，其中南航道水阔港深，便于行驶大船，只是航道早被荷兰人堵塞了，并进行了严密的防守；而北航道水面狭窄，礁石很多，大船难以行驶进去，但在涨潮时，会出现一条狭窄的航路，可以行驶大船。因此，荷兰人并未在北航道进行设防。于是，郑成功准备从北航道进港。在何斌的引导下，战船一条条悄悄驶进禾寮港，随后士兵立即登陆。

台湾各族民众热烈欢迎郑成功大军的到来，他们热情地给大军送水和粮食，提供牛车等运输工具。很快，郑成功就部署军队包围了荷兰侵略者所盘踞的赤嵌城。

驻守台湾城的揆一立即派水陆两支军队前去支援赤嵌城。在海上，荷军共有四艘战船，其中"赫克脱"号最大，威力也最强。但"赫克脱"号还是抵不住郑成功机动灵活、数量众多的水军，几十艘战船把它团团围住，一阵炮击，它就着火了，接着便沉了。

荷军陆上援军由彼得尔上尉率领，一共有两百多人。郑军击毙了彼得尔与一百多名士兵，而其他的荷军则全都逃回台湾城了。

此后，荷兰侵略者只能龟缩在城堡里不敢出来。而赤嵌城内荷军司令先是没有了援军，接着又被断了水源，便只能扯起白旗投降了。而台湾城防守异常坚固，炮火又猛烈，郑军进行强攻，损失不小，因此，郑成功便改变战略，决定长期围困台湾城，让他们自己出来投降。

荷兰东印度公司接到了逃回去的"玛利亚"号游船关于台湾的报告，随即派出几艘战船前来救援，结果，这些战船也被郑成功的水军给击败了。台湾城被围困几个月后，郑成功攻下了台湾城的外城，直接将大炮对准内城。见大势已去，荷兰总督揆一只好开城投降了。

1662年年初，在郑成功军营里，受降仪式正式举行，郑成功高坐正中间，揆一卸下佩剑，脱下军帽，在投降书上恭恭敬敬地签上了字，随后彻底从他们盘踞三十八年之久的中国宝岛离开了。

郑成功收复台湾后，随即在岛上建立了一府二县，又想办法从大陆带来了大量的种子、农具和耕牛，组织军队和民众发展农业，为开发台湾做出了很大的贡献。

—— 李定国坚持抗清 ——

清军先后消灭了隆武、鲁王这两个南明政权后，两广地区遗留的明朝官员瞿式耜等人在广东肇庆拥立桂王朱由榔即位，定年号为永历，史称永历帝。

清军大举南下，永历政权中的一些大臣，像大学士瞿式耜、督师何腾蛟等，积极建议联合大顺军一同抗清，发愤图强。1647年十一月，何腾蛟跟李自成大顺军的余部，在广西全州击退了清军，打了一次大胜仗；在桂林，瞿式耜先后两次击退清军的进攻。一时间，南明军名声大振，很快，湖南、广东、广西、江西、四川、云南和贵州都纷纷归属到永历政权统治之下。

　　但永历政权内部并不团结，经常内斗。1649 年，清军占领了湖南，何腾蛟在湘潭被清军俘虏，英勇就义；桂林城失守后，瞿式耜也惨遭清军杀害。

　　瞿式耜壮烈殉国后，在李定国的扶持下，永历朝廷又坚持进行了多年的抗清战争。

　　李定国，陕西延安人，他 10 岁时就参加了大顺军，十分机智勇敢，深受张献忠的喜欢，被收为养子。长大成人后的李定国更是骁勇善战，有"万人敌"之称。在张献忠建立大西国后，李定国被封为平西将军。

　　孙可望、刘文秀、艾能奇这些张献忠的养子，也都被封为将军。张献忠临死前，他交给孙可望、李定国五六万的军队，让他们去统率，并叮嘱他们，要去联合明朝，不要投靠清朝。

　　张献忠这些养子中，数孙可望的年纪最大。孙可望这个人很有野心，他十分忌妒李定国的名望，处处打击他。而李定国始终以大局为重，想要保持团结，尽量忍让孙可望。

　　孙可望将永历帝接到贵州后，便不再重视联合抗清的大事，一心希望将永历帝牢牢把控在自己手上，实现独霸一方、割据中国西南的野心。

　　这时，在云南，李定国大肆招兵买马，训练军队，还从缅甸买来大象，组建了象军。他还在地方上减免赋税，发展生产，使军队的供应得到了保证。

　　1652 年，李定国开始对清军发动攻势，北路军进攻四川，李定国自己率领的东路军攻打湖南。临行前，李定国再次申明军纪：不杀人，不放火，不奸淫，不杀耕牛，不抢财物。李定国的军队作战勇猛，纪律严明，深受老百姓的喜欢和爱戴，因此，胜仗也打了不少。

　　李定国攻占了湖南沅州（今湖南芷江）和靖州（今湖南邵阳）后，发现桂林清军防守空虚，便兵分三路攻打桂林，后来，情况突变，他立即集中兵力直奔桂林。一听到李定国大军来袭，桂林的清军主帅定南王孔友德立即率军离开桂林，前去抢占战略要地严关。

　　农历七月初一，在严关，明清两军激烈交战，陷入胶着状态。突然间，大雨倾盆，电闪雷鸣，李定国的象军立即冲了上去，听到大象的吼声，清军的战马吓得乱跳，相互践踏，阵势大乱；李军将士趁机拼命厮杀，清军丢盔弃甲，大败，落荒而逃。

　　孔有德仓皇逃回桂林。李定国乘胜追击，日夜不停地进行围攻。孔友德亲临城头进行指挥。冒着雨点般的箭，李军将士前赴后继地强攻，最终桂林被李军占领了。孔有德额头中箭，跑回了王府。见大势已去，他深感绝望，纵身跳入烈火中自焚了。

李定国一鼓作气，接连拿下了柳州、梧州、衡阳、长沙，一直打到江西吉安。

清廷大为震惊，立即派出亲王尼堪率领十万精兵，朝长沙杀去。李定国避开清军锐气，主动后撤到衡阳。双方交战了四天四夜，随后，李定国下令假装兵败后撤，设下埋伏，尼堪果然进行追击，进入了埋伏圈，结果全军覆灭，尼堪阵亡。

清军一连损失了两个亲王和几十万清军，这是明清交战以来，明军取得的最辉煌的战果。这让李定国信心暴增，甚至连进军南京的作战计划都制订了出来。

攻占桂林后，李定国曾宴请过南明大臣，他说："南宋文天祥、陆秀夫最后都杀身成仁，浩气照耀千秋，但我辈去报效国家，不希望这种局面再发生呀！"但李定国的胜利和威望让孙可望十分忌妒，他邀请李定国前来沅州议事，企图将他陷害致死。幸好李定国得到了密报，这才幸免于难。随后，李定国为了避免发生冲突，南下两广作战。但这次作战并不顺利。与此同时，孙可望想抢大功，派他的军队进入湖南攻打清军，不承想却惨遭失败，连李定国收复的很多城市都被清军再次占领了。李定国还是与孙可望和解，一起抗清。1657 年，李定国派人前往贵阳同孙可望讲和。可孙可望仰仗自己兵力众多，干脆直接攻击李定国。然而在阵前，孙可望的很多将领都直接倒戈投靠了李定国。孙可望仅仅带着二十多个亲信逃往长沙，向清军投降了。

孙可望的叛变，导致永历朝廷的军事力量大幅度减弱。到了第二年，清军向云南、贵州发动攻势，兵分三路。贵阳、重庆被清军占领后，清军直逼云南。于是，李定国计划把大部分力量转移至湖南、广西交界，养精蓄锐，准备反攻，或南下与郑成功取得联系。可永历帝身边的一些小人，带着永历帝逃去了缅甸，苟延残喘。

在腾冲东面、怒江西面二十里的磨盘山，李定国设下埋伏，准备阻击清军。由于叛徒告密，李定国虽然消灭了一部分清军，暂时阻挡了清军的追击，可自己也是元气大伤，损失惨重。

李定国多次派人前往缅甸寻找永历帝，想将他接回来，可一直没有结果。1661 年，吴三桂率领大军前往缅甸，逼迫缅甸国王把永历帝交出来。随后，吴三桂将永历帝押往昆明，绞死了永历帝。就这样，最后一个南明政权灭亡了。

1662 年农历六月，在云南勐腊，李定国病重去世。临终前，他嘱咐众人道："就算死在荒郊野外，也不能投降清廷。"

—— 康熙平定"三藩" ——

吴三桂绞死永乐帝后，清顺治帝给了他很丰厚的封赏，封他为平西王，让他去镇守云南、贵州，还给他很多特权，两省的文武百官都归他管辖，有任免官员的权力，几乎云贵两省的所有事务都归他管，甚至他还可以自己开设矿山，煮井盐，铸造钱币。每年清廷都要从国库中拨出很大一部分钱作为饷银给他，高达九百多万两。而吴三桂也觉得自己功劳甚巨，便在云南称王称霸，独占一方。

1662 年，顺治帝病逝，年仅 8 岁的康熙继承皇位。在顺治帝临死前，他留下遗诏，让鳌拜等四个满族大臣出任康熙的辅政大臣，协助处理国家大事。可鳌拜因为战功卓著，又手握兵权，便不把小皇帝放在眼里，也不与其他三个辅政大臣商议，凡事都独断专行。

康熙帝 14 岁时亲政，鳌拜依旧把控着朝政，在朝堂上诬蔑辅政大臣苏克萨哈，逼迫康熙帝处死苏克萨哈。康熙对他越来越难以忍受。

于是，康熙帝下定决心要除掉这个心腹大患。但宫中卫士多半是鳌拜的亲信，不敢轻易信任。康熙帝便以练习摔跤为借口，从贵族子弟中挑选了十多个壮实的少年进了宫，陪他练习摔跤。可在暗地里却给他们做出部署。一天，鳌拜嚣张地走入内宫后，发现宫门关上了，而他的卫士则被隔离在宫门外，十多个强壮的少年跳了出来，把他团团围住，他们分工明确，不是拽手就是扳脚，把他摔倒在地，捆了起来。紧接着，康熙帝下诏宣布了鳌拜的众多罪行，把他打入监牢，最后处死了。

清除了鳌拜之后，康熙帝接着去解决吴三桂的问题。在当时，并非只有吴三桂一个这样骄横跋扈的藩王，在广东还有平南王尚可喜，在福建还有靖南王耿仲明。原本他们都是明朝的官员，只是投降清军较早，在攻打反清义军中立下了"大功"，因此清朝对他们赏赐丰厚，还给了他们不少特权，这让他们非常骄横。尤其是明朝彻底灭亡之后，他们不愿再听从清朝的指挥，导致清廷政令不能统一，这三个藩王成为清王朝初期发展中的最大障碍，这三个藩王，历史上称为"三藩"。

"三藩"的危害性和严重性，康熙帝非常清楚，他一度把三藩的问题与治理黄河、办理漕运当作国家最重要的三件大事，写成字条，悬挂在宫殿的柱子上，日夜念叨和思考。

当然，对于"三藩"来说，他们也很清楚，清廷对他们并不信任，早晚会对付他们，只是他们一时还不知道清廷会采用什么样的方式。他们都各自心怀鬼胎，想试探朝廷对他们的态度。平南王尚可喜岁数大了，他给朝廷上了一道奏章，请求告老还乡，但要求自己的儿子继承他的爵位，继续带兵镇守广东。康熙帝也想趁此机会试探下他们对"三藩"的承受程度。于是，康熙帝批准尚可喜告老还乡，只是要把靖南王府撤销，不能继承王爵。至于理由，便是广东已经安定，没有再设立藩王镇守的必要了。

康熙帝的答复让"三藩"十分震动。吴三桂一边积极为造反做准备，一边邀请靖南王耿精忠一起再次上奏，请求康熙帝将"三藩"都给撤销。接到奏章后，康熙帝冷笑道："他们竟敢来威胁我！"接着，就和王公大臣们一起来商讨这件事情。大臣们意见并不统一，撤和不撤都有人赞同。最后，康熙帝拍板，说这些藩王掌控兵权已久，再拖下去更加不好解决，干脆这次一起解决，"三藩"全都撤销，他们的人员和兵马都迁到关外去。

吴三桂本来是希望康熙帝进行挽留，他们也就留下来。可没想到康熙帝会如此决断，这让他十分惊讶又很害怕，当即决定起兵造反。

1673年农历十一月，吴三桂把云南巡抚朱国治杀死，发布檄文，自称为"总统天下水陆大元帅，兴明讨虏大将军"，还写信给平南王、靖南王以及各地的老部下，还有台湾的郑经，让他们与他一起起兵造反。

吴三桂打着替明朝报仇雪恨的旗号，宣布恢复明朝的发饰、服装，不再沿用满族的习俗。但世人都知道是他亲自引清兵入关、绞死永历帝的，做下种种劣迹，他"兴明讨虏"的宣传，也只是装模作样，人们怎么可能相信他？他造反是因为他的野心膨胀。

不过，当时的百姓对清王朝的高压政策也积怨已久，这次也找到了宣泄的机会。因此，在吴三桂刚起兵的头几年，很多地方都有人起兵响应，大半个中国都为此震动，清廷也面临着巨大的危机。吴三桂的兵马一度打到了湖南、江西等境。

面对如此凶险的情形，康熙帝无所畏惧，下令将耿精忠、尚可喜两藩的撤藩命令暂停，把他们从造反的行列中暂时分了出来，让吴三桂孤立无援；同时，康熙帝调集军队，抗击吴三桂的猛烈进攻。

吴三桂的军事攻势持续了八年，双方处于僵持状态。1678 年，66 岁的吴三桂再也等不及了，在湖南衡阳，他匆忙登上皇帝宝座，宣布称帝，定国号为大周。可是，这年秋天，他就病逝了。

自此以后，形势逐渐有利于清军，清军开始猛烈反攻。1681 年，清军攻克昆明，吴三桂的孙子吴世璠被迫自杀，"三藩"叛乱也就宣布彻底结束。

—— 雅克萨清军告捷 ——

就在康熙平定"三藩"时，沙俄军队抢占我国土地、杀掠人民的警报从我国东北边境时常传来。

我国东北各族人民长期生活在黑龙江流域。从 17 世纪 40 年代开始，沙俄就开始入侵我国黑龙江流域。在我国土地上，侵略者修建城堡，残害百姓，掠夺皮毛和粮食。对于沙俄的侵略，我国军民进行了自卫反击。

直到 1660 年，即顺治十七年，黑龙江流域的沙俄入侵者才被肃清干净。

康熙初年，清朝一直忙于平定"三藩"的叛乱，没有太多精力去顾及东北的防务，沙俄趁机再次入侵，并非法修建了雅克萨城堡（今黑龙江，呼玛西北，漠河以东的地区），准备长期占据。虽然清朝政府多次与沙俄政府进行交涉，但一直没有结果。

康熙平定"三藩"后，准备御驾亲征，亲自解决黑龙江问题。他先是起驾回到老家盛京（今沈阳）巡视一番，祭拜过祖陵后，便立即召见了守边的将领，询问边防形势。他还以打猎为名，派将军郎坦、彭春，深入雅克萨地区，进一步侦察了解沙俄侵略者的人员和装备情况。与此同时，他在瑷珲筹备粮草，调集军队，制造攻城所需的器械，为征讨侵略者做好军事准备。

万事俱备之后，1685 年，康熙帝命令彭春等将领从瑷珲出发，率领一支约三千人的军队（由满、汉、蒙古、达斡尔等族官兵组成），前往雅克萨地区，收复领土。

清军抵达雅克萨城后，先给沙俄督军托尔布津发出最后通牒，要求他出城投降，撤出中国土地。然而托尔布津拒绝了这一要求。于是，清军朝雅克萨城发动了攻势。沙俄侵略军在雅克萨盘踞多年，城池修建得十分牢固。但这也抵不住清军猛烈的攻势，清军水陆并进，日夜不停地进行炮击。侵略军损失惨重，再加上没有外援，托尔布津只能让部下挂起白旗，向清军投降，并保证再也不侵犯中国领土了。

侵略者的投降，清军予以接受，并允许托尔布津带着部下回他的国家。但清军并没派人留守雅克萨，只是毁了城堡，然后就奏起胜利的凯歌，返回瑷珲，向康熙帝报告胜利。

可托尔布津出尔反尔，不讲信用，清军主力刚走，他便再次返回雅克萨，重修了城堡，增添了兵力。这次，他们为了死守，还特意把城墙增高，把护城河挖宽，城中还储存了充足的粮食。

黑龙江将军萨布素很快将这一情况上报给了康熙帝，康熙大为恼怒。第二年春天，康熙帝再次命令萨布素带领两千多人攻打雅克萨。

这次，清军对雅克萨进行长期的围困，在城东、南、北三面都挖掘了战壕，修建了营垒，又把雅克萨西边的水道给截断了。与此同时，清军用更猛烈的炮火轰击雅克萨城，托尔布津被大炮击中，重伤而死。清军把沙俄军队围困了五个多月，最后，沙俄军队弹尽粮绝，死伤无数，城堡失守。

这时，沙皇政府出面要求进行谈判，希望能够和平解决争端。对于沙皇的请求，康熙帝同意了，并撤回了围攻雅克萨的清朝军队。

1689 年，通过谈判，清朝和沙俄政府在黑龙江的尼布楚正式签订条约，在法律上明确规定了中俄两国的东段边界，确认了黑龙江流域广大地区属于中国领土，随后沙俄军队退出雅克萨。因为这个条约是在尼布楚签订的，因此被称为《尼布楚条约》。

此后，康熙帝下令在黑龙江的战略要地修建坚固的城堡，并设立驿站，派兵长期驻守，制定巡边制度，防止入侵者。此后相当长的一段时间里，东北边境的和平和安宁得到了保障。

—— 康熙三战噶尔丹 ——

康熙帝刚跟沙皇俄国签订《尼布楚条约》，又面临新的挑战，西部蒙古族部落的首领噶尔丹带兵反叛了。

明末清初，我国北方的蒙古族主要分为三大部分：漠南蒙古，在今内蒙古自治区一带居住，很早就归顺了清朝；漠北蒙古，又称为喀尔喀蒙古，在今蒙古国一带居住；漠西蒙古，又称为厄鲁特蒙古，在天山以北地区生活，也就是明代蒙古族的瓦剌部落。漠南和漠北两大蒙古部落都先后归顺了清朝。在漠西蒙古中有个名叫准噶尔的部落，它位于今天新疆伊犁草原地区。准噶尔部落的首领名为噶尔丹，他十分强悍。噶尔丹得到准噶尔部落的大权后，在沙皇俄国的唆使下，疯狂对外扩张、掠夺，他先是征服了漠西蒙古，然后又向漠北蒙古发动攻势。

漠北蒙古不敌噶尔丹，无奈之下，率领几十万百姓南下，躲入漠南，请求清朝进行保护。康熙帝一边安抚、救济灾民，一边派使者前往噶尔丹军营，要他立即退兵，并把侵占的土地、牛羊全都还给漠北蒙古。但噶尔丹野心勃勃，早就想攻占北京，康熙帝的劝阻，他哪里听得进去，随即率军东下入侵。

康熙帝决定对噶尔丹进行严厉的处罚。1690 年，康熙帝御驾亲征，率军西征。抚远大将军福全率领左路清军出古北口；安北大将军常宁率领右路清军出喜峰口。

跟噶尔丹最先交手的是左路军，左路军吃了败仗，只能后撤。这让噶尔丹更加小看清军，一路向南推进，一直攻打到距离北京只有七百里的乌兰布通（今内蒙古赤峰）。他狂妄地叫嚣，要一直攻打到北京去。康熙帝随即命令右路军停止撤退，同左路军会合，去乌兰布通迎战噶尔丹。

噶尔丹把他的大军布阵到一座一边有树林、一边有河流的大山下，还把一万多匹骆驼围成圆圈，捆住它们的脚，让它们躺下，无法移动。在它们的背上，都绑有木箱，再蒙上湿毛毡，而士兵们都在驼阵后面躲着，发射炮或箭，这被称作驼城。

对此，清军先用大炮轰击驼城的中段，猛烈的炮火把骆驼炸得血肉横飞，驼阵也就被撕开了一个大口子。紧接着，正面的清军步骑兵发动冲锋，而另一支清军则绕到驼城背后进行前后夹击。清军把噶尔丹的叛军打得大败，仓皇逃窜。

噶尔丹特意派出一个喇嘛向清军求和，以此来延缓清军对他们的追击。福全连忙将这件事禀报给康熙帝。康熙帝立即命令传令官去传达命令："火速追击！"就在清军等待康熙帝的命令时，噶尔丹趁机跑了。他带着残余的人马从大兴安岭逃回了漠北。

在漠北，噶尔丹招兵买马，进行休整，准备卷土重来。康熙帝派出使者去请噶尔丹南下讲和，签订和平共处的盟约。噶尔丹不仅拒绝了康熙帝的请求，还杀死了使者。他率领三万骑兵，还扬言等他从俄罗斯借来鸟枪兵六万，就要再次杀向北京，夺取皇帝的宝座。他还派奸细深入漠南，四处制造谣言，煽动民众叛乱。

于是，康熙帝决定第二次征讨噶尔丹。1696年，康熙帝兵分三路，共十万大军：黑龙江将军萨布素率领东路军；大将军费扬古率领西路军，目标是将噶尔丹的后路切断；而康熙帝亲率中路军。

清军在出征路上遇到了很多困难，有时粮草都断绝了，一天仅能吃上一顿饭，喝的还是混浊的河水，但康熙帝始终跟将士们同甘共苦，将士们看在眼里，一直保持着高昂的士气。在途中，清军还遭遇了连绵的阴雨天气，西路军因此落在了后面。有人说噶尔丹得到了沙皇出兵相助。

康熙帝率领的中路军深入敌境，随军大臣不由开始担心起来，害怕孤军遇到危险，便请求康熙帝退兵。对此要求，康熙帝坚决不同意，说道："朕御驾亲征，没见敌人就后撤，这该如何杀敌，该怎样向百姓交代？再说，要是我中路军单独退了，叛军就能集中力量攻打西路军，那我西路军的将士也就十分危险了。"康熙帝的大军一直来到噶尔丹的大营前。噶尔丹手下给其报告说康熙帝亲征，现在已经抵达大营前，噶尔丹还不相信，甚至还亲自跑上山头瞭望了一番，只见清军兵强马壮，守备森严，康熙帝黄色的龙旗随风飘扬。噶尔丹这才意识到自己不是康熙的对手，立即拔营西逃。康熙帝下令追击，并命令费扬古率领西路军围追堵截叛军。

在昭莫多（今蒙古国乌兰巴托东南），费扬古与噶尔丹的主力相遇，双方展开了激战。突然，敌后及两翼出现了大量的清军伏兵，叛军大乱，被清军打得溃不成军，清军甚至追击三十余里，杀死叛军数千人。可是噶尔丹率领几十名骑兵逃走了。

第二年春天，康熙帝第三次亲征噶尔丹，去围剿噶尔丹的残余势力。噶尔丹山穷水尽，服毒自杀了。

康熙帝与噶尔丹之间的战争持续了八年时间，才使蒙古草原上的骚乱平息下来，维护了中国版图的统一。噶尔丹的侄子策妄阿拉布坦也是个有野心的家伙，他趁噶尔丹在外厮杀，竟悄悄把伊犁地区占为己有。后来，他又跑到西藏去占地盘。康熙帝随即派兵前往西藏，赶走了策妄阿拉布坦，还设立了驻藏大臣，派人护送达赖六世返回西藏，与朝廷驻扎在西藏的大臣一同管理西藏。

—— 八大山人 ——

平定三藩、大战俄国军队、征讨噶尔丹之后，清王朝对中国的统治逐渐稳定了。可康熙帝总觉得心中不踏实，担心那些明朝留下的皇室成员和读书人不服从清朝的统治。的确，一些明朝贵族的心中确实还在怀念着明朝的江山，他们拒绝同清王朝合作，冷眼看着清王朝的统治。

1690 年，著名画家朱耷（又名八大山人），画了一幅具有很强讽刺性的画卷《孔雀图》。

《孔雀图》上部画的是一层石壁，竹叶和牡丹花在石壁下面垂着；画的下部有一块危石，两只丑陋无比的孔雀蹲在危石上，其中一只孔雀尾巴上稀稀拉拉拖着三根花翎。在画的最上边题有这样一首诗：

孔雀名花雨竹屏，竹梢强半墨生成。
如何了得论三耳，恰是逢春坐二更。

当时康熙帝下江南，是为了拉拢人心。不少人趁机前去讨好清王朝，急忙前去"接驾"，本是五更上朝面圣，但有些人二更时分就等着召见。朱耷诗中"坐二更"就是讽刺这种丑态。"三耳"则讽刺奴才，奴才经常对主子阿谀奉承，所以耳朵尤其灵，便有了三耳之称。那时，清朝官员的帽子后面都拖着孔雀尾巴做成的"花翎"，这些花翎都是皇帝赏赐的，根数越多，代表级别越高，而最高级别的官是三眼花翎。而孔雀蹲在危石上，则象征着清王朝随时可能垮台，根基不稳。

朱耷生于南昌，是明太祖朱元璋的第十七个儿子朱权的第八代孙。朱耷出生时，耳朵就很大，他父母就给他取乳名为"耷子"，后来，他就干脆叫朱耷了。朱耷的父亲是一位杰出的书法家，从小父亲就指点朱耷，使朱耷深深喜欢上诗、书、画、印。朱耷十分聪明，少年时参加科举，成为一名"诸生"，人们纷纷夸赞他是神童。

朱耷 19 岁时，明朝灭亡；20 岁时，他父亲去世。可谓是国破家亡，这让朱耷十分悲痛，感觉前途无望。清军占领江西后，朱耷便跑到南昌西边的新建县出家了。

朱耷有很多别号，比如雪个、个山、驴、人屋等，但最出名的还数"八大山人"这个别号。他画画落款的方式也很特别。他将"八大""山人"俩俩紧凑在一块儿，看起来像"哭之"，又像"笑之"，以此来表达他对国破家亡的悲痛和无奈。他还时常在画上题"三月十九日"，这是崇祯皇帝在北京煤山上吊自杀的日期，借此表达自己对明王朝的怀念之情。

八大山人酷爱饮酒，为人和善，对下层百姓极为友好。不管是小贩还是和尚、道士，只要请他喝酒，他都不推辞，喝完就开始为他们作画。有一次，庙里的一个小和尚死缠着他，要他作画，十分没礼貌，但他也不在乎，直接画好送给了那个小和尚。

但一些达官贵人、投降清朝的官吏若向他求画，他却不会给他们好脸色。有一次，一个富豪拿精致的绫绢来求他作画，八大山人先是不予理睬，但经不住那个富豪的反复哀求，最后收下了绫绢，却说："这用来做袜子穿。"这让那个富豪哭笑不得。

还有一次，临川县令胡亦堂恭恭敬敬地把八大山人请了去，礼节周到地招待他，可实际上是仰仗权势，强迫他为清王朝效力。八大山人开始装疯了，一会儿哭，一会儿笑，把身上的僧袍撕掉烧毁；然后冲进城中，四处乱跑，鞋破了，脚磨肿了，他都不管不顾。几天后，他写了一个"哑"字在自己的扇子上，以后只要碰见讨厌的人，便一言不发，展开扇子；他还写了一个大大的"哑"字贴到自家门口，不再与人说话。

八大山人善于画花鸟、水鸟、竹木、怪石、芭蕉、芦雁等。他所作的画打破了模仿明代古画的陈旧风气，具有创造性，他是一个天才画家。八大山人的画笔墨十分简练，构图打破常规，造型胆大夸张，艺术形象鲜明突出、形象生动，思想性很强。他所画的鸟，不是欢声笑语美丽的鸟，一般都是枯树败叶上的孤鸟、独鸟，并且鸟儿们大多都半闭着眼睛。就算睁开眼睛，有时也被画成方形，眼珠子大又黑，时常在眼眶正上方顶着，展现出一副白眼向人的冷漠姿态，表现出画家蔑视清朝统治者的态度。而他的山水画也大多是荒山怪石、枯枝败叶，表现出一种荒凉的场景。

清代初年的画坛上，还出现了几个有名的和尚，他们都以画画而出名，其中一个是明楚王的后代，名为石涛，还有一个名叫髡残，一个名叫宏仁。明朝灭亡后，他们都选择出家当和尚，不与清廷合作。他们三人跟朱耷并称为"清初四僧"，在中国绘画史上占有一席之地。

—— 蒲松龄与《聊斋志异》 ——

自清朝入关后，便大肆笼络汉族读书人，其中沿用明朝的科举考试就是他们的手段之一，他们通过这种方式在新政权中给汉族读书人一个做官的途径。从顺治朝开始，清廷就开始开科取士，到了康熙初年，科举已经开了七八科了。清代科场也延续了明朝科场的腐败与黑暗，很多读书人一生都投入科举考试中，到了白发苍苍的时候，才博得一个秀才的资格，有的连秀才都得不到，到死还是小小的童生（小学生）。

蒲松龄，山东淄川（今山东淄博）蒲家庄人，19岁时第一次参加科举就考中了秀才，这让他十分兴奋，觉得凭借自己的才华，功名指日可待。然而，直到他白发苍苍，依旧是个秀才，不知进了多少次考棚，然而始终没有考取的功名。科举考试的腐败黑暗，让他深有感触，心中愤愤不平。

蒲松龄家本来就不富裕，待他成家之后，家境更加贫寒。平日里，他喜欢与穷苦百姓来往，因为他们有共同的语言。他酷爱看古代志怪小说、喜欢听一些谈仙说鬼的传奇故事，比如《搜神记》《玄怪录》等。在他闲暇时，他经常与朋友，村里的邻居、老人、小孩说一些鬼怪故事，有时他也编出一些鬼怪故事来讲给他们听。

蒲松龄有一位朋友是江苏宝应县知县，他邀请蒲松龄前去当他的幕宾（秘书），管理文书档案，协助拟文稿，同时二人可以谈天说地，聊一些神奇的故事。就这样，在江南，蒲松龄生活了一年多，欣赏了很多秀丽的风光，也看清了官场的黑暗与腐败，在此期间，他搜罗了不少狐仙鬼怪故事。

后来，蒲松龄越发反感官场的黑暗，辞职还乡，当了一名私塾先生，生活依旧贫苦。他曾写过一个教书先生备受冷遇的戏曲故事。故事讲的是，有一个穷教书先生，好不容易找到一家去教书。没想到这位东家非常吝啬抠门，教书先生吃的是高粱、小米、萝卜，睡的是没有柴火的破炕，盖的是短窄的脏被褥，半块破砖当作枕头；平日里，教书先生还要去帮主人买菜、扫地、带孩子，完全是个帮工。

其实这个故事是蒲松龄自己真实生活的写照。但如此艰苦的生活丝毫没有影响他对鬼怪故事的兴趣。后来，蒲松龄找到一个好的东家。这位东家曾在明代崇祯朝出任过大官，家财万贯，家中还有园林和藏书楼。在他家教书时，蒲松龄闲暇时可以借读东家丰富的藏书，还能同主人探讨诗文或聊一些神仙鬼怪故事。就这样，在这里，蒲松龄教书长达三十年，每逢大考，他还是会去搏一搏的，但始终不得志。直到他60多岁时，他才看清楚科举的黑暗，根本没有公道可言。不管再有才华、文章写得再好，只要不去迎合考官，不去贿赂考官，那考中的概率几乎为零，更别说让皇帝发现你的才华重用你。于是，他更加彻底地远离官场，回归到教书和狐鬼的世界中。

蒲松龄擅长说狐聊鬼，这一直在朋友中非常有名。很多朋友知道他的爱好，便经常把听到的或自己编的故事写信寄给他。因此，蒲松龄收集到很多故事。这些故事再通过他的精心改编和创造，用生动形象的文笔描绘出一个个动人的新故事，这样的故事有几百个。蒲松龄将这些故事编辑成集，取名为《聊斋志异》。"聊斋"指的是讲故事的地方，"志异"，意思是记录一些稀奇古怪的故事。

在《聊斋志异》中，蒲松龄采用拟人化的手法，把故事的主要人物描写为花妖狐仙、牛鬼蛇神，利用非凡的超自然的力量，书写正义战胜邪恶、真情战胜虚伪、公正战胜贪婪，以此抨击社会的黑暗，表达出自己的理想。书中有篇文章叫《席方平》很有名，故事主要讲的是：

有位年轻人，名叫席方平，有一名姓羊的奸商害死了他的父亲，席方平去府、县里告官，但奸商已经贿赂了府、县里的官员，没有人接他的状纸。他十分气愤，后来他想到人们都说阴间的阎罗王是最公正的，便去阎罗殿告状。不承想，到了阎罗殿，发现那个奸商早就到了阎罗殿，也上下打点贿赂好了。小鬼们厉声叱骂席方平。他的诉状阎罗王也不接受，甚至还用酷刑折磨威胁他，要他别再告状了。席方平饱受折磨后，决定连阎罗王也一起告。但他的诉状依旧没地方愿意接受，最后这些诉状都转到阎罗王手上了。这下阎罗王加倍折磨席方平，大锯锯身。阎罗王问他是否还告状，席方平说："告！"阎罗王随即命令两个小鬼在私下劝他，说："给你一千两银子，你总该不告了吧？"席方平直接说道："不要银子，就要申冤！"

席方平万分悲愤地说道："想不到阳世间的贪官远远比不上世人所称颂的公正无私的阎罗殿贪婪黑暗呀！"他依旧四处找地方申冤。后来，阎罗王干脆采用从阴间驱除的办法，让小鬼强行押着席方平去阳世投胎。可席方平有大冤，不甘心放弃，出生三天，就夭折了。于是，他的魂魄四处流浪，找地方申冤。后来，他找到了灌口的二郎神，终于把姓羊的商人、阎罗王及一群小鬼都告了。在席方平不屈不挠的努力下，他最终获得了成功，阎罗王、奸商和小鬼们都受到了惩罚。

这个故事看似揭露阴间的贪赃枉法，实则在抨击封建社会官场的腐败黑暗。而最后的结局则体现出蒲松龄美好的愿望。书中还记录了一个《画皮》的故事。一天大清早，一位书生上路，路遇一位年轻貌美的女子，说自己是有钱人家的小妾，饱受虐待，逃了出来。这个书生同情这位女子的遭遇，又贪恋女子的美貌，便把她带回家同居了。

一天，一位道士看到他说，你身上沾有邪气，回家一看便知道了。于是，他回到家，从窗外往里面看，见到一个恶鬼，正在桌子上画人皮，画好后披到身上，就变成那女子的模样。这让书生大吃一惊，哀求道士救他。但道士没能救下他，最后恶鬼把他给吃了，下场悲惨。其实这个世上本没有狐仙鬼怪，作者是想通过这个故事告诉读者，恶人擅长伪装，只要不被他善良的外表所迷惑，就不会那么容易上当受骗。

在我国古代优秀文化遗产中，《聊斋志异》是一部著名的文言短篇小说集，在世界文学史上也有很高的地位。这本书不但在国内广为流传，还被翻译成英、日、法、俄等二十多种文字，流传于世界很多国家。

—— 清朝大兴文字狱 ——

清朝统治者一边笼络汉族读书人，开科取士，软化他们抗清的意识；一边打压抗清意识强烈的知识分子，而"文字狱"就是清朝采取的方式之一。文字狱的受害者大多是生员、秀才、举人、教师和官员。

只要作者文章中的一些字句或整个主题，不符合或触及统治者的政治忌讳，统治者就可以给作者甚至是读者定罪，或者统治者捕风捉影，将文章中那些相似的字句强行解释触犯了他们的忌讳，从而给作者罗织罪名。这样所制造出来的案件就叫作文字狱。

文字狱自古就有，但最多、最严重、最残酷的文字狱案件则集中出现在清朝康熙、雍正、乾隆三朝这一百多年的时间里，在这段时间里，有无数的人因为文字狱而被杀头、抄家、充军、做苦役或做奴隶。

据说，一个书生写了"清风不识字，何必乱翻书"这句诗，就被清廷认为是在讽刺满族贵族文化程度低，因此这位书生掉了脑袋。在康熙年间，出现了两起震惊全国的大案，为此，清廷开始大规模制造残酷的文字狱。

其中一个案件是庄廷钺的"明史狱"。庄廷钺本是浙江归安县的一个财主，他花钱买来《列朝诸臣传》的书稿，内容写的是明朝历史，这是一位明朝学者写的尚未出版的书稿。庄廷钺找来几个人帮他进行修改，特意增添了崇祯朝的事迹，并将书改名为《明史》后出版发行。书中有很多话是用明朝人的口气说的，就像称明朝官员投降清朝称为"叛变"，直呼清太祖努尔哈赤的名字。庄廷钺死后，有人将这件事揭发了出来，康熙帝更是钦定这件事为最大的逆案，从棺材里把庄廷钺的尸体拉了出来，砍了头，并抄了庄廷钺的家，杀死了他的儿子。所有与之相关的刻书、印书、买书、藏书、读书的人，不是被杀头就是被充军；参与此事的一些官员，清廷觉得办事不力，也就直接革职处死了。仅这一个案件，就有七十多人丧命。

后来，安徽桐城有个名叫戴名世的读书人，他编写了一部《南山集》。南明永历帝抗清的历史被详细写进这部书中，这无疑触犯了清朝的忌讳。当时，戴名世考中进士，在翰林院做编修。这件事被人揭发出来后，他被定义为"大逆不道"，处以凌迟处死（在受刑者身上一块块割肉，让他在痛苦中死去）。他的祖父、父亲、子孙、兄弟，以及叔伯、侄子，只要是男性年满 16 岁的，全都被砍了脑袋，至于妇女则全被送给满族功臣当奴隶。这是第二桩大案，这个案件有三百多人受到牵连。

1722 年，雍正帝继承了皇位。雍正疑心病很重，处理文字狱的手段更是毒辣。一年，江西考官查嗣庭所出的考题引用《诗经》中"维民所止"这句诗，而它的上一句则是"邦畿千里"，意思是说，千里的国土都有百姓居住。但有人却给雍正说出题人不怀好意，说："雍"字去了头便是"维"，"止"则是正字去了头，暗示是要杀雍正的头。这让雍正十分生气，说：既然你要杀我的头，那我就先砍了你的脑袋。接着，查嗣庭被打入大牢，最后病死，而他的儿子被杀，兄弟充军。

吕留良和曾静案则是雍正朝最有名的文字狱。吕留良，浙江学者，他曾写过这样两句诗："清风虽细难吹我，明月何尝不照人。"从中表现出他不愿屈服清朝、怀念明朝的思想感情。他也曾参加过抗清斗争，只是在失败后便远离官场，回家乡教书了。后来，清廷强迫他出来做官，他拒绝了，后来出家做了和尚。他的著作里充满了反清思想，但一直没有流传开来，因此，清廷也没重视他。

后来，吕留良死了，湖南人曾静读了吕留良所写的文章，十分喜欢，派人前往浙江打听吕留良留下的其他书稿，并与吕留良的两个学生取得了联系。随后，几人开始商讨如何推翻清朝。他们觉得，找一位手握兵权的汉人将领，在他的带领下，反抗清朝，这样就能成就大事。当时，清朝大将军岳钟琪镇守陕西、甘肃两省，据说，岳钟琪是宋代英雄岳飞的后代，于是他们便把希望都寄托在岳钟琪身上。曾静派学生张熙前去找岳钟琪，规劝他效仿他的祖先，把清人从中原赶出去。

但岳钟琪却是一个忠于清朝的臣子，他假装同意造反，待张熙把所有人员和计划全都说出来后，曾静等人全都被捕了，随后，曾静供出这是中了吕留良思想的"流毒"才引发的。雍正帝立即下令从坟墓中挖出吕留良的尸骨，进行碎尸，还把棺材给劈了，吕留良的后代和他的学生则被清廷满门抄斩。仅有曾静幸免于难，没有被杀。曾静的供词被雍正帝批注了满满的"圣谕"（皇帝的指示），随后雕刻成书，取名为《大义觉迷录》，分发到全国各地，让大家认真阅读学习。

——— 鄂尔泰推行改土归流 ———

东北边境和巩固内地的问题结束后，清朝便开始着手整顿治理西南边境问题。

自元朝起，西南地区的四川、云南、贵州以及广西、湖南、湖北少数民族地区，就开始实施土司制度。就是在少数民族生活地区，设立土司，由少数民族的上层人物担任知府、知州，去管理本地区。土司拥有众多特权，职位世袭，朝廷不进行干涉，他们也不受府县流官（朝廷任命、任期有限的官员）管辖。土司只需象征性地缴纳一些钱粮给朝廷，甚至有些土司不用承担这些钱粮的负担。土司还拥有自己的武装和监狱，可按照自己的习惯去管辖治下的民众。

改土归流，就是在土司管辖的地方设立府、县机构，取消土司的建制和特权，改为朝廷委派的有任期的官员进行管理，听从朝廷统一的政令。

土司制度刚实施时的确对边疆的稳定起到了一定的作用。但随着时间的推移，土司的权力膨胀，导致土司头目在他管辖的地区肆意欺压百姓，征收赋税。各土司之间，更是为了抢夺财物、地盘，经常进行械斗。他们经常违抗朝廷的政令，甚至进行叛乱，去骚扰周边的府县，抢掠财物，甚至直接掠夺汉民当作他们的奴隶。而有些与邻国接壤的土司，勾结外国势力，一起去侵犯内地，成为边境的不安定因素。早在明朝时，明朝政府就感觉到土司制度存在弊病，进行过改土归流的政治措施。但明后期，明朝政府忙着消灭倭寇，抵抗后金，围剿李自成、张献忠的农民起义军，没有能力和精力把改土归流这个政策彻底推行下去。

随着清朝统治的逐渐稳定，西南地区的问题又凸显了出来。1726年，云南巡抚鄂尔泰上奏朝廷，建议在西南地区立即全面推行改土归流。

鄂尔泰，满族镶蓝旗人，在康熙帝时，他仅仅是一个小小的内务府郎官。雍正还是贝勒（皇子）时，有事曾请鄂尔泰帮忙，但鄂尔泰认为这不符合皇家的规矩，便婉拒了雍正。待雍正登基后，升鄂尔泰为云南的考试官，后又升为云南巡抚，管理云贵事务。鄂尔泰到了云南没多久，便发现了土司问题的严重性，一连上了好几道奏章给雍正帝。

　　鄂尔泰觉得有几个问题特别严重。第一，一些土司行政管辖划分不合理，土司头目的骚乱无法得到及时制止。就像乌蒙（今云南昭通）、镇雄（今云南镇雄）、东川（今云南东川）这三个土司，他们属于四川省，但东川离云南昆明要比它离四川成都近。有一次，乌蒙土司前去攻打东川土司，云南的军队及时出动，这次击退了蒙古兵，而这时四川调动军队的命令才刚刚送到，差一点就出了事。第二，土司残酷统治属下民众。每年，乌蒙土司缴纳三百多两赋税银两给朝廷，可它的头目却向百姓征收超过这个数字百倍的银两。土司杀死百姓，他的亲属还要替他给土司缴纳几十两的"垫刀钱"。土司统治下的百姓生活暗无天日，十分凄苦。第三，土司之间械斗不断，守边将士根本管不过来，相互推诿，边疆得不到稳定。第四，位于云南边境一带的土司，辖区大多都跟外国接壤，一旦有事，很容易串通外国。

　　在奏章中，鄂尔泰建议，先将西南几省边境行政区划进行调整，这样有利于统一管理，紧接着，就全面推行改土归流。

　　雍正帝读了他的奏章后，十分赞同，立即批准在西南地区针对土司进行改土归流，并任命鄂尔泰为云、贵总督，全权负责改土归流的所有事务。

　　在实施改土归流时，鄂尔泰主张以和平招抚为主，武力征剿为辅。只要土司自己主动把土地、印信交出来，就给予优待和赏赐，甚至还给予新的官职和土地；但凡抗拒改革甚至发起叛乱的，立即清剿；那些只是心存不满抗议的，则没收财产，把他本人和家属全迁到内地省份，重新给他们安置土地房屋，安排他们的生活。他的这些建议和措施全部得到了雍正帝的批准。

　　当年农历五月，鄂尔泰先是平定了贵州长寨土司的叛乱，建立了长寨厅（今贵州长顺）。不久后，鄂尔泰又把乌蒙、镇雄、东川三土府划到云南。乌蒙土司禄万钟、镇雄土司陇庆侯不愿进行改革，带兵进行了叛乱，鄂尔泰立即派兵镇压了叛乱的势力，把乌蒙土府改设为乌蒙府（后改称昭通府，今云南昭通）；镇雄土府为镇雄州。广西泗城土司岑映宸也被鄂尔泰免除了职务，并将南盘江以北地区设为永丰州（今贵州贞丰布依族苗族自治县），划归贵州管辖。

　　湖南、湖北、四川势力弱小的土司见大势所趋，便纷纷主动把土地、印信交了出来。因此，后来的改土归流政策实施得相对顺利。鄂尔泰的办事能力得到了显现，雍正帝十分欣赏，随即任命他为云南、贵州、广西三省总督。

　　这些地区改土府为府县后，朝廷又增添了军事机构，进行排查户口，丈量土地，修建城池，设立学校。原先土司征收制度也被彻底废除了，改为按地亩征税，但数额一般要低于内地，这些举措大大降低了当地民众的负担，使当地经济文化得以发展，边疆逐渐安定下来，少数民族越来越趋向于统一。

—— 《四库全书》 ——

清乾隆年间，经济、文化发展迅速，再加上平定叛乱、开拓边疆、巩固国家统一，取得了一系列辉煌的战功，这让乾隆帝十分自豪，希望自己能够在文治上也取得更大的功勋。他为巩固国家统一进行了十次战争，他称为"十全武功"，而他准备编著一部巨大的丛书——《四库全书》，来建立他辉煌的"文治"。

从西晋时期开始，人们就把书籍划分为经、史、子、集这四大类。经部，主要指的是孔孟所讲授的学问和后人研究这些学问的书籍；史部，主要指的是历史、地理方面的著作；子部，主要指的是诸子百家的一些哲学著作和百科著作；而集部，则是一些文学著作和作家的文集。唐朝时，皇家图书馆就按照这四种分类建立了书库，称作"四库"。

安徽学政朱筠是最先上奏提出编修《四库全书》设想的人。他建议全面整理宫中《永乐大典》等藏书。当时乾隆帝觉得他的意见涉及的范围过小，应将全国的藏书全都搜集汇总起来。乾隆帝无非是想借此夸耀大清文治盛世，并不弱于汉唐盛世，以此来巩固清王朝的地位；最重要的是想借此机会全面审查历代汉族作者写的书籍，将反清思想清除干净，而这种采用编写的办法，可以掩人耳目，能掩盖他销毁不利思想的真实目的，这种做法在历史上被叫作"寓禁于修"。

在大力提倡儒家文化的同时，乾隆帝十分注意控制臣民的思想。因此，乾隆时期的文字狱并没灭绝，反而比康熙、雍正两朝更加严厉。有个名叫徐述夔的浙江举人，老鼠把他的衣服咬坏了，他十分生气，写下了一句诗"毁我衣冠真恨事，捣除巢穴在明朝"。恰巧在他的诗集中还有"明朝期振翮，一举去都"这样的诗句，这让乾隆帝耿耿于怀，说"明朝"（明天）暗指明王朝，实属"大逆不道"，最后就连徐述夔的孙子都被朝廷处死了。乾隆帝对思想的控制可见有多严厉。

　　乾隆帝从全国各地收集到大量的图书，去除重复的部分，大概有一万三千多种，而其中三千种，接近总数的四分之一都被收缴销毁了。剩下的书籍主要分为应抄、应刻、应存这三类。应抄，指的是可以抄进《四库全书》的，都是合格的著作；应刻，指的是不仅可以抄入《四库全书》，还要用木活字版印刷，都是清廷所提倡的著作，称为"武英殿聚珍本"；应存，指的是仅录存书名，没有价值的著作。那些应抄的图书，每本都经过清廷严格的反复的审查，只要书中有不利于清朝统治者的文字，轻则篡改原文，重则整段删除，就连宋人指责辽金、明人批评元朝，这些都是属于删除的范畴。甚至将康熙皇帝"御批"《通鉴纲目续编》中记述历史时写下的"胡人"二字，都被乾隆帝下令修改了。因此，很多古书失去了它原有的意义，被改得面目全非。如此宏大的编修和审订自然需要投入大量的人力。从 1772 年四库馆开馆修书以来，仅朝廷任命负责的官员就高达三百六十人，校对和抄写的人员更是有三千八百多人。其中当数总纂官纪昀（即纪晓岚）贡献最大，对于《四库全书》中的每一部书的渊源、版本、内容，他都进行了详细的考证，并编写出长达二百卷的《四库全书总目提要》。对于各篇《提要》和部分原书，乾隆帝更是亲自进行了审查。

　　1782 年一月，经过十年不懈的努力，《四库全书》正式修订完成，一共收书三千五百零三种，共计七万九千三百三十七卷。这部书共抄写七部，在北京、承德、沈阳、杭州、镇江、扬州等地分别建立藏书阁，进行储藏，并对当时的读书人开放。

　　在八国联军入侵北京时，侵略军将明朝皇帝编修的、国内唯一的一部《永乐大典》当作厚砖，去垫弹药箱了，几乎全部散失。幸好《四库全书》抄写了不少复本，虽然有三部在清末战火中损坏了，但还有另外几部幸免于难，保留到了今天。《四库全书》的编著和流传，使我国的很多古代典籍得以保存，在文化历史上有"中国人修造的文化长城"之称。

—— 曹雪芹创作《红楼梦》 ——

乾隆年间，乾隆帝编撰《四库全书》，可以说是在文治方面的一件大事。与此同时，京城读书人曹雪芹编写的《红楼梦》也流传开来，成为经典。

曹雪芹出生在一个没落的贵族家庭，他的曾祖父曹玺曾深受康熙帝的赏识，被派往江南，出任江宁织造郎中。这可是个肥差，是专门为皇家采购办理丝染服装和其他生活用具的美差。曹雪芹的祖父曹寅与康熙帝是同一个奶妈喂养长大，少年时陪伴康熙读书。因此，曹玺死后，他的职位被曹寅接替，康熙帝还特意给曹寅升了一级，成了江宁织造。后来，曹雪芹的父亲曹頫做的也是江宁织造这个官。曹家三代前后做了六十多年的织造官，家产积累丰厚，成为江南有名的大豪门。

清朝皇帝巡视到江南时，曹家多次接待。但到雍正朝后，曹家被卷入一桩经济案件，不幸失宠，雍正帝抄了曹頫的家，罢免了其官职。很快，曹家就败落了。没有办法，曹頫只能带领全家返回北京老家居住。

曹雪芹曾过了一段富裕的生活。曹家被抄家时，他已经 10 岁了，懂事了。这场家庭灾难给他的心灵留下难以磨灭的伤痕。后来他父亲的死，更让曹雪芹的生活陷入了困境。没有办法，曹雪芹只能搬到北京西郊一个小山村中居住。曹雪芹全家都在几间破旧屋子里挤着，也没有经济来源，生活十分清苦。有时只能熬点稀粥来充饥，或者画上几幅画用来换钱买酒喝。

曹雪芹从富裕的贵族之家一下子跌落到社会贫苦的底层，这让曹雪芹更加深刻地看清封建社会的本质，从而促使他写出《红楼梦》这部中国古代文学史上最伟大的小说。

《红楼梦》以贾宝玉、林黛玉这对青年男女的爱情悲剧为主要线索，详细描绘出一个封建贵族家庭一步步从兴盛到衰落直至灭亡的过程。曾经这个贵族家庭十分显赫，民间甚至流传出着《护官符》这首歌谣来形容这个家族的显赫程度：

贾不假，白玉为堂金作马。

阿房宫，三百里，住不下金陵一个史。

东海缺少白玉床，龙王来请金陵王。

丰年好大雪，珍珠如土金如铁。

当时有四大豪门居住在南京一带。贾家是皇亲国戚，史家和王家则是金陵权势滔天的官僚，"雪"和"薛"同音，指的是当地大财主薛家。这四大豪门互相结为亲戚，相互勾结，为非作歹，骄横跋扈。要是当官的得罪了他们，不仅会丢了官职，就连性命都担忧呀！但四大豪门富丽堂皇的背后却是无尽的黑暗和丑恶，挥霍享乐、荒淫无度、谋财害命，等等。追求婚姻自由和爱情的平民遭受到无限迫害，就连具有反抗精神的婢女也始终逃不过死亡的命运。对于他们悲惨的一生，曹雪芹给予了深深的同情。

小说的主人公、贾家少爷贾宝玉和他的表妹林黛玉都对腐朽的贵族习气和封建礼教产生了深深的厌恶之情，他们有共同的思想，二人惺惺相惜，产生了至死不渝的爱情。可是，他们与自己的这个封建大家庭显得格格不入，林黛玉饱受歧视，患病而死；贾宝玉绝望，离家出走。最终这个显赫的贵族大家庭彻底走向灭亡。

在北京西郊，曹雪芹呕心沥血花费了整整十年时间才完成了《红楼梦》这部著作。曹雪芹在中年时才有了一个孩子，可就在曹雪芹写完八十回时，这个孩子却病死了。这让曹雪芹伤心欲绝，生了一场大病，因为没钱治疗，几个月后也死了。

曹雪芹死后，在京城，《红楼梦》以手抄本的形式逐渐流传开来。只要是读过这部小说的人都会被它深深吸引和打动，但也为曹雪芹没有完成这部优秀的作品而感到惋惜。后来有位文学家，叫高鹗，他将《红楼梦》续写了四十回。现在人们所看到的一百二十回的《红楼梦》就是这两个人写的，虽然在艺术成就和思想上，续写的四十回不如前八十回，但小说的结构总算完整，算是弥补了一些遗憾。

如今《红楼梦》家喻户晓，在国内外享有盛名。从这部小说中，人们可以深入了解中国封建社会晚期的历史风云、社会生活和风土人情，获得很高的艺术享受。它的影响力巨大，中国和世界上很多学者都在深入钻研这部著作，为此，还专门形成了学问来研究《红楼梦》，即为红学。

—— 大贪官和珅 ——

在一片"盛世圣绩"的颂歌中，乾隆帝沉迷其中，完全忘却了上台前期励精图治的进取精神，整日贪图享乐，纸醉金迷。下面的官员也纷纷效仿，腐败之风大肆蔓延。最典型的例子就是大贪官和珅。

和珅，满族正红旗人，1769 年承袭为三等侍卫，当差于皇帝出巡的车轿边。有一天，乾隆帝在龙轿里阅读边疆送来的奏章，读到某要犯逃脱这一段时，不由大发脾气，怨恨地说道："虎兕出于柙，龟玉毁于椟中，是谁之过欤！"这是《论语》中的一段话，侍卫们都不知道，都觉得高深莫测，不知所措，互相低声打听了起来。

和珅解释道："皇上说的是管事的人逃脱不了责任。"乾隆听到这句话后，立即掀开帘子一看，见和珅眉清目秀，十分机灵，瞬间对他有了好感，便跟他拉起了家常。很快和珅就被升为御前侍卫了。和珅擅长察言观色，善于投皇帝所好，这让乾隆越发宠信他。因此，和珅得以飞黄腾达，数年间，一步步高升为军机大臣、大学士。在全国各地，和珅串通封疆大吏，在朝堂上，他掌控官吏的任免、财政收支、刑法政令的大权，就连外国公使都说："大清国出现了一个'二皇帝'。"

朝政大权被和珅掌控后，他开始大肆搜刮财物，贪污受贿，买卖官爵，敲诈勒索，偷占贡品，无恶不作。就连皇宫中用一整块和田玉雕刻成的高两尺、长一尺的玉马，都被和珅偷拿回自己的府中了；皇室永锡想继承亲王爵位，他竟然要求他将前门外的两处房产拿出来"孝敬"自己才同意。

有一次，皇子永琮不小心将宫中一只直径一尺的碧玉盘给打碎了，担心被父皇责罚，哭着求和珅想想办法。和珅嘴角微笑，让人从屋中拿来一只碧玉盘，这个不仅比打碎的那个更大，色彩还要好看得多。原来，各地给皇上的贡品都要先经过和珅的手。留在宫里的大多都是和珅挑剩的。

乾隆其实也知道和珅贪权好财，但他对和珅就是包庇纵容。1786 年，御史曹锡宝上奏参劾和珅家奴刘全，说他违反制度私造豪宅，奢侈铺张，很有可能仗势索贿，请求乾隆进行查处。曹御史的真实含义乾隆帝明白，便将奏章下发给都察院处理，还特意写了批语"追究明白，非为开脱和珅之故"。手下的官员明白乾隆的意思，把风声偷偷泄露给和珅。和珅命令刘全一夜之内拆除新屋。最后，曹锡宝却得到一个"妄言不实"的罪名，还连降三级。随后，乾隆帝又召见曹御史说道："你可是个读书人，行事机密才能成功的道理，你怎么能不明白呢！"乾隆话虽这样说，可不到半年，又操办起女儿跟和珅儿子的婚礼，更加宠信和珅。

乾隆帝做了整整六十年的皇帝，自称在位时间不敢超过祖父康熙皇帝，便在1796 年传位于第十五子嘉庆帝（清仁宗）颙琰，自己做了太上皇。但和珅轻视皇帝年轻，依旧飞扬跋扈，还在颙琰的身边安插了他自己的人，查看颙琰的动静。

1799 年正月，乾隆帝驾崩，嘉庆帝立即罢免和珅的官爵，并宣布和珅二十条大罪，将他打入监牢，抄了他的家。

和珅家财万贯，这人们都知道，可是当抄家的结果出来时，还是让人大吃一惊。查抄的清单就有一百多页，金银财宝、古董珍玩、绫罗绸缎，不计其数。再加上和珅土地房产，当铺银号，总价值达八亿两白银，这可是当年国库十年的收入呀！最后，和珅被勒令自杀。嘉庆帝让人把从和珅家中抄出的金银财宝全都运到了宫中。

因此，民间便出现了一句话："和珅跌倒，嘉庆吃饱。"

——— 虎门销烟 ———

1820 年 9 月，嘉庆帝突然在承德中暑病死。皇子旻宁继承皇位，改元道光，史称道光帝，也叫作清宣宗。道光帝时期内忧外患，不仅要与他父亲一样去应付国内不断的反清起义，还要面对外国资本主义势力的侵略和威胁。他在位期间，发生了第一次鸦片战争。

道光年间，江南连降暴雨，造成荒灾，一时间，饥民遍布。当时，户部尚书潘世恩在苏州老家守孝，家中囤积了数万石的白米。一天，一位江苏按察使前来求见，请求潘大人开仓放粮，救济灾民。潘世恩推脱道："开仓济民乃是义不容辞之事，但十分不巧，上个月仓库就空了。"

来人十分沉稳，笑道："正好，那下官就来借贮米吧！"随即让手下把各仓加盖封条，下令发粮救灾。事后，这个官员按市价赔偿了米钱，这让潘世恩哭笑不得。

而这位按察使就是日后名垂青史的禁烟英雄林则徐。

自 19 世纪以来，以英国为代表的西方资本主义国家出现了生产过剩的情况，他们急于打开中国这个巨大的市场，以倾销商品，进行贸易。而清政府却一直实行闭关锁国的政策，仅允许在广州与外国通商。中国封建社会是自给自足的小农经济，从外国进口来的工业品在中国没有市场。于是，外国商人便把目标转向罪恶的鸦片生意。

鸦片是一种能让人吸食上瘾的毒品，长期吸食会摧残人的身体。因为能让人上瘾，让人欲罢不能，在中国还是有着很大的市场，这就使鸦片贸易一直有着高额的利润，利润甚至高达六倍以上。仅道光帝执政的前十五年，因为鸦片，中国就有六千万两以上的白银外流，更有两百多万人染上烟瘾。

国计民生不断恶化，这让林则徐非常焦虑，无法忍受。1838 年 9 月，作为湖广总督的林则徐上奏道光帝，大声疾呼：再不禁鸦片的话，几十年后，中国无抗敌之兵，再无发军饷的白银，鸦片会蛀空整个国家呀！道光帝也曾抽过鸦片，对洋烟的毒害深有感触，林则徐的警告更让他心惊。于是，他任命林则徐为钦差大臣，去广州查禁鸦片。

1839 年 3 月，林则徐抵达广州。起初，外国烟贩和勾结他们的洋行商人并没有把林则徐放在眼里。他们觉得，清朝官员都贪财，只要银子足够多，什么关都能过去。于是，怡和洋行的老板伍绍荣被他们当作代表前去面见林则徐，并暗示需要贿赂的数目。

可烟贩们这次的如意算盘却打错了。林则徐得知来意后，立即拍案而起，叱责道："钱，本大臣不要，我要的是你的脑袋！"林则徐让伍绍荣回去告诉他的外国主子：三天之内，交出所有的鸦片，并立下保证书，保证以后永不夹带鸦片到中国。要是违抗命令，只要查出货物，全部充公，鸦片贩子处死。

外国鸦片的商人头目名叫颠地，他手中掌握着走私武装，想蒙混过关，给林则徐上交了一千箱鸦片。可海上商船的情况早就被林则徐调查清楚，知道颠地糊弄他之后，立即下令传讯他，并严重警告了他。颠地返回船之后，武装挑衅缉私人员，企图拖延时间。于是，林则徐下令逮捕颠地。

当时的英商监督义律将颠地藏在商馆中，还用战争来威胁。林则徐也不示弱，将黄埔一带的江面全部封锁，还派兵把商馆团团围住。广州百姓更是自发参加巡逻，防止颠地潜逃和内奸的渗透。商馆断水断粮，义律自然无法继续抵抗下去，只能同意将船上所有两万多箱鸦片交了出来。

林则徐随后派人在虎门海滩高处挖了两个长宽各五十丈的大池，有涵洞与大海相连。6月3日，林则徐带领广东大小官员，亲自来监督销毁收缴的鸦片。他们向浸满海水的大池中倒入一箱箱的鸦片，再将海盐和生石灰倒入，瞬间池水沸腾了起来，冒出阵阵浓烟，鸦片全化为灰烬。成千上万的围观群众一时间发出了震耳的欢呼声。一批鸦片销毁冲刷干净后，接着投入下一批，就这样，销毁这批鸦片持续了整整二十三天。

在查禁鸦片的同时，林则徐加强了海岸的军事防备，修固和增筑了炮台，在珠江口海面上设置了木排铁链，并招募水军，积极组织团练，发动民众来保卫边疆。虎门销烟事件后，中国军队多次击退义律所率领的英国兵船的武装挑衅。

林则徐虎门销烟，向世界展现出中国人民抗击外来侵略者的信心和能力。

—— 第一次鸦片战争 ——

林则徐虎门销烟大大助长了中国人民抗击外国侵略者的志气，同时也让英国政府大为恼怒，决定报复中国。1840年6月，英国远征军司令义律率领四十多艘战船、四千五百名英军封锁珠江水面，入侵广东，第一次鸦片战争爆发了。

在林则徐的带领下，广州军民严防死守，英国侵略军占不到便宜，困守在海上。于是，侵略军便掉转入侵厦门，但也受到了福建总督邓廷桢的痛击。英军不甘心，继续北上骚扰中国沿海。清政府海防松弛，侵略军很快便攻克了定海，一路北上到天津附近。道光帝害怕了，立即革了林则徐的职，把他发配到新疆充军，还答应只要英军退回广州，就会派出直隶总督琦善与他们谈判。

琦善只知道一味讨好洋人，把广州的防御设施拆除了，还将广州水师裁减了三分之二。这让英军更加嚣张，不仅提出赔偿烟价和军费等众多无理要求，还单方面宣布占领香港。这让道光帝觉得丢了面子，任命皇侄奕山为靖逆将军，在1841年1月27日向英国宣战。随后，英军派出二十多艘军舰、两千多名士兵前去攻打虎门炮台。可当时在虎门镇守的只有四百将士，奕山也不派兵增援。62岁的虎门提督关天培跟部下发出"人在炮台在，不离炮台半步"的誓言后，拼死抗敌。连续发炮导致炮身发红炸裂，他们跟英军进行肉搏。

战斗持续了十个小时之久，关天培壮烈牺牲，虎门炮台失守。看到广州的门户被打开了，奕山这才急了，立即派出士兵捧着马桶前去出城应战，他说这样可以让英军的大炮失灵，结果自然惨败。很快，英军兵临城下，没有办法，奕山只能签订《广州停战协定》，支付六百万元的"赎城费"，保证清军不再抵抗，这才保住了广州城。

奕山的屈膝求和让广州百姓十分不齿和痛恨。5月31日，三元里一带一百零三乡的村民举起"平英团"的大旗，团团围住从虎门前来骚扰的英国士兵，杀死了英军五十多人。最后，在清政府官员的保护下，剩余的英军才捡了一条命。广州的战果并未满足英国政府的胃口。他们让璞鼎查接替义律，在9月再次扩大了侵华战争。侵略军一路北上，攻克了厦门，再次进犯定海。在武器落后、敌众我寡的情况下，定海总兵葛云飞、寿春总兵王锡朋整整坚守了五昼夜，全部壮烈牺牲。不久后，镇海、宁波也先后沦陷。

英军再次侵犯的消息传到北京，道光帝连忙将他另一个皇侄奕经任命为扬威将军，率兵前往浙江，组织进行反攻。对于带兵打仗，奕经一窍不通，他命人将老虎头扔进海水里，觉得这样可以激怒龙王，把英舰掀翻。这样的将军根本不会打仗。于是，道光帝又任命盛京将军耆英为钦差大臣，去杭州跟英军求和。

耆英的求和，璞鼎查根本不加理睬，继续让战火从沿海向长江蔓延。1842年6月，英国军舰入侵吴淞，在江南水师提督陈化成的指挥下，吴淞炮台守军激烈开炮进行还击，四艘军舰被击沉击伤。这时，两江总督牛鉴却摆出仪仗，打着"督战"的名义，来前线抢功。这一幕让英军从望远镜中看见了，立即开炮进行轰击，吓得牛鉴跳出轿子逃走了。牛鉴的逃跑导致阵势混乱，英军趁机攻占了东炮台，陈化成受到夹击，他亲自点炮进行回击，不幸炮身炸裂，以身殉国。

吴淞沦陷后，英军长驱直入，8月间，英军的舰队到了南京城外的江面上。这时，道光帝没有余地了，只能让耆英全权负责求和。8月29日，耆英在英军旗舰"康华丽"号上，跟璞鼎查签订了《南京条约》，它是中国近代史上签署的第一个不平等条约，一共有十三个条款，主要内容是：割香港给英国，赔偿白银两千一百万两，增添广州、福州、厦门、宁波、上海为通商口岸，海关税率需要跟英国一同商定，英国享有领事裁判权等。

《南京条约》签订后，便开了丧权辱国的口子，很快，美国、法国接踵而至，自此一发不可收拾。1844年，美法两国逼迫清政府与它们签订了不平等条约。1849年，葡萄牙抢占澳门。中国自此步入半殖民地半封建社会，除了封建主义这座大山压在中国人民头上，又增添了帝国主义这座大山，使当时的中国更加雪上加霜。

── 洪秀全金田起义 ──

就在西方列强对中国虎视眈眈的时候，中国内部的革命浪潮更是接连不断！

1844年的一天，广西贵县的六乌神庙里挤满了乡民，他们都是来听洪秀全讲"拜上帝会"的教义："我们人人平等，都是天父的子女。可如今妖魔横行霸道，导致大家不能过好日子。今后，我们不信别的，只能信我们的天父。"一位老人小心翼翼地说道："庙里不能说这些话，六乌神最灵验了，要是触犯了神爷，立即会降下灾难的。"洪秀全说："乡亲们，你们都别害怕，天父派我来斩妖除魔的，你们看！"说着，他拿着手中的笔杆使劲戳了一下神像。只听"轰"的一下子，神像倒塌了，腐朽的泥胎中飞出一大批白蚁来。乡民们张大嘴巴，不可思议又十分敬佩地看着这位30岁的教主。他们自然不知道，洪秀全早就仔细勘察过这座破旧的神庙了。

洪秀全是广东花县（今广东花都）人，曾做过多年的村塾先生。早年，他四次科考，全都名落孙山，世事的不公和个人的失意导致他产生了强烈的叛逆心理。后来，他无意间读到基督教布道用的小册子《劝世良言》。他思想上深受震动，决定抛弃科举功名，将自己的使命定为"重整乾坤"。

洪秀全同表弟冯云山、族弟洪仁玕一块儿将村里的孔子牌位砸掉，自行接受洗礼，组建了"拜上帝会"。接着，他们离开家乡，前往广西山区，想尽办法宣传革命。这位洪先生的神奇，山区的农民、矿工早就听说了，再加上他们被教义"人人平等自由、共享太平"的奋斗目标所吸引，很多人都入了会。没几年，广西各地革命力量已经团结到了上万人，烧炭工杨秀清、矿工萧朝贵、破落地主韦昌辉、石达开等也被吸纳进来，成了"拜上帝会"最重要的骨干。

第一次鸦片战争战败，高达七万两白银的军费和赔偿以及大量的白银继续流向海外，这让清政府加大了对人民的压榨。这时，广西又遭受严重的灾荒，大街上竟开始公然卖人肉了，每斤卖到几十文钱。洪秀全明白，起义的时机到了。

1850 年 7 月，洪秀全发布动员令，要求各地拜上帝会的会员集中到桂平县金田村。得知消息的各地会员，纷纷丢下手中的活计，变卖了家产，扶老携幼一起响应。他们将所有的财物都交到"圣库"，由"圣库"统一安排支出衣食零用，采取人人平均的均产制度。同时，洪秀全还将青壮年编入兵册中，进行军事训练，当时兵册上的官兵已达一万三千多人。

听到风声的桂平地方官立即率领三百清兵前来捉拿。他们命令挑夫挑上二十四担绳索，认为轻而易举就能拿下。不承想，他们还没进村，就中了埋伏，全都当了俘虏，而带来的绳子正好用来捆他们自己。

1851 年 1 月 11 日，正好是洪秀全 38 岁生日。在金田村韦氏宗祠门前的广场上，全体会员聚集一处，洪秀全登上高台，大声宣布道："我们今天正式起义，定国号为太平天国，我们要将清朝的阎罗妖怪全部铲除掉，保证天下永享太平盛世。"

他大手一招，高高升起了一面绣有"太平天国"四个大字的杏黄大旗，接着，洪秀全颁布五条军纪：一、条规命令必须遵守；二、男女进行分营；三、秋毫不犯；四、团结一致；五、打仗不可退缩。说完，他下令朝桂平县城进军。

得到报告后，咸丰帝连忙派出钦差大臣，命广西提督向荣率领部下一万多人进行围追堵截。但各地百姓都支持响应起义军，起义军可谓如鱼得水，半年下来，起义军没有被朝廷镇压，还越发壮大，甚至还攻占了重镇永安州（今广西蒙山）。向荣只能哀叹"臣屡战屡败"。他的幕僚将奏章改为"臣屡败屡战"，这才没受到朝廷的严厉处分。

洪秀全在永安州自立为天王，封杨秀清、萧朝贵、冯云山、韦昌辉、石达开分别为东、西、南、北、翼五王，就这样，太平天国农民政权的领导核心基本形成了。太平军休整几个月后，挥军北上，进入湖南、湖北，随后顺着长江一路南下。在这期间，起义的队伍中每天都有上千名百姓加入，势力不断增加，一路上更是势如破竹。

　　1853 年 3 月，五十万太平军在洪秀全、杨秀清的率领下兵临南京城下。随后，南京沦陷。这座六朝古都成了太平天国的首都，被改名为"天京"。

—— 火烧圆明园 ——

　　定都天京后，太平军继续北伐和西征。北伐的军队打到了天津，浴血奋战，一直坚持了两年多的时间。而西征军则在安徽、江西、湖北、湖南四省辗转作战，将长江中游地区控制在太平军的手中。就在清政府忙着处理太平军起义的时候，外国侵略者又用各种方式威胁清政府，寻找时机，准备进一步打开中国的大门，扩大他们在华的利益。

　　1856 年 10 月 8 日，广东水师逮捕了中国船只"亚罗"号上的十二名海盗和嫌疑犯。英国驻广州代领事巴夏礼强行干涉广东水师检查船只，说"亚罗"号在香港已经领取过英籍登记证了，还伪造情节，说在"亚罗"号上，中国官员撕毁了英国国旗。英国政府以此为借口，发动了第二次鸦片战争。

　　战争爆发后，糊涂的两广总督叶名琛竟采用"不战、不和、不守"的政策，导致敌人很快就占领了广州城。1858 年 5 月，英法侵略者进犯大沽口，做出进攻天津的攻势，逼迫清政府就范。清朝统治者惊慌失措，立即派人求和，分别与英、法、俄、美代表签署了《天津条约》。沙皇俄国更是趁火打劫，武力逼迫清政府割让黑龙江以北、外兴安岭以南，签订《中俄瑷珲条约》。

　　可事情并没有随着条约的签订而结束。英法政府不满足条约中所答应的内容，借去北京修改条约的机会，再次组织英法联军，挑起战争。

　　1860 年 8 月，英法联军攻占大沽口和天津城，扬言要一路北上，直逼北京。咸丰皇帝害怕极了，立即带着一帮皇亲国戚、官僚大臣前往热河避难。一个月后，英法联军开进北京城。这群强盗烧杀抢掠、奸淫妇女，无恶不作。著名的圆明园就是在这个时候遭受到了劫难。

　　圆明园位于北京西北郊，修建于明朝时期，后又历经清朝康熙、雍正、乾隆、嘉庆、道光、咸丰六朝共一百五十多年的不断修建，成了世界上最宏伟的一座皇家大花园，它主要由圆明园、万春园和长春园三园组成，也被称作"圆明三园"。园林中不仅有典型的中华民族风格的木结构建筑，还有雄伟壮观的西洋石建筑，布局和谐，风景如画。三园中共有一百多处著名的风景点，一百四十多座楼阁宫殿，无数的亭台碑刻、桥廊水榭、古木荷池。

圆明园不仅建筑宏伟壮观，风景优美，还收藏了无数的金银财宝，美工艺术品，大量的档案文献和无数的稀世珍宝，比如商周青铜器、元明清书画等。它可以说是世界上最大的博物馆。可号称"西方文明人"的英法联军却野蛮破坏了这座有几百年历史的圆明园。

10月6日傍晚，法国侵略军最先闯入了圆明园。这座巨大的宝库让他们完全惊呆，歹念一时间涌上了心头，当晚就进行了抢劫。只要是贵重物品，全都被士兵们装进口袋，背回了营地。见自己阻止不了这帮强盗，圆明园总管文丰万分悲愤，跳入园中的湖里自杀身亡。

第二天一大早，英军接连而至。这时一位从园中往外走的法国军官兴奋地对在门口站着的英国军官说道："先生们，为何你们都不进来？这里不禁止入内呀！看！"说着，他从外衣宽大口袋中取出一根金条来，"看，这是金子，真正的金子呀！"

于是，英国头目格兰特公开下令允许军官们分批入园抢劫，后又下令全军都去自由劫掠。这群强盗，你争我夺，丑态百出，整个圆明园一片混乱。

可能是园中文物珍宝太多了，这群强盗都不知该拿什么是好。一会儿抢金子、银子，一会儿又去抢夺珠玉、宝石。东西实在太多了，都装不下，经常为了金子把银子丢掉，为了珠宝又扔掉金子。抢劫的时间过于短暂，很多文物都没仔细辨认，把金质的东西当作是黄铜进行毁坏。更有甚者，把一些珍贵的手抄本当成废纸，点烟斗用了。

只要是能搬动的东西，英法联军都几乎全部搬走。拿不动的或没来得及拿的文物则用棍棒敲碎或打坏。抢来的大量赃物，强盗们有的拿去现场拍卖，将得到的钱按照级别分发给军官和士兵；有的运回本国；有的当作礼物献给了英国女王和法国皇帝。今日，英国和法国博物馆中有相当一部分中国文物藏品来自圆明园。

英法联军为了掩盖自己抢掠破坏圆明园的丑行，更为了逼迫清政府答应他们的条件，他们决定焚毁圆明园。

10月18日清晨，三千五百名英国骑兵有计划地进行焚园行动。他们在圆明园中四处放火。一下子，富丽堂皇的圆明园变成了一片火海，树木中升起团团的黑烟，笼罩了北京的西北上空，然后随风向东南漂去，长达五十多公里，天空都变得暗淡无光。大火整整烧了三天三夜。

就这样，凝聚着中国人民智慧和血汗的有着"万园之园"美称的圆明园，被英法联军毁于一旦，仅剩下一堆堆瓦砾和一处处废墟了。

圆明园被烧三天后，腐朽的清政府屈服了，又跟英法侵略者签订了《北京条约》。除了承认《天津条约》有效外，《北京条约》还增开了通商口岸天津，并赔偿英法军费八百万两，将九龙半岛割给英国，允许法国传教士在各省内传教。

第二次鸦片战争，使中国的半殖民地半封建社会进一步加深。

—— 曾国藩镇压太平军 ——

在太平军猛烈冲击下，清朝的正规军（绿营军有六十多万）损失惨重，就连在南京城外集结的江南大营和江北大营也都被迫采取守势。清政府只能将希望寄托在团练这种地主武装身上。在这一背景下，曾国藩发迹了。

曾国藩，湖南湘乡人，道光年间的进士，在京城做到了二品高官，出任礼部侍郎。1852 年，曾国藩母亲去世，他回乡守孝。不久后，咸丰帝就下令要求各地在籍官员积极督办团练。而曾国藩的做法与其他大臣不一样，他的目光没有放在组织地方性民团上面，而是组建了一支新军。这种新军全部由湖南人组成，因为湖南简称湘，所以也被叫作"湘军"。

湘军最初的组建由曾国藩的亲友、师生、同乡为班底，再去招募朴实但缺乏社会经验的农民前来当兵。湘军的军饷要比绿营军饷高整整一倍，内部进行家长式管理，上级挑选和指挥下一级，最高归曾国藩指挥管理。曾国藩用团练大臣的地位得到了独立地方之外的司法权，在组织和整顿湘军的过程中，他私自处决了两百多人，因此人们称他为"曾剃头"。他还打着督办团练的旗号，将朝廷过往的赋税、饷银截留了不少，用来扩充壮大湘军，买来了一千多门洋炮，还置办了三百多艘战船。仅一年时间，湘军陆营、水营兵力加起来已经有一万七千多人了。

绿营兵抵挡不住太平军西征部队的进攻，节节败退，清政府多次下令要湘军前去增援。但曾国藩老谋深算，不愿轻易去冒险，他抗旨拖延，不进行救援，同时加紧训练湘军。1853 年年底，湖北黄州被太平军攻克，咸丰帝只能亲自写信给曾国藩，说，现在都火烧眉毛了，要他"激发天良"，前去攻打太平天国。这时曾国藩也觉得已经准备妥当了，这才去攻打太平天国。此后，天平军最主要的敌手就变成了湘军。

虽然局部战场上的颓势被湘军挽回，但湘军也是损失惨重，受到太平军沉重的打击。

1854 年 4 月，在长沙附近的靖港，太平军大败湘军，曾国藩倍感羞辱，跳水自尽被部下救了起来。一年后，太平天国翼王石达开在江西湖口再次沉重打击湘军。眼看曾国藩就要被俘房，他再次跳水自尽，被捞起来后，慌忙逃回南昌城，还写下了遗嘱。

然而就在太平军一片大好的军事形势下，其内部却爆发了内讧。1856 年，利用"代天父传言"的特权，东王杨秀清命令洪秀全下跪，逼迫他封自己为"万岁"。洪秀全随即密召韦昌辉回来，将东王府包围，杀死了杨秀清。后来，洪秀全又诛杀了韦昌辉。在这场"天京之变"中，共死去了两万太平军将士。在全家被害、四处遭受排挤的情况下，石达开干脆率领十万部队前往西南，先后在七省辗转作战，最终被清军消灭。

"天京之变"让湘军有了喘息和重整的机会，同时敌我双方的力量发生了彻底的改变。曾国藩趁机攻占了通往天京的门户——安庆。他还让他的弟弟曾国荃从长江东下，直逼天京，左宗棠则从江西进入浙江，李鸿章从上海向苏南进犯，形成三面合击之势，天京被围困了两年之久。1864 年 7 月，湘军使用炸药将天京城墙炸开，攻进了天京城。长期的饥饿导致守城太平军奄奄一息，但他们仍然跟清军进行了巷战。清军攻占天京后，太平天国的余部依旧在江南各省顽强抵抗，时间长达两年之久。

最终太平天国革命被曾国藩给镇压了，曾国藩被誉为"中兴名臣"，得到了清朝统治者的赞赏。但他知道历史上一些"功高盖主"的惨痛经验，为了避免清廷的猜疑和历史重现，曾国藩主动遣散了十二万湘军，让旗兵南下。此举反而使他的势力和影响力更大，遍布朝野。担任总督、巡抚以上高官的，就有二十六人出自曾国藩的幕僚，其中还有像李鸿章、左宗棠这样的朝廷重臣，从而在清朝统治阶层中形成了一个名为"湘军系"的重要政治集团。

—— 慈禧太后垂帘听政 ——

清王朝内忧外患日益严重，可咸丰帝却不思进取，沉迷于酒色之中。一天晚上，咸丰帝在太监的带领下，在宫中四处闲逛，忽然，悠扬的歌声从一处院落中传了出来。他走近一看，原来是一位十八九岁的姑娘在唱着小曲。这姑娘自我介绍说，她祖居叶赫，姓那拉氏，小名兰儿，是宫女。咸丰帝立即喜欢上了她，当场就封她为贵人。

他没有想到的是，其实是这位"兰贵人"事先贿赂了太监，才有了这场相遇。五年后，兰贵人为咸丰帝生下了独子载淳。母以子贵，很快，她就被升为懿妃、懿贵妃，越发地骄横。

1860 年，第二次鸦片战争爆发，天津被英法联军攻占，兵力直逼北京。咸丰帝仓皇逃到承德，派异母弟弟、恭亲王奕䜣留在北京同侵略者谈判。奕䜣被老百姓称为"鬼子六"。随着中英、中法、中俄《北京条约》等一系列丧权辱国条约的签订，第二次鸦片战争也宣告结束。

第二次鸦片战争结束后，咸丰帝依旧在承德躲避，更加荒淫无道，后来染上重疾，最终病入膏肓。1861 年，咸丰帝病逝。临死前，他留下遗诏，立 6 岁的儿子载淳为皇太子，继承清朝皇位；任命载垣、端华、肃顺等为"顾命八大臣"，掌管朝政，防止奕䜣篡权。皇后钮祜禄氏被八大臣尊为慈安皇太后，又称为东太后；载淳的生母兰儿被尊为慈禧皇太后，又被称为西太后；定年号为"祺祥"，在咸丰帝的遗诏规定下，只有同时盖上慈安太后和小皇帝载淳的两枚印章，朝廷文书才能视为有效。

对于咸丰帝的安排，有野心的慈禧十分恼火，却一直苦于不能掌控实权。于是，她一边拉拢慈安太后，一边引狼入室，勾结奕䜣。趁着奕䜣来哭灵，慈禧太后和他在密室里交谈了大半个时辰，准备发动政变。慈禧还特意问奕䜣道："你觉着这样干，外国人会支持吗？"

奕䜣拍着胸口保证道："绝对没问题，这点奴才可以担保。"

慈禧大喜，立即给奕䜣封官加爵，说："我觉得大清国的摄政王非你莫属了！"奕䜣立即返回北京，召集党羽，按照他与慈禧商量的计划，做了舆论和武力两手准备。没过多久，在京的御史董元醇呈上标题为《请两太后垂帘听政》的奏章。在古代，只要皇帝年幼，太后就会挂上一道席子，在小皇帝背后坐着，临朝执政，这被称作"垂帘听政"，也就是妇人掌权，但在此之前，清朝是明文禁止"垂帘听政"的。

这一奏章被八大臣认为是故意破坏祖宗成法，拟旨惩罚董元醇。这道旨，慈禧拒绝盖章，为此，双方还在朝廷上大吵了一架。这种阵势吓坏了 6 岁的小皇帝。慈禧觉得时机尚未成熟，这才勉强同意盖章。

只有肃顺比较清醒，看出慈禧有篡权的野心，准备私下除掉慈禧，可其他七位大臣都觉得手中有咸丰帝的遗诏，没有将慈禧放在眼里。让他们没想到的是，对方早已准备先下手为强了。

10 月 26 日，咸丰帝的棺材开始起运返京。两位太后故意让肃顺担任护送，而自己则带着小皇帝和其他大臣，抄小路，提前四天抵达了北京。这时，慈禧和奕䜣早已联络好了掌管兵权的兵部侍郎胜保和亲王僧格林沁，将京城的军队全都控制到自己的手上。第二天上朝，慈禧立即颁布早就写好的圣旨，宣布将"顾命八大臣"逮捕。咸丰帝的遗诏也被她公然否认了，诬陷八大臣伪造了遗命，实属大逆不道。在众多罪状中，有一条特意提到八大臣"不能尽心和议"，借此博得外国侵略者的欢心，表明慈禧的政治立场。不久，载垣、端华、肃顺这三位大臣被慈禧处死，其他五位则被流放到新疆。历史上称这次宫廷政变为"祺祥政变"。

政变成功后，年号"祺祥"被废除，改年号为"同治"，意思就是太后和皇帝一起治理国家。慈禧开启了自己垂帘听政的政治生涯。她继续重用肃顺提拔的曾国藩，一反历史上一朝天子一朝臣的惯例；她还勾结帝国主义，联手绞杀了太平天国。此后她又施展权术和阴谋诡计，处决了胜保，将慈安太后毒死，还削弱了议政王奕䜣的权力，她的独裁统治得到了巩固。后来，慈禧成为清廷守旧派和帝国主义利益的代表者，祸害国家和百姓长达四十八年。

—— 李鸿章主管洋务 ——

　　自从慈禧上台，清王朝与西方列强的关系发生了明显的变化。清朝统治者不再排洋、恐洋，而是变得媚洋；外国侵略者也将对华政策从打击转变为拉拢，清政府成为他们奴役剥削中国百姓的工具。最初的洋务运动只是清朝官员引进西方军事工业，用来镇压国内起义。1861 年，曾国藩在安庆建立"内军械所"，制造枪炮，这才正式拉开洋务运动的序幕。而李鸿章则是主持洋务活动时间最久的人物。

　　李鸿章，安徽合肥人，曾是曾国藩的幕僚，慈禧上台后，曾国藩保举李鸿章出任江苏巡抚，还让他按照湘军的模式去组织训练淮军。在上海，李鸿章大肆购买洋枪洋炮，还请英国人马格里在松江训练一支洋枪队，这支队伍在镇压太平军的作战中发挥了不小的作用，也让李鸿章尝到了利用西方先进武器作战的甜头。在这一时期，淮军不断扩充发展，绞杀了太平天国革命后，他们又赶赴河南，镇压了捻军起义，并逐渐发展为与湘军同等级的军阀力量。

　　因为镇压叛乱有功，李鸿章升为两江总督。当时的两江总督还要兼任南洋通商大臣，长江流域和山东以南各海口的通商事务都归他管。1865 年，李鸿章收购了上海虹口一座美商机器铁厂，将它跟上海制炮局和苏州制炮局合并，建立上海江南制造总局。曾国藩也把容闳去美国买回来的机器运往上海，让李鸿章使用。两年后，上海江南制造总局迁至上海城南高昌庙镇，扩大了生产规模。当时上海江南制造总局是中国最大的军工企业，有中外技工两千多人，还配备了翻译介绍西方科技书籍的翻译馆。它主要制造枪炮、子弹，但也曾制造过一艘六十米长的大轮船。与此同时，在南京雨花台，李鸿章建造了生产洋炮的金陵机器局。

　　尽管当时进口的机器都是一流的，但生产出来的枪炮全都是过时的。生产出来的大炮还没炮车，只能让士兵们抬着出去。为大沽炮台制造重炮时，金陵机器局还出现过爆炸，结果，全厂改为制造抬枪。抵御外侵，这些落后的军工产品根本起不了太大的作用，但用来镇压那些手持大刀长矛或手无寸铁的起义群众却是十分有用。因此，李鸿章更是不惜年年花费大量国库银两到武器制造上，总共花费了两千多万两白银。

在兴办军事工业的过程中，洋务派深感经费不足，便从"自强"转向了"求富"。李鸿章看到，虽然西方国家国土狭小，但矿山、铁路、工业、邮政等方面发达，获得了大量的税收和利润。于是，他就想中国资源丰富，劳动力廉价，只要开办企业，商品就地进行倾销，财源定会广进。从 1870 年起，李鸿章将注意力投入民用工业。当时的李鸿章已经是直隶总督、北洋通商大臣，权势滔天，兴办的过程自然很顺利。

轮船招商局是李鸿章开办的第一个大型民用企业，它用来从事沿海和内河的航运。三年时间，轮船招商局从开始的三艘船只扩大到了三十多艘船只，还战胜了外国轮船公司进行的价格战，给清政府赚了一千三百万两。虽然他开辟远洋航线被西方列强阻挠，未能实现，但李鸿章觉得开办洋务以来最得意的就是创建了轮船招商局。接着，李鸿章又兴办了开平矿务局、上海织布局、漠河金矿、天津电报总局等民用工业，为中国近代工业发展奠定了基础。"求富"，这便是洋务运动的第二个阶段。

从 1874 年开始，洋务运动逐渐转向第三个阶段——创建新式海军。十年的苦心经营，北洋、南洋、福建这三支水师基本组建成功了，其中实力最强的就是李鸿章控制的北洋水师，它的船只全部来源于国外，有两艘七千吨的铁甲舰，七艘三千吨的巡洋舰，共计二十二艘战舰。因此，中国海军兵力一跃到世界前五。但甲午中日战争，中国战败，北洋海军全军覆灭，代表着洋务运动破产。这一运动的倡导者是李鸿章，送葬者也是李鸿章。

在官僚资本主义和封建主义的一致作用下才诞生了洋务运动，但它只要威胁到帝国主义列强的利益，便会受到它们疯狂的打击报复。历史证明，曾国藩、李鸿章等洋务派所鼓吹的"同治中兴"仅是一场幻想。不久后，为了重新争夺在华利益，西方列强又开始了新一轮侵略。

—— 天津教案 ——

近代帝国主义对中国进行文化侵略，传教就是其中一种手段。1870 年 6 月 21 日午后，突然，天津城内锣鼓声震天，接着，成千上万的市民潮水般涌向三岔口的法国洋楼——望海楼。市民们怒火冲天，一把火把望海楼烧为灰烬。这就是当时震惊中外的"天津教案"事件。

自从天津开设了教堂之后，传教士们便大肆进行活动。在他们看来，育婴不仅能增加天津人对教会的好感，还能将女婴当作资本，诱使穷人入教，穷人们总是希望能从育婴堂中领回一个女婴当媳妇，这样他们全家都会过来受洗。于是，教堂大肆收容婴儿，只要送来的孩子越多，受到的奖赏就越多，对于孩子也从不问来历。这就诱使一些歹人为了得到不义之财前去诱骗幼童。

1869 年，天津望海楼教堂正式建成，里面还设有一所仁慈堂，用来收养中国小孩。第二年初夏，仁慈堂里出现了瘟疫，差不多每天晚上都有一些人慌慌张张扛着几具木匣子奔向乱葬岗，然后在那里草草刨个坑，埋下木匣子，铺上一层浮土，仓皇离去。到了白天，当地人发现在岗子上有成群的野狗乱叫，互相撕扯着幼童尸体的胳膊和大腿。没几天，乱葬岗上就已经胡乱扔了四十多具幼童的尸体，野狗争相肯吃，场面惨不忍睹。

原来这些惨死的小孩全都是被一个名叫王三的人贩子拐骗后卖给仁慈堂的。这件事也是无意间被发现的。有一次，两个跟王三接头的人贩子被天津官府抓到，还从他们身上搜到了外币。经过一番审讯后得知，原来是望海楼教堂里的洋教士指使王三去拐卖收买幼童。不久后，这个消息传了出去，整个天津城立即轰动了。

6 月 21 日上午，天津官员押着人贩子前往教堂进行对证。出于义愤，很多市民都自发在望海楼教堂前聚集了起来，要求对凶手进行严厉的惩处。可教堂里的法国传教士却手持洋枪、棍棒，牵着狼狗，扑向市民。市民们被激怒了，捡起砖头石块扔向传教士和狼狗，将他们打得落荒而逃。

法国驻天津领事丰大业知道后，立即通知大臣崇厚，要求他派兵进行镇压。

崇厚急忙派兵将聚集在教堂周围的市民驱散。可丰大业却觉得崇厚镇压不力，带着秘书西蒙怒气冲冲地闯入崇厚的衙门，一见到崇厚就大骂道："听说老百姓都想要我死，那你先死好了。"接着，他朝崇厚连开两枪，幸好都没击中。

很快，丰大业枪击中国官吏的消息人尽皆知，上千愤怒的市民在街头聚集了起来，准备找丰大业评理。

丰大业没能击中崇厚，更加生气，愤怒地冲上街头。西蒙高举利剑给丰大业在前面开路，而丰大业则手中紧握手枪，朝着聚集的人群狂叫道："谁敢挡我，我就把谁打死！"恰巧，天津知县刘杰带着属下高升朝丰大业这边走来，丰大业直接对着刘杰就是一枪，刘杰连忙闪避，子弹打中了高升，高升当场死亡。这让本来就愤怒的市民更加愤怒了，大吼道："法国领事如此霸道，为何我们不能揍他！"接着，他们一哄而上，用拳头把丰大业和西蒙这两个恶棍打死了。

当天午后，天津市民鸣锣聚众，手持火把，烧毁了望海楼教堂、法国领事馆和四所英国教堂、两所美国教堂，还打死了十多个罪恶的法国传教士和其他国籍的传教士、商人七人。

对于天津市民火烧望海楼教堂的正义行为，外国侵略者大吃一惊。随即法国、英国、美国、俄国、德国、比利时、西班牙七个国家的领事向清政府施压。英、美、法三国还将军舰调集了过来，开到烟台和天津的海面示威，扬言，如果清政府不接受他们的要求，就将天津变为焦土。面对强敌，软弱无能的清政府毫无斗志，立即让直隶总督曾国藩前往天津查办，还派崇厚为钦差大臣，前往法国赔礼道歉。到了天津后，曾国藩反让天津市民给法国人谢罪、赔款，并重修教堂，还将天津知府、知县等二十五名官员发配充军治罪。为了迅速结案，讨好洋人，曾国藩视天津人民正义呼声而不顾，硬是处死了十六名无辜的天津市民。

曾国藩处理天津教案的结果，导致他的声望跌入了谷底。随后，慈禧让李鸿章出任直隶总督，接替他的位置。此后，淮军集团逐渐成了清廷主要的政治力量。

─── 首批留学生赴美 ───

　　民族危机日益严重，有眼光的知识分子逐渐意识到想要富国强兵、振兴中华，就需要深入学习西方先进的科技文化知识。1872 年 8 月 11 日，中国第一批公派留学生在上海搭船前往美国，这批共有三十人，自此开启了近代中国留学生运动。近代中国第一位留学生容闳则是此事的具体策划者。

　　容闳是第一个毕业于美国名牌大学的中国人。少年时，容闳目睹了祖国的贫穷落后又亲身体会了美国的繁荣昌盛，这让他对资本主义十分向往，希望能富国强兵、振兴中华。他在念大学四年级时就思考着一个宏伟的计划：劝说清政府尽快派遣留学生到美国，让更多的中国青年能跟自己一样，在美国接受教育，并将自己学到的知识为国效力，让中国强大起来。

　　1854 年，容闳毅然回国，准备实施他的"留学计划"。他回国后四处奔走快十年，希望得到清朝官员的支持和帮助，但却总是碰壁。这也不奇怪，当时绝大多数的清朝官员十分自大，将学习西方视为"以夷变夏"（即用蛮夷文化来将中华文化改变），痛骂西方科技是"奇技淫巧"，自然不会理睬容闳了。

　　就在他快要绝望时，机会突然来了。1863 年，容闳经人介绍认识了曾国藩。曾国藩给了他六万八千两银子，让他前往美国购买机器设备。这件事情被容闳出色地完成了，也赢得了曾国藩的信任。1870 年，容闳将自己酝酿已久的"留学计划"提给了曾国藩。曾国藩十分感兴趣，随即让容闳代为起草奏章，名为《挑选幼童赴泰西肄业章程》，又让李鸿章和丁日昌跟他联名上书朝廷。

　　第二年，清廷答应将派遣留学生提上议事日程，并在上海设立幼童出洋肄业局，在美国建立中国留学生事务所，由陈兰彬、容闳出任正、副监督。"留学计划"规定，海关支付留学生所需的经费，留学生年龄 10 岁到 16 岁，名额为一百二十名，分四批派遣，每批为三十名幼童，毕业后，全部回国，朝廷安排差事。1871 年，容闳等人就开始忙于招生事宜了。可长期的闭关锁国，导致老百姓将去外国视为流放，更别说孩子出洋都要画生死押，这让很多家庭都不愿让孩子冒这个险。

在上海，容闳绞尽脑汁，三十名学生还是招不满，他只能南下香港去招生，好不容易才凑够了三十个招生指标。

容闳所招收的第一批留学生大多都是穷人子弟。他们先在上海进行了中西文训练，并为出国做准备。1872 年 8 月，在陈兰彬的带领下，第一批官费留学生出发前往美国。随后三年，清政府每年都如期派出幼童前往美国，一共四批一百二十名留学生。

到了异国他乡之后，这些幼童仍然跟国内一样，穿着长衫马褂，脑后留着长辫。他们分别住在美国友人家中，进行家庭式的教育和监护，语言关过了之后，便会送往中小学读书。几年后，他们中间很多人都考上了大学，学业上也有明显的进步。

几年的留学生活，使留学生逐渐接受了西方文化，行为规范也出现了变化。一些学生觉得长辫子实在不方便，就偷偷剪掉了；有些学生很喜欢体育锻炼，便将长袍脱掉，狂奔在运动场上。

封建的陈兰彬将这些正常的行为视为怪异，他强制要求每天早晨留学生都要朝东方给皇帝磕头，禁止他们参加集体活动。有位学生考上了哈佛大学，可他加入了基督教，陈兰彬硬是强行勒令他退了学。

对于陈兰彬的做法，容闳十分不满，于是，两人之间便出现了矛盾。这时，一些国内守旧分子也趁机发难，不断作梗。于是，1881 年，清政府下令将所有留学生撤回。就这样，容闳经办多年的"留学计划"夭折了。

但容闳的心血并没白费，这些归国留学生大多都学到了不少真材实料。"中国铁路之父"的詹天佑、中国第一批矿业工程师的邝荣光都在这些留学生中，而更多留学生则成了后来中国军界、学界、商界的栋梁之材。

—— 左宗棠收复新疆 ——

　　帝国主义者一直虎视眈眈，对中国边疆存有野心，总想找个机会把中国边疆分裂出去，成为他们的殖民地。19世纪60年代中期，新疆各族民众开始反清起义。一些封建主和宗教上层分子乘机利用反清浪潮，割据一方，形成好几股割据力量。为了取胜，占据南疆的民族败类金相印竟求援于原属于中国藩属的中亚浩罕汗国。汗国军事头目阿古柏出兵将中国什噶尔、英吉沙、莎车等地方占领了，后来，自立为王，建立名为"哲德沙尔"的汗国，企图从中国版图上将新疆分裂出去。

　　这时，争夺中亚霸权的英、俄两国人都看中了阿古柏，想将他拉拢过来，让他做分裂新疆领土的工具。尤其是俄国沙皇，他不仅公然支持阿古柏叛乱政权，还在1871年借口说帮中国"收复"领土，出兵将伊犁占领了，甚至还将伊犁当作俄国领土的一部分。

　　西北边防危机四伏，必须尽快处理。这时，全国民众纷纷请求清廷出兵收复新疆。但清廷内部却对是否收复新疆出现了两种截然不同的意见。北洋大臣李鸿章反对收复新疆，道："新疆地广人稀，每年光军费都要花去三百多万两银子，用如此多的钱去换新疆那几千里贫瘠土地，真的不划算。再说了，我们几乎很难打过俄国人的。"

　　但陕甘总督左宗棠却坚决要求收复新疆，他说道："新疆乃是中国西北门户，要是我们放弃了新疆，不仅甘肃、陕西即将有麻烦，就连内蒙古、山西也不安宁的，将来就连北京城都会有威胁的。"

　　为了避免别人说自己贪功，左宗棠又特意强调道："我乃一介书生，做梦都没想过高官厚禄，更别说有立功边疆，受到大恩的想法了。再说了，我已经是快入土的人了，哪会不自量力，去抢收复失地的重任呢？我考虑的只是，要是新疆收不回来，则后患无穷，麻烦接连而至，我只想尽点报国忠心而已。"一番激烈的争论后，左宗棠收复新疆的意见最终被朝廷接纳了。1875年5月，左宗棠被任命为钦差大臣，指挥新疆军务。这时的左宗棠已经是65岁高龄了，但他还是坚持亲自出征，不顾自己年老体弱。

新疆分为南疆和北疆，以天山为分界点。为了速战速决，左宗棠决定先围攻北疆，然后再攻打南疆；在围攻北疆时，先集中兵力，将乌鲁木齐先收复了。在左宗棠的指挥下，西征军朝着乌鲁木齐进军。

投靠阿古柏的叛将白彦虎负责守卫乌鲁木齐。清军的先头部队趁着夜色对乌鲁木齐发起猛攻，占领了乌鲁木齐外围据点古牧地。得知乌鲁木齐被清军攻击后，阿古柏急忙派部队前去增援。经过三个多月的激烈战斗，清军击败了阿古柏的援军，胜利收复了乌鲁木齐，还乘胜收复了昌吉、呼图壁、玛纳斯等地。白彦虎兵败，连忙逃往南疆。

左宗棠接着朝盘踞在南疆的阿古柏军队发动了总攻。仅用了半个月的时间，清军就突破了阿古柏的一道道防线，接连收复了克达坂、鄯善、吐鲁番、托克逊，歼灭一万多敌人。见情况不妙，英国人便耍起"调停"的花招，企图让喀什噶尔成为他们的保护国，并不断通过清政府施压给左宗棠。对此，左宗棠完全不理睬，继续乘胜追击。阿古柏走投无路，服毒自杀。而他的儿子伯克胡里则带着残部逃到了俄国境内。

1878 年年初，左宗棠收复了伊犁以外的新疆所有领土，前后仅花了一年半时间。

—— 曾纪泽收回伊犁 ——

尽管新疆大部分地区都已经被左宗棠收复了，但新疆西部重镇伊犁还没回归到祖国的怀抱，被沙皇俄国霸占着。原来，阿古柏入侵新疆后，沙俄趁机侵占了伊犁，尽管清政府多次跟沙皇俄国进行交涉，要求其归还伊犁，但沙俄总是推三阻四。

左宗棠用了不到两年时间，指挥清军将新疆大部分地区都收复了，形势越发对清廷有利。1878 年 7 月，清政府任命崇厚为特命全权大臣，前往俄国，同沙皇交涉伊犁问题。

可崇厚昏庸无知，觉得只要将伊犁收回来就可以了。在俄国官员的威胁和欺骗下，他竟擅自签订了《里瓦几亚条约》，出卖国家利益。这个条约规定：伊犁以南和以西大片土地都割给俄国；清朝赔偿俄国五百万卢布；俄国商人在新疆和蒙古等地经商免税；允许俄国通过陆路从新疆到天津、汉口和西安通商。这个条约仅仅换回来一座俄国三面包围的空城伊犁。

签订条约的消息传到国内，全国民众万分愤怒。清廷内部也出现了激烈的讨论，以李鸿章为代表的主和派，害怕同俄国大战，建议妥协，接受条约；以左宗棠为代表的主战派，坚决不同意条约，要求修改条约，收回主权，并做好战斗准备，一旦谈判失败，就与俄国沙场相见。左宗棠说干就干，他积极备战，兵分三路，进军伊犁。不久后，他更是带着一口棺材，从肃州（今甘肃酒泉）前往伊犁，表示不将伊犁收回来，就不活着返回关内。在全国民众强烈抗议和爱国官员一再坚持下，西太后只能撤了崇厚的职，把他交给刑部严惩，不久后，清廷又派出曾纪泽兼任驻俄公使，前往俄国，重新跟沙皇俄国谈判。

曾纪泽乃是曾国藩的大儿子，曾在 1878 年出任驻英、法公使。接到任务后，曾纪泽立即收拾行装，前去俄国。曾纪泽十分清楚，他将跟一个贪婪蛮横的国家打交道，谈判将十分艰难。但为了维护国家利益，他必须全力以赴。

1880 年 8 月，曾纪泽抵达俄国首都圣彼得堡，俄国外交大臣格尔斯和驻中国公使布策接待了他。一开始，这两个人都十分蛮横霸道，对朝曾纪泽说道："和约由两国全权大臣签订好了，不用进行修改了。"曾纪泽沉稳地说道："中国使臣崇厚违背了朝廷的旨意，失职了，因此这个条约应当进行修改。"格尔斯和布策又说道："崇厚乃是头等全权大臣，你就是个二等出使大臣，还没权，有什么资格去修改崇厚跟我们签订的条约呢？"曾纪泽针锋相对："既然我是驻俄公使，那修改条约的事，我就有权跟你们交涉。"

曾纪泽将格尔斯和布策顶得哑口无言，只能同意谈判。于是，曾纪泽便将需要修改的地方罗列了出来，送到了俄国外交部。看完之后，格尔斯大怒，说道："这不是全部推翻了以前签订的所有条约吗？"于是，格尔斯便故意拖延时间，不回复。接着，曾纪泽就派人前去催促。格尔斯也派人说，俄国沙皇已经发出最后警告给了清廷，要是以前签订的条约得不到批准，那只能让大炮来发言了。曾纪泽镇定地回答道："要是两国不幸发生了战争，那中国用兵索还土地，就不会限制于一个小小的伊犁，俄国什么地方都可以索取了！"

来人被驳得哑口无言，脸色大变，只能灰溜溜地走了。

几天后，格尔斯和布策又向曾纪泽蛮横地提出："你们中国应当赔偿我们守卫伊犁所花费的军费，一共是一千二百万元。"曾纪泽冷笑道："中俄双方还没开战呢，怎么会有军费呢？"格尔斯和布策说："要是你们不答应的话，那只有沙场上见了。"

曾纪泽直接回敬道："要是真打起仗来，谁胜还不一定呢，要是我们大清国获胜了，那你们俄国也要赔偿我们的军费。"在曾纪泽不断努力、据理力争下，俄国政府最终修改了条约，除了归还伊犁外，沙俄还将伊犁南面一大片领土归还了中国。可清政府给俄国的赔款却增加到了九百万卢布。

—— 刘铭传击退法舰 ——

左宗棠收复新疆，中国西北边疆危机得到了解决，但西南边疆危机却接连而至。

1884年7月，48岁的刘铭传正在安徽合肥的一家院子里写诗。刘铭传虽然得到过朝廷的三次重赏，但他看不惯官场的腐败黑暗，便辞官回家养病。这时，他所写的诗是：名士无妨茅屋小，英雄总是布衣多……

突然传来了一阵敲门声，一个差吏匆忙走了进来，交给了他一封信，原来，朝廷命刘铭传前往台湾督办军务，抵抗法国侵略。看完信后，刘铭传大骂道："法国鬼子！"接着，就让仆人收拾行装，立刻出发。结果，七天后，战争就爆发了。

一年前，法国霸占了越南，开始进犯中国云南，挑起中法战争。清军将领刘永福率领黑旗军进行顽强抵抗，导致法国军队在越南的作战没有太大的进展。1884年7月，法国派出孤拔率领的远东舰队，前往台湾海峡一带活动，随时准备进犯台湾，想以此逼迫中国退兵越南。

8月4日，他派出五艘兵舰朝清军防守最薄弱的基隆进攻。虽然刘铭传刚来到台湾，对很多情况还不了解，但他依旧沉着地指挥组织还击。从上午八时到十二时，双发激烈激战，法军把基隆的炮台和火药库都给摧毁了。第二天，见清军阵地冷清清的，法军便以为击退了清军，几百个法军趾高气扬地走上岸去。这时，从东西两侧突然杀出大量清军，原来这是刘铭传指挥清军对敌人发起三面的进攻，一下子，法军被打得落花流水，成百的法军不是死就是伤，清军还缴获了四尊大炮，俘虏了一人。

10 月 1 日，孤拔兵分两路，一路进犯基隆，一路进犯沪尾（今台湾淡水）。于是，刘铭传也兵分两路进行防守。刚开始时，法军主力攻打基隆，可到了下午却改为重点进攻沪尾。得知消息后，在基隆的刘铭传大为惊讶，要是沪尾失守的话，台北就在敌人的进攻之下了，基隆也不保了。刘铭传立即命令撤军，炸毁基隆煤井，转移机器，全力防守沪尾。听到命令后，清军将士纷纷放声大哭道："刘将军，就算死，我们也要把基隆守住呀！"刘铭传拔出长剑，厉声说道："我心意已决，要是有罪，那全让我一人承担，现在谁不听我的命令，立即砍头！"顺利攻占基隆，这让孤拔十分高兴，随即集中兵力攻打沪尾。但整整攻了七天，沪尾还是没有攻下。10 月 8 日，孤拔派出四五百人前去攻打沪尾。这次法军又中了刘铭传的计，清军从三面突然进攻法军，以绝对优势的兵力对法军发动总攻。当场有三百多名法军被击毙，其他的在慌乱中逃跑，导致相互踩踏。见此情形，海边敌舰竟吓破了胆，他们开炮，打中了自己的战舰，士兵们都掉入海中，淹死了一百多名。法军惨败。

10 月下旬，法国政府大怒，下令将台湾所有的港口都封锁了，远东舰队日夜进行巡逻，他们要把台湾活活困死。

台湾守军经过了几个月的苦战，早已筋疲力尽，军需也供应不上，武器弹药更是短缺。不承想，军中又出现了疫病，十之八九都患了病。刘铭传急得夜不能寐，连饭都吃不下。他多次请求朝廷增援，但就是得不到回应。

12 月，孤拔从越南调来大批军队赶到台湾。到了第二年 1 月，法军在台湾已经驻扎了二十多艘兵舰，四千多人了。可在台湾，清军不到三千人，每天还有士兵死去。刘铭传只能紧急电告李鸿章道："敌众我寡，近期必定发生一场恶战，十天之内没有援军的话，台湾难保！"最后刘铭传明确表示："我将同全体将士死守台湾，直至全部战死。"

除了向朝廷求援外，刘铭传还积极寻找办法，他深入台湾民众中去动员："为了保家卫国，只要是中国人都有钱出钱，有力出力。我们定将法国鬼子从台湾岛赶出去。"台湾的绅士给守军捐出了百万两白银，各地也积极组织民间武装，同官军一道反击侵略者。就这样，在刘铭传的带领下，驻岛守军和台湾民众一直坚守到 1885 年 2 月，等到了几路清军援军抵达台湾。

同年五六月份，法军被迫从基隆和澎湖撤离，台湾军民抗法胜利。

—— 冯子材大败法军 ——

除了中国战场外，中法战争还有一个越南战场。越南战场位于越南北部，战争分东西两路，西路是云南边界，东路是广西边界。当时是广西巡抚潘鼎新负责东路战事。

1885 年 2 月，法国向越南增兵，攻打谅山，直逼中越边境。2 月 13 日深夜，法军还没抵达，潘鼎新贪生怕死，就将谅山城一把火烧了，退往镇南关（今友谊关），但他觉得还是不安全，随即逃往镇南关一百四十里外的龙州。这让法军长驱直入，十天后不费吹灰之力就攻占了镇南关。情况万分危急，年近七旬的老将冯子材这时被清廷紧急起用，派往镇南关抵抗法军。

当时，法军气焰十分嚣张，在木牌上用汉字写下："广西门户已经不在了！"竖立在镇南关前。在他们看来，广西的屏障已经失去了，中国人只能举手投降了。但法军却想多了。镇南关附近民众也竖立木桩在关前，回敬道："我们的门户将用法国人的头颅重建。"

抵达镇南关后，冯子材立即召集各路将领前来开会，共同商议对付法军的策略。听说当地蒙大这个人十分有名，冯子材便亲自前往蒙家村拜访他。冯子材向蒙大请教怎样能打退法军。蒙大手指着村外的山谷道："这关山就像大鱼张口，法军孤军深入，可谓是插翅难逃，地形对我们十分有利。"蒙大的意见被冯子材采纳了，他深入结合敌情，最终将预设战场选定在离镇南关十里的关前隘。冯子材派部队抢筑一道三里多长的土石高墙在隘口，又挖一米多深的战壕在墙外，东岭、西岭和长墙得以连成一个整体的防线。同时，他还将湘军和淮军等不同番号的清军进行整编，编成左、中、右三路。

准备妥当之后，冯子材决定先下手为强。3 月 21 日，冯子材带领一支部队，夜袭沦陷的文渊城，曾一度冲杀到市中心，击毁了山头上法军的两座炮台，杀死了不少守城法军。清军士气大增。

清军主动出击，导致法军损失惨重，这让骄横的法军觉得大失面子，十分愤怒。在援军还没到齐的情况下，法军头目尼格里就发动了进攻。3月23日凌晨，趁着大雾，法军倾巢而出，猛攻关前隘。他们仗着炮火猛烈，接连攻占了东岭三座炮台，居高临下，朝关前隘长墙扑去。冯子材喊道："要是再让法国人打进关来，我们有何脸面去面对两广的父老乡亲呀！"

在主帅的爱国激励下，将士们都冲出长墙，拼命抗击法军的进攻，最终他们打退了法军的疯狂进攻。恶战结束后，冯子材料到法军会进行反扑，便壮烈宣誓"誓与长墙共存亡"，以此鼓励部下保持警惕，誓死捍卫长墙。

果然，第二天拂晓，尼格里就指挥法军，兵分几路，再次猛攻关前隘。大炮轰隆声不断，阵地一片火海，双方都伤亡惨重。这时，冯子材下达死命令："跟法国人决一死战的时候到了，大家都要奋勇杀敌，临阵脱逃者，一律处死。"法军攻势越发地猛烈，如同雨点般的开花炮弹落在冯子材身旁。他的侄子要他躲避，他立即吼道："要是怕炮弹，那还打什么仗！我宁死不退，谁退就是在动摇军心。"

在猛烈炮火的掩护下，恶狼般的法军猛扑了上来，清军防守的壕沟和长墙都有法军冲上来了，冯子材立即手持长矛，大吼道："冲呀！"接着带头向敌阵冲去。他的两个儿子也跟着从长墙中跃出，抢着大刀，左右冲杀，奋勇杀敌。在他们的带领下，清军士气大振，潮水般地从栅门中涌出，冲向敌阵，跟法军进行肉搏。一时间法军被吓呆了，乱了分寸。这时，阵后又突然杀声四起，当地壮族、瑶族、白族、彝族、汉族，以及越南群众一千多从背面杀向法军。法军大败，丢盔弃甲，落荒而逃。

接着，冯子材乘胜追击，接连收复了文渊城和谅山。这一战，清军消灭法军一千多人，把法军头目尼格里打成重伤，最后士兵抬着他逃走了。

镇南关之战，是中法开战以来最大的战役，它的获胜使中国反败为胜，中法战争的局势从根本上得到了改变。

法国的茹费里内阁也因此被迫倒台，可腐朽的清政府一心想求和。这年6月，在天津，李鸿章同法国代表签订了《中法新约》，越南成了法国殖民地，中国西南地区门户也被打开了。

—— 张之洞创办实业 ——

中法战争，清廷紧急起用年近七旬的老将冯子材，这才使中法战争最后得以胜利。而向朝廷推荐起用冯子材的人是两广总督张之洞。

张之洞，直隶南皮（今河北南皮）人。祖辈都做过官，他的祖父曾是福建古田县知县，父亲曾是贵州兴义府知府。张之洞从小十分聪明，读书刻苦。1852年，年仅15岁的张之洞考中举人；1864年，他又考中进士，在翰林院出任编修。此后，他又先后出任过负责浙江乡试的副考官，负责教育的湖北学政、四川学政。

1881年，张之洞出任山西巡抚。山西官场腐败，百姓困苦，鸦片流毒泛滥，极大地震动了张之洞。于是，他大力整治贪官污吏，禁止鸦片，选拔人才。当时，在山西有位名叫李提摩太的英国传教士在传教，他刊印了很多像《救时要务》这种小册子，还进行仪器、车床、缝纫机的展览和操作表演。张之洞亲自接见了李提摩太，还读了他的书，深受启发，自此心中便萌生出兴办实业的想法。

1884年，法国入侵越南，一下子，中越边境就变得紧张了。这时，张之洞上奏朝廷，要求对云南、广西的兵力进行加强，并对天津、广东的海防进行整修。不久后，张之洞被派往广东出任两广总督。

中法战争爆发前，张之洞大力向朝廷推荐冯子材；战争爆发后，张之洞积极为前线筹集军饷、提供军事武器，为中法战争的胜利做出了巨大的贡献。

随着时间的推移，张之洞越发清楚，中国在军事、经济等方面跟西方存在巨大的差距，想要挽救民族危机，只能大力兴办实业，学习西方，发愤图强。

于是在广东，张之洞开设水陆师学堂，建立枪弹厂，购买外国军舰，大力发展海军，创建用机器造钱币的制钱局和银元局，又积极筹办了织布局和制铁场。这是他初步兴办实业。

到了湖北以后，张之洞才开始大规模兴办实业。1889年，张之洞上奏朝廷，请求修建卢汉铁路，从卢沟桥开始到湖北汉口，贯通南北交通。他觉得修建铁路不仅能将铁路沿线的矿产、土特产运出去，改善百姓生活，还能运输兵员和军饷。

清政府采纳了张之洞的建议，将卢汉铁路分为南北两段进行建筑，直隶总督负责北段，湖广总督负责南段。因此，张之洞被调为湖广总督。

那年冬天，张之洞抵达了湖北。他除了筹办卢汉铁路外，还准备大肆兴办军事和民用工业。可他毕竟是个外行人，也曾闹过不少笑话。筹建汉阳铁厂时，他特意发电报给驻英公使薛福成，让他在英国采购炼钢厂所需的炼炉和机器设备。英国一家工厂老板对中国采购人员说："要想办钢厂，就要先将那里的铁矿石、煤、焦炭寄过来进行化验，这才能知道煤铁的特点，适合练哪种钢，然后才能去买相应的炼炉和设备。马虎不得。"

可张之洞却随意说道："中国物产丰富，什么没有？何必这般麻烦，只有先去找煤铁，才能买炼炉和机器设备，把英国铁厂用的买下来就可以了！"结果，在汉阳安装了买回来的炼炉和设备，用的是湖北大治的铁、安徽马鞍山的煤。可马鞍山的煤炼不成焦炭，只能重新购买了几千吨德国的焦炭。就这样，1890 年开始到 1896 年，整整花费了五百六十万两银子，可一炉钢都没炼出来。后来改用江西萍乡的煤，这才炼出钢来，可钢太脆，极易断裂。张之洞这才明白，从英国买回来的炼炉和机器设备用的是酸性配置，无法去磷，钢容易脆裂，就是因为钢中磷太多了。后来，张之洞向日本借了三百万元，买来了新配置的炼炉和机器设备，优质的钢这才炼了出来。

最终汉阳铁厂还是修建成了。它是一家钢铁联合企业，包含了钢厂、炼铁厂、铸铁厂等大小工厂十个，有工人三千人，外国技术人员四十人。汉阳铁厂不仅是中国近代第一个大规模使用机器生产的钢铁企业，还是亚洲首创最大钢铁厂，比日本钢厂建设还要早几年。

在这一时期，张之洞还兴办了湖北织布局，织布局中有三万枚纱锭，一千张布机，两千名工人。织布局办得还算成功，有不少赢利。

张之洞还创建了制砖、制革、造纸、印刷等工厂，兴办了湖北枪炮厂。兴办实业需要大量人才，因此张之洞十分重视教育。他在湖北修建了农务学堂、工艺学堂、武备自强学堂、商务学堂，还派遣留学生前往日本，学习西方先进的科学技术。

张之洞办实业、兴教育，实质是为了维护清朝封建统治。但他希望可以富国强兵，这在一定程度上促进了民族工业的发展和新文化的传播。

—— 甲午中日战争 ——

就在张之洞忙着创办汉阳铁厂时，中国上空再次被战争的阴云笼罩了。

1894年，旧历甲午年，这一年，朝鲜出现了东学党起义，朝鲜政府请求清政府出兵协助镇压，但日本却趁机攻占了朝鲜。7月下旬，中国驶向朝鲜的运兵船"高升"号被日本军舰公然击沉，清政府被迫在8月1日向日本宣战，同一天，日本也向中国宣战，中日甲午战争正式爆发。9月17日，在黄海海面，北洋舰队遭遇日本联合舰队，双方展开激战。这一战，北洋海军参战的十三条军舰，两艘逃走，其中一艘还将自己的一艘舰船撞沉，三艘被击沉，其他的7艘，包括旗舰"定远号"，都受到了不同程度的创伤。"致远"号管带（舰长）邓世昌、"经远"号管带林永升壮烈殉国。这可吓破了李鸿章的胆。

1894年9月，北洋舰队退往旅顺港进行修理。一个月后，舰队修理完毕，李鸿章便命令北洋舰队躲到威海卫中，不准出海。日军进攻旅顺时，丁汝昌请求李鸿章让他率军前去增援，不承想，李鸿章却大骂了他一顿，说道："在威海卫好好守住你的船，其他的事，轮不到你管。"北洋舰队只能在威海卫军港中躲着，白白把制海权送给了日军。

1895年1月下旬，北洋海军的动向被日军得知后，日本派出舰艇二十五艘，两万多名军队，从成山头上岸，兵分两路，大举进犯威海卫。面对日军猛烈的进攻，负责山东防务的巡抚李秉衡没有进行充分的防备，导致威海卫南北两岸的炮台先后落入敌日军手中。

与此同时，日本舰队对威海卫军港进行了海上围攻。在港内停泊的北洋舰队几乎成了瓮中之鳖，被日军南北夹击。如此危急的情况下，在丁汝昌、刘步蟾等人的指挥下，北洋舰队的爱国官兵拼命抵抗，艰苦惨烈的刘公岛防御战打响了。

见正面强攻效果不好，日本舰队司令伊东佑亨便冒险采用鱼雷进行夜袭。2月4日晚，在夜色的掩护下一艘日本鱼雷艇闯入军港中进行偷袭，并抢在"定远"舰发现前，发射了一枚鱼雷，这艘旗舰遭到重创。第二天晚上，日军故技重施，击沉了"来远"舰、"威远"舰。

日军接连击沉北洋舰队几艘舰船，导致北洋舰队实力大减，这让伊东佑亨觉得决战的时候到了。2月7日，日军便发起对威海卫守军和北洋舰队的总攻。

这一天，双方打得十分激烈。北洋舰队和炮台守军浴血奋战了一整天，才击退了日军的进攻。也在这一天，北洋舰队的十艘鱼雷艇和两艘汽艇从西口冲了出去，自己逃命了，结果，不是触礁沉没，就是中弹炸毁，或者是被日军俘虏，清军的士气被极大的动摇。

早在威海之役打响前，伊东佑亨就给丁汝昌写信，规劝他率军投降。在回信中丁汝昌直接写道："绝不投降，如今只有一死来报效祖国。"并将伊东的劝降信交给朝廷，以表自己的心迹。

日军围攻威海卫的日子里，丁汝昌并没绝望，他相信，只要路上援军及时抵达，还是可以获胜的。为此，他还特意派出一名水性好的水手潜水前往烟台，拿着他的密信去求援。

2月11日，是清军战斗最为艰难的一天。水手给丁汝昌报告说，李秉衡已经从烟台撤到莱州，陆路援军已经没有可能了，这让丁汝昌固守等待援兵的希望破灭。这时，水陆两路日军进攻更加猖狂，炮火猛烈，刘公岛几乎成了一团火球，而威海港也沦为一片火海。北洋海军苦战几日，伤亡惨重，弹药消耗殆尽，难以支撑下去。

事情发展到这一步，坐以待毙，不如鱼死网破。当夜，丁汝昌便将各舰管带和外国顾问召集来开会，下令让残余舰只突围，但外国顾问和威海营务处提调牛炳昶等人却抵制他的命令，随后，丁汝昌又下令用水雷炸沉"镇远"等舰，防止落入日军手中，依旧没人响应。

会后，牛炳昶勾结洋顾问，指使一些兵痞用刀逼迫丁汝昌投降日本。甚至牛炳昶冲了上去，拿着枪对丁汝昌叫道："你是提督，竟不顾北洋舰队上万人的生命，你想死，我们不管，可我们还想活，你要是再不下命令，那我牛某人就不客气了！"事情到了这种地步，丁汝昌万分悲愤，但又没有办法，他不愿活着被敌军俘虏，让自己的名声受到玷污，更不愿投降日军，便朝京城方向跪拜后，服毒自杀了。

第二天，打着丁汝昌的旗号，美国顾问浩威和民族败类牛炳昶投降于日军伊东佑亨。

2月17日，日本舰队从威海卫西口开进港内，在伊东佑亨面前，牛炳昶如同哈巴狗那样摇尾乞怜。接着，牛炳昶率领十艘残存的北洋海军舰只和五千多名中国陆海军官兵向日军投降。至此，李鸿章花费巨资、惨淡经营的威海卫基地彻底沦陷，北洋水师全军覆灭。

—— 《马关条约》 ——

黄海大战之后，日军兵分两路，从海陆两方面进攻中国大陆。可清廷却采用退让的政策，并在 1895 年初派张荫桓、邵友濂前往日本求和。当时日本正在围歼威海卫中的北洋舰队，觉得谈判为时过早，便借口说他俩资格不够，不予理睬。北洋舰队全军覆灭后，清廷不敢再打下去了，为了停战，只能不惜任何代价，同意让李鸿章为全权大臣，去日本求和。光绪皇帝将李鸿章召回北京，商议与日谈判的事宜。李鸿章对光绪帝说道："臣不敢担保割地的事情，单就大量的赔款，户部都难拿出来。"

光绪帝的老师翁同龢接口道："只要不割让土地，银子多赔点不是大事，我们能想方设法筹集。"这让光绪帝拿不定主意了，割地或赔款，他都心痛。因此，他让李鸿章前去面见慈禧太后，让她决定。慈禧太后知道了以后，连忙让太监传话过来："太后说了，朝廷的事都由皇上做主。"光绪帝没有主见，最后只能把割地之权也给了李鸿章。

3 月 19 日，李鸿章带领他的儿子李经方等一帮人抵达了日本马关。第二天，他们就跟日本内阁总理大臣伊藤博文开始了谈判。

谈判分为两步，先谈停战需要的条件，再谈议和需要的条件。首先，伊藤博文直接将一纸停战条款扔给李鸿章看。李鸿章只见上面白纸黑字写着："日本军队应将塘沽、天津和山海关占据。"这让李鸿章大吃一惊，立即责问道："你们日军现在不是还没打到这些地方，为何要占据呢？"

伊藤博文以战胜者的姿态，蛮横地说道："要讲停战，应对两国都有好处才行，对中国军队而言，停战就是好事，因此我军必须有所抵押，占据这三个地方。"日军停战条件太苛刻了，李鸿章根本不敢答应。因此双方交谈了两次，依旧没有结果。但一件突发事件逼迫日本只能立即同意停战。

　　3 月 24 日下午，从谈判地点春帆楼到旅馆的途中，李鸿章在轿子中遇刺，他的左颧骨不幸中弹，血流不止，当场晕了过去。这是日本人小山丰太郎开的枪。消息一传出，世界各国舆论纷纷指责日本。这让伊藤博文压力很大，只能亲自前往李鸿章床前，主动提出无条件休战二十一天，越过停战条约，直接谈和约。

　　可伊藤博文拟定的和约条款依旧十分苛刻。他们不仅要中国赔偿二亿两白银，还要求把辽东半岛、台湾全岛和澎湖列岛割让给他们，同时要中国开放沿海和内地口岸，进行通商，允许日本人前往中国自由办厂。

　　这些条款，李鸿章自然不敢答应，他赶紧电告朝廷，询问哪些可以同意、哪些需驳回，但没有收到明确的指示。李鸿章也只能按着自己的想法跟伊藤博文谈。

　　伊藤博文不耐烦了，在 4 月 10 日的谈判中，他直接威胁李鸿章道："要是这次谈判破裂的话，那我就命令六七十艘轮船运送大军开赴战场，到时，你们北京的安危就成了问题。再说了，要是谈判破裂的话，只要你离开此地，我们也不能保证你是否能安全进入北京城。"可能怕引起别国的干涉，伊藤博文答应将赔款减去三分之一，稍微做了一点让步。

　　三天后，修改后的和约条款被伊藤博文直接递给了李鸿章，并说道："这就是最后条款，不会再改了，对此，中国只有'允'和'不允'这两种答复，四天内必须做出答复。"李鸿章十分清楚，这是最后通牒了。他连忙再次致电给朝廷，询问该如何处理。得到的答复是："要是没有商改的可能，就签字吧！"

　　最后，伊藤博文要求在互换条约批准书后，一个月内办完交割台湾手续。可李鸿章认为一个月实在太仓促了，便要延长一个月，说道："台湾早就是贵国口中之物，用得着这么着急吗？"

　　伊藤博文瞪大了双眼，说道："现在还没咽下去，实在饿得厉害。"这一句话使日本贪婪的强盗本性暴露得淋漓尽致。

　　4 月 17 日上午，中日《马关条约》正式签字。

　　《马关条约》是一个严重不平等的、丧权辱国的条约，允许日本在中国开办工厂，开启了列强对中国进行资本输出的先河。此后，列强角逐中国，不断在中国各自划分势力范围，掀起瓜分中国的狂潮。中华民族危机不断加重。

—— 公车上书 ——

《马关条约》签订的消息传到国内，全国上下大为震动，反对侵略、救国图存的呼声日益高涨，其中数康有为和他发起的"公车上书"呼声最为强烈。

1895年，春夏之交的北京城是人们不愿出门的一个时节，四处刮起的风沙，吹得人们眼睛都睁不开。但在5月2日这一天，北京大街上却人来人往，车辆不断，十分热闹。走在大街上的很多人说着天南地北的方言，不断议论着。成群结队的人，前后有一里多长。这些人最后停在了都察院（清朝最高的监察、弹劾和建议的机构）门前，一时间，都察院门前人挤车塞。原来，这些全都是各省进京赶考的举人，他们来到这里是递送奏章的。这就是"公车上书"。

为何称作"公车上书"呢？据说，在汉朝，只要是征举进京参加考核的读书人，都有公家配备的马车进行接送，后来，人们就将举人进京应试称为"公车"。

此次行动的领头人就是康有为。康有为，广东南海人，著名的维新派领袖，青年时，他曾去过香港，目睹香港都市文明，眼界得到了拓展，认为英国人治理社会真的有一套方法，清政府腐败无能，产生了变法维新思想，想借用西方制度改变中国的现状。

1888年，康有为借着前往参加北京顺天乡试的机会，写下了《上皇帝书》，请求光绪帝尽快变法。但在守旧大臣的不断阻拦下，光绪帝始终没见到过这封五千多字的上书。但不少有维新思想的人士知道了康有为这一行为，康有为也开始小有名气了。

六年过去了，那年是旧历甲午年，中日甲午战争爆发，弹丸之地的小日本竟击败了天朝大国大清朝，这极大地打击了康有为的民族自尊心。第二年3月，康有为和弟子梁启超一起北上，前往京城考取进士。一个月后，突然北京传来消息：日本逼迫李鸿章签订了《马关条约》，丧权辱国。其实，康有为早就知道条款中要清朝割让台湾和赔款，因此他觉得这个屈辱的条款不能签，随即约上广东和湖南两省参加会试的举人，在4月22日带头前往都察院，上书要求不签条约。

与此同时，康有为和梁启超两人分别前往一些大臣的住所，请求他们加入拒签条约的请愿队伍中。在康梁二人不断动员下，很多爱国官员、社会名流，都纷纷上奏都察院，请求其转交朝廷。一时间，大街上遍布递奏章的人，上朝大臣的车辆都被围得进不了宫。得知家乡要被割让后，台湾籍的举人更是抱头痛哭。

见群情激奋，康有为便抓住机会，在 4 月 30 日，他带头召集十八省进京考试的举人前往达智桥松筠庵开会，准备组织一次更大规模的上书请愿。大会后，在参会者的嘱托下，康有为花了一天两夜，起草了一封长达一万八千字的《上皇帝书》，要求拒和、迁都、变法。写好后，康有为让梁启超将请愿书分别送到各省举人那里进行传阅。康有为的观点得到了大家的认同，有一千三百多名举人在《上皇帝书》上签名表示赞同。5 月 2 日，康有为带着浩浩荡荡的举人队伍前往都察院上书。这便是"公车上书"。

可惜"公车上书"没有成功。朝廷中的投降派得知消息后，十分惊恐，生怕他们的卖国计划泡汤了。当时，有个军机大臣名叫孙毓汶，他公然叫道："要是不尽快议和，日本人打到北京来，我的老婆、孩子、家产怎么办？"

其实，慈禧太后也十分着急，她急忙让光绪帝提前画押条约，让议和成为事实。于是，都察院便说皇帝的御玺已经盖在《马关条约》上了，无力回天了，不给递送请愿书。就这样，轰轰烈烈的"公车上书"悄无声息地被迫结束了，连请愿书都没送到光绪帝手上。但"公车上书"的影响却日益扩大，上书内容不断被传抄、印刷，广为流传，影响到了全国各地，要求变法的呼声也日益高涨。就这样，康有为成了全国的大名人，变法维新开始从思想酝酿发展为政治运动。

—— 维新变法 ——

"公车上书"失败后，变法维新领军人物康有为和他的学生积极主张维新变法，改革政治，这得到了光绪帝的大力支持。

光绪帝即位时年仅 4 岁，慈禧太后掌管着朝廷大事。1889 年，光绪大婚，慈禧太后明确表示此后朝政由光绪帝主持。其实，慈禧说让光绪帝掌管朝政只是做做姿态罢了，当时中法战争刚结束，朝廷内外十分不满慈禧太后丧权辱国的做法，慈禧也是被迫做做样子。

但在这个时期，帝国主义各国出现了瓜分中国的浪潮。局面如此严峻，康有为、梁启超等人便组织了保国会，创办报纸《时务报》，请求朝廷变法维新。他们的行动得到了社会的强烈反响，全国大部分地区都出现了一个资本主义改良运动的浪潮。

光绪皇帝的老师翁同龢也倾向于维新变法。他时常告诉光绪帝一些社会上的情况。他认识康有为，十分欣赏康有为等人的改革。因此，光绪帝决定利用此次机会从西太后那里夺回朝廷大权，振兴大清。光绪帝对军机大臣奕劻说道："要是太后再不给我实权，我情愿退位，也不愿当这亡国的皇帝。"

光绪的话被奕劻原原本本地告诉了西太后，西太后冷冷地说道："我还不想让他当这个皇帝呢！"

奕劻连忙在边上劝解，西太后思考了一阵子说道："也罢，他搞不出什么名堂！"于是，光绪帝决定按照自己的想法去做。这时，几个大臣上奏皇帝，要求禁止保国会，说："保国会保的是中国，不是大清。"光绪帝说道："那不更好吗？保国会能保中国。为何要查处呢？"不久后，这个说法传到了社会上，康有为等人的影响变得更大了。光绪帝便想见康有为，但奕䜣等人反对，理由是，历来四品以下官员不能得到皇帝的召见。

可光绪帝还是想要见康有为，于是，奕䜣便搞了一个花样，说："先让康有为给皇上写一个书面意见，皇上看了觉得可行的话，再召见也不晚。"光绪帝也只能让康有为将他的改革主张写一份奏章先呈上来。

为此，康有为精心写了《应诏统筹全局折》这份奏章。奏章中写道："从世界各国发展的轨迹上看，变法则国家富强，而不伤筋动骨的改革却会导致国家灭亡。"

奏章中还有一些具体的改良主张，光绪帝看后十分欣赏，让大臣们讨论。随后，光绪帝不顾保守派的坚决反对，一意让翁同龢请康有为到颐和园的勤政殿，跟他单独交谈。

康有为对光绪帝说道："外敌现在已经入侵到我国腹地，即将面临瓜分的大祸，国家已经到了生死存亡的地步，不进行变法，国家就强大不起来。"

光绪帝十分难过地说道："是呀，现在到了必须变法的地步了！"

康有为说："既然皇上知道必须要变法了，可为何一直没有举动呢？"

光绪帝害怕有人偷听，看了一下帘外，叹息道："我受到了太多的牵制呀！"

康有为点头表示理解道："那在皇上自己的能力之内，干出几件大事，中国还是可以得救的。"光绪帝表示赞同，康有为说道："可现在大臣都太守旧了，世界大势根本不了解，依靠他们变法根本没有希望成功。"他停了一会儿，说道："我觉得不必将他们撤职，只需增设新衙门，让主张维新的人有实权就可以了。"光绪帝点了点头，道："可现在国库空虚，改革所需的钱从哪里来呢？"

康有为道："我们可以学习日本成立银行、发行纸币和印度抽取土地税的方式。"

光绪帝和康有为聊得十分投机，这更坚定了光绪帝改革的决心。

这次接见后，光绪帝想重用康有为，直隶总督荣禄和军机大臣刚毅却坚决反对。光绪帝也只好将一个专门上奏的职位给了康有为。在短短三个月之内，康有为上奏了很多奏章，内容有废除八股、培养人才、开办学堂、创办报纸、发展工商业、加强军事实力和制定宪法、开设议会等，甚至还涉及了禁止妇女缠足。此后，光绪帝还特意分别召见了维新派人物严复和梁启超等人。

从1898年6月11日到9月21日，这三个多月里，光绪帝几乎每天都有新政要颁布，以此表现他坚持变法的决心。他新政的内容主要是：设立农工商总局，对工农业生产进行保护和奖励；设立矿务总局，修建铁路，开发矿山；改革财政，对每年的预算和决算进行编制；创办报纸，允许百姓上书议政，给予百姓一定出版、言论自由权；改革法律；撤销多余的衙门和官员；创建新式学堂，即将学习西方科学文化，改革科举，奖励科学创造，等等。

这一年是旧历戊戌年，因此历史上称这次变法为"戊戌变法"。

就在维新派为新政的执行而高兴备受鼓舞时，保守派却更加仇视维新变法了。刚开始时，见社会上都很支持维新变法，西太后便对光绪道："不违背祖宗的体制，其他的你都自己决定吧！"可就在6月23日，光绪帝要将八股废除时，西太后的亲信刚毅却站了出来，坚决反对这个决定。光绪帝厉声斥责道："难道你想阻挠我维新变法不成？"

刚毅立即说道："不敢。"又说，"此事事关重大，皇上还是请示下太后为好。"

光绪帝觉得有道理，便特意前往颐和园面见西太后，西太后也同意了光绪帝的决定。

随着变法的不断深入，新政的内容开始涉及政治方面，这让西太后一伙保守派着急了，双方的斗争愈演愈烈。

—— 戊戌政变 ——

维新变法开始后，光绪帝便想打着开设懋勤殿（皇帝读书、研究学问的地方）的旗号，任命一批精明能干的维新人士为顾问官。他下令让维新派骨干谭嗣同替他起草诏书，还交给了谭嗣同前几代皇帝的遗训，要他将康熙、乾隆、咸丰三朝都曾开设过懋勤殿的例子写进诏书里。

其实，光绪帝想亲自拿着诏书前往颐和园请示西太后，为变法增加权威和理由。到了第二天，京城所有官员差不多都知道即将开设懋勤殿，觉得很快就要下达诏书，但诏书始终没下达。其实这都是慈禧太后的干预。因此，大家便都清楚了，西太后和光绪帝之间的矛盾已经到了无法调和的地步。

在此之前，为了削弱光绪帝的势力，西太后找个借口将光绪帝的老师翁同龢撵回了老家。光绪帝深感情况不妙，便秘密召见维新派官员杨锐，写下密诏，让康有为、梁启超等人想法将局势扭转过来。他让杨锐将密诏藏在衣袋中偷偷带出宫去。

按照光绪帝的旨意，杨锐出宫后，立即将诏书交给康有为、谭嗣同、林旭、刘光第看。诏书上写着："朕现在连皇帝的地位都快不保了……你们几个和维新派，要尽快想法救朕呀！"他们几人手捧着诏书，放声大哭了起来，苦于手中没有实权，做不了什么。这时，袁世凯进入他们的视线了。

袁世凯，河南项城人，年少时曾两次参加县试，都落榜了，便去投靠叔父的把兄弟、淮军提督吴长庆，从了军。很快，袁世凯就得到了李鸿章的赏识，不断高升，成了驻朝鲜通商大臣。1894年，中日甲午战争爆发前，见形势不对，他便主动要求调回国内。回国后，袁世凯便将自己装成一个支持维新变法的人，并在荣禄的同意下，加入康有为的强学会。一些不清楚袁世凯底细的维新派人竟对他十分有好感。

甲午战争后，清廷想训练一支新式陆军。袁世凯不知走了多少后门，最终在1895年得到了清廷的委任，前往天津附近的小站去训练新军，并成了直隶总督荣禄的亲信。此后，这支陆军成了清军中实力强悍的军队之一，袁世凯的地位也因此水涨船高。

康有为等五人商议一番之后，觉得袁世凯是唯一的希望了。谭嗣同便秘密建议光绪帝，希望皇上能用优厚的待遇拉拢袁世凯，在紧急情况下，袁世凯可以救助皇上。

1898年9月16日，光绪帝亲自召见袁世凯，袁世凯当场明确表示愿意支持维新变法。光绪帝十分高兴，特意赏给他一个侍郎的官职。第二天，光绪帝再次召见袁世凯，袁世凯表示誓死忠于皇上，以此来报答皇上的恩情。第三天，谭嗣同前往袁世凯所在的法华寺，直接问袁世凯道："我们的皇上，你觉得怎么样？"袁世凯感慨道："此乃少有的明君呀！"

谭嗣同接着问道："那你知道天津阅兵那天，西太后他们准备逼迫皇上退位的阴谋吗？"

袁世凯说："略有耳闻。"

谭嗣同便给袁世凯看光绪帝的密诏，说道："现在只有你能救皇上了！"接着，他话语激烈了起来，用手比画着自己的头颈说道："要是你不准备救皇上，那你就去颐和园告发给西太后吧，再将我杀了，这样你必定能享受到荣华富贵！"袁世凯一下子严肃了起来，说道："我是那样的人吗？我们共同侍候的主子都是皇上，皇上对我们恩重如山，救护皇上，不仅是你的责任，我也有责任，要是你有好主意，那我是很愿意听的。"

谭嗣同十分满意，说道："你和董福祥、聂士成三支军队都归荣禄指挥，他就是仰仗这三支军队来逼迫皇上退位。但董福祥、聂士成的兵力都不及你，你的实力是最强的。一旦事变，对付他们两支军队对你而言轻而易举。保护皇上，恢复实权，清除太后身边的奸臣，整顿朝纲，这些你都能轻松完成，这将是你的丰功伟业呀！"

袁世凯说："只要皇上下令诛杀奸臣，我必定跟你们干！"

他们商量了好长时间，谭嗣同这才离开。

可谭嗣同刚走，袁世凯就立即向荣禄告了密。荣禄连夜进北京，前往颐和园面见西太后。第二天，也就是9月21日清晨，西太后和荣禄率先发动政变，囚禁了光绪帝，将其关押在中南海瀛台，后用光绪帝的名义，发布诏书，请求西太后垂帘听政。这就是历史上著名的"戊戌政变"。

西太后随即废除变法法令，下令大肆搜捕维新派。因为事先得知消息，康有为、梁启超逃到了国外。但谭嗣同却不愿逃跑，说道："变法注定要流血牺牲的话，那就从我开始吧！"

9 月 28 日，在北京菜市口，谭嗣同、杨锐、林旭、刘光第、康广仁、杨深秀六人被杀，他们在变法维新的道路上洒下了自己的鲜血。这就是历史上有名的"戊戌六君子"。而其他维新派和参加戊戌变法及有倾向变法的官员，不是被免职就是被流放。除了保留京师大学堂外，其他所有新政措施全部被取消了。

至此，戊戌变法彻底失败，这时距开始变法仅过去了一百天，因此，此次变法又称作"百日维新"。

—— 严复与《天演论》 ——

19 世纪最后几年，中国陷入一片风雨飘摇之中，人们都感觉前途一片黑暗，希望渺茫。每个爱国人士都在心中自问道：中国究竟该怎么办？有识之士更是奔走呼吁，有的人希望改良政治，达到富国强民，拯救中国的目的。这时，著名的启蒙思想家严复用译笔这种特有武器，翻译西方作品，宣传变法维新思想，以此来唤醒中国人。

1877 年，清廷保送考试第一名的严复前往英国留学。在英国，严复学习的是兵舰驾驶，清廷希望他日后能成为优秀的海军将领。但在民族危机的刺激下，这位海军大学的学生被西方社会政治学说征服了，深深沉迷在孟德斯鸠、达尔文、斯宾塞等大思想家的著作中。

严复回中国后，中国先后经历了中法战争、甲午战争，接着，帝国主义列强又掀起瓜分中国的浪潮，中国面临亡国灭种的危机。这让严复深深感到，只有维新变法效仿西方国家才能救中国。于是，他翻译西方近代理论著作，写政论文，大肆宣扬维新变法思想。其中影响最大的就是他在戊戌变法前后翻译并出版的《天演论》，也因为这本书，严复成了当时全国有名的人物。

《天演论》选自英国生物学家、达尔文学说捍卫者赫胥黎的论文集《进化学与伦理学》。严复仅将其中前两篇选了出来进行翻译，简称《天演论》，就是进化论的意思。从此以后，进化论传到了中国，整个古老的神州大地为之震动。

在甲午战败的刺激下，严复决定翻译这本书，其唯一的目的就是想利用进化论中的基本原理"物竞天择，适者生存"来唤醒沉睡的中国人，提醒国人祖国处于危亡之际。

严复可不是简单地对原文进行翻译，他翻译《天演论》是进行过选择、取舍、评论和改造的。他将自己的见解通过序言和大量的按语来表达，将原书的理论改造成进步学说，国人可以用此来进行反封建、反侵略。

在书中赫胥黎说道："自古以来，生物都是不变的，而不断进化则是生物发展的基本现象，之所以进化就是因为物竞和天择。"用现在的话来说，那就是生存竞争和自然选择。严复十分赞同赫胥黎进化论的观点。

但赫胥黎还说："自然界根本没有道德标准，全都是弱肉强食，适者生存；人高于动物，性情善良，可以相亲相爱，不跟自然界一样，因此，社会伦理学与自然进化论不同。"严复却不赞同这一点，因此他只用"天演论"，来做书名。在他看来，种族之间、国家之间也是一个大的竞争局面，在这场争斗中，只有实力强悍者才能获胜，才能生存下去，弱者只会灭亡。

严复解释道："之所以欧洲国家敢明目张胆直接侵略中国，就是它们在不断进行自强。"

因此，他劝国人，不要再自居"天朝大国"了，承认，"优者"侵略了中国；现在被侵略的中国是"劣者"。中国在国际生存竞争中正处于劣势，面临亡国灭种的危机。这给当时沉睡的中国敲响了警钟，让那些麻木的中国人清醒了不少。事实上，清王朝那些封建顽固分子，眼看俄国、德国、英国、法国和日本就要把中国瓜分完了，可就是顽固守旧，不愿进行改革。

严复宣传社会达尔文主义，就是要提醒中国人不能再麻木下去了，不然就会被淘汰了。严复提醒人们，不能坐以待毙，甘做劣等民族，要尽快变法维新，改革社会政治，自立、自主、自强。

进化论引入中国后，当时社会上最流行的口头语便成了"物竞天择，适者生存"；关心国家命运的人士都认识到"不竞争，不能生存；不自强，自取灭亡"。

—— 义和团扶清灭洋 ——

义和团是由义和拳发展而来的，最早的义和拳兴起于山东，它是在帝国主义对中国的侵略影响下产生的。

1897 年，德国强占胶州湾后，又得到了胶州到济南之家的铁路修筑权。在铁路沿线，它霸占土地、开矿山，将整个山东归到其势力范围之内。同时，外国传教士蜂拥到中国，仅山东就设立了一千多个教堂，传教士达三百多人，其中最多的就是德国人，他们还笼络到教徒八万多人。清廷为了偿还甲午战争的赔款，丝毫不体谅山东境内因为黄河连年决口造成的灾荒，反而变本加厉地搜刮百姓。许多洋教士更是趁火打劫，四处放高利贷，而清朝官员对教会进行偏袒，百姓民不聊生。就在这种情况下，义和拳兴起了。

当时，义和拳遍布山东各地，在集市上，他们聚集比赛，跟外国教会进行对抗。山东巡抚张汶海曾想将义和拳收编了，可是没有人响应。清廷便将他撤了职，由毓贤出任山东巡抚。毓贤有个外号叫"屠夫"，出任山东曹州知府时，他就残酷地杀害了两千多人。但这个"屠夫"在强大的义和拳面前也没有办法。可他十分狡猾，不愿白白消耗自己的力量，他想，既然义和拳反对外国侵略者，那就让他们随意闹吧，只要惹出事端，再放手杀也不迟。

恰好这时慈禧太后要求各省进行保甲团练，毓贤便借机贴出告示，将义和拳称为义和团，承认它民间团练的资格。于是，各地的义和拳全都称自己是义和团的一部分，打出口号"扶清灭洋"或"保清灭洋"。

义和团逐渐壮大，教会有了危机感，随即组织教民前去袭击义和团。韩庄的教徒袭击义和团，用快枪打死了二十多人；在遭到教徒枪击的情况下，庞庄的义和团被迫进行反击，把一座教堂烧掉了。帝国主义列强借此逼迫清王朝对义和团进行镇压。义和团还在不断发展壮大。

1900 年春天，北京也出现了义和团。当时，对于北京出现义和团这件事，西方列强没有在意，一心投入划分中国势力范围上，彼此之间明争暗斗。

义和团迅速壮大，他们顺着铁路线到了北京，且加入北京的义和团的人日益增多，打磨厂一带的铁匠铺整天叮叮当当地给他们打造兵器。义和团三五成群，头扎红巾，走在街上，煞是威风。听到义和团大量进入北京的消息后，在颐和园的西太后赶紧加强保卫。1900 年 6 月，已经有十多万群众参加了义和团，再加上进京的义和团，总人数达到了二十多万。

眼见义和团势力不断壮大，端王载漪等朝廷官员便借他们之手发动政变，杀掉被西太后囚禁的光绪帝，立端王的儿子溥儁为皇帝。于是，他们便派人潜入到义和团中，散布和煽动排外情绪。

4 月，英、德、美、法等国公使联合对清政府进行照会，限令清政府剿灭义和团。接着，他们又陆续派兵到天津、北京。很多关于义和团的消息西太后听说了，她也觉得有些恐惧，随即一边要求清军对义和团暂时不进行围剿，以免发生事端，甚至她还称义和团为"朝廷赤子"；另一边又把董福祥的武卫后军秘密调到北京，下令董福祥杀光北京城内的义和团。

6 月 8 日，在北京外城，义和团进行了大示威，崇文门、正阳门和宣武门外更是喊声震天，抗击帝国主义侵略者的序幕就此拉开了。

让西太后没有想到的是，董福祥的军队十分同情义和团，不少士兵甚至也加入了义和团。董福祥更是借口"不能杀老百姓苦娃娃"，不执行屠杀义和团的命令，他手下的士兵去杀洋人。

6 月 11 日，天津的日本援兵没有抵达北京，这让日本使馆官员生衫山彬有所担忧，想到永定门外察看情况，不承想被董福祥的士兵杀死了。形势立即出现了变化。在东交民巷使馆附近，侵略者筑起了工事，外国兵驻守在西什库的天主教北堂和崇文门内孝顺胡同的基督教亚斯利堂，甚至在孝顺胡同这一带，侵略者还贴出告示：严禁中国人通行，违者枪毙。

6 月 13 日，义和团列队由崇文门进到内城，这时，驻守亚斯利堂的美国兵开枪了，多人伤亡。这可把义和团激怒了，下午，义和团派出一千人直奔亚斯利堂，吓得美国兵赶紧躲进了使馆。义和团点燃了教堂，一时间烈火冲天。在这一天里，还有十一所教堂被义和团烧毁，整个北京城在义和团的控制之下。

6 月 10 日，英、法、日、俄、美、德、意、奥八国组建了两千多人的联合国军，进犯北京，对义和团的反抗行为进行报复。义和团将路轨拆掉，沿途对外国侵略者进行阻击。17 日，在大沽口的各国军队再次组建新的联军，突袭大沽口，天津的义和团和清军一起保卫天津。6 月 20 日，经过多次争论，最终清廷决定宣战，鼓励义和团英勇抗击外国侵略者。

7月14日，八国联军攻陷天津。8月4日，八国更是集结了两万多人，朝北京攻去。清政府腐败无能，8月15日，八国联军就攻破了北京，开始四处屠杀义和团，抢掠财物，也就在这时，他们抢掠了世界著名的圆明园。在逃往西安途中，西太后命令李鸿章对侵略者进行求和。谈判一直持续到1901年9月，清政府被迫在《辛丑条约》上签字。

就这样，在八国联军的镇压下，轰轰烈烈的义和团彻底失败了，当然，它的失败跟时代的局限性是分不开的，但义和团英勇的抵抗还是对帝国主义瓜分中国的野心进行了沉重的打击。

—— 詹天佑修铁路 ——

国难当头，但为了中国的富强，许多仁人志士依旧在奋斗着。为了修建京张铁路，中国第一代铁路工程师詹天佑更是不畏艰辛。当年容闳带往美国留学幼童中就有詹天佑。詹天佑，18岁时考上美国耶鲁大学土木工程及铁路专修科，34岁时成了英国工程研究会会员。在国外，詹天佑目睹了一日千里的火车铁路，在心中暗暗发誓道："中国以后也要有属于自己的铁路和火车。"1881年，詹天佑带着满腔热血回到久别的祖国，决心要为祖国的铁路事业贡献自己的力量。

回国之后，詹天佑被分配到军舰上出任驾驶官。学铁路的去干海洋，这真的学非所用，就这样好几个春秋过去了。

中国人直到20世纪初才提出自己修建铁路的设想，清廷也为此特意设立了铁路矿务总局，筹划建设从北京开往张家口的京张铁路。

1905年5月，詹天佑被清政府聘请为总工程师，主管京张铁路的修建。这件事让一些外国人知道了，他们竟公开讽刺道："恐怕能修建这条铁路的中国工程师还在娘胎里吧！""中国人想自己修建铁路，不依靠外国人，那最少也要五十年！"他们挖苦詹天佑不知自己有几斤几两，都等着看中国出丑。

詹天佑决心要替中国人争口气。他说："中国土地辽阔，物产丰富，可修路却要借用洋人，实在是耻辱，现在中国人已经醒了，中国修建铁路要用自己的工程师和钱。"京张铁路起自北京，终至张家口，全场两百多公里，中间必须要通过险峻的燕山山脉，尤其是居庸关、青龙桥、八达岭等地区，地形更是险恶，工程量巨大。

詹天佑亲自背着标杆仪器，骑着一头小毛驴，整日在崎岖的荒山野地里奔走，进行实地勘察。白天，他测量、赶路，晚上，他在油灯下详细绘制地图，进行计算，经常熬通宵。

开工以后，困难接踵而至。工程缺少机械和轻轨，只能由人力完成所有工作；沿途皇亲国戚的墓地都阻挡着，不让通过，只能四处求情；外国银行更是对工程款故意拖延，导致经费跟不上，等等。詹天佑力排万难，一寸寸地推进工程。过了南口后，铁路前方便需要建设居庸关、五桂头、石佛寺和八达岭这四处隧道，总长度达一千六百四十五米。整个工程的成败就在这里了。于是，詹天佑发誓道："只要不打通居庸关、八达岭的隧道，就不返回北京。"

居庸关施工难度很大，山势高、岩层厚，隧道更是有四百米长。詹天佑想出通过左右向中心对凿的办法来加快进度，但毕竟是人力，凿山进度缓慢，詹天佑便大胆提出将岩石用炸药炸开的方案。果然，施工进度加快了不少。随着隧道不断深入，凿到几十米处，洞中就哗哗出水，工人们半个身子都在泥水中浸泡着。没有抽水机，詹天佑便带头向洞外挑水，同工人们一起吃住，时常半个月都没离开过工地。总工程师如此以身作则，吃苦在先，工人们都万分钦佩。终于，居庸关隧道打通了，紧接着就是八达岭隧道。可八达岭隧道比居庸关长了很多，再用南北对凿就不适合了。于是，詹天佑提出了一种新的开凿方案——凿竖井，也就是在隧道中心的山顶上先开凿出一个洞，笔直向下凿去，到了一定程度，再分开两头，朝南北凿去，就这样，四个工作面一起开凿，肯定不会凿歪。工人们工作热情十分高涨，没过多长时间，就将这条全长一千一百四十五米的隧道开凿成功了。

这两大艰险的工程被攻克后，紧接着，其他两座隧道也顺利完工了。

这时，仅剩下南口到八达岭这段了。这段地势过于陡峭，要是采用常规螺旋式线路，火车要爬上去很难。在请教过当地老乡后，詹天佑创造性地设计了一种线路——折返线路，也就是顺着山腰在山高坡陡的青龙桥地段铺设"人"字形铁轨，不仅降低了坡度，还大大缩短了隧道，火车行驶到这里，前后各一个大马力机车，一推一拉，就能顺利地从陡坡通过了。

1909 年 7 月，京张铁路全线通车。原本计划六年完工，仅用了四年就完成了，费用还节省了二十八万两。京张铁路是中国人自行设计修建的，为中国人争了不少光。

—— 保皇运动 ——

戊戌政变后，像张謇、詹天佑这样的实业家、工程技术人员希望通过实业、工程技术来拯救中国，而康有为、梁启超等人则跟他们不同，他们想将光绪帝的权力恢复，继续推行维新改革，在不更改社会性质的情况下，富强中国。

因此，百日维新失败后，康、梁便逃往海外，进行保皇运动。在日本，梁启超创办报纸、兴办学校，抨击慈禧太后专政和清王朝的腐败无能，积极宣传救光绪帝，继续变法维新，拯救中国。康有为更是想"借兵救国"，奔走在日本、加拿大、英国等国家。

1899 年 7 月 20 日，康有为和侨商李福基、冯秀石等在加拿大创建保商会，后来，改名为"保皇会"，全称是"保救大清光绪皇帝会"，又称"保救大清光绪皇帝公司"，由康有为出任会长，梁启超、徐勤出任副会长。而保皇会的性质和宗旨乃是"专以救皇上，以变法救中国、救黄种为主"，"凡我四万万同胞，有忠君爱国救种之心者，皆为公司中同志"。

保皇会广泛号召会员、华侨进行捐款，并许愿封官，说，只要光绪帝复位，哪怕你是平民百姓，只要有大功，都可以当将军首相，就算是一般捐款的，也能得到奖励。

1899 年 8 月 4 日，康有为远在海外，但他还是给光绪帝三十岁寿辰进行祝寿，在龙旗飘扬下，康有为朝着远在北京、囚禁着的光绪帝行叩首礼。

康有为为了扩大自己的影响力，派遣他的门徒徐勤、梁启超、梁启田、欧榘甲、陈继征等分赴南北美洲、大洋洲等，两百多个有华侨居住的城市，进行"保皇公司"业务的开拓，建立了分会、支会一百六十多个，还吸纳了百余万的会员。在香港、澳门，他们还特意设立了总局，利用澳门的《知新报》、横滨的《清议报》进行宣传。保皇会曾一度发展迅速，到 1903 年，仅南北美洲，总部就达到了十一个，支会更是有八十六个，而且不仅有华侨入会，连兴中会的会员也都有入会的。

1906 年 8 月，清廷进行预备立宪，对舆论进行欺骗，康有为借机将保皇会改为"国民宪政会"，跟慈禧太后一伙狼狈为奸，成了清末中国民主革命进程中的一股逆流。

随着资产阶级民主革命的不断深入，尽管保皇会进行了多次改名，但最终还是灭亡了。

—— 革命先行者孙中山 ——

就在康有为、梁启超的保皇会进行得轰轰烈烈时，以孙中山为主要代表的资产阶级民主革命也开始登上历史舞台，他们一边积极组织推翻清王朝封建专制统治，一边对来自保皇派的攻击进行回击。

孙中山，原名孙文，号逸仙，出生于广东香山县（今广东中山）崔亨村的一个穷苦家庭中。他在日本留居时，曾化名为中山樵，后来便用孙中山这个名字。12 岁时，孙中山在他哥哥的资助下，前往檀香山，在当地教会学校读书。后来，他转到香港去学医，在此期间，他对国家大事十分关心。中法战争，中国明明在谅山取得大捷，却还要跟法国侵略者签订不平等的卖国条约，孙中山备受刺激，产生了反清的思想，此后，他便利用课余时间，在香港、澳门一带进行革命宣传。

1894 年秋，孙中山返回檀香山，进行反清革命宣传，并联合了二十多个华侨，创办了兴中会，这是中国第一个革命团体，兴中会主要章程是抨击清廷的反动统治，号召革命志士进行革命，为中华复兴、挽救危局做努力，在宣誓词中，他们提出了明确的奋斗目标："驱除鞑虏，恢复中国，创立合众政府。"兴中会刚成立时，中日甲午战争愈演愈烈，北洋海军要塞旅顺和大连被日军接连攻占，震动了北京、天津，形势万分危急。孙中山连忙赶到香港，准备进行推翻清王朝的武装起义。

1895年2月，孙中山、陆皓东等同香港进步社团辅仁文社进行合作，共同成立了兴中会总部。而兴中会总部成员跟檀香山兴中会有很大的不同，就连会章和入会誓词都有所改动，更直接地揭示了清王朝的腐败无能，原来的"恢复中国"也被改为"恢复中华"了，更加准确地表达含义。接着，孙中山积极同广东各地会党、绿林人物和清军中的士兵进行秘密联络，一起谋划武装起义。

通过半年的准备，孙中山决定在这年重阳节，在广州进行武装起义，占领省城当作革命据点，可惜起义前，消息泄露，清军逮捕了参加起义的部分成员，陆皓东等志士壮烈牺牲，起义惨遭失败。

接着，两广总督贴出告示悬赏缉拿孙中山，大家纷纷催促孙中山立即从广州离开，可孙中山却说："大家都不害怕死，坚持留下来，我怎能先逃呢？"于是，他冒着生命危险，坚持留了下来，帮助疏散会员、销毁文件，将各种后续工作处理完。直到十多天后，他才去了香港，自此在海外流亡。

虽然这次广州起义失败了，但它影响甚广，传遍了全国各地，就连外国都开始对"支那革命党孙逸仙"进行了宣传。此后，大家便开始关注起孙中山和兴中会的活动了。清廷更是对孙中山进行重金悬赏，派出大量暗探跟踪孙中山，还电令各驻外使馆逮捕孙中山。因此，孙中山只能隐姓埋名，在各国流亡。

1896年，孙中山抵达伦敦，在他英国老师康德黎家中居住。不承想，清廷密探再次侦查到了他的行踪，他们跟清朝驻英国使馆官员进行密谋，使孙中山误入了清朝使馆，秘密绑架了孙中山。接着，清朝驻英公使龚照屿租了一条轮船，准备将孙中山装在一只大箱子里，秘密运回国，处死。

在囚禁中，孙中山没有放弃斗争，他写下了很多求救信，可惜都没传出去。直到第七天，在使馆英国清洁工人柯尔的帮助下，孙中山的求救信才到了康德黎手中。

在康德黎的努力下，伦敦各报纸相继刊出孙中山被捕的消息，舆论都倾向于孙中山，英国政府被迫强制清朝公使馆将已经关押十二天的孙中山释放出来。孙中山获释后，用英文写下了《伦敦被难记》，第二年春天正式在英国出版发售，孙中山的影响力得到进一步扩大，他的名字传遍了欧美各国。

此后，孙中山宣传革命的意志越发坚定，他对康有为、梁启超宣传的保皇谬论进行了有力的批驳，一步步推动民主革命前进。

1905年，孙中山来到日本，跟另外几个革命团体华兴会、光复会的领导人黄兴、宋教仁、陈天华等进行了会晤，共同探讨建立统一革命组织的问题。最后，大家都决定联合各革命团体，组建统一革命组织——中国同盟会，革命纲领定为孙中山所提出的"驱除鞑虏，恢复中华，创立民国，平均地权"这十六字。8月20日，同盟会成立大会正式举行，会上公推孙中山出任总理。

同盟会的成立极大地推动了全国革命运动的发展。此后，革命风潮愈演愈烈，离推翻清王朝反动统治不远了。

—— 长沙起义 ——

就在《苏报》案愈演愈烈，清王朝勾结上海租界帝国主义势力联合迫害革命党人章太炎、邹容时，民主革命家黄兴从日本回到了上海，并打算回家乡湖南进行一次武装起义。

黄兴，湖南善化（今湖南长沙）人，原名黄轸，父亲乃是个秀才。在长沙和武昌的书院中，黄兴都读过一段时间书，他22岁时考中了秀才。1902年，黄兴前往日本留学，对西方革命史和科学文化知识进行系统的学习。第二年，沙皇俄国拒绝遵守条约从八国联军侵华时强占的东北撤军。一时间，全国人民纷纷要求抗俄。黄兴和陈天华等留日学生便组建了拒俄义勇队。在孙中山、章太炎、邹容等革命先驱的影响下，黄兴赞同使用革命的手段，彻底推翻清王朝，建立新中国。

黄兴在上海碰见了也是从日本回国的老乡胡之俅。当时胡之俅是长沙明德学堂的校长，此番前来上海是特意招聘教员的，于是，在胡之俅的邀请下，黄兴便前往明德学堂当了教师。他白天当老师教书，晚上则秘密进行反清革命活动。1903年11月4日，黄兴过30岁生日，在长沙西区保甲局巷彭渊恂家筹备了两桌酒席，陈天华、宋教仁、刘揆一等二十多个革命同志前来参加聚会，共同商议成立秘密革命团体华兴会。而他被推选为会长。华兴会对外宣称是华兴公司，以办矿业当作掩护，并定下公司，也就是华兴会的宗旨"同心扑满，当面算清"。"扑满"也就是贮钱罐，当贮满时，自然就要被打破（扑）。扑满、算清，在谐音上代表着推翻清王朝的意思。就这样，他们巧妙运用两句生意人的行话当作他们反清的口号。

虽然华兴会没有通过文字的形式留下任何正式的纲领、章程等，但他们的口号始终是"驱除鞑虏，恢复中华"。华兴会正式成立后，黄兴便积极筹划进行武装起义。他建议跟各界反清力量进行联络，先拿下长沙当作根据地，再光复整个湖南，然后再去争取各省的积极响应配合，最后进军清王朝的老巢北京。

黄兴派出很多同志去联络各省和长沙各界，为革命积攒力量。而清军中的新军和哥老会是他重点联络的对象。

哥老会是清代民间秘密组织，曾宣称要"反清复明"，有一定的势力。当时，马福益是哥老会的首领。于是，黄兴先派刘揆一的弟弟刘道一与另一名华兴会会员手持他的亲笔信前去拜见马福益。

那时马福益根本不懂革命，更不认识黄兴，因此反应十分冷淡。刘道一怕回去不好交差，并主动问道："马大哥，听说你是个人物，我们这才来登门拜访的，大哥也是个明白人，小弟想要请教一个问题。"马福益便说："请问。"

刘道一说："大哥是准备按着贵会原本的宗旨去反清复明呢，还是想朝廷招安，充当清王朝的爪牙呢？"

马福益一下子就听懂了刘道一话里的意思，当即表示愿跟华兴会合作。听完刘道一的报告后，黄兴万分兴奋，决定亲自去会晤马福益。

一个雪夜，在刘揆一的陪同下，黄兴步行三十里，前往湘潭茶园铺会见马福益。黄兴、刘揆一与马福益三个人在矿山一座岩洞里坐着，烧柴取暖，喝着小酒，彼此坦诚相见，进行了结义联盟，共同商议起义，一直谈到天亮。

随后，黄兴又跟新军进行了联络，新军同意起义。接着，黄兴便准备在11月1日慈禧太后70生日那天举行武装起义。

清王朝将这一天定为"万寿节"，自然要进行庆祝，届时湖南文武大员全都要前往长沙官署行礼拜寿。黄兴准备事先在那里埋好炸弹，文武百官一到，便将他们全部炸死，这样，长沙各处要地就能顺利被夺取，起义的成功便得到了保证。

只可惜，华兴会组织不够严密，纪律松散，很多活动更是半公开化；哥老会成员缺乏大量的斗争经验，就这样，起义的计划被泄露。得知在"万寿节"那天，黄兴等人要起事，长沙财主王先谦立即去了湖南巡抚衙门告密。清廷当即四处搜捕革命党人，马福益逃往广西，华兴会和哥老会很多成员被捕。

10月24日早晨，黄兴刚出家门，就要上轿时，衙门捕捉他的捕头就到了，那个捕头并不认识黄兴，对着黄兴喊道："你是黄轸吗？"黄兴立即知道大事不好，随口说道："我是前来拜访黄轸的，可他的家人却说他去了明德学堂，我正准备去找他呢！"捕头竟然信了，便跟随黄兴前往明德学堂逮捕黄轸。在明德学堂门口，黄兴下轿，朝着捕头说道："你们稍等下，我把他叫出来。"黄兴一进学堂内，就从侧门逃走了，在一个朋友家中躲着。后来，他又躲到牧师黄吉亭的教堂里。不久后，他化装为海关关员，从长沙逃了出去，绕道武汉，去了上海。

临行前，他跟朋友约定，只要安全抵达沪，便会拍回仅有一个"兴"字的暗语电报，表示平安。到了上海后，黄兴真的拍回这样一封电报。后来，他干脆使用"黄兴"二字当作名字，而原名黄轸却鲜为人知了。

虽然长沙起义并没成功，力量损失了不少，但大多数的华兴会成员还是顺利逃脱了，元气并未大伤；更重要的是这次行动有民众参加，极大地宣传了革命思想。后来，华兴会众多成员在黄兴的鼓励下，跟他一道加入了同盟会，与孙中山共同革命，革命的力量得到了极大的增长。后来，黄兴成了同盟会的主要领袖之一，是孙中山革命事业最亲密无间的盟友。

—— 黄花岗七十二烈士 ——

清朝末年，革命党人的运动风起云涌，接连不断。在军事镇压的同时，慈禧太后又耍起"君主立宪"的把戏，制定宪法，创建内阁和议会，进行帝制下的议会民主，皇帝依旧掌握实权，妄想将风雨飘摇的清朝统治挽救回来。

可实际上，慈禧太后并不急着进行君主立宪，反而想一直拖延下去，这让赞同君主立宪的改良派首领梁启超有所不满，对清政府的承诺更是不信了，决定推翻帝制，将革命进行到底。慈禧太后没多久就病死了。可在她临死之前，硬是把光绪帝弄死了。随后，在摄政王载沣的扶抱下，光绪的侄儿，载沣自己的亲儿子，年仅3岁的溥仪继承了皇位，改年号为宣统。就在举行仪式时，小皇帝哭着闹着要离开，载沣只能安慰道："快了，快完了。"这让迷信的清朝大臣觉得不是好兆头。

1911 年，革命党人再次举行了广州起义。

这年秋天，革命领袖孙中山在庇能（今马来西亚槟榔屿）与同盟会主要骨干黄兴、赵声等人举行秘密会议。会议上，孙中山说道："虽然我们已经失败了很多次了，但革命的浪潮已经席卷了全国。只要我们坚持下去，努力拼搏，成功指日可待。"

会议上，将过去失败的经验教训进行了总结，确定将同盟会力量集中起来，以会员当作骨干，深入社会，广泛发动清军中的新军、防营、巡警、会党和民军加入起义中来，准备夺取广东省城，再将革命的火焰烧向长江流域各省，进而烧遍全国。

对于这个精神，大家都表示赞同，制订了详细的起义计划，决定将起义的主力定为广州新军，由同盟会革命党人选出八百名强壮的会员充当敢死队员，分为十路进行突袭，一举攻占省城广州。然后，由黄兴带领一路军队攻打湖南，赵声带领一路军队前往江西，而长江流域的谭人凤则举兵进行响应。几路人马最后在南京会师，进行北伐，直袭清朝老巢北京。

会议一结束，大家就分头准备了。1911 年年初，在香港，黄兴和赵声成立了起义"统筹部"，为这次广州起义做好领导指挥准备。不久后，广州的大街小巷中突然冒出来了不少新"公馆"，大概有四十处，这些公馆经常办喜事，吹鼓手来回吹打，礼盒、花轿来回抬，热闹非凡。这些"公馆"实际上是起义部队秘密联络和藏匿枪支弹药的据点。武器弹药都是通过花轿和礼盒送进来的。

4 月 23 日，黄兴秘密从香港返回广州，定下起义的日期决定兵分十路，向预定的官署和军事目标同时发起进攻。

可是清廷似乎知道了，戒严了广州城，一些预定参加起义的广东革命党人也都被迫解散了，形势急剧变化。因此，起义也被提前到 4 月 27 日傍晚五时半进行。起义时间就要到了，在小东营，黄兴集结队伍，清点人数，却发现大量香港革命党人没有到，可广东革命党人早就解散了，总共只有一百三十名敢死队员到了，没有办法，黄兴只能改十路进攻为四路进攻。

敢死队员们将白布缠在臂上，踩着黑胶鞋，拿着武器，士气高涨。到了预定时间，小螺号便吹响了，敢死队员们在黄兴的带领下朝两广总督衙门冲去。在路上，有几名清军巡警想进行抵抗，全被敢死队员打死了。

队伍没碰到大的抵抗就冲到了两广总督衙门。接着，黄兴带着林时爽、方声洞、林觉民等数十人攻入大堂，只可惜两广总督张鸣岐早就听见动静翻墙逃走了。没有捉到张鸣岐，黄兴索性一把火把总督衙门给烧了，率队前去攻打清军督练公所。他们跟清军水师提督李准的军队在东辕门相遇了，双方立即展开激战，林时爽冲在最前面，不幸中弹身亡，林觉民也挂了彩，黄兴右手两根手指没了，但还坚持指挥战斗。

可终究是寡不敌众，敢死队员伤亡惨重，只能边打边撤，后来，队员全都被清军打散了，仅留下黄兴一人。这时，他逃进一家洋货店中，简单包扎了伤口，将血衣换了下来，逃出了城。喻培伦、方声洞、陈更新、林觉民等一百多名革命党人在战斗中牺牲了。后来，仅收殓到七十二具烈士遗骸，他们都在广州市东北郊的黄花岗（原名红花岗）埋着。这些牺牲的革命党人在历史上被称为"黄花岗七十二烈士"。

虽然革命党人发动的第十次武装起义失败了，但广大群众的斗志得到了极大的振奋。

—— 武昌起义 ——

广州起义的硝烟还没彻底消散，烈士的血迹还未干，革命军的炮声又在武昌城中响起了。事实上革命党人的武装从未停止过，尽管多次失败，牺牲了很多优秀的革命党人，但却得到了越来越大的革命影响，连续冲击清王朝反动统治，清王朝灭亡的步伐不断加快。

革命冲击下的清王朝竟变本加厉地卖国，企图得到外国资本家和政府的欢心，去支撑它的统治。1911年5月，清廷颁布铁路国有令，收回民办川汉、粤汉两条铁路的建筑权。随后，把它们抵押给了英、德、法、美四国银行团，得到贷款用于镇压民众起义。全国民众对清廷这种出卖国家和大众权益的行为极为愤怒，尤其湖北、湖南、广州、四川这些跟铁路国有令有直接关联的省份，民众反抗愈演愈烈，开始成立保路同志会。仅重庆、江津等地就有近七十个保路同志会，数十万的会员；重庆各界民众更是罢市罢课、拒绝缴纳税款，甚至出现了抗粮抗捐，进行暴动；四川总督赵尔丰开枪将很多抗议群众打死，出现了流血大惨案，全国更加动荡不安，一场全国性的革命风暴正在酝酿中。

革命党人备受鼓舞，觉得起义的时机已经来临了，便建议先在革命力量充足的武汉起义，同时，其他省份响应。

武汉革命党人因为进行了长期踏实细致的宣传和组织工作，所以在各界群众中，尤其是清廷的新军中聚集了十分强大的革命力量，一万多名新军士兵，革命组织文学社和共进会的会员就占了六千人。于是，革命党人准备将这股力量发动起来，进行武装起义。

这时，为了尽快镇压四川起义，清王朝紧急命令湖北新军前往四川镇压，这一决定不利于革命党人的起义计划。

九月下旬，形势的紧迫让革命党人倍感焦虑，连忙召开了新军文学社、共进会联席会议，决定在10月6日（中秋节）那天抢先起义。但形势又急剧变化，起义被推迟到11日。9日那天，共进会负责人孙武在汉口装配炸药时不小心把炸弹引爆了，受了伤，清朝官府也被惊动了，紧接着，湖广总督瑞澂把城门封闭了，在城内大肆搜查。

于是，文学社领导人蒋翊武以南湖炮营的炮声当作起义信号，当晚就起义。可惜他的指令没有抵达炮队，炮声也没有响，起义没能顺利进行下去。而清军也破获了革命党人武昌地下指挥计划，搜走了花名册，蒋翊武只好逃走。第二天，瑞澂和清军第八镇统制张彪就四处搜捕革命党人。

形势越发危急，新军各营中的革命官兵决定主动行动。10日上午，工程第八营革命党人总代表熊秉坤率先将各部召集起来开会，会上他提议当晚就起义。他激昂地说道："事情到今天这样，不反抗注定要死，反抗还有一线希望。男子汉大丈夫自当顶天立地，做出一番大事业来，就算是死也是光荣的。徐锡麟和黄花岗七十二烈士，就是我们学习的榜样。"大家都十分赞成熊秉坤的话，并决定在下午三时晚操结束后就起义。可不久后，计划遭到泄露，清军将领取消了当天的晚操。熊秉坤随即派人分别通知，起义改到晚上七点。

七点，熊秉坤拿着手枪朝天放了三枪，起义的信号一发出，按照约定，各营一起动手，起义爆发了。平时辎重团的士兵都不发实弹，其中的革命党人正为取得枪弹而发愁呢，这时，在楚望台巡视的监视官李克果听见了枪声，随即命令士兵们开枪抵抗。革命党人的士兵便说道："长官，没有子弹，这枪怎能开呀！"李克果说："子弹，军械所里多得是，你们赶紧去拿吧！"就这样，士兵们得到了子弹，迅速装到枪膛里，可他们却对着天放空枪。李克果便跟着其他军官一起逃跑了。很快，军械所被革命党人占领了，得到了大量辎重弹药武器。

起义的官兵便自行将左队队官吴兆麟推举为起义总指挥，对起义部队加强了指挥。吴兆麟让人将清军的电话线割掉，又派队伍去接应南湖炮营。而其他的士兵则兵分三路，直扑总督衙门。

清军电话线被割掉了，有组织的抵抗很难发起了。这时，革命军联系上了炮营，把炮架在蛇山阵地上，炮口对准总督衙门，可突然下雨了，目标看不清，放不了炮。没有办法，围攻总督衙门的起义士兵只能进行强攻了。但守卫总督衙门的火力十分强，革命军伤亡惨重。吴兆麟立即下令停止攻击，派士兵围着总督衙门点起三堆火，给炮兵发炮做引导。就这样，蛇山上的炮兵朝着火光的方位连续发炮。在总督衙门里，炮弹不断爆炸，瑞澂吓得直哆嗦，急忙从部下挖的一个洞中爬了出去，逃到在长江江面的军舰上。

统制张彪抵抗了一会儿，但革命军越战越勇，他只能带着残兵败将渡江逃跑了。

一夜的苦战，到了11日清晨，清军总督衙门被革命军给攻下了，整个武昌城光复了，起义终于成功了。接着，革命军先后占领了汉阳、汉口。革命军随即宣布建立中华民国湖北军政府，正式颁布《中华民国鄂州约法》。

起义成功后，得到了很多省份的积极响应，他们都将清朝总督衙门推翻，建立属于自己的革命省政府，宣布拥护共和。当时，革命领袖孙中山为了革命事业还在国外奔波呢，得知起义成功，他既兴奋又高兴，随即起程返回祖国，来领导革命运动。12月，孙中山抵达上海，受到了各界群众的热烈欢迎。一共有十七个省份起义，其中十六个省份的代表都投票推举孙中山出任中华民国临时大总统。1912年元旦，孙中山前往南京就职临时大总统，颁布《临时大总统宣言》，宣告中华民国成立。2月12日，清帝宣统退位，清朝对中国两百多年的统治宣告结束，两千多年的中国封建专制制度也结束了。1911年是农历辛亥年，因此，这场革命也叫作辛亥革命。

辛亥革命是一场伟大的革命，中国政治革命的新纪元由此开始了。

第十五章 ／ 中华民国

—— 新文化运动 ——

后来，袁世凯窃取了辛亥革命的果实，开始了以他为代表的北洋军阀专制独裁统治，还掀起了一股尊孔复古的逆流。一批近代民主主义知识分子为了捍卫共和、反对倒退，有针对性地发起了新文化运动，提倡民主，反对专制；提倡科学，反对愚昧；提倡新道德，反对旧道德；提倡新文学，反对旧文学，这便是新文化运动的主要内容。

1915 年 9 月，在上海，陈独秀创办了《青年杂志》，代表着新文化运动正式兴起。陈独秀，1879 年出生，安徽怀宁人，字仲甫，独秀为笔名。他积极投身革命，创办杂志，宣传新文化、新思潮。

从第二卷开始《青年杂志》就改名为《新青年》，这样一来，在名称是就更符合杂志内容中的"新"了，知名度也大幅度提高。1917 年，《新青年》编辑部从上海迁至北京。不久后，李大钊、胡适、鲁迅等一大批知名学者纷纷投身于《新青年》，参加撰稿和编辑等工作。就这样，在中国，出现了一个以《新青年》为阵地的新的文化阵营。

陈独秀在《青年杂志》的创刊号发表了创刊词——《敬告青年》。他通过对中国社会黑暗的描述，直接明了地提出新青年应该具备的六条准则，自由的而非奴隶的，进步的而非保守的，进取的而非退隐的，世界的而非锁国的，实利的而非虚文的，科学的而非想象的。

从反对政治专制开始，新文化运动猛攻思想领域的文化专制，尤其以孔教为代表的封建旧礼教、旧道德被批判得最厉害，三纲五常、尊孔复古等。新文化运到的倡导者不仅大力批判封建伦理道德，还提倡资产阶级的新道德，强调个性解放，提出只有个人有独立的人格和权利，才能将个人的智慧释放出来，社会才能进步，国家才能民主富强。

新文化运动还提出口号，呼吁"文化革命"，提倡白话文，反对文言文，提倡新文学，反对旧文学。1917 年 1 月，留美学者胡适所写的文章《文学改良刍议》

刊登在《新文学》上面。胡适在文中提出不用典、不用陈套语、不讲对仗、不避俗字俗语、须讲求文法之结构、不作无病呻吟、不摹仿古人、须言之有物，这八条主张，对文学进行改革，建议白话文取代文言文。随后，陈独秀也写了一篇《文学革命论》，高举文学革命的大旗。他主张不仅对文学形式上进行一次革命，还要在内容上进行革命，并提出了"推倒雕琢的阿谀的贵族文学，建设平易的抒情的国民文学"；"推倒陈腐的铺张的古典文学，建设新鲜的立诚的写实文学"；"推倒迂晦的艰涩的山林文学，建设明了的通俗的社会文学"，文学革命的"三大主义"。而鲁迅则是在这几个方面做得最好的。在《新青年》上，鲁迅先后发表《狂人日记》《孔乙己》和《药》等小说，形象生动地用白话文把反封建革命内容结合在一起，成了新文学的典范。

新文化运动是一次彻底的思想解放和启蒙运动，为马克思主义在中国的传播打下了思想基础。新文化运动在"五四"之后，更变成了宣传马克思主义和各种社会主义流派的思想运动，推动旧民主主义文化运动逐渐转变为马克思主义理论指导下的新民主主义文化运动。

—— 袁世凯称帝 ——

尽管新文化运动在思想界吹起了一股新风，却不能把袁世凯从他的"帝王梦"中吹醒。自 1913 年 8 月镇压二次革命开始，1914 年初解散国会、年底出台《大总统选举法》，袁世凯逐渐暴露出他将共和国变为自己的"家天下"的野心。按照那部《大总统选举法》，总统可以一直连任下去不用改选，总统的继承者也是由现任总统推选出三名候选人，届时，让现任总统指定的"大总统选举会"进行选举。

袁世凯为了早点得到"皇帝"这个称号，不惜重用前清官吏，将封建官场礼仪恢复了，还组织并参加祭孔、祭天等祭祀活动。他这样有意模仿往日帝王的排场，就是为了给复辟帝制营造出一定的社会氛围。甚至他为了得到日本对他称帝的支持，出卖国家主权。

1915 年夏天，袁世凯正式开始了他的称帝运动。袁世凯的亲信杨度等人先是宣称要"以筹一国之治安"，组建了"筹安会"，鼓吹中国想要长治久安就必须实行帝制。帝制运动在袁世凯政府的帮助下，迅速蔓延至全国各地。为了向上邀功请赏，梁士诒等官员更是筹集巨款，四处收买人心。一时间，京城各个角落冒出了"商会请愿团""人力车夫请愿团"，以及"乞丐请愿团""花界（妓女）请愿团"等各种请愿团，都要求更改国体。梁士诒、杨度等人在此基础上又组成了"全国请愿联合会"，一个全国性的帝制请愿团体，以此来表示全国人民都希望恢复帝制。

接着，参议院便决定组成国民代表大会来决定国体，从以国民会议初选的当选人中选出国民代表，进行投票选举。当然，这也是袁世凯想当皇帝耍的把戏，那些"国民代表"没几个真正代表老百姓，多半都是袁世凯的亲信。

就这样，各省新"当选"的国民代表从 10 月 28 日开始分别举行大会进行投票决定。很快，各省在袁世凯势力的操控下给北京发出推戴书"恭戴今大总统袁世凯为中华帝国皇帝"。12 月 11 日，解决国体总开票紧张地举行着，而结果自然不用多说，变更国体、实行君主立宪得到了全国各省国民代表全票赞成。于是，恭上袁世凯的总推戴书得到了"全国国民代表大会总代表代行立法院"认同。

当天中午，总推戴书就送到了袁世凯手中，可他还假惺惺地表示，他对国民代表大会全体表决通过改用君主立宪制没有任何异议，但不能答应拥戴他为皇帝，他曾在民国初年发誓拥护共和，不能背弃了这个原则。于是，参政院在下午再次召开会议，用总代表的名义给袁世凯递上第二次推戴书。书中称赞袁世凯立下六大"功烈"，还表示，民意现在已经改了，国体也变了，不用顾忌民国元首的誓词，请袁世凯顺从民意称帝。

既然戏份已经做得足够了，袁世凯就不推让了，在 12 月 12 日，正式宣布接受拥戴，强调为了顺从亿万人民的"民意""救国救民"，再加上自己的"爱国之心"，他也只能勉强当皇帝。第二天，在中南海居仁堂，这位"被迫"登基的皇帝就急切地接受了文武百官的朝贺。此后，袁世凯大封朝臣，设立登基大典筹备处，事务相当繁忙。年底，袁世凯正式下令将 1916 年改为洪宪元年，总统府为新华宫。袁世凯也就变成了洪宪帝。

就在袁世凯做着自己皇帝梦时，进步人士和革命党人也开始对他的倒行逆施行为进行了坚决地抵制。梁启超为此特意发表《异哉所谓国体问题者》等文章，直接反对袁世凯称帝，海内外都受到广泛的影响。以孙中山为首的革命党人积极进行反袁武装斗争，发动了驻沪海军"肇和"舰起义等武装起义。蔡锷更是从北京逃到云南，促使云南独立，发起了讨袁护国战争，全国大为震动。贵州、广西受到护国军的鼓舞，也先后宣布独立，各地反帝制的呼声越来越大。

也就在这时，北洋集团内部矛盾激化。当时，号称"北洋三杰"的段祺瑞、冯国璋、王士珍三人，只有王士珍没有不满和抵制帝制，而其他两人是十分的不满和反对，这也影响到了其他北洋将领。时局的变化导致日、英等国开始不遵守曾对袁世凯称帝不干涉的许诺，在外交上施压袁世凯，逼迫他退位。

袁世凯内外交困，众叛亲离，只能在3月23日宣布退位，废止洪宪年号，恢复中华民国纪年。他这个皇帝仅仅当了八十三天。

可是全国反袁斗争并没停止，各地纷纷宣布起义，广东、浙江、陕西、四川、湖南先后宣布独立，全国民众要求袁世凯下台，将其惩办。袁世凯一下子从天堂跌落地狱，自然接受不了这样的打击，精神和身体很快就崩溃了。1916年6月6日，在全国人民的一片唾骂声中，袁世凯死了。

—— 张勋复辟 ——

袁世凯称帝的闹剧刚刚结束一年，一场复辟的大戏又在京城上演了。而这回是"另类"军阀张勋扮演主角。

清朝末年，张勋官拜江南提督，甚是感激圣恩，表示自己只对清王朝效忠。尽管民国已经成立了好几年，但他脑袋后面还拖着长辫，他手下的官兵也是留着辫子，因此，人称为"辫子军"。1917年6月7日，张勋带着辫子军四千三百多人乘坐火车从徐州北上。此行，他是看准了北京政府面临的政局危机，准备复辟清王朝。

袁世凯死后，黎元洪接任了大总统，段祺瑞出任总理，军人干政的趋势越发的明显。而当时世界时局也十分混乱，以英、美、法为首的协约国正在跟以德国为首的同盟国展开第一次世界大战。国务院与总统、国会之间就围绕着中国是否参加协约国、对德宣战一事争论不休。段祺瑞为了通过对德宣战案，竟怂恿各省督军前往北京施压，还纠集市井无赖对众议院议员进行殴打，还称要把国会解散。黎元洪忍不住了，把段祺瑞国务总理兼陆军总长的职务给撤了。这下子可把火药桶给点燃了，北洋系的督军都宣布独立，对抗黎元洪。情况万分危急，黎元洪连忙决定让李鸿章之侄李经羲出任总理，但李经羲却不敢随意进京，想得到原淮军将领张勋的保护后再进京，就这样，张勋作为一个虚假的调停者出场了。

6月8日，张勋率军抵达天京，他下令让部队朝北京继续前进，但他自己却在天津滞留。黎元洪派人前去请他入京，张勋直接说道："两日之内必须把国会解散了，不然我就回徐州了。"黎元洪直呼上当，可形势所迫，他只能下令解散国会。

一周后，张勋与李经羲一起进了北京城。刚开始，张勋想先扶持李经羲组建内阁，等局面能控制后，再复辟清室。可各省督军视中央政府是北洋系的禁脔，坚决反对李经羲组建内阁，强烈要求段祺瑞恢复职位。于是，张勋只能加紧进行复辟。6月16日，张勋前往紫禁城拜会末代皇帝溥仪，跟前清遗老秘密商议复辟之事。不久后，主张复辟的康有为也抵达了北京，跟张勋等人一起商议复辟之事。

7月1日凌晨，张勋、康有为率领众人进到宫中，跪拜溥仪，恭请他复位。于是，12岁的溥仪便下诏"临朝听政，收回大权，与民更始"，对复辟功臣大肆封赏，任命张勋为内阁议政大臣、直隶总督兼北洋大臣。张勋得意扬扬地派人去找黎元洪，让他还大政给清室，还通电各省，要求各地响应复辟。

可张勋还政的要求被黎元洪拒绝了，还连发数电，希望各方迅速出兵，恢复共和制度。第二天，黎元洪便躲到日本使馆中避难了，并电请冯国璋代为行使他的大总统之职。孙中山、章炳麟、唐绍仪、程璧光得知消息后，联名在上海发布讨逆宣言。梁启超、岑春煊等人也通电讨伐叛逆。随后，愤怒声讨复辟的舆论大潮风卷了全国各地。

当时被罢了官的段祺瑞在天津一直在寻找机会复出。果然，张勋复辟第二天，黎元洪就再次任命他为总理，要求他兴兵讨逆。他便立即跟徐世昌、梁启超等人进行商议，随后派人前往直隶与南京跟各地反复辟势力取得联系，还得到了李长泰、冯玉祥、冯国璋、曹锟等将领的响应。于是，段祺瑞便组建了讨逆军总司令部，自己为总司令。7月3日清晨，段祺瑞在马厂进行誓师讨逆，再加上先后声讨复辟的各省督军，反复辟阵容十分壮大。7月5日凌晨，讨逆战斗正式打响了，辫子军真的不堪一击，仅两天时间，北京城就被讨逆军给团团围住了。墙倒众人推，张勋便发电揭露复辟真相，指出事先各省督军都认可或默认复辟一事。可现在谁还听他解释？张勋见大势已去，便想通过公使团给讨逆军提出停战条件。可双方并没有谈成。12日拂晓，讨逆军分东、西、中三路同时攻打北京城。中午时分，讨逆军的炮弹落在了张勋的住宅处，张勋急忙前往荷兰使馆避难。下午三点，辫子军全部投降了。

就这样，张勋导演的复辟闹剧仅十二天就以失败落下了帷幕。

—— 五四运动 ——

张勋复辟失败后，军阀依旧牢牢把控着中国的政局。而这时的国际局势却出现了巨大变化。1918年，第一次世界大战结束，协约国取得了最终的胜利。战胜国为了利益分割等问题，决定召开和会，地点定在巴黎凡尔赛。

1919年的巴黎和会让中国人民的心都动了起来。中国是战胜国，中国人民十分期待能将德国强占的国土收回来，还希望能在战后会议上合理解决大战期间日本胁迫下中国签订的不平等条约和日本取代德国侵占的领土和利益。可弱国无外交。美、英、法三国巨头根本无视中国的正当要求，让日本行使德国以前在山东强占来的各种特权。

5月1日和3日，巴黎和会的消息传回国内，国人大为震惊。

5月3日晚上，在北京大学法科大礼堂，北京大学等学校的学生代表聚集在一块儿开会。会场上，同学们群情激奋，决定进行反抗。法律系的谢绍敏当众将中指咬破，把衣襟撕下，写下血书"还我青岛"。会场充斥着悲壮的气氛。一番讨论之后，大家决定将北京大专院校所有学生号召起来，第二天前往天安门集会，进行游行示威，向全世界展示"强权绝对不是公理"。

5月4日那天是星期天，北大在内的十三所大专院校学生代表先后抵达法政学校，准备游行示威。下午1点30分左右，三千多名学生在天安门前集会演讲。他们都手持标语、旗帜，上面写着口号"取消二十一条""还我青岛""保我主权""打倒卖国贼"等。

游行队伍穿过中华门，抵达棋盘街，准备前往东交民巷，到各国驻华使馆请愿。一路上，同学们散发着《北京学界全体宣言》等传单给街边的百姓，一边呼吁社会各界人士行动起来。大家热血沸腾，这时一位女生喊道："中国的土地可以征服，不可以断送！中国的人民可以杀戮，不可以低头！"这令路人一时间肃然而立，不少人还流下了眼泪。

第二天，各地的学生听到消息后，也相继参加到罢课的行动中，这场爱国运动很快影响到了全国各地。6月5日，上海也全面罢市了，进一步激发了工人罢工斗争。于是，上海便成为了五四运动的中心，学生爱国运动也演变为各阶层广泛参与的群众性爱国运动。很快，罢市、罢工蔓延开来，影响到了其他城市，不久后，天津罢市。

在强大的社会压力面前，北京政府只能在6月7日将被捕的学生释放，并在6月10日把曹汝霖、陆宗舆、章宗祥三人的职务罢免了。就这样，因为五四运动的影响，中国代表没有在《巴黎和约》上签字。